Otto Speck

Menschen mit geistiger Behinderung und ihre Erziehung

Ein heilpädagogisches Lehrbuch

9., überarbeitete Auflage
Mit 14 Abbildungen, 27 Illustrationen und 5 Tabellen

Ernst Reinhardt Verlag München Basel

Prof. Dr. phil. Otto Speck
Pfarrer-Grimm-Straße 42, 80999 München

Fotos auf den Seiten 240, 242, 270, 272, 274: Gisela Peters, Scharam/Obb.

Deutsche Bibliothek – CIP-Einheitsaufnahme

Speck, Otto:
Menschen mit geistiger Behinderung und ihre Erziehung : ein heilpädagogisches Lehrbuch / Otto Speck. – 9. überarb. Aufl. – München ; Basel : E. Reinhardt, 1999
ISBN 3-497-01514-8

Printed in Germany

Inhaltsverzeichnis

Vorwort zur neunten Auflage

Der Aufbau und Ausbau des Systems der Lebens- und Lernhilfen für Menschen mit geistigen Behinderungen ist seit den sechziger Jahren mit großem Elan vorangetrieben worden. Insgesamt ist sehr Beachtliches geleistet worden. Das Bildungsrecht geistig behinderter Menschen ist fest verankert, soziale Vorurteile konnten weitgehend abgebaut werden und die soziale Eingliederung dieser bisher ausgegrenzten Menschen in die verschiedenen sozialen Gruppen der Gesellschaft ist weit vorangekommen, was vor allem diejenigen beurteilen können, die die Verhältnisse noch vor wenigen Jahrzehnten kannten. Inzwischen sprechen aber vermehrt Anzeichen dafür, daß sich die Situation verändert und zwar unter eher ernüchternden Vorzeichen. Seit Beginn der neunziger Jahre haben sich *ökonomische* Werte in den Vordergrund geschoben und lassen Menschen, die nicht oder nicht wesentlich zum Bruttosozialprodukt beitragen, zum bloßen Kostenfaktor werden. Eine alles beherrschende Qualitätsdiskussion ist in Gang gekommen, bei der es aber durchaus nicht primär um eine Verbesserung der Lebens- und Arbeitsbedingungen im Bereich der Geistigbehindertenhilfe geht, sondern um Kostenreduzierungen. *Ethische* Fragen stellen sich vermehrt und dringlicher in den verschiedensten Bereichen. Verteidigt werden muß wiederum der Lebenswert jedes Menschen. Im Vordergrund steht nun der *Erhalt* dessen, was aufgebaut worden ist.

Die nun fällig gewordene neunte Auflage ist entsprechend überarbeitet und aktualisiert worden.

Ostern 1999 — Otto Speck

I. Geschichtliche Entwicklung der sozialen und pädagogischen Hilfe

Menschen mit geistigen Behinderungen gab es zu allen Zeiten. Die Sozialgeschichte ist auch eine Geschichte der verschiedenen Positionen, die die jeweilige Gesellschaft diesen Menschen zuwies, die sie als wunderlich und verehrungswert oder als unbrauchbar und lebensunwert ansah. Die Fachtermini, mit denen eine relativ ratlose Wissenschaft sie zu klassifizieren suchte, waren u. a. "Blödsinn", "Idiotie", "Schwachsinn", "Geistesschwäche" *(Sengelmann 1885)*.

Es sollen hier nur überblickshaft einige historische Orientierungsdaten aufgezeichnet werden, soweit sie zum Verständnis der Entwicklungslinien einer Geistigbehindertenpädagogik uns wichtig erscheinen. Einzelheiten aus neuerer Sicht können den Arbeiten von *Meyer (1983), Möckel (1988)* und *Merkens (1988)* entnommen werden.

Die Geschichte dieser Menschen war über Jahrhunderte hinweg die Geschichte ihrer Verfolgung und Mißachtung *(Bachmann 1985)*. Erst seit dem Beginn des 19. Jahrhunderts kann von Ansätzen ihrer Bildung und Erziehung die Rede sein.

1. Mythische Abwehr und soziale Selektion

In den antiken Quellen finden sich relativ wenige Hinweise zum Schicksal geistig behinderter Menschen. Ganz allgemein läßt sich sagen, daß dieses im wesentlichen von mythisch-religiösen Abwehrmechanismen bestimmt war. Allzu fremd und naturwidrig war ihr Bild. Der hilflos ausgelieferte Mensch des Altertums sah Götter und Dämonen im Spiel. Seine soziale Antwort war Selektion. Die Spartaner entledigten sich der mißgebildeten Neugeborenen in den Schluchten des Taygetos-Gebirges. Auch für Athen galt die Tötung dieser "Nutzlosen" als Erfordernis im Sinne des Gemeinwohles *(Meyer 1983)*. Es gab keine Anerkennung ihres Lebensrechtes und ihrer Menschenwürde. *Aristoteles* sprach in seiner Nikomachischen Ethik bewußt "entehrend" von "Erscheinungsformen eines tierischen Wesens", entstanden durch Krankheit oder Verkrüppelung *(Buch VII, Kap. 1)*. Der immer wieder zitierte Unterschied bei der Einschätzung der Epilepsie, die als "heilige Krankheit" galt, erklärt sich daraus, daß damit nicht geistesschwache Menschen gemeint waren. Die Tötung neugeborener mißgestalteter Kinder wurde im übrigen auch von den Römern praktiziert.

Das christliche Mittelalter konnte sich bezüglich der mißgestalteten, also geistig und körperlich schwergeschädigten Kinder nicht ganz von heidnischen Überlieferungen trennen. Dies fand seinen unheilvollen Niederschlag insbesondere im Begriff der "untergeschobenen" Kinder, der "Wechselbälge" *(Bachmann 1985).* Nach dem damaligen Volksglauben nahm man an, daß der Teufel ein gesundes Kind gegen ein mißgestaltetes austausche. *Bachmann* legt eine Reihe von Dokumenten vor, die seine These bestätigen sollen, daß diese primitive Unterstellung genuin christlich sei, daß die jahrhundertelange grausame Verfolgung dieser Menschen als "Teufelswerk" durch die Kirche die maßgebliche Rolle am Zustandekommen der tiefeingewurzelten Vorurteile ihnen gegenüber gespielt habe. Bei näherer Untersuchung erweist sich pars pro toto gesetzt: Der primitive Aberglaube frühgeschichtlichen (heidnischen) Ursprungs, durch kirchliche Instanzen zusätzlich sanktioniert, hat mit Sicherheit einem akzeptierenden Verständnis für diese Menschen im Wege gestanden; darüber kann aber der Grundansatz der evangelianischen Nächstenliebe, der ohne jeden Zweifel gerade zur Annahme, Seelsorge und Erziehung geistig schwacher Menschen nach der Aufklärung geführt hat, nicht ignoriert werden. Diese um der geschichtlichen Wahrheit willen nötige Relativierung gilt auch für die häufig zitierten "Tischreden" *Martin Luthers* aus dem Jahre *1540 (Nr. 5207).* Es handelt sich um nachträgliche Niederschriften über Tischgespräche. Dabei ging es um den Fall eines offensichtlich geistesschwachen Kindes, eines "Kielkropfes", also eines "Wechselbalgs", von dem gesagt wurde, daß der Teufel dies gemacht habe, daß solche Kinder eine "massa carnis", ein Klumpen Fleisch ohne Seele, seien.

Daß es schon im Mittelalter auch eine christlich motivierte Fürsorglichkeit für Geistesschwache und Geisteskranke gegeben hat, dürfte die bis heute währende Tradition im belgischen Ort *Geel* zeigen. Sie geht auf ein vor Jahrhunderten abgelegtes Gelübde dieser Kirchengemeinde zurück. Auch *J. A. Comenius (1592-1670)* setzte sich von seiner christlich begründeten Pädagogik aus für die Schulbildung aller ein, "mit Ausnahme höchstens derer, denen Gott den Verstand versagt hat" *(Große Didaktik, 1627/28, Ausg. 1985, 66).*

2. Aufklärung und erste pädagogische Ansätze

Das Gedankengut der Aufklärung führte allmählich zur Überwindung des Aberglaubens und regte das kausale Interesse an der Erforschung der Geistesschwäche, des Kretinismus, an, aber auch an Möglichkeiten einer Erziehung und Bildung der bisher geschmähten und im Elend lebenden Kinder.

Daß sie sich dabei zunächst auch schwer tat, zeigte sich u. a. bei *J. J. Rousseau.* Er bekannte sich in seinem "Emile", seinem "Evangelium der Natur" *(Goethe),* zu seinen Problemen mit kränklichen und siechen Kindern. Die Sorge um sie sei zu Schaden der Sozietät verschwendet. "Mag ein anderer sich statt meiner dieses Schwachen annehmen. Ich billige es und seine Nächstenliebe. Ich kann nicht jemanden das Leben lehren, der nur darauf bedacht ist, sein Sterben zu verhindern" *(1762, 265).*

Auch für *Kant* bedeutete Blödsinnigkeit "Seelenlosigkeit". In seiner *"Anthropologie"* von 1798 spricht er von "gänzlicher Gemütsschwäche, die entweder selbst nicht zum tierischen Gebrauch der Lebenskraft (wie bei den *Kretinen* des Walliserlandes), oder auch nur eben zur bloß mechanischen Nachahmung äußerer durch Tiere möglichen Handlungen (Sägen, Graben etc.) zureicht" *(Weischedel-TB-Ausg. 1977, Bd. XII, S. 526).* Aus dieser Umschreibung geht übrigens hervor, daß die "Seelenlosigkeit", von der Kant hier im Falle einer "Blödsinnigkeit" spricht, weder eine totale Verneinung des Menschseins meint noch eine endgültige Selektion intendiert. Immerhin aber bezeichnet *H. E. Stötzner,* der sich als einer der ersten Pädagogen für die Errichtung von Schulen für Schwachbefähigte einsetzte, die "eigentlich Blödsinnigen" als "geistig tot" *(1864).*

Die Errichtung der ersten Einrichtungen für Schwachsinnige im vorigen Jahrhundert geht im wesentlichen auf dreierlei Beweggründe zurück: auf medizinische, pädagogisch-soziale und religiös-caritative. Das Vordringen des naturwissenschaftlichen, d.h. kausalen Denkens, gab starke Anstöße für eine systematische Entfaltung der Arbeit für den geistesschwachen Menschen.

Als Ursprungsland der Erforschung des jugendlichen Schwachsinns gilt die Schweiz. Diese Tatsache ist bedingt durch das gehäufte Vorkommen des Kretinismus in diesem Lande.

Bedeutsame und beispielhafte pädagogisch-soziale Anstöße waren von *Pestalozzi* ausgegangen. In einer "Anrufung der Menschlichkeit" setzte er sich für die in der "niedrigsten Menschheit" vergessenen Kinder und ihre Auferziehung ein *(Pestalozzi, 1777, S. W., 1. Bd., S. 176).* Seine Berichte über zwei Kinder auf dem Neuhof dürften die einzigen über eine erfolgreiche Erziehung geistig behinderter Kinder im 18. Jahrhundert sein. Völlig unzeitgemäß war seine Überzeugung, "daß auch Kinder von äußerstem Blödsinn, die durch gewohnte Härte dem Tollhaus aufgeopfert werden, durch liebreiche Leitung zu einem ihrer Schwachheit angemessenen, einfachen Verdienst vom Elend eines eingesperrten Lebens errettet und zur Gewinnung ihres Unterhalts und zum Genuß eines freien und ungehemmten Lebens geführt werden können" *(Pestalozzi, 1778, S.W., 1. Bd., S. 188).*

Den Kretinismus zu heilen versuchte der Arzt *J. J. Guggenbühl* in seiner 1841 auf dem Abendberg bei Interlaken/Schweiz gegründeten "Heilanstalt für Kretinen und blödsinnige Kinder" (siehe Abb. S. 22).

Die ersten speziellen Gründungen von Schulen und Anstalten für Schwachsinnige fallen ins 19. Jahrhundert. Die erste Schule, die auch für schwachsinnige Kinder gedacht war, gründete der Privatlehrer *Gotth. Guggenmoos* 1816 in Hallein, später in Salzburg, wo sie bis 1835 bestand. In Österreich hatte bereits 1779 der Wiener Krankenhausdirektor *Frank* die Erziehung und Bildung schwachsinniger Kinder für notwendig gehalten. 1820 rief *Traugott Weise* mit seiner "Betrachtung über geistesschwache Kinder" seine Zeitgenossen auf, sich der Geistesschwachen anzunehmen, "deren Menschheit oft mit Füßen getreten wird".

Daß die "Wechselbälge" noch nicht ganz ausgestorben waren, geht aus einer Tagebuch-Aufzeichnung von *J. W. v. Goethe* hervor. Dort ist aus dem Jahre 1810 von "Fexen im Salzburgischen" die Rede, was gleichbedeutend mit "Wechselkindern" ist: "Fexe werden im Salzburgischen mehr oder weniger imbezille Menschen genannt. Alle Wirtschaften an der Salzach haben deren mehr oder weniger… Es gibt Stufen dieser Blödsinnigkeit und deswegen werden dreierlei Arten von Fexen gezählt: *Weltläufige,* welche allenfalls umher nach der Residenz gehen können, um irgendein Geschäft zu verrichten; *Revierige,* welche bloß in den Revieren des Dorfes können zu Hirten oder sonst gebraucht werden; *Unrevierige,* welche nicht aus dem Hause kommen und nicht die mindesten Fähigkeiten haben. Diese Menschen sind so häufig, daß gewisse Gewohnheitsrechte für die hergebracht sind." – Wir dürfen hierin wohl die erste integrationsbezogene Klassifizierung geistig behinderter Personen sehen. Pfarrer *Probst* nannte seine 1852 in Ecksberg gegründete Anstalt eine "Weltläufigmachungsanstalt", deren Programme er auf der Weltausstellung 1872 in Wien vorstellte: soziale Eingliederung würde man heute sagen.

Eine pädagogisch differenzierte, zum Teil modern anmutende Einrichtung schufen 1856 *J. D. Georgens* und *M. Deinhardt* mit ihrer "Heilpflege- und Erziehanstalt Levana" in Baden bei Wien (vgl. *Möckel 1988*).

In Frankreich gelang es 1798 dem Arzt *Jean Itard,* einem verwilderten, geistig behinderten Knaben durch sorgfältige pädagogische Maßnahmen zu einem erstaunlichen Grad von sozialer Anpassung zu verhelfen. Jäger hatten den etwa 10jährigen Jungen nackt in einem abgelegenen Wald gefunden, wo er offensichtlich schon längere Zeit vegetiert und sich von Eicheln ernährt hatte. Seine Lebensgeschichte bis zu seiner Auffindung, die Frage nach der Dominanz endogener oder exogener Faktoren, mag ungeklärt bleiben; auf jeden Fall handelte es sich um eine geistige Behinderung. Systematische Sinnesschulung und gemüthafte Bildung trugen zu dem Erziehungserfolg wesentlich bei. Der Junge konnte schließlich mit *Itard* in Pariser Restaurants speisen, nachdem oder obwohl er vorher sein Dasein nur in der Wildnis gefristet hatte *(J. Itard 1965, Lane 1990).*

Für *Itard* selber war es offensichtlich ein Mißerfolg, denn *Viktor, das "Wildkind",* das er zunächst nicht als "Idioten" angesehen hatte, vermochte nicht, das Sprechen zu erlernen und sich in die Ordnung der Moral zu integrieren. Überzogene Zielsetzungen und Hoffnungen ließen den mit hohem wissenschaftlichen Ehrgeiz arbeitenden Arzt und Pädagogen schließlich resignieren. Seinen methodischen Ansatz einer *"physiologischen Erziehung"* aber führte ein anderer Pariser Arzt fort: *Edouard Seguin* (1812-1880). Sein Konzept richtete sich – im Gegensatz zu dem *Itards* – direkt auf die Erziehung idiotischer Kinder. Er hatte die besondere Bedeutung der sensualistischen Methode für die Bildung des Intellekts erkannt, zugleich aber auch die Bedeutung der affektiven und moralischen Erziehung. Sein Programm faßte er 1846 in seinem *"Lehrbuch der Idiotenerziehung"* zusammen, dem ersten systematischen Lehrbuch dieser Art (vgl. *Hänsel 1974*). Seine praktischen Versuche, die in der Betonung der sensorischen und motorischen Schulung auf den späteren *Piagetschen* Ansatz hindeuten, führte er mit idiotischen Kindern zunächst an der Pariser Irrenanstalt *Bicêtre* und später an einer eigenen Privatschule durch *(Seguin 1864)*. Wohl aus politischen Gründen emigrierte er 1850 in die Vereinigen Staaten, wo er dann noch maßgeblich am Aufbau der Schwachsinnigenerziehung beteiligt war *(Kanner 1964, Rosen u. a. 1976, Scherenberger 1987)*. Für die deutsche Heilpädagogik blieb *Seguin* und damit auch der "physiologische" Ansatz weithin unbeachtet. *M. Montessori* kommt das Verdienst zu, seine Methode wieder aufgegriffen zu haben und vor allem für die allgemeine Erziehung weiterentwickelt zu haben. In Paris selber bemühte sich der Psychiater Bourneville (1840-1909), *Seguins* Werk zu erhalten und fortzuführen.

1866 publizierte der englische Arzt *John L. H. Down* seine "Beobachtungen zu einer ethnischen Klassifizierung von Schwachsinnigen". Darin unternimmt er den Versuch, die ihm bekannten Gruppen von Schwachsinnigen bestimmten Rassen zuzuordnen, und beschreibt dabei erstmals den von ihm sogenannten "mongolischen Typ der Idiotie". Beachtlich ist hierbei, daß er nicht nur Symptomatologie und eine spekulative Ätiologie darstellt, sondern auch konkrete Möglichkeiten der Behandlung – "systematic training" *(Down 1966, 6)*.

3. Anstalten und Hilfsschulen

Die zahlreichen Gründungen von Schwachsinnigenanstalten durch *kirchlich-caritative Institutionen* waren sicherlich in erster Linie vom christlichen Ethos getragen (vgl. *Verband Kath. Einrichtungen 1989, Stockhausen 1975*). Man würde ihnen aber nicht gerecht, wollte man sie *nur* unter diesem Aspekt betrachten. Sie waren vielmehr, jedenfalls die neuen Anstalten im 19. Jahrhundert, mitgetragen von den pädagogischen und medizinischen Impulsen und Erkenntnissen, die sich in dieser Zeit allmächlich verbreiteten. Als Beispiele genannt seien die süddeutschen Anstaltsgründungen von Wildberg b. Nagold durch Pfr. *Haldenwang* (1838, "Rettungsanstalt für schwachsinnige Kinder"), Stetten durch *Dr. Müller* (1848), die Kretinenanstalt Ecksberg durch Pfr. *Probst* (1852), die Blödenanstalt Neuendettelsau durch Pfr. *Löhe* (1854), die "Associationsanstalt Schönbrunn" bei Dachau 1863, die Wagnerschen Anstalten in Dillingen durch Pfr. *Wagner* (1869) und die Ursberger Anstalten durch Pfr. *Ringeisen* (1884). Einen differenzierten Überblick über die Entwicklung der ersten Anstaltsgründungen gibt die Arbeit von *Meyer* (1973). Bezeichnend für den ursprünglich offenen Ansatz, der durchaus nicht nur auf Separierung abgestellt war, sind Aufzeichnungen in der Schulchronik von Schönbrunn, wonach unter den ersten Schülerinnen sich zu einem Drittel auch "normalbegabte" Kinder befanden, und stets auch Kinder aus der Umgebung – behinderte und nichtbehinderte – aufgenommen wurden (vgl. auch *Stockhausen 1975, Möckel u. a. 1997*).

Carl Wilhelm Saegert
1809-1879
Wegbereiter der deutschen Schwachsinnigenfürsorge
Berlin

P. Heinr. Matthias Sengelmann
1821-1899
Gründer der Altendorfer Anstalten
bei Hamburg

Johanna Philippine Nathesius
1829-1885
Gründerin der Schwachsinnigenanstalten
zu Neinstedt am Harz, 1861

Pfarrer Joseph Probst
1816-1884
Gründer der Anstalt
Ecksberg/Oberbayern

gegründet 1816 in Hallein
von G. Guggenmoos

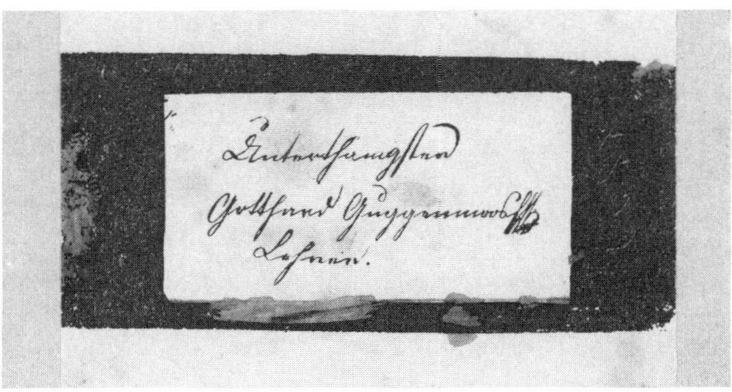

Faksimile von Guggenmoos' Handschrift

Die blödsinnigen Kinder Rheinlands und Westfalens unter 15 Jahren,

nach einer im Auftrage des Ober-Präsidenten beider Provinzen im Jahr 1858 vorgenommen Zählung nach verschiedenen Gesichtspunkten zusammengestellt

von C. Barthold,

Vorsteher von „Hephata," Heil- und Pflegeanstalt für blödsinnige Kinder Rheinlands und Westfalens.

1. Zahl der vorhandenen Kinder.

I. Rheinprov. Reg.-Bezirk:	Total-Summe.	Geschlecht. Knaben.	Mädchen.	Confession. evangel.	kathol.	jüdisch.	Altersstufen. unt. 4 Jahr.	5-6 Jahre.	7-9 Jahre.	10-12 Jhr.	13-15 Jhr.
Aachen . . .	74	45	29	3	70	1	1	6	20	23	24
Coblenz . . .	130	82	48	32	95	3	4	8	38	49	31
Cöln	137	74	63	16	118	3	5	11	45	46	29
Düsseldorf . .	234	127	107	91	141	2	6	19	66	73	70
Trier	107	58	49	15	91	1	3	7	31	42	24
Summen:	682	386	296	157	515	10	19	51	200	233	178
II. Westfalen.											
Arnsberg . .	116	62	54	73	43	—	6	5	36	41	24
Minden . . .	98	59	39	57	41	—	5	7	32	26	25
Münster . . .	109	71	38	11	96	2	8	9	38	27	25
Summen:	323	192	131	141	180	2	19	21	106	94	74

2. An Steuern zahlen die Eltern:

I. Rheinprovinz. Reg.-Bezirk:	steuer-frei.	15 Sgr. bis 1 Thlr.	1—4 Thlr.	5—8 Thlr.	9—12 Thlr.	13—16 Thlr. u. höher.
Aachen . . .	8	13	42	7	1	3
Coblenz . . .	10	7	86	17	4	6
Cöln	37	5	75	9	5	6
Düsseldorf . .	30	8	164	18	9	5
Trier	14	6	71	11	3	2
Summen:	99	39	438	62	22	22
II. Westfalen.						
Arnsberg . . .	12	21	70	6	5	2
Minden . . .	15	10	58	5	5	2
Münster . . .	14	5	74	11	1	2
Summen:	41	36	202	22	11	6

Faksimile aus dem Correspondenz-Blatt der deutschen Gesellschaft für Psychiatrie und gerichtliche Psychologie. *7. Jahrgang 1860*

3. Ursächliche Entstehungsweise des Blödsinns.

I. Rheinprov. Reg.-Bezirk.	Von Geburt an.	Epilepsie.	Krankheiten, z. B Gehirnentzündung, Scropheln, Rachitis, hitzige Fieber, Kopfgeschwüre, Rötheln etc.	Krämpfe, besonders während des Zahnens.	Unfall, Schreck, Fallen, Schlag etc. Trunksucht d. Eltrn.; schlechte Erz.
Aachen . . .	36	14	14	3	2
Coblenz . . .	67	17	17	18	6
Cöln	73	12	12	10	17
Düsseldorf . .	138	26	26	16	21
Trier	64	7	7	13	10
Summen:	378	76	76	60	56
II. Westfalen.					
Arnsberg . . .	94	5	12	2	3
Minden . . .	65	12	7	10	4
Münster . . .	85	10	6	4	4
Summen:	244	27	25	16	11

4. Verhältniss zur Bevölkerung.

1 Blödsinniger unter 15 Jahren kommt auf

I. Rheinprov. Reg.-Bez.		II. Westfalen.	
Aachen . . .	6036 Bewohner.		
Coblenz . . .	3987 „		
Cöln	3984 „	Arnsberg . .	5750 Bewohner.
Düsseldorf . .	4541 „	Minden . . .	4695 „
Trier	4840 „	Münster . .	4000 „
In Summa:	4540 Bewohner.	In Summa:	4849 Bewohner. *)

Heilpflege- und Erziehanstalt in Baden bei Wien
gegr. durch J. D. Georgens und M. Deinhardt 1856

Aus der Stiftung Ecksberg bei Mühldorf am Inn

Das Berghaus Abendberg bei Interlaken/Schweiz, gegründet 1841 von J. J. Guggenbühl, heute.

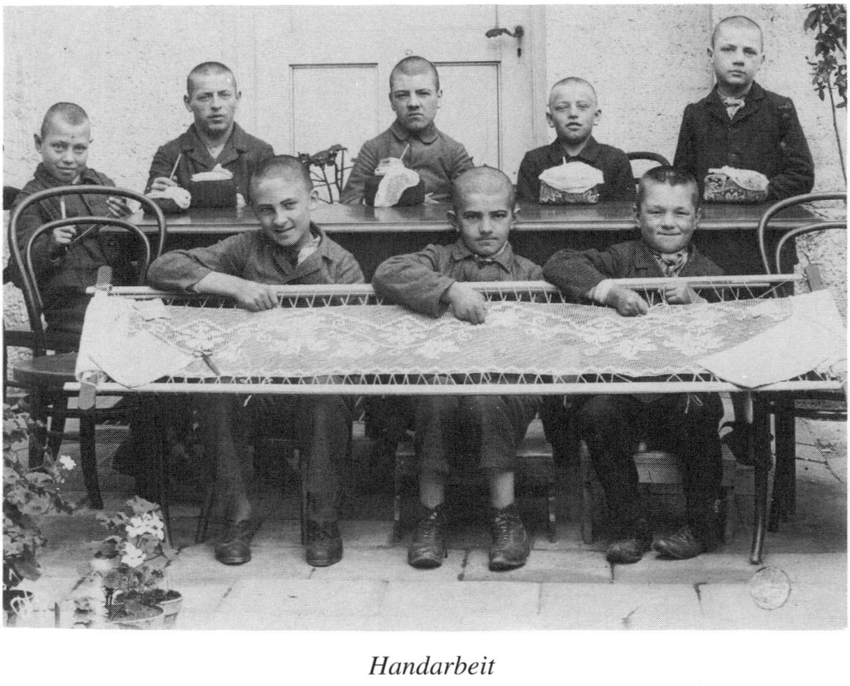

Handarbeit

Auch die *staatlichen "Idiotenanstalten"* dieser Zeit verstanden sich nicht als Bewahranstalten, sondern bemühten sich um die Erfüllung eines pädagogischen Auftrags, wie u. a. aus den Preußischen Bestimmungen, das Hilfsschulwesen betreffend, von 1859 hervorgeht. Darin wird über "Erziehung und Unterricht der Blödsinnigen" festgestellt und bestätigt, daß es möglich sei, Kinder dieser Kategorie durch "sorgfältigste, physische und moralische Pflege, unter Anwendung geeigneter Hilfsmittel der Erziehung und des Unterrichts ... allmählich wieder zu einigermaßen brauchbaren Mitgliedern der menschlichen Gesellschaft heranzubilden" (b. *J. G. Klink 1966, 106-107*). Diese staatlichen Anstalten gingen zum Teil aus Initiativen von Taubstummenpädagogen hervor, so z. B. die Gründung der "Heil- und Bildungsanstalt für Blödsinnige" in Berlin durch *C. W. Saegert* (1858). In seiner Schrift "Die Heilung des Blödsinns auf intellektuellem Wege" *(1845/46)* stützte er sich im wesentlichen auf *J. Itard.* Sozialstaatliche und ideengeschichtliche Zusammenhänge hat *Bradl (1991)* aufgezeigt.

In der 2. Hälfte des 19. Jahrhunderts wurde das Ausmaß gewährter Bildungshilfe für geistig behinderte Kinder durch die Gründungen der *öffentlichen Hilfsschulen* erheblich erweitert. Im Zuge ihres Ausbaues vollzog sich eine allmähliche Verdrängung der Imbezillen aus den Hilfsschulen ("Strukturwandel", *Beschel 1960*). Es mögen dafür mehrere Gründe maßgebend gewesen sein: das Leistungsprinzip, der Nachweis der sozialen Brauchbarkeit, das Fehlen einer tragfähigen Bildungskonzeption für die Schwächeren, der fehlende Rückhalt in der öffentlichen Meinung und die durch die unterschiedliche Zusammensetzung der Schülerschaft in der Hilfsschule – Debile und Imbezille – schwer zu überbrückende unterrichtliche Schwierigkeit.

Die um ihre Anerkennung ringende *Hilfsschule* sah sich genötigt, sich nach "unten" abzugrenzen. So plädierte *Egenberger (1913)* für die Praktizierung einer Grenze, an der das "Unternormale, welches wertlos ist", beginnt. "Wer nur Unterklassenziele zu erreichen vermag, also über die ersten Elemente nicht hinauszubringen ist, dessen Bildung bedeutet verlorene Mühe und verlorenes Geld" *(99)*. In späteren Jahren hat *Egenberger* die prinzipielle Bildbarkeit auch der Schwächsten durchaus verteidigt. Hier aber ging es offensichtlich um die Profilierung einer bestimmten Sonderschule, der Hilfsschule, die mit Nützlichkeitsbegründungen ihre Existenzberechtigung gegenüber einer uneinsichtigen Öffentlichkeit zu verteidigen suchte.

Wollte man die Schwächeren nicht gänzlich ausschulen, so überwies man sie in Anstaltshilfsschulen oder an manchen Orten in sogenannte Vorklassen oder Sammelklassen.

A. Fuchs (1917) berichtet von solchen *"Sammelklassen"* für schwer schwachsinnige Kinder an den Berliner Hilfsschulen, wo sie eine selbständige Stellung einnahmen. Ihnen war jeweils ein Hort angeschlossen, dessen Aufgabe die "Speisung, belehrende Beschäftigung und Übung der Kinder bis zu den Abendstunden" war. Es handelte sich also um Tageseinrichtungen. Die Eltern waren verpflichtet, ihr Kind dorthin zu schicken.

Die Sammelklasse (S-Klasse) stellte eine einklassige Schule dar. Wegen der nötigen Einzelbehandlung sollte sie nicht mehr als 15 Kinder umfassen. Auf die Fächer Deutsch und Rechnen wurde im Gegensatz zur Hilfsschule ausdrücklich nicht mehr das Hauptgewicht gelegt. Neben der Pflege des Gemüts wurde die Entwicklung der körperlichen Geschicklichkeit als Hauptfach angesehen. Die Hälfte der täglichen Unterrichtszeit sollte auf den Handarbeitsunterricht verwendet werden. Dazu kamen in angemessenem Umfang Spielen und Turnen *(Fuchs 1917)*. In anderen Orten versuchte man es mit Differenzierungen der Hilfsschüler in A- und B-Züge oder in A-, B- und C-Züge gemäß dem unterschiedlichen Leistungsvermögen.

Im Gegensatz zu diesen lokalen Regelungen in Deutschland, welche die adäquate Förderung der schwer schwachsinnigen Kinder mehr zufälligen Bedingungen überließ, wurde die Schulpflicht für imbezille Kinder in *Norwegen* im Jahre 1881 und in den *Niederlanden* 1901 durch Gesetz eigens geregelt. So kam es, daß dieses kleine Land bald das mit am besten ausgebaute Schulsystem für imbezille Kinder aufwies.

Wie utilitaristisch angefochten die allgemeine Bereitschaft zur Förderung der schwer schwachsinnigen Kinder schon vor 1933 war, geht u. a. aus einem Vortrag hervor, den *G. Aschaffenburg,* Dekan der Medizinischen Fakultät der Universität Köln, 1930 auf dem 5. Kongreß für Heilpädagogik in Köln hielt. Unter dem Titel "Grenzen der Heilpädagogik" erhob er seine Stimme gegen "den auf heilpädagogischem Gebiet vielfach geübten Mißbrauch der Kräfte". So sollte man "davon Abstand nehmen, hochgradig Schwachsinnige mit unendlicher Mühe zu fördern, mit dem Endergebnis, daß sie vielleicht etwas hinzugelernt haben, aber doch niemals sozial brauchbar werden ... Die Notwendigkeit, mit menschlicher Kraft und menschlicher Begeisterung sparsam umzugehen, verlangt gebieterisch eine sorgfältige Sichtung der Fälle, damit die Kraft, die, an anderer Stelle eingesetzt, Gutes wirken und Wertvolles erreichen könnte, nicht vergeudet wird in mühseliger, aber aussichtsloser Arbeit" *(G. Aschaffenburg 1931, 709)*.

4. Sozialdarwinistische und schulische Ausgrenzung

Ende des 19. Jahrhunderts verbreiteten sich in Europa und Nordamerika rassehygienische Tendenzen, die vor allem auf eine Verhütung und Ausgrenzung "minderwertigen Lebens" hinausliefen. In äußerer Anlehnung an die Entdeckungen des großen Biologen *Ch. Darwin,* vor allem aber unter rassistischen Vorzeichen wurde der "Kampf ums Dasein" zu einem pseudowissenschaftlichen Thema. Er wird als "Sozialdarwinismus" bezeichnet. Die damals verkündeten Thesen, die bis in die Forderung nach einer "Euthanasie" hineinreichten, bezweckten eine soziale Auslese und letztlich die Züchtung einer hochwertigen Rasse. Soziale Maßnahmen zu Gunsten "Minderwertiger" wurden ausdrücklich verneint.

Verwirrung und Unheil hatten bereits seit Beginn dieses Jahrhunderts vererbungstheoretische und eugenische Tendenzen angerichtet. Man war der Annahme, daß Schwachsinn erblich sei, zur Armut, Kriminalität und diversen Krankheiten führe und deshalb ausgemerzt werden müsse. Vor allem in *Nordamerika* bestimmte dieses Denken die Maßnahmen an Schwachsinnigen lange Zeit. Dazu hatte besonders ein Buch von *H. H. Goddard* beigetragen, das *1910* erschienen war und den Titel trug "Die Kalikak-Familie – Eine Studie über die Vererbung des Schwachsinns". Die Folge dieser und ähnlicher wissenschaftlich unzulänglicher Behauptungen waren u. a. die gesetzlich bestimmte Sterilisation und die weitestgehende gesellschaftliche Isolation der Geistesschwachen, d. h. ihre lebenslängliche Internierung (Näheres b. *Hanselmann 1958, 127*).

1920 erschien in Deutschland eine von zwei angesehenen Gelehrten, einem Rechtswissenschaftler, *K. Binding,* und einem Mediziner, *A. Hoche,* verfaßte Schrift mit dem Titel "Die Freigabe der Tötung lebensunwerten Lebens". Sie richtete sich gegen die Existenzberechtigung von Menschen mit schweren geistigen Mängeln, deren Versorgung als sinnlos und kostspielig angesehen wurde. Unter dem Einfluß volkswirtschaftlicher und selektiv-eugenischer Maßgaben hatten die Autoren gefordert, "unheilbar blödsinnige" Menschen zu "erlösen", statt sie hinter Anstaltsmauern nutzlos am Leben zu erhalten. Bei ihnen könne von Leiden keine Rede sein, weil kein Lebenswille und kein Selbstbewußtsein vorlägen. Sie seien "geistig Tote", "leere Menschenhülsen". Der Lebenswert dieser Menschen müsse sich auf die Beurteilung eines "objektiven Lebenswertes für die Gesellschaft" verlagern, und dieser könne eben auch "unter Null sinken", so daß diese Menschen als "Ballastexistenzen" im Gefüge der menschlichen Gesellschaft anzusehen seien. Als Mediziner resümierte *Hoche:* "Eine neue Zeit wird kommen, die von dem Standpunkte einer höheren Sittlichkeit aus aufhören wird, die Forderungen eines überspannten Humanitätsbegriffes und einer Überschätzung des Wertes der Existenz schlechthin mit schweren Opfern dauernd in die Tat umzusetzen" *(1920, 62).*

In der Zeit des Nationalsozialismus kulminierten die Idee und der Grundsatz der Brauchbarkeit, und zwar hier im völkischen Sinne. So lesen wir bei *A. Krampf (1936):* "Brauchbarkeit ist ... das Urteil über den Wert einer Persönlichkeit in ihrem ganzen physischen und psychischen Sein für die Gemeinschaft" *(19).* Oder: "Wenn die Einzelpersönlichkeit im Sinne und zum Nutzen des Ganzen" am Kulturschaffen des Volkes "bewußt teilnimmt und teilzunehmen in der Lage ist, dann erweist sie sich als brauchbar" *(16).* Die Arbeit der Hilfsschule galt nicht dem Wohle des einzelnen Behinderten, sondern hatte da anzusetzen, "wo die Gefahr einer kulturellen, wirtschaftlichen und politischen Volksschädigung besteht", heißt es in einem Aufruf von *Ruckau* in der "Deutschen Sonderschule" *(1936, 1-3).* Das Brauchbarmachen als Aufgabe der Hilfsschule aber sollte "auf dem wirkungsvollsten und billigsten Wege" *(Ruckau, ibid.)* erfolgen. "Es darf im Dritten Reich keinen Erzieher auf sog. verlorenem Posten geben und keine Stunde umsonst vertaner Kraft oder unverhältnismäßig

Die Bubenabteilung der Anstalt Ecksberg, vergast 1944

Abtransport zur "Endlösung", 1940

starken Ringens um einen ganz kleinen, für die Volksgemeinschaft nur unwesentlichen Erfolg" (*P. Bartsch:* Meine Berufskameraden im Anstaltsdienst. In: Die Deutsche Sonderschule *1934, 48*).

In der Konzeption der "Hilfsschule im neuen Staat" fehlen denn auch schulische Einrichtungen für schwer schwachsinnige Kinder. *Krampf* spricht von den "völlig Bildungsunfähigen", die durch Gesetz aus der allgemeinen Schulpflicht entlassen werden und der Wohlfahrt überantwortet werden sollten. Eine schulische Arbeit an ihnen sei aus wirtschaftlichen Gründen nicht mehr vertretbar. Horte, Kindergärten oder Anstalten sollten sich dieser Kinder annehmen. Um Kosten zu sparen, sollte man die Zöglinge "äußerst scharf in Schul- und Bildungsfähige und Schul- und Bildungsunfähige" teilen *(W. Voigt 1934).* Differenzierte Angaben über die Verdrängung der schwerer behinderten Kinder durch Anordnungen der Nazi-Dienststellen enthält u. a. die Untersuchung von *Höck (1978).*

Das Gesetz, das den Ausschluß der sog. Bildungsunfähigen legalisierte, trat 1938 in Kraft. Dieses *Reichsschulpflichtgesetz* bestimmte in § 11: "Bildungsunfähige Kinder und Jugendliche sind von der Schulpflicht befreit. Als bildungsunfähig sind solche Kinder und Jugendliche anzusehen, die körperlich, geistig oder seelisch so beschaffen sind, daß sie auch mit den vorhandenen Sonderschuleinrichtungen nicht gefördert werden können." Diese Bestimmung ist wegen ihres relationalen Aussagegehalts im Reich unterschiedlich gehandhabt worden. Sie führte aber generell zur systematischen Ausgrenzung dieser Kinder und bedeutete in sehr vielen Fällen deren Freigabe zur Tötung.

Es wurde von einzelnen Vertretern der Hilfsschulen versucht, die schwer schwachsinnigen Kinder und ihre Einrichtungen zu retten. So betonte u. a. *Tornow (1941),* daß diese Kinder eine gewisse Bildbarkeit durchaus besäßen und daher auch eine Teilbrauchbarkeit für das Volksganze erreichen könnten. "Wir müssen in voller Klarheit herausstellen: die als bildungsunfähig aus der Hilfsschule auszuschulenden Kinder sind in der Mehrzahl der Fälle keineswegs als völlig unbeeinflußbar, als völlig erziehungs- und bildungsunfähig, als völlig arbeitsunfähig oder gar als asozial hinzustellen" (27). "Diese Kinder könnten bei geeigneter Betreuung wenigstens einen Teil ihres Lebensunterhalts verdienen und zugleich vor dem völligen sozialen Absinken bewahrt werden" *(33).*

Die konsequente Auslegung der Begriffe "lebensunwertes Leben" und "Bildungsunfähigkeit" führte allerdings unerbittlich – vor allem im Krieg – zur massenweisen systematischen Tötung dieser im Sinne der Nazi-Ideologie "unbrauchbaren" Kinder und Jugendlichen *(Ehrhardt 1965, Klee 1983).* Ihr Ziel wurde zwar mit der Lüge zu verschleiern versucht, daß niemand diese Menschen auf dem Wege der Euthanasie beseitigt wissen wolle, zugleich aber wurde auch primitiv-utilitaristisch suggeriert, daß "niemand mehr – wollen wir endlich aus dem Wohlfahrtsstaat herauskommen – die Verantwortung für die Erhaltung arbeitsunfähiger Volksgenossen übernehmen" könne *(Krampf, ibid., 83).* – Das Programm der Kinder-Euthanasie ("T 4") wurde über eine Meldepflicht zentral gesteuert und in mehreren als Pflegeanstalten oder Spezialkliniken getarnten Tötungseinrichtungen durchgeführt. Ihm fielen mindestens 5000 geistig behinderte Kinder zum Opfer, wahrscheinlich wesentlich mehr. Insgesamt gab es im Deutschen Reich sechs Tötungsanstalten, in denen über 70 000 Menschen aus psychiatrischen Anstalten, Alters- und Pflegeheimen und Krankenhäusern ermordet wurden *(Klee 1983, Kuratorium Gedenkstätte Sonnenschein 1996, Jenner, Klieme 1997, Faulstich 1998).*

Nach 1945 änderte sich für die geistig behinderten Kinder schulisch und sozial wenig. Man knüpfte da an, wo man 1933 gestanden hatte. Der § 11 des Reichsschulpflichtgesetzes wurde in sämtliche Schulpflichtgesetze der Bundesländer übernommen. Die Hilfsschule etablierte sich wieder als Leistungsschule, die an einer Einbeziehung der Schwerschwachsinnigen kaum interessiert war. Man überließ sie – wie einst – den Anstalten, d. h. der "privaten Mildtätigkeit". Die Ausschulung der sog. Bildungsunfähigen, ihre "Schul*befreiung*", wurde vielfach bedenkenlos praktiziert. Die Hilfsschule registrierte diese "Befreiten" lediglich in ihren Akten. Es standen nur in den Anstalten Plätze in sehr begrenzter Zahl zur Verfügung. – Noch 1954 hieß es in einer Denkschrift des Verbandes Deutscher Hilfsschulen zum Ausbau des heilpädagogischen Sonderschulwesens (unter A 8): "Erweist sich ein Kind während seiner Hilfsschulzeit als bildungsunfähig, ist die Ausschulung zu veranlassen." Darüber, was mit den so Entfernten geschehen soll, wurde nichts vermerkt.

Die zahlreichen Anstalten, zumeist in kirchlicher Trägerschaft, hatten nach dem Krieg einen schweren Stand. Die materiellen und geistigen Verwüstungen hatten Spuren hinterlassen, die nicht so rasch überwunden werden konnten. Die Finanzierung war im wesentlichen auf "Mildtätigkeit" angewiesen. Der empfindliche Mangel an pädagogischem Fachpersonal erlaubte im allgemeinen nur Pflegedienste, freilich unter Einbeziehung pädagogischer Elemente (vgl. *Kaspar, Wollasch 1981, Klevinghaus 1972*).

5. Bildungsrecht und Schule für Geistigbehinderte

Eine Wendung bahnte sich an, als die Eltern zur Selbsthilfe griffen und sich zu Elternvereinigungen zusammenschlossen. 1958 wurde die Bundesvereinigung "Lebenshilfe für das geistig behinderte Kind" in Marburg gegründet *(Mutters 1965).* Der allmählich wieder in Gang kommende Kontakt mit dem Ausland ließ die bisherige Mauer der Ignoranz auf sozialem und schulischem Sektor allmählich abbröckeln. Die von der Bundesvereinigung Lebenshilfe geprägte Bezeichnung "geistig behindert" wurde in die sonderpädagogische Fachterminologie übernommen.

Es entstanden zunächst *sozialpädagogische* Einrichtungen in Form reiner Horte oder Tagesstätten ohne eine Angliederung an eine Schule. Ihre Errichtung ließ sich auf Grund des Jugendwohlfahrtsgesetzes rechtlich leichter bewerkstelligen als die Schaffung schulischer Einrichtungen. Hier bestand rechtlich das Hindernis der "Schulbefreiung" der "bildungsunfähigen" Kinder.

Ein aufschlußreiches Dokument für diese Problematik stellt der 13. Abschnitt des *"Gutachtens der Ständigen Konferenz der Kultusminister der Länder zur Ordnung des Sonderschulwesens" (1960)* dar. Er ist betitelt "Heilpädagogischer Lebenskreis für pflegebedürftige Kinder". Es heißt darin im einzelnen: "Diejenigen Kinder, deren Erziehbarkeit und Bildbarkeit so gering sind, daß sie weder in Schulen noch in Heilpädagogischen Kindergärten gefördert werden können, haben auch ein Anrecht darauf, als Menschen beachtet und behandelt zu werden. – Der Staat darf sich der Verpflichtung nicht entziehen, auch diesen Kindern gerecht zu werden... Diese Lebenskreise sind stationär in Heimen oder ... als Tagesheimstätten einzurichten. Wieweit die Jugendfürsorge oder die Schulbehörde oder beide gemeinsam solche Einrichtungen schaffen und beaufsichtigen, hängt von den jeweiligen örtlichen Gegebenheiten und dem jeweiligen Charakter dieser Einrichtung ab."

Dieser Text stellt offensichlich eine Verlegenheitslösung dar. Dies geht schon aus dem schulorganisationsfremden Terminus "Lebenskreis" hervor, der in einem Gutachten verwendet wird, in welchem eindeutig nur von "Sonderschulen" die Rede ist. Man könnte einwenden, daß man sich damals – 1960 – in Anbetracht der gegebenen Verhältnisse und der noch nicht ausgereiften Konzeption für diese Bildungsarbeit alle Türen offen lassen wollte (Schulanhängsel oder Sozialeinrichtung); und doch wurde eine negative Fixierung vorgenommen: die geistig behinderten Kinder wurden als "pflegebedürftig", d.h. nicht schulbildungsfähig, deklariert. Die menschliche Aufgabe an ihnen wurde nicht als Bildungsaufgabe, sondern als "Pflege der körperlichen und seelischen Kräfte" definiert. Abgesehen von diesen vagen und die Bildungsaufgabe am geistig behinderten Kind einengenden Formulierungen wurde immerhin die Aufmerksamkeit der Öffentlichkeit auf diese bedeutsame Aufgabe gerichtet.

Wenn auch die sozialpädagogische Lösung von Vertretern der Hilfsschule *(Hofmann 1959, Wegener 1962)* als adäquat für schwer schwachsinnige Kinder angesehen wurde, so konnte sie doch die schulpädagogische Lösung nicht ersetzen. Längst lagen Vorbilder aus dem Ausland vor. Es ging im übrigen prinzipiell um die Sicherung eines ungeteilten Bildungsrechtes für alle Kinder.

Da sich die Hilfsschule aus ihrer eigenen Tradition und Position als "Leistungsschule" heraus – aus damaliger Sicht mit Recht – dagegen wehrte, die von ihr als "bildungsunfähig" ausgeschulten Kinder wieder aufzunehmen, und damit den eigenen Bildungsauftrag zu gefährden, kam nur eine gesetzliche Neuregelung in Betracht: Es mußte eine eigene "Sonderschule für Geistigbehinderte" zusätzlich zur Hilfsschule (Sonderschule für Lernbehinderte) geschaffen werden. Zu dieser wichtigen bildungspolitischen Neuschöpfung kam es durch den Erlaß von Sonderschulgesetzen in den Bundesländern um die Mitte der sechziger Jahre.

Die Verankerung des Schulrechts der geistig behinderten Kinder bedeutete:

a) die Bestätigung des allgemeinen, durch Verfassungen gesicherten Bildungsanspruches, damit
b) die Bestätigung der Zugehörigkeit zum Gesamt der Schulen besuchenden Kinder und Jugendlichen,
c) die Sicherung der Vermittlung aller dem geistig behinderten Kinde zugänglichen Bildungsgüter einschließlich derer, die zu den sogenannten Kulturtechniken gehören, und
d) den Einbau dieser Bildungsarbeit in die umfassende Organisation der Schule.

Der Weg zur ordentlichen "Schule für Geistigbehinderte", wie er in *München* verlief, kann als Beispiel für ähnliche Vorgänge an anderen Orten dienen *(Speck 1964)*. Er ist mit dem Namen der Münchner Oberschulrätin *M. Eller* eng verknüpft. – Schon als Hilfsschullehrerin hatte sie sich in den fünfziger Jahren aus eigenen Stücken außerhalb der Schule im Einzel- und Gruppenunterricht derjenigen Kinder angenommen, die von der Schule abgewiesen worden waren. Zusammen mit den Eltern, die jeweils an einem solchen Abendunterricht teilnahmen, hatte sich ein Arbeitskreis gebildet.

Im Jahre 1959 wurde dieser Abendkurs mit Genehmigung des Stadtschulamtes in eine Versuchsklasse der Hilfsschule umgewandelt. Sie mußte von *M. Eller* neben ihrer Hilfsschulklasse geführt werden. Der Erfolg dieser Arbeit führte 1960 zur ordentlichen Errichtung von zwei Sonderklassen für Geistigbehinderte an der Hilfsschule an der Klenzestraße. Es waren dies die ersten öffentlichen "Sonderklassen für Geistigbehinderte" in Bayern. Das Münchner Beispiel fand in anderen Städten des Landes, wo sich Lehrer dazu bereitfanden, Nachahmung.

Nach dem Erlaß des Sonderschulgesetzes (1965) konnten die ersten selbständigen Schulen für geistig behinderte Kinder geschaffen werden. Auch in fast allen anderen Bundesländern vollzog sich zur gleichen Zeit dieser Vorgang; in die Schulgesetze wurden die "Schulen für Geistigbehinderte" – in Baden-Württemberg: für "Bildungsschwache" – aufgenommen.

In den siebziger Jahren ist die "Schule für Geistigbehinderte (Sonderschule)" ein festverankerter Bestandteil des Schulwesens. Ausgebaut wurden auch die Einrichtungen für die Frühförderung, der Kindergarten (als schulvorbereitende Einrichtung), die Tagesstätten, die Heime, die Werkstufe und die Werkstätten für Behinderte (vgl. auch *Speck 1979b*).

6. Integrative Tendenzen

Seit den achtziger Jahren wird als Folge integrativer Einstellungsänderungen in der Gesellschaft die Schule für geistig Behinderte als einzig adäquate Bildungseinrichtung für diese Kinder in Frage gestellt und als Sonderschule zu überwinden versucht. In zahlreichen Modellen werden Formen gemeinsamen Lernens von geistig behinderten und nichtbehinderten Schülern erprobt. Die Zahl der Eltern wächst, die ihr geistig behindertes Kind in einer Grundschule unterrichten lassen wollen. Vielerorts können Sonderschulen für diese Kinder nicht mehr gebildet werden, weil diese Grundschulen besuchen. Beispielhaft sei der Hamburger Schulversuch genannt, der insbesondere geistig behinderte Kinder berücksichtigt *(Wocken, Antor 1987)*. Während hier und in den meisten anderen Modellen *bestimmte* geistig behinderte Schüler ausgewählt werden, zielt der Schulversuch in Bremen auf die schulische Eingliederung aller geistig behinderten Kinder, auch der schwerstbehinderten, ab *(Feuser, Meyer 1987)*.

Mit diesen Ansätzen soll die Gefahr der sozialen Isolierung gebannt und eine bessere pädagogische Grundlage für eine spätere wirkliche soziale Eingliederung im Sinne des Normalisierungsprinzips geschaffen werden. Die Probleme, die sich aber gerade im Falle einer geistigen Behinderung schulisch-unterrichtlich stellen, sind erhebliche (vgl. *Speck 1988*). Es ist eine völlig offene Frage, ob die Grundschule generell bereit ist, diese Aufgabe zu übernehmen, ob der Staat in der Lage ist, die Personalschlüssel für Lehrer zu verbessern, ob die Eltern der nichtbehinderten Kinder wirklich und auf Dauer zur Kooperation bereit sind, und ob die Lehrer generell und beständig die erschwerte unterrichtliche Aufgabe übernehmen können. Eine entscheidende Frage richtet sich darauf, ob etwa ein Teil der geistig behinderten Kinder integrativ unterrichtet wird und der andere Teil in einer Restschule verbleibt, deren Bildungsauftrag wiederum in Frage gestellt wird, und die dann zur Pflegeeinrichtung abgestuft werden könnte.

Die Integrationsdiskussion wird mit starkem sozialem und politischem Engagement geführt. Die sich stellenden Fragen lassen sich deshalb noch nicht bündig beantworten (vgl. *Mühl 1987*). Auf jeden Fall sind in der geistigbehindertenpädagogischen Szenerie Ansätze eines grundlegenden Wandels mit gegenwärtig noch nicht absehbaren Folgen und eine beträchtliche Verunsicherung unter Eltern und Sonderpädagogen eingetreten. Die zutage getretenen Kontroversen beziehen sich dabei nicht auf das *Ziel* "soziale Integration", sondern auf den *Weg* dorthin. Die bisher eigeninstanzlich kompetente Sonderpädagogik (Geistigbehindertenpädagogik) sieht sich in ein substantielles Spannungsverhältnis mit allgemeinpädagogischen und sozialpädagogischen Kompetenzen einbezogen. Sie geht nicht mehr von einer institutionell fixierenden Sonderschulbedürftigkeit aus, sondern von einer offenen Position, die vom individuellen Erziehungsbedarf des Kindes unter der Maßgabe dienlicher integrativer Lernbedingungen bestimmt wird *(KMK-Empfehlungen 1994)*.

7. Zur Entwicklung der Geistigbehindertenpädagogik

Die Wissenschaft von den Bildungs- und Eingliederungsmöglichkeiten für Menschen mit einer geistigen Behinderung ist relativ jung. Sie ist hervorgegangen aus medizinisch-naturwissenschaftlichen Ansätzen zur Erklärung des Entstehens und zur Vorbeugung von geistigen Behinderungen, aus christlichen und humanitären Impulsen zur Linderung menschlichen Leidens und aus pädagogischen Versuchen, Einsichten und Methoden zur Bildung auch der Schwächsten im Lernen. Diese Vorgeschichte war ein reichlich langer und mühsamer Weg durch Aberglauben, Ignoranz und Ablehnung einerseits und durch tiefes Elend andererseits. Das gesellschaftliche Schicksal der Ausgestoßenen und Nur-Geduldeten teilten Menschen mit geistigen Behinderungen in allen vergleichbaren "zivilisierten" Ländern.

Die Geistigbehindertenpädagogik als pädagogisches (heilpädagogisches) Fach hierzulande konstituierte sich etwa 20 Jahre nach dem Zweiten Weltkrieg. Sie hatte nahezu vom Punkt Null auszugehen. Die Nazi-Barbarei hatte alle Ansätze der vorausgegangenen "Hilfsschulpädagogik" zerschlagen. "Lebensunwertes Leben" war vernichtet worden. Während beispielsweise in den USA, in den Niederlanden oder in Skandinavien die Entwicklung der wissenschaftlichen Erforschung und der pädagogischen Methoden weiterschreiten konnte, entstand in Deutschland eine Lücke von etwa 30 Jahren. Sie konnte nicht so einfach aufgefüllt werden. Die Kontakte zum Ausland waren unterbrochen und belastet. Der Anschluß an die Entwicklung wurde auf zweierlei Weise gesucht:

- Man versuchte, an der alten Hilfsschulpädagogik anzuknüpfen. Sie hatte eine 1933 abgebrochene beachtliche Tradition. Diese bezog sich vor allem auf die schulische Förderung "schwachsinniger" Kinder (vgl. *A. Fuchs 1922*). Ein anderer Ankĳpfungspunkt waren die "Anstalten", die im 19. Jahrhundert Verdienstvolles zur Linderung von Not geleistet hatten (vgl. *Hilscher 1930, Sengelmann 1885*).
- Man orientierte sich am Ausland. Es war kein Zufall, daß gerade ein Ausländer (*T. Mutters,* Niederlande) in Deutschland aus der international fortgeschrittenen Entwicklung heraus entscheidende Anstöße für neue Modelle der Förderung und Eingliederung geistig behinderter Menschen gab.

Aus der Spannung dieser unterschiedlichen Ansätze ging das erste größere Kontroversthema hervor, an dem sich die junge Geistigbehindertenpädagogik profilieren konnte: der Streit um den pädagogischen Stellenwert der Kulturtechniken gegenüber einer mehr lebenspraktischen Bildung im Zusammenhang mit der Konstituierung der "Schule für geistig Behinderte" (vgl. *Vetter 1966, Bach 1967*). Auf jeden Fall konzentrierte sich der wissenschaftliche Ansatz zunächst auf die *Schule.* Es ging um die Begründung des Bildungsrechtes für geistig behinderte Kinder und Jugendliche und um die Wiedererrichtung spezieller schulischer Einrichtungen. Spezielle pädagogische Methoden zur vollen Ausschöpfung der Lernkapazität dieser Schüler galt es zu entwickeln. Mit einem Elan sondergleichen ging man an die Konstruktion von Lehrpänen (Curricula) heran. Alle alles lehren zu können, hieß die optimistische Devise, die sich auf die Lern- und die Begabungstheorie stützen konnte, ursprünglich aber von *J.A. Comenius* stammte.

Die Konzentration auf die Verbesserung der Lernmöglichkeiten des einzelnen geistig behinderten Schülers bestimmte lange Zeit inhaltlich das Arbeitsgebiet der Geistigbehindertenpädagogik. Davon legt im besonderen der von *H. Bach 1979* herausgegebene *Band 5* des "Handbuches der Sonderpädagogik" Zeugnis ab. Gebrochen wurde diese Entwicklung durch gesellschaftskritische und soziologisch orientierte Ansätze *(Feuser 1981).* Das "medizinische

Modell", das sich vornehmlich an Schädigungen im einzelnen und an entsprechenden individuum-bezogenen Therapie- und Förderungsansätzen orientierte, wurde als einseitig und deshalb unzulänglich verworfen. Gefragt und geforscht wurde nach sozialen, interaktionalen und kommunikativen Zusammenhängen. Unterstützt wurde dieser Ansatz durch die Propagierung von Normalisierung und gesellschaftlicher Eingliederung von Menschen mit geistigen Behinderungen *(Thimm u. a. 1985)*. Die Geistigbehindertenpädagogik begann, sich aus dem Bereich der Schule (Sonderschule) heraus zu verlagern und zu erweitern.

Zum einen dehnte sich das Forschungsfeld der Förderungsmöglichkeiten auf alle Entwicklungsstufen aus, also von der Früherziehung bis zur Erwachsenenbildung; zum anderen verstärkte sich das Forschungsinteresse für Möglichkeiten der schulischen und sozialen Integration, d. h. also für Möglichkeiten gemeinsamen Lernens und Lebens geistig behinderter und nichtbehinderter Menschen.

Die Integrationsdiskussion brachte die Geistigbehindertenpädagogik in eine erneute Kontroverse. An ihr läßt sich beispielhaft aufzeigen, was Wissenschaft vermag und wo ihre Grenzen liegen. Wissenschaft versucht Klärung in die Wirklichkeit zu bringen, damit diese besser bewältigt werden kann. Wie ist aber die Wirklichkeit, z. B. die Erziehung samt Erziehungszielen und -problemen, familiären und gesellschaftlichen Bedingungen zu sehen und zu bewerten? Wie kann man beispielsweise zur allseits gewünschten ("objektiven") Klarheit darüber kommen, ob eine gemeinsame Unterrichtung geistig behinderter und nichtbehinderter Kinder real die "bessere" ist? Von welchen Bedingungen hängt die insgesamt bessere Entwicklung ab? Was ist überhaupt "besser"? Wer kann und soll dies beurteilen? Ist dies nicht Sache, d. h. das Recht und die Freiheit, jedes einzelnen, insbesondere der unmittelbar betroffenen Menschen? Wieweit sind subjektive und partiell generalisierte Wertungen maßgebend und konstitutiv für pädagogische Maßnahmen?

Hier wird ein spezielles Problem der Geistigbehindertenpädagogik deutlich: Sie muß Aussagen *über* den geistig behinderten Menschen machen, da der Zugang zu seiner Selbstsicht und Weltsicht nur indirekt erschlossen werden kann und da seine Wirklichkeit eine extrem *abhängige* ist.

Jeder Versuch aber, etwas wissenschaftlich objektivierend festzustellen, ist vom Beobachter, von seinen Wahrnehmungsmustern, von seiner eigenen Selbst- und Weltsicht, von seinen Wertmaßstäben abhängig. Wenn er sich z. B. zur bedingungslosen Gemeinsamkeit des Lebens und Lernens aller Kinder bekennt, so ist seine Wahrnehmung im speziellen von diesen Erwartungen geprägt. Die Folge ist, daß die Wirklichkeit in ihren Möglichkeiten verschieden gedeutet und beschrieben wird. Die Geistigbehindertenpädagogik kann deshalb letztlich kein geschlossenes, also auch kein "klares" Bild abgeben.

Sie kann als Wissenschaft auch kein Urteil darüber abgeben, ob bestimmte Werte für das Zusammenleben der Menschen und für ihre eigene Lebenserfüllung und Sinnfindung die "richtigen" sind. Für Werte, für das, was den Menschen gut und glücklich machen kann, hat sich der einzelne zu entscheiden, selbstverständlich im Verbund mit anderen. Wissenschaft kann lediglich feststellen, welche Werte und Normen in bestimmten Gruppen von Menschen gültig und wirksam sind (vgl. *Anstötz 1984 b*). Damit soll angedeutet werden, daß das, was wissenschaftliche Analyse und Theoriebildung erfaßt und erarbeitet (konstruiert), nur von begrenzter Gültigkeit ist und sein kann. Selbstverständlich sind diese Beiträge zum Verständnis des Menschen und zur Bewältigung seiner Probleme unverzichtbar wichtig. Die Geistigbehindertenpädagogik hat die Aufgabe, die Erziehungswirklichkeit für Menschen mit geistiger Behinderung in all ihren Facetten und Zusammenhängen zu erfassen, zu sondieren und transparent zu machen und zwar so, daß ihre Befunde nachprüfbar sind, nicht also reine subjektive Ansichten darstellen.

Man kann mit Recht in der deutschen Geistigbehindertenpädagogik ein gewisses Defizit an wissenschaftlich-empirischen Befunden zur Lern- und Lebenssituation von Menschen mit geistiger Behinderung beklagen. Es mag dies mit dem Rückschlag zusammenhängen, den diese Wissenschaft durch das o. g. historische Vakuum erlitten hat. Das ist aber nicht allein der Grund. Er ist auch und v. a. darin zu sehen, daß man hierzulande – insbesondere "nach Auschwitz", nach der Vernichtung "lebensunwerten Lebens" – besonders sensibel für Lebens- und Weltanschauungen, für Ideologien ist, und daß deshalb sehr wachsam der normative Zusammenhang zwischen geistig behindertem Leben und gesellschaftlichen Wertsystemen insgesamt beobachtet und diskutiert wird.

Die Wissenschaft von der Erziehung und Bildung von Menschen mit geistiger Behinderung kann – bei aller Verpflichtung zu möglichst objektiver, also rationaler, verallgemeinerbarer und kontrollierbarer Erkenntnis – auf die Einbeziehung der in der Gesellschaft wirkenden und für den einzelnen gültigen Werte und Normen nicht verzichten; denn *Erziehung* ohne verbindliche Normen und Werte ist nicht denkbar. Damit aber wird zugleich das Kreuz sichtbar, das eine Erziehungswissenschaft auf sich zu nehmen hat, und das ihr immer wieder den Verdacht einbringt, keine echte, keine "reine" Wissenschaft zu sein.

Eine solche "reine" Wissenschaft würde den Menschen zum bloßen Objekt wertfreier Analyse und Befunde machen. Sie könnte keine Aussagen darüber machen, was durch Erziehung an Werten verwirklicht werden *"soll"*. Gerade eine Wissenschaft von der Erziehung geistig behinderter Menschen bedarf einer Diskussion des zugrunde zu legenden Menschenbildes und verstehender Teilhabe am Menschen. Sie wird dabei immer nur von einer Hypothese zur anderen fortschreiten können und ist dabei auf eine kritische Auseinandersetzung mit Gegenthesen angewiesen. Je offener, d. h. je weniger totalisierend und radikalisierend sie dabei verfährt, desto eher kommen Verständigungen, gegenseitige Ergänzungen und Annäherungen an das zustande, was Erziehung unter erschwerenden Lernbedingungen und bei speziellen Erziehungsbedürfnissen bedeutet.

Die Kritik *(Anstötz 1984 a, 1985, 1987)* an der Geistigbehindertenpädagogik hierzulande, sie ermangele einer hinreichenden wissenschaftlich positiven, also statistisch-empirischen Begründung, ist durchaus ernst zu nehmen. Jedes wissenschaftliche Fach, das es mit dem Befund und der Veränderung von Wirklichkeit zu tun hat, bedarf eines gesicherten Bestandes an Faktenwissen. Dieses wird durch Beobachten, Zählen und Messen von beobachtbarer, zählbarer und meßbarer Realität erzeugt. Die Frage ist, wie der beklagte Mangel an erziehungswissenschaftlicher Faktenforschung im Bereich der Geistigbehindertenpädagogik zu erkären ist. *Anstötz* unterstellt seinen deutschen Kollegen eine Vorliebe für – offenbar "unwissenschaftliches" – "Ganzheitsdenken", also ein mangelndes Interesse an "harter" Empirie und hält ihnen zum Vergleich die imponierenden empirisch-wissenschaftlichen Arbeiten im anglo-amerikanischen Bereich vor.

Bei näherem Hinsehen aber lassen sich wichtige Differenzierungen ausmachen:

Die zitierten englischen und amerikanischen empirischen Arbeiten stammen nahezu ausnahmslos nicht von Pädagogen, sondern von *Psychologen.* Sie sind Bestandteil der (pädagogisch-)*psychologischen* Forschung, die an einigen wissenschaftlichen Instituten hervorragend ausgebaut ist. Die Psychologie hierzulande hält sich demgegenüber auffallend abstinent, was die Erforschung der geistigen Behinderung betrifft. Man kann m. E. davon ausgehen, daß im Ausland vergleichsweise ebenso wenige bzw. ebenso viele *Pädagogen* Forschung im Bereich der geistigen Behinderung betreiben wie hierzulande.

Ein Blick in die bekannten englischen oder amerikanischen Werke über "Mental Retardation" oder "Mental Deficiency" zeigt, daß hier "The *education* of the mentally retarded" nur ein einzelnes Kapitel darstellt. Alles übrige ist im üblichen Schema Biologisches, Psychologisches und Soziologisches zur geistigen Behinderung. In dem umfassenden englischen Werk über "Mental Deficiency" von *Clarke* und *Clarke* (Hrsg.) mit 886 Seiten befindet sich unter den 18 Autoren nur ein einziger Pädagoge; die meisten sind Psychologen. Und das 15 Seiten umfassende Kapitel über "The education of the mentally handicapped child" stammt noch dazu aus der Feder eines (deutschstämmigen) Psychologen: *H. C. Gunzburg!* Auch für die USA gilt, daß die meisten wissenschaftlichen Publikationen zur "mental retardation" samt "special education" und "special teaching" von Psychologen geschrieben sind und sich auf spezielle psychologische Forschung stützen.

Demgemäß beziehen sich die meisten empirisch-wissenschaftlichen Untersuchungen zum Phänomen "geistige Behinderung" in Wirklichkeit auf *psychologische,* nicht auf *pädagogische* Inhalte. Verwiesen sei beispielsweise auf Fragen zur Verbreitung, zur Diagnostik, zur Klassifikation, zum Verhalten, zur Entwicklung etc. Ob beispielsweise eine Untersuchung zum "motorischen Transfer bei Geistigbehinderten" *(Anstötz 1984 a)* wirklich eine pädagogische oder nicht eher eine psychologische ist, bleibt durchaus eine offene Frage. Befunde zur Veränderung von Verhalten auf Grund pädagogischer Interventionen sind allemal ein Problem, wenn sich der Forscher der ganzen Variablenkomplexität solcher interaktionalen Prozesse wirklich stellt, und deshalb auch anderswo relativ rar. Wegen der notwendigen Variablenreduzierung sind derartige wissenschaftliche Ergebnisse auch im allgemeinen für die pädagogische Praxis von reduziertem Wert. Dies gilt im besonderen für experimentelle Untersuchungen. Die Euphorie, mit dem verhaltenswissenschaftlichen Interventions- und Forschungsansatz auch Erziehungsprozesse in den Griff bekommen zu können, ist längst verflogen. Erziehung ist eben kein Transportunternehmen, bei dem ein Kind von einem Lernzustand A durch eine Intervention B zu einem Lernziel C transferiert werden könnte (vgl. *ter Horst 1983*).

Es ist aufschlußreich, was *K. J. Klauer* in seinem Vorwort zur Geistigbehindertenpädagogik von *Anstötz (1987)* schreibt. Er beklagt pauschal die wissenschaftlichen Versäumnisse der deutschen Geistigbehindertenpädagogik und deren sehr "nachteilige" Auswirkungen. Dann heißt es, Wissenschaft habe es mit anderen Fragen als mit normativen zu tun. "Wissenschaft erforscht den ihr entsprechenden Ausschnitt der Wirklichkeit." Wenn Wissenschaft eine *ihr entsprechende* Wirklichkeit braucht, dann ist es eben nicht die *praktische* Wirklichkeit in ihrer Alltagskomplexität, eher eine präparierte. Von dieser Aussage her erklärt sich z. T. auch die im letzten Jahrzehnt so auffallend deutlich gewordene Distanz der pädagogischen *Praxis* gegenüber ("psychologischen") Forschungsergebnissen. Sie wird um so größer werden, je eigener sich pädagogisch-psychologische Forschung ihre Untersuchungsfelder unter dem naturwissenschaftlichen Zwang der Variablenreduzierung und Meßbarkeit präpariert, also verdünnt, d. h., je mehr sie "sich entsprechende Ausschnitte der Wirklichkeit" verschafft. Sie begibt sich damit in Gefahr, letztlich nur sich selbst zu dienen.

Was die Geistigbehindertenpädagogik hierzulande kennzeichnet, ist gerade ihr ausgeprägt *pädagogischer* Ansatz. Er beinhaltet zwingend die Normen- und Zielreflexion. Sie wäre sonst kein *pädagogisches* Fach. Sie bedient sich als Erfahrungswissenschaft, die sich der komplexen Alltagswirklichkeit von erschwerter und belasteter Erziehung zu stellen hat, der empirischen Befunde, die vor allem die Psychologie als Verhaltenswissenschaft erarbeitet, aber auch eigener Beobachtungen im konkreten, aber offenen pädagogischen Handlungsfeld (Handlungsforschung).

Es dient der pädagogischen Sache wenig, wenn dieser handlungsorientiert-offene Ansatz, der sich der Subjektivität der Akteure und der Unberechenbarkeit ihres Verhaltens in der Zeit stellt, aus "streng wissenschaftlicher" Sicht weniger gilt als "exakte" Zahlenergebnisse. Solche Abwertung dürfte im umgekehrten Verhältnis zur Relevanz solcher Befunde für das pädagogische Handeln stehen. Eine Geistigbehindertenpädagogik, die sich als erklärend dienstbar für pädagogisches Handeln im hochkomplizierten Felde geistiger Behinderungen versteht, kann nur in der permanenten Wechselwirkung eines erfahrungswissenschaftlichen und eines interpretativ-reflexiven Ansatzes stehen.

Die anthropologische Frage ("Was ist der Mensch?"), "Was bedeutet eine geistige Behinderung für das Menschsein?" hat einen traditionell zentralen und legitimen Ort in der deutschsprachigen Heilpädagogik (Pädagogik), so wie anderswo die "Philosophy of Education" eine eher marginale Bedeutung für die “special education” hat. Es gibt keinen Grund, in diesem Unterschied eine Unzulänglichkeit der deutschsprachigen Geistigbehindertenpädagogik zu sehen, solange sie die Frage nach der Praxis der Erziehung und Bildung von Menschen mit einer geistigen Behinderung nicht nachweislich vernachlässigt. Davon aber kann generell nicht die Rede sein, wohl aber von der permanenten Notwendigkeit, Effektivität und Sinn heilpädagogischen Handelns zu rechtfertigen, zu überprüfen und der rationalen Kritik auszusetzen.

Wie begrenzt die Möglichkeiten einer “wertfreien” empirisch-statistischen Wissenschaft sind, Probleme der Erziehungswirklichkeit zu klären, zeigt deren Unzuständigkeit in der aktuellen und die ganze heilpädagogische Szene beherrschenden Frage eines gemeinsamen Lernens behinderter und nichtbehinderter Schüler (vgl. *Bleidick 1988, Eberwein 1988, Feuser 1995*).

Die jüngste Entwicklung mit der Forcierung des ökonomischen Qualitätsprinzips läßt wiederum eine erneute Akzentverschiebung des Bildungs- und Förderungsaspektes bei geistiger Behinderung erkennen: Durch Gesetzesänderung (BSHG) werden über Qualitätskontrollen Nachweise der Effektivität und Rentabilität eingefordert. Menschen mit geistiger Behinderung werden verstärkt unter dem Aspekt eines Kostenfaktors gesehen *(Jantzen u. a. 1999, Peterander, Speck 1999, Speck 1999).*

II. Geistige Behinderung – Begriff und Klassifikation

1. Allgemeines Begriffsverständnis – der Terminus "geistige Behinderung"

Was ist eine geistige Behinderung? – Über die spezielle Erziehung von Menschen, die eine solche Behinderung aufweisen, lassen sich genaue und überprüfbare Aussagen erst machen, wenn geklärt ist, was darunter zu verstehen ist, was diese Behinderung ausmacht. Wissenschaftlicher Umgang mit der Wirklichkeit erfordert hinreichend klare Begriffe.

So geläufig nun auch die Bezeichnung "geistige Behinderung" inzwischen geworden ist, von einem bündig klaren Begriff, dessen Inhalt sich überprüfen (operationalisieren) läßt, kann keine Rede sein. Diese Unklarheit bezieht sich sowohl auf die Komplexität dessen, was alles "an" einem Menschen als "geistig behindert" zu gelten hat, als auch auf die stimmige Abgrenzung eines solchen Befundes von einer anderen Behinderung oder einer Nichtbehinderung.

Ein zentrales begriffliches Problem ist darin zu sehen, daß das, was als geistige Behinderung zu umschreiben wäre, sich einer definitorischen Feststellung von etwas Unveränderbarem entzieht; denn es ist als menschliches Verhaltensphänomen dem Einfluß von Lebensbedingungen in der ablaufenden Zeit ausgeliefert. Was als geistige Behinderung heute gilt, hatte vor 150 Jahren ein erheblich anderes Bild. Geistige Behinderung ist auch als Prozeß im individuellen Lebensablauf zu verstehen.

Hinzu kommt die Frage, wieweit bei der Bestimmung solcher Veränderungen in der Zeit der *Beobachter* mit seinen eigenen Maßgaben, Sichtweisen und Beurteilungskriterien wirksam ist. Es kann kein Zweifel bestehen, daß Eltern ihr eigenes geistig behindertes Kind anders sehen als Fachleute, daß die Einschätzung einer geistigen Behinderung von den Einstellungen der einschätzenden Person abhängig ist, und daß diese wiederum mit gängigen Einstellungen in der Gesellschaft korrespondieren.

In diesem Zusammenhang bekommt ein Definitionsversuch schließlich eine bestimmte Funktion durch die Absicht, die dabei verfolgt wird: Soll nur etwas umschrieben werden, was so oder so "ist" oder sich darstellt oder soll zugleich erkennbar werden, welches humane (pädagogische) Erfordernis damit impliziert ist? Unter diesem Aspekt wird es wichtig, sich nicht auf die Aufzählung der bloßen Defizität zu beschränken, sondern das zugleich menschlich Indizierte, z.B. den pädagogischen Auftrag, deutlich zu machen.

Faßt man die verschiedenen Erfordernisse und Bedenken einer definitorischen Klärung zusammen, so erscheint diese eigentlich nicht mehr realisierbar. Weil sie zu viel umfassen soll, wird sie so sehr komplex, daß das Ergebnis zu allgemein und damit letztlich wiederum zu wenig bestimmend und im einzelnen aussagekräftig wird. Als Beispiel kann die griffige, aber unzulässige Verkürzung der Definition von *Thalhammer (1974)* angeführt werden, geistige Behinderung sei "kognitives Anderssein". Es kann aber auch auf den gesellschaftsbezogenen Ansatz verwiesen werden, der nach einer verkürzenden Sprachregelung in einer geistigen Behinderung lediglich noch die Funktion einer inadäquaten Gesellschaft erkennen läßt.

Der gegenwärtig verwendete Name "geistige Behinderung" dürfte sich insbesondere deshalb durchgesetzt haben, weil er nicht von Nichtbetroffenen, also bloßen Experten, geprägt wurde, sondern von den Eltern solcher Kinder, also Mitbetroffenen. Hinter dieser Tatsache tritt die Frage nach der semantischen Adäquatheit von "geistig" und "Behinderung" zurück. Selbstverständlich eignet sich der Begriff "Geist", für den es unzählige Definitionen geben mag, nicht für eine wissenschaftliche Operationalisierung. Das wäre auch gar nicht notwendig, denn nicht das Wort, sondern sein Inhalt hätte sich einer Operationalisierung zu stellen. Im übrigen genügt für den allgemeinen Gebrauch eines Namens die allgemein vorhandene Verständigung über den damit verbundenen Inhalt, und dies wäre bei geistig behindert durchaus hinreichend gegeben, wenn man mit Behinderung die gravierende Beeinträchtigung des Vollzugs "geistiger", d. h. intellektueller (mentaler) Funktionen versteht. Selbstverständlich ist mit diesen beiden Wörtern keine semantische Klarheit geschaffen, denn Geist läßt sich eigentlich nicht behindern. Nur gibt es einen Punkt, von dem ab die Suche nach einem besseren Wort müßig wird.

Die Geschichte hat gezeigt, daß Namen notwendig sind, daß sie austauschbar sind und daß es nicht die Namen sind, die den Inhalt sichern, sondern die Menschen, die diese Namen verwenden. Die gegenwärtig akzeptierte Bezeichnung "geistige Behinderung" hatte als Vorläufer "Blödsinn", "Idiotie" und "Schwachsinn" ("Geistesschwäche"). Der analoge Name im Englischen lautet "mental handicap". Obwohl sein Bestandteil "mental" uns weniger "geistig" anmutet, ist es doch der gleiche unbestimmte Inhalt. Als Fachterminus steht im Englischen ein anderer Begriff zur Verfügung, nämlich "mental retardation". Da es in der deutschen Fachterminologie eine dementsprechende "geistige Zurückgebliebenheit" nicht gibt, höchstens im medizinischen Bereich die "Oligophrenie", wird erkennbar, wie ungenau und offen der Terminus "geistige Behinderung" ist.

"Behinderung" ist an sich schon ein komplexer Begriff, der aus verschiedenen Teilbegriffen resultiert:

- aus einer organischen Schädigung (Zentralnervensystem),
- aus individuellen Persönlichkeitsfaktoren und
- aus sozialen Bedingungen und Einwirkungen.

Erst das Zusammenwirken dieser Teilfaktoren ergibt das, was man hierzulande eine Behinderung nennt (vgl. *Speck 1998 a*). Im Deutschen wird sowohl dieses Begriffsgesamt als geistige Behinderung bezeichnet als auch der Teilfaktor "Schädigung des Zentralnervensystems" (intellektuelle Schädigung).

Im Unterschied zum wissenschaftlichen Erfordernis, daß für etwas Gemeintes und Zu-Erklärendes ein Terminus technicus und dessen Definition notwendig sind, wird vom menschlich-sozialen Aspekt her immer wieder gefragt, ob man einen Begriff und eine Definition von "geistiger Behinderung" überhaupt brauche. Schließlich hätten in der Geschichte alle – zunächst gut gemeinten – Begriffe, wie z.B. *Blödsinn, Idiotie* oder *Schwachsinn,* zu einer Abnutzung und zu einem Mißbrauch mit Abwertungen geführt. So gibt es in verschiedenen Ländern Bestrebungen, Termini wie *mental retardation* oder *mental handicap* möglichst zu vermeiden. Als Grund wird angegeben, daß eine (negative) Kategorisierung im Sinne eines Festgelegtwerdens von Menschen dazu angetan sei, deren offene Möglichkeiten und vor allem deren Gemeinsamkeit mit anderen zu verstellen. *Definieren* bedeutet immerhin *festlegen* und zwar endgültig ("definitiv"). Es ist nur allzu erklärlich, daß sich gerade beim Begriff der geistigen Behinderung Vorsicht, Distanz und Kritik einstellen, denn die im Begriff enthaltene Wertung (Abwertung) ist nicht aufhebbar.

So verständlich das immer wieder geäußerte soziale Bedürfnis ist, Stigmatisierungen über Begriffe zu vermeiden, so schwierig erweist sich die Umsetzung dieser gut gemeinten Absicht in eine Praxis, die immer auch mit Bezeichnungen umzugehen hat, um das Gemeinte von anderem zu unterscheiden. Das Bemühen, jedes begriffliche Negativum zu vermeiden, führt gelegentlich dazu, daß etwa für Bücher, die für die Arbeit mit geistig behinderten Menschen gedacht sind, verschleiernde Titel gewählt werden, z.B. "Soziale und individuelle Entwicklung und Zusammenwirken". Nur der Fachmann weiß, daß es sich um ein Arbeitsbuch für die Arbeit mit geistig behinderten Erwachsenen handelt. In Bayern ist per Gesetz *(BayEUG v. 1994)* die Bezeichnung "Schule für Geistigbehinderte" abgeschafft und diese durch eine neue ersetzt worden, die sich nicht auf eine Kategorisierung der Schüler, sondern auf den pädagogischen Auftrag der Schule bezieht. Sie heißt jetzt "Schule zur individuellen Lebensbewältigung". Jedermann weiß natürlich, welche Kinder gemeint sind. Man wollte vor allem den Eltern entgegenkommen, die nach wie vor Probleme mit der Zugehörigkeit ihres Kindes zu dieser Gruppe behinderter Kinder haben.

Ist ihnen nun mit einem Vermeiden eines kennzeichnenden Namens wirklich und auf Dauer gedient? Die Geschichte spricht dagegen. Es dürfte kaum ein anderes menschliches Phänomen geben, dessen Realität seit Menschengedenken öffentlich so sehr abgewehrt und dessen Bezeichnung deshalb so oft ausgewechselt worden ist wie das einer mentalen Schädigung. Alle Versuche, dieser menschlichen Realität durch einen euphemistischen Namen die allgemein verbreitete Distanzierung zu nehmen, sind gescheitert. Letztlich drücken sie eine sprachlich gefaßte Unaufrichtigkeit aus. Im Bereich der medizinischen Terminologie, auch im heilpädagogischen Sektor der physischen Schädigungen, z.B. einer Blindheit oder einer Hörschädigung, spielen derartige Verschleierungsversuche keine Rolle. Es liegt die Vermutung nahe, daß sich hinter dem – eher verlegenen – Versuch, ein diskreditiertes Phänomen sprachlich zu verschleiern, im Grunde ein tiefes Mißtrauen gegenüber konstanten gesellschaftlichen Stigmatisierungstendenzen verbirgt und deshalb als ein Armutszeugnis in bezug auf die tatsächliche Integrationsbereitschaft der Gesellschaft anzusehen ist. Wirkliche Integration kommt erst dann zustande, wenn Bezeichnungen wie Ausländer, Schwarze, Juden oder Weiße keine Rolle mehr spielen. Die Akzeptanz des Andersseins kann nicht von Namen abhängig sein.

Daß auch die Verwaltung eines gegliederten Schulsystems auf eine Kennzeichnung von Schülergruppen nicht verzichten kann, geht u. a. daraus hervor, daß im gleichen bayerischen Schulgesetz, in welchem die Neubezeichnung der Schule eingeführt wurde, sich auch der Satz befindet: “Die Schule zur individuellen Lebensbewältigung ist für die Betreuung der Geistigbehinderten zuständig” (Art. 24). Die Ausführungsbestimmungen hätten im übrigen “die Behindertengruppen näher zu beschreiben”, die mit den jeweiligen Schulnamen gemeint sind.

Im Bereich der Wissenschaft schließlich kann auf eine Kennzeichnung und Definition oder Umschreibung eines spezifisch gemeinten Sachverhalts nicht verzichtet werden. Eine Erklärung ohne Termini ist nicht möglich. Der etymologische Inhalt des Wortes “Terminus” ist im übrigen “Grenze”. Es muß zur Unterscheidung eine Grenze als Abhebung zu anderem gezogen werden. Daß darin neue Probleme entstehen und daß es nicht gleichgültig ist, welchen Terminus man wählt, ist eine andere Sache.

Ein gänzliches Austauschen oder Vermeiden eines Namens für etwas spezifisch Gemeintes mit der Absicht, eine Stigmatisierung zu vermeiden, erweist sich also als ein fragwürdiger und oft vergeblicher Versuch. Er kann sogar Verwirrung stiften, wenn außerhalb des Geltungsbereiches eines neu eingeführten Namens dieser unbekannt ist. *Sinason (1992)* hat aus der Erfahrung des renommierten Londoner Tavistock-Instituts, das die Bezeichnung seiner Aufgabenstellungen im Bereich von Mental Deficiency oder Mental Retardation wiederholt gewechselt hat, aufgezeigt, daß die verschiedenen neuen Namen im Grunde nichts gebracht hätten, etwa “learning disabilities”, “developmental disabilities”, “learning problems” oder “handicaps”. Er zitiert *Orwell (1946),* der gesagt habe, der größte Feind der Sprache sei die Unaufrichtigkeit. Er gibt auch die Aussage einer jungen Frau wieder, die angesichts der umständlichen Erklärungsversuche ihrer Betreuer mit einem müden Lächeln erklärt habe: “I’ve got Down’s Syndrom, special needs, learning disability and a mental handicap” *(40).*

Aus wissenschaftlicher, aber auch aus organisationaler Sicht bleibt es ein Erfordernis, hinreichend klare Begriffe zu verwenden und zwar auch international vergleichbare. Was den generellen Begriff “geistige Behinderung” betrifft, so läge es durchaus nahe, ihn – wie international üblich – auch mit *“mentaler Behinderung”* ins Deutsche zu übernehmen. Die ansonsten nötigen Unterscheidungen müssen sich auf die verschiedenen Aspekte beziehen, die ein Terminus im engeren Sinne meint, also hier die von der Weltgesundheitsorganisation (WHO) vorgenommene Unterscheidung von *Schädigung* (impairment), bezogen auf Abweichungen der Struktur oder Funktion des Organismus, z. B. des Gehirns, auf sich daraus ergebende *Beeinträchtigungen* von Lebensvollzügen (disabilities) und schließlich auf das Gesamterleben von Benachteiligungen, vor allem in sozialer Hinsicht, die als *Behinderung* (handicap) zu bezeichnen sind *(Speck 1998 a).*

Entscheidend für die Akzeptanz und soziale Eingliederung ist das Bewußtsein davon, daß jeder Name nur einen Teil bezeichnet, nicht also alles, was einen Menschen ausmacht. Das Ausschlaggebende und allgemein Verbindende am Phänomen einer geistigen oder mentalen Behinderung ist anthropologisch gesehen das Menschsein. Das Menschliche ist nicht teilbar. Mensch ist Mensch. Die Würde des Menschen ist unteilbar. Diese Gemeinsamkeit des Menschseins beansprucht unter dem Aspekt der Verwirklichung von Humanität Priorität. Menschen mit und Menschen ohne zu definierende geistige Behinderung sind demnach Menschen und nichts anderes. Wenn also unterschieden werden soll, so kann es sich nur um den individuellen, mehr instrumentellen Vollzug dieses Menschseins handeln, also um nachgeordnete, akzidentielle Abweichungen. Eine entsprechende Aufteilung (Klassifikation) kann im wesentlichen von administrativen und wissenschaftlichen Zwecken her begründet und gerechtfertigt werden:

- Verwaltung und Recht sind auf Einteilungen angewiesen, um adäquat für den einzelnen in Funktion treten zu können, z. B. im Bereich der Schulorganisation oder der Sozialhilfe.
- Die Wissenschaft wird unausweichlich vor Fragen gestellt, die sich auf die Differenz gegenüber dem Üblichen beziehen, sei es in diagnostischer, prognostischer oder therapeutischer Hinsicht: Was ist bei einem bestimmten Kind mit einer geistigen Behinderung anders? Wie ist diese Abweichung zu erkären? Wie könnte sie sich weiter entwickeln? Wie kann ihr pädagogisch begegnet werden? Wissenschaftler können ihre Untersuchungsergebnisse nur auswerten und vergleichen, wenn sie über angenäherte, d. h. vergleichbare Begriffe für ihre Teil-Populationen verfügen. Es gäbe keine spezifischen Aussagen über Down-Kinder, wenn es nicht den Begriff des Down-Syndroms gäbe.

Eine andere Sache ist der *Umgang* mit Einteilungsbegriffen. Das menschliche Problem der Stigmatisierung läßt sich sicherlich nicht dadurch lösen, daß man lediglich die Begriffe ausmerzt, die zu Diskriminierungen führen können. Stigma-Prozesse sind "ein allgemeiner Bestandteil von Gesellschaft" *(Goffman 1974, 160).* Sie treten da auf, wo Identitätsnormen wirksam sind. Dieser Vorgang stellt eine allgemeine soziale Funktion dar, so daß die Rolle "normal" und die Rolle "stigmatisiert" als Teile des gleichen Komplexes zu betrachten sind *(Goffman, a.a.O., 161).* Nichtsdestoweniger ist der Inhalt, die Definition eines Einteilungs- und Abweichungsbegriffes maßgebend für das Ausmaß und die Schwere einer sozialen Stigmatisierung. "Schwachsinn" als "erbschädliche Volksbelastung" führte historisch gesehen zu Zwangssterilisationen, als "lebensunwertes Leben" zur Tötung, als "Bildungsunfähigkeit" zum Verlust des Bildungsrechtes, zur "Schulbefreiung". Hier werden zugleich die jeweiligen Definitoren sichtbar: die in der Gesellschaft geltenden Normen und ihre Träger. Von ihnen aus erhält der Abweichende einen Stellenwert zugeschrieben.

Hier wird aber auch gleichzeitig die Unzulänglichkeit unserer Versuche deutlich, sogenannte klare, d. h. unmißverständliche Begriffe zu bilden und Definitionen zu setzen. Sie erweisen sich letztlich als Hilfsetikette für eine halbwegs praktikable Verständigung. Für eine lückenlose Begriffserklärung wäre ein unendlicher Regreß nötig. Daher befriedigen Definitionen auch so wenig. Für den Fortschritt der Wissenschaften sind sie offensichtlich nicht unbedingt nötig. "Alle Definitionen können ohne Verlust der gegebenen Information weggelassen werden." Daraus folgert für *K. Popper,* daß "in der Wissenschaft alle wirklichen notwendigen Begriffe undefinierte Begriffe sein müssen" *(1975, 26).* Wir belasten uns also nicht mit dem Vorhaben, "endlich" eine klare Definition für das abzugeben, was geistige Behinderung sei, also alle bisherige Vagheit durch ein sprachliches Konzentrat zu beseitigen, sondern versuchen, im Sinne einer möglichst sinngerechten praktischen Umsetzung möglichst komplexe und zugleich differenzierte Aussagen über das zu machen, was für diejenige Gruppe von Menschen in ihrer sozialen Situation und bei der pädagogischen Verwirklichung von Menschlichkeit Relevanz zu beanspruchen hat, für deren oberflächliche Kennzeichnung sich die Chiffre "geistig behindert" eingebürgert hat.

Das Phänomen geistige Behinderung läßt sich von verschiedenen Aspekten her angehen, von wissenschaftlichen und von philosophisch-anthropologischen. Mehrere Wissenschaften versuchen, geistige Behinderung zu klären. Der medizinisch-biologische Ansatz gilt primär den physischen (organisch-genischen) Abweichungen und Besonderheiten, der verhaltenswissenschaftliche (psychologische) Ansatz der Eigenheit der beobachtbaren Verhaltensweisen, der sozialwissenschaftliche Ansatz im besonderen den gesellschaftlichen Bedingungsystemen, der pädagogische Ansatz den Möglichkeiten der Erziehung. Der letztere hat für unsere Erörterungen Leitfunktion. Er ist auf die anderen Aspekte angewiesen.

Jeder Versuch, das Phänomen geistige Behinderung wissenschaftlich zu klären, stößt auf das Problem, daß generell nur Aussagen *über* den geistig behinderten Menschen möglich sind. Er läßt sich geradezu dadurch kennzeichnen, daß er Außenstehenden die Ergebnisse seiner Introspektion, seiner Selbstreflektion nicht vermitteln kann. *Daß* in ihm reflexive Prozesse ablaufen, kann nicht bezweifelt werden.

Die Tatsache, daß im wesentlichen nur Aussagen *über* den geistig behinderten Menschen gemacht werden können, führt dazu, daß er – wie vergleichsweise das Lebewesen in der Biologie – zum bloßen Objekt von Erklärungen wird. Dem Subjekt des Beobachtenden fehlen die Erfahrungen als Subjekt mit einer geistigen Behinderung. Da aber jede Erkenntnis über ein Objekt nur mit Hilfe des Subjekts möglich ist und da uns keine unmittelbare Erfahrung die Erkenntnis der Objekte liefert *(Piaget 1975, Bd. 10, 265),* ist stets mit der Gefahr der verfälschten Erkenntnis zu rechnen. Alle Aussagen nicht geistig behinderter Personen über den geistig behinderten Menschen sind daher nur mit Vorbehalt adäquate Aussagen.

Fragt man nach der Zweckbestimmtheit einer Definition geistiger Behinderung, so läßt sich vom Aspekt der *Erziehung* her zunächst sagen, daß diese durch eine geistige Behinderung in spezifischer Weise behindert wird *(Bleidick 1978).* Diese negative Aussage ist selbstverständlich das Ergebnis eines Vergleiches mit einer zu definierenden Norm. Ebenso definitionsabhängig wären weitere behinderungsspezifische Aussagen zu bewerten, die sich etwa auf den behinderten Erziehungsprozeß, auf die typische Art der Interaktion zwischen Lehren und Lernen bezögen. *Bach,* der das *Lernverhalten* als zentrale pädagogische Kategorie seines Erklärungsansatzes benutzt, nennt u. a. ein wesentliches Zurückbleiben "hinter der am Lebensalter orientierten Erwartung", "ein Vorherrschen des anschauend-vollziehenden Aufnehmens, Verarbeitens und Speicherns von Lerninhalten und eine Konzentration der Lerninteressen auf direkter Bedürfnisbefriedigung Dienendes" *(1979 a, 3).* Eine Explikation dieser Lern-Begriffe würde sehr bald Operationalisierungsschwierigkeiten sichtbar machen, abgesehen davon, daß offen bleiben muß, ob die genannten Verhaltensweisen das gesamte Lernverhalten tatsächlich umfassen und kennzeichnend treffen. Man könnte z. B. nach dem Bereich des Sprachlichen fragen. Im übrigen reicht der pädagogische Aspekt der geistigen Behinderung über bloßes Lernverhalten sicherlich hinaus. Erziehung vollzieht sich als Interaktion zwischen Lehrenden und Lernenden *(Klauer 1973),* als kommunikative Vermittlung von Werten in einem gesellschaftlich definierten normativen Rahmen. Für die edukative Situation einer Mutter beispielsweise ist nicht nur das Lernverhalten ihres Kindes von Bedeutung. Für sie hat sich gewissermaßen die Welt verändert.

Die menschlich-existentielle Komplexität des Begriffes geistige Behinderung versucht *Thalhammer (1974)* auszuloten. Er spricht unter entschiedener Zurückweisung aller negativen Definitionsversuche von *"kognitivem Anderssein"* als dem primären Konstitutivum dieser eigenen Seinsweise, die eine besondere "lebenslange mitmenschliche Hilfe zur Selbstverwirklichung in individuellen Dimensionen und kommunikativen Prozessen notwendig macht" *(a.a.O., 39).* Damit wird einerseits die üblicherweise ins Feld geführte Determinanz der psychometrisch fixierenden intellektuellen Rückständigkeit neutralisiert und andererseits eine existentiell positive Explikation des Andersseins durch die besondere Hilfebedürftigkeit markiert. Der pädagogische Akzent liegt demnach auf der permanenten Hilfebedürftigkeit, die sich aus einer bestimmten Kognition (oder intellektuellen Eigenart) ergibt, also auf speziellen Erziehungsbedürfnissen (vgl. *Speck 1998 a*). Von Behinderung der Erziehung kann nur dann gesprochen werden, wenn man von einer "Normalerziehung" ausgeht. Eine *spezielle* Erziehung aber wird durch eine geistige Behinderung nur herausgefordert. Sie ist ihr adäquat.

Die pädagogische Relevanz einer solchen *aufgabenorientierten Definition* ist evident. Sie konzentriert sich auf das erzieherisch Erforderliche gegenüber einer vorgefundenen menschlichen Eigenart. Ihr besonderer Wert dürfte darin liegen, daß geistige Behinderung – im allgemeinen eine Chiffre für eine in Frage gestellte Existenz – in der Dimension der Mit-Existenz angesiedelt wird.

Für eine nähere Abklärung der spezifisch veränderten Lebenssituation geistig behinderter Menschen sollen realwissenschaftliche Befunde herangezogen werden. Dabei wird es notwendig sein, sich der Ergebnisse der verschiedenen Disziplinen zu bedienen, da angesichts der biosozialen Komplexität offensichtlich keine einzelne Disziplin für sich in der Lage ist, diese zu erschließen.

Ein *sozialhistorischer Rückblick* zeigt, daß unter geistiger Behinderung unter den verschiedenen gesellschaftlichen Aspekten und Zwecken jeweils verschieden Akzentuiertes verstanden wurde. Ursprünglich war der christlich-caritative Akzent dominant. Er schlug sich möglicherweise im Begriff *Cretin* (franz. chrétien = christlich) nieder und lief im wesentlichen auf "Mildtätigkeit" gegenüber sozial Ausgestoßenen hinaus. Genetisch rassische Vorstellungen einer atavistischen Regression lagen dem Begriff des "Mongolismus" bei *J. L. Down* zugrunde. Unter dem Aspekt wissenschaftlichen Interesses bestimmte im 19. Jahrhundert die Medizin die Erforschung des Schwachsinns, wobei man sich zunächst nur auf die schwersten Formen dieser Schädigungen beschränkte. Später wurden unter dem Einfluß eines primitiven *Sozial-Darwinismus* im Zusammenhang mit wachsenden Problemen der Industrialisierung und Urbanisierung eugenische Ansätze maßgebend (vgl. *Goddard*, Kallikak-Familie, *1912*). Den mörderischen Gipfel dieser Entwicklung bildete dann die nationalsozialistische Rassenlehre der "Ausmerze erbkranken Nachwuchses". Schwachsinnige wurden jeweils aus der Perspektive der Gesellschaft definiert: "als Kranke, als Abzusondernde, als Parasiten, als Gefahr für das Volkswohl, als moralische Krüppel, als Unzurechnungsfähige". Entsprechend fielen die juridischen und administrativen Regelungen für sie aus: Internierung, Sterilisierung, Verlust von Rechten, Vernichtung. Klassifizierungen sind im wesentlichen begründbar durch die Notwendigkeit, entsprechende administrative Organisationsformen zu entwickeln und die wissenschaftlichen Bemühungen um Diagnostik, Prognostik und Forschung zu strukturieren und zu unterstützen.

2. Fachspezifische Sichtweisen und Definitionsansätze

2.1. Der medizinische Aspekt

Jede geistige Behinderung hat ihre körperliche Basis. Die Fülle der zugrundeliegenden pathologischen Faktoren ist nahezu verwirrend groß. Von zentraler Bedeutung ist die *Schädigung des Gehirns.* Diese kann die verschiedensten Körperfunktionen in Mitleidenschaft ziehen. Es können aber auch sonstige Störungen vorliegen. Die Vielfalt der körperlichen Erscheinungsbilder und der in Betracht kommenden Ursachen macht es schwer, diese zu ordnen und jeweils die näheren Entstehungsbedingungen zu bestimmen. Bei etwa der Hälfte der Kinder und Jugendlichen mit einer geistigen Behinderung liegen deshalb keine kausal klaren Diagnosen vor (vgl. *Liepmann 1979, 101*).

Es ist das Verdienst des 1990 erschienenen, von *Neuhäuser* und *Steinhausen,* zwei Kinder- und Jugendpsychiatern, herausgegebenen Werkes *"Geistige Behinderung",* die Einsicht herausgestellt zu haben, daß geistige Behinderung als komplexes Phänomen *keine bloße medizinische Kategorie* darstellt. Unter dem dabei vertretenen Aspekt der notwendigen *interdisziplinären Ergänzung* gewinnt der medizinisch-ärztliche Bestimmungsrahmen an Klarheit, jedenfalls gegenüber dem älteren Begriffsschema der *"Oligophrenien" (Debilität, Imbezillität, Idiotie),* im Grunde *psychologischen* Leitbegriffen. Der Informationswert – auch für Eltern – ist größer, wenn ärztlicherseits spezifizierte Krankheits- und Störungsbilder ins Gespräch gebracht werden, wenn also geistige Behinderung an sich nicht mit *"Krankheit"* kurzgeschlossen wird. In diesem Sinne ist es auch abzulehnen, im Unterschied zu geistig behinderten Kindern von "gesunden" Kindern zu reden.

Wir folgen dem Einteilungsschema von *Neuhäuser* und *Steinhausen,* das auf *Klinische Syndrome* und *spezielle psychopathologische Störungen* ausgerichtet ist und sich zugleich an der Genese (Entwicklung) der verschiedenen Krankheits- und Störungsbilder orientiert. *Neuhäuser* gliedert die große Zahl der wiederum in komplizierenden Zusammenhängen zu sehenden *Klinischen Syndrome* (d. s. regelhafte Kombinationen bestimmter pathologischer Symptome) nach den *Entstehungsphasen,* also vor, während und nach der *Geburt.* Als eigene Kategorie werden dann noch *zusätzliche Störungen* aufgelistet: Zerebrale Anfälle, zerebrale Bewegungsstörungen, Perzeptionsstörungen und Demenz.

Die *Klinischen Syndrome,* die bei einer geistigen Behinderung vorliegen können, werden wie folgt eingeteilt:

1. Pränatal entstandene Formen:
   - Fehlentwicklungen des Nervensystems (Fehlbildungen und Differenzierungsstörungen des Zentralnervensystems)
   - Genmutationen, die vor allem zu Stoffwechselstörungen (Metabolismus) führen können, z. B. die Phenylketonurie
   - Fehlbildungs-Retardierungssyndrome, bezogen auf das Körperwachstum, auf Körperformen und Neigungen zu bestimmten Krankheiten
   - Fehlbildungen des Nervensystems, wie vor allem Makrozephalie und Mikrozephalie (vergrößerter bzw. verringerter Kopfumfang)
   - Chromosomenanomalien, wie z. B. die Trisomien, von denen das Down-Syndrom als Trisomie 21 am häufigsten anzutreffen ist (1:600-900 Neugeborenen)
   - exogen verursachte pränatale Entwicklungsstörungen, bedingt durch Infektionen (z. B. Virus-Infektionen), chemische Einwirkungen (Alkohol, Medikamente) und durch Strahlen- bzw. sonstige Umweltbelastungen
   - idiopathische Form geistiger Behinderung (keine körperlichen Symptome bei zerebralen Funktionsstörungen, vermutlich erbbedingt)
2. Perinatale Komplikationen mit der Folge einer geistigen Behinderung:
   - sog. Geburtstrauma (Verletzungen von Gehirnteilen)

  - durch Sauerstoffmangel bedingte Enzephalopathie
  - Frühgeburten
  - Erkrankungen des Neugeborenen, z. B. die neonatale Meningitis (Hirnhautentzündung) oder eine Blutgruppenunverträglichkeit
3. Postnatale Ursachen geistiger Behinderung:
  - entzündliche Erkrankungen des Zentralnervensystems: Meningitis (Hirnhautentzündung), Enzephalitis (Gehirnentzündung)
  - Schädel-Hirn-Trauma, z. B. durch Unfälle oder Kindesmißhandlungen
  - Hirntumore
  - Hirnschädigungen durch Intoxikation (Vergiftungen), Sauerstoffmangel oder Stoffwechselkrisen

Zusätzlich mögliche und häufig auftretende Störungen, wie z. B. zerebrale Anfälle (Epilepsien) sind bereits oben genannt worden. Darüber hinaus können auch *psychiatrische Störungen* im engeren Sinn auftreten.

Steinhausen nennt:
- Autismus
- Psychosen (psychische Desintegration mit emotionalen Störungen u. a.)
- Hyperaktivität und Aufmerksamkeitsstörungen
- Stereotypien und Automutilitation (Autoaggressionen)
- Enuresis und Enkopresis (Einnässen und Einkoten)
- Eßstörungen und sonstige

Die *Vererbtheit* geistiger Behinderung, deren Bedeutung einst fälschlicherweise gefährlich hochgespielt wurde, kommt als Ursache nur in sehr geringem Maße in Betracht. *Zerbin-Rüdin* (1990) schätzt, daß nur etwa 5-7 % der auftretenden geistigen Behinderungen erbbedingt sind, zumeist Stoffwechseldefekte. Die immer wieder festgestellte familiäre Häufung von "Oligophrenien" bezieht sich eindeutig auf leichtere Ausprägungsgrade, nicht also auf die geistige Behinderung in unserem Sinn.

Nur kurz – weil selbstverständlich – sei abschließend angemerkt, daß die individuelle Form einer geistigen Behinderung nicht das direkte und bloße Ergebnis einer bestimmten körperlichen (neuronalen) Schädigung darstellt, sondern aus einem komplexen Wirkzusammenhang "endogener" und "exogener", somatischer und sozialer Faktoren hervorgeht – so hart und irreversibel die zugrundeliegende organische oder genische Schädigung auch sein mag.

2.2. Der psychologische Aspekt

Bei der psychologischen Begriffsbestimmung von geistiger Behinderung stand lange Zeit die Minderung der *Intelligenz* im Vordergrund. Geistige Behinderung wurde direkt als *intellektuelle Retardierung* definiert. Der Grad der geminderten Intelligenz wurde seit *Binet* und *Simon* (1905) über *Intelligenz-Testverfahren* gemessen, als deren Ergebnis ein Intelligenzalter und Intelligenzrückstand, später durch *W. Stern* ein *Intelligenzquotient (IQ)* errechnet wurde. Als dessen theoretische Basis wurde eine *"allgemeine Intelligenz"* als konstante Größe pro Individuum angenommen. Entsprechend verallgemeinernd fielen dann die Kategorisierungen aus, z.B. als Imbezillität unterhalb IQ 70.

Da aber das, was als "Intelligenz" gemessen wurde, begrifflich stets unklar blieb, sich aber die immer verbreiteter verwendeten I-Tests als praktisch und unverzichtbar erwiesen, konnte man redlicherweise als Intelligenz letztlich nur das verstehen, was durch I-Tests gemessen wurde. In Kritik geriet auch die Annahme einer Angeborenheit von Intelligenz. Es konnte lernpsychologisch nachgewiesen werden, daß für die Entwicklung von sog. Intelligenz auch *soziale* und *kulturelle Bedingungen* maßgebend sind (vgl. *Spreen 1978, 18*). Da aber zugleich eine gewisse Konstanz des IQ über die verschiedenen Entwicklungsstufen hinweg als erwiesen galt, gelangte man zu einer Koppelung von Intelligenzleistung und sozialer Anpassung. Zu deren näherer Bestimmung wurden eigene Sozial-Entwicklungstests konstruiert. Als geradezu klassische Definition von mental retardation galt dann die der *American Association on Mental Deficiency (AAMD),* die auf *R. Heber (1967)* zurückgeht. Sie umfaßte ursprünglich fünf Stufen und reichte damit bis zu einer Standardabweichung. Die jetzige Definition erstreckt sich nur noch bis zur zweiten Standardabweichung, schließt also nicht mehr die Borderline-Stufe mit ein (vgl. *Grossmann 1973*). Sie lautet: "Geistige Retardierung bezieht sich auf signifikant unterdurchschnittliche Allgemeinintelligenz, die fortlaufend mit Defiziten im adaptiven Verhalten vorkommt und während der Entwicklungsperiode bestehen bleibt" *(a.a.O., 11).* Als eindeutig unterdurchschnittlich werden solche *Intelligenzleistungen* angesehen, die zwei Standardabweichungen unterhalb des Mittelwertes liegen, was beim *Stanford-Binet-Test* einem IQ von 67 und beim *Wechsler-Test* einem IQ von 69 entspricht. Es wird ausdrücklich betont, daß das bloße Ermitteln eines niedrigen IQ in keinem Fall genügt, um eine geistige Retardierung zu diagnostizieren. Mitmaßgebend sind das Andauern bis zum vollendeten 18. Lebensjahr, insbesondere aber Ausfälle im Bereich des *adaptiven Verhaltens,* das sich in Standards persönlicher Unabhängigkeit und sozialer Verantwortlichkeit niederschlägt, soweit diese vom Alter und der kulturellen Gruppe her erwartet werden. Gestuft nach dem Lebensalter werden folgende Bereiche eingeschätzt:

Im Frühkindheits- und Vorschulalter:
1. Sensomotorische Fertigkeiten,
2. Kommunikative Fertigkeiten (einschl. Sprechen und Sprache),
3. Fertigkeiten der Selbstversorgung und
4. Sozialverhalten (Interaktion mit anderen).

In der Schul- und frühen Jugendzeit:
5. Anwendung grundlegender Kulturtechniken im Alltag,
6. Anwendung angemessener Begründungen und Urteile in der Bewältigung der Umwelt,
7. Sozialfertigkeiten (Teilnahme an Gruppenfertigkeiten und interpersonale Beziehungen).

Für Heranwachsende und Erwachsene:
8. Berufliche und soziale Verantwortlichkeiten und Leistungen *(12).*

Tabelle 1: Normalverteilung der Intelligenz mit Standardabweichungen (s)

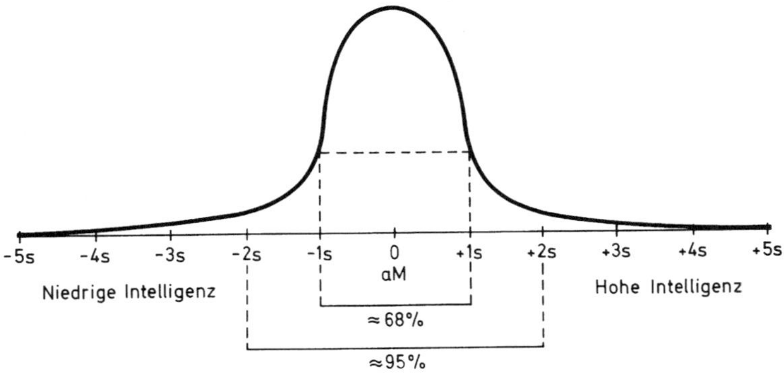

Eine entsprechende Adaptive Behavior Scale ist von *Nihira, Foster, Shellhaas, Leland* entwickelt und von der *AAMD* herausgegeben worden *(1969, Revision 1975).*

Diese Subklassifikation in Stufen nach rein statistischen Intelligenz-Testwerten – sie ist auch in das Multiaxiale Klassifikationsschema für psychiatrische Erkrankungen im Kindes- und Jugendalter nach *Rutter, Shaffer, Sturge* übernommen worden (vgl. *Remschmidt, Schmidt 1977*) – provoziert geradezu die Frage, welcher Realität sie dienen soll. Man vermißt eine Zuordnung zu adäquaten Institutionen der Förderung und Hilfe. Ohne einen derartigen pädagogisch-sozialen Bezugsrahmen bleiben die errechneten Stufen real bedeutungslos. Die institutionelle Wirklichkeit zeigt auch, daß ihre Maßgaben sich nicht mit dieser nominalistischen Aufteilung decken (vgl. *Kushlick* in *Clarke, Clarke 1974, 22*). Sie kann demnach nur Orientierungsfunktion haben und zwar ausdrücklich – nach der *AAMD*-Definition – nur im Zusammenhang mit Angaben zum adaptiven Verhalten. Dies bedeutet, daß eine bloße Klassifizierung nach IQ-Werten psychologisch anfechtbar ist. Kein Kind kann ausschließlich über eine Intelligenz-Testung als geistig behindert diagnostiziert werden. Das gleiche gilt für schwerste geistige Behinderungen, bei denen im übrigen ein weiteres Problem besonders deutlich wird: die *Testbarkeit* geistig schwerstbehinderter, mehrfachbehinderter Personen.

In Großbritannien gab es bislang eine Zweier-Einteilung: Unterhalb von IQ 50 spricht man von schwerer Subnormalität (severe subnormality), darüber bis IQ 70 von subnormal.

Obwohl der Begriff der Intelligenz wissenschaftlich ungeeignet ist *(Kagan 1987),* obwohl das Messen einer "allgemeinen Intelligenz" mittels eines Durchschnittswertes für recht unterschiedliche Leistungen als unzulänglich gilt, und obwohl die für Durchschnittsintelligenzen konstruierten I-Tests bei Personen mit einer *geistigen,* zumal mit einer schweren geistigen Behinderung nicht adäquat verwendbar bzw. untauglich sind, werden I-Testverfahren nach wie vor praktiziert. Es scheint sich eine pragmatische Einsicht zu bestätigen, daß es

Tabelle 2: AAMD – Klassifikation nach IQ-Werten

Stufe der geistigen Behinderung	Standard-abweichungen	Stanford-Binet-IQ	Hamburg-Wechsler-IQ
leicht (mild)	-2 bis -3	67-52	69-55
mäßig (moderate)	-3 bis -4	51-36	54-40
schwer (severe)	-4 bis -5	35-20	–
schwerst (profound)	-5 und darunter	<20	–

– bei allen Mängeln – kein geeigneteres Instrument zur Grobeinschätzung intellektueller Leistungsfähigkeit gibt. Sowohl wenn es um – z. B. schulrechtlich zu belegende – Plazierungsentscheidungen oder um wissenschaftliche Forschung geht, bei der man vergleichbare Zahlenwerte braucht, sieht man sich genötigt, I-Tests durchzuführen.

Es waren auch schulische "Objektivierungserfordernisse", wie z. B. die Unterscheidung von Lernbehinderung und geistiger Behinderung, die es nötig machten, IQ-Werte bzw. Standardabweichungen als Klassifizierungsmarken einzuführen. So nannte *Bach (1979a)* zur Kennzeichnung von geistiger Behinderung einen IQ unterhalb 55/60, während der real praktizierte Grenzwert zwischen Lernbehinderung und geistiger Behinderung bei 60/65 lag (vgl. *Liepmann 1979*). In den Empfehlungen des *Deutschen Bildungsrates (1973)* war geistige Behinderung mit mindestens drei Standardabweichungen vom Mittelwert angegeben, was noch unter dem von *Bach* genannten Wert liegt (vgl. Tabelle 1). Es handelt sich bei den angesprochenen Grenzwerten eindeutig um grobe Orientierungsmarken. Das Klassifikationsschema der Standardabweichungen hat ohnehin im wesentlichen nur statistischen Wert.

Nachdem der schulrechtliche Begriff der Sonderschulbedürftigkeit mit seiner klassifizierenden Wirkung seine frühere Bedeutung eingebüßt hat, ist sonderpädagogischerseits ein verringertes Interesse an der Durchführung von I-Tests zu verzeichnen. An Bedeutung dürften dagegen psychologische Forschungsergebnisse gewinnen, wie sie u. a. von *Gardner* (*1991,* amerik. 1985 "Frames of Mind") aus komplexer kognitionswissenschaftlicher Sicht vorgelegt worden sind. *Gardner* verabschiedet den IQ mitsamt der ihm zugrundeliegenden "allgemeinen Intelligenz" und legt stattdessen eine *Theorie der multiplen Intelligenzen* vor. Aus den verschiedenen Wissenschaften, die Erkenntnisse zur Klärung des Komplexes kognitiver Kompetenzen beitragen können, u. a. der Neurobiologie oder der Ethnologie, werden Indizien zusammengetragen, die für die Existenz mehrerer, relativ autonomer Intelligenzen sprechen. *Gardner* geht von mindestens sieben solcher getrennt fungierender Intelligenzen aus, *Ornstein (1990)* von 120 und mehr. *Gardner* nennt

- eine linguistische Intelligenz,
- eine musikalische Intelligenz,
- eine logisch-mathematische Intelligenz,
- eine räumliche Intelligenz,

- eine körperlich-kinästhetische Intelligenz und
- zwei personale Intelligenzen als
  - intrapersonales Wissen (um sich selbst) und als
  - interpersonales Wissen (um den anderen).

Es ist aufschlußreich, daß *Gardners* Theorie sich auch auf Beobachtungen an *retardierten* und *autistischen* Kindern stützt, bei denen immer wieder auffallend intakte Teilkompetenzen festgestellt wurden. Damit werden auch praktische pädagogische Erfahrungen mit Personen mit einer geistigen Behinderung bestätigt, die z. B. ungewöhnliche musikalische, künstlerische oder körpertechnische Talente, aber auch einen differenziert ausgeprägten Sinn für sich selbst und für andere aufweisen. – Für das Lernen ist auch die kontextuell bestimmte Intelligenztheorie von *Sternberg* (1985) von Bedeutung.

2.3. Der soziologische Aspekt

Geistige Behinderung ist letztlich bei aller neurophysischen oder genischen Bedingtheit stets auch Ausprägungsform der Sozialisation. Dies wurde bereits deutlich bei der definitorischen Verklammerung von Intelligenz mit adaptivem Verhalten sowie bei der Betonung der Sozialabhängigkeit (Potentialität) der Intelligenzentwicklung. Darüber hinaus gibt es auch eine primäre soziale Kausalität für die Entstehung einer geistigen Behinderung. Dies kann der Fall sein bei schweren sozialen (sensomotorischen) Deprivationen, bei denen die neurale Entwicklung massiv behindert wird und deshalb zurückbleibt *("Kaspar-Hauser-Syndrom")*. Weithin bekannt sind die retardierenden Bedingungen einer sozial anregungsarmen Umwelt für die Entstehung leichterer Formen geistiger Behinderungen (Lernbehinderung).

Die Bedeutung des soziologischen Aspektes läßt sich insbesondere am Verhältnis von *Sozialschicht und geistiger Behinderung* explizieren.

In einer deutschen Untersuchung hatte *Eggert (1969)* erstmals eine relativ hohe Quote geistig behinderter Kinder ermittelt, die aus der sozialen Schicht der "sozial Verachteten" stammten, nämlich 22,4 % gegenüber 2 % repräsentativ erwarteten. Eggert vermerkte ausdrücklich, daß es sich um eine "relativ zufällige" Population, um eine nicht repräsentative Stichprobe gehandelt habe, und schränkte damit die Gültigkeit der gefundenen Werte ein. "Der Unterschied zwischen den Lernbehinderten und den Geistigbehinderten liegt also darin, daß die Lernbehinderten massiert aus den unteren sozialen Schichten stammen, während die Geistigbehinderten aus allen sozialen Schichten stammen" *(35)*. Untersuchungsbefunde anderer Forscher, z. B. von *R. Heber (1969/70)*, über die *Begemann (1973)* berichtete, bezogen sich i. a. auf die Gesamtpopulation der mentally retarded, unter denen der "subkulturelle Typ" nach der damaligen Definition am stärksten vertreten war, so daß für den hier angesprochenen Personenkreis geistig behinderter Menschen noch keine bündigen Aussagen abzuleiten waren bzw. zur Verfügung standen.

Tabelle 3: Sozialschichtzugehörigkeit von Familien mit geistig behinderten Kindern mit und ohne Down-Syndrom *(Carr 1974, 809)*

Sozialschicht	Geistig behinderte Kinder mit Down-Syndrom n	%	Geistig behinderte Kinder ohne Down-Syndrom n	%	Population des Untersuchungsgebietes (Camberwell) %
I und II	4	9	12	8	10
III	24	53	82	52	59,7
IV	10	22	29	18	17,3
V	7	16	34	22	13
	45	100	157	100	100

Differenziertere Daten wurden von *Kushlick* und *Blunden 1974* bekannt, die epidemiologische Erhebungen in England (Wessex) durchgeführt hatten. Ihre Feststellungen lauten: In Industriegesellschaften verteilen sich die Eltern geistig behinderter (severely subnormal) Kinder gleichmäßig über alle sozialen Schichten der Gesellschaft, während Eltern leichter behinderter (mildly subnormal), also lernbehinderter Kinder, vorherrschend aus den unteren sozialen Schichten stammen *(50)*. Zum gleichen Befund kommt *J. Carr (1974)*. Sie unterschied dabei Down-Kinder von anderweitig geistig behinderten Kindern. Das Ergebnis ihrer Studien: "Im Gegensatz zu Familien der leicht Retardierten, die vorwiegend in Arbeiter-Klassen-Populationen gefunden worden sind, sind Familien der Geistigbehinderten gleichmäßig verteilt über alle Sozialschichten der Gesellschaft." Darüber hinaus fand *Carr* Hinweise für eine Bestätigung der Annahme von *Penrose (1938)*, daß Kinder mit einem Down-Syndrom häufiger in Familien der beiden oberen Sozialschichten anzutreffen sind. Geistig behinderte Kinder ohne Down-Syndrom fanden sich dagegen häufiger in der untersten sozialen Schicht (*a.a.O., 808,* vgl. Tabelle 3).

Tabelle 3 zeigt neben der o. g. gleichmäßigen Verteilung doch eine bemerkenswerte Auffälligkeit, die an das Untersuchungsergebnis von *Eggert (1969)* erinnert: Die vergleichsweise hohe Quote geistig behinderter Kinder ohne Down-Syndrom, also zumeist neurologisch geschädigter Kinder, in der untersten Sozialschicht: 22 % gegenüber 13 % in der Gesamtpopulation. *Carr* spricht selber von einer "möglichen Annahme", die sie aber nicht näher interpretiert.

Deutlichere Hinweise für eine stärkere Belastung der Unterschichtfamilien mit geistig behinderten Kindern brachte die epidemiologische Studie von *Liepmann (1979)*, die im Bereich Mannheim durchgeführt worden war. Sie ergab, daß "geistig behinderte Kinder überzufällig häufiger der unteren Sozialschicht bzw. der Arbeiterklasse" angehören *(71)*. Die Verteilung im einzelnen geht aus Tabelle 4 hervor.

Tabelle 4: Sozialschichtverteilung geistig behinderter Kinder nach *Liepmann (1979, 72)*

Soziale Schicht	Bevölkerung der BRD %	Stichprobe Gb Mannheim n	%
I (Oberschicht, obere u. mittl. Mittelschicht)	19,5	10	3,3
II (untere Mittelschicht)	40,3	58	19,0
III (Unterschicht)	40,2	238	77,7
	100,0	306	100,0

Liepmann betrachtet diese Ergebnisse als unerwartet und sieht sie im Widerspruch zu den meisten Befunden dieser Art. Sie versucht selber keine schlüssige Erklärung zu finden, verweist auf übliche Schwächen bei der Bestimmung des Personenkreises für derartige Untersuchungen und empfiehlt weitere Überprüfungen. Eine gewisse Unterstützung der eigenen Ergebnisse sieht die Autorin in Arbeiten von *Drillien u. a. (1966)* und *Bayley (1973),* die ebenfalls überrepräsentativ hohe Quoten schwerer geistiger Behinderung in der sozialen Unterschicht ermittelt hatten. Immerhin sehen es *Kushlick* und *Blunden (1974)* selber als wahrscheinlich an, daß das Auftreten (incidence) schwerer geistiger Behinderungen in den unteren sozialen Schichten häufiger sei als in den oberen Schichten, wenn auch die Differenz nicht so groß angesetzt wird wie für die leichte geistige Behinderung (mildly subnormal). Der Unterschied zwischen einer höheren Quote für das Auftreten (incidence) einer Behinderung und einer niedrigeren für die Verbreitung (prevalence) wird mit einer höheren Frühsterblichkeit in den unteren Schichten begründet; die Autoren bestätigen ansonsten höhere Prävalenzraten bei Unterschichtfamilien und zwar in Verbindung mit häufigeren Geburtskomplikationen (ärztliche Versorgung, niedrigeres Geburtsgewicht) und resümieren, daß zwar die Kondition für schwere geistige Behinderungen über alle sozialen Schichten verteilt sei, daß aber alle Studien eine größere Verbreitung unter den unteren Schichten zeigten *(58)*. –

Man kann nicht umhin, hierin einen gewissen Widerspruch zur gleichzeitigen Behauptung zu sehen, daß die Verteilung über die sozialen Schichten eine gleichmäßige sei ("evenly distributed", *a.a.O., 50*).

Wir fanden in einer Erhebung in einem bayerischen Landkreis eine deutliche Bestätigung für die Hypothese, daß geistige Behinderungen in der unteren Sozialschicht wesentlich häufiger auftreten. Die Untersuchung bezog sich auf sämtliche Kinder der zuständigen Sonderschule für geistig Behinderte (n = 133) und erbrachte, daß 75 % von ihnen aus Familien stammten, die der Unterschicht zuzurechnen sind. Im Vergleich dazu ist die Unterschicht in der Population des betreffenden Landkreises (vor der Gebietsreform) mit 58,4 % vertreten *(Fäth 1979)*.

Die hier referierten soziologischen Befunde zeigen die hohe Bedeutung sozialer Komponenten für das Zustandekommen einer geistigen Behinderung bzw. für die Erklärung dessen, was komplex darunter zu verstehen ist. Hinzugefügt werden könnten noch Daten zur sozialen Versorgung geistig behinderter Personen. Die soziale Situation prägt maßgeblich das Bild dieser Behinderung: das System und die Qualität sozialer Hilfen, die Einstellungen der Umwelt, die familiäre Situation (vgl. *v. Bracken 1976, Carr 1974, 1978, Liepmann 1979, Thomas 1978, Gastager 1973, Boswell, Wingrove 1974, Cloerkes 1985*).

2.4. Weitere epidemiologische Befunde

Die Kenntnis der *Zahl geistig behinderter* Personen innerhalb einer Gesellschaft ist von Bedeutung für den Ansatz sozialer Maßnahmen. Sie erlaubt auch gewisse Rückschlüsse auf die Wirksamkeit von Prävention und Förderung oder negativer Einflußfaktoren. Die Epidemiologie untersucht die *Verbreitung* und Aufteilung von Schädigungen und ihren Bedingungen. Dabei werden vor allem zwei Grundbegriffe verwendet, die im Englischen "incidence" und "prevalence" lauten und übersetzt werden können mit *Auftretens-* und *Verbreitungshäufigkeit.* Beide sind in hohem Maß von sozialen Bedingungen abhängig.

Es gibt gegenwärtig keine Methoden, um die Auftretenshäufigkeit von geistiger Behinderung genau zu bestimmen. Dies hängt u. a. mit den definitorischen Schwierigkeiten, aber auch mit der faktischen Erkennbarkeit zusammen. Ähnliches gilt für die Feststellung der Verbreitungshäufigkeit (vgl. *Thimm 1990*).

Für die Bundesrepublik kann ein Anteil von 0,6% der Kinder im schulpflichtigen Alter als geistig behindert eingeschätzt werden *(Sander 1973, Liepmann 1979). Thimm (1990)* geht von 0,5% aus.

Die geschätzte Prävalenzrate von 6,0 pro 1000 liegt höher als die für andere Länder angegebene Verbreitungshäufigkeit, mit Ausnahme Hollands mit über 0,7% (vgl. den Überblick bei *Liepmann, a.a.O., 35*).

Der Unterschied zur deutschen Prävalenzrate ist im wesentlichen darauf zurückzuführen, daß geistige Behinderung nach hiesiger Klassifikation über den IQ 50 hinausreicht bis in den Bereich von 60/65. Dies zeigt sich deutlich in den Ergebnissen von *Liepmann (1979),* wonach der Anteil der geistig behinderten Kinder in Mannheim mit IQ-Werten < 50 bei 4,2 und mit IQ-Werten: ≤ 60 bei 7,6 pro 1000 liegt *(a.a.O., 66).*

Die Gesamtprävalenz, d. h. die Verbreitungshäufigkeit geistiger Behinderung über alle Altersstufen hinweg, liegt niedriger als die für das Schulalter. Nach fortlaufenden Untersuchungen in Dänemark und Schweden liegt sie konstant bei 0,43 bzw. 0,41% (nach *Thimm 1990, 13*). Bemerkenswert ist auch die Feststellung aus schwedischen Untersuchungen von *Wallner (1985),* daß sich die relativ hohe Quote bei den Schulpflichtigen abflacht und daß die Zahl der *älteren Menschen* mit einer geistigen Behinderung *zunimmt.*

Wie schwierig es ist, die Frage der Prävalenzraten abzuklären, zeigte die länderübergreifende, in bestimmten Regionen Deutschlands und Dänemarks durchgeführte Untersuchung von *Thimm, v. Ferber u. a. (1985).* Die ermittelten Quoten werden dadurch relativiert, daß sie in *Institutionen* gewonnen wurden, und daß die dort erfaßten Personen nicht in jedem Fall aus der zugehörigen Region stammten.

Die Geschlechterverteilung unter den geistig behinderten Schülern in der Untersuchung von *Liepmann (1979)* verhielt sich bei Mädchen und Jungen wie 1,5 : 1 *(69)*. Zu übereinstimmenden Ergebnissen war *Eggert (1969)* gekommen. im gleichen Sample fanden sich 16,4 % unehelich geborene Kinder gegenüber der Gesamtquote von 8,7 % für Mannheim.

Über das Anwachsen und Abnehmen der Verbreitungshäufigkeit finden sich bei *Kushlick* und *Blunden (1974)* divergierende Angaben. Unter Zugrundelegung einer Untersuchung von *Lewis (1929)* ließ sich in einer Erhebung von *Thus, Goodmann* und *Tizard (1962)* eine Abnahme der Häufigkeit schwerer Abnormalitäten, aber eine Zunahme der Zahl der Down-Kinder im Schulalter feststellen. Andererseits ergab eine Untersuchung von *Kushlick (1961)* eine Zunahme der totalen Verbreitungshäufigkeit und zwar für die Gruppe "Idiotie" von 83 % und für "Imbezille" mit 38 % im Vergleich zur Erhebung von *Lewis (1929)*. Nach einer Untersuchung von *Stein* und *Susser (1971)* sei eine Abnahme der Auftretenshäufigkeit und ein Anwachsen der Verbreitungshäufigkeit auf Grund gestiegener Überlebenschancen und verlängerter Lebensspannen festzustellen. *Kushlick* und *Blunden* folgerten für die nächsten Jahre eine Zunahme der Zahl der geistig behinderten Personen, insbesondere der Erwachsenen, die kontinent (toilettenfähig) und gehfähig sind und die keine schweren Verhaltensstörungen aufweisen. Die Zahl der schwerer behinderten und nicht gehfähigen würde dagegen konstant bleiben *(a.a.O., 62)*.

Diese Voraussagen sind, wie bereits oben angeführt, im ganzen gesehen so eingetreten. Eine deutliche Veränderung gab es freilich im Bereich der frühen Auftretenshäufigkeit. Hier ist eine hochsignifikante Verringerung festzustellen. Sie wird neben Fortschritten im Bereich der perinatalen Medizin (Geburtshilfe) vor allem auf Präventionsmaßnahmen der pränatalen Diagnostik und genetischen Beratung zurückgeführt. Ein prompter Rückgang der Geburten von Down-Kindern war u. a. für den Staat New York 1978 ermittelt worden.

Nach einer Untersuchung von *Hansen (1978)* ging die Zahl der Geburten von Kindern mit einem Down-Syndrom dort nach der Freigabe der Abtreibung 1970 in den Jahren 1971-1975 um ca. 20 % zurück. – Die ethische Problematik des Schwangerschaftsabbruchs nach medizinischer Indikation ist bereits oben angesprochen worden.

Die Sterblichkeitsraten bei geistig behinderten Personen liegen höher als bei nichtbehinderten. Sie steigen mit dem Schweregrad der Behinderung und liegen nach *Eyman* und *Miller (1978)* in den USA bei schwerstbehinderten um 50 % höher als bei schwerbehinderten Personen.

Über die Verbreitung zusätzlicher Schädigungen bei geistig behinderten Kindern liegen u. a. Untersuchungen von *Sondersorge, Barth (1963)* und *Hill (1971)* vor. Die Ergebnisse ließen den Schluß zu, daß geistige Behinderung in der Regel als Mehrfachbehinderung zu gelten habe. Die Ergebnisse von *Liepmann (1979)* schienen die bisherigen Befunde zu bestätigen. Danach fanden sich

zusätzlich 1 Behinderung bei 26,11 %
zusätzlich 2 Behinderungen bei 39,3 %
zusätzlich 3 Behinderungen bei 19,8 %
zusätzlich 4 Behinderungen bei 2,6 %
keine zusätzlichen Behinderungen bei 11,9 % *(100)*.

Am häufigsten wurden Sprachauffälligkeiten (77,3 %) registriert, an 2. Stelle Sehschädigungen (49,5 %) und an 3. Stelle Verhaltensstörungen (29,1 %). Zusätzliche motorische Störungen waren bei 16,9 %, Anfälle bei 14,2 % und Hörschädigungen bei 7,5 % diagnostiziert *(a.a.O., 99)*.

Diese Befunde erscheinen aus einer differenzierten Sicht als mißverständlich und klärungsbedürftig. Man hat sich zu fragen, was man unter geistiger Behinderung verstehen will. Wenn man von einer *komplexen* Beeinträchtigung ausgeht, wie allgemein anerkannt, so kann man nicht bestimmte Funktionen, wie z. B. die Sprachkompetenz, als "zusätzliche" quasi neben der intellektuellen Schädigung definieren. Ähnliches gilt z. B. auch für "Verhaltensstörungen". Wenn das Feststellen einer "Mehrfachbehinderung" pädagogisch einen Sinn haben soll, so muß dieses Mehrfache sich auf zusätzliche heilpädagogische Maßnahmen beziehen lassen, die schulisch zu organisieren wären.

Ein Versuch, unter dieser Prämisse die Verbreitung von *"Mehrfachschädigungen"* bei Kindern mit einer geistigen Behinderung zu ermitteln, stammt von *E. Fischer (1992)*. Die Erhebung wurde an 41 Schulen für Geistigbehinderte in Rheinland-Pfalz durchgeführt. Von den insgesamt 1891 Schülerinnen und Schülern wurden – lediglich – 11,5 % als "mehrfachgeschädigt" eingestuft, wobei nur definierte Körper- und Sinnesschädigungen als "zusätzlich" in Betracht kamen. Diese verteilten sich

mit 76 % auf eine Körperbehinderung,
mit 23 % auf eine Sehschädigung und
mit 12,8 % auf eine Hörschädigung.

Aufschlußreich sind auch Daten zur Unterbringung in Familie oder Heim. In dem Sample von Liepmann befanden sich von insgesamt 323 geistig behinderten Schulkindern 71 in Heimen, d. s. nahezu 25 %. In den von *Eyman* und *Miller (1978)* berichteten Untersuchungen in den USA liegt diese Quote wesentlich höher. Sie steigt wiederum mit der Zunahme des Schweregrades. Die höchstgenannte Quote liegt bei 92 % (76 % in Anstalten, 16 % in Kliniken). Resümierend wird festgestellt, daß beim Ausbau sozialer Dienste die Mehrheit der geistig behinderten (nicht schwerstbehinderten) Personen fähig wäre, gesellschaftlich integriert zu leben *(10)*. – Neuere Prävalenzdaten, die sich auf die Altersverteilung und die Plazierung beziehen, liegen aus der Vergleichsuntersuchung von *Thimm, v. Ferber u. a. (1985)* vor.

Interessant ist in diesem Zusammenhang die erhöhte Quote von Kindern mit mehreren zusätzlichen Behinderungen, insbesondere Anfallsleiden und Verhaltensstörungen in Heimen *(118)*. Bei den Heimkindern überwiegen auch die Kinder aus "auffälligen" Familien mit 66,7 % gegenüber 28,9 % bei den zu

Hause wohnenden geistig behinderten Kindern *(120)*. – Für die USA fanden *Eyman* und *Miller (1978)* ebenfalls eine wesentlich höhere Quote geistig behinderter Personen mit fehlangepaßtem Verhalten in den Anstalten im Gegensatz zu Personen, die gesellschaftlich integriert leben *(a.a.O., X)*. Ähnliche Untersuchungsergebnisse *(Tizard, Grad 1961)* referiert für England *Carr (1974, 811f.)*. Sozial störendes und moralisch abgewertetes Verhalten differenziert am deutlichsten Heimbewohner von solchen geistig Behinderten, die offen in der Gesellschaft wohnen.

Die meisten dieser Untersuchungsergebnisse sind relativ älteren Datums. Mit dem Ausbau der sozialen Dienste außerhalb der Anstalten und mit der Zunahme der sozialen Toleranz in der Bevölkerung hat sich inzwischen das Bild ein Stück verändert, und sozialbegründete Heimeinweisungen haben längst abgenommen. Es kann aber nicht davon die Rede sein, daß schwerer behinderte Menschen generell in offenen Wohnformen leben. Im Gegenteil: Die Heime melden eine verstärkte Nachfrage nach Plätzen für solche Menschen.

2.5. Der pädagogische Aspekt

Die pädagogische Förderung (Erziehung, Unterricht, Therapie) bedarf eines eigenen Verständnisses dessen, was als geistige Behinderung bezeichnet wird. Für die Pädagogik ist eine geistige Behinderung sowohl ein Phänomen vorgefundener und zu erfassender Wirklichkeit, wie sie sich im organischen (pathologischen) Zustand, in der individuellen Befindlichkeit und in den gesellschaftlichen Bedingungen darstellt, als auch eine Wirklichkeit, die unter dem Anspruch von Menschlichkeit erzieherische Hilfe zur Entfaltung braucht und von Werten und Normen bestimmt wird. Erziehung vollzieht sich in der Zeit und ist dem Wandel der Lebensformen unterworfen. Ihre Erfordernisse werden von Institutionen mitbestimmt, die wiederum von gesellschaftlichen Bedingungen abhängig sind. Erziehung folgt sowohl (speziellen) Erziehungsbedürfnissen des einzelnen Kindes als auch gesellschaftlich adäquaten Bildungsaufträgen. Spezielle Erziehung ist Hilfe zur Selbsthilfe, d.h. Hilfe zur Lebensverwirklichung, soweit sie der einzelne Mensch braucht.

Das dazu geschaffene System pädagogischer und sozialer Hilfen erfordert entsprechende Umschreibungen des Personenkreises, für die sie gedacht sind. Ein pädagogisch-soziales Verständnis von geistiger Behinderung muß diesen Erfordernissen gerecht zu werden versuchen.

2.5.1. Übergangsbereich geistige Behinderung – Lernbehinderung

In einem wichtigen Bezug zu entsprechenden schulpädagogischen Institutionen steht die Unterscheidung zwischen geistiger Behinderung und Lernbehinderung. Wenn z. B. definiert wird, lernbehindert sei, wer die Schule für Lernbehinderte besucht, so könnte analogisiert werden: geistig behindert sei, wer die Schule für geistig Behinderte besucht. Abgesehen von dem hier bewußt vorgenommenen Zirkelschluß stellt sich die Frage nach dem Unterschied beider Schularten. Er war im Laufe der Geschichte der deutschen Hilfsschule und Lernbehindertenschule prinzipiell variabel. Dies gilt auch für das Ausland.

Bei Übersetzungen aus dem englisch-amerikanischen Raum treten immer wieder Verständigungsschwierigkeiten auf, weil hier jeweils Oberbegriffe für die schwereren und leichteren Formen geistiger Behinderungen benutzt werden, in den USA z. B. der Begriff "mental retardation". Mißverständnisse und Fehlinterpretationen dürfte etwa die Arbeit von *Spreen (1978)* hier hervorrufen, da sie einen Begriff von geistiger Behinderung verwendet, der im amerikanischen Original als "mental retardation" gefaßt ist, aber über den hier üblichen Begriff hinausreicht. Krasses Beispiel ist die Angabe von 3 % Geistigbehinderter in der Bundesrepublik! Hier sind selbstverständlich, aber nicht erkennbar, Lernbehinderte mitgemeint. Was aber ist "Lernbehinderung" im internationalen Vergleich? Angesichts der zunehmenden Bedeutung internationaler Verständigung erscheint es geboten, eine terminologische Entsprechung anzustreben.

Diese wäre eigentlich bereits in den Empfehlungen des *Deutschen Bildungsrates (1973)* impliziert, wo Lernbehinderung bezüglich der Intelligenzleistungen "im Bereich zwischen der negativen ersten und dritten Standardabweichung eines validen standardisierten Intelligenzmeßverfahrens" angesiedelt wird – selbstverständlich bei Vorliegen von zusätzlichem erheblichem Schulversagen und belastenden Abweichungen im sozialen Verhalten *(38)*. Die geschätzte Häufigkeit wird mit 2,5 % angegeben. Hinzu kämen dann noch "Lernstörungen" – *Kanter (1974)* spricht von "generalisierten Lernstörungen".

Faßt man die erstgenannte Gruppe näher ins Auge, so fragt sich, ob die lernbehindertenpädagogische Diskussion der siebziger Jahre diesen am stärksten beeinträchtigten Lernbehinderten wirklich gerecht geworden ist, ob sich nicht unter dem Einfluß der sozio-kulturellen Kausaldominanz und der Intention einer Integration in das Regelschulsystem eine Schwerpunktverschiebung im didaktischen Ansatz in Richtung Lernstörungen (= learning disabilities) vollzogen hat. Diese Verlagerung "nach oben" kommt z. B. in der immer häufiger anzutreffenden Behauptung zum Ausdruck, "Lernbehinderung" sei eigentlich keine "Behinderung".

Kanter hatte bereits in seinem Gutachten für den Deutschen Bildungsrat *(1974)* eine Gruppe von "Lernbehinderten im engeren Sinn" deutlich abgehoben und diese – in internationaler Analogie – als durch deutliche Intelligenzausfälle (zwei bis drei Standardabweichungen, was dem IQ-Bereich 55/60-70/75 entspricht) gekennzeichnet angesehen, neben schwerwiegendem, andauerndem und umfänglichem Schulversagen und deutlich verminderter sozialer Kompetenz *(163)*. Diese Gruppe von lernbehinderten Kindern könnte im wissenschaftlichen Sprachgebrauch auch als leicht geistig behindert (mildly mentally retarded) bezeichnet werden, zumal Kanter selber hier die Gruppe der "Geistigbehinderten" als "geistig schwerer behinderte Kinder und Jugendliche" abhebt *(175)*.

Für die administrative Terminologie werden die eingefahrenen Begriffe "geistige Behinderung" und "Lernbehinderung" wohl beibehalten werden müssen, solange es beide Schularten gibt, wenn auch die Trennklassifizierung nach wie vor nicht klar objektivierbar ist. Was als "geistige Behinderung" schulorganisatorisch zu gelten hat, ist weithin abhängig von der Definition von oben. Es ist durchaus denkbar, daß sich die Lernbehindertenschule in einem dritten Strukturwandel – in Verbindung mit dem Schülerschwund auf Grund des Geburtenrückgangs und des Ausbaus integrativer Maßnahmen an den Regelschulen – wieder stärker "nach unten" orientiert.

Für die Praxis empfiehlt es sich, angesichts der effektiven Schwierigkeiten und der eigentlichen Unmöglichkeit einer "klaren" Unterscheidung im Grenz- und Übergangsbereich flexibel zu verfahren, und auf Grund intensiver Beobachtungen des Lernverhaltens, der psycho-physischen Belastbarkeit und Störanfälligkeit, des inhaltlichen Lerninteresses u. ä. für die Schullaufbahn relevanter Fakten einen Entscheid zu treffen, nicht nur über eine Intelligenztestung. Im Zweifelsfall wird man die Aufnahme in die Lernbehindertenschule bevorzugen *(Bach 1979a, 6)*.

Die Diskussion um die Lernbehindertenschule der siebziger Jahre, die einseitig kausal an der Herausarbeitung der sozio-kulturellen Benachteiligung der überwiegenden Mehrzahl ihrer Schüler orientiert war, hatte zu einer offensichtlichen Vernachlässigung jener Minderheit von Schülern geführt, die im Grenz- und Übergangsbereich zwischen Lernbehinderung und geistiger Behinderung lagen und deren Behinderungen mit größerer Wahrscheinlichkeit mit organisch-genischen Kausalitäten in Zusammenhang stehen, bzw. als faktisch irreversibel anzusehen sind. Solche Schüler besuchten in größeren Städten die Geistigbehindertenschulen – wo sie didaktisch gesehen ein gewisses Sonderdasein führten – oder Lernbehindertenschulen, wo sie in entgegengesetzter Richtung das gleiche schulische Schicksal erlitten, nämlich nicht direkt den Intentionen dieser Schule zu entsprechen.

In den USA hat sich eine ähnliche Entwicklung vollzogen. Nachdem das pädagogisch-psychologische Interesse in den sechziger Jahren fast ausschließlich den leichteren Graden von mental retardation (mild, moderate) und den sozio-kulturellen Einflüssen gegolten hatte, verlagerte sich der Forschungsschwerpunkt in den siebziger Jahren auf die schwereren Grade (severe, profound), und zwar offensichtlich deutlicher und umfassender als hierzulande. "What happened to mild and moderate mental retardation?" fragt *Haywood (1979)*. Einer der bekanntesten Vertreter der "kulturell-familiären Retardierung", *E. Zigler*, sprach gar von einer "nationalen Krise der Mental-Retardation-Forschung" *(1978)*.

Es ist dies sicherlich nur eine teilweise und bedingte Analogie zu Bewegungen hierzulande. Übereinstimmend aber läßt sich feststellen, daß der hier angesprochene Zwischenbereich in einem Maße ignoriert wurde, das pädagogisch nicht verantwortbar war. Wenn diese Schüler nicht in das Konzept einer Schule für Lernbehinderte hineinpassen sollten, müßten sie als geistig behindert gelten. In diesem Sinne läge es nahe, statt in der engerfassenden Einzahl treffender von "geistigen Behinderungen" zu sprechen, damit auch für diese Schüler mit besonderen Erziehungsbedürfnissen ein pädagogischer Bezugsrahmen zur Verfügung steht. Die gegenwärtige Integrationsbewegung könnte allerdings eher dazu führen, daß Schüler mit einer leichten geistigen Behinderung doch wieder der Schule zugerechnet werden, die sich als Schule für Lernbehinderte (als Förderschule) neu etabliert. Von einer "Grauzone" im Übergangsbereich Geistige Behinderung – Lernbehinderung ist auch in bezug auf die *berufliche* Eingliederung die Rede (vgl. *Speck, Kanter 1992*). Unter arbeitsrechtlichem Aspekt spricht manches dafür, diesen Personenkreis einer *erheblichen Lernbehinderung* zuzurechnen.

2.5.2. Geistige Behinderung als spezielle pädagogische Aufgabe

Geistige Behinderung bezieht sich pädagogisch gesehen auf eine spezifische Aufgabe. Sie liegt darin, die besten Möglichkeiten der Erziehung zu finden, wo diese durch elementare Blockierungen des Handelns und Denkens erheblich erschwert oder in Frage gestellt ist. Das Wesentliche dieser Aufgabe sehen wir im unteilbaren Begriff der *Erziehung,* die für alle Edukanden gilt, also im Gemeinsamen aller Erziehung unter dem Anspruch der Menschlichkeit, der conditio humana, gleichgültig, ob diese auf Hindernisse stößt oder nicht. Geistige Behinderung erhält in diesem Sinne lediglich die Funktion einer spezifizierenden Komponente – *Bleidick* spricht von "intervenierender Variable des Erziehungsvorganges" *(1978, 196).* In diesem Sinne humaner Integrativität wird nicht das Anderssein in den Vordergrund gestellt und als Leitprinzip gesehen, sondern das human und deshalb edukativ Gemeinsame. Das Behinderungsspezifische ist das Sekundäre. Darin liegt in gar keiner Weise eine Zweitrangigkeit oder eine geringere Wertigkeit des Heilpädagogischen, im Gegenteil: Das Heilpädagogische als das erzieherisch Adäquate erhält hier erst seinen Ort im Bestimmungsrahmen alles Edukativen. Je absondernder sich Sonderpädagogik versteht, desto mehr löst sie sich aus dem normativen Orientierungs- und Begründungsrahmen von Erziehung an sich.

So gesehen erscheint es treffender, von Kindern *mit* einer geistigen Behinderung zu sprechen – statt von "den Geistigbehinderten". Und diese Kinder gelten dann pädagogisch als Kinder mit speziellen Erziehungsbedürfnissen *(Speck 1978, 1998 a),* im Anschluß an den amerikanischen Begriff der Children with *Exceptional Educational Needs (EEN-Children).* In Großbritannien ist von "special educational needs" die Rede.

Aus diesem pädagogisch integralen Ansatz lassen sich folgende pädagogische *Orientierungsthesen* ableiten:
- Geistige Behinderung gilt als normale (übliche) Variante menschlicher Daseinsformen.
- Die Erziehung von Menschen mit geistiger Behinderung orientiert sich an den *allgemeinen* edukativen Erfordernissen, Werten und Normen.
- Die *Spezifizierung* des Pädagogischen orientiert sich an den besonderen individuellen Bedürfnissen und Möglichkeiten ebenso wie an den sozialen Bedingungen und Erfordernissen im Sinne einer wirksamen Verbesserung der gemeinsamen Lebenssituation.

Was Erziehung dabei zu leisten hat, kann als *Lebenhelfen* unter erschwerten Bedingungen angesprochen werden (vgl. *Kron 1988, 177f.*). Es war *J.H. Pestalozzi,* der diesen Ansatz aus seiner Idee der reinen Menschenerziehung als Rettung der im größten Elend vergessenen Kinder begründet hat. Zum Leben helfen heißt dann, soziale Isolierung zu vermeiden oder abzubauen und Umwelt zu erschließen, damit sich der Mensch mit geistiger Behinderung darin aufbauen kann als Träger und Teilhaber gemeinsamer Kultur.

Da eine geistige Behinderung ein besonderes Maß an Hilflosigkeit setzt, ist Erziehung als *Lebenhelfen* besonders angezeigt. Ohne eine entsprechende erzieherisch elementare Anregung, Unterstützung und Führung – *Pestalozzi* spricht im "Stanzer Brief" von "allseitiger Besorgung" – drohte ein seelisch-geistiger Existenzverlust. Da sich der Mensch mit einer geistigen Behinderung am wenigsten selber helfen kann, braucht er im besonderen Hilfe zur Selbsthilfe, erzieherisches Helfen, um menschlich leben zu können in sozialer Eingegliedertheit. Was er als Mensch werden kann, wird er allein durch Erziehung *(Fischer 1992).*

2.5.3. Geistige Behinderung im pädagogischen Prozeß

Erziehung verändert, d.h. verbessert den Status einer geistigen Behinderung; Nicht-Erziehung oder Fehlerziehung verschlechtert ihn. Der durch Erziehung in Gang gebrachte Prozeß wird durch verschiedene Faktoren bestimmt (Art und Grad der physischen Schädigung, Persönlichkeitseigentümlichkeiten und soziale Bedingungen), ist also prinzipiell offen in seinem Fortgang und Ausgang, im Gegensatz zu einem statisch bestimmten Modell, bei dem der geistig behinderte Mensch zum bloßen, fixierten Objekt von Maßnahmen und Institutionen wird. Geistige Behinderung vollzieht und verändert sich vielmehr in ständiger Wechselwirkung mit der Sozial- und Sachwelt. Man kann es auch umgekehrt formulieren: Die gesellschaftliche Realität einschließlich der Erziehung steht unter dem wechselwirkenden Einfluß der Realität geistiger Behinderung. Sie steht deshalb unter dem verbindenden humanen Anspruch, ihre Normen- und Handlungssysteme nicht am geistig behinderten Menschen vorbei zu konstituieren.

Dieser umfassende Prozeß- und Wechselwirkungscharakter geistiger Behinderung läßt sich an folgendem interaktionalen Modell verdeutlichen (Abb. 1). Er faßt gleichzeitig die verschiedenen Bestimmungsgrößen zusammen, die oben von den verschiedenen wissenschaftlichen Befunden her dargestellt worden sind:

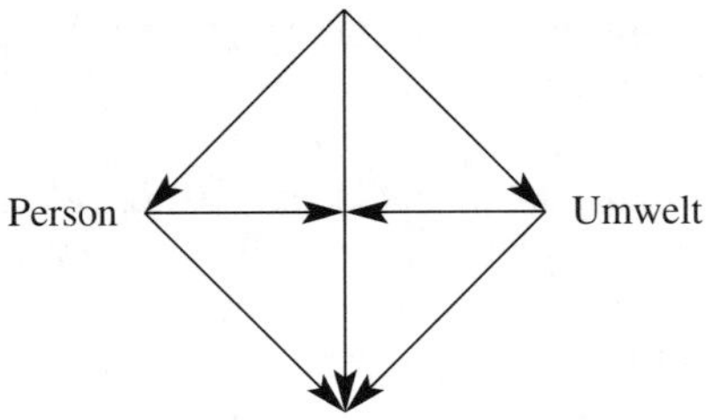

Abb. 1: Interaktionales Modell der Genese und des Prozesses geistiger Behinderung

Die *psycho-physische Schädigung* bezieht sich in aller Regel auf das Zentralnervensystem und kann sehr verschieden verursacht sein. Sie beeinträchtigt einerseits mit permanenter Wirkung die Funktionabilität des Organismus und führt so zu unmittelbaren Lebenserschwerungen. Andererseits aber gilt sie auch als soziale Abweichung, von den Normen der Sozietät her gesehen. Gerade die geistige Behinderung ist angesichts ihrer besonderen *"Visibilität" (Goffman 1974)* spezifischen sozialen Abwehrmechanismen in Form von Stigmatisierungen und Sanktionen ausgesetzt. Umgekehrt können diese ausbleiben, wenn die Erkennbarkeit einer tatsächlichen neuralen Schädigung nicht gegeben ist. Die Erziehung zu und das Interesse an Unauffälligkeit resultieren aus diesem Mechanismus. Das Kind-Schema des kleinen geistig behinderten Kindes gewährt z. B. einen vielfach deutlichen Schutz vor sozialer Ablehnung.

Wichtig erscheint uns auch die Einsicht, daß nicht die organisch-genische Schädigung selber bereits die geistige Behinderung darstellt, sondern daß diese psycho-physische Abweichung lediglich den Auslöser eines personal-sozialen Prozesses darstellt, der zur geistigen Behinderung in ihrer Komplexität führt.

Dies läßt sich am Beispiel des *Down-Syndroms* zeigen, wo zwar eine spezifische Schädigung, nämlich eine Chromosomen-Aberration, vorliegt, die ganz bestimmte (typische) Veränderungen des äußeren Erscheinungsbildes, der Entwicklung und des Verhaltens bedingt, deren Auswirkungen auf das Lernen und die Entwicklung der Persönlichkeit, also die Ausprägung der individuellen (geistigen) Behinderung, aber im wesentlichen von den angelegten Persönlichkeitseigentümlichkeiten und von der Qualität der Förderung (Umwelt) abhängen *(Dittmann 1982, 1992, Murken, Reichart 1990, Speck 1990, Pueschel 1995, Wendeler 1996, Wilken 1997).*

Die *Umwelt* mit ihren Normen- und Sanktionssystemen hat eine unübersehbare Bedeutsamkeit für Menschen, die im o. g. Sinn psychophysisch vom Üblichen abweichen. Historisch gesehen reichen die Reaktionsweisen von integrierender Toleranz bis zu physischer Vernichtung. Dazwischen liegt eine ganze Skala der verschiedensten Einstellungen, wie z. B. degradierendes Mitleid, Achtlosigkeit, soziale Distanz, Vernachlässigung, Feindseligkeit. Sie finden ihren objektiven Ausdruck in den institutionellen Systemen, mit denen eine Gesellschaft auf das Faktum einer so elementaren Beeinträchtigung und Abweichung reagiert. Das Schulsystem spiegelt in seiner Geschichte deutlich die verschiedenen Positionen wider: von der “Absonderung” über die “Schulbefreiung” und “Bildungsunfähigkeit” zur Schulpflicht und schließlich zur Integration.

Der geistig behinderte Mensch ist auch *Person,* d. h. Eigeninstanz für Werten und Handeln. Er ist Selbst und erfährt sich damit auch in Abgehobenheit von seiner Umwelt als “autonomes System”. Als Person erlebt er eigene Bedürfnisse, kann er seine Beeinträchtigung erkennen und bewerten, auf Einstellungen und Handlungen der anderen von seinem Selbstkonzept her antworten. Das Selbst konstituiert sich in der sozialen Interaktion. Es wird um so stärker, je mehr es gestützt, geachtet und aktiviert wird. Es wird gefährdet, Selbstentfremdung und unbegrenzte Manipulierbarkeit sind die Folge, wenn die anderen sich nicht auf ihn, seine Bedürfnisse, seine Subjektivität und damit auf seine Autonomie *(Speck 1985, 1991)* einstellen und einrichten.

Erst aus der Wechselwirkung der genannten Faktoren ergibt sich die ganze Komplexität dessen, was unter *geistiger Behinderung* im Sinne einer pädagogisch-sozialen Aufgabe zu verstehen ist. Sie ist interaktionales Ergebnis und interaktionaler Prozeß zugleich. Die pädagogische Aufgabenstellung kann sich so gesehen nicht nur auf das einzelne geistig behinderte Kind und sein Lernen beziehen, sondern muß als dreidimensioniert gesehen werden: Sie ist bezogen auf das sich selbst aufbauende Subjekt, auf die zu berücksichtigende physische (materiale) Schädigung und auf die Umwelt zugleich.

Abschließend läßt sich sagen, daß sich der Begriff geistige Behinderung aus pädagogischer Sicht nicht auf etwas bezieht, was psycho-physisch so oder so *ist,* quasi objektiv als distanter Sachverhalt für sich, sondern als ein Phänomen, das eingegliedert bzw. einzugliedern ist in die Zusammenhänge menschlichen Lebens und Zusammenlebens unter einer besonderen Maßgabe stützender Begleitung, damit Bildung gelinge. Demnach bezieht sich geistige Behinderung auf spezielle Erziehungsbedürfnisse, die bestimmt werden durch eine derart beeinträchtigte intellektuelle und gefährdete soziale Entwicklung, daß lebenslange pädagogisch-soziale Hilfen zu einer humanen Lebensverwirklichung nötig werden.

III. Ethische Grundlagen

Während noch beim ersten Erscheinen dieses Buches die Frage nach den "anthropologischen Grundlagen" einer Erziehung geistig behinderter Menschen sich keiner ethischen Kontroverse zu stellen brauchte, hat sich die Situation inzwischen erheblich verändert und verschärft. Dieses Kippen kann zeitlich mit der Diskussion um die "Praktische Ethik" *(1984)* markiert werden, die von dem in Australien lehrenden Moralphilosophen *Peter Singer* stammte. Darin wurde erstmals in Deutschland seit dem Krieg wiederum das Lebensrecht von Menschen in Frage gestellt, deren Organismus schwer geschädigt ist, und die deshalb nur ein "elendes Leben" zu erwarten hätten. Bis dahin hatte das durch die Nazi-Barbarei tief verankerte Tabu unangefochten Gültigkeit, nie wieder Leben als "lebensunwert" einzustufen.

Nun aber wurde Leben erneut zur Disposition gestellt und damit auch der Sinn einer Sorge und einer Bildung für diese Menschen. Die Behauptung, es seien die jeweiligen Interessen der betroffenen Menschen bezüglich der zu erwartenden Qualität von Leben abzuwägen und solche Kinder gegebenenfalls zu töten, wenn dieses Leben utilitaristisch, d. h. von seinem einzuschätzenden Nutzen und Wert her gesehen, als lebensunwert zu beurteilen sei *(Singer)*, löste eine ethische Bewegung von wachsender Dynamik aus, die bis heute anhält.

In der weiterhin anhaltenden Diskussion sieht sich jeder, der für den Wert und die Würde geistig behinderten Lebens eintritt, genötigt, sich zu rechtfertigen und zu begründen, worin er den Wert dieses Lebens sieht, und warum – "auch" – diese Menschen dazugehören und ein Recht auf Bildung und gesellschaftliche Teilhabe haben. Er muß damit rechnen, daß ihm widersprochen wird. Eine "Heiligkeit" oder Unantastbarkeit jeglichen Lebens, wie sie z. B. *A. Schweitzer* vertreten hatte, gilt nicht mehr allgemein oder unbedingt verbindlich. Die Begründung für seine Ehrfurcht vor allem Leben lautete: "Ich bin Leben, das leben will, inmitten von Leben, das leben will."

1. Das Menschenbild – eine offene Frage

Lebensrecht, Lebenswert und Bildbarkeit von Menschen mit geistigen Behinderungen waren seit je umstritten und ungesichert. Auch heute werden – u. a. unter einem ökonomischen Aspekt – Wert und Sinn schwergeschädigten Lebens in Frage gestellt. Seine Verteidigung und damit die Rechtfertigung spezieller pädagogischer Bemühungen sind vom Menschen- und Weltbild abhängig, das sich innerhalb der Gesellschaft Geltung verschafft. Welche Wertsysteme innerhalb einer pluralen Gesellschaft die geltenden sein sollen, läßt sich von der Wissenschaft her nicht bestimmen. Die für das erzieherische Handeln jedoch unverzichtbaren Norm- und Wertorientierungen sind subjektiv bzw. von Weltanschauungsgemeinschaften und politischen Grundauffassungen vorgegeben. Sie bilden die normativen Basisentscheidungen des sozial handelnden Menschen. Sie haben sich in einer pluralen Gesellschaft der Wertediskussion und damit der ethischen Begründung zu stellen.

Aus der Geschichte und der Gegenwart sind Beispiele und Bemühungen um die Verteidigung des Lebensrechtes und der Erziehungsbedürftigkeit der Geistesschwachen bekannt. Sie sind Ausdruck eines Geistes, der über vordergründige Nützlichkeits- und Rentabilitätserwägungen hinaus den Menschen unabhängig von der jeweiligen Begrenztheit seiner Daseinsmöglichkeiten in seiner unaufhebbaren Personwürde und seiner prinzipiellen Zugehörigkeit zur Gesamtheit der Menschen erkennt. So stellte in den sechziger Jahren u. a. *J. Jensen (o. J.)* folgende Thesen zum "Lebensrecht und Lebenssinn der Schwachen" auf:

1. Die Schwachen gehören zu uns und wir zu ihnen; sie sind lebendige Glieder der menschlichen Gemeinschaft, in die hinein sie geboren wurden: Familie, Volk, Staat, Gesellschaft, Kirche und Gemeinde.
2. Als Illusion erkennen wir das Bild und Ziel einer je auf Erden zu verwirklichenden vollkommenen Daseinsform der Menschheit, in der es nur Gesunde, Starke und Tüchtige geben soll.
3. Die Schwachen haben wichtige und notwendige Teilfunktionen im Gefüge und Zusammenwirken des Ganzen zu erfüllen.
4. Wir schließen aber auch die zu keiner Leistung Fähigen mit in unsere Lebensgemeinschaft ein; auch sie gehören zu uns und wir zu ihnen. Die damit gestellten Aufgaben der Pflege und Fürsorge nehmen wir bewußt auf uns *(9)*.

Solche und ähnliche Thesen sind letztlich Bekenntnisse, die auf einem bestimmten Menschen- und Weltverständnis beruhen, hier aus *christlicher* Sicht.

Jeder Mensch ist "unabhängig von seiner geistigen und körperlichen Leistung eine den Interessen der anderen unverfügbare Person" *(Schockenhoff 1993, 99)*. Jeder Versuch, dieses Mensch- oder Personsein, das immer auch die Leiblichkeit einschließt, also ein Im-Leib-Sein ist, vom empirischen Nachweis bestimmter Persönlichkeitsmerkmale abhängig zu machen, müßte dazu führen, daß der Anspruch gegenseitiger Anerkennung verfehlt wird. Wenn die Zuerkennung der Person- oder Menschenwürde an einen objektiven Nachweis gebunden würde, wäre niemand mehr seiner Person- und Menschenwürde sicher *(a.a.O.)*.

Aus der Teilhabe am Menschsein leitet sich die Notwendigkeit von Erziehung und Bildung ab. Die Anerkennung der Angewiesenheit jedes Menschen auf Erziehung, auf Hinführung zur Menschlichkeit, auf mitmenschliche Teilhabe, ist die normative Grundlage für die Erziehung des geistig behinderten Kindes.

Haeberlin (1985) hat als Grundlage der Heilpädagogik ein ganzheitliches Menschenbild entworfen, das auf Vermenschlichung hin gerichtet ist und auf sittlich-religiösen Grundannahmen beruht. Er knüpft dabei an die christlich fundierte Tradition der Heilpädagogik in der Schweiz, insbesondere an *H. Han-*

selmann und *P. Moor,* an. Auf ähnlicher Basis steht die "Praktische Ethik der Heilpädagogik" von *Gröschke (1993).*

Beide Autoren entwerfen auch Grundlagen einer *heilpädagogischen Berufsethik.* Sie stützt sich im wesentlichen auf *heilpädagogische Haltungen* und Tugenden, wie vor allem die Annahme des Kindes, das Vertrauen in seine Selbstentfaltungskräfte und die Echtheit der eigenen Zuwendung. Es sind in der geschichtlichen heilpädagogischen Literatur noch weitere derartige Grundhaltungen benannt worden. Ihr gemeinsames Fundament ließe sich in der *Achtung* vor der Menschenwürde sehen *(Speck 1996a, Antor, Bleidick 1995).*

2. Ethische Klärungsansätze

Wir erleben heute, daß das Menschenbild, wie es über Jahrhunderte hinweg auch als christliches allgemeine Geltung hatte *(Haeberlin 1985, 1996),* nur als eines unter verschiedenen gilt. Diese normative Unterschiedlichkeit oder Vielfalt wird als *normativer Pluralismus* bezeichnet. Er fordert die Frage heraus: Ist also alles in gleichem Maße gültig bzw. kann jeder oder jede Gruppe von Menschen für sich eine eigene Wertung menschlichen Lebens und Handelns in Anspruch nehmen oder gar gegen andere durchzusetzen versuchen? In den verschiedenen Kulturen haben sich im Laufe der Geschichte in der Tat verschiedene Wertsysteme ausgebildet und sich Geltung verschafft. Derartige Üblichkeiten oder Gepflogenheiten nannte bzw. nennt man das *Ethos* einer Kultur oder einer Menschengruppe. Es entsteht aus den gegebenen Lebensgrundlagen und den Gepflogenheiten einer Kultur.

Als Ethos gilt das von alters her Gewohnte, Bewährte und Bewahrte. Es verkörpert die normativen Bewertungen und Lebensmuster, auf die eine Kulturgemeinschaft Wert legt. Was als sittlich gut gilt, braucht nicht in jedem Einzelfall eigens begründet zu werden. Es gilt als üblich. Jeder Mensch wird in ein solches bereits vor ihm gegebenes und entstandenes Ethos hineingeboren. Es soll ihm sein Wohlergehen und das der Gemeinschaft sichern.

Das kulturell tradierte Ethos reicht aber nicht aus, vor allem dann nicht, wenn die Lebensweisen sich ausdifferenzieren und auf dem Wege sich durchsetzender autonomer Bewertungskriterien (Normen) normative Konflikte entstehen. Gepflogenheiten werden in Frage gestellt, vor allem dann, wenn sich auch die kulturelle Realität in der Weise ändert, daß anders als bisher gewertet und gehandelt werden kann, also z. B. auch behindertes Leben erhalten und in die eigene Kultur einbezogen werden kann. Das systematische Reflektieren über die Gültigkeit von Werten und Normen wird als *Ethik* bezeichnet. Ethik ist also die Lehre vom rechten und guten Handeln, man kann auch sagen, vom *moralischen* Handeln. Unter Moral wird die *Praxis* der Ethik verstanden, wie es sich in den einzelnen Institutionen und Personen als Grundrahmen für die mitmenschlichen Verhältnisse und Handlungsweisen ausprägt. Die Ethik bildet die Reflexionsbasis für die Moral. Sie geht von der Idee eines sinnvollen Lebens aus und versucht, mit philosophischen Methoden zu klären, welche moralischen Normen Gültigkeit haben sollen, um dem Zusammenleben der Menschen die bestmögliche normative Grundlage zu geben.

In diesem Sinne befaßt sich die Ethik auch mit Fragen des Lebensrechtes von Menschen, die nicht oder nur beschränkt in der Lage sind, ihre Lebensangelegenheiten selber (autonom) zu regeln, und die deshalb in besonderem Maße auf Hilfe angewiesen sind, oder denen ein Lebensrecht abgesprochen werden soll, weil in ihm kein Sinn und Nutzen gesehen wird. Eine Geistigbehindertenpädagogik ist auf eine Ethik angewiesen, die den Lebenswert und das Lebensrecht aller Menschen ausnahmslos bejaht, gleichgültig, in welchem Maße ihr reales Menschsein behindert ist. Sie muß sich auf eine Ethik stützen, die alle Menschen als zugehörig betrachtet und die Zugehörigkeit einzelner Mitglieder nicht davon abhängig macht, daß sie bestimmte Kriterien erfüllen, die von außen an sie angelegt werden. Die Geistigbehindertenpädagogik muß sich dabei bewußt sein, daß eine derartige Ethik nicht von allen Mitgliedern der Gesellschaft geteilt wird, sondern in Widerstreit zu anderen Ethiken tritt.

Die ethischen Grundlagen der Erziehung und Bildung von Menschen mit einer geistigen Behinderung beziehen sich inhaltlich im besonderen auf die Fragen des Lebenswertes und des Bildungsrechtes dieser Menschen, auf Fragen ihrer Zugehörigkeit und ihres sittlichen Autonomwerdens, auf Fragen der Verantwortung und der Hilfe für sie und auf Fragen eines heilpädagogischen Berufsethos, das sich vor allem in der menschlichen Grundhaltung ihnen gegenüber zu bewähren hat. Da eine ethisch begründete Sorge und Erziehung für Menschen mit einer geistigen Behinderung mit der unbedingten Anerkennung ihres Lebenswertes steht und fällt *(Haeberlin 1996),* soll diese zunächst erörtert werden und zwar unter dem aktuellen Aspekt seines Infragestellens.

3. Umstrittener Lebenswert

Aus geschichtlicher Sicht

Fragen wir nach dem geschichtlich tradierten Lebenswert geistig behinderter Menschen, so stößt man freilich auf unsicheren Grund. Trotz "Ebenbildlichkeit" und "Nächstenliebe" als tief verankerter christlicher Werte war dieser Wert auch umstritten oder verneint (vgl. *Bachmann 1985*). Diese Diskrepanz ließe sich damit erklären, daß die Umsetzung der religiös begründeten Hochwerte in die soziale Praxis auf generelle und konkrete Lebenshindernisse stieß (Armut, soziale Hilflosigkeit u. a.). Sie waren auch offensichtlich so "hoch" und allgemein formuliert, daß sie nicht ohne weiteres in die differenzierte soziale Praxis umgesetzt werden konnten. Es kann auch nicht übersehen werden, daß stets zugleich auch andere Werte ("heidnische", "materielle") implizit konkurrierten. Den Infantizid aus sozialer Not oder bewußter Verneinung des Überlebenswertes hat es wahrscheinlich in den verschiedensten Kulturen zu allen Zeiten gegeben.

An zwei Beispielen läßt sich die gegensätzliche Bewertung geistiger Behinderung in der Geschichte aufzeigen:

1. Bei *Sengelmann (1885)* findet sich das Zitat eines Arztes:

> "Der Mensch erkennt hier schwer oder gar nicht den Menschen ... Er wendet sich eher mit Scheu, Ekel und Schande von ihm weg, als daß er Achtung und selbstverleugnende Liebe, welche Menschenwürde und Menschenelend einflößen und fördern, empfände. Denn nichts durchzieht die elende Gestalt, was an Schönheit und Harmonie der höheren Handlung des Schöpfers erinnert. Es ist wohl der Stoff, aus dem wir geformt sind, es sind die einzelnen Teile und Glieder, aus denen unser Leib zusammengesetzt ist, aber auf einer niederen Stufe der Entwicklung geblieben, verkümmert, entartet, entstellt, ohne Ebenmaß, ohne richtiges Verhältnis zueinander, wie durch Zufall zusammengeworfen, mechanisch aneinandergekettet" (zit. nach *H. Sengelmann, 1885, 63*).

2. Etwa vor 200 Jahren schrieb *J. H. Pestalozzi* als "tröstende Wahrheit":

> "Auch der Allerelendeste ist fast unter allen Umständen fähig, zu einem alle Bedürfnisse der Menschheit befriedigenden Lebenswert zu gelangen. Keine körperliche Schwäche, kein Blödsinn allein gibt Ursach genug, solche mit Beraubung ihrer Freiheit in Spitälern und Gefängnissen zu versorgen; sie gehören ohne anders in Auferziehungshäuser, wo ihre Bestimmung ihren Kräften und ihrem Blödsinn angemessen, gewählt und leicht und einförmig genug ist. So wird ihr Leben der Menschheit gerettet, für sie nicht zur Qual, sondern beruhigte Freude, für den Staat nicht lange kostbare Ausgabe, sondern Gewinst werden. Und ich fühle die Wichtigkeit dieser Wahrheit so sehr, daß ich der Bestätigung derselben durch mehrere Erfahrung mit Sehnsucht entgegensehe" *(Pestalozzi, S. W., 1. Bd., S. 179).*

Auf den gegen das Lebensrecht der Schwachen Ende des 19. Jahrhunderts gerichteten *Sozialdarwinismus* ist bereits hingewiesen worden. *F. Nietzsche* verfaßte in seiner Schrift "Zur Genealogie der Moral" *(1887)* eine ethische Begründung für eine notwendige Auslese. Darin bezeichnete er die Krankheiten als des Menschen große Gefahr und die Schwächsten als "Unheil für die Starken" *(121).* Er verwarf jegliches Mitleid und negierte jeglichen Sinn des Leidens. Den christlichen Altruismus interpretierte er als Massenegoismus der Schwachen, der gegen das aufsteigende Leben, gegen die Höherentwicklung des Menschen durch Selektion, gerichtet sei.

Die gegenwärtige Diskussion

Die gegenwärtige sozialethische Situation ist bestimmt von einer neubelebten Spannung zwischen maximenorientierten einerseits und zweckrational-utilitaristischen Wertsystemen andererseits. Nachdem es zunächst etwa 30 Jahre lang nach dem Ende der nazi-ideologischen Herrschaft so ausgesehen hatte, als seien die Schatten einer sozialdarwinistischen Selektion "lebensunwerten Lebens" vorbei, wird inzwischen wiederum der geistig behinderte Mensch mit seinem Lebenswert auf den Prüfstand gestellt. Manche Argumente erinnern an die zwanziger Jahre.

Das Erscheinen des Buches von *Binding* und *Hoche (1920)* hatte seinerzeit eine intensive moraltheologische und medizin-ethische Auseinandersetzung hervorgerufen (vgl. *Meltzer 1925* und *Klevinghaus 1972*).

Der Wert geschädigten Lebens wird gegenwärtig wiederum in Frage gestellt:

1. Die Straffreiheit des *Schwangerschaftsabbruches* bei *"medizinischer Indikation"* hat zu einer Praxis der "genetischen Beratung" geführt, die bei einer schwerwiegenden Schädigung der Leibesfrucht seine Tötung ("Abtreibung") nahelegt. Das deutsche Recht stellt zwar auf die mit der Schädigung verbundene "außergewöhnliche Belastung" der *Mutter* ab, bestätigt aber implizit und de facto die Gültigkeit des Kriteriums einer "Lebensunwertigkeit" geistig behinderter Kinder.

Für *A. Rett (1983),* einen Pädiater, der gerade für den Bereich geistiger Behinderung aus medizinischer Sicht fachkompetent ist, geht es um eine "Verpflichtung" zur Verhütung massiv geistig Behinderter durch einen Schwangerschaftsabbruch. Maßgebend sei die *Lebensqualität* der Existenz der Kinder. Alle pädagogischen und sozialen Bemühungen hätten zu keiner voll befriedigenden, idealen Lösung der vielfältigen Lebensprobleme dieser Menschen geführt. Wenn jemand behaupte, Mongoloide könnten auch ein glückliches Leben führen, so liege fehlende eigene Erfahrung, offenbar aber auch mangelnde Phantasie vor.

Die Geburt eines behinderten Kindes wird als "vermeidbarer Schaden" angesehen, für den man die Eltern haftbar machen könne, also zur Schadenersatzpflicht heranziehen müsse. Es wird geltend gemacht, daß die Gemeinschaft der Versicherten es ablehne, zusätzliche Belastungen durch schwerbehinderte Kinder auf die Dauer hinzunehmen, obwohl es pränatale Diagnosemöglichkeiten und die gesetzliche Straffreiheit des Schwangerschaftsabbruchs gebe. Es gibt amtliche Überlegungen, das geltende Sozialrecht so zu nutzen, daß über eine Genomanalyse ein "gesundheitsgerechtes Verhalten" der Eltern im Namen der Mitversicherten und ihrer Kostenbelastung auch erzwungen werden könne *(Tolmein 1993, 25).* Schon 1970 hatte der Genetiker *Bentley Glass* gefordert: "Kein Elternpaar wird (künftig) das Recht haben, die Gesellschaft mit einem mißgestalteten und geistig unfähigen Kind zu belasten" (zit. b. *Rösler 1997, 67*).

2. *Früheuthanasie:* Es wird immer wieder aus verschiedenen Ländern von Praktiken in Entbindungskliniken berichtet *(Stolk 1988),* wonach man Neugeborene mit schwerwiegenden organischen Schädigungen "sterben läßt". Soweit es zu Gerichtsurteilen kommt, werden unterschiedliche, z. T. kontroverse Rechtsnormen und Reaktionen sichtbar.

So wird etwa geltend gemacht, daß in solchen Fällen der Arzt richtig und "verantwortungsbewußt" handle. Es sei hergebrachte Praxis, beim Vorliegen schwerer, die Lebensqualität zerstörender Schädigungen, mit Zustimmung der Eltern "der Natur freien Lauf zu lassen". Dem wird entgegengehalten, daß das Recht auf Leben keine Bedingung einer einzuschätzenden "Lebensqualität" zulasse, daß dadurch der Arzt zum Richter werde, und daß von da der Weg zur aktiven Euthanasie mit seinen unabsehbaren Folgen nicht mehr weit sei.

Eine andere Begründung: Dem Kinde sollten die Qualen eines behinderten Lebens und den Eltern sollte ein solches Kind erspart werden, da sie der schweren Belastung nicht gewachsen seien. Es bestehe keine Aussicht auf ein sinnvolles Menschwerden. Das Bedürfnis nach rechtlicher Absicherung bei den Ärzten führte in Deutschland zu den moralisch höchst anfechtbaren "Einbecker Empfehlungen" der *Deutschen Gesellschaft für Medizinrecht (1987)*. Sie räumten dem Arzt einen Ermessensspielraum und damit Grenzen seiner ärztlichen Behandlungspflicht ein, z. B. bei Mongolismus. Eine Sanktionierung der Früheuthanasie!

3. Eine Reduzierung des Wertes als Mensch konstatierte der Bundesgerichtshof in einem Urteil vom 22. 6. 1982: Ein knapp vierjähriges Kind, ein türkisches, wurde auf einer Straße vor seinem Elternhaus von einem Auto erfaßt. Es erlitt dabei so schwere Verletzungen, auch seines Gehirns, daß es auf Dauer als schwerstbehindert gilt. Es ist, um leben zu können, in allen elementaren Bedürfnissen auf die Hilfe und Pflege anderer angewiesen. Im Rechtsstreit ging es um die Höhe des Schmerzensgeldes. Während das Berufungsgericht die bei schwersten Dauerschäden üblicherweise zugebilligte Höhe für begründet hielt, entschied der Bundesgerichtshof, daß diese Größenordnung nicht in Betracht komme, da bei "einem lediglich als 'körperliche Hülle' hinvegetierenden Verletzten" das Schmerzensgeld seine Funktion nicht voll erfüllen könne. Diese Rechtsnorm führte seitdem zu entsprechenden Urteilen in Vergleichsfällen, bis der BHG sie in einer Grundsatzentscheidung 1992 aufhob.

4. Es werden in zunehmendem Maße *volkswirtschaftliche Normen und Werte* im Zusammenhang mit der Pflege und Bildung schwerer behinderter Menschen in Rechnung gestellt. So wurde die 1981 erschienene Kosten-Nutzen-Analyse von *v. Stackelberg* (Diss. Marburg) preisgekrönt. Sie befaßte sich mit "Problemen der Erfolgskontrolle präventivmedizinischer Programme", dargestellt am "Beispiel einer Effektivitäts- und Effizienzanalyse genetischer Beratung".

Von einer tiefgreifenden sozialpolitischen Diskussion um die Rentabilität von Förderungsprogrammen für geistig schwerbehinderte Personen wird aus den USA berichtet (vgl. *König 1984*). Sie war durch eine Kritik am "right of habilitation" ausgelöst worden, die darauf abzielte, Trainingsprogramme für geistig schwerbehinderte Personen in Anstalten, die mehrere Jahre lang keine "signifikanten Fortschritte" in der Entwicklung gebracht hatten, durch "enriched living programs", also durch reduzierten Aufwand zu ersetzen. Hier interessieren wiederum vor allem die Begründungen: Wenn meßbare Erfolge nicht vorlägen, seien die entsprechenden Kosten gegenüber dem Steuerzahler nicht zu verantworten. Abgelehnt wurde ein "Kult der Erziehbarkeit", der weder aus philosophischen Gründen zu verteidigen noch sozialpolitisch wünschenswert sei, und der als moralische Forderung fragwürdig sei (*Kaufman, Krouse,* zit. b. *König, a.a.O.*). Gegen diese Gesichtspunkte der Erfolgsnachweisbarkeit und Rentabilität und gegen den neuen Begriff "sub-trainable" (nicht trainierbar) hatten sich andere namhafte Fachleute gewehrt. Sie wurden aber von den gutachtenden wissenschaftlichen Gesellschaften (u. a. die Amer. Assoc. of Mental Deficiency) nicht unterstützt. Die bisherige Einmütigkeit der Anwälte der Menschen mit geistiger Behinderung spaltet sich offensichtlich:

5. Auf *anthropologischer* Ebene werden Menschen mit einer geistigen Behinderung die Attribute "Persönlichkeit" bzw. "Person" abgesprochen:

So warfen *Chirrek u. a. (1985)* die Frage der *Anwendbarkeit des Persönlichkeitsbegriffes* auf geistig schwer Geschädigte auf. Die Autoren postulierten Minimalkriterien, die erfüllt sein müßten, um bei diesen Menschen von "Persönlichkeit" sprechen zu können. Es wurde Wert auf die Unterscheidung von "Persönlichkeit" und "Person" (= Mensch) gelegt.

Als solche Minimaleigenschaften wurden benannt: die Fähigkeit zur Kommunikation, die die Fähigkeit eines Ich-Bewußtseins und eines Personenerlebens voraussetze, das Bedürfnis, sich in eine verständnisvolle Gemeinschaft einzuordnen *(1004)*. Bei "schwerster Oligophrenie (Idiotie)" könne sich unter normativ pädagogischem Aspekt keine "sozialistische Persönlichkeit" mehr entwickeln. Für das "Person-Sein" dagegen könne es keine Einschränkung geben. Es habe für jedes menschliche Wesen Gültigkeit. Zitiert wird *Bonhoeffer:* "Mensch ist, wer vom Menschen geboren ist." –

Den Autoren ist entgegenzuhalten, was denn wohl an humaner Erkenntnis gewonnen ist, wenn ein derart zentraler Humanbegriff wie der der "Persönlichkeit" konstitutiv eingeschränkt wird, so daß die Frage entsteht, was dann der davon abgehobene Begriff der Person noch wirklich beinhalte, von den demotivierenden Folgen für humane Förderungsbemühungen ganz abgesehen. Genügt es nicht, von verschiedenen Ausprägungsgraden von Persönlichkeit auszugehen?

Im übrigen: Was bleibt von der sezierenden Begriffsanalyse, wenn eine Mutter eines geistig und mehrfach, also schwerst behinderten jungen Mannes von 27 Jahren *(A. M. v. Lossow, Südd. Zeitung vom 22./23. 4. 1989)* feststellt: "Zwischen den Ritzen seiner Behinderung … leuchtet überall seine Persönlichkeit hindurch. Constantin ist ein gutaussehender junger Mann, zu seiner jüngeren Schwester und seinen Eltern von hingebungsvoller Zärtlichkeit, gutmütig, hilfsbereit, auch musikalisch, und er besitzt die schönste aller menschlichen Fähigkeiten: Er kann sich so von Herzen freuen. Mit seinem warmen Wesen macht er unser Leben tief und reich – allerdings leicht ist dennoch nichts."

Ein *reduzierter Anspruch auf Achtung der Menschenwürde* bei geistiger Behinderung wird von *Quambusch (1989)* in die verfassungsrechtliche Diskussion gebracht. Es wird geltend gemacht, daß diesen Menschen ein "schutzwürdiger Achtungsanspruch regelmäßig nicht von der gleichen Art" und gleichen Ausmaßes zustehen könne. Diese Auffassung wird *faktisch* begründet und zwar damit, daß die geistige Behinderung in aller Regel Eingriffe in das Selbstverfügungsrecht und in die Intimsphäre zwingend nach sich ziehe. Vor allem aber wird von *Quambusch* der Achtungsanspruch in Abhängigkeit zum gesellschaftlichen Umfeld und ihrem jeweiligen Sozialethos gebracht. Der Schutz der Menschenwürde wird nicht im Sinne *Kants* als ein absoluter Wert gesehen sondern als "sittlicher Wert" mit der Konsequenz, daß "der Begriff der Würde sich deshalb … nach den Wertmaßstäben, wie sie durch die Gesamtheit der gesellschaftlichen Kräfte gebildet werden", richtet. In diesem Sinne habe der

Würde-Begriff notwendig Anteil an der "Relativität sozialethischer Wertungen, so daß sich der Umfang der Würde nach den aktuellen Werthaltungen bemißt, die jeweils für bestimmte Persönlichkeitsmerkmale anzutreffen sind" *(14)*. Das Sozialethos, das sich in unserem Lande in der Weise ausgebildet habe, daß generell gleicher Achtungsanspruch auch für Menschen mit einer geistigen Behinderung generell geltend gemacht wurde, sei u. a. vom Einfluß der "zeitlichen Nähe zu den Grausamkeiten des Dritten Reiches" begünstigt worden, aber auch von der Verbesserung der materiellen Lebenssituation, die karitative Einstellungen leichter realisieren ließ.

Es sei die Verminderung der intellektuellen Fähigkeiten mit der damit verbundenen verminderten Fähigkeit zur Selbstbestimmung und zum selbstverantwortlichen Handeln, die in der Gesellschaft faktisch weniger Achtung einbringe. Jedem Menschen stünde zwar ein Anspruch auf "Achtung der elementarsten Interessen ohne Einschränkung" zu, aber das Grundrecht im Sinne Art. 1 (3) GG ginge über diese elementarsten Daseinsbedingungen hinaus. *Quambusch* resümiert: "Demnach kann den Geistigbehinderten – jedenfalls regelmäßig – nur eine geringere Würde zukommen als nichtbehinderten Menschen" *(16)*. Belegt wird diese Folgerung mit Daten aus der Einstellungsforschung (u. a. *v. Bracken*). "Nivellierungsbestrebungen", also Tendenzen und Forderungen nach gleicher Würde für alle, werden u. a. mit den Einflüssen der christlichen Religion erklärt, aber auch mit einer idealistischen Mentalität, die beide zwar noch in die gegenwärtige säkularisierte Gesellschaft hineinwirkten, aber deren begrenzte Lernfähigkeit überforderten. Im übrigen kenne auch diese Gesellschaft ihre finanziellen Grenzen, und diese würden erreicht, wenn von ihr "materielle Solidarität zugunsten derjenigen abverlangt wird, die an der Erstellung des Sozialproduktes nicht nennenswert mitwirken" *(18)*; und dies sei "plausibel, wenn man sich etwa die Kosten für den Heimpflegeplatz eines geistigbehinderten Menschen vor Augen führt, die mit jährlich 30-60 000 DM leicht das Einkommen einer Arbeiterfamilie übersteigen können" *(Quambusch 1989)*.

Was der Rechtswissenschaftler *Quambusch* hier als verfassungsrechtliche Analyse vorlegt, stellt im Ergebnis eitle pädagogische, soziale, ethische und religiöse Herausforderung par excellence dar. Sie führt mit aller rationalen Folgerichtigkeit vor Augen, was den schwachen, den nicht "vollwertigen" Menschen erwartet, wenn seine Wertigkeit ausschließlich von den jeweiligen, d. h. zufälligen gesellschaftlichen Wertesystemen abhängig wird. Es bedarf – speziell in Deutschland – keiner besonderen Phantasie, um sich vorzustellen, was gegebenenfalls als "elementarste Interessen" im Unterschied zum vollen Achtungsanspruch auf Würde in einer Gesellschaft übrigbleiben kann. Man könnte auch fragen, aus welchen Motiven heraus sich Menschen künftig bereit finden sollten, zur Wahrung eines solchen elementaren Minimums an Menschenwürde jenseits voller Menschenwürde tätig zu werden. Auf jeden Fall wird deutlich, daß das Werk der Behindertenhilfe in den letzten Jahrzehnten nicht zustande gekommen wäre, da es offensichtlich einer "Nivellierung" des

Anspruches auf gleiche Menschenwürde für alle zu verdanken ist. Daraus läßt sich folgern, daß es zu einem Einbruch kommt, wenn die ethische "Nivellierung" durch Werteverschiebungen zu Fall gebracht wird. Dazu genügt eine einfache Mehrheit – jenseits der Metaphysik und jenseits von *Kant!*

Entschieden weiter gehen "anthropologische" Reduzierungen, durch die geistig schwerbehinderten Menschen auch das *Person- und Menschsein abgesprochen* wird.

Auf der Grundlage persönlicher Beobachtungen und Gespräche in drei Anstalten *(1969/70)* kam der holländische Arzt *W. Metz* zu folgenden Schlußfolgerungen: Der geistig schwer behinderte Mensch habe keinen Anteil an der menschlichen Welt; er lebe nur physiologisch als Organismus; er sei ein Mensch, der kein Mensch geworden sei *(a.a.O., 95).* Aufschlußreich ist die Bemerkung des Autors, es sei ihm bei seinen Annährungsversuchen nicht geglückt, eine Beziehung zu diesen Menschen aufzunehmen (zit. b. *v. Lüpke 1972*).

In einem Sammelreferat führt *Stolk (1988)* weitere Quellen an, in denen das Mensch-Sein geistig schwer behinderter Menschen bestritten wird. So habe die "Medizinisch-ethische Kommission" des niederländischen Gesundheitsrates 1975 eine Erklärung abgegeben, wonach es "moralisch falsch sei", "bio-somatisches Leben" als "menschlich" zu verabsolutieren. Dieses Prädikat setze vielmehr gewisse menschliche Mindesteigenschaften voraus. Wenn diese fehlten, könne nicht von einem vollwertigen Menschen geredet werden.

Roscam Abbing (*1972,* zit. b. *Stolk, a.a.O., 119*) konkretisiert diese Position mit der Feststellung, daß bei einem Ausfall des Bewußtseins infolge von Hirnschädigungen nur "körperliches Leben" übrig bleibe. Gegen dessen Beenden durch äußere Eingriffe bestünden dann keine Einwände, im Gegenteil, es sei Ausdruck "verantwortungsvollen Handelns". Ein solches Leben habe keinen Sinn mehr, weil sein Träger, der schwer gestörte, völlig idiotische Mensch, nicht innerlich ja sagen könne zu Gott und zu seinen Nächsten *(Stolk 1988, 120).*

Nach *Fletcher* (*1973,* zit. b. *Stolk, a.a.O., 120*) erzwinge der Fortschritt der medizinischen Wissenschaft, die dank ihrer technischen Möglichkeiten heute geschädigtes Leben zu erhalten in der Lage sei, ein Überdenken unserer Auffassung vom Leben. Lediglich biologisches Leben sei in sich sinnlos. Ein neugeborenes Kind mit einem Mikrocephalus und ansonsten intakten Körperfunktionen sei kein menschliches. "A Down's is not a person."

Zu den Kriterien, die für *Fletcher* ein Menschsein konstituieren, gehöre das Intelligenzniveau. – Er behauptet, ein Individuum der species homo sapiens (!) mit einem IQ unterhalb 40 sei fraglich eine Person, unterhalb 20 keine Person. – Es ist erstaunlich, mit welcher Sicherheit nachweislich unsichere Meßstandards verwendet werden, um über den Lebenswert von Menschen zu richten.

Stolk zitiert weitere Autoren, die den gleichen medizinisch-ethischen Standpunkt vertreten (*Kuhse, Singer* und *Tooley*). Von diesen wird u. a. direkt das Prinzip einer "sanctity of life" zurückgewiesen, wonach jedem Menschen ein verborgener, unverlierbarer Wert als Mensch zukomme. Ein solches Prinzip wird als religiös irrational diskreditiert. Ethische Prinzipien seien vielmehr ausschließlich rational zu begründen. *Kuhse, Singer (1985)* gingen sogar so weit zu behaupten, daß man bei hochentwickelten Tieren *eher* menschliche Eigenschaften feststellen könne als bei geistig schwer Behinderten. "Pigs and cows and chickens have a greater capacity to relate to others, betters ability to communicate and far more curiosity than the most severely retarded humans" (zit. b. *Stolk, 120*).

Der australische Philosoph *Peter Singer (1984)* stellt in seiner "präferenz-utilitaristischen Ethik" lapidar fest, daß "die Zugehörigkeit eines menschlichen Wesens zur Spezies Mensch allein keine Bedeutung dafür hat, ob es verwerflich ist, es zu töten"; entscheidend seien vielmehr bestimmte Eigenschaften, wie Rationalität, Autonomie und Selbstbewußtsein. "Mißgebildete Säuglinge", und zwar nicht nur irreversibel geistig zurückgebliebene, hätten diese Eigenschaften nicht. "Sie zu töten kann daher nicht gleichgesetzt werden mit dem Töten normaler menschlicher Wesen" *(179)*. "Die Tötung eines behinderten Säuglings" sei demnach "nicht moralisch gleichbedeutend mit der Tötung einer Person", also "sehr oft ... überhaupt kein Unrecht" *(188)*. Der hier aus utilitaristischen Prinzipien vorgenommene Unterschied wird mit den Einstellungen der Eltern begründet: Die Geburt eines – unerwartet – behinderten Kindes bedrohe das Glück der Familie. Die Eltern hätten deshalb "guten Grund", diese Geburt zu beklagen und daher auch das Kind zu töten *(180)*.

Derartige Feststellungen reißen – speziell hier "nach Auschwitz" – rechtliche und moralische Abgründe auf. Es werden utilitaristisch Menschenqualitäten mit allen sich daraus ergebenden Konsequenzen unterschieden; die individuelle Feststellung der jeweiligen Differenz aber wird der subjektiven Einschätzung der Verfügenden und Verantwortlichen überstellt. Es gibt dann keine axiomatischen Dämme mehr gegen die Willkür utilitaristischer Entscheidungen. Zugleich wird der "Lebensunwert" schwer behinderter Menschen sanktioniert, womit alle die getroffen und belastet werden, die im Leben eines geistig behinderten Menschen – selbstverständlich – Lebenssinn sehen. Man stelle sich auch die Konsequenzen für das Heer derer vor, die durch Alter behindert werden!

Ohne Zweifel gewinnen eugenische Tendenzen wieder an Boden. Neue Chancen werden in der *Genomanalyse,* der Entschlüsselung der Gesamtheit aller genischen Bausteine einer Zelle, gesehen. Die EG hat 1988 ein diesbezügliches Forschungsprogramm "Prädikative Medizin" veröffentlicht, in welchem es darum gehen soll, Personen vor Krankheiten zu schützen, die durch genische Disponiertheiten an die nachwachsende Generation weitergegeben werden. Darin heißt es u. a.: "In Westeuropa mit einer Bevölkerung mit zunehmendem Durchschnittsalter und einem damit verbundenen stetigen Kostenanstieg im Gesundheitswesen, sind die Aussichten sowohl auf billigere Tests als auch auf frühzeitiges Eingreifen, wodurch die Abnahme der Erkrankungshäufigkeit möglich wird, äußerst attraktiv" (zit. in: *Südd. Zeitung Nr. 109, 1989, 12*).

Was dies für die Wahrung oder Gefährdung der Menschenwürde bedeutet, hat *E. Benda,* der frühere Präsident des Bundesverfassungsgerichtes, in seiner Antrittsvorlesung 1984 in Freiburg dargelegt: "Bisher gilt der Schutz der Schwachen und Behinderten als besonderes Gebot der Menschenwürde. Wenn es nicht mehr unvermeidbares Schicksal, sondern Verantwortung, ja Schuld ist, ob behinderte Menschen zur Welt kommen, könnte sich das Wertesystem geradezu umkehren. So würden nicht die bestehenden Wertvorstellungen den Inhalt der Menschenwürde bestimmen. Indem Eltern an ihre Verantwortung gegenüber der Gesellschaft erinnert würden, würden sich diese Vorstellungen verändern und schließlich zu einer Lage führen, der das bisherige Verständnis des Artikels 1 GG geradezu entgegengesetzt wäre. Dies wäre ... die Zerstörung der Menschenwürde unter der Fahne der Humanität" (zit. *a.a.O.*).

4. Die Unzulänglichkeit einer konsequentialistisch-utilitaristischen Ethik

Die hier aufgezeigten Positionen zur Fraglichkeit oder Verneinung des Lebenswertes und Lebensrechtes geistig schwerbehinderter Menschen sind, wie die Parallelen zur Geschichte erkennen lassen, keine neuen Standpunkte. Sie erhalten nur durch den Fortschritt von Medizinaltechniken zur Erhaltung des Lebens und im Zusammenhang mit volkswirtschaftlichen Risiken problematisch aktuelle Gewichtungen.

Sie sind in mehrfacher Weise unzulänglich und nicht dazu geeignet, das Lebensrecht aller zu schützen – auch nicht das der alten, pflegebedürftig gewordenen Menschen *(Speck 1997, Theunissen 1997).* Es sind Ethik-Konzeptionen wie Utilitarismus, Konsequentialismus, Verantwortungsethik oder "teleologische Ethik", die letztlich darauf gerichtet sind, die Wirklichkeit zu optimieren und Hinderliches zu überwinden, wobei in Kauf genommen wird, daß dabei ein Teil vernachlässigt oder geopfert wird. Beim Konsequentialismus, der die Sittlichkeit einer Handlung nach deren Funktion für die Vermehrung allgemeinen Glücks bewertet, handelt es sich um eine "Optimierungsstrategie" *(Spaemann 1989b, 20).* Entscheidend sind die im allgemeinen oder partiellen Interesse liegenden Konsequenzen einer Handlung, z. B. "das größtmögliche Glück der größtmöglichen Zahl" *(Bentham, Mill)* bzw. die Beseitigung von Glückshindernissen. Stets sind es Veränderungsgrößen, an denen sich das moralische Handeln orientiert, also keine unverrückbaren und dauerhaften Größen oder Werte an sich. Der Mensch wird dabei an einer Optimierungsskala gemessen, die von externen Maximierungsinteressen bestimmt wird, also von ihren Wirkungen her. Diese haben seit der modernen technologisch ermöglichten Industrialisierung hohen Rang erhalten. Sie münden, bezogen auf den Menschen, in Ziele und Techniken der eugenischen Perfektion.

Natürlich hat die Verantwortung des Handelns für seine Konsequenzen auch eine unverzichtbare ethische Bedeutung. Die Frage ist aber, woran sich diese Verantwortung zu messen hat, am Abstraktum eines allgemeinen Verbesserungsprozesses oder konkret am Menschen, den die Konsequenzen treffen, im besonderen, wenn ihm jemand von Mensch zu Mensch, von Angesicht zu Angesicht, begegnet. Im übrigen ist die Gefahr – auch geschichtlich hinreichend belegt – allzu groß, daß sich hinter einem in Anspruch genommenen "guten" Grund, wie z. B. einer "Leidbefreiung" oder einer Beendigung "sinnlos gewordenen Lebens" eigene Hilflosigkeit oder eigene Vorteilsinteressen verbergen. Was hier als "elendes Leben" abqualifiziert wird *(Singer),* kann dort als "Lebensbereicherung" gelebt werden, nämlich das Zusammenleben mit einem behinderten Kind. Man bewegt sich also auf recht unsicherem Grund, wenn man externe Maßstäbe auf einen anderen Menschen anwendet. Er wird dabei zum Objekt und zum Abhängigen. Er wird der Willkür ausgesetzt.

Ein weiteres Problem konsequentialistischer Ethik-Konzepte liegt in der Frage, wie die Konsequenzen tatsächlich vorauszusehen und zu rechtfertigen sind, die für ein Handeln maßgebend sind, und wer darüber befindet, bzw. wie ein Optimierungshindernis, z. B. eine Behinderung, von einem Nicht-Hindernis unterschieden werden soll. Wie wird eine gemeinsam gefundene Präferenz, z. B. für eine Beendigung von Leben, gefunden? Durch den Diskurs? Wodurch werden die Diskursteilnehmer legitimiert? Woher beziehen sie ihre Sicherheit im Urteil? Außerdem: Wie wird das Maß des Hindernisses und damit die Grenze dessen bestimmt und belegt, was nicht mehr als sinn- und lebenswert definiert werden soll? Wo liegt genau die Grenze zwischen Lebenswert und Nicht-Lebenswert?

Dabei wäre es irrig anzunehmen, das hier angesprochene Infragestellen von Lebenswert gälte nur den am schwersten geschädigten Menschen (z. B. mit Anencephalie). Es ist vielmehr klar und entsprechend der utilitaristischen Grundposition absolut folgerichtig erkennbar, daß alle die Menschen gemeint sind, denen "Lebensqualität" abgesprochen werden kann, die gewissen Minimalkriterien vernünftigen Handelns nicht genügen können, die also bestimmten Standards gesellschaftlichen Lebens nicht gewachsen sind. Damit sind prinzipiell alle Menschen mit einer geistigen Behinderung gemeint. Dies geht auch daraus hervor, daß immer wieder auch das Vorliegen eines *Down-Syndroms* als Kriterium genannt wird. Grenzen sind ohnehin nicht objektivierbar, erst recht nicht beim einzelnen, je verschiedenen Menschen.

Eine Klärung dieser ethischen Position, die für sich "Verantwortung" reklamiert, ist aus pädagogischen Gründen unerläßlich: Erziehung und Bildung der hier angesprochenen Menschen verlieren ihren Sinn und Wert, für heilpädagogisches Handeln wird die Motivation unterlaufen, die Behandlungs- und Pflegemethoden degenerieren, wenn geistige Behinderung als Verlust von Menschsein deklariert wird. Der daraus entstehende Teufelskreis bewirkt mit reduzierten Förderungsbedingungen eine Reduzierung der Persönlichkeitsentwicklung und eine größere Belastung von Normalisierungsbemühungen, die wiederum die Ausgangshypothese der Sinnlosigkeit bestätigt.

Diese teleologische Dimension aber ist eine sehr komplexe, weitreichende und sehr anspruchsvolle. Im Augenblick der moralischen Entscheidung sind nicht ohne weiteres alle Konsequenzen im Sinne einer komplexen gesellschaftlichen Nutzenmaximierung erkennbar und vollziehbar. Die utilitaristische Maxime vom größten Glück der größten Zahl gibt im schwer belasteten Augenblick des Handeln-Sollens nicht hinreichend moralische Orientierung. Zumal in einer auf Eigennutz und Funktionabilität hin orientierten Gesellschaft überwiegen dann eher kurzfristige, materiell-pragmatische Normen: Kosten-Nutzen-Erwägungen, Lebensqualität-Einschätzungen. Die jüngste deutsche Geschichte mit dem Programm der "Vernichtung lebensunwerten Lebens" zeigt im übrigen, wie gefährlich utilitaristische Zweckorientierungen vom Gemeinwohl abirren können. Ein Beispiel für eine neuerliche utilitaristische Freigabe der Tötung behinderter Säuglinge liefert die "Praktische Ethik" von *P. Singer (1984)*. Seinen "Präferenz-Utilitarismus" als Basis für eine heilpädagogische Ethik hat *Anstötz 1988* übernommen.

Werte der Funktionstüchtigkeit des einzelnen und der Funktionabilität der Gesellschaft erhalten dadurch ebenso höhere Priorität wie die Reduzierung von Kosten und psychischen Belastungen. Das Leben unter behindernden Bedingungen verliert damit an Eigenwert. Produktivität und Nutzenmaximierung werden zu Selbstzwecken, ohne daß erkennbar würde, wie dadurch Sinn im Ganzen erschlossen würde. "Die Einheit der Person zerfällt in anthropologische Partialitäten, deren Sinninterpretation einem beinahe beliebigen Pluralismus ausgesetzt ist" und einer mehrfachen Verfügbarkeit über den Menschen den Weg ebnet *(Furger 1985, 116)*. Dabei werden Utopien eines von Leiden und Unvollkommenheit schlechthin befreiten Lebens wirksam. Auch durch eine funktionalistische Verantwortungsethik bleibt das Recht des schwachen Lebens letztlich ungeschützt, da und soweit dessen Konsequenzen vom Eigeninteresse der verfügenden Majorität definiert werden.

Nach der christlichen Ethik wie auch im Sinne anderer Hochreligionen gilt das Leben als Gabe Gottes, dessen Mißachtung als Frevel angesehen wird. Die Person-Würde, die unbedingt zu schützen ist, kommt deshalb jedem Menschen zu (vgl. *Furger 1985*). Der Gesamtzusammenhang mitmenschlichen Lebens wird gefährdet, wenn die Unverlierbarkeit dieser Personwürde in Frage gestellt wird *(Stolk, Egberts 1987, Thimm u. a. 1989)*.

5. Eine Ethik der Achtung vor allem Leben

Aus der Sicht der Heilpädagogik ist eine Ethik gefragt, die den Lebenswert und das Bildungsrecht aller Menschen, seien sie behindert oder nicht, ausdrücklich bejaht. Leitprinzip einer solchen universalen Lebensethik muß die unbedingte Achtung vor dem Gut des Lebens und seiner Unverfügbarkeit sein.

Das als gut und gerecht Geltende darf nicht von irgendwelchen Bedingungen und Wirkungen abhängig und durch sie relativierbar sein; es darf also keinen Ausschluß, keine Selektion, implizieren.

Der Begriff "Leben" hat am Ende eines Jahrhunderts, das durch geradezu unbegrenzte technische und zivilisatorische Fortschritte bestimmt war, aber auch ganze Hekatomben von Menschenleben als Folge ungeheuerlicher ideologischer Perversionen und einer massenweisen Mißachtung von Menschenleben gefordert hat, besonderen Rang erhalten. Eine Lebensethik, die von der unbedingten Achtung vor dem Leben bestimmt ist, wird darauf gründen müssen, daß sie allgemeine Zustimmung findet, also unabhängig von philosophischen oder theologischen Prämissen Gültigkeit beanspruchen kann. Eine solche Grundlage ist im *Prinzip der Achtung der Menschenwürde und des Tötungsverbotes* zu sehen *(Schockenhoff 1993, 22)*. Seine ethische Allgemeinverbindlichkeit hat ihr Fundament in der moralischen Selbsterfahrung, daß alle moralischen Subjekte gleichen Ursprungs und auf gegenseitige Akzeptanz angewiesen sind.

Eine Lebensethik, die derart elemantar und umfassend begründet ist, wird ihren besonderen Aspekt in der Achtung vor dem schwachen Leben haben. Die aus ihr hervorgehende Achtung vor allem Leben läßt keinerlei Reduktionen des Lebenswertes bestimmter Menschen zu. Sie macht in ihrem kategorischen Anspruch auf Achtung keine Unterschiede. Dieser Aspekt ist im Zeitalter eines allgemeinen Machbarkeits- und Perfektionswahns und einer um sich greifenden Ökonomisierung der Werte besonders wichtig, da dieser Kontext dominanter Geldwerte den ärmeren Teil der Gesellschaft abwertet und in Bedrängnis bringt, ihn geradezu überflüssig macht *(Speck 1999)*. Eine Spaltung der Moral droht und zwar nicht nur zu Ungunsten des schwächeren Teils sondern des Ganzen.

Eine Lebensethik, die auf der Achtung vor allem Leben (Bios) gründet, verpflichtet kategorisch, d.h. unbedingt. Die geforderte Achtung geht aus dem durch nichts erworbenen, sondern ursprünglich gegebenen Eigenwert und der Unverfügbarkeit jedes Menschen hervor. Er ist Wert an sich, und in der gegenseitigen Anerkennung dieses Wertes liegt der Grund für das Gut- und Glücklich-Sein der Menschen. Sie sind von der Natur her als soziale Wesen konstituiert. Es handelt sich um eine Ethik des gegenseitigen Wohlwollens *(Spaemann 1989 a)*, man könnte auch sagen, um eine Ethik der Liebe, d. h. des gegenseitigen Helfens und Mittragens von Leid, auf der persönlichen Basis von Freiheit, Autonomie und Vernunft. Die Begründung einer Lebensethik bezieht sich damit auf unverlierbare Fundamente jeglichen Menschseins.

Für die Frage, wie stark und überzeugend diese Begründung ist, erscheint es wichtig zu *erkennen*, daß deren Wurzeln bis in die biotische Konstitution des Menschen hineinreichen. Maturana spricht gar von einer "Biologie der Liebe" *(1997)*. Damit meint er das emotionale, also vor aller Ratio wirkende Fundament des Menschlichen. Ethisches Denken beginne, wenn wir uns um die Auswirkungen unseres Tuns für das Wohlergehen anderer sorgen *(218)*.

Dies aber setze voraus, daß der Andere wahrgenommen und als "legitimer Anderer im eigenen Leben angenommen" werde, damit eine Koexistenz mit ihm möglich werde. Ethisches Denken entstehe also primär aus der Emotion der Liebe, nicht aus Vernunft. Deren Aufgabe sei es vielmehr, die aus der Sorge füreinander entstehenden Pflichten und Verbindlichkeiten zu rechtfertigen.

Ein Ethik-Ansatz, der von einem spontanen, aller Reflexion und legitimierenden Ratio vorausgehenden und unbedingten Sorgeimpuls ausgeht, findet sich auch im Denken des französischen Philosophen *Emmanuel Lévinas.* Seine Ethik kann als "Ethik vom Anderen her" bezeichnet werden *(Speck 1996 a).* Was sie radikal von anderen Ethik-Ansätzen unterscheidet, ist ihr Bezugspunkt. Dieser ist kein Abstraktum eines "Wertes" oder einer philosophischen Konstruktion, sondern es ist der konkrete Mensch, der als Anderer die moralischen Impulse und Imperative setzt; und es ist nicht das Ich, das "Ich denke" oder ein "Ich entscheide", von dem aus eine moralische Handlung ausgeht, sondern es ist der Andere, der mir in seiner Hilfebedürftigkeit und seiner Verletzlichkeit begegnet. Es ist das *Antlitz* des Anderen als Menschen, das mich anspricht und zwar gleichgültig, wer und wie auch immer dieser Andere beschaffen sei, und aus dem unverkennbar die Bitte spricht: Verletze mich nicht! Töte mich nicht! Hilf mir! Wer seine Augen wirklich auf den Anderen richtet, kann dieses Ansprechen des Anderen *nicht nicht wahrnehmen.* Der moralische Imperativ ist eindeutig, und dieser geht von ihm aus. Das heißt: Der Andere ist der Erste! Von ihm geht der Impuls aus, der mich trifft und auf die Erhaltung und den Schutz seines Lebens zielt. Dies bedeutet auch: Der Andere hat den Vortritt!

Ein solcher Ethik-Ansatz nimmt Abschied von einer *egologischen* Orientierung, bei der das Ich die moralisch bestimmende Größe ist. Sie birgt in sich die Gefahr, daß der Andere nicht nach dem von allen zu achtenden Eigenwert als Mensch behandelt wird, sondern nach externen Interessen und subjektiven Güterabwägungen. Er wäre dann der Ausgelieferte und total Abhängige, nicht mehr also *Selbstzweck,* wie ihn jeder Mensch darstellt und wie er unbedingt zu achten ist, etwa im Sinne des kategorischen Imperativs von I. Kant: *Handle so, daß du die Menschheit, sowohl in deiner Person, als in der Person eines jeden andern, jederzeit zugleich als Zweck, niemals bloß als Mittel brauchest (Grundlegung zur Metaphysik der Sitten, Weischedel-Ausg. 1974, Bd. VII, 61).*

Im Begriff des Anderen sieht *Lévinas* eine absolute Qualität, die meinem Verfügungsbegehren widerspricht. Der Andere verfügt über einen Sinn, noch bevor ich ihm diesen gebe *(Lévinas 1998, 281).* Ich kann also keine Gewalt über ihn beanspruchen, auch keine definierende. Ich kann ihn nicht "in den Griff bekommen" oder besitzen, um über ihn zu verfügen. Er hebt meinen Primatsanspruch auf.

Einem derartigen ethischen Ansatz vom Anderen her kommt in Anbetracht schlimmster Mißachtung anderer im ausgehenden Jahrhundert pervertierter Macht über andere nicht nur *allgemeine* Bedeutung heute zu. Er ist auch der konsequenteste Ansatz, um den *schwachen* Menschen vor dem Menschen zu schützen und ihn in seine Rechte einzusetzen. Er ist zugleich ein Ansatz, der auch die Bedeutung des Leiblichen miteinbezieht. *Kleinbach (1994)* hat diesen Aspekt nicht nur für seine ethische Begründung einer Praxis der Geistigbehindertenpädagogik verwendet, sondern zugleich aufgezeigt, wie gerade über die Achtung vor dem Anderen, der ein absolut anderer für mich ist, und über die sich in seiner Leiblichkeit äußernde Eigenheit der Zugang zu ihm möglich wird. *Pfeffers* phänomenologischer Ansatz ist in gleicher Richtung zu sehen *(1988)*.

Als Urbild des ethischen Verpflichtetwerdens sieht *Lévinas* das Angesprochensein durch das *Antlitz* des Anderen. *Lévinas* meint damit kein stilisiertes Bild, sondern die Unmittelbarkeit des Anderen, die phänomenologisch erkannt werden kann und die zugleich *Gemeinschaftlichkeit* stiftet, wenn ich ihm wirklich in die Augen sehe. Das Antlitz bedeutet etwas, u. a. den Widerstand gegenüber der Macht, die ihm entgegentritt. Es deutet aber auch die Herkunft an, aus der sich seine Unverfügbarkeit ableitet, den Bereich der Unendlichkeit, in dessen "Spur" es ist *(Stinkes 1993)*. Diese weist aber zugleich über ihn hinaus in ein "Jenseits des Seins" *(Lévinas 1998, 229)*. Der Andere ist damit nicht ein isoliertes Etwas, sondern ein transzendent Geborgener, und er ist mehr als ein von außen her zu taxierendes und zu definierendes Zufallsprodukt von Natur und Zufall.

Den Anderen von Angesicht zu Angesicht sehen und sich seinem Antlitz stellen, bedeutet, daß sich das Ich vom Anderen verpflichten läßt, um sogleich, d. h. ohne Überlegung, ungeschützt, ohne sich um Gegenseitigkeit zu kümmern, für den Anderen einsteht *(Lévinas 1995, 202)*.

Ein solches unmittelbares Angesprochenwerden durch den Anderen, das mich – vor aller Reflexion – verpflichtet, ist auch phänomenologisch nachvollziehbar. Eine Mutter, die ihr neugeborenes Kind – immer wieder – ansieht, steht zu ihm auf einer anderen Basis als jemand, der mit diesem Kinde sonstwie zu tun bekommt, z. B. als Wissenschaftler oder Statistiker. Die unmittelbare Begegnung mit ihm – von Angesicht zu Angesicht – bewirkt eine andere soziale Qualität. Das Neugeborene ist das Primäre. Von ihm gehen die Impulse aus, die die Mutter verpflichten und bewegen, es zu umsorgen, und dies ist gerade auch bei behindert geborenen Kindern zu beobachten.

So ist es zu verstehen, daß geistig behinderte Menschen von denjenigen, die mit ihnen ihr Leben teilen und sie – ohne nach Gegenseitigkeit zu fragen – umsorgen, anders bewertet werden als von Menschen, die in einem distanten Verhältnis zu ihnen stehen. So wird erklärbar, daß in einer genetischen Beratung – ungetroffen vom Blick des gemeinten Kindes – gesagt und geglaubt werden kann, daß dieses Leben ein "elendes" sein werde, ein "nicht zuzumutendes". Und aus einer distanten Position von Rechnungsbeamten und sonstigen "Entscheidungsträgern" wäre es auch möglich, die Auffassung zu vertreten, daß es zu viel koste, was an Sorge und Bildung für diese Menschen aufgebracht werde.

Eine *Ethik der Achtung vor allem Leben* geht also vom Anderen aus, nicht von meiner Ich-Instanz, vom "Ich denke". Er ist Zweck und Wert in und an sich. Der von ihm ausgehende Impuls ist es, der mich moralisch verpflichtet und zwar unbedingt; d. h. vor und jenseits aller rationalen Einschätzung, ob es sich um jemanden handelt, der meiner Verpflichtung für ihn würdig ist oder nicht. Pflicht bedeutet dabei nichts anderes als "die Notwendigkeit einer Handlung aus Achtung fürs Gesetz", d. h. für die Maxime, die allgemein gilt, erklärt *Kant (Grundlegung zur Metaphysik der Sitten, Weischedel-Ausg. 1974, Bd. VII, 26).*

Auf der Basis einer solchen Ethik, die nicht nach der eigenen Neigung oder dem eigenen Dafürhalten fragt, auch die Selbstliebe außer Acht läßt, stellt sich das Leben mit einer Behinderung, sei sie noch so schwer, grundlegend anders dar. Der Lebenswert dieser Menschen, die "anders sind" als wir, stellt sich nicht mehr als eine eigene Frage. Die eigene Vernunft rückt an die zweite Stelle. Das Primäre aller moralischen Verhältnisse vernünftiger Wesen sind "Liebe und Achtung" *(Kant a.a.O. 629). Spaemann (1989a)* spricht von einer "Ethik des Wohlwollens". Sie beruhe auf der Achtung der Person und gegenüber allem Leben, das "auf das Erwachen der Vernunft hingeordnet" ist. Achtung bedeute unbedingte Zustimmung zu diesem Anderen, der – wie ich – auf das gerichtet ist, was ihm zuträglich ist *(129).* Ohne solches unbedingtes Wohlwollen läßt sich kein heilpädagogisches Handeln begründen und auch keine Bewertung geistig behinderten Lebens legitimieren. Auf dieser ethischen Basis gründen auch die weiteren Fragen, die sich für das Mitleben von Menschen mit einer geistigen Behinderung ergeben.

Eine *Lebensethik* als ethische Position, die von der Ehrfurcht vor allem Leben ausgeht und die Leben an sich verteidigt (vgl. *Altner 1991, Rest 1992*), kann sich auf keinerlei Reduktionen des Lebenswertes von Menschen einlassen. Sie kann auf die Unbedingtheit der Achtung vor allem Leben nicht verzichten. Sie beansprucht kategorische Geltung über kontextuelle Gegebenheiten hinweg. Es handelt sich um eine *Pflichten*ethik oder *deontologische Ethik* (to deon = die Pflicht); *Kant* sprach vom *kategorischen* Imperativ. Leben ist auf dieser Basis für alle (universalistisch) kategorisch, d. h. unbedingt und unumstößlich unantastbar, das Lebensrecht also unteilbar. Dieses Sollen gründet auf der Gleichwertigkeit aller Lebensformen und dem einheitlichen Ursprung allen Lebens, der außerhalb der Verfügbarkeit des Menschen liegt. Leben geht dem Menschen voraus. Jedes menschliche Leben ist konstitutiv anvertrautes Leben, also nicht verfügbares Leben. Im psychosozialen und lebensgeschichtlichen Gesamtzusammenhang menschlicher Existenz kann es kein lebensunwertes Leben geben. Diese Maxime kann durch individuell wirksame Umstände, z. B. durch partielle Nützlichkeitserwägungen oder die utilitaristische Maßgabe eines leidfreien Lebens und einer bilateralen Interessensabsprache nicht aufgehoben werden. Der Grund liegt u. a. in den zu befürchtenden Folgen, die auch als "Dammbruch-These" vertreten werden *(Antor 1991).*

Eine unbedingte Lebensethik steht und fällt mit der – vor allem *praktischen* – Einbeziehung des Leidens in den Zusammenhang allen Lebens. Leben ist immer auch Mit-Leiden. Da Leiden im allgemeinen Sinn einen Grundbestandteil menschlicher Existenz darstellt *(Doerner 1988, 90),* kann es zur Erhaltung der Humanität nur um die "möglichst weitgehende Minimierung von Schmerz, Zerstörung und Tod unter Einschluß aller an der Überlebenskonkurrenz beteiligten Partner" gehen *(Altner 1991, 191),* und der evangelische Moraltheologe fährt fort: *"Es gibt dabei kein lebensunwertes Leben."* Gerade Menschen mit einer Behinderung, Kranke, Sterbende und auch Ungeborene seien als "Hoffnungszeichen und eine unaufhebbare Garantie für die Menschlichkeit im Zeitalter des biotechnischen Machbarkeitswahns" anzusehen *(288).* – Von einer Diskursethik als einer Verständigungsethik ist keine Klärung der umstrittenen Lebenswertigkeit zu erwarten. Zwischen Leben und Tod gibt es keine Annäherungsmöglichkeiten. Sie geht von der Tatsache einer *wertepluralen* Gesellschaft aus und baut auf die Möglichkeit der *Konsens*findung durch Diskurs, im Prinzip durch den Diskurs aller Betroffenen als Teilnehmer an einer "kooperativen Wahrheitssuche, bei der einzig der Zwang des besseren Arguments" den Ausschlag geben dürfe *(Habermas 1991, 61).* Dabei dürften nur diejenigen Normen Geltung beanspruchen, die "die Zustimmung aller Betroffenen als Teilnehmer eines praktischen Diskurses finden könnten" *(ibid.).* Ein solcher Diskurs schließt sich bei der hier anstehenden Frage selber aus; denn betroffen wären auch die Getöteten. Aber auch die lebenden, die potentiell Betroffenen verneinen ihn: "Wir lassen nicht über uns diskutieren!" *(Radtke 1990, 275).* Wir ergänzen: Auch nicht *mit* uns, denn welcher *Konsens* sollte möglich sein zwischen Leben und Tod? Aus der Sicht einer unbedingten Lebensethik käme nur eine Zustimmung zur eigenen Position in Betracht. Die Tatsache der Gegenposition bedeutet, daß es beim *Widerstreit* bleiben muß. Das aber heißt zugleich, daß die Divergenz in der gegenwärtigen Diskussion nicht einseitig außer Kraft gesetzt werden kann, und daß deshalb unter einem tutioristischen Aspekt (tutior = sicherer) die anerkannte allgemeine Verpflichtung zur Sicherung von Leben (auch von *meinem* Leben) Vorrang zu beanspruchen hat. Im übrigen: Wenn es heißt, daß der rationale Diskurs sich auch an den Folgen zu orientieren hat, so kann er nicht darüber hinweggehen, daß jede Aufweichung der Maxime des unteilbaren Lebensrechtes von destruktiver Wirkung auf das Ethos des Helfens sein dürfte.

Das Lebensrecht als ein Grundrecht bedarf des *rechtlichen Schutzes.* Das *Grundgesetz* sichert in seinem Eingangsartikel ausdrücklich die "Unantastbarkeit der Würde des Menschen" als ein "unverletzliches und unveräußerliches Menschenrecht" und als "Grundlage jeder menschlichen Gemeinschaft" ab. So wichtig diese Verankerung ist und so sehr man auf die Absicherung des Lebensrechts aller vertraute, ist inzwischen deutlich geworden, daß ein solches Rechtsgut auch relativiert werden kann, zumal in einer wertepluralen Gesellschaft.

Daß der rechtliche Schutz des Lebensrechtes kein absoluter ist, geht aus der Tatsache hervor, daß Grundrechte eingeschränkt werden können, z. B. durch die Rechte anderer, und daß der gebotene Schutz (Hilfe zum Leben) faktisch außer Kraft gesetzt werden kann, z. B. durch wirtschaftliche Not, etwa in Notstandssituationen. Die gegenwärtige Diskussion macht deutlich, daß zwar ein *Recht auf Leben* ("Ich darf nicht getötet werden") besteht, daß aber das damit verbundene Recht auf entsprechende *Hilfe* zum Leben durch Kosten-Nutzen-Kriterien ausgehebelt werden kann.

Verfaßte Grundrechte schützen also nicht eo ipso das Lebensrecht. Sie müssen vielmehr als ethische Postulate gesehen werden, als Ausdruck von *Grundwerten* und als Grundlage für eine entsprechend auszugestaltende Rechtsordnung. Vor diesem Hintergrund erscheinen utilitaristische Lebenswertungen als Herausforderungen des geltenden Ethos. Das bedeutet umgekehrt, daß der Grundwert des unantastbaren Lebenswertes aller entschieden verteidigt werden muß. Die Wertepluralität der Gesellschaft und die sich daraus ergebende Konkurrenz verschiedener Wertesysteme ist die eine Realität, durch die aber die andere, nämlich das Festhalten am Geltungsanspruch des eigenen Wertesystems, ganz und gar nicht aufgehoben wird *(Habermas 1991, 207).* Der sich daraus ergebende *Widerstreit* ist nicht abwendbar. Er muß ausgehalten und "bezeugt" werden *(Lyotard 1989, 12).*

6. Autonomie – Selbststeuerung

Biologisch und auch *psychologisch* gesehen kommt der Mensch in völliger Angewiesenheit auf fremde Hilfe zur Welt und bleibt im Falle einer geistigen Behinderung sein Leben lang auf externe Hilfe oder Pflege angewiesen. Und doch unterliegt er trotz dieser Abhängigkeit von Anfang an auch dem Entwicklungsgesetz der Autonomie. Was wir als menschliche *Autonomie* verstehen, ist naturhaft (biologisch) begründet *(Maturana 1997).* Der Mensch ist wie jedes Lebewesen ein autonomes System. Das heißt, er ist von Natur aus so angelegt, daß er sich selbst organisiert und reguliert. Sein Organismus ist darauf gerichtet, sich zu erhalten; und wenn er Störungen erlebt, organisiert er selber die entsprechende Abwehr. Autonomie beinhaltet *Kontrolle über sich selbst.* In welchem Ausmaß diese real möglich wird, ist von sekundärer Bedeutung und im übrigen Aufgabe der Erziehung.

Wie ist diese Autonomie konstituiert? Über sein Nervensystem, über das die individuellen Sinnesempfindungen verarbeitet werden, baut sich die eigene Wahrnehmungswelt jedes Menschen auf, entsteht sein eigenes Bild von der Welt. Er selber wird eine eigene, unauswechselbare Größe. Durch seine Eigenheit unterscheidet er sich von jeglichem anderem.

Psychologisch gesehen baut jeder Mensch im Laufe seines Lebens seine eigene psychische und geistige Wirklichkeit auf. Was er in sie hineinnimmt, ist jeweils von seinen Vorerfahrungen und seiner eigenen Sichtweise abhängig.

Die Umwelt kann also das Wahrzunehmende nicht diktieren bzw. festlegen. Was der andere als Information absendet, kommt nicht in der gleichen Weise im Empfänger an. Der Mensch ist kein bloßer Empfänger von Input-Daten, die er wie ein Telefax entgegennimmt. Er wählt vielmehr aus. Er *wertet* unablässig, was er aufnehmen oder ablehnen soll. Er selber bewirkt also Veränderungen, die von außen nur angestoßen werden. Wenn es anders wäre, wäre er nichts anderes als das Ergebnis oder Abziehbild seiner Umwelt, der gesellschaftlichen Verhältnisse – jenseits von Freiheit. Auf Grund seiner – wie auch immer gewordenen – Eigenheit hört und sieht er, was er hört und sieht, und baut es in sein eigenes System ein. Der Psychologe *J. Piaget* sagte vom Kinde, daß es seine Welt *konstruiere,* also nicht einfach abbilde.

Die besondere Bedeutung dieser Einsicht für Menschen mit einer geistigen Behinderung und ihre Erziehung liegt auf der Hand. Wer über entsprechende Erfahrung verfügt, weiß, wie eigen jeder einzelne von ihnen ist, wie sehr in der Erziehung individualisiert werden muß. Kein Kind ist einfach Produkt seiner Umwelt, seiner Erzieher. Jegliche Standardisierung wird suspekt!

Wie auch immer Umwelt einwirkt, Autonomie wird dadurch psychologisch nie ausgeschaltet. Sie bildet sich vielmehr gerade in der Auseinandersetzung mit ihr. Nur im Netzwerk sozialer Verbindungen bzw. im Versuch der Lebenserhaltung und Selbstbehauptung in der gegebenen Lebenswelt kann sie sich entwickeln. Auch geistig behinderte Menschen orientieren sich an Vorbildern, wenn diese ihnen integer und glaubwürdig erscheinen. Menschliches Werden ist soziales Werden.

Letztlich mündet die Autonomieentwicklung und -bildung in die ethische Dimension. In diesem Sinne meint Autonomie auch *moralische* Selbstbestimmung. Sind Menschen mit geistiger Behinderung dazu fähig? könnte gefragt werden. Verfügen sie überhaupt über eine "Autonomie des Willens", die Kant als das oberste Prinzip der Sittlichkeit ansah? Können sie ihr Handeln so steuern, daß dabei gut oder böse unterschieden wird? Können sie ihr Leben in der Weise nach Prinzipien führen, daß es "gelingt" und "glückt"?

Ein solches Fragen ist Ausdruck eines rationalen Bedürfnisses nach empirischer Klarheit, wie es der moderne Mensch anzuwenden gewohnt ist. Rational ist aber auch die Antwort: Das Selbstverhältnis eines Menschen zu einem anderen ist niemals direkt empirisch feststellbar *(Spaemann 1989 a).* Von dem, was als "Personalität" oder "Seele" bezeichnet wird, gibt es nur "empirische Repräsentationen", also Zeichen, etwa das menschliche Antlitz oder sonstige leibliche Äußerungen gegenüber anderen. Was aber nicht möglich ist, wäre der Versuch, eine Trennungslinie zu ziehen zwischen Menschlichem und Nicht-mehr-Menschlichem. Er kann sich nur in einer Grauzone bewegen, in der – um der Wahrung des Menschlichen willen – nur das Gebot der Achtung vor allem gelten kann, was von Menschen abstammt.

Im übrigen können derartige Fragen nicht isoliert nur im Hinblick auf einen einzelnen Menschen beantwortet werden *(Speck 1996 b).* Alles Moralisch-werden geschieht nur im Orientierung und Halt gebenden Rahmen einer entsprechenden *Kultur.* Den total autonomen Menschen kann es also überhaupt nicht geben. Er steht immer nur in Interdependenz; er ist immer nur relativ autonom.

Eine weitere Einschränkung der reinen Autonomie des Willens ergibt sich aus der Tatsache, daß moralisches Handeln nicht nur über die Ratio gesteuert wird, sondern urtümlich auch oder im besonderen über *moralische Gefühle.* Aus der Erfahrung wissen wir, wie intuitiv sicher geistig behinderte Menschen sich moralisch verhalten können. Aus der Geschichte ist u. a. auf *E. Seguin,* den Altvater der Geistigbehindertenpädagogik *(1812-1880),* zu verweisen, der in seinem "traitment moral" das "Herzstück" seiner Erziehungsmethode sah *(Hänsel 1974).* Er beobachtete bei geistig behinderten Kindern, daß diese über primäre Ansätze von Willen, Bewußtsein und Spontaneität ein moralisches Verhalten entwickeln könnten, wenn ihnen mit Einfühlsamkeit und Liebe begegnet werden würde.

7. Abhängigkeit – Bindung

Abhängigkeit ist als ethischer Begriff unüblich. Er widerspricht geradezu dem sittlichen Prinzip der Autonomie. Er spielt aber für die Erziehung und das Leben von Menschen mit geistiger Behinderung eine zentrale Rolle. Er wurde u. a. dazu benutzt, diesen Menschen ein moralisches Leben abzusprechen. Wer lediglich abhängig sei, könne keine eigenen moralischen Entscheidungen fällen; er handle eher wie eine Marionette.

Jeder, der mit mental behinderten Menschen zusammenlebt, weiß aus seiner Erfahrung, daß dies nicht zutrifft. Natürlich sind diese Menschen in einem besonderen Maße von anderen abhängig; man hat sie auch schon als "total abhängig" bezeichnet; aber dieses Abhängigsein ist erstens nicht alles, was sie auszeichnet, und zweitens ist Abhängigkeit eine für alles Leben bestimmende Größe. Ordnung der unendlich vielen Funktionen in der Natur kann es nur geben, wenn alles aufeinander abgestimmt ist, wenn die Einzelprozesse und -bewegungen an bestimmte Gesetze gebunden sind. Dies gilt für den Einzelorganismus ebenso wie für das Zusammenleben der vielen Einzelnen. Wenn Autonomie *Selbsteinbindung* in das Gute und Rechte bedeutet, so beinhaltet sie als Achtung vor dem guten und rechten Leben auch Bindung *(Speck 1991, 1997).* Einer ist vom Anderen abhängig. Wir sprechen von gegenseitiger Abhängigkeit oder Interdependenz.

Es war das Verdienst von *M. Hahn (1981),* herausgearbeitet zu haben, in welch vielfältiger Weise Menschen mit geistiger Behinderung einem "Mehr an sozialer Abhängigkeit" ausgesetzt sind, wie selbstverständlich diese in den verschiedenen Lebensbereichen und Institutionen praktiziert wird und welche negativen Folgen dies in der Praxis für die betroffenen Menschen haben kann. Es erschien unstrittig, daß allein aus der Tatsache einer Schädigung, die wir als *geistige Behinderung* bezeichnen, bestimmte Abhängigkeiten hervorgehen, mit ihr sogar gleichzusetzen sind, nämlich:

Weniger eigene Bedürfnisse, ausgeprägte Passivität, durchgängige funktionelle Abhängigkeit von Anleitung und fremder Hilfe, mehr reproduktives Denken und Nachmachen in der Erziehung, Dominanz der helfenden oder pflegenden Person, mehr Objekt von Institutionen, Notwendigkeit der Einschränkung des persönlichen Freiheitsraumes, Ausschluß aus bestimmten sozialen Gruppen und Institutionen des öffentlichen Lebens, nur fähig zu nachvollziehender Arbeit.

Die Frage, die sich mit fortschreitender und differenzierender Erfahrung im Umgang mit diesen Menschen, aber auch aus dem sich verändernden sozialen Kontext stellte, war nun die, ob diese Abhängigkeit tatsächlich mit geistiger Behinderung gleichzusetzen ist. Eines wurde immer klarer: Das "Mehr" an Abhängigkeit ist vor allem ein *soziales* Phänomen; es ist nicht einfach oder allein in der Schädigung selber begründet. Natürlich ergeben sich aus einer psychophysischen Schädigung oder einer Krankheit auch *funktionelle* Abhängigkeiten. Wer wegen einer Lähmung seine Beine nicht bewegen kann, ist auf Gehhilfen oder andere technische Stützen angewiesen; und wer eine Situation verstandesmäßig nicht durchschauen und entsprechend handeln kann, braucht entsprechende Denkhilfen oder Schutz von anderen. Aber solche Abhängigkeiten sind nicht unbedingt "soziale" Abhängigkeiten, und soziale Abhängigkeiten sind nicht einfach nur auf Individuen zu beziehen; sie sind nicht individuelle Merkmale, sondern Realitäten einer ganzen sozialen Gruppe.

Soziale Abhängigkeit ist anthropologisch gesehen eine allgemeine Bedingung menschlichen Lebens. Sie wird eine kritische Größe, wenn sie überstark wird, so daß ein Mensch nicht sein Selbst aufbauen und erproben kann, d. h. die ihm mögliche Autonomie nicht entfalten kann, und wenn die äußere Abhängigkeit sich durch das Nichtvorhandensein von Hilfe und Hilfsmitteln, durch die Distanzierung von außen her oder durch entmündigende Hilfeansätze verstärkt wird. Im letzteren Fall kann es zu einer "erlernten Hilflosigkeit" kommen, wenn z. B. eine durchorganisierte und perfektionierte Hilfe dem Selbst kaum eine Chance läßt; es gibt das, was man auch als "Herrschaft der Experten" bezeichnet hat.

Wir hätten es dann mit einer unnötigen oder aufgenötigten Abhängigkeit zu tun, mit einer Abhängigkeit, die die eigene und an sich mögliche Autonomiebildung behindert. Dieses Phänomen ist bis in die allgemeine *gesellschaftliche* Situation von Menschen mit Behinderungen zu beobachten. Es gibt Gesellschaften, in denen Menschen mit einer Behinderung in größerer Abhängigkeit von ihren Hilfesysteme leben, und andere, die Abhängigkeiten weitestgehend zu verringern suchen. Zu nennen wäre hier das Normalisierungsprinzip. In einer Überbetonung organisierter Hilfe liegt eine erhöhte Gefahr für entindividualisierende Entwicklungsprozesse (Hospitalisierung).

Mit Sicherheit ist das Abhängigkeitsverhältnis für Menschen mit geistiger Behinderung in den vergangenen Zeiten von außen her überzogen worden. Eine Hilfe zum Leben-Lernen kann ethisch nur dann legitim sein, wenn sie sich primär an den Möglichkeiten der Autonomiebildung orientiert und diese fördert, nicht aber primitivierende Abhängigkeiten erzeugt.

8. Mitmenschliches Helfen

Hilfe im allgemeinsten Sinne ist ein urmenschliches Phänomen und beinhaltet die gegenseitige Angewiesenheit und Ergänzung der Menschen untereinander. Der Mensch ist ein unvollkommenes und fehleranfälliges Wesen, nicht nur durch seine Natur bedingt, sondern auch durch seine Freiheit. Zugleich ist er ein *Gemeinschaftswesen,* d. h., er kann nur Mensch in dem Maße werden, wie er mit anderen zusammen sein Leben lebt. Menschen brauchen einander, und "einer trage des anderen Last!". Das Ausmaß des Hilfebedarfs, das z. B. bei einer schweren Behinderung sehr groß sein kann, ist für die Gültigkeit des Hilfe-Prinzips ohne Belang. Hilfe zu brauchen, ist normal und bedeutet also prinzipiell keine eigene Entwertung des "autonomen" Menschen; Hilfe zu geben ist ebenso normal oder menschlich, also an sich keine außergewöhnliche Leistung.

Not und Hilfe sind aufeinander bezogene Gegebenheiten und Aufgegebenheiten. Hilfe ist darauf gerichtet, daß sich der Einzelne selbst weiterhelfen kann. Sie ist daran zu messen, was der Andere braucht. Hilfe soll *Hilfe zur Selbsthilfe* sein. Wenn sie zum Selbstzweck würde und den Anderen zu ihrem Mittel machte, verlöre sie ihre ethische Legitimation.

Menschliches Helfen von Angesicht zu Angesicht konstituiert Menschlichkeit als persönliche Haltung. Verantwortlichkeit und Liebe sind persönliche Tugenden. Keiner lebt aus sich selbst allein. Die Menschen stützen sich immer auch auf Gemeinschaften, die von einem gemeinsamen Ethos des Helfens geprägt sind. Aus ihm schöpfen sie einen Großteil der Kraft, die sie brauchen, um für den Anderen dazusein, ohne "auszubrennen".

Die *Schopenhauer*sche Ethik beruhte auf zwei von altersher tradierten Grundsätzen:
- Verletze niemanden!
- Hilf jedem, soweit du kannst!

Was hier in Imperative gefaßt ist, stellt keine von außen oder vom eigenen Ich her gesetzten Aufforderungen dar, die womöglich erst über rationales Denken und moralisches Räsonieren wirksam würden, sondern findet sich in einer natürlichen Veranlagung des Menschen vor. Vom Menschen, der Hilfe braucht, geht unmittelbar und direkt der Appell aus: Hilf mir!

Allgemein läßt sich sagen, daß Helfen in der *Natur* des Menschen angelegt ist. Der Mensch kommt als total hilfebedürftiges Wesen auf die Welt. Sein werdendes und auch sein späteres Leben hängen davon ab, daß sich ihm Menschen helfend zuwenden. Die Natur unterstützt oder sichert diese Lebensnotwendigkeit durch Instinkte. Die Not eines anderen wird unwillkürlich als Impuls zum Helfen erlebt.

Diese biologische Verankerung *(Maturana 1997)* bildet eine wesentliche anthropologische Grundlage für das Zusammenleben, aber sie bedeutet keine Sicherheit. Menschen können auch Hilfe unterlassen; sie können aber auch Hilfe mißbrauchen. Ihr Helfen ist, wie überhaupt ihr Handeln, von ihrer Entscheidung abhängig, aber auch von den kulturellen Bedingungen, unter denen sie aufwachsen und leben. Das Helfen ist auch von Lernprozessen abhängig. Sie kommen vor allem in einer Kultur des Helfens zustande, die zum einen von überlieferten und bewährten Solidaritätsmustern und zum anderen von einer lebendigen Wahrnehmung der aktuellen Bedrängnisse und Nöte der Menschen gestützt unterstützt wird.

Hilfe für den (relativ) autonomen Menschen, den Menschen also, der auf Selbstbestimmung hin angelegt ist, ist immer auf die Ermöglichung von *Selbsthilfe* gerichtet. Die Gefahr, daß die Hilfe-Impulse zu wenig beachtet oder im Sinne eigener Interessen fehlgedeutet werden, ist um so größer, je mehr sich das Helfen auf Distanz abspielt und auf organisierte Großsysteme der Hilfe konzentriert. Umgekehrt wird das Helfen um so mehr als unmittelbare und adäquate Antwort auf erlebte Hilfebedürftigkeit erfahren, je *näher* der Einzelne dem Anderen ist. In der Nähe bedarf das Helfen im allgemeinen keiner komplizierten Überlegungen; es geht urtümlich und unkompliziert als Antwort auf eine Situation mit einem Anderen hervor. Diese Nähe aber muß zugleich auf Distanz beruhen; sie bezeugt die nötige Achtung, ist aber zugleich Nähe *(Lévinas).*

Obwohl das Helfen eigenen Einsatz erfordert, bringt es doch Gewinn und auch Sinn. Helfendes Tun läßt sich durchaus auch mit eigenen Interessen in Einklang bringen. Man kann auch als "Individualist" altruistisch handeln. Umgekehrt kann es eine Anmaßung bedeuten, von anderen zu verlangen, sie sollten in ihrer sozialen Aufgabe völlig aufgehen bzw. sich total aufopfern. Das Einfordern von Selbstlosigkeit ist insofern irreführend, als es kein Helfen ohne den Einsatz des Selbst geben kann. Auch der helfende Akt ist auf Selbstachtung angewiesen.

Das *System der Hilfe* für den Menschen ist heute weitestgehend organisiert und professionalisiert. Die *"helfenden Berufe"* sind von der Grundmotivation bestimmt, dem Menschen auf der Basis der Vertrauenswürdigkeit und der Solidarität zu dienen, d.h. seine Weiterentwicklung zu fördern und zu "erleichtern", "Bedingungen für Freiheit zu schaffen", den "jeweils möglichen Grad der Selbsterfüllung" zu erreichen versuchen *(Combs u. a. 1975, 94).* Helfen ist ein Arbeiten mit dem Menschen und für den Menschen. Es geht nicht darum, Menschen zu manipulieren, sondern darum, ihnen zum Besseren zu verhelfen, Beistand zu leisten, sie zu entlasten, zu ermutigen und zu unterstützen *(97).*

Helfen in diesem Sinne setzt eine positive Beziehung zwischen Helfer und dem, dem geholfen werden soll, voraus. Sie wird vor allem davon bestimmt sein müssen, daß beide letztlich das Gleiche wollen. Helfen ist im übrigen ein *gemeinsamer Lernprozeß,* der aus dem Erleben gelöster Probleme und aus dem Entdecken von Bedeutsamkeiten und Sinninhalten seine wichtigsten Verstärkungen erhält. Letztlich aber ist Hilfe keine bloße Technik. "Man kann den Menschen nicht helfen, wenn man sie nicht liebt" *(C.E. v. Weizsäcker, 1977, 111).* Oder: "Keine Kompetenz ohne Liebe!" *(Dennison 1971, 246)*

Jeder der vielen heute entstandenen Helferberufe unterliegt den *gleichen* Bedingungen für dienendes Helfen. Es hat weder ein Beruf ein Exklusivrecht für professionelles Helfen, noch kann sich einer aus der Gemeinsamkeit der Helfer-Intentionen herauslösen zugunsten seiner Spezialtherapie oder Lehraufgabe. Der Mensch, dem geholfen werden soll, ist ein Ganzes. Hilfe – ob professionell oder nicht professionell erteilt – ist auf gegenseitige Abstimmung und Ergänzung, auf die Solidarität der Helfer, angewiesen.

Die Realität des Helfens bleibt nicht ohne Probleme. Helfen kann zu einer Institution und zu einem Mechanismus werden, der den abhängigen Menschen noch stärker bindet und seine Identität bedroht. Eine *Dienstleistungsgesellschaft,* deren System in der möglichst effektiven, d.h. objektivierten, versachlichten Organisation von Hilfe besteht, damit sie auch verwaltet werden kann, ist zugleich dazu angetan, den "Hilfenehmer" (analog zum "Arbeitnehmer") zu entmündigen. Verwaltete Institutionen tendieren dazu, sich zu verselbständigen, zum Selbstzweck zu werden, und kehren damit das Verhältnis um, aus dem sie ursprünglich hervorgegangen sind: dem einzelnen Menschen zu dienen.

Der Helfer selber gerät dabei in eigene Probleme. *Schmidbauer (1977)* hat in seiner Untersuchung über das *Helfer-Syndrom* ("Die hilflosen Helfer") charakteristische Merkmale herausgestellt, die sich beim Helfer ausprägen und damit das Hilfe-Verhältnis belasten können. Dazu gehören etwa die fehlende Gegenseitigkeit in den Beziehungen, eine latente narzißtische Bedürftigkeit und indirekte Aggressionen. Es stellt sich die Frage, ob eine Massenorganisation sozialer Hilfe, wie sie heute praktiziert werden muß, derartige "Nebenerscheinungen" überhaupt vermeiden kann, ob es nicht u. U. Mechanismen sind, ohne die das System der sozialen Hilfe nicht mehr funktionieren könnte.

Die großen Organisationen der Hilfe heute laufen Gefahr, sich aus ihrer urtümlichen ethischen Legitimation zu lösen, wenn sie sich in ihren Funktionen und Zielsetzungen verselbständigen. Diese Entwicklung zur Selbstgesetzlichkeit und Eigenmacht der Hilfe-Systeme hat u. a. dazu beigetragen, daß Begriffe wie Hilfe, Helfen oder Hilfebedürftigkeit obsolet geworden sind und verdächtigt werden, eine Entmündigung der abhängig gewordenen Menschen zu bewirken.

Diese Gefahr ist am größten gegenüber Menschen, die sich am wenigsten wehren und ihre Selbstbestimmung behaupten können, also gegenüber Menschen mit geistigen Behinderungen. Gerade aus dieser Erfahrung ist der Widerstand gegen eine ethisch nicht verantwortbare "Hilfe" erwachsen. Er wird vor allem von den Eltern bzw. Angehörigen dieser besonders betroffenen Menschen getragen. Er artikuliert sich im Begriff des "Empowerment" *(Theunissen, Plaute 1995, Weiß 1999).* Diesen aus dem Amerikanischen stammenden Begriff kann man am ehesten mit "Sich-selbst-Macht-geben" übersetzen, wobei diese Macht nichts anderes darstellt als der ethisch legitime Anspruch auf Selbstbestimmung im Sinne moralischer Autonomie und Eigenverantwortlichkeit. Er setzt sich allerdings in Widerspruch, wenn er im wesentlichen von dritten Personen, z.B. Fachleuten, mobilisiert wird.

Besondere Gefahr droht einem ethisch begründeten Hilfe-Ansatz heute durch die fortschreitende Ökonomisierung der sozialen Dienstleistungen *(Speck 1999)*. In einer Gesellschaft, die primär von wirtschaftlichen Maßgaben, vom Kosten-Nutzen-Denken bestimmt wird, und in der die zu "gewährende" Dienstleistung von einer externen Instanz bewertet wird und nur dann finanziert wird, wenn sie als "ausreichend, zweckmäßig und wirtschaftlich" angesehen wird und "das Maß der notwendigen Hilfe nicht überschreitet" (Bundessozialhilfegesetz), droht das in den Hintergrund zu treten bzw. zum Anachronismus zu werden, was als eine nicht berechenbare, spontane, sich am je unverfügbar und unverplanbar Anderen orientierende Hilfe ausmacht. Der Hilfenehmer oder Adressat von Hilfe wird zum schlechthin Abhängigen. Die ethische Dimension des Helfens nimmt Schaden.

Das System der Hilfe bedarf in einer normativ pluralen Gesellschaft auch entsprechender rechtlicher Regelungen. Diese sollen vor allem die Rechte der Menschen mit Behinderungen sichern helfen. So enthält etwa die Europäische Sozial-Charta einen § 15, in dem das "Recht der körperlich oder geistig Behinderten auf Berufsausbildung, Rehabilitation und gesellschaftliche Wiedereingliederung" zum Ausdruck gebracht wird, und wo es heißt:

"Um die wirksame Ausübung des Rechtes der körperlich oder geistig Behinderten auf Berufsausübung, Eingliederung und Wiedereingliederung zu gewährleisten, verpflichten sich die Vertragsparteien", u. a. "geeignete Maßnahmen für die Bereitstellung von Ausbildungsmöglichkeiten, erforderlichenfalls einschließlich von öffentlichen oder privaten Sondereinrichtungen zu ergreifen."

Die Generalversammlung der Vereinten Nationen nahm 1959 eine Erklärung über die Rechte des Kindes an, deren Grundsatz 5 den behinderten Kindern gilt: "Das Kind, das körperlich, geistig und sozial behindert ist, erhält diejenige besondere Behandlung, Erziehung und Fürsorge, die sein Zustand und seine Lage erfordern."

Der 4. Internationale Kongreß der Internationalen Liga der Elternvereine, der 1968 in Jerusalem stattfand, verabschiedete eine Deklaration der allgemeinen und besonderen Rechte der Geistigbehinderten:

Art. I: "Der Geistigbehinderte hat die gleichen Grundrechte wie jeder andere Bürger seines Landes und seines Alters."

Art. II: "Der Geistigbehinderte hat ein Recht auf angemessene ärztliche Hilfe und körperliche Behandlung und auf Erziehung, Schulung, Eingliederung und Anleitung, die es ihm ermöglichen, seine Fähigkeiten und Gaben so weit wie möglich zu entwickeln – ohne Berücksichtigung, wie schwer der Grad seiner Behinderung ist. Kein Geistigbehinderter sollte von solchen Möglichkeiten wegen der entstehenden Kosten ausgeschlossen werden."

In den weiteren Artikeln werden das Recht auf wirtschaftliche Sicherheit und einen angemessenen Lebensstandard, das Recht darauf, in seiner eigenen Familie oder bei Pflegeeltern zu leben und in jeder Hinsicht am Leben der

Gemeinschaft teilzunehmen, das Recht auf einen geeigneten Pfleger oder Vormund und das Recht darauf, vor Ausnutzung, Mißhandlung und entwürdigender Behandlung geschützt zu werden, proklamiert *(S. Hegi 1969).*

9. Zugehörigkeit und soziale Integration

Eine Ethik, die vom unbedingten Wert jeglichen Lebens und der unbedingten Achtung vor dem Anderen ausgeht, impliziert die ebenso unbedingte *Zugehörigkeit* jedes Anderen und die damit verbundene konkrete Verpflichtung, diesen sozial einzugliedern, d.h. als ein selbstverständlich zugehöriges Mitglied der Gemeinschaft zu behandeln. Die Geschichte der Menschen mit einer geistigen Behinderung stellt sich weithin als allgemeine Mißachtung dieser ethischen Forderung dar. Sie sind die längste Zeit ausgegliedert und ausgegrenzt worden. Ihr Dasein wurde – wenn überhaupt – eher nur geduldet und ertragen. Sie waren z.T. der blanken Gewalt des Getötetwerdens ausgeliefert. Es gibt aber auch Einzelbeispiele einer mehr unauffälligen oder einer inselhaften, zumeist familiären Eingliederung.

Einen lebendigen Beleg für die Realisierbarkeit eines echten Miteinander von Starken und Schwachen, von Behinderten und Nichtbehinderten, erbringt die belgische Stadt *Geel.* Seit Jahrhunderten werden hier in mehr als tausend Pflegefamilien behinderte Menschen, geistig behinderte und geisteskranke, betreut. Das Bedeutsame an diesem außergewöhnlichen Beispiel ist die Tradierung einer sozialintegrativen Einstellung der Bewohner einer ganzen Stadt gegenüber Menschen, die ansonsten der Außenseiterdiskriminierung ausgeliefert sind.

Ursprünglich aus einem religiösen Brauch entstanden, erfolgt das Aufnehmen der "zinnelosen" sicherlich schon seit langem aus mehr ökonomischen Motivierungen. Das Pflegefamilienwesen von Geel, wohl das älteste Europas, hat dem Ort einen allgemeinen wirtschaftlichen Aufschwung gebracht. In 1200 Pflegefamilien werden etwa 1700 Pfleglinge betreut. Viele Pflegeplätze sind nicht belegt.

Sozialpsychologisch aufschlußreich ist die Tatsache, daß – wie *M. Keller 1969* berichtet – in 18,9% der in einer Untersuchung von *Matheussen* erfaßten Pflegefamilien der Mann oder die Frau wiederum aus einer Pflegefamilie stammen. Vielfach setzen die herangewachsenen Kinder die Pflegearbeit der Eltern fort und ermöglichen dadurch den Pfleglingen eine über Jahrzehnte hinweg kontinuierliche und stabile Lebensumwelt.

Zwischen Familie und Pflegling besteht ein enges Verhältnis. Er nimmt am gesamten Familienleben teil, wird von den Nachbarn und der Gemeinde, auch den Jugendlichen akzeptiert und kann öffentliche Lokale und Veranstaltungen frei besuchen.

Seit einigen Jahren zeichnet sich als Folge der Industrialisierung eine Strukturveränderung der Behindertenpflege in Geel ab. Der Übergang von der häuslichen Arbeit und Mithilfe in Landwirtschaft und Handwerksbetrieb zur außerhäuslichen Erwerbsarbeit hat zusammen mit dem allgemeinen Anheben des Lebensstandards zu neuen Überlegungen über die künftige Gestaltung der Pflegearbeit geführt.

Das sicherlich außerordentliche Beispiel Geel zeigt jedenfalls, daß eine Neutralisierung von Abweichungen und eine wirklich soziale Integration von geistig behinderten Menschen in einen größeren Sozialverband unter bestimmten Bedingungen durchaus möglich ist.

Er ist jedoch auch abhängig von bestimmten Bedingungen. Als solche waren und sind es im Falle von Geel vor allem eine tiefgreifende und festverankerte normative Idee, die hier religiös verwurzelt ist und von der Tradition getragen wurde, und eine Einbettung in eine gemeinsame Verpflichtung und Praxis einer ganzen Gemeinde. In Geel war und ist es das Übliche, Menschen mit Behinderungen und psychischen Erkrankungen in die eigene Familie aufzunehmen.

Die beiden Begriffe "Zugehörigkeit" und "soziale Integration" lassen sich in der Weise unterscheiden, daß der erstere eine ethische Grundkategorie beinhaltet und der zweite deren praktische Umsetzung im konkreten sozialen Leben *(Speck 1995)*.

• *Zugehörigkeit* stellt ein naturhaft gegebenes und ethisch unabdingbares Grundverhältnis dar, in das jeder Mensch hineingeboren wird. Er geht, wie *Maturana (1997)* es ausdrückt, aus der "Koexistenz in der Emotion der Liebe" *(220)* hervor und *ist* damit Mitglied einer menschlichen Gemeinschaft. Seine soziale Existenz ist damit begründet. Er kann sich nicht erst bemühen, Mitglied einer Gemeinsamkeit zu werden; er wurde in die Mitgliedschaft durch menschliche Gemeinsamkeit gesetzt. Er ist damit eo ipso ein Zugehöriger. Er braucht sich nicht erst zu legitimieren, um als Zugehöriger zu gelten. Menschliches Leben ist nur möglich in der Gemeinschaft. Was ihm aber widerfahren kann, ist eine Verneinung dieser Zugehörigkeit durch die Gruppe, in die hinein er geboren wurde. Erst diese Verneinung tangiert das ethische Gut der Zugehörigkeit.

• *Soziale Integration* beinhaltet nun die konkrete Aufgabe, das vorab gegebene ethische Gut der Zugehörigkeit im praktischen Leben umzusetzen. Dabei ist es wichtig zu erkennen, daß *nicht das Kind als künftiges Mitglied einer Gemeinschaft auf dem Prüfstand steht, sondern die Gruppe, die es in die Welt gesetzt hat, und deren zugehöriges Mitglied es bereits ist.* Die Nicht-Annahme seiner Existenz kann also ethisch gesehen nicht dem Kinde angelastet werden, etwa mit der Begründung, daß es nicht den konkreten Vorstellungen seiner Eltern entspricht, oder sie vermuten, es werde ein unerträgliches oder unzumutbares Leben für alle Mitglieder der Gemeinschaft bedeuten. Soziale Integration beinhaltet die volle emotionale Zustimmung zur Mitexistenz eines Menschen und deren konsequente soziale Praxis in den verschiedenen sozialen Feldern, soweit diese für die existentielle Verwirklichung dieses von Desintegration bedrohten Lebens bedeutsam sind.

Die Praxis dieser sozialen Integration stößt in aller Regel auf Schwierigkeiten und Hindernisse. Diese werden von verschiedenen sozialen und individuellen Umständen begründet: Von Unwissenheit, Vorurteilen, eigener Gefahr sozialer Isolierung, Angst, emotionaler Abwehr, sozialer und wirtschaftlicher Unzulänglichkeit, physischer Überforderung, fehlender Unterstützung von außen, mangelhafter Bildungsmöglichkeiten u. a. Umgekehrt gibt es genügend Beispiele dafür, daß soziale Integration, also soziale Annahme und Eingliederung, gelingt, wenn die entsprechenden sozialen und emotionalen Bedingungen gegeben sind.

Wichtige *Bedingungen,* von denen das Gelingen sozialer Integration als einer Aufgabe abhängt, sind u. a. folgende *(Speck 1998 a):*

- Soziale Integration ist ein *Prozeß,* bei dem sich Individuen, die sich als andersartig begegnen, aufeinander zu begeben und sich dabei im Sinne einer Annäherung verändern. Soziale Integration ist also keine einseitige Veränderungszumutung und bedeutet nicht, daß sich ein zu integrierendes neues Mitglied als integrationswürdig im Sinne der gegebenen sozialen Umwelt zu erweisen, sich also an das sozial Gegebene anzupassen hätte. Eine Familie, in die hinein ein Kind mit einer geistigen Behinderung geboren wird oder für die sich die soziale Situation durch eine schwere Erkrankung oder einen Unfall eines Kindes wesentlich verändert, wird sich insgesamt umstellen müssen und zwar in Richtung einer neu zu ermöglichenden Gemeinsamkeit. Auch das betroffene Kind steht vor der Aufgabe, sich auf die neue Situation der Gemeinsamkeit einzustellen. Das Annehmen dieser Aufgabe entspricht der Angelegtheit des Menschen auf ein zu verwirklichendes Zusammenleben. Soziale Integration ist ein stets neu wechselseitig in Gang kommender und in Gang zu bringender Annäherungsprozeß.
- Soziale Integration setzt die *Achtung von Autonomie* voraus. Der Prozeß der wechselseitigen sozialen Annäherung schließt den einseitigen Versuch aus, individuell wesentliche Eigenheiten und persönliche Wertsetzungen eines Mitglieds im Sinne seiner eigenen Selbstverwirklichung und Selbstbestimmung außer Kraft zu setzen. Eine soziale Integration, die einem von den anderen aufgenötigt wird und das eigene autonome Leben aufhebt, kann nicht gelingen. Im Gegenteil: Soziale Integration muß gerade darauf gerichtet sein, daß sich das eigene Leben mit seinen Wertsetzungen ausbilden kann. In diesem Sinne kann es keine "Zwangsintegrationen" gegen den Willen der betroffenen Menschen geben. Soziale Integration kann auch nicht darin bestehen, daß aus "Schwarz" und "Weiß" nun "Grau" wird, d. h. daß eine Einheitlichkeit auf Kosten des persönlichen Profils entsteht. Soziale Integration beruht auf der Anerkennung von Verschiedenheit.
- Soziale Integration bezieht sich stets nur auf *bestimmte soziale Felder.* Es wäre eine Illusion, davon auszugehen, daß ein Mensch mit einem von allgemeinen Vorstellungen abweichenden Attribut in jeglichen sozialen Gruppen Annahme fände. Dies ist ohnhin für niemanden möglich. Jeder Mensch sucht sich seine Umwelt als die ihm passende aus. Es ist zwecklos, sich in eine soziale Gruppe hineindrängen zu wollen, die einen im Grunde ablehnt. Nicht jede Grup-

pe, in die hinein ein Mensch mit einer Behinderung hineinversetzt worden ist, ist eine integrierende Gruppe. Die raum-zeitliche Gemeinsamkeit, auch wenn sie eine organisierte ist, bietet keine Gewähr, daß dieser Mensch auch emotional angenommen wird und sich die Gruppe auf ihn hin verändert. Wenn er diese Gemeinsamkeit nicht findet, die ihn nicht nur schützt, sondern für ihn auch förderlich ist, wäre es unverantwortlich, ihm diese soziale Ablehnung zuzumuten. Soziale Integration muß sozial verantwortbar sein.

- Soziale Integration gilt als unbedingt verpflichtende Aufgabe für *alle* Einrichtungen, in denen Menschen mit einer geistigen Behinderung leben und lernen. Eine Einschränkung des Gebots der sozialen Integration auf die volle institutionelle Gemeinsamkeit mit Nicht-Behinderten müßte eine Preisgabe dieser sozialen Verpflichtung in den Fällen bedeuten, in denen es – aus welchen Gründen auch immer – nicht zu einer solchen Gemeinsamkeit kommt. Dies gilt nach wie vor für die Mehrheit der Menschen mit einer geistigen Behinderung. Auch die speziellen Einrichtungen, in denen sie Aufnahme finden, sind dazu verpflichtet, Möglichkeiten der sozialen Integration zu finden und umzusetzen. Ein Heim, das diese Aufgabe vernachlässigte, sich also nicht um Kontakte, Austausch und Einbeziehung der Umwelt bemühte, verlöre seine Legitimation als Ort zum Leben.
- Soziale Integration in bestimmten sozialen Einheiten sollte sich auf ein *soziales Netzwerk* stützen können. Sie bliebe Stückwerk, wenn sie lediglich in vereinzelten sozialen Gruppen arrangiert würde, die ansonsten über keinen Rückhalt in anderen und größeren sozialen Einheiten verfügten. Eine Familie, die ihr geistig behindertes Kind bei sich integriert, kann dies auf Dauer nur, wenn sie dabei durch andere unterstützt wird. Eine schulische Gemeinsamkeit in einer sog. Integrationsklasse verliert an Wert, wenn die eingegliederten Kinder ansonsten innerhalb der Schule und nach ihrem Schulbesuch keinerlei Gemeinsamkeit erleben.

Die Mitgliedschaft in einer menschlichen Gemeinschaft ist “das erste und wichtigste Gut, das wir aneinander zu vergeben und zu verteilen haben” *(Walzer 1994, 65)*. Durch diese primäre Mitgliedschaft werden alle weiteren Entscheidungen, die sich für eine gerechte Verteilung sozialer Güter im einzelnen ergeben, vorstrukturiert. Es ist also unmenschlich, bestimmte Menschen aus jeglichen Gemeinschaften auszuschließen. Es ist dagegen unabdingbares menschliches Gebot, alles zu tun, um jeden Menschen Zugehörigkeit erleben zu lassen.

10. Spezielle ethische Implikationen gegenwärtiger Sozialpolitik

1. Ökonomisierung sozialer Werte

Die gegenwärtige Qualitätsdiskussion wird beherrscht von ökonomisierenden Tendenzen in der Gesellschaft *(Speck 1999)*. Der Sozialstaat sei am Ende; die sozialen Dienstleistungen und Aufwendungen bedürften einer Straffung und

Reduzierung, um angesichts der öffentlichen Finanzkrise noch bezahlbar zu sein. Der Staat strebt vermehrt Privatisierungen an, um sich finanziell zu entlasten. Er unterstützt eine "neue Kultur der Selbständigkeit". Sie bedeutet auch, daß der Einzelne oder die einzelne Familie mehr Verantwortung für die Versorgung von Menschen, die Hilfe brauchen, übernehmen soll.

Gestrafft, d.h. rationalisiert und mehr kontrolliert werden sollen auch die Strukturen der verschiedenen Einrichtungen. Ein entsprechender Personalabbau ist im Bereich der Behindertenhilfe in Gang gekommen. Die verbleibende Qualität der Dienstleistungen soll durch Qualitätsstandards und -kontrollen sichergestellt werden. Der Arbeit mit den schwerer Behinderten drohte eine Krise, wenn sich die Tendenz durchsetzen sollte, Einrichtungen der Behindertenhilfe in Pflegeeinrichtungen umzuwandeln.

Was sich bei dem notwendigen Umbau des Sozialstaates unter ethischem Aspekt vollzieht, ist ein Werteumbruch: Ökonomische Werte, wie Kosten-Nutzen-Überlegungen, Abbau der Sozialausgaben, dominant rationale Planung, werden priorisiert. Menschen werden zu Kostenfaktoren. Dienstleistungen werden "verkauft".

In dem Maße, in dem ökonomische Werte an Geltung gewinnen, verringern sich die Chancen für Menschen, die nur in geringem Maße oder gar nicht zum Bruttosozialprodukt beitragen. Ebenso schwinden die Chancen für ihre soziale Integration, da mit der Ökonomisierung eine Spaltung der Gesellschaft einhergeht. In ganz erheblichem Maße werden Segregationstendenzen in Gang gesetzt *(Speck 1999)*.

Es wird sozialpolitisch sehr darauf ankommen, daß die Solidargemeinschaft mit den schwächsten Gliedern verteidigt wird. Es ist dafür Sorge zu tragen, daß das auf der ethischen Basis des Grundgesetzes und auf der christlichen Kultur beruhende Menschenbild nicht weiter ausgehöhlt wird, und daß den schwächsten Gliedern und ihren Angehörigen keine unerträglichen Lasten und Überforderungen aufgebürdet werden. Die Solidarität mit ihnen muß aktiv verteidigt werden.

Die Spannung zwischen Kostenträgern und Institutionen der Hilfe erhält gegenwärtig eine besondere Bedeutung angesichts gesetzlicher Forderungen des Staates nach kontrollierbaren *Qualitätsstandards* der zu leistenden sozialen Hilfe. Unter dem euphemistischen Stichwort "Qualitätssicherung" wird der Versuch unternommen, die individuellen Hilfeerfordernisse quantitativ auf das wirtschaftlich vertretbare und qualitativ Ausreichende festzulegen. Primäre Orientierungsgröße ist nicht mehr die Lebensqualität und Bedürfnislage des einzelnen behinderten Menschen. Es geht um die Ausschöpfung von Kostensenkungsmöglichkeiten. Größte Wachsamkeit ist geboten, wenn sich *Kosten-Nutzen-Kalküle* in den Vordergrund schieben, wenn behinderte Menschen auf "Kostenfaktoren" reduziert werden.

In einem *1990* erschienenen Buche eines deutschen Rechtswissenschaftlers *(Th. Ramm)* wird lakonisch gefordert: "Künftige soziale Belastungen der Allgemeinheit sind gering zu halten. Daher ist sowohl der Erzeugung oder Geburt behinderter Kinder entgegenzuwirken, als auch eine übermäßige Belastung durch die Bildungspolitik zu vermeiden. Maßstab für dieselbe ist, daß jede Ausbildung dem Bedarf entsprechen muß und andererseits der vorhandenen Begabung gerecht werden muß" *(588).*

2. Der Schutz "einwilligungsunfähiger Personen"

Seit 1994 wird in der deutschen Öffentlichkeit die sog. *Bioethik-Konvention* diskutiert, die im Europarat eingebracht und vom ihm 1996 angenommen worden war. Im Unterschied zu Deutschland wird die damit verbundene Diskussion im Ausland auffallend "unkompliziert", "sachlich" und pragmatisch geführt. Der generelle Widerstand hierzulande ist im besonderen auf die jüngste Geschichte Deutschlands zurückzuführen, in der es aus rassistischen und eugenischen Sichtweisen zu ungeheuerlichen Verbrechen gekommen war. Immerhin sind nach dem Krieg in den Nürnberger Prozessen diesbezügliche Verurteilungen wegen der Tötung "lebensunwerten Lebens" ausgesprochen worden!

Inzwischen ist der ursprüngliche Titel der Konvention abgewandelt worden. Er lautet nun: *Entwurf eines Übereinkommens zum Schutz der Menschenrechte und der Menschenwürde im Hinblick auf die Anwendung von Biologie und Medizin: Menschenrechtsübereinkommen zur Biomedizin.*

Diese begriffliche Abänderung hat mit der Abwehr zu tun, auf die der erste Entwurf vor allem bei deutschen Abgeordneten gestoßen war *(Rösler 1997).* Im Begriff der *Biomedizin* wird aber auch erkennbarer, worum es eigentlich geht. Die Menschenrechte an sich wären ja längst durch die allgemeine UNO-Erklärung und andere Deklarationen abgesichert. Der aktuelle Bezugspunkt ist vielmehr die voranschreitende Gentechnologie. Hier geht es um geradezu explodierende wissenschaftliche Forschungsinteressen und letztlich um die Sicherung von Marktvorteilen. Hier liegen auch Befürchtungen begründet, die sich darauf beziehen, daß Menschen zum Versuchsobjekt werden sollen, u. a. auch Menschen mit geistigen Behinderungen, obwohl sie als "nicht einwilligungsfähig" gelten.

Die laufende Bioethik-Diskussion bezieht sich im besonderen auf gentechnologische Entwicklungen und Ansätze, um krankheitserzeugende Gene auszuschalten, indem man in die Keimbahnen eingreift. Die Versuchung ist groß; unbekannt sind aber auch die möglichen Gefahren in Form von Nebenwirkungen. *E. Chargraff,* einer der bekanntesten Humangenetiker, warnte deshalb vor jedem "Basteln" an den Genen. Eine gelungene Gentherapie sei Glückssache; die Risiken in Form von Mutationen in der nächsten Generation seien unvorhersehbar. Lebewesen seien nicht widerrufbar *(1988, 17).* Die Achtung der Menschenwürde verbiete manipulative Eingriffe in das genische Erbe.

Einen besonders umstrittenen Punkt bildete im Entwurf der Bioethik-Konvention des Europarates der Schutz "einwilligungsunfähiger Personen". Dieser Begriff führt zu der Frage, wie zu verfahren ist, wenn Menschen zu wissenschaftlichen Untersuchungen herangezogen werden, die nicht fähig sind, dazu ihre Einwilligung zu geben. Die kritischen Reaktionen lassen sich wie folgt zusammenstellen:

1. Was ist mit "Personen" gemeint? Wenn wir uns an die Abspaltung des Person-Begriffs bei *Singer* u. a. erinnern, wird erkennbar, daß dieser von Schwerstbehinderten abgehoben wurde, so daß diese gar nicht als Personen gelten. Der Zugriff auf sie wäre dann völlig frei.

2. Generell heißt es zum Schutz der Menschenwürde in Art. 1: "Die Vertragsstaaten … schützen die Würde und die Identität aller Menschen." Man könnte zunächst meinen, damit sei der gleiche Wert gemeint, wie er in unserem Grundgesetz und auch in unserer Ethik als unbedingte Achtung vor der Würde jedes Menschen verankert ist. Daß diese Annahme nicht unbedingt zutrifft, zeigt sich u. a. in den Passagen zur *Embryonenforschung:* Die ursprünglich strengen Formulierungen zum Schutz von Embryonen und zum Verbot von Embryonen für Forschungszwecke sind im verabschiedeten Text nicht mehr enthalten *(Balkenohl, in: Rösler 1997, 62).* Genügt es, wenn lediglich die *Erzeugung* von Embryonen zu Forschungszwecken ausdrücklich verboten wird?

3. Es heißt zwar in Art. 5, daß medizinische "Eingriffe nur vorgenommen werden dürfen, wenn der Betroffene nach entsprechender Aufklärung vorher seine freie Einwilligung erteilt hat", die er auch jederzeit widerrufen könne; nach Artikel 6 (1) aber sollen Eingriffe doch auch bei "einwilligungsunfähigen Personen" erlaubt sein, und zwar dann, wenn diese zu ihrem unmittelbaren Nutzen sind. Bei Minderjährigen wie bei Erwachsenen mit einer geistigen Behinderung oder einer sonstigen (psychischen) Erkrankung, die ihn hindern, seine Einwilligung zu geben, dürften die gesetzlichen Vertreter einwilligen. Generell soll der Betroffene so weit wie möglich in das Einwilligungsverfahren einbezogen werden.

Hier liegen Unklarheiten vor. Es entsteht der Eindruck, als habe man es bei Menschen mit geistiger Behinderung mit Menschen zweiter Klasse zu tun. Wenn generell (Art. 6) ein medizinischer Eingriff davon abhängig gemacht wird, daß eine "freie Einwilligung" vorliegt, so fragt man sich, warum dann auch "Einwilligungsunfähige" für derartige Eingriffe in Betracht kommen sollen, die eben nicht übersehen können, was mit ihnen geschieht. Natürlich gibt es immer auch Ausnahmen, für die entsprechende Regelungen vorzusehen sind. Es kann aber kein Zeifel bestehen, daß solche Regelungen keine Gleichwertigkeit herstellen und deshalb anders zu bewerten sind.

Es heißt, ein solcher Eingriff müsse von gesundheitlichem Nutzen für den Betroffenen sein. Ist dieser Nutzen garantierbar? Es bleibt doch in aller Regel ein Risiko; das aber muß jemand bewußt und frei kalkulieren können. Zu beachten ist außerdem, daß wissenschaftlich begründete Eingriffe auch dann gerechtfertigt sein sollen, wenn sie sich auf den Nutzen einer *Gruppe* betroffener Personen beziehen lassen. In Art. 17 (2) i heißt es, daß wissenschaftliche Forschung in Ausnahmefällen auch zum Ziel haben kann, anderen Personen in gleicher Altersstufe oder bei gleicher Krankheit oder Störung zu nutzen. Hier kommen generalisierte Zwecke zum Tragen. Es heißt in Artikel 2 (Vorrang des Menschen) zwar, daß die "Interessen und das Wohlergehen des Menschen Vorrang vor dem *alleinigen* Interesse von Gesellschaft und Wissenschaft" haben;

aber man fragt sich, warum bei einem solchen Vorrang doch von einem alleinigen Interesse von Gesellschaft und Wissenschaft die Rede ist. Hier liegt ein Widerspruch vor.

Es läßt sich bezweifeln, ob die formulierten Schutzbestimmungen ausreichen, um geistig oder psychisch behinderte Menschen vor Willkür und Ausnutzung zu schützen. Was ist ein "nur minimales Risiko" oder eine "nur minimale Belastung" für den Betroffenen (Art. 17, 2 ii)? Wer entscheidet und verantwortet eine solche Einschätzung? Wie ist der Wert einer Einwilligung durch die gesetzlichen Vertreter zu beurteilen? Wie verschieden können deren Motive sein, zumal wenn sie nur als juristische Personen fungieren? Erzeugt die Unterscheidung zwischen einwilligungsfähigen und einwilligungsunfähigen nicht eine Zweiklassigkeit der Menschenwürde? Wie kann gesichert werden, daß der Eingriff tatsächlich nur zum Nutzen des Betroffenen vorgenommen wird? Wer definiert die Ausnahmefälle?

So zu fragen, ist vor dem Hintergrund einer geteilten Auffassung vom Wert des Menschen und widersprüchlicher Menschenbilder und Ethiken wichtig. So wie das "Menschenrechtsübereinkommen zur Biomedizin" abgefaßt ist, bleibt die Frage offen, ob es die Menschenwürde wirklich hinreichend schützt. Der Gedanke geteilten Menschenrechtes weckt Befürchtungen. Können sog. Ethik-Kommissionen Mißbrauch verhindern, wenn es doch auch kontradiktorische Unterschiede unter den Ethikern gibt?

Läßt sich überhaupt die Unverfügbarkeit des Menschen durch "Konventionen" hinreichend sichern, hinter der die "Freiheit der Wissenschaft und Forschung" als Wert eindeutig zurückzutreten hätte? Aus dem "Erläuternden Bericht" zum "Menschenrechtsübereinkommen" (Entwurf des Lenkungsausschusses für Bioethik) ergibt sich ein zwiespältiger Eindruck: Auf der einen Seite wird "im Prinzip" dem Individuum der Vorrang vor der Wissenschaft eingeräumt und auf der anderen Seite das Interesse der Allgemeinheit betont, die vor großen Gefahren stehe. Vom Nutzen für nachfolgende Generationen und für die Menschheit als ganze ist die Rede, von Gefahren für die menschliche Spezies überhaupt *(Rösler 1997, 251)*. – Aus geschichtlicher Erfahrung erscheint es abwegig und gefährlich für die Erhaltung der Humanität, diese auf forciert wissenschaftlichem und technologischem Fortschritt begründen zu wollen.

Die wichtigste Gruppe für das geistig behinderte Kind, in der es am wirksamsten Lebensordnungen als gewachsene Verbindlichkeiten des Miteinanders erfahren kann, ist seine *Familie*. In ihr vollziehen sich die grundlegenden Lernvorgänge, die schon *Pestalozzi* meinte, als er *1815* "An die Unschuld, den Ernst und den Edelmut meines Zeitalters und meines Vaterlandes" schrieb: "Unser Geschlecht bildet sich wesentlich nur von Angesicht zu Angesicht, nur von Herz zu Herz menschlich. Es bildet sich wesentlich nur in engen, kleinen, sich allmählich in Anmut und Liebe, in Sicherheit und Treue ausdehnenden Kreisen also … Die Menschenbildung und alle ihre Mittel sind … ewig Sache des Individuums und solcher Einrichtungen, die sich eng und nahe an dasselbe … anschließen. Sie sind ewig nie die Sache der Menschenhaufen."

Diese intimen Kleingruppen aber bedürfen nichtsdestoweniger – gerade weil oder wenn sie vor einer besonderen und erschwerten Aufgabe stehen – der Stütze von außen. Auch sie sollten eingebettet sein in die größeren sozialen Gruppen, in soziale Netzwerke *(Keupp 1982),* in die großen Lebensordnungen.

IV. Psychologische Grundlagen

Die Erziehung von Kindern und Jugendlichen mit geistiger Behinderung stellt eine spezielle pädagogische Aufgabe dar. Ihre Lösung setzt eine hinreichende Kenntnis der Bedingungen voraus, unter denen sie erschwert und bewältigt werden kann. Was durch Erziehung ermöglicht werden soll, muß im Bezug zum individualen und sozialen Kontext gesehen werden, in dem Entwicklung abläuft.

Dabei begegnet man der Schwierigkeit, etwas ausmachen zu wollen, was man aus eigenem Erleben nicht kennt. Was weiß schon ein nichtbehinderter Mensch, wie ein geistig Behinderter Sachen und Menschen sieht und denkend und fühlend verarbeitet! Die Gefahr ist groß, daß in ihn von außen her Vorstellungen hineinprojiziert werden, die ihm fremd sind. Dieser Gefahr kann man am ehesten begegnen, wenn man sich eingehender Beobachtungen und Erfahrungen im Erziehungsversuch bedient und diese in Beziehung zu wissenschaftlichen Erkenntnissen bringt, wie sie u. a. die Entwicklungs-, Sozial- und Lernpsychologie und die Psychiatrie und Pädiatrie anbieten.

1. Entwicklung bei geistiger Behinderung

Im Gegensatz zur allgemeinen Entwicklungspsychologie, die über eine außergewöhnliche Fülle von Einzelbeobachtungen und Untersuchungsergebnissen verfügt, liegen über die *seelische Entwicklung des Kindes und Jugendlichen mit einer geistigen Behinderung* nur relativ wenige zuverlässige Befunde vor. Diese beziehen sich vor allem auf Kinder mit dem Down-Syndrom (vgl. *Schamberger 1978, Rauh und Rudinger 1987, Rauh, Berry 1989/90*).

Das hängt wahrscheinlich wesentlich damit zusammen, daß die ganz verschiedenen Schädigungen pro Kind sich nur schwer verallgemeinern lassen. Man zieht daher auch Einzelbeobachtungen vor. Vorschnelle Verallgemeinerungen über “typische” Entwicklungsverläufe, z. B. an Down-Kindern, werden mehr und mehr vermieden *(Spreen 1978, 52)*. Bisherige empirische Untersuchungen erstreckten sich auch eher auf Kinder mit geringeren Graden der geistigen Retardierung, z. B. die Forschungen von Zigler (USA) am *“familiären Schwachsinn”* (vgl. *Wendeler 1976, 30*). Zudem führten unterschiedliche theoretische Ansätze des Verständnisses von Entwicklung zu z. T. verschiedenen Entwicklungskonzeptionen und damit zu divergenten Aussagen über die Eigenart oder Nicht-Eigenart der Entwicklung beim Vorliegen einer geistigen Behinderung. Es lassen sich unter pädagogischem Aspekt im wesentlichen zwei Erklärungsansätze unterscheiden:

- der defektorientierte und
- der interaktional-strukturale Erklärungsansatz.

1.1. Der defektorientierte Erklärungsansatz

Defektorientierte Erklärungsmodelle stellen die dauerhafte Schädigung der Intelligenz in den Vordergrund. Der gegebene genische oder neurale Defekt wird als generell maßgebend für eine andersartig verlaufende Entwicklung angesehen. Dabei wird unter dem Aspekt der Entwicklung vor allem das "Disharmonische" und die Retardierung und unter finalem Aspekt die fixierte Begrenzung der Entwicklung betont. *Lutz (1961)* sprach als Kinderpsychiater vom Vorliegen "einer bestimmt gearteten, pathologischen Persönlichkeitsentwicklung", von "einer im einzelnen beeinflußbaren, im ganzen endgültigen Entwicklungsbeschränkung" *(156)*. Sie verunmögliche u. a. das Erreichen des normalen Zieles der Persönlichkeitsentwicklung, womit *Lutz* "das abstrakte Denken in der Welt der Ideen, die entfaltete sichere und adäquate Selbstempfindung, die Selbstbestimmung, Selbstbeherrschung und Selbstverantwortung und die freie Entscheidungsfähigkeit" meinte *(157)*. – Zweifellos ein hohes Ziel; denn nicht nur Geistesschwache erreichen es nicht.

Zu den defektorientierten Ansätzen rechnete *Zigler (1975)* alle theoretischen Konzepte geistiger Behinderung, die deren wesentliche Merkmale nicht nur in der unterschiedlichen Allgemeinintelligenz, sondern in spezifischen kognitiven Eigenarten sehen, die für unveränderlich gehalten werden und deshalb als typisch interpretiert werden können. *Zigler* sprach von Defekt- bzw. Differenztheorien und rechnete zu ihnen insbesondere die Theorie einer Schwerbeweglichkeit der seelischen Systeme von *Lewin (1936, 1967)*, die Theorie einer durch subcortical-corticale Fehlbildungen bedingten Rigidität *(Goldstein 1943)*, geschädigter Mechanismen zur Richtung der Aufmerksamkeit *(Zeaman)*, die Theorie von der Fehlentwicklung der verbalen Systeme als Folge einer Dissoziation zwischen verbalen und motorischen Systemen *(Luria 1956)* und andere (vgl. *Zigler 1975, 372*). Referierungen dieser Theorien finden sich bei *Meyer (1977)* und *Wendeler (1976)*.

Ziglers pointierte Kritik an den Defekt- und Differenztheorien zur geistigen Behinderung hat in den USA und England zahlreiche Diskussionen und Mißverständnisse ausgelöst, u. a. wohl auch deshalb, weil sie sich primär auf den interpretativen Umgang mit Differenzbegriffen bezieht und in dieser Richtung wiederholt Pauschalierungen als Unterstellungen enthält. Unterschiede im Verhaltensschema von geistig behinderten und nicht geistig behinderten Personen können an sich nicht absolut in Frage gestellt werden. Es kann sich also nur um die Auswirkungen impliziter Begriffsinhalte einer dominanten Betonung der kognitiven Differenzen handeln, z. B. um den Einschluß von belastenden Vorurteilen. In der Tat waren frühere Darstellungen der Merkmale geistiger Behinderung im wesentlichen darauf beschränkt, die negativ abweichenden Unterschiedlichkeiten verallgemeinernd herauszustellen. Die Gemeinsamkeiten mit nichtbehinderten Kindern im Entwicklungsprozeß dagegen fielen aus dem Blickfeld. *Zigler* wehrt sich auch zu Recht gegen Implikationen einer Unveränderlichkeit der vorfindbaren Differenzen.

In diesem Punkt aber liegt zugleich auch eine mögliche Fehlinterpretation der *Ziglerschen* Hypothesen, und zwar dann, wenn man sich auf die eigentliche geistige Behinderung bezieht, die in der Regel auf organisch-genischen Schädigungen beruht. Diese hat Zigler nicht im Auge, sondern die leichteren Formen der familial-kulturellen Retardierung, wenn auch diese als eigene und geschlossene Kategorie nicht mehr einheitlich definiert werden kann (vgl. *Clarke, Clarke 1974*). Jedenfalls gibt es Retardierungen, die im Sinne *Ziglers* im wesentlichen durch ein langsameres Tempo der geistigen Entwicklung gekennzeichnet sind. Diese Auffassung ist insofern irreführend, als sie suggerieren könnte, man brauche sich pädagogisch unabhängig vom Lebensalter nur auf das Intelligenzalter einzustellen und könnte sogar – wenn man genügend lange wartet – ein Einholen des normalen Entwicklungsniveaus erhoffen. Davon kann in aller Regel nicht die Rede sein.

Ziglers Verdienst liegt darin, Theorien zurückgewiesen zu haben, die die kognitiven Entwicklungsdifferenzen derart deterministisch und gravierend in den Vordergrund gestellt haben, daß sonstige Persönlichkeitsvariablen, z. B. motivationale und emotionale Faktoren, geradezu ignoriert wurden, daß entsprechend eindimensionale Etikettierungen sich festsetzen konnten und daß die Bedeutung sozialer Faktoren für die Entwicklung vernachlässigt wurde.

1.2. Der interaktional-strukturale Erklärungsansatz

Mit einem deterministischen Defekt- oder Differenzansatz ist offensichtlich eine hinreichende Erklärung der Entwicklung des geistig behinderten Kindes nicht möglich. Die Festschreibung relativ unveränderlicher Retardierungsmerkmale verstellt den Blick für interaktionale (dynamische) Entwicklungsbedingungen, die auch die Gemeinsamkeiten mit üblichen Entwicklungsverläufen erkennen lassen könnten. Unser Erklärungsansatz einer instrumentellen, akzidentiellen Abweichung menschlicher Lebensweise im Falle einer geistigen Behinderung legt es nahe, von Übereinstimmungen im Prozeß menschlicher Entwicklung auszugehen, und das im Detail Abweichende individuell zu bestimmen. Dabei dürften auch Unterschiedlichkeiten zutage treten, wie sie sich auch als Entwicklungs- und Persönlichkeitsunterschiede unter Kindern beobachten lassen, die nicht geistig behindert sind.

Für einen solchen, auf den Gesamtkomplex menschlicher Entwicklung bezogenen Ansatz gibt die von *J. Piaget* konzipierte *strukturale Entwicklungstheorie* die wohl geeignetste Bezugsbasis ab *(Piaget 1975, Bd. 2)*. Sie ermöglicht eine Sichtweise von Entwicklung, die auf durchgängiger Interaktion (Wechselwirkung) zwischen Organismus und Umwelt beruht, die von biotisch funktionellen Gegebenheiten ausgeht, zugleich aber auf dem Wege über Handeln und Erfahrung permanent neue Strukturen der Wirklichkeit ausbildet, und bei der der Aufbau der Wirklichkeit, die "Elaboration der Außenwelt", Hand in Hand geht mit der Entfaltung der Subjektivität, des subjektiven Pols dieses Doppelprozesses *(a.a.O., 12)*.

Von dieser Sichtweise eines nicht aufspaltbaren Wechselwirkungsprozesses aus läßt sich ein organischer Defekt im neuralen System nicht mehr über isolierbare spezifische Auswirkungen für Entwicklung und Verhalten herausfiltern. Immer ist zugleich die Außenwelt, also die Erfahrung beteiligt. Sie wird es in dem Maße, in dem der Organismus Gelegenheit erhält, aktiv zu werden, sich mit der Umwelt auseinanderzusetzen. Das, was die Neurologie als Kompensationsfähigkeit des frühkindlichen Gehirns im Falle einer Hirnschädigung unter der Einwirkung von äußeren Lern- und Anregungsbedingungen beschreibt, belegt diesen interaktionalen Prozeß. In ihn gehen auch die individuellen Erbfaktoren (persönliches Tempo, Temperament, Introversion/Extraversion) mit ein. Nur auf dem Wege über "operative Konstruktion" der Wirklichkeit (Handeln und Denken) setzen sich die von der Erbausstattung und vom Nervensystem angebotenen Möglichkeiten in geistige Strukturen um. Umgekehrt gesehen ist damit alles Verhalten auch physiologisch begründet.

"Verhalten (einschließlich Erfahrung) hat physiologische Wirkungen, und der physiologische Prozeß bewirkt Verhalten (und Erfahrung)" *(Karrer 1976, 456).* Die Entfaltung des Psychischen ist direkt mit der Funktion des Biotischen verflochten. Der Erforschung der kindlichen Entwicklung unter dem Aspekt eines integralen psycho-physischen Zusammenhangs wird erst in letzter Zeit mehr Beachtung geschenkt. *Karrer (a.a.O.)* hat auf der Basis eines psycho-physischen Dualismus Forschungsbefunde zur physiologischen Entwicklung bei geistiger Behinderung vorgelegt. Sie blieben zwar bisher wenig beachtet; die aufgeworfene Fragestellung aber dürfte gegenüber der bisherigen Bevorzugung der Erforschung der Erfahrungsinteraktion bzw. der interaktionalen Verhaltensprozesse an Bedeutung gewinnen.

So hat *Jantzen (1988)* (im Anschluß an *Wygotski, Luria und Leontjew*) Entwicklung als integralen psycho-physischen Prozeß der Aneignung von Welt beschrieben, der durch Tätigkeit zustande kommt und abläuft, wobei über die Funktion des Gehirns sich die inneren Prozesse nach dem Muster der äußeren Tätigkeit aufbauen *(124)* und auch die Prozesse des Denkens als Tätigkeit zu verstehen sind. *Jantzens* Buch ist im ganzen als eine neuropsychologische Begründung der Behindertenpädagogik anzusehen. Eine geistige Behinderung führt demnach unter isolierenden gesellschaftlichen Bedingungen zu einer Minderung der "Aneignung des sozialen Erbes", anders ausgedrückt: zu einer psycho-physischen Einschränkung der Entwicklungsmöglichkeiten, sowohl auf der biologischen als auch auf der psychologischen und der sozialen Ebene menschlicher Entwicklung.

Der unmittelbare neurobiologische Zusammenhang zwischen Ontogenese und Ko-Ontogenese, also von Hirnprozessen und Interaktion mit der Umwelt (sozialer Koppelung), wurde aus systemtheoretischer Sicht von *Maturana* und *Varela (1987)* herausgestellt. Entwicklung (Ontogenese) wird durch Interaktionen des autonomen Organismus mit seinem Milieu bestimmt. Das Nervensystem bewirkt dabei eine ständige Erweiterung der möglichen Verhaltensweisen in Anpassung an die Umwelt. Dieses ist also ein plastisches

System, das sich in ständiger Strukturveränderung befindet, gleichzeitig aber auch bestimmte Aktivitätsrelationen invariant hält. Von der Vielfältigkeit und der Verträglichkeit (Adäquatheit) dieser Interaktionen auf der Basis der gegebenen physischen Organisation (Schädigung) des Nervensystems hängt es ab, wieweit es zu einer Ausdifferenzierung in der Entwicklung kommt.

Entscheidend für die individuelle Strukturveränderung des Verhaltens aber ist eine Instanz, die *Maturana* und *Varela* den "Beobachter" nennen; man könnte auch von Selbstbewußtsein sprechen. Dieser "Beobachter", der aus der Befähigung des Menschen zur Sprache und damit zu sprachlichen Unterscheidungen in der Deutung seiner selbst und der erfahrenen Welt (Objekte) hervorgeht, ist es, durch den eine äußere Sicht dieser Interaktionen zustande kommt, die wir auch als Verhalten bezeichnen. Entwicklung ist also weder ein direktes Resultat bloßer (defekter) Hirnorganisation noch bloßer Umwelteinwirkung. Das autonome System wählt vielmehr selber aus, was in ihm zu Strukturveränderungen führt. Dabei ist es freilich abhängig davon, wieweit es zu sozialer Koppelung kommt, d.h. z.B. im Falle einer geistigen Behinderung, welche kulturelle Welt durch Erziehung zugänglich gemacht werden kann.

Für das Kind mit einer geistigen Behinderung kann gefolgert werden, daß seine Entwicklung vor allem durch eine Behinderung der *Aktivität* beeinträchtigt wird, wie sie sich aus physischen und sozialen Blockierungen ableiten läßt. Es verbleibt deshalb offensichtlich länger im Zustand "chaotischer Undifferenziertheit" *(Piaget)*. In dem Maße, in dem es in bloße und primitive Assimilation der Umwelt gegenüber gebannt bleibt, entwickelt es weniger Akkomodationstechniken zur Veränderung und Neuentdeckung seiner Umwelt, bleibt es an Neuem uninteressiert, differenziert es weniger neue Verhaltensschemata aus (vgl. *Piaget 1975, Bd. 2, 340*). Damit wird gleichzeitig das "Bekanntwerden mit sich selbst", die Abhebung des Subjekts von der Objektwelt behindert, zugleich aber auch das Ausdifferenzieren neuer Assimilationen. Das Kind wird in einen zirkulären Hemmungsprozeß gebannt, durch den ihm Chancen seiner Entwicklung verlorengehen können.

Forschungsbefunde, wie sie u.a. *Glenn* und *Cunningham (1984)* referieren, legen es nahe, grundsätzlich davon auszugehen, daß das geistig behinderte Kind nicht passiv Stimulationen von außen her aufnimmt, sondern daß es seine Entwicklungsfortschritte durch ein aktives Lernen zustande bringt, bei dem das Kind auf bestimmte, ihm entsprechende Anregungen antwortet. Für eine diesbezügliche Potenz geistig behinderter Kinder sprechen u.a. die immer wieder bestätigten Befunde bei Down-Kindern, die in der frühesten Entwicklung geringere oder z.T. keine Unterschiede im Vergleich zu nichtbehinderten Kindern aufweisen (vgl. *Schamberger 1978, C.T Michaelis 1978*). Andererseits bestätigen die Erfahrungen in der Frühförderung, wie wichtig es für die Entwicklung geistig behinderter Kinder ist, wenn sie hinreichend Gelegenheiten erhalten, sich mit ihrer Umgebung *aktiv* tätig – in welcher Weise auch immer – auseinanderzusetzen *(Glenn und Cunningham, a.a.O.)*, d.h. auch selber wirksame Reize auf die Umwelt ausüben zu können.

Es ist erklärlich, daß ein geistig behindertes Kind bereits in seiner frühesten Entwicklung diese Gelegenheiten nicht in ausreichendem Maße erhält und daß als Folge davon die Lernmotivation nachläßt, so daß wiederum weniger Aktivität in ein exploratives Verhalten investiert wird und deshalb weniger Erfahrungen und Fortschritte zustandekommen.

Der dadurch abgebremste Entwicklungsprozeß ist insbesondere an einer *Verzögerung* bestimmter Entwicklungsabläufe beobachtbar, aber auch an geringer differenzierten Verhaltensschemata, an einem einfacher strukturierten Bild von der Welt und von sich selbst. Begriffe wie geringer differenziert oder einfacher strukturiert bedeuten in diesem Zusammenhang nicht primär menschlich Qualitatives, sondern primär Quantitatives, was man sich etwa mit Verzweigtheit der funktionalen Systeme verdeutlichen könnte. Man könnte auch sagen: das menschlich (existentiell) Wesentliche wird internalisiert, soweit es sich in weniger komplizierten Strukturen erkennen und abbilden läßt. Die Vergleichbarkeit der Entwicklung ist vor allem darin gegeben, daß die Abfolge der einzelnen Entwicklungsschritte, wie sie *Piaget* beschrieben hat, im wesentlichen die gleiche bei geistig behinderten und nichtbehinderten Kindern ist. Unterschiedlichkeiten sind primär solche der individuellen Genese und Interaktion, nicht dagegen direkt fixierbare Auswirkungen spezifischer Defekte.

Auch *Robinson, Robinson (1976),* die sich ausführlich mit Implikationen der Piagetschen Theorie für die Erklärung geistiger Behinderungen befaßten, mußten feststellen, daß es keine realen Hinweise dafür gibt, daß solche Defizite in irgendeinem bemerkenswerten Verhältnis zu geistigen Behinderungen existieren. Sie seien nach *Piagets* Theorie auch nicht zu erwarten *(258).*

Was im Sinne *Piagets* bei einer geistigen Behinderung passiert, ist ein Hängenbleiben auf einer früheren Entwicklungsstufe. Geistige Behinderung ist demnach das Ergebnis des Unvermögens des Kindes, über die unteren Stufen seiner psychischen Integration hinauszugelangen. Je schwerer der Grad der Retardation, desto niedriger liegt das Niveau der kognitiven Organisation, an die das Individuum fixiert sei *(Robinson, Robinson, a.a.O., 255).*

Von *B. Inhelder,* einer engen Mitarbeiterin von *Piaget,* liegt ein Zuordnungsschema von Entwicklungs- und Retardierungsstufen vor *(1968),* das sie aufgrund von Untersuchungen an geistig behinderten Erwachsenen entworfen hat. Demnach können geistig schwer und schwerst behinderte (severely and profoundly mentally retarded) Personen als auf die Stufe der sensomotorischen Intelligenz fixiert gesehen werden, mäßig (moderately) geistig behinderte als unfähig, die präoperational intuitive Stufe zu übersteigen, während leicht (mildly) geistig behinderte Erwachsene die Stufe der konkreten Operationen nicht überschreiten können (b. *Robinson, Robinson a.a.O.,* vgl. *Inhelder 1978*).

Im Zusammenhang mit der Verzögerung der Entwickungsfortschritte nennt *Inhelder* als weitere Auffälligkeit die *Zähflüssigkeit* des Fortschreitens (viscosity). Sie verursache ein Verhaftetbleiben in alten Schemata, die eigentlich zugunsten neuer Koordinationen hätten abgelegt sein sollen. Sie zeigen sich z.B.

in einem längeren Verharren im Zustand des Übergangs von einer Stufe zur nächsten (b. *Robinson, Robinson, a.a.O., 256*).

Wenn von Verzögerung (delay) der Entwicklung im Falle einer geistigen Behinderung gesprochen wird, so ist dabei folgendes zu beachten: Es handelt sich nicht um eine bloße Verlangsamung einer ansonsten vollständig ablaufenden Entwicklung. Das geistig behinderte Kind ist kein Spätentwickler, bei dem man nur länger zu warten braucht, bis sich alle Einzelfunktionen entwickeln. Vielmehr löst die mehr Zeit beanspruchende Funktionsreifung gewissermaßen eine Kettenreaktion aus, die im Endeffekt zu einer quantitativen und qualitativen Veränderung der Gesamtentwicklung führt. Hieran sind somatische und sozietäre Komponenten beteiligt. Sie bedingen einander in ständiger Wechselwirkung, so daß es schwierig ist, Ursache und Wirkung zu unterscheiden. Offenbar aber ist die Abhängigkeit der Entwicklung von neuralen, also biotischen Prozessen um so größer, je *jünger* das Kind ist. Dadurch, daß die ersten Verhaltensschemata länger beibehalten werden, tritt eine relativ frühe Verfestigung und Kanalisierung des Verhaltens ein. Damit wird die weitere Differenzierung der Entwicklung behindert und eingeschränkt. Wenn ein geistig behinderter Säugling verspätet das Stehen und Gehen erlernt, also länger im bloßen Liegen oder Sitzen verharren muß, so gehen ihm bestimmte angelegte Reifungsmöglichkeiten dieser Phase verloren.

König (1959) gebrauchte zur Veranschaulichung dieser verpaßten Möglichkeiten einen Vergleich mit dem verspäteten Erreichen eines Bahnhofs. Man hat zwar räumlich sein Ziel erreicht, aber der Zug ist eben abgefahren. Das will sagen, daß der geistig behinderte Säugling zwar an einem bestimmten Entwicklungsziel angekommen ist, etwa beim Sitzen oder Gehen, jedoch die Ausschöpfung aller Entfaltungsmöglichkeiten dieses Lebensabschnittes versäumt hat.

Diese Beobachtungen können nicht in der Weise verallgemeinert werden, daß die Gesamtentwicklung in einen immer größeren, gar exponentiellen Abstand zu den Durchschnittsfähigkeiten nichtbehinderter Personen geriete. *Pueschel (1987)* kann auf Grund seiner Erfahrungen mit Kindern mit einem Down-Syndrom vielmehr feststellen, daß diese insgesamt stetig Fortschritte machten, und wenn es zeitweilig zu einem Stillstand komme, so seien vielfach später doch wieder Fortschritte zu beobachten gewesen, die Fachleute vorher nicht für möglich gehalten hätten *(48)*.

Zudem ist die Verschränkung der biotischen Vorgänge mit *sozialen Einflüssen,* die Verflechtung des Reifens und Lernens in der Entwicklung zu beachten. Die Reifungsverzögerung bedingt einen Ausfall wirksamer Umweltreize. Dem Säugling mit einer geistigen Behinderung, der erst mit 12 Monaten sitzen kann, sind viele elementare Erfahrungen mit der Umwelt entgangen. Er hat weniger gelernt, und dieses Weniger bedingt ein fortwirkendes Einschränken der (angelegten) Lernmöglichkeiten. So gesehen läßt sich zusammenfassend sagen, daß die Verlangsamung der Entwicklung eine Begrenzung seiner Entwicklungsmöglichkeiten nach sich zieht. "Da er zu spät gehen lernt, ist die

Sprachentstehung so verzögert, daß die Zeit vom Ende des dritten Jahres bis zum Eintritt des ersten Gestaltwandels ungenützt verstreicht. In diesen drei Jahren lernen die anderen Kinder, die erworbene Denkfähigkeit zu praktizieren" *(König, ibid., 180). König* bezeichnete deshalb die Entwicklung des "mongoloiden" Menschen als eine "Folge von versäumten Gelegenheiten" *(180).*

Die Auffassung von der Endgültigkeit nicht genutzter Entwicklungschancen mußte inzwischen abgeschwächt werden. Es konnte nachgewiesen werden, daß geistig behinderte Menschen im ersten Erwachsenenalter besonders lernfähig sind und vieles nachholen können (vgl. *Günzburg 1974*).

Einige Vergleichsdaten können die wachsende Diskrepanz der Entwicklungsverläufe bereits in den ersten Lebensjahren verdeutlichen: So zeigen die von *Carr (1975, 1978)* an Down-Kindern in den ersten zwei Lebensjahren ermittelten Werte (Entwicklungs-Intelligenz-Quotienten DIQ) im Vergleich mit einer Kontrollgruppe nichtbehinderter Kinder gleichen Alters ein frühes Absinken (Abb. 2 aus *Carr 1978, 30*).

Die Aufspaltung der Gruppe der Down-Kinder läßt überdies noch ein stärkeres Abfallen der Entwicklungskurve bei jenen Kindern erkennen, die nicht zu Hause, sondern auswärts (in Pflegefamilien oder Hospitälern) aufwachsen. Das Absinken der Intelligenzwerte mit zunehmendem Alter ist bereits in mehreren Untersuchungen bestätigt worden.

Auch die Untersuchung von *Schamberger (1978)* an Down-Kindern im frühen Lebensalter ergab eine Vergrößerung des Entwicklungsrückstandes mit wachsendem Alter gegenüber der Norm *(119)*. Nach *Zeaman* und *House (1962,* b. *Spreen 1978, 51)* stabilisieren sich die intellektuellen Entwicklungswerte erst ab der Pubertät.

Eine weitere Eigentümlichkeit der Entwicklung geistig behinderter Kinder und Jugendlicher ist die *"Unregelhaftigkeit" (Bach 1967).* Während die moderne Psychologie die normale Entwicklung als einen natürlicherweise konti-

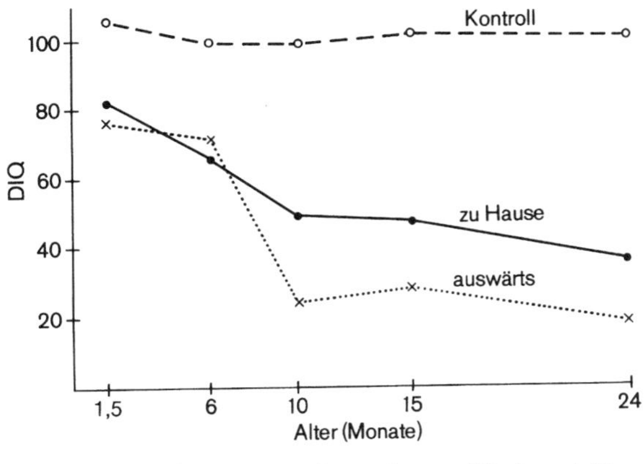

Abb. 2: DIQs der zu Hause und auswärts aufgewachsenen Kinder mit Down-Syndrom und der Kontrollkinder von 1,5 bis 24 Monaten (nach *Carr 1978*).

nuierlichen Prozeß beschreibt *(Oerter 1968),* beobachten wir im Falle einer geistigen Behinderung auffallende Abweichungen hiervon, so etwa ein längeres Verharren auf einem bestimmten Entwicklungsstand, geradezu ein Stillstehen der Entwicklung, dann wiederum deutliche Entwicklungsschübe, wenn nicht sogar -sprünge. *Carr (1978)* beschreibt das Phänomen, daß Kinder mit dem Down-Syndrom sich länger auf einem bestimmten Leistungsplateau aufhalten, um dann plötzlich einen deutlichen Fortschritt zu machen. Eine Mutter drückte es so aus, daß man zunächst meint, das Kind werde eine bestimmte Sache nie schaffen. "Dann plötzlich tut er es, und zwar überraschend schnell" *(32).*

Eine weitere Unregelhaftigkeit kann darin gesehen werden, daß häufig nur partielle Stagnationen oder Fortschritte der Entwicklung registriert werden. Bestimmte Funktionen, wie z. B. das Sprechen oder die Körpermotorik, können sich besser ausprägen als andere. Bekannt ist u. a. die außerordentliche Ausbildung der Gestik bei Kindern mit dem Down-Syndrom, deren Ausdruckssicherheit von der übrigen Motorik deutlich abweicht und eine Geschicklichkeitsspitze darstellt *(Lutz, ibid., 203).* Auch besondere Begabungen im Bereich von Rhythmik und Musikalität sind hier zu nennen (vgl. *Gibson 1978, 194f.*). Auch Besonderheiten des Temperaments und des Charakters werden immer wieder hervorgehoben *(Hanson 1981).*

Eine auffallende Variationsbreite der Entwicklungsdaten bei einzelnen Down-Kindern bis in den Normbereich zeigte sich u. a. bei der von *Carr (1978)* untersuchten Population. Gegenüber der Kontrollgruppe, deren Werte gleichmäßig um 100 Punkte lagen, wiesen im Alter von 1; 5 Monaten 68 % der Down-Kinder Werte von 80 und mehr Punkten auf; im Alter von 6 Monaten waren es noch 34 % und nach 10 Monaten nur mehr 4 % *(30). Carr* vermerkt, daß diese Kinder auf Grund dieser Testwerte allein wohl nie als geistig Behinderte eingeschätzt worden wären. Ähnliche partielle Annäherungswerte an die Altersnorm erbrachte auch die Untersuchung von *Schamberger (1978)* an Down-Kindern im frühen Lebensalter. So waren nach der Messung durch die *"Münchner Funktionelle Entwicklungsdiagnostik"* 11 von 105 Down-Kindern im Krabbelalter altersentsprechend entwickelt, im Sitzalter waren es 10 von 105, im Laufalter 11 von 181, im Greifalter 12 von 182, im Sprechalter 21 von 184 Kindern *(Wendeler 1996).*

In der Entwicklung der *Motorik* zeigen sich bei Kindern mit einer geistigen Behinderung deutliche Unterschiede im Vergleich zu nichtbehinderten Kindern *(Steppacher 1987).* Zugleich stellt die Motorik einen grundlegenden Funktionsbereich dar, nämlich für die Entwicklung der Intelligenz (vgl. *Piaget*).

Ihre Bedeutung für die Erlernung lebensbedeutsamer Fertigkeiten liegt auf der Hand, da gerade der geistig behinderte Mensch seine Erfahrungen durch tätigen Umgang mit den Dingen macht. Von seinen motorischen Fähigkeiten hängen u. a. die Besorgung der täglichen Bedürfnisse, die Fortbewegung, seine helfenden Tätigkeiten, sein darstellendes Tun, das Schreiben und seine Sprechtüchtigkeit ab.

Art und Stärke der motorischen Störungen sind in hohem Maß abhängig von der Art und dem Grad der Schädigung des Zentralnervensystems *(Geisler, Förster 1960)*. Immer aber handelt es sich um eine Störung der Gesamtmotorik, der es an der altersgemäßen Koordination und Integration fehlt *(Homburger 1925, Göllnitz 1957)*.

So fallen z. B. im Gesamtbild des Down-Kindes plump-tolpatschige Bewegungen, der unsichere, breitbeinige Gang, aber auch die schon zitierte grazile Gestik auf. Das motorische Bild des hirngeschädigten, speziell des postencephalitischen Kindes ist dagegen oft durch eine übermäßige dranghafte Unruhe gekennzeichnet. *Seebandt (1964, 56)* spricht von einer "unrationalen, planlosen Überschußmotorik", bei der sich mit einer dranghaften, zappeligen, eigenrhythmischen Iterationsmotorik auch Perseverationen und Handlungsiterationen verbinden. Auf Schrift- und Zeichenstörungen bei motorischem Rückstand haben *Göllnitz* und *Lenz (1957)* hingewiesen.

Vielfach wird die Andersartigkeit der Motorik in Erregungs- und Belastungssituationen besonders deutlich.

Von einem neunjährigen hirngeschädigten Knaben kann berichtet werden, daß er jedesmal, wenn er eine Tätigkeit ausführen sollte, bei der er sich unsicher fühlte, die körperliche Bewegungskoordination völlig verlor: Sollte er einen bestimmten Gegenstand in die Hand nehmen, so setzte er dazu nur an, um schon im nächsten Augenblick nach einem anderen und weiteren ziellos zu greifen. Sollte er an die Tafel heraus, so konnte er nicht gehen, sondern stürzte und polterte durchs Zimmer und fiel zu Boden.

Bei einem achtjährigen, ebenfalls hirngeschädigten Knaben steigerte sich die körperliche Unruhe jedesmals ganz auffällig, wenn sich Furcht vor Versagen und Tadel durch die Mutter einstellte, die zusammen mit den anderen Müttern einmal in der Woche am Unterricht teilnahm. Ähnlich reagierte er, wenn sein Bewegungsüberschuß eingedämmt werden mußte: Den Körper überfiel ein Zucken; Arme, Hände und Beine verkrampften sich, er stellte sich auf die Zehenspitzen und konnte keinen Gegenstand festhalten; einen Bleistift z. B. nahm er in die Hand, um ihn gleich wieder wegzulegen. Freudige Erregung verwehrte ihm beim rhythmischen Klatschen das Mitmachen. Zorn ließ ihn wild mit den Füßen stampfen, mit den Händen auf die Bank oder an die Wand trommeln und andere grundlos und wahllos schlagen.

Ein dreizehnjähriger Knabe (Down-Syndrom) fiel beim Ostereier-Suchen im Zimmer durch eine einmalige Reaktion auf: Die übrigen Schüler hatten bereits etwas gefunden und gaben ihrer Freude laut Ausdruck. Dies steigerte seine Unruhe derart, daß er höchst erregt durchs Zimmer stürzte und plötzlich wild mit den Beinen springend und stampfend und mit den Händen auf einen Tisch geradezu rhythmisch schlagend laute Schreie ausstieß.

Das motorische Erscheinungsbild bei geistiger Behinderung kann entweder von Hypomotorik mit der Tendenz zur Bewegungsstarrheit oder von Hypermotorik mit der Tendenz zum Bewegungschaos gekennzeichnet sein.

Die motorischen Störungen können einen solchen Schweregrad aufweisen, daß man von einer Körperbehinderung im behindertenpädagogischen Sinn und damit von einer Mehrfachbehinderung sprechen kann. Die vorliegende Hirnschädigung bedingt vielfach auch Lähmungen. Nach einer Untersuchung von *Sondersorge (1967)* waren 50 % der erfaßten Kinder mit geistiger Behinderung als bewegungsgestört und von diesen etwa die Hälfte als körperbehindert anzusehen und zwar auf Grund irreparabler Lähmungen, Verkümmerungen und Mißbildungen.

Auf eine weitere Diskontinuität ist bereits hingewiesen worden, nämlich auf die zunehmende Diskrepanz zwischen körperlicher und seelischer Entwicklung, die wohl in besonderer Weise in der Pubertät zum Ausdruck kommt: Der geschlechtlichen Reifung seines Körpers steht der Heranwachsende mit einer geistigen Behinderung geistig hilflos gegenüber.

Überblickt man die Besonderheiten der Entwicklung, die hier nur angedeutet werden sollten, und stellt man sich die Frage nach der menschlichen Eigentümlichkeit dieser Entwicklung, so läßt sich folgendes feststellen:

Die Lebensentfaltung des Menschen mit einer geistigen Behinderung ist bei aller Abweichung von der "Normalentwicklung" eine spezifisch menschliche. Sie verläuft zwar im Vergleich mit der Entwicklung der überwiegenden Mehrzahl der Menschen langsamer und unregelhaft und weist eingeschränktere Möglichkeiten auf; sie läßt aber auch zentrale Gemeinsamkeiten erkennen: Die anthropologisch konstitutive Armut an Instinkten im Vergleich zum Tier, die offene Verhaltensstruktur, d. h. die geringere Abhängigkeit von genisch vorgeformten Verhaltensmustern anstelle einer größeren Beeinflußbarkeit durch die Umwelt. Für das behinderte wie für das nichtbehinderte Kind gilt, daß die meisten entwicklungspsychologischen Veränderungen auf Lernvorgängen beruhen *(Oerter 1968)*. Hierin liegt die Chance der Erziehung. Diese ist auch dann gegeben, wenn infolge der geringeren spontanen Lernaktivität die Abhängigkeit von äußeren Lernanreizen eine größere ist.

2. Relationen zur Entwicklung des nicht-behinderten Kleinkindes

Wenn von Möglichkeiten der Erziehung beim Vorliegen einer geistigen Behinderung die Rede ist, so wird damit bewußt vermieden, von sogenannten Begabungsresten zu sprechen, die man gewissermaßen in den Ecken einer im allgemeinen kümmerlichen Existenz noch ausmachen kann. Negativ relational war die frühere medizinisch-klinische Sicht bestimmt. So definierte u. a. *F. Siegert* (zit. b. *Reichenbach 1961*) *1910* "mongoloide Idiotie" als eine "Rückständigkeit in der Entwicklung" mit "vorzeitigem Abschluß" und "minderwertigem Gesamtresultat". *Homburger (1925)* sprach von einer "Verkümmerungsform, die zum Aussterben bestimmt ist" *(118-123)*. *Reichenbach* führt noch weitere derart negative Definitionen an.

Aus den oben genannten anthropologischen Gründen soll hier von den *spezifischen Gegebenheiten* selber ausgegangen werden. Wir messen den Menschen mit einer geistigen Behinderung nicht einfach mittels eines Vergleichs mit dem Begabteren; es wird analog auch das Volksschulkind nicht als eine Minusvariante oder Restausgabe der Gymnasialbegabung verstanden. Pädagogisch-anthropologisch gesehen ist der Mensch mit einer geistigen Behinderung keine Resterscheinung menschlicher Existenz. Seine Lebensmöglichkeiten sind nicht dadurch hinreichend ausgewiesen, daß er als nicht fähig befunden wird, dem Bildungsweg der Volksschule und der Schule für Lernbehinderte zu folgen. Es ist pädagogisch vielmehr zu fragen, worin seine speziellen Erziehungsbedürfnisse liegen, welche Lebensformen für ihn adäquat sind, wie er sein Leben als ein rechtes führen kann und was ihm als Lebenserfüllung zugänglich ist.

Beim Versuch, die positiven Möglichkeiten des Menschen mit einer geistigen Behinderung nicht auf Grund eines Vergleichs mit dem nichtbehinderten zu ermitteln, um ihn nicht als eine bloße Minusvariante kennzeichnen zu müssen, muß auf eine Gefahr hingewiesen werden, die *Bach (1967)* nennt. Die bloße Konstatierung des Andersseins, so schreibt *Bach,* verführe zu der Auffassung, daß es sich beim behinderten Menschen quasi um eine "andere Rasse" handle. Der erforderliche menschliche Kontakt werde dadurch unterbunden. Man könne dann ein solches Kind vielleicht "handhaben", mit ihm praktisch umgehen, es aber nicht im üblichen Sinne erziehen, weil man es eben als ein so *anderes* Wesen nicht recht verstehen könne. Es bleibe ein fremdes Wesen.

Und trotzdem hält *Bach* einen Vergleich mit dem nichtbehinderten Kind für notwendig, wenn man es sinnvoll, d.h. im Gesamtzusammenhang menschlicher Entwicklung, erfassen wolle. Der Vergleich ergibt, daß die Lebensformen und Verhaltensweisen des geistig behinderten Kindes nach *Bach* in Bezug zu setzen sind zu denen der nichtbehinderten Anderthalb-, Zwei- oder Dreijährigen. Der pädagogische Wert einer solchen Inbezugsetzung liege darin, daß insbesondere Eltern und noch nicht genügend erfahrene Erzieher durch die Erinnerung und die Kenntnis frühkindlicher Erlebnisweisen einen besseren Zugang zum behinderten Kinde fänden und damit auch zu seinen positiven Möglichkeiten. Vor allem für die Beratung der Eltern sei dieser Vergleich sehr dienlich. Er erleichtere ihnen das Finden des angemessenen erzieherischen Verhaltens. Im übrigen ermögliche der Vergleich einen Rückgriff auf einen wohlausgebauten pädagogischen Bereich, der erzieherisch nutzbar gemacht werden könne, nämlich die Kleinkinder- und Kindergartenpädagogik.

Intelligenz- und Entwicklungstests, insbesondere für das Kleinkindalter, sind auch für Kinder mit einer geistigen Behinderung anwendbar. Die erreichten Teilleistungen liegen mehr oder weniger deutlich unter den Normwerten, aber es sind in sich gleichartige Kompetenzen (Tab. 5): Das errechnete Intelligenz- und Entwicklungsalter liegt im allgemeinen innerhalb der ersten sechs Lebensjahre. In welchem Maße sich die Durchschnittswerte für das Erreichen bestimmter Entwicklungsstufen (Fähigkeiten) zwischen Kindern mit einem Down-Syndrom und nichtbehinderten Kindern in der frühen Entwicklung unterscheiden, zeigt *Tabelle 5* (nach *Pueschel 1987, 45*).

Im körperlichen Aussehen und Verhalten bei geistig behinderten Kindern sind nicht ohne weiteres Unterschiedlichkeiten zu nichtbehinderten Kindern auszumachen. *Lutz (1961, 119)* weist darauf hin, daß z.B. Kinder mit schweren geistigen Schädigungen hübsche, normalwirkende "Prinzengesichter" aufweisen können. Die altersgemäße Körpergröße – darauf weist *Bach (1967)* hin – verleitet freilich auch dazu, von einem solchen Kind ein Anpassungsverhalten

Tabelle 5

Das	wird erreicht bei			
		nichtbeh. Kindern	Down-Syndrom-Kindern	
Lächeln	durchschnittl. bis zum	1.	2.	Lebens-
	Variationsbreite	½-3.	1¼-4.	Monat
Umdrehen		5.	8.	
		2.-10.	4.-22.	
Sitzen		7.	10.	
		5.-9.	6.-28	
Krabbeln		10.	15.	
		7.-13.	9.-27	
Stehen		11.	20.	
		8.-16.	11.-42	
Laufen		13.	24.	
		8.-18.	12.-65.	
Sprechen (Wörter)		10.	16.	
		6.-14.	9.-31.	
Sprechen (Sätze)		21.	28.	
		14.-32.	18.-96.	

zu erwarten, das seinem Lebensalter, d. h. dem Normalverhalten Gleichaltriger (ohne geistige Behinderung) entspricht.

Die hier angesprochenen Verhaltensweisen, die kennzeichnend sind für das Kleinkindverhalten, führten dazu, von den "Kindgebliebenen", von den "auf dem Wege Stehengebliebenen" *(Busemann 1959)* zu sprechen. Und dennoch nötigt uns die Erfahrung zu der Frage, ob damit das Wesentliche, das menschlich und damit pädagogisch Bedeutsame der Lebensmöglichkeiten des Menschen mit einer geistigen Behinderung getroffen und ausgesagt wird, d. h., ob also ein 18jähriger mit einer geistigen Behinderung einem 3jährigen Normalkind gleichgesetzt werden kann.

Die Unterschiedlichkeiten sind evident; allein schon im körperlichen Erscheinungsbild. Erwachsene mit einer geistigen Behinderung sind eindeutig Erwachsene.

Sie durchleben eine Pubertät, wenn auch vielen deren seelische Problematik nicht zum Bewußtsein kommt. Sie verändert den Jugendlichen so sehr, daß man nicht mehr von Kindern sprechen kann, auch wenn er ansonsten viele Verhaltensweisen zeigt, die an Kinder erinnern.

Unterschiedlichkeiten des Verhaltens und Erlebens bei gleichem Entwicklungsalter zeigen sich auch bei Kindern. *Bach (1967)* weist selbst auf die *große Streubreite* hin, die *von der Anderthalbjährigkeit* bis zur *Achtjährigkeit* reicht.

Man kann also nicht einfach von der "Kleinkindhaftigkeit" geistig behinderter Kinder reden. Die Unterschiedlichkeit wird auch geprägt durch individuelle *Entwicklungsdiskrepanzen*. So kann das gleiche Kind teils frühkindliche und teils großkindliche Funktionsfertigkeiten aufweisen. Besonders bei Hirnschädigungen kann man derartige auffallende Kombinationen von partiellen Rückständen und partiellen Begabungsspitzen antreffen. So konnten zum Beispiel bei einem 12jährigen Kind, das eine Meningitis überstanden hatte, eine schwere Schädigung des Leistungsverhaltens, so der Auffassungs- und Merkfähigkeit, des Sprechens und der Sprache, dagegen eine altersgemäße Ausprägung der affektiven Haltungskomponenten beobachtet werden: ein zurückhaltend heiterer, freundlicher, im Sozialverhalten aufmerksamer, gut angepaßter Schüler, der durchaus nicht kleinkindhaft wirkte.

Weiterhin wäre die *temporäre* Verschiedenheit des Verhaltens zu nennen, die durch organische Funktionsunregelmäßigkeiten bedingt ist. Ein Kind, das sich in der einen Stunde oder an einem Tag lebendig, konzentriert und angepaßt verhält, kann in der darauffolgenden Stunde, am folgenden Tag so apathisch oder so unruhig und unkonzentriert sein, daß man den Eindruck eines wesentlich jüngeren Kindes haben könnte. Insgesamt gesehen sind die Unterschiedlichkeiten so groß, daß ein Vergleich mit frühkindlichen Verhaltensformen nur partielle oder temporäre Übereinstimmungen und Verstehenshilfen ergibt.

Auf die generelle Verschiedenheit der Dynamik und Struktur geistig behinderter und nichtbehinderter Kleinkinder hatte *K. Lewin (1967*)* hingewiesen. In seiner "dynamischen Theorie des Schwachsinnigen" zeigt er auf, daß der "Schwachsinnige" zwar seinem Differenzierungsgrade nach einem jüngeren normalen Kinde entsprechen kann, daß aber ein dynamischer Unterschied zwischen beiden zu beachten sei. Er sah diesen in der "geringen dynamischen Verschiebbarkeit der seelischen Systeme des Schwachsinnigen" *(391)*. Von dieser Grundannahme aus leitete *Lewin* dann "die wesentlichsten Charakteristika der Schwachsinnigen" ab.

Die Grundannahme einer größeren Sprödigkeit, Starrheit und Schwerbeweglichkeit des Schwachsinnigen belegte *Lewin* mit einer Reihe von Beobachtungen. Er zeige eine "Pedanterie und Fixiertheit" der Zielsetzungen des Verhaltens. Er pflege an bestimmten Gewohnheiten mit besonderer "Ausdauer" festzuhalten. Man kann diese Beobachtung mit *Lewin u. a.* als einen Ausdruck der Hilflosigkeit und der Schwierigkeit oder Unmöglichkeit erklären, die Gesamtheit der gegebenen Situation zu überblicken und zu durchschauen, und als eine Folge der Intelligenzminderung, die eine geringere Beherrschung der Welt be-

* Die Ausführungen *Lewins* sind nicht unmittelbar auf den Bereich der geistigen Behinderung übertragbar. Die Arbeit ist 1933 erschienen und bezieht sich offensichtlich auf den Hilfsschüler ohne nähere Angabe eines Intelligenzgrades. Einige der beschriebenen Charakteristika des Schwachsinnigen sehen wir jedoch auch bzw. in besonderem Maße beim geistig behinderten Menschen als gegeben an.

dingt. "Die allgemeine Sprödigkeit des seelischen Materials" *(Lewin)* führe in komplexen dynamischen Situationen dazu, daß eine "Entweder-oder-Struktur" sichtbar wird. Das bedeute, daß der geistig behinderte Mensch Teil-Systeme einer dynamisch zusammenhängenden Einheit nicht in Zusammenhang bringen könne, daß er entweder in der einen oder der anderen Situation verharre, daß er in der Regel unfähig sei, eine Situation, die für ihn etwa bedrohlich sein kann, umzustrukturieren. Er sei an die jeweilige Situation ausgeliefert, was u. a. seine leichte Verführbarkeit, aber auch seine hohe Empfindlichkeit gegenüber Störungen, d. h. Veränderungen seiner gewohnten Situation, erklärt.

Als weitere Eigentümlichkeit in der Aufbaustruktur des "Schwachsinnigen" nennt *Lewin* die "Konkretheit" des Denkens und damit zusammenhängend die "Phantasielosigkeit" im Gesamtverhalten. Besagte "Konkretheit" ist sicherlich auf den geringeren Differenzierungsgrad zurückzuführen. Wir finden sie auch beim Kleinkind. Da aber der Mensch mit einer geistigen Behinderung diese Schwäche des abstrakten Denkens auch in einem Alter behält, in welchem ein nichtbehindertes Kind mit gleichem Intelligenzalter diese Primitivität des Denkens nicht mehr aufweist, sieht *Lewin* in dieser Eigentümlichkeit ein Spezifikum des "Schwachsinnigen". Sie komme dadurch zum Ausruck, daß "jedes Ding und Ereignis seine Bedeutung in besonders hohem Grade aus der jeweiligen Situation heraus empfängt, daß es nicht herauslösbarer Bestandteil dieser Situation" sei *(399)*. Damit werde ein Abstrahieren von der jeweiligen Einzelsituation erschwert und zwar dann, wenn es um Systeme begrifflicher, irrealer oder phantasiehafter Art geht.

Die hier kurz dargestellte Rigiditätstheorie *Lewins,* von ihm 1935 entwickelt und von seinem Mitarbeiter *Kounin* 1941 weitergeführt, hat sich als empirisch nicht genügend haltbar erwiesen. Untersuchungen von *E. Zigler (1961) und Mitarbeitern* ergaben, daß die von *Lewin* angenommene geringere Differenziertheit des psychischen Systems bei Personen mit einer geistigen Behinderung nicht nachweisbar ist und daß die von *Lewin* und *Kounin* beobachteten Phänomene der relativen Starrheit (Rigidität) nicht schlechthin auf die geistige Behinderung zurückgeführt werden können, sondern auf die Lebensumstände, unter denen die damals untersuchten Personen in Anstalten lebten. Das als starr bezeichnete längere Verweilen bei einer Aufgabe konnte mit der speziellen Motivationslage der Anstaltsprobanden erklärt werden (vgl. auch *Wendeler 1976, Meyer 1977*). Bei all dieser Kritik am *Lewin-Kounin*-Modell braucht man aber doch das Konstrukt der psychischen Differenziertheit und seiner Flexibilität in Anpassung an den Wechsel der Situation nicht gänzlich zu verwerfen. Beobachtungen können seinen sicherlich eingeschränkten heuristischen Erklärungswert bestätigen. Dafür ein Beispiel:

Die gewohnte Ganzheit "Lehrer" geht verloren, d. h. zerfällt in Teilsysteme, wenn dieser plötzlich sein Aussehen durch eine Augenklappe verändert. Mehrere Kinder reagierten mit gesteigerter Unruhe und auffallender Distanzierung. Sie waren offensichtlich nicht in der Lage, beides dynamisch in Einklang zu bringen. Ein anderes Beispiel: Ein neunjähriges Mädchen mit dem Down-Syndrom erlebt den Abschied von einer vertrauten Person, einer langjährigen Hausgehilfin, die nun heiratet und Bäuerin wird. Das Mädchen sieht die geliebte "Leni" im

Hochzeitsschmuck und hat deren Bauernhof in Augenschein genommen. Am nächsten Tag konstatiert sie: "Die andere Leni hat eine Haube aufgesetzt und hat einen Stadel, und meine Leni kommt morgen."

Schwierigkeiten beim Rollenspiel sind ebenfalls Ausdruck der "Entweder-oder-Struktur". Dem Kind mit einer geistigen Behinderung fällt es schwer oder ist es unmöglich, sich zugleich eine andere Rolle zuzulegen. Es spielt eigentlich immer nur seine gewohnte Rolle und benutzt die eingeübten Verhaltensmuster. Es kann sich i. a. nicht verstellen, was dem normalen Kleinkind durchaus möglich ist.

M. Egg (1966) berichtet von einer jungen geistig behinderten Erwachsenen, einer Bauerstochter, der ein Knecht mit sexuellen Absichten nachstellte. Zunächst fühlte sie sich geschmeichelt und ließ sich die anfänglichen Zärtlichkeiten gefallen. Als er jedoch handgreiflich wurde, reagierte sie abwehrend und energisch, wobei sie die lapidaren Anweisungen der Mutter zitierte: "Nein, das macht man nicht. Das Röcklein hebt man nicht auf, nur auf der Toilette!" *(29).* Die Frau hätte eine feste Gewohnheit durchbrechen müssen, was ihr nicht möglich war. Man könnte auch von einer "imponierenden moralischen Gradlinigkeit" reden.

Ein Beispiel aus dem Unterricht, das zeigt, wie schwer es fällt, aus einer komplexen Situation einen flexiblen Ausweg zu finden. Thema: Wir kochen ein Ei. Der elektrische Kocher steht in der Mitte des Schulzimmers, das Kabel erweist sich als zu kurz. Auf die Frage der Lehrerin "Was machen wir nun?" kommt zunächst lange Zeit keine Antwort. Dann meint ein achtjähriges Mädchen: "Singen wir halt!" – Nur mit Mühe können die Kinder dazu gebracht werden, sich an einer Lösung des differenzierten technischen Kleinproblems zu beteiligen.

Auf die *Unterschiedlichkeit im Spielverhalten* zwischen geistig behinderten und normalen Kleinkindern weist auch *H. Hetzer* hin *(1967).* Der Mangel an gestaltenden Kräften, an Spontanität im Spiel zeige sich bei Kindern mit einer geistigen Behinderung in der "Einförmigkeit ihrer einfallsarmen Spiele". Sie können einfache Spielabläufe lange Zeit unverändert wiederholen, z. B. "wochen- und monatelang jeden Tag einige Stunden mit der Puppenwiege" spielen, wobei nichts anderes geschieht, als daß die Puppe aus der Wiege herausgenommen und wieder in sie hineingelegt wird *(ibid., 4).* Als weitere Unterschiedlichkeiten im Spiel nennt *Hetzer* das allgemein geringere Bedürfnis des geistig behinderten Kindes, überhaupt zu spielen, sein passives Spielverhalten oder die völlige Uninteressiertheit an einem Spiel, das sich etwa in unmittelbarer Nähe vollzieht, sein dranghaftes Abreagieren innerer Spannungen. In diesem Zusammenhang berichtet *Hetzer* von einem erethischen "Schwachsinnigen", der fünf Stunden in dranghafter Unruhe zubrachte, aber nur zwölf Minuten, "in denen man vielleicht von Spiel reden konnte" *(ibid., 2).* Es fehle dem geistig behinderten Kind an steuernder Aktivität. – Solche Feststellungen muß man sicherlich relativieren; denn sie stammen noch aus einer Zeit, wo das System der pädagogischen Förderung dieser Kinder nicht ausgebaut war.

Sie bevorzugen auch andere Spiele als das gesunde Kleinkind. Da die Form der Spiele, die ein Kind wählt, von seinem Entwicklungsstand abhängt, und da Komplexität der Spiele mit dem Intelligenzniveau nach *Hetzer* eindeutig korrelieren, wählen geistig behinderte Kinder einfachere Spiele als gesunde Kinder mit gleichem Entwicklungsniveau. Auf die besonderen Schwierigkeiten beim Rollenspiel ist bereits hingewiesen worden. "Die Phantasie reicht oft nicht aus, um Dinge dem Spielinhalt entsprechend umzuschaffen oder sich selbst der geforderten Rolle gemäß zu benehmen" *(ibid., 3).*

Wir können zusammenfassend den Vergleich des Verhaltens geistig behinderter Kinder mit normalen Kleinkindern mit einer Feststellung *H. Hetzers* abschließen: "Es ist daher nicht zulässig, wenn ein geistig behindertes Kind so behandelt wird wie ein bedeutend jüngeres Kind mit annähernd gleichem intellektuellem Niveau. Es handelt sich um zwei Persönlichkeiten, die sehr verschieden strukturiert sind" *(ibid., 1).*

Diese Verschiedenheit ist nicht so zu verstehen, als weise das Verhalten bei geistiger Behinderung nicht auch viele Ähnlichkeiten mit der Kleinkindhaftigkeit auf. Seine lebenslange "Kindlichkeit" aber ist eine anders strukturierte. Sie erscheint einerseits weniger differenziert als die des normalen Kleinkindes, andererseits weist sie qualitative Eigenheiten auf, die über die Entwicklungsstufe des Kindseins hinausreichen, die den geistig behinderten Menschen nicht als einen bloßen Steckengebliebenen, Unfertigen kennzeichnen, sondern als einen, der auch seine Lebensaufgabe erfüllen, "komplett" werden kann, wie es *Goethe* nannte, wenn er schreibt, daß auch der geringste Mensch komplett sein könne, wenn er sich innerhalb seiner Fähigkeiten bewege (zit. b. *Kerschensteiner,* Grundfragen der Schulorganisation). Es sind Züge einer Erwachsenheit, die zwar nicht eine selbstverantwortliche Lebensführung einschließt, aber die Qualität eines sinnvollen Lebens erreichen kann, vorausgesetzt, daß die Lebensmotivation von außen her unterstützt wird.

Sicherlich trifft auch *Hermann Hesse* in einem seiner Briefe über die Frankfurter Familie *Brentano* diese menschliche Reifungsqualität des Menschen mit einer geistigen Behinderung, wenn er über eines der sonst hochbegabten Kinder dieser Familie schreibt: "Nur der Älteste war und blieb einfältig, er lebte sein ganzes Leben lang wie ein stiller Hausgeist im Vaterhaus, zu nichts zu gebrauchen. Er war fromm als Katholik, geduldig und gutmütig als Bruder und Sohn und wurde inmitten der witzigen und lustigen Geschwisterschar, bei der es oft exzentrisch zuging, immer mehr zu einem schweigenden Mittel- und Ruhepunkt, einem wunderlichen Hauskleinod, von dem Frieden und Güte ausstrahlte. Von diesem Einfältigen, diesem Kindgebliebenen sprechen die Geschwister mit einer Ehrfurcht und Liebe wie von keinem anderen Menschen. So war also auch ihm, dem Trottel, dem Blöden, sein Sinn und sein Auftrag mitgegeben, und er hat ihn vollkommener erfüllt als alle die glänzenden Geschwister" (Briefe von *H. Hesse 1951, 281*).

Hesse bringt damit zum Ausdruck, daß es bei der "Geformtheit des Menschen als Mensch" *(Hillebrand 1958, 13),* und das ist Bildung als Zustand, daß es beim Finden seiner Bestimmung als Mensch nicht auf einen bestimmten Grad und Umfang der Leistungen ankomme, sondern darauf, daß der Mensch "sein Wesen, das ihm mitgegeben, so völlig und rein wie möglich in seinem Leben und Tun zur Darstellung bringe" *(Hesse, ibid.). – Hermann Hesse* waren geistig behinderte Menschen auf Grund seines Aufenthalts in einer Anstalt für geistig Behinderte unmittelbar vertraut.

3. Soziales In-Beziehung-Treten

Erziehung beginnt mit dem Ansprechen, mit der mitmenschlichen Zuwendung und Antwort. Sie weckt und erschließt in einem immer differenzierter werdenden Wechselspiel Motivation, Aktivität und Kommunikation des Kindes und bringt es damit auf den Weg zu seiner *Selbstverwirklichung in sozialer Integration.* Wie das soziale In-Beziehung-Treten des geistig behinderten Menschen zu verstehen ist, soll mit Hilfe grundlegender sozialpsychologischer Einsichten zu klären versucht werden *(Argyle 1972, Thomas 1980).* Dabei sollen insbesondere die beiden Phänomene der zwischenmenschlichen Interaktion und der Kommunikation untersucht werden.

3.1. Soziale Interaktion

Mitmenschliches Leben ist immer auch Zusammenleben mit anderen. Die leibliche Geburt entläßt den menschlichen Säugling in seiner Hilflosigkeit in den "Mutterschoß der Sozietät" *(Portmann),* sein Leben beginnt mit der völligen Angewiesenheit auf seine Mitmenschen. Die Art und Dauer ihrer Hilfe paßt sich der jeweiligen Art und Dauer der Hilfebedürftigkeit an. Zu den Menschen, die einer besonderen und langen, ja lebenslangen sozialen Eingliederungshilfe bedürfen, gehört der geistig behinderte.

Die Erforschung der sozialen Entwicklung und des sozialen Verhaltens einschließlich spezifischer Probleme geistig behinderter Menschen steht erst am Anfang. Die bisher vorliegenden sozialpsychologischen Forschungsergebnisse beziehen sich insbesondere auf mehr makrosoziale Phänomene, wie etwa Einstellungen in der Gesellschaft *(v. Bracken 1976, Gastager 1973, v. Ferber 1972, Thomas 1980, Cloerkes 1985)* und soziale Organisationen (Institutionalisierung), wie z. B. Unterschiede zwischen Kindern, die in Heimen und in der Familie aufwachsen (vgl. *Spreen 1978, 108ff., Kugel, Wolfensberger 1974, Carr 1974*). Von unmittelbar pädagogischem Interesse wären Forschungsarbeiten über den Verlauf und die Bedingungen interpersonaler (Zweier-)Beziehungen und mikrosozialer Gruppenprozesse *(Holtz 1994).*

Eine psychoanalytische Studie über die Beziehungen der Mutter zum geistig zurückgebliebenen Kind liegt von *Mannoni (1972)* vor. Als sehr aufschlußreiche Pionierarbeit gilt der frühe Versuch von *Skeels und Dye (1939),* als geistig retardiert diagnostizierte Kleinkinder einer Anstalt in die persönliche Obhut und Pflege mütterlicher (ebenfalls retardierter, im Heim wohnender) Personen gegeben zu haben, was einen wesentlichen Anstieg der Testwerte der intellektuellen Leistungsfähigkeit gegenüber einer Kontrollgruppe zur Folge hatte. Noch überzeugender fiel die Nachuntersuchung von *Skodak (1967)* aus: Es wurde ermittelt, daß von den 13 Kindern der Experimentalgruppe 11 die High-School absolviert hatten, während die Überlebenden der Kontrollgruppe nach wie vor retardiert in Anstalten lebten und z. T. verstorben waren.

Wenn es sich auch bei diesen Kindern offensichtlich nicht um neurophysiologisch geschädigte Kinder im Sinne einer irreversiblen Behinderung gehandelt haben mag, so zeigt sie doch die elementare Bedeutung früher interpersonaler Beziehungen für die Entwicklung der Lernmotivation auf. Gravierende negative Belege für gegenteilige Entwicklungen liegen aus dem Bereich der Deprivationsforschung vor *(Spitz 1957, Bowlby 1975, Rutter 1978)*, für die der Begriff *"Hospitalismus"* lange Zeit bestimmend war. *R. Spitz* sprach von "Gefühlsmangelkrankheit", die einst für die hohe Sterblichkeit in den Säuglingsheimen maßgebend war. *Pechstein (1974)* konnte nachweisen, daß die "zentralnervöse Entwicklung" von Kindern, die vom 1. Lebensjahr an in Heimen der Massenpflege aufwachsen, Schaden nimmt, daß also soziale Bedingungen zu erkennbaren physischen (neuralen) Beeinträchtigungen führen können.

Die Qualität der interpersonalen Bezüge ist offensichtlich von einer grundlegenden Bedeutung für die Entwicklung von Kindern, die eine geistige Behinderung aufweisen. Pädagogisch-therapeutisch gesehen muß das Schwergewicht der Überlegungen und Forschungen im Bereich der sozialen Interaktionen liegen, zumal im neurophysiologischen Bereich in der Regel irreparable Schädigungen vorliegen. Soziale Probleme des geistig behinderten Menschen sind Entwicklungsprobleme unter dem Aspekt des "sozialen Lernens" *(Oerter 1968)*. Sie laufen letztlich auf einen Verlust von Interaktion und Kommunikation und damit auf soziale Isolierung hinaus.

Diese Gefahr wurde lange Zeit durch die irrige, aus einer sich betont distanzierenden Gesellschaft stammende Auffassung verstärkt, der "Schwachsinnige" sei im wesentlichen "pflegebedürftig". Aus dieser verhängnisvollen historischen Belastung heraus ist am Postulat festzuhalten, daß kein Mensch *nur* pflegebedürftig sein kann. Jeder schaut – erkannt oder nicht – "heimlich und scheu nach einem Ja des Seindürfens aus, das ihm nur von menschlicher Person zu menschlicher Person werden kann" *(M. Buber 1951, 44)*. Nach wie vor steht der geistig behinderte Mensch in Gefahr, sozial an den Rand gedrückt zu werden oder am Rande stehen zu bleiben, wie u. a. die Untersuchungen von *v. Bracken (1976)* und *Cloerkes (1985)* ergeben haben. Das für den einzelnen Menschen mit einer geistigen Behinderung schwerer wiegende Defizit oder Problem ist sicherlich nicht seine neural-physische, sondern seine sozial-psychische Befindlichkeit und Situation.

Die erste und elementare interaktionale Erfahrung macht das Kind mit Mutter und Vater als den primären Bezugspersonen. Deren Zuwendung und Agieren ist in geradezu dramatischer Weise von den Gefühlen und Einstellungen bestimmt, die durch die Entdeckung der geistigen Behinderung hervorgerufen werden *(Tizard, Grad 1962, Vliegenthart, v. d. Dunk 1968, Ross 1967, Clemens 1979, Carr 1978, Schuchardt 1985)*. Der beginnende soziale Wechselwirkungsprozeß wird durch den Schock, den die Eltern erleben, zunächst schwer belastet: In emotionaler Hinsicht wird die spontane affektive Zuwendung blockiert oder erschwert und damit Kommunikation verdünnt, bezieht sich doch die frühe Kommunikation im wesentlichen auf Gefühltes und Erlebtes. Eine weitere (zirkuläre) kommunikative Hemmung tritt dadurch ein, daß das Kind nicht in der erwarteten Lebendigkeit reagiert, mit der die Mutter normalerweise in ihrer Zuwendung verstärkt wird. Umgekehrt kann sich durch eine verdünnte Zuwendung für das Kind keine hinreichende Motivation zum Kommunizieren ausbilden. Das Erlernen der Sprache wird fundamental behindert *(Michaelis 1978, 348).*

Das Ausbleiben der erwarteten kindlichen Aktivierung, das Zurückbleiben der Entwicklung, die vermeintliche totale Schwäche des Kindes können auch dazu führen, daß es übermäßig umsorgt und damit in seinem Selbständigwerden behindert wird. Es erhält dadurch weniger Gelegenheiten, in seiner Umwelt aktivierende Erfahrungen zu sammeln, mit ihr in Interaktion zu treten.

In jedem Falle wäre das geistig behinderte Kind auf mindestens das gleiche Maß an sozial-warmer Zuwendung und Lernanregung angewiesen wie das nichtbehinderte Kind, um seine behinderten kommunikativen Fähigkeiten ausbilden zu können.

Das wichtigste Feld sozialer Interaktion ist für das geistig behinderte Kind zunächst die *“Face-to-face-Gruppe”,* die Kleingruppe im Sinne einer *Primärgruppe.* Im sozialen System der Familie erfährt es die Grundmuster sozialen Verhaltens, wird es vertraut mit emotionalen Beziehungen, mit Abhängigkeiten und Möglichkeiten eigenen Agierens, findet es Identifikationsmuster, lernt es Normen, Werte und Regeln in permanenter Unmittelbarkeit.

Von wesentlicher sozialer Bedeutung ist über die eigene Familiengruppe hinaus das Einbezogensein in eine Gruppe mit *Altersgenossen:* Kleinst-Spielgruppe, Kindergartengruppe, Schulklasse. Dabei handelt es sich nicht nur um die Erweiterung seines sozialen Aktionsradius’ und seines Orientierungsfeldes, sondern auch um die Möglichkeit, sich im Umgang mit anderen und deren Reaktion selbst zu erfahren und damit das eigene *Selbst* zu profilieren. Als akzeptiertem Mitglied einer Gruppe wird es ihm eher möglich, sein Selbstwertgefühl zu stabilisieren, nach außen hin aktiv zu werden und sich mehr zuzutrauen. Gerade das geistig behinderte Kind in der Gefährdung seines Angenommenseins braucht die Sicherheit einer Bezugsgruppe, in der seine sozialen Bedürfnisse nicht täglich auf Unverständnis und Ablehnung stoßen, sondern erwidert werden. Die spezifischen individuellen Erschwerungen der kommunikativen Verständigung machen soziale und erzieherische Hilfen notwendig.

Das Bedürfnis nach sozialer Teilhabe reicht mit fortschreitendem Alter vielfach über die täglich vertraute Gruppe hinaus in die verschiedensten Sozialbereiche hinein, die ihm im Schutze vertrauter Institutionen und Gewohnheiten zugänglich werden. Dazu können der öffentliche Spielplatz, das Restaurant oder der Urlaubsort ebenso gehören wie die sonntägliche Kirchengemeinde. Derartige Erweiterungen der sozialen Integration sind im wesentlichen von der sozialen Toleranz und Eingliederungsbereitschaft der anderen abhängig *(Speck 1977c),* aber auch von einer bereits in der Frühphase der Entwicklung beginnenden Förderung der Selbständigkeit und des Sozialverhaltens.

Das zwischenmenschlich agierende Verhalten des Kindes mit einer geistigen Behinderung ist biogen und soziogen geprägt. In der Praxis werden im allgemeinen die sozietären Bedingtheiten und Möglichkeiten unterschätzt. Man hält ein kommunikationsarm anmutendes Kind allzu leicht "von Natur aus", d.h. irreversibel, beeinträchtigt.

Je nach der Individualgenese fallen im aktiv-reaktiven Verhalten mehr oder weniger große Unterschiede auf. Es gibt geistig behinderte Kinder mit einem unermüdlichen und wahllosen Gesellungsdrang und solche, die in die Isoliertheit des Für-sich-Seins versunken scheinen. Entsprechend mannigfaltig sind die Gesellungsformen. Aus dem anfänglichen Nebeneinander etwa in einer Schulklasse vermag ein Miteinander zu werden, unter Umständen auch ansatzweise ein Füreinander, aber auch ein Gegeneinander. Durch vermehrtes Zusammensein und Miteinandertun läßt sich das Zueinander, das gegenseitige Sich-Mögen, steigern, was für die Erziehung von großer Bedeutung ist.

Wie *Williams u. a.* bereits 1966 auf Grund von Untersuchungen von *Johnson, Copobianco (1957)* und des Illinois-Study-Projekts berichten, liegt bei geistig behinderten Kindern der Sozialquotient nach einer zweijährigen Übungs- und Versuchszeit etwas höher als der Intelligenzquotient. Diese Ergebnisse lassen u.a. erkennen, daß die Beherrschung sozialer Fertigkeiten zu einem erheblichen Teil von der Umwelt, speziell von der Erziehung abhängt. Schwierigkeiten im sozialen Umgang sind demnach nicht einfach unabänderliche Resultanten der organisch fixierten intellektuellen Schädigung. Erzieherische Hilflosigkeit der Eltern, unangemessene Erziehung in den ersten Lebensjahren und weitestgehende Isolierung des Kindes tragen stärker zur sozialen Unbeholfenheit bei als gemeinhin angenommen. Eine annähernde Abklärung im Einzelfall, wieweit Veränderbarkeit und wieweit Irreversiblität vorliegen, gestattet nur ein längerer systematischer Erziehungsversuch in der Gruppe.

Die Unterschiedlichkeit in der Beherrschung sozialer Fertigkeiten reichen von völliger Hilflosigkeit und Unselbständigkeit bis zur weitestgehenden Unabhängigkeit und Umgangsgeschicklichkeit, von Beziehungslosigkeit bis zu ausgesprochener Kontaktfreudigkeit, von Widerspenstigkeit und Aggressivität bis zur sozialen Beliebtheit und Vertrauenswürdigkeit (vgl. *Holtz 1987, Burkart, Krech 1985*).

Die eigenen Beobachtungen als Lehrer einer Knaben- und einer Mädchen-Schulanfängergruppe im Alter von 7 bis 13 Jahren ließ folgende Eigentümlichkeiten der Soziabilität erkennen:

- Aus dem anfänglichen Nebeneinander entwickeln sich in der Regel Zweier-Kontakte.
- Geknüpfte Kontakte werden relativ leicht und konfliktlos wieder gelöst. Dauerkontakte sind relativ selten.
- Bestimmte Kinder werden stark umworben, vor allem Down-Kinder, offensichtlich wegen ihrer natürlichen Freundlichkeit. Andere Kinder werden allgemein abgelehnt, offensichtlich wegen ihrer geringen sozialen Umgänglichkeit und ihrer Unberechenbarkeit.
- Die Kontaktfähigkeit ist von der aktuellen körperlichen Befindlichkeit sehr stark abhängig.
- Kontaktversuche können als ausgesprochen aufdringlich und lästig empfunden werden; es mangelt am Vermögen, sich in den anderen hineinzuversetzen und seine Reaktionen zu beachten.

- Es können sich sehr hartnäckige gegenseitige Ablehnungen und Aggressivitäten herausbilden, die nur schwer auflösbar sind.
- Schwierigkeiten im gegenseitigen Kontakt entstehen sehr leicht aus Mißdeutungen des Annäherungsverhaltens.
- Gegenüber Mitschülern scheue und unsichere Kinder suchen stärkeren Kontakt zum Erzieher.

Mit fortschreitendem Alter stabilisieren sich die Sozialbezüge innerhalb einer Gruppe und weisen bei Jugendlichen eine relativ große Konstanz auf. Zuneigungen und Ablehnungen sind im wesentlichen von emotional-persönlichen Motiven bestimmt, weitaus weniger durch das Leistungsniveau eines Schülers. Da die Sozialbezüge der Schüler für den gesamten Lernvorgang von erheblicher Bedeutung sind, wird der Erzieher bemüht sein, die soziale Struktur und Dynamik in seiner Gruppe genauer kennenzulernen und auch sozial schwierige Kinder einzugliedern. Er wird sich dabei auf eine relativ lange Zeit einstellen müssen.

Die Fähigkeit geistig behinderter Kinder, durch Anleitung und Übung besseres soziales Verhalten zu erlernen, ist nach den Berichten von *Williams u. a. (1966)* und *Gunzburg (1974)* beachtlich groß. *Schamberger (1978)* konnte feststellen, daß Down-Kinder im Sozialalter die höchsten Testwerte erzielten. *Nihira (1976)* konnte nachweisen, daß die Entwicklungsfähigkeit der sozialen Kompetenz bei allen Schweregraden der geistigen Behinderung besonders groß ist.

Menschliche Genese vollzieht sich zugleich als Ko-Ontogenese. Durch die soziale Koppelung *(Maturana und Varela 1987)* werden im einzelnen menschlichen System strukturelle Veränderungen ausgelöst und zwar im Sinne einer Verbesserung der Handlungsstruktur im sozialen Feld, also eines ständigen Werdens. Dabei ist es wichtig zu beachten, daß die Interaktion mit der Umwelt ihre Effekte nicht vorschreibt, daß also das eigene Reagieren nicht das direkte Resultat von sozialen Einwirkungen ist, sondern daß jeweils das eigene System auf Grund seiner gewordenen Struktur selbst auswählt, zu welchen Veränderungen es in ihm kommt, d. h. wie es reagiert und agiert, wie es sein Verhalten koordiniert *(a.a.O. 106)*. Es ist also nicht entscheidend, was interaktional (von außen) vermittelt wird, sondern was und wie es wahrgenommen wird und was dieses Wahrgenommene im eigenen System auslöst und umsetzt. Der Mensch sieht und hört, was er sieht und hört, nicht also einfach das, was vom anderen als Information "abgesendet" wird. Es gibt keine interaktionale Rohrpost!

Wichtige frühe Anpassungsleistungen als strukturelle soziale Koppelungen kommen über den Prozeß der *Nachahmung* zustande. Diese ist nun nicht so zu verstehen, daß das von außen her gezeigte Verhalten reproduziert wird, sondern daß vielmehr das reproduziert wird, was für den eigenen Organismus von Interesse ist bzw. Bedeutung hat. Die Nachahmung unterstützt das Lernen. Für die Sprachentwicklung ist sie zwingend notwendig *(Dmitriev 1987, 212f.)*. Nachahmung vollzieht sich an sich während des ganzen Lebens, hat aber während der frühen Kindheit besondere Bedeutung als Voraussetzung für das Erlernen wichtiger Fertigkeiten, so der Aufmerksamkeit, der Bewußtheit, der Beobachtung oder der Zuwendung zu anderen.

Es ist irrig anzunehmen, geistig behinderte Kinder seien besonders gute Nachahmer. Sie sind vielmehr häufig nicht in der Lage, spontan zu imitieren. Ein auffälliges Imitieren wird eher bei älteren Personen mit einer geistigen Behinderung beobachtet, die in sozialer Deprivation aufwachsen mußten und zu wenig Gelegenheit hatten, aus Imitiertem durch Aktivität und Verstärkung von außen eigene Handlungsstrukturen zu entwickeln. Auf diese Weise entstand früher das Bild des sich stereotyp angeglichen verhaltenden Menschen mit einer geistigen Behinderung. Ein Beispiel, wie sehr Nachahmung vom gegebenen sozialen Kontext her abhängig ist, sind die Beobachtungen mit dem bengalischen "Wolfsmädchen", von dem *MacLean (1977,* zit. b. *Maturana, Varela, a.a.O., 141)* berichtete. Es war bei Wölfen aufgewachsen und hatte das Laufen und das Trinken nach Wolfsart gelernt und war später nie ganz in der Lage, diese erlernten wolfsartigen Verhaltensweisen abzulegen.

Welche Verhaltensweisen nachgeahmt werden, hängt einerseits von der Häufigkeit, Realität, Anschaulichkeit und dem Imponiergrad einer wahrgenommenen Verhaltensweise ab, andererseits von bestimmten individuellen Bedürfnissen. Diese aber lassen sich nicht ausschließlich im Sinne von Bedeutsamkeiten für den eigenen Lebenszusammenhang verstehen. Am extremen Beispiel der Echolalie und Echopraxie läßt sich aufzeigen, daß auch rein echoartig Verhaltensweisen wiederholt werden, bei denen ein Sinn für den Nachahmer nicht ausgemacht werden kann, es sei denn der biogene Selbstzweck des Nachahmens selber. Man hat bei solchen Kindern den Eindruck, als ob an ihnen ein zwanghafter Mechanismus abrollt, dem sie wehrlos ausgeliefert sind. Beispiel:

Ein zwölfjähriges geistig schwer behindertes, leicht spastisch gelähmtes Mädchen ahmte, während es zu einem Zielpunkt durch die Turnhalle lief, die ausgelassenen Bewegungen einer seitlich sitzenden Mitschülerin nach, obwohl diese Bewegungen sich nicht in Einklang mit der eigenen Laufbewegung bringen und das Mädchen fast stürzen ließen: rasch aufeinanderfolgendes bzw. gleichzeitiges Händeklatschen, Bücken und Strecken, Wackeln mit dem Kopf.

3.2. Kommunikation

Unter Kommunikation wollen wir "das gegenseitige Auslösen von koordinierten Verhaltensweisen unter den Mitgliedern einer sozialen Einheit" verstehen *(Maturana, Varela 1987, 210).* Dabei geht es über Zeichen, vor allem über die Sprache, um Verständigung über Bedeutungen, Erwartungen, Intentionen, Normen etc., jedoch nicht in der Weise, daß Informationen quasi über eine Röhre hinüber- und herübertransportiert würden. Jeder Kommunikationsteilhaber sagt und hört das Seine gemäß seiner eigenen Strukturdeterminiertheit. Das bedeutet, daß Kommunikation immer Mehrdeutigkeit einschließt. Durch Kommunikation wird der umfassendere Prozeß der sozialen Interaktion, das wechselseitig aufeinander bezogene Handeln von Individuen ermöglicht, in Gang gesetzt und beeinflußt. Existenz ist fundamental an Kommunikation gebunden. "Man kann nicht nicht kommunizieren", lautet das bekannte Axiom *Watzlawicks u. a. (1974)*, die den Begriff übergreifend verstehen und Kommunikation und Verhalten gleichsetzen. Kommunikation ermöglicht Teilhabe an anderen und ist auf bessere Verständigung untereinander gerichtet. Umgekehrt führt eine Verdünnung und Komplizierung der kommunikativen Verständigung, z. B. im Falle einer sozial-kognitiven Behinderung, zu psychischen Störungen und Kümmerformen des Daseins.

Das wichtigste Zeichensystem des Menschen ist seine Sprache. Der größte Teil der interpersonalen Kommunikation aber dürfte über nichtverbale Kommunikationssysteme und -mittel ablaufen. Der Mensch tritt allein schon durch das in Beziehung zum anderen, was er ist, d. h. was er darstellt, ohne sich bewußter Akte des Redens und sozialen Agierens zu bedienen.

3.2.1. Kommunikation durch Sprache

Als einziges Lebewesen besitzt der Mensch die Fähigkeit, mit Hilfe der Sprache zu kommunizieren. *Pawlow* nennt sie das "zweite Signalsystem". Es ermöglicht eine symbolische Bedeutung von Reizen. Für das menschliche Sozialverhalten spielt der sprachliche Informationsaustausch eine entscheidende Rolle. Mit eingeschlossen sind hier die begleitenden nichtverbalen Signale.

Die Fähigkeit, Sprache zu erwerben, ist in neurophysiologischen Eigenheiten der inneren Organisation des Menschen begründet. Die Sprechfähigkeit hängt von der Ausbildung der anatomischen und physiologischen Voraussetzungen des Sprechens und des Hörens, z. T. von der allgemeinen Intelligenz und von den Lernbedingungen in der Umwelt ab, z. B. von der Art und dem Ausmaß des Kontaktes mit Erwachsenen.

Sprache läßt sich als ein System von Rollen und Prinzipien verstehen, durch das die symbolischen Repräsentationen und Bedeutungen von Dingen, Beziehungen, Ereignissen etc. in Beziehung gebracht werden. Das System der Sprache läßt sich im Anschluß an *Carroll (1967)* in vier linguistischen Teilsystemen beschreiben. Es sind dies:

- das Phonologische, bei dem es um die Spezifizierung von Phonemen (Lauten) in Verbindung mit Wörtern oder Zeichen geht (r und l),
- das Morphologische, das sich auf die Verwendung von Wörtern und andere basale Bedeutungsformen bezieht sowie auf die Art und Weise, wie diese in einem bestimmten Kontext modifiziert werden ("Ball"),
- das Syntaktische, bei dem es um die Spezifizierung der Sprachmuster (Grammatik, Satzbau), geht ("Der Ball rollt") und
- das Semantische, das sich auf die jeweilige Bedeutung der Zeichen (der Sprache) in einem bestimmten Kontext bezieht.

Auf Grund verschiedener Untersuchungen an geistig behinderten Kindern und Jugendlichen wissen wir, daß sie praktisch alle in einem oder in mehreren der genannten Bereiche z. T. erhebliche Störungen und Abweichungen aufweisen *(Atzesberger [3]1975, Fawcus, Fawcus 1974, Wilken 1985)*.

Die *Sprache* weist in der Regel auffällige Schwächen auf. In der Untersuchung von *Atzesberger (1967)* fand sich unter 31 Kindern nicht ein einziges, dessen Artikulation unauffällig gewesen wäre. Bemerkenswert hoch lag auch die Zahl der Stotterer; sie machte 26% aus. Das Ausmaß von Sprachstörungen bei Kindern mit dem Down-Syndrom untersuchte u. a. *E. Wilken (1985).*

Unter den 20 Kindern, die der Verfasser beobachtete, waren nur drei, die lediglich leichte Beeinträchtigungen in der Satzbildung aufwiesen. Die übrigen zeigten ausnahmslos – zum Teil schweres – Stammeln, und ein Schüler stotterte. Nach der Erhebung von *Sondersorge (1967)* waren 78% in irgendeiner Weise sprachgestört. Unter ihnen befanden sich auch solche, die sich einer kaum verständlichen "Eigensprache" bedienten. Sie machten 40% aller untersuchten Kinder aus.

Sämtliche Sprachstörungen, die es gibt, finden sich auch bei geistiger Behinderung. Ihre außerordentliche Häufung ist einerseits auf die vorliegende Intelligenzschwäche und andererseits auf die große Zahl von Hirnschädigungen zurückzuführen, die auch unmittelbare Sprachschädigungen auslösen. Relativ häufig werden auch periphere sprechorganische Behinderungen beobachtet.

Die Tatsache des *Stotterns* gibt auch einen Hinweis auf das Wirksamwerden neurotisierender Einflüsse. Es setzt sich immer stärker die Auffassung durch, daß das Stottern bei geistiger Behinderung nicht einseitig als organische Störung anzusehen ist, nachdem festgestellt werden konnte, unter welch schwierigen Kontaktbedingungen geistig behinderte Kinder aufwachsen *(Atzesberger 1967).*

Ein Beispiel mag die Wahrscheinlichkeit neurotischer Bedingtheit des Stotterns verdeutlichen. Es handelt sich um einen achtjährigen geistig behinderten Knaben, der sporadisch und mit unterschiedlicher Intensität stotterte. Im Bericht einer Erziehungsberatungsstelle ist von starken Hemmungen des Gefühlsausdrucks und inneren Spannungen die Rede. Die gefühlsmäßige Hinwendung zur Umwelt wurde in der frühen Kindheit wahrscheinlich einem starren Reglement unterworfen. Die übermäßig besorgte Mutter läßt dem Kind kaum eigenen Spielraum und unterwirft es unablässig ihren Anweisungen, wobei sie sehr heftig werden kann. Vom Vater berichtet sie, daß er ein Grobian sei und das Kind häufig schlage. Auffallend ist nun das unterschiedliche Stottern. Nach Aussage der Mutter, die einmal wöchentlich auch dem Unterricht beiwohnt, stottert das Kind daheim mehr als in der Schule. In der Schule selbst gibt es Tage und Situationen, wo das Kind gar nicht oder nur wenig stottert. Es wirkt dann stets entspannter, oft sogar lustig. An einem solchen Tage berichtet die Mutter einmal, der Bub habe, da er sonst so schlecht schlafe, heute bei ihr im Bett gelegen und gut geschlafen. Bei einer solch eindeutigen Abhängigkeit des Verhaltens von belastenden Umwelteinwirkungen dürfte eine Neurotisierung nicht ausgeschlossen werden können (vgl. *Lempp 1964*).

Eine Anmerkung sei hier in bezug auf das sprachlich-kommunikative Verhalten von *Down-Kindern* angebracht. Sie weisen bekanntlich in ihrem Entwicklungsprofil eine besonders auffallende Retardierung im sprachlichen Bereich auf. *Fawcus, Fawcus (1974, 594)* referieren eine Untersuchung von *Schlanger* und *Gottsleben (1957),* in deren Population geistig retardierter Heimbewohner die Gruppe der Down-Geschädigten die höchsten Quoten an Sprachstörungen aufwiesen: 95% Artikulationsstörungen, 72% Stimmstörungen und 45%

Stottern. In einer anderen Untersuchung *(Lyle 1960)* konnte nachgewiesen werden, daß Down-Kinder, die in Anstalten aufwachsen, für sprachliche Verzögerungen besonders anfällig sind. Diese Feststellung ist allerdings nicht unbezweifelbar *(Carr, 1978, 26)*. *Carr* konnte andererseits in ihrer Längsschnittuntersuchung an Down-Kindern, die zu Hause aufwuchsen, nachweisen, daß deren "motorische" Entwicklung im Profil der "mentalen" Entwicklung am besten ausgebildet war. Bekanntlich imponieren Down-Kinder immer wieder mit ihrer relativ differenzierten Gestik. Ihre Kommunikationsleistungen sind in auditiv-vokaler Hinsicht dürftig, dagegen relativ besser auf dem visuell-motorischen Kommunikationskanal. Im ganzen gesehen verläuft ihre Sprachentwicklung deutlich verlangsamt im Vergleich zu anderen Entwicklungsbereichen. Wieweit eine planmäßige frühe Sprachförderung bei den an sich kommunikationsfreudigen Down-Kindern eine Steigerung der sprachlichen Leistungen bewirken kann, zeigen Erfahrungen in der Frühförderung (vgl. *Dmitriev 1987*).

Die Wissenschaft und die sonderpädagogische Praxis hatten sich lange Zeit im wesentlichen mit dem Sprechen und den Sprechanomalien geistig behinderter Menschen befaßt. Erst in den letzten Jahren ist der kommunikative Aspekt der Sprache in den Vordergrund getreten.

Bedingungen für das Funktionieren der sprachlichen Kommunikation sind nach *Eisenson (1966,* b. *Mittler 1974, 528):*

- die Fähigkeit, Reize aufzunehmen, und zwar jeweils in der Abfolgeordnung, in der sie auftreten,
- einen Abfolgeeindruck der Information so zu behalten, daß seine Komponenten in ein Muster integriert werden können,
- das Muster von innen rasch zu überblicken, um die Daten zu kategorisieren, und sie mit bereits vorhandenen zu vergleichen und – differenziert auf den aufgenommenen Eindruck einzugehen.

Man ist einigermaßen beeindruckt, wenn man gewahr wird, welch differenzierte Leistungen unser Nervensystem wie selbstverständlich in unübersehbarer Zahl ständig vollbringt. Es wird aber auch gleichzeitig deutlich, wie vielfältig die Probleme sind, die geistig behinderte Menschen bei der adäquaten Aufnahme und Verarbeitung einer Information haben können. Diese beginnen bereits damit, daß es an der nötigen Aufmerksamkeit fehlt, um kommunikative Reize und ihre jeweilige Anordnung genau auszumachen. Hinzu kommen Perzeptionsstörungen hinsichtlich auditiver ebenso wie visueller Eindrücke.

Es ist schwierig, die verschiedenen Defizite, die in großer Zahl die Aufnahme von sprachlicher Information erschweren, im einzelnen zu unterscheiden; dazu reicht das gegenwärtig zur Verfügung stehende diagnostische Instrumentarium nicht immer aus *(Mittler 1974, 528)*. Oft wird bei geistig behinderten Kindern ein Seh- oder ein Hörschaden oder eine hirnorganisch bedingte Perzeptionsstörung übersehen.

In *kognitiver* Hinsicht sind die für eine kompetente sprachliche Kommunikation entscheidenden *Diskriminationsleistungen* zu sehen. Das Kind muß (im Anschluß an *Premack 1976,* b. *Haring und Schiefelbusch 1976, 271*) vier wichtige Unterscheidungen erlernen und vornehmen können:

- Erfassen, daß ein Symbol (Wort) überhaupt für ein bestimmtes Objekt steht bzw. dieses repräsentiert, z. B. einen Gegenstand oder eine Handlung;
- Unterscheiden zwischen verschiedenen Gegebenheiten in der jeweiligen Umwelt, die von einander abgehoben und durch das eigene Sprachsystem identifiziert und kategorisiert werden, zwischen Dingen und Vorgängen, zwischen Akteuren und Empfängern;
- Unterscheiden zwischen verschiedenen Sprachsymbolen; gemeint ist z. B. die feine Unterscheidung ähnlich klingender Symbole, wie "Stift" oder "Schiff", aber auch ein grober Unterschied, wie zwischen "Kuh" und "Scheren",
- Unterschiede ausmachen zwischen verschiedenen Abfolgen von Symbolen, also in der Wortfolge im Satz; es ist schließlich nicht gleichgültig, ob ich sage "Die Tür ist zu" oder "Ist die Tür zu", bzw. "Hans führt Mariechen" oder "Mariechen führt Hans".

Es ist einleuchtend, wie leicht Menschen mit einer geistigen Behinderung bei diesen differenzierten Diskriminationserfordernissen Schwierigkeiten bekommen und in Verwirrung geraten können, vor allem wenn ihre Umwelt zu komplex, zu unübersichtlich und allzu veränderlich ist. Ihr Kommunikationsverhalten wird deshalb im allgemeinen dürftig, sie können nicht effektiv handeln, wenn sie sprechen oder verstehen sollen. Die Folge können sekundäre sprachliche Retardierungen einerseits und Kommunikationsstörungen andererseits sein, die sich in Ängstlichkeit, Scheu, Motivationsschwäche, Aggressivität und Isolierungsbedürfnissen äußern können.

Schließlich sind dem Kind sprachliche *Generalisationsleistungen* abverlangt: Es muß den Transfer erlernen, daß alle verschiedenen Katzen eben doch Katzen sind, daß hochdeutsche und mundartliche Formen wie z. B. "spielen" und "spuin" (bayerisch) das gleiche bedeuten. Gleichzeitig muß es falsche Generalisierungen überwinden lernen: Nicht alle Männer sind "Papa", nicht alles, was Räder hat, ist "Auto", nicht jede Kopfbedeckung ist "Hut". Das Kind muß auch lernen, daß Generalisierungen nicht einfach aus oberflächlichen Merkmalen ableitbar sind: Ein Fünfmark-Stück gehört nicht zur Kategorie der "Vögel", nur weil auf einer Seite ein Adler abgebildet ist. Hier wird deutlich, daß es sich um Diskriminationsleistungen handelt.

Beim *entwicklungsmäßigen Erwerb von Sprache* sind unter kommunikativem Aspekt (im Anschluß an *Herriot 1970,* b. *Mittler 1974, 529*) folgende Komponenten wirksam bzw. bei geistig behinderten Menschen weniger ausgebildet:

1. *Die hierarchische Organisation der Sprache:* Sprache ist hierarchisch organisiert und zwar in sich und innerhalb der einzelnen Fertigkeiten. So sind einige davon Voraussetzungen für die Entwicklung und für den Gebrauch anderer, z. B. sind gewisse minimale Artikulationsfähigkeiten Voraussetzungen für syntaktische und grammatikalische Fertigkeiten. Freilich weist gerade die Entwicklung bei geistiger Behinderung mehr oder weniger deutliche indivi-

duelle Unterschiede auf. Es geht zwar im allgemeinen das Sprachverständnis dem aktiven Sprechen voraus, es kann aber auch gelegentlich umgekehrt sein. Diese Hierarchie des Sprachaufbaues ist in mehrfacher Weise pädagogisch zu beachten und zwar unter Berücksichtigung individueller Sprechanomalien.

2. *Der Rückkoppelungseffekt:* Sprache wird durch Rückkoppelung gesichert. Der Sprechende ist genötigt und muß fähig sein, sein Sprechen in Relation zu seiner Sprechabsicht zu überprüfen, um es gegebenenfalls zu modifizieren. Selbst ein normalintelligenter Mensch, der plötzlich ertaubt, kommt in Schwierigkeiten, weil er sich selbst nicht mehr hört, d. h. nicht mehr rückkoppeln kann. Der geistig behinderte Mensch erlebt u.U., daß infolge seiner Artikulationsschwäche und seiner mangelnden Syntax oder seiner semantischen Schwäche seine Sprachleistung nicht seinem Gedanken und seinen kommunikativen Absichten entspricht. Er kann aber auch unfähig sein, seine Sprachleistung zu beurteilen. Andererseits muß er erfahren, daß er von anderen keine adäquate Rückkoppelung erhält. Er muß vielmehr oft Verständnislosigkeit, Uninteressiertheit, Verlegenheit oder Spott hinnehmen. Derartige Ausdrucksformen kann ein intelligenter Zuhörer geschickt oder gut gemeint gegenüber dem geistig behinderten Partner unterdrücken und um höfliches Interesse für ihn bemüht sein, um ihn nicht zu entmutigen. Wenn aber auf diese Weise die korrektive Rückkoppelung ausbleibt, so gehen den Menschen mit einer geistigen Behinderung wichtige Hinweise und Hilfen für eine bessere sprachliche Anpassung verloren. Problematisch ist in diesem Zusammenhang für jeden neuen Erzieher die Anfangsphase in einer Gruppe, in der er manche Kinder mit ihrer "Privatsprache" noch nicht verstehen kann.

3. *Die Automatisation:* Die beim normalen Spracherwerb nötige Automatisation bei der Abfolge der einzelnen Sprach- und Sprechelemente beruht auf einem raschen Erlernen dieser Sequenzen mit Hilfe des Kurzzeitgedächtnisses. Dieses aber ist beim geistig behinderten Menschen ebenso wie seine Fähigkeit, Empfangenes koordinierend zu verarbeiten, schwächer ausgebildet. Er lernt in viel langsamerem Tempo. Es bereitet ihm viel länger Mühe, die richtigen Wortfolgen sich anzueignen.

4. *Die Antizipation:* Normalerweise nimmt ein Empfänger einen Teil dessen, was der Sprechende ausdrücken will (verbal oder nichtverbal) durch kognitive Kombinationen *vorweg.* Dabei benutzt er die verschiedenen Begleiterscheinungen der Äußerung seines Gesprächspartners. Auf diese Weise ist ihm ein differenzierteres Aufnehmen möglich, gleichzeitig unterstützt dieses erkennbare Vorausverstehen die Äußerungsabsicht des Sprechenden. Hier sind geistig behinderte Menschen sicherlich sehr benachteiligt, da ihrem Partner diese Antizipation erschwert ist, und das gibt er auch zu verstehen. Nur lange erzieherische Erfahrung im unmittelbaren vertrauten Umgang macht sie möglich und damit eine bessere Kommunikation. Vor allem aber fällt die mangelnde Antizipationsfähigkeit des geistig behinderten Menschen selbst ins Gewicht. Sie ist von der Intelligenz abhängig und steht ihm deshalb für das kommunikative Verstehen nur unzulänglich zur Verfügung.

3.2.2. Allgemeine Sprachfähigkeit und aktuale Sprechfertigkeit

Die Linguistik sieht eine wesentliche Unterscheidung in den beiden Begriffen "Kompetenz" und "Performanz", die hier mit "Fähigkeit" und "Fertigkeit" verdeutlicht werden. "Kompetenz" bezieht sich auf das Wissen in sprachlicher Hinsicht, welches das Kind befähigt, Sprache zu verstehen und sich Urteile zu bilden. "Performanz" dagegen beinhaltet den aktualen Gebrauch von Sprache, der aus dem Wissen hervorgeht. Diese Unterscheidung, die insbesondere von *Chomsky (1970)* entwickelt worden ist, hat für die Sprache geistig behinderter Menschen erhebliche Bedeutung, zumal in kommunikativer Hinsicht. Was ein geistig behindertes Kind an Sprache tatsächlich besitzt, ist nicht völlig erfaßbar und kann auch nicht hinlänglich aus den Sprachäußerungen erschlossen werden. Auffallend ist für uns im wesentlichen seine mangelnde aktuale Sprechfertigkeit. Diese aber ist wiederum für die Ausbildung der Sprache als "Kompetenz" sehr wichtig.

Sucht man nach Gründen für die geringe Sprechfertigkeit, so muß man sicherlich zunächst die grundlegende intellektuelle Retardierung, die Schwäche des geistigen Repräsentationssystems in Betracht ziehen. Dieses aber steht in unauflöslicher Abhängigkeit von Lernbedingungen und Situationsvariablen. Entwicklungshemmend wirkt sich für den Menschen mit einer geistigen Behinderung die vielfach belastende Beziehung zu seinen Kommunikationspartnern aus. Gerade für ihn in seiner Unsicherheit ist der soziale Bezug, in welchem sich sein Sprechen vollziehen soll, wichtig. Umgekehrt ist es angesichts der Dürftigkeit seiner sprachlichen Äußerungen notwendig, über deren nähere Begleitumstände Bescheid zu wissen, um das Gemeinte richtig interpretieren zu können. Bekanntlich versteht ein vertrauter Erzieher seine geistig behinderten Kinder sehr viel besser, als es ein Außenstehender für möglich hält. Andererseits ist es notwendig, Anregungsbedingungen zu schaffen, die geeignet sind, bestimmte Äußerungen, Verbalisierungen in bestimmten Formen, hervorzulocken. Dazu gehören z. B. geeignete Lernmaterialien (konkrete, motivational stark ansprechende Gegenstände) und ein ansprechendes Gruppenklima.

Die Unterscheidung von *Sprachverständnis* und *Sprechvermögen* ist in der Geistigbehindertenarbeit geläufiger. So ist in den Aufnahmebedingungen unter anderem davon die Rede, daß ein Kind wenigstens über die Sprache Kontakt aufnehmen könne, also über Sprachverständnis verfügen müsse, wenn es auch nicht selbst sprechen kann. Bekanntermaßen verstehen Kinder mit einer geistigen Behinderung wesentlich mehr, als sie selbst sprechen können. Manche äußern sich überhaupt nicht. Die dafür maßgebenden Gründe sind organische, aber vermutlich auch solche der mangelnden Sprachanregung in den ersten Lebensjahren. Das Sprachverständnis ist dagegen im wesentlichen von kognitiven Komponenten abhängig. Es geht in der kindlichen Entwicklung dem Sprechenkönnen voraus und beruht – das wird oft weniger beachtet – mehr oder weniger stark auf nonverbalen, also mimischen und gestischen Bedeutungsstützen.

Pädagogisch bedeutsam ist die Tatsache, daß in der Regel das Sprach*verständnis* größer ist als das Sprech*vermögen*. Es gibt geistig behinderte Kinder, die kein Wort verständlich sprechen können, aber durchaus in der Lage sind, verbale Äußerungen zu verstehen. Vielfach ist auch in Folge der dürftigen Kontakte mit Altersgenossen die Kontaktscheu so groß, daß sie die Sprechbereitschaft geradezu erstickt. Es ist daher wenig sinnvoll, wenn fremde Personen durch Aufnahmeuntersuchungen oder kurze Beobachtungen feststellen wollen, was ein Kind sprechen kann.

Es ist für den Außenstehenden oft überraschend, wieviel ein geistig behindertes Kind, auch ein schwerbehindertes, "versteht". Dies ist allerdings kein Grund, die Schwierigkeiten des Sprachverständnisses dieser Kinder gering einzuschätzen. Vorsichtig sollte man mit Aussagen wie: "Es versteht alles, was man sagt", umgehen. Es ist vielmehr zu beachten, daß das Verstehen u. a. vom Gebrauch zahlreicher nichtverbaler, situativer Signale mitabhängig ist, und daß deshalb das Verstehen in gewohnter Umgebung, beim gewohnten Erzieher, besser gelingt, als wenn etwa eine fremde Person das gleiche sagte.

Nach *Friedlander (1970,* b. *Mittler, 535)* ist grundsätzlich festzustellen, daß es schwieriger ist, Gesprochenes zu verstehen, als Sprachliches zu formulieren und zwar insofern, als das Verstehen eines anderen *rekonstruktiv* erfolgt und den Hörenden zwingt, sich an das Sprechen des anderen anzupassen, es genau zu beachten. Der Sprechende dagegen ist in seinen Möglichkeiten offener und freier. Er kann u. U. drauflosreden, ohne sich um das Verstehen durch den anderen zu kümmern. Die Benachteiligung des geistig behinderten Kindes liegt auch darin, daß es vielfach nicht über die nötigen Verhaltensweisen verfügt, um dem Sprechenden anzuzeigen, daß es etwas nicht verstanden hat. Das normale Kind erlernt üblicherweise solche Gewohnheiten mehr oder weniger von selber, vor allem dann, wenn es sie nicht häufig benutzen muß, weil es sich sonst dem Verdacht aussetzt, "schwer von Begriff zu sein". Geistig behinderte Kinder dagegen, die vom sogenannten Nebenbei-Lernen (incidental learning) wenig profitieren können, müßten durch systematische Anleitung solche Fertigkeiten erst erlernen und dazu ermutigt werden, sie auch zu benützen. Freilich sollten auch sie diese nicht zu häufig gebrauchen müssen, z. B. aus dem Grund, weil sie immer wieder neuen Situationen ausgesetzt werden. Auch sie können es leid werden, immer wieder die Rolle des Nichtverstehenden zu spielen.

Es wurde bereits ausgeführt, daß das Sprachverständnis durch verschiedene nichtverbale Bedeutungsstützen erleichtert wird. Es ist für geistig behinderte Kinder schwieriger, Gesprochenes ohne situativen Kontext zu verstehen, etwa die reine Sprechstimme vom Tonband her. Eine kommunikativ orientierte Sprachbildung wird deshalb darauf Wert legen, daß das Kind mit einer ausreichenden Zahl nichtverbaler Bedeutungsstützen (bestimmten Gesten, Zäsuren, Augenkontakt und anderen redundanten Begleitinformationen) vertraut gemacht wird. Ähnlich wie bei den gehörlosen Kindern sollte die sprachliche Kommunikation soweit als nötig auch durch Gebärden unterstützt werden. Die

Verwendung von Lautmerkzeichen beim Sprechen- und Lesenlernen ist durchaus sinnvoll (*Minski, Shepperd 1970, 95,* vgl. auch Kap. 6.3.9.).

3.2.3. Nonverbale Kommunikation

Der größte Teil unseres kommunikativen Verhaltens verläuft nichtverbal. Nach einer Untersuchung von *Mehrebian (1968,* b. *Heinemann 1976, 39)* wurden innerhalb eines Kommunikationsabschnittes insgesamt 7 % der beobachteten Mitteilungen verbal, 38 % vokal und 55 % durch den Gesichtsausdruck übermittelt. Auch im Bereich der Erziehung spielt sich viel mehr Kommunikation nonverbal ab, als man oft meint. Die Kommunikationswissenschaft unterscheidet sechs verschiedene Kommunikationskanäle,

- den auditiven
- den visuellen,
- den taktilen,
- den olfaktorischen (Geruchssinn) und
- den thermalen.

Wir wollen auf die ersten drei näher eingehen, da sie für unsere Überlegungen im Vordergrund stehen (vgl. *Heinemann 1976*).

Mit dem *auditiven* Kanal wird in erster Linie die gesprochene Sprache wahrgenommen. In nonverbaler Hinsicht sind für uns die *Stimmqualität* und Sprechweise wichtig. Es handelt sich um Qualitäten, die bestimmten Persönlichkeitsmerkmalen zugeordnet werden können. Das Kind, auch das geistig behinderte, ist in der Lage, aus der lauten, durchdringenden, schrillen Stimme auf persönliche Dominanz oder aus der warmen, weichen Stimme auf Freundlichkeit des Lehrers zu schließen. Ebenso werden durch die Sprechweise (die Varianz der Stimmhöhe, der Geschwindigkeit und der Kontinuität) Emotionen ausgedrückt, so etwa Unsicherheit, Angst und andere Emotionen und Stimmungen; aber auch Einstellungen wie Zuneigung oder Ablehnung, Hohn und Spott, können mitklingen, vielfach unentdeckt vom Sprecher.

Der *visuelle* Kommunikationskanal wird eigentlich permanent benutzt. Er läßt sich im Anschluß an *Argyle (1972)* in fünf Bereiche aufgliedern:

- Gesichtsausdruck (Mimik), durch welchen Einstellungen ausgedrückt, Kommentare, Illustrationen und Modifikationen des Gesprochenen mitgeliefert werden, und der eine kontinuierliche Rückkoppelung für den Gesprächspartner ermöglicht;
- Der Blickaustausch, der einen spezifischen Bezug zur Intimität, Intensität und Affektivität der Beziehungen hat;
- Gestik und Körperbewegung, vor allem Hand- und Kopfbewegungen, die das Gesprochene kommentieren wie auch Affektzustände ausdrücken können;
- interpersonale (räumliche) Distanz und
- äußere Erscheinung (Körperformen, Kosmetik, Haar etc.) *(Heinemann 1976, 45ff.).*

Im *taktilen* Kommunikationskanal werden Körperberührungen wahrgenommen. Ihre besondere Bedeutung ist u. a. in der kompensatorischen Unterweisung gehörloser und blinder Kinder bekannt. Es lassen sich im Anschluß an *Argyle (1972, 91f.)* unterscheiden:

- Berühren als Ritual, z. B. beim Begrüßen,
- Streicheln, Liebkosen oder Festhalten als Ausdruck von Emotionen,
- Schlagen, Zwicken, Kneifen oder Beißen als aggressive Akte,
- umfangendes Festhalten, etwa als Ausdruck von Angst oder von Zuneigungsbedürfnissen,
- motorisch unterstützendes Berühren, z. B. das Mitführen der Hand beim Schreiben.

Man könnte auch das Berühren als Aufmerksammachen hinzufügen.

Ganz allgemein läßt sich sagen, daß die nichtverbale Kommunikation eine besondere Bedeutung für den emotionalen Bereich der Sozialisation hat. Sie vollzieht sich weithin unbewußt und vermittelt vornehmlich die Gefühlsqualitäten der interpersonalen Beziehungen. Ihre Bedeutung für die Erziehung ist evident. Sie wird spürbar z. B., wenn ein Erzieher – wie es heißt – "rasch Kontakt mit den Kindern bekommt" oder, ohne viel zu reden, eine Gruppe pädagogisch angemessen steuern und beleben kann, während andere sich vergeblich abmühen, die Reserviertheit, Unbeteiligtheit oder Ablehnung ihrer Kinder zu überwinden. Da der Erzieher im einzelnen seine nichtverbalen Kommunikationsweisen nur ungenügend selbst kennt, wäre es für ihn zu empfehlen, sich gelegentlich über Video-Recorder zu beobachten und zu kontrollieren. Auch das Team-Teaching kann hier gute Dienste leisten. Andererseits braucht auch das geistig behinderte Kind Hilfen, um das nichtverbale Verhalten anderer adäquat zu interpretieren, z. B. über Bilder oder Rollenspiele. Die Bedeutung der nonverbalen Kommunikation für die Erziehung bei geistiger Behinderung hat u. a. *Wohlfahrt* aufgezeigt *(1985)*. (Siehe auch Kap. 6.3.9.).

3.2.4. Autistische Kommunikationssperren

Die wohl augenfälligste Kommunikationsstörung bei geistiger Behinderung ist das Autismus-Syndrom. Autistische Kinder gelten als "noncommunicating children" *(Minski* und *Shepperd, 1970)*, Kinder, die keinen oder keinen adäquaten Zugang zur Realität finden und an Kommunikation mit anderen, selbst mit ihren Eltern, nicht interessiert bzw. blockiert erscheinen. Sie sind nicht bereit oder in der Lage, Sprache als Kommunikationsmittel zu verwenden, selbst wenn sie sprechen können. Sie fallen vielmehr dadurch auf, daß sie ihr Sprechen ziellos, nichtkommunikativ verwenden, so etwa mit einzelnen Wörtern oder Sätzen sinnlos manipulieren (sprachliche Stereotypien, Echolalien). Typisch ist u. a. das deutlich zu beobachtende Vermeiden des Blickkontaktes. Autistische Kinder haben Schwierigkeiten, bei der minimalen Verwendung von Sprache die richtige Reihenfolge einzuhalten, und die verschiedenen Bedeutungsgehalte einzelner Wörter zu unterscheiden, so daß es häufig zu Verwechslungen kommt, z. B. von "Schuh" und "Bürste", zwei semantisch benachbarten Bezeichnungen. *Innerhofer* und *Klicpera (1988)* sehen in der gestörten Sprache des autistischen Kindes eines sekundäre Folge seiner gestörten Vorstellungswelt und sprechen deshalb von einer "akontextualen Sprache" (76).

Auch im Sprachverständnis sind Probleme zu beobachten, die bereits damit beginnen, daß diese Kinder kaum Aufmerksamkeit für Gesprochenes zeigen, dieses ignorieren, selbst ihren Namen. Sie scheinen Sprache nicht als Vehikel von Bedeutung zu erkennen *(L. Wing 1973, 24),* reagieren auch auf Warnungen und Schelten nicht. Ihre kommunikativen Störungen beziehen sich auch auf das adäquate Verstehen von nonverbalen Äußerungen, so etwa von Gesten und Körperbewegungen. Selbst der traurige Gesichtsausdruck der Mutter "läßt sie kalt". Nach *Innerhofer* und *Klicpera (a.a.O., 104)* handelt es sich um einen Kontextmangel. Sie haben "kein Bild vom Anderen" *(Wendeler 1984).*

Dem Autismus, der nicht immer mit einer geistigen Behinderung einhergehen muß, wird vielfach eine elementare endogene komplexe Wahrnehmungsstörung zugrunde gelegt *(Weber 1970).* Diese Kinder seien deshalb in ihrer Kommunikation blockiert, weil sie ihren Kommunikationspartner als solchen gar nicht entsprechend wahrnehmen können. Bezeichnenderweise steigern sich ihre Schwierigkeiten, wenn sich ihre Umgebung ändert, oder wenn diese zu komplex und damit für die sensorische Aufnahme und Verarbeitung zu kompliziert wird. Umfassender und treffender erscheint uns die Erklärung von *Innerhofer* und *Klicpera (a.a.O.),* wonach der Autismus auf eine Störung der Vorstellung zurückgeht. Es entstehe dadurch ein zusammenhangloses Denken.

Es wird pädagogisch u. a. darauf ankommen, daß die Umwelt dieser Kinder relativ übersichtlich, vertraut und strukturiert gestaltet wird einschließlich der Förderungsprogramme, daß situative Komplikationen vermieden werden, daß sie möglichst frühzeitig zum Sprechen ermutigt werden und auch mit anderen Kindern – die nicht autistisch sind – in motivierenden Kontakt treten können. Die Prognose für die spätere Entwicklung ist um so günstiger, je mehr das Kind in den ersten vier bis fünf Jahren zu sprechen gelernt hat (bzgl. schulischer Förderungsprogramme vgl. *Feuser 1979*).

Wie breit der Zusammenhang zwischen Autismus und geistiger Behinderung einzuschätzen ist, geht aus folgender Aufstellung (nach *DeMyer u. a. 1974,* zit. b. *Innerhofer, Klicpera 1988, 41*) hervor. Danach verteilt sich die testmäßig erfaßte Intelligenz bei autistischen Kindern wie folgt:

IQ	>86	85-68	67-52	51-36	35-20	<20
	2,8 %	3,5 %	20 %	26,1 %	40 %	7,8 %

3.2.5. Erziehung und Kommunikation

Das Verhältnis von Erziehung und Kommunikation ist einerseits so zu sehen, daß Erziehung einen kommunikativen Prozeß darstellt; andererseits hat Erziehung die Aufgabe, kommunikative Fähigkeiten zu vermitteln. Die erzieherische Arbeit wird demnach dann erfolgreich sein, wenn sie sich an den Gesetzmäßigkeiten kommunikativer Prozesse orientiert und wenn sie zu einer höchstmöglichen kommunikativen Verständigung führt. Dabei geht es um die Bereicherung des gemeinsamen Besitzes und Verfügenkönnens von Zeichen für Begriffe und identische Bedeutungen und damit um die Erschließung von Sinnverständnis für die gemeinsame Realität mit ihren Gegenständen, Beziehungen, Ereignissen, Problemen, Normen und Werten.

Der Mensch mit einer geistigen Behinderung befindet sich in einer spezifischen Angewiesenheit auf kommunikative Hilfe und Stütze. Er hat Schwierigkeiten, das zu verstehen, was ihn umgibt, und zwar vielfach deshalb, weil wir Nicht-Geistigbehinderten Schwierigkeiten haben, ihn zu verstehen. Weil er der schwächere Kommunikationspartner ist, liegt seine existentielle Gefährdung darin, daß er sich entweder aus jeglichem Kontakt zurückzieht, in einen kommunikativen Negativismus verfällt, dessen äußersten Ausdruck man in der Autoaggression sehen könnte, oder daß er in seinen Verhaltensproblemen in einer Mischung von Angst, Unruhe und Aggression verhaftet bleibt; in Verkennung dieser Prozesse ist dann allzu leicht die Rede davon, geistig behinderte Menschen seien nicht kommunikationsfähig.

Erziehung als Kommunikationsprozeß bedeutet beim geistig behinderten Menschen im besonderen auch, daß alles, was um ihn und mit ihm durch andere geschieht, in seiner interaktionalen Wertigkeit gesehen wird. Es ist nicht gleichgültig, ob mit ihm und was über ihn gesprochen wird, ob und wie man sich ihm zuwendet, ob und wie man sich daran macht, ihn zu verstehen, ob man meint, ihn lediglich als unbelehrbares und lernunfähiges Objekt versorgen und manipulieren zu können, oder ob er als Interaktionspartner trotz aller Kommunikationsschwierigkeiten ernst genommen und geachtet wird, und in welchem emotionalen Klima sich die gegenseitige Annäherung, Teilhabe und Wertung abspielen.

Er kann die Äußerungen anderer über Sachen und innere Vorgänge nur so weit entschlüsseln und erkennen, als ihm die dahinterstehenden Inhalte durch Erfahrung bekannt sind. Je gegliederter und differenzierter die eigene Erfahrung ist, um so klarer und reicher wird die Verständigung mit anderen. Anleitung und Hilfe zu geben bei der Gestaltgliederung des eigenen Erlebens, und damit die Begriffsbildung zu fördern, stellt sich so gesehen als eine zentrale Aufgabe der Erziehung neben der gleichzeitig erforderlichen Sprachbildung in operationaler Hinsicht. Ihre Bedeutung liegt u. a. darin, daß "der Mensch mit der Verfügbarkeit des Wortes im Ansprechen der Welt und ihrer Erscheinungen in gewissem Sinne die Verfügungsmacht über die Dinge erhält, sie in den Griff bekommt" *(Lersch 1965, 58)*.

Der Erziehung obliegt es weiterhin, für gleiche Bedeutsamkeiten und Wertigkeiten semantischer Äußerungen und Zeichen zu sorgen. Infolge der ungeheuren Differenziertheit, Nuanciertheit und Vieldeutigkeit der Äußerungsformen unseres hochkultivierten Lebens besteht für den in weniger differenzierten Strukturen denkenden Menschen mit einer geistigen Behinderung die Gefahr des Mißverstehens und des Nicht-Verstehens. Er muß die Zuordnung von Zeichen und Bedeutungsinhalt je und je durch Anleitung erlernen. Das gemeinsame Bezugssystem für die sprachliche Verständigung läßt sich nur auf dem Boden des gemeinsamen Erfahrungszusammenhanges gewinnen. Die Verständigung gelingt demnach am besten innerhalb des gewohnten, vertrauten Lebensbereiches. Das trifft insbesondere für die Primärgruppe der Familie zu, aber auch für die Schulklasse oder die Arbeitsplatzgruppe. Das jeweils nötige Umlernen und Dazulernen von Zeichen und dazugehörigen Bedeutungsinhalten erfordert viel Mühe und konkret bezogene Anleitung, da der adäquaten Verarbeitung von Lernangeboten Grenzen gesetzt sind.

Unüberwindbar wird die Verständnislosigkeit, wenn die Äußerungen des anderen Erfahrungsinhalte meinen, die dem eigenen Erleben stets unzugänglich sind und bleiben werden, weil er sich in die Andersartigkeit des Erlebens anderer Personen nicht einfühlen kann. Dazu müßte er sich von den gewohnten eigenen Erlebnismustern ablösen können, müßte er über die Fähigkeit verfügen, "sich auch in andere Erlebnisse als die im eigenen Erleben schon realisierten einzufühlen" *(Lersch, ibid., 70).*

Während das Erlernen des Verstehens semantischer Äußerungen im wesentlichen rationales Vermögen erfordert, verläuft das Verstehen spontanen Ausdrucksverhaltens weitgehend subrational. Zustände der Freude oder der Traurigkeit, die sich in körperlichen Phänomenen äußern, sind unmittelbar, d. h. "von Natur aus", verständlich. Sie werden nicht eigentlich erkannt oder erschlossen, sondern gemerkt, gespürt, gefühlt. So kommt es, daß das Kleinkind wie auch das geistig behinderte Kind, ohne daß sie über die Wortbedeutungen der Sprache verfügen, bestimmte Ausdrucksformen der Erwachsenen adäquat beantworten können. Als Beispiel sei ein taubblindes hydrocephales Mädchen genannt, das auf das zärtliche Streicheln seiner Betreuerin deutlich erkennbar freundlich reagiert.

Das Ausdrucksverhalten bei geistiger Behinderung wiederum gibt vielfach Anlaß zu Fehldeutungen durch den Nichtbehinderten. Einerseits ist es beiden nie möglich, sich ganz in das Anderssein einzufühlen, andererseits gelingt dem geistig behinderten Partner vielfach der adäquate Ausdruck für einen bestimmten inneren Zustand nicht. Furcht oder Abneigung gegenüber einer bestimmten Person kann zu einer solchen Verwirrung führen, daß sich das Kind gerade dieser Person in die Arme wirft. Daß somatisch entstellte Gesichtszüge insbesondere bei hirngelähmten Kindern den Ausdruck verformen und das Verstehen blockieren können, sei abschließend bemerkt.

Eine umfassende monographische Untersuchung zur Kommunikation geistig behinderter Schüler unter primär didaktischem Aspekt legte *Klöpfer (1978)* vor. Im Unterschied zu den meisten Forschungsarbeiten, die jeweils Kommunikationsweisen des einzelnen geistig behinderten Kindes zum Gegenstand haben, wurde hier die Kommunikationssituation in der Gruppe (Schulklasse) beobachtet. Dabei fiel u. a. in der Unterstufe deutlich auf, wie wenig die Schüler kommunizieren, und wie gering die kommunikative Kompetenz noch für die Jugendlichen der Werkstufe einzuschätzen ist, wie sehr aber auch das Erlernen kommunikativen Verhaltens vom didaktischen Ansatz abhängig ist *(297).* Es konnte gleichzeitig auch die hohe Bedeutung nonverbaler Kommunikation für den Unterricht bei geistig behinderten Schülern bestätigt werden *(379).* Was die Art der kommunikativen Beziehungen betrifft, so ergab sich ein Vorherrschen komplementärer Beziehungen zum dominanten Lehrer auf Kosten mehr symmetrischer Kommunikationsweisen, was *Klöpfer* wohl zu Recht darauf zurückführt, daß die Kinder bei Schulbeginn noch nicht genügend Gelegenheit hatten, derart reversibles kommunikatives Verhalten zu erlernen. Die Bedeutung entsprechender Unterrichtsformen zur Ausbildung kommunikativer Kompetenz liegt auf der Hand.

3.3. Rollenverhalten und Identität

Der Prozeß der Eingliederung vollzieht sich über das soziale *"Rollenspiel"*. Welche Rolle einer spielt, hängt wesentlich ab von der Position oder dem Status, den er in einer Gruppe einnimmt, und von den Rollenerwartungen, die von den anderen an ihn gerichtet werden. Der Mensch mit geistiger Behinderung ist eindeutig in der Lage, sich rollenkonform zu verhalten, sich bestimmten Rollenerwartungen zu fügen und Rollen zu übernehmen. Wie situationsspezifisch und variabel er unter Umständen Rollen zu spielen vermag, geht etwa aus der häufig zu beobachtenden Rollenverschiedenheit hervor, bei der sich die Schulrolle deutlich unterscheiden kann von der Familienrolle. Eltern, die am Unterricht ihrer Kinder regelmäßig teilnehmen, berichten immer wieder ganz überrascht, wie anders sich ihr Kind in der Schule verhalte.

Wir können hierin einen Beleg für die "Ich-Identität" *(E. Erikson)* sehen. Sie ist klar zu beobachten. Ohne jeden Zweifel vermag sich der Mensch mit einer geistigen Behinderung abzuheben von dem Geschehen und den Einflüssen um ihn herum. Daß sein Verhalten quasi mechanisch sozialisierbar erscheint, sollte nicht zu dem voreiligen Schluß verleiten, er vermöge nicht seine Rolle und den von den anderen ihm zudiktierten Status als solchen, d. h. in Abgehobenheit von seinem Ich, zu erleben (vgl. *Miessler u. a. 1984*). Was wissen wir schon von dem, was im Innern dieser Menschen eigentlich vor sich geht! Wir können jedenfalls immer wieder auch eine gewisse Resistenz gegenüber bestimmten Rollenerwartungen beobachten, und vermuten können wir, daß die ebenfalls zu beobachtende Schwäche der "sozialen Resistenz", seine "Ich-Schwäche", im Grunde – oder auch – eine Machtlosigkeit des Ichs darstellt und Ausdruck der Wehrlosigkeit und des Ausgeliefertseins ist.

Die bei geistig behinderten Menschen eindeutig zu beobachtenden, sogar schweren *neurotischen Symptome (Lempp 1964)* könnten nicht anders erklärt werden als durch die Annahme eines – sicherlich mehr oder weniger diffus – wirkenden Ichs. Nach *Dreitzel (1968)* ist die Ich-Identität die notwendige Basis jedes Rollenverhaltens. Sie leiste die "vorgängige Vermittlung zwischen Individuum und Gesellschaft, die es dem Menschen ermöglicht, sich mit seinen gesellschaftlichen Rollen zu identifizieren, … ja selbst unter ihnen zu leiden" *(124)*. Ein solches Leiden-Können an den eigenen, zu spielenden Rollen, am eigenen Dasein, kann geistig behinderten Menschen nicht abgesprochen werden. Freilich ist es oft schwer, es eindeutig nachzuweisen.

Alles Rollenverhalten wird gelernt, erfordert also ein bestimmtes Lernmilieu. Es bildet sich zunächst vor allem am Spiel des Kindes, und zwar beim geistig behinderten im besonderen ohne ein Bewußtwerden der Rollenhaftigkeit des Verhaltens. Es werden aber auch Rollen aus bewußter Furcht vor Sanktionen, vor Strafe, übernommen. Das Erlernen einer Rolle, z. B. des freundlich unauffälligen Kindes im Verkehr mit anderen, des vorsichtigen Verkehrsteilnehmers, des hilfsbereiten Mitschülers, wird von der *Konkretheit* der Rollenerwartungen wesentlich abhängen. Diese müssen gerade dem geistig behinderten Kinde so klar erkennbar sein, daß es genau weiß, was es tun darf, und was es zu lassen hat. Vage oder verschwommen dargestellte und formulierte Normen können das Kind ebenso überfordern wie ein engmaschiges Netz von Regeln. Die Rollenorientierung wird beim geistig Behinderten im besonderen beeinträchtigt durch die Enge und Einschichtigkeit seines Wahrnehmungsfeldes.

Die Entwicklung des Rollenverhaltens wird nach *Dreitzel (1968)* von der Entwicklung der *Ich-Identität* einerseits und der *Affektkontrolle* andererseits determiniert. Die *Identitätsbildung* wird fundiert durch den Vorgang der Triebregulierung, den man auch als primäre Sozialisationsphase bezeichnen kann. Auf dem Wege der Erziehung zum Triebverzicht lernt das Kind, Ego und Alter zu unterscheiden. Zusammen mit einer maßvollen Triebbefriedigung strukturiert sich allmählich ein Bedürfnisfeld, das von den Rollenerwartungen der Bezugsperson begrenzt und mitbestimmt wird. Die weitere Entwicklung führt zur Identifikation mit diesen und durch diese zur Internalisierung allgemeiner kultureller Normen und Werte *(Dreitzel, ibid., 258)*. Die auf diese Weise erworbenen Rollenidentifikationen behält der geistig behinderte Mensch i. a. sein Leben lang bei.

Als zweite Determinante des Rollenspiels nannten wir die *Affektkontrolle*. Alles Rollenverhalten hängt einerseits von einem gewissen Gehalt an Affektivität ab; das Kind muß sich von seiner Rolle angesprochen und angeregt fühlen. Andererseits bedarf es der Affektbindung. Im Sinne eines Gleichgewichts im Rollenhaushalt muß dafür gesorgt sein, daß ein ausgewogenes Verhältnis besteht zwischen normierten und affektbindenden Rollen, die als Erwartungen von der Gruppe an das Kind herangetragen werden, einerseits und person- oder affektfreimachenden Rollen, die dem Kind unmittelbare Bedürfnisbefriedigung bedeuten, andererseits. So muß beispielsweise ein Heranwachsender mit einer geistigen Behinderung auch noch mit kleinen Autos spielen dürfen. Infolge der unaufhebbaren Gebundenheit an die Identifikationspersonen wird die Affektkontrolle im wesentlichen von diesen Bezugspersonen ausgeübt werden müssen. Es besteht heute angesichts der ungeheuren Vervielfältigung und Differenzierung der sozialen Rollen und damit der gesteigerten gesellschaftlichen Anforderungen an den einzelnen die Gefahr, daß dem Menschen mit einer geistigen Behinderung zu viele und zu schwierige Rollen auferlegt werden. Wenn es Zeiten gegeben hat, in denen es kein öffentliches Problem der geistigen Behinderung gegeben hat, so hat dies sicherlich seinen Grund auch in der Tatsache, daß die damaligen Lebensbedingungen in gewisser Hinsicht, z. B. auf dem Dorfe, für diesen Personenkreis angemessener, d. h. weniger anspruchsvoll waren. Der Grad der Abweichung vom "Normalverhalten" wurde offenbar nicht als so gravierend empfunden.

4. Entwicklung der Persönlichkeit

Es liegt bisher relativ wenig gesichertes Wissen über die Besonderheiten der Persönlichkeitsentwicklung bei geistiger Behinderung vor *(Hutt, Gibby 1976, 125)*. Grundsätzlich lassen sich die allgemeinen persönlichkeitspsychologischen Einsichten auch auf den geistig behinderten Menschen anwenden, individuell aber sind spezifische Abweichungen, Erschwerungen und Eigenheiten zu beobachten. Sie ergeben sich insbesondere aus der starken Abhängigkeit und der damit gebundenen Selbstorganisation (Autonomie). Es kommt beim einzelnen zu der – wenn auch diffusen – Einsicht und Erfahrung, daß er in mancher Beziehung anders ist als die anderen: Daß er langsamer versteht und lernt, daß er mehr bemitleidet und distanziert und weniger verstärkt (belohnt) wird. Derartige Erfahrungen macht das geistig behinderte Kind u. a. schon in seiner Familie, wie aus den zahlreichen Biographien hervorgeht.

Derartige Erfahrungen des einzelnen geistig behinderten Menschen mit seiner Umwelt bestimmen das individuelle Verhalten und Erleben stärker als der intellektuelle Status. Die vorliegenden Untersuchungsergebnisse zeigen übereinstimmend, daß für die Sozialisation Persönlichkeitsfaktoren (emotionale und motivationale Faktoren) offensichtlich einen stärkeren Einfluß haben als das, was man als Intelligenz mißt (siehe *Zigler 1975, 381*). Die Sozialisationsprobleme sind demnach eher Persönlichkeitsprobleme als solche einer niedrigeren kognitiven Kapazität an sich. Dies geht u. a. aus der Tatsache hervor, daß emotionale Störungen bei geistig behinderten Personen wesentlich häufiger auftreten als bei normalen Kindern. Die geschätzten Anteile reichen, wie *Robinson, Robinson 1976* berichten, von 100 % bis 25 %. Die Isle-of-Wight-Studie *(Rutter, Tizard, Whitmore 1970)* hatte bei 30,4 % (nach dem Urteil der Eltern) bzw. bei 41,8 % (nach dem Urteil der Lehrer) der geistig retardierten Kinder psychiatrische Störungen ermittelt.

Es ist sicherlich letztlich unmöglich, soziale und kognitive Determinanzen auseinanderzuhalten. Es kann aber auch kein Zweifel bestehen, daß gerade unter pädagogischem Aspekt die Abklärung der emotionalen und motivationalen Faktoren und ihre soziale Beeinflussung von mindestens ebenso großer Bedeutung sind wie die der kognitiven Funktionen. Dies bedeutet, daß der geistig behinderte Mensch primär als ganze Person zu sehen ist (vgl. *Hutt, Gibby 1976, 126ff.* u. *Zigler 1975*), nicht aber als eine aufteilbare Summe von Einzelfunktionen, und daß beispielsweise bei jeglicher Testung einer Einzelfunktion immer die ganze Persönlichkeit mitbeteiligt ist. Einzelaussagen werden demnach erst dann psychologisch-pädagogisch relevant, wenn die Gesamtperson miteinbezogen wird. Die intellektuelle Retardierung kann daher auch nicht für das

Ganze der Persönlichkeit gelten. Es wird sonst der Teil der Persönlichkeit verstellt, der ihre menschlich wertvollen Qualitäten ausmacht. Im übrigen ist mit einer unendlichen Vielfalt von verschiedenen Persönlichkeiten zu rechnen. "*Die* Persönlichkeit des Geistigbehinderten" gibt es nicht. Selbst bei dem chromosomal einheitlichen Typus der Kinder mit dem Down-Syndrom gibt es keine psychologische Einheitlichkeit, vielmehr eine nahezu gleiche Variationsbreite wie in der Normalpopulation Gleichaltriger (vgl. *Rauh, Berry 1989/90*).

4.1. Psychodynamischer Entwicklungsansatz

Die Entwicklung der Persönlichkeit beim geistig behinderten Kind ist grundsätzlich von den gleichen bio-sozialen Faktoren abhängig wie jegliche menschliche Entwicklung. Nach *Allport (1961)* ist Persönlichkeit "die dynamische Organisation derjenigen psychophysischen Systeme im Individuum, die sein charakteristisches Verhalten und Denken bestimmen" (b. *Hutt, Gibby, a.a.O., 129*). Von maßgebendem Einfluß sind alle psycho-physischen Reifungsprozesse in Interaktion mit den gegebenen psycho-physischen Einwirkungen von außen. Die frühe Phase der ersten Lebensjahre ist dabei von besonderer Bedeutung. *Hutt* und *Gibby (1976),* die eine psychodynamische Entwicklungstheorie im Anschluß an *Freud* zugrunde legen, zeigen die außergewöhnlichen Komplikationen und Probleme auf, die ein geistig behindertes Kind erlebt, mit denen es aufgrund seiner Schädigung weitaus weniger fertig werden kann als ein nichtbehindertes Kind. Besonders die Mutter-Kind-Beziehung kann empfindlich gestört werden. Geistig behinderte Kinder brauchten eigentlich mindestens die gleiche warme Zuwendung wie andere Kinder und mehr Zeit und Hilfe, sich auf ihre soziale Umwelt und ihre Anforderungen einzustellen, seien diese auch ganz einfache Anpassungsleistungen. Andernfalls bilden sich hemmende initiale Tendenzen aus, z. B. sich wegen fortgesetzter Frustrationen zurückzuziehen und sich auf einem primitiven Entwicklungsplateau festzuklammern, Anforderungen auszuweichen, passiv zu werden, soziale Kontakte zu meiden. Dabei werden sicherlich auch ererbte Dispositionen eine allgemein mitbestimmende Rolle spielen, z. B. das individuelle Tempo oder Temperament. Entscheidend dürften in diesem interaktionalen Prozeß die Erfolge oder Mißerfolge sein, die das Kind bei der Bewältigung seiner Probleme erfährt. Generell führt der frühzeitige Ausfall von Verstärkungen zu einer Belastung des gesamten Sozialisationsprozesses.

Hutt und *Gibby (1976)* arbeiten aus ihrer psychodynamischen Sicht heraus vor allem die persönlichkeitsbestimmende Rolle der *Angst* bei geistig behinderten Kindern heraus, die sich als Folge fortgesetzter Konflikte einstellt und verfestigt. Es sei anzunehmen, daß sie im allgemeinen mehr dazu neigen, intensive Ängste zu entwickeln, wenn diese auch nicht immer deutlich erkennbar seien. Sie sind jedoch aus gewissen typischen Verhaltensweisen zu schließen, die man gerade bei diesen Kindern vorfinden kann: aus einer auffallenden Einbuße an Aufmerksamkeit und Interesse für kognitives Geschehen, aus geringem

Interesse für viele Formen der sozialen Interaktion, aus dem schwindenden Gebrauch intellektueller Fähigkeiten für abstraktes Denken und Kreativität, aus der abnehmenden Bereitschaft, verbale Mittel zur interpersonalen Kommunikation zu verwenden, aber auch aus dem häufigen Gebrauch motorischer Fertigkeiten und einer mehr passiv-oppositionellen Orientierung an der Welt *(a.a.O., 173)*.

Anders als nichtbehinderte Kinder, die sich auch aktiv (kämpfend) mit einem Konflikt auseinandersetzen können, neigen geistig behinderte Kinder mehr dazu, mit defensiven Mechanismen zu reagieren. Der Konflikt wird dadurch nicht gelöst, sondern nur gemildert. Die *Defensivität* äußert sich u. a. darin, daß Bedürfnisse (Wünsche) unterdrückt, jedenfalls nicht direkt oder der Situation angemessen zum Ausdruck gebracht werden. Wenn defensive Mechanismen gebraucht werden, so fallen sie vielfach eher primitiv und als Sofort- oder Kurzschlußreaktionen aus. Sie gleichen den Reaktionen eines wesentlich jüngeren Kindes, werden aber von den anderen nicht so toleriert, wie dies etwa bei einem normalen Kind in den ersten Lebensjahren der Fall ist. Weiterhin fällt die minimale Variabilität des Defensivverhaltens auf, seine Rigidität, die geringe Angepaßtheit an die jeweilige Situation. Derartiges Defensivverhalten erweist sich letztlich als nicht erfolgreich. Es verfestigen sich deshalb Neigungen zur Regression, zur Verneinung, zur Unterdrückung, zur Isolation, zum Rückzug von der Welt. Die Orientierung wird zunehmend von Vermeidungstendenzen bestimmt. Ein weiteres Ergebnis der eigenen Unsicherheit und der Erfahrung der Inadäquatheit des eigenen Verhaltens ist die stärkere Identifikation mit anderen. Es besteht kein Zweifel, daß geistig behinderte Menschen aus diesen Gründen, d. h. als Folge ihres Angewiesenseins auf Defensivreaktionen, stärker dazu tendieren, von außen gesteuert zu werden (outer-directed) als von inneren Werten oder eigenen Motivationen *(Hutt, Gibby, a.a.O., 185)*.

Daß sich die dominante Angst auf das *Lernen* hemmend auswirkt, liegt auf der Hand: Beobachten lassen sich eine herabgesetzte Fähigkeit zur Konzentration und zur Diskrimination in der Wahrnehmung. Weil sie außerdem wesentlich mehr Zeit und Übung brauchen, verzögert sich bereits der Beginn von Lernprozessen. Auf diese Weise wird das Kind letztlich daran gehindert, das Lernen zu erlernen. Durch den Ausfall dieser grundlegenden Erfahrungen differenziert sich das Zentralnervensystem weniger aus. Es bilden sich keine neuen *Schemata (Piaget)* oder *"funktionalen Hirnsysteme" (Leontjew)* aus, so daß auch für eine Weiterentwicklung nicht die nötige neurale Voraussetzung vorhanden ist. Das betrifft vor allem die frühe Entwicklungsphase.

Wieweit und in welcher Weise durch all diese Vermeidungs-, Mißerfolgs- und Ausfallprozesse das Selbstkonzept des einzelnen Menschen verändert und beeinträchtigt wird, ist kaum von außen her zu beurteilen. Es konnte jedenfalls allgemein ermittelt werden, daß, je niedriger der kognitive Entwicklungsstand des Kindes ist, desto geringer seine Akzeptanz durch andere und desto niedriger die Stufe seines Selbstkonzeptes ist, das sich etwa in einem niedrigeren Anspruchsniveau niederschlägt *(Hutt, Gibby, a.a.O., 222)*.

4.2. Emotionale Störungen

Geistige Behinderung ist in einigen Fällen assoziiert mit schweren emotionalen (psychiatrischen) Störungen. Wie hoch deren Häufigkeit angesetzt wird, geht u. a. aus einer Untersuchung von *Webster* (*1970,* b. *Robinson, Robinson 1976, 197*) hervor, der in einer Population von 159 Vorschulkindern 35 % als leicht gestört, 48 % als mäßig gestört und 17 % als schwer gestört bezeichnete. Unter letzteren befanden sich zur Hälfte Kinder mit Psychosen ohne neurologische Befunde *(Lingg, Theunissen 1993).*

Unter Kindheits-Schizophrenie (Psychose) wird im anglo-amerikanischen Bereich eine schwere psychische Erkrankung verstanden, die einen abnormen Realitätsverlust, d. h., eine entstellte Wirklichkeitsbegegnung *(Barker 1973)* darstellt und sich u. a. in bizarren Bewegungen, Gesten und Haltungen, in einem nichtkommunikativen Sprachgebrauch, in einer geringen oder fehlenden Unterscheidung von belebten und unbelebten Objekten und in einem negativistischen Beziehungsverhalten gegenüber Altersgenossen äußert (vgl. *Speck 1979 a*). Als psychotisches Verhalten gilt auch der frühe *infantile Autismus.* Er ist insbesondere gekennzeichnet durch eine extreme Selbstisolierung, vermutlich auf der Basis einer gestörten Vorstellungswelt (*Innerhofer* und *Klicpera 1988*), durch den Ausfall von sozialen Beziehungen, etwa zu den Eltern, durch sprachliche Auffälligkeiten vor allem in kommunikativer Hinsicht und durch krampfhaftes Beharren auf der Nichtveränderung der Umwelt. Er äußert sich auch in zwanghaften Stereotypien und Auto-Aggressionen (Selbstverletzungen) *(Feuser 1979, Klein 1979, Burkart, Krech 1985).* Eine klare Unterscheidung der verschiedenen Formen psychopathologischen Verhaltens ist nur schwer möglich. Psychotische Abweichungen werden bei institutionalisierten geistig behinderten Kindern häufiger angetroffen als bei solchen, die zu Hause aufwachsen *(Robinson, Robinson, a.a.O., 202).*

In diesem Zusammenhang stellt sich die Frage des Verhältnisses zwischen geistiger Behinderung und Psychosen, die allerdings sehr schwierig zu beantworten ist, da beide Phänomene so eng miteinander verflochten sind, daß es geradezu unmöglich ist, sie diagnostisch klar zu unterscheiden (vgl. *Speck 1979 a*). Auch die Versuche, die primäre Schädigung von einer sekundären abzuheben, sind letztlich unergiebig. *Robinson, Robinson* empfehlen deshalb, eher das Ausmaß und das Wesen sowohl des intellektuellen Defizits als auch der emotionalen Störungen näher zu bestimmen. Es erscheint sinnvoller, sich nicht mit der Entwirrung der zwei unterscheidbaren Phänomene zu befassen als vielmehr damit, daß man in Erfahrung bringt, wie es um das einzelne Kind steht, wie sich seine Genese vollzogen hat und wie ihm am besten geholfen werden kann.

Generell kann auf Grund vorliegender Untersuchungen gesagt werden, daß der frühe infantile Autismus und andere Formen psychotischer Störungen mit großer Wahrscheinlichkeit auf die gleichen Ursachen zurückzuführen sind wie die intellektuellen Defizite, die diese Störungen gewöhnlich begleiten *(Robinson, Robinson, a.a.O., 208).* So gilt als sicher, daß Hirnanomalien, die für intellektuelle Retardierung maßgeblich sind, auch für schwere psychische Störungen als Entstehungsgründe in Betracht kommen. Auch zwischen Kindheitspsychosen und organischen Faktoren konnten Zusammenhänge ermittelt werden. Als Beleg führen *Robinson, Robinson* vor allem die Befunde über Kinder mit dem *Rubella-Syndrom* an, welches extrem hohe Raten an autistischen Reaktionen aufweist. In einer Population von 243 Post-Rubella-Kindern fanden *Chess* u. *Mitarbeiter (1971)* bei annähernd 80% von ihnen neurologische und/oder verhaltensmäßige Störungen einschließlich geistiger Retardierung (b. *Robinson, Robinson, ibid.*). – Derartige neurologisch-psychiatrische Befunde können freilich nicht insgesamt die verschiedenen Formen von Persönlichkeitsstörungen erklären, wie sie in Verbindung mit geistiger Behinderung angetroffen werden. Immer wirkt auch die Entwicklungsgeschichte und soziale Umwelt eines Kindes mit. – Über psychotherapeutische Möglichkeiten als Hilfe bei emotionalen Störungen berichten *Görres, Hansen (1991).*

5. Entwicklung und Lernen

Entwicklung des Menschen vollzieht sich nicht nur als biotisch angelegter Reifungsprozeß (Maturation), sondern zugleich auch als Lernvorgang. Lernen heißt auch Erfahrungen machen. Erst durch den interaktionalen Prozeß des In-Verbindung-Tretens mit der Außenwelt, der Assimilation und Akkomodation im Sinne Piagets, bilden sich im Organismus Bilder von der Wirklichkeit und Verhaltensschemata aus, genauer gesagt, baut sich die Wirklichkeit auf. Als Lernen ließen sich also jene Akte verstehen, durch die das Individuum die Welt in sich aufbaut, und durch die es sich handelnd auf die Welt und die eigene Situation einstellt.

Die Lernpsychologie untersucht die Lernprozesse im einzelnen. Überblickt man ihre Forschungsansätze, so lassen sich insbesondere zwei unterscheiden:

- elementaristische Lerntheorien und
- komplexe Lerntheorien (vgl. *Rauh 1979*)

5.1. Elementaristische Lerntheorien

Lineare bzw. eindimensionale Ansätze hat insbesondere der Behaviorismus *(Watson, Skinner, Hebb)* entwickelt. In Anschluß an Tierversuche wurden elementare Lernprinzipien ermittelt, die im wesentlichen auf linearen Reiz-Reaktionsfolgen beruhen. So erklärt sich das klassische Konditionieren *(Pawlow)* als eine autonome Reflexkette (Fleisch-Speichelfluß beim Hund), die zur Ausbildung "bedingter Reflexe" führt, während beim "operanten" oder "instrumentellen Konditionieren" *(Thorndike, Skinner, Correll)* der Lernerfolg, die Konsequenzen einer Verhaltensweise, auch Verstärker (Belohnungen, Bestrafungen) genannt, maßgebend werden (vgl. *Gottwald, Redlin 1972*).

Elementaristische Lerntheorien sind insbesondere in der *Verhaltenstherapie* nutzbar geworden *(Kuhlen 1974)*, und diese wiederum insbesondere bei schweren Verhaltensstörungen in Verbindung mit geistiger Behinderung *(Adriaans, Duker 1975, Huber, Striebel 1978)*.

Die mit dem Begriff *"Verstärkung"* verbundenen Inhalte sind im übrigen dem Erzieher durchaus vertraut. Geht man von der Annahme einer Lernhierarchie *(Gagne 1969)* aus, so lassen sich bestimmte einfache Lernarten ausmachen, die offensichtlich und vornehmlich über klassisches und instrumentelles Konditionieren ablaufen. Jeder Lehrer weiß, daß er nur einen Teil seiner Lehrziele über Verstärkungssysteme erreichen kann. Die Begrenztheit dieses Ansatzes liegt auch in der Schwierigkeit, die notwendige Isolierung einzelner Lernziele durchzuhalten. Die generelle Komplexität jeglicher Lernsituation steht dem im Wege. Theoretisch aber ist zu fragen, ob Lernen tatsächlich nur durch äußere Einflüsse und nur durch elementenhafte Additionen im Sinne von Reiz-Reaktionsketten (linear) zustandekommt (vgl. auch den *Bericht der Bundesvereinigung Lebenshilfe 1979* über "Verhaltenstherapien im Rahmen der Gesamtförderung geistig Behinderter").

5.2. Komplexe Lerntheorien

Zu den schärfsten Kritikern jeglicher elementaristischer Lerntheorien gehören u. a. *Piaget* und *Bandura*. *Piaget* vertritt eine strukturalistische Entwicklungstheorie, nach der die Genese der Intelligenz (im weitesten Sinn) über Erfahrungen von Struktur zu neuer Struktur fortschreitet. Entwicklung als interaktionaler Lernprozeß durchläuft bestimmte Stufen, die aufeinander aufbauen. Lernen ist demnach ein Integrationsvorgang, bei dem durch tätiges Umgehen mit den Objekten sich im Kinde "Schemata" als Verhaltensmuster per Assimilation und Akkomodation ausbilden, jedoch nur so weit, als ihnen bereits vorhandene Schemata entsprechen. *Piaget* betont ausdrücklich, daß die sich vollziehenden psychischen (kognitiven) Verbindungen "keine einfachen mechanischen Assoziationen zwischen Wahrnehmungen oder Bildern und keine Stimulus-Response-Assoziationen" darstellen, sondern "Integrationen der äußeren Gegebenheiten in Strukturen, die vom Subjekt ausgebildet werden" *(1974, 4)*. Ein rein instrumentelles Antrainieren müßte demnach scheitern, wenn für die zu erwerbenden Verhaltensweisen im Kind noch keine entsprechenden Schemata vorhanden wären, z. B. im Bereich der Sprache, deren Erlernen sich bekanntlich einem verhaltensmodifikatorischen Antrainieren weithin entzieht.

Lernen als Stufenfolge beinhaltet die Bildung immer komplexerer Strukturen, wobei die symbolische Repräsentierung der Wirklichkeit durch Vorstellungen, abstrahierende Begriffe und Sprache eine zunehmende Rolle spielt.

Bandura (1979) stellt in seiner *"sozial-kognitiven Lerntheorie"* insbesondere die Funktion der Motivationen und der Kognition heraus, d. h. innerpsychischer Prozesse als *innerer* Determinanten des Lernprozesses gegenüber einem Behaviorismus, der Lernen lediglich als Resultat *äußerer* Einwirkungen (operanter Konditionierung) ansieht. Der Mensch sei keine "Lernmarionette" im Sinne eines bloßen Reiz-Reaktionslernens. "Menschen reagieren nicht einfach auf äußere Einflüsse", vielmehr werde menschliches Verhalten und Lernen erst als "ständige Wechselwirkung zwischen kognitiven Determinanten, Verhaltensdeterminanten und Umweltdeterminanten" sinnvoll erklärbar *(a.a.O., 10).* Neue Verhaltensmuster als Lernergebnisse kommen entweder durch unmittelbare Erfahrung oder durch Beobachtung, wenn nötig unterstützt durch Modellierung und Übung, zustande; Nachahmungen sind – wie im Sinne *Piagets* – erst möglich, wenn ihnen bereits vorhandene kognitive Schemata entsprechen. Der Mensch ist nicht einfach den Stimuli ausgeliefert, sondern er kann sie auch interpretieren, d.h. gedanklich verarbeiten, bevor er reagiert.

Banduras komplexer Ansatz ist insofern ein integraler, als er auch Begriffe der behavioristischen Theorien aufnimmt, z.B. den der Verstärkung. Sie erhalten freilich einen anderen Stellenwert. So wird "Bekräftigung" nicht als mechanische Reaktionsstärkung verstanden, sondern als durchaus "wirksames Mittel zur Regulierung von Verhaltensweisen und zwar von solchen, die bereits erlernt wurden *(a.a.O., 31).* Jeder Lehrer weiß, daß er mit Verstärkung allein nicht lehren kann.

Wenn auch die genannten komplexen Lerntheorien nicht für geistig behinderte Kinder expliziert geworden sind, so besteht doch aus ihrem Ansatz heraus kein hinreichender Grund, sie hier nicht anzuwenden. Wir machten sonst den geistig behinderten Menschen zur *"Lernmarionette"*. Die Erfahrung lehrt vielmehr, daß sein Lernen durchaus nicht als einfache Reaktion auf äußere Einflüsse (Dressur) erfolgt, sondern intrapsychische, kognitive Prozesse beinhaltet. Freilich bedingt die Verlangsamung ein vorzeitiges Beenden der Entwicklung auf einem niedrigeren Plateau, z.B. bei den schwerer Geschädigten auf der Stufe der sensomotorischen Operationen. *Rauh (1979, 369)* spricht von einer *"Entwicklungs-Sackgasse"*. Zentral wichtig erscheint die Einsicht, daß das Lernen geistig behinderter Kinder nicht einfach durch das intellektuelle Defizit oder den neuropathologischen Defekt determiniert wird, sondern als Funktion der verschiedensten Bedingungen verstanden werden muß, die auch sonst für einen menschlichen Organismus wirksam werden: Anregungen, Erziehung, Milieu, organisch-genische Faktoren, Selbstkonzept. Sie sind bei der Vielfalt der möglichen Konstellationen jeweils individuell abzuklären. Pauschalierende Aussagen über "*das* Lernverhalten Geistigbehinderter" erweisen sich daher als konkret wenig hilfreich. Sie können höchstens allgemein Orientierungsgrößen im Sinne von abstrakten Mittelwerten abgeben.

Es ist bereits davon die Rede gewesen, daß bei geistig behinderten Kindern schon der *Beginn* des Lernens gefährdet ist, und zwar einerseits bedingt durch physiologische Hemmungen und andererseits durch den Ausfall von Lernanregungen und Lernhilfen. Die Effektivität der ersten Lernansätze und damit der weiteren Lernfortschritte wird dadurch in wachsendem Maße herabgesetzt. Lernen ist ein fundamental wichtiger Wirkfaktor für weiteres Lernen und kann als Aktivierungsvorgang angesehen werden gemäß einem Aphorismus von *Piaget:* Je mehr ein Kind gesehen und gehört hat, desto mehr will es sehen und hören. Erfolgreiche Lernaktivität löst neues Lerninteresse aus.

5.3. Motivationslernen

Bei der Frage, wie und wodurch das Menschwerden in Gang kommt, auf welche Weise die Bewegung "nach vorn" lebendig bleibt, stoßen wir zunächst auf den Wirkzusammenhang der *Motive.* Sie werden auch als Bedürfnisse und Antriebe bezeichnet, von denen die Aktivität eines Organismus abhängt. Es läßt sich ein primäres Motivationssystem, d. s. die angeborenen oder organischen Bedürfnisse (Tätigkeits-, Wissens-, Erlebnisdrang), und ein sekundäres Motivationssystem, d. s. die erworbenen Motive (Streben nach Geltung, Belohnung) unterscheiden. Beide Systeme verändern sich unter dem Einfluß des Person-Umwelt-Bezugs.

Die Psychologie kennt verschiedene Motivationstheorien, auf die hier nicht näher eingegangen werden kann. Nur so viel sei vermerkt, daß vom Aspekt der organisch bedingten geistigen Behinderung aus die sogenannte Triebreduktionstheorie *(Hull, Mowrer)* naheliegende Deutungen anbietet. Danach entsteht die Triebwirkung und damit die Aktivität durch einen unangenehmen Spannungszustand, den der Organismus herabzumindern sucht. Die Reduktion der Triebspannung, etwa des Nahrungstriebs, wird als Befriedigung erlebt.

Auch bei einer Deutung der Motivation als eines Erwartungserlebens geht es um Reduktionen, und zwar jeweils um die Verminderung oder Aufhebung eines "Erwartungsgefälles" *(Heckhausen 1969)* zwischen gegenwärtiger und gewünschter bzw. geforderter Lage. Je nachdem, ob es sich um positive oder negative Gefälle handelt, lassen sich Hoffnungs- und Furchterwartungen unterscheiden. Sie weisen eine bestimmte Gefühlsvalenz auf, sind aber von kognitivem Verhalten stark mitbestimmt. Damit sind bereits die Schwierigkeiten angedeutet, denen der geistig behinderte Mensch bei der Steuerung seines Verhaltens ausgesetzt ist. Die kognitive Selbstkontrolle ist sein Problem.

Was ist über seine Antriebe und Motive bekannt? Man hat ihn als "reines Triebwesen", aber auch als nahezu antriebslos bezeichnet. Man unterschied früher den "Schwachsinn" sogar nach dem Grad der Aktivität des Organismus und hob den erethischen vom torpiden Schwachsinnstyp ab. Letzterer sei nach *Lutz (1961)* häufiger anzutreffen. Das bedeutet, daß im Bild des "Geistesschwachen" die Schwäche und "Mattigkeit" der Antriebe und damit verbunden die geringe affektive Ansprechbarkeit überwiegen. Die Tätigkeitsbereitschaft, unter Umständen auch die organische Reaktionsfähigkeit, wie z. B. die Schmerzreaktion, können bis nahezu auf den Nullpunkt herabsinken.

Von diesem Extrem psychischer Spannungslosigkeit reicht die Skala des Bewegtheitsgrades bis zum anderen Extrem des rastlosen Angetriebenseins, d. h. bis zur Unsinnigkeit eines Bewegungschaos.

Die genannten Extreme kommen relativ selten vor. Im allgemeinen trifft man abgeschwächte Grade und Formen an, mitunter auch den phasischen Wechsel beider Tendenzen. Berichtet sei von einem hirngeschädigten Mädchen, das während des Unterrichts zumeist teilnahmslos dasaß und kaum ansprechbar im wörtlichen Sinne erschien. Hatte aber der Reiz der Aktivierung einen bestimmten Grad erreicht, so ging die Spannungslosigkeit relativ rasch in ein Übermaß an Bewegtheit über: Das Kind plapperte mit erhobener, freudig bewegter, geradezu jauchzender Stimme drauflos, gestikulierte lebhaft, sprang und hüpfte, um schon nach wenigen Sekunden wieder in die Ohnmacht der Apathie zurückzusinken. Seine von außen angeregte Aktivität reichte in der Regel nicht einmal für die Zeit des Weges von seinem Sitzplatz bis zur Tafel, wo es etwas zeigen sollte.

Aus diesem Beispiel wird u. a. deutlich, wie stark das geistig behinderte Kind psychophysisch-energetischen Prozessen ausgeliefert ist. Es stellt sich aber auch gleichzeitig die Frage nach den Möglichkeiten der Aktivierung durch äußere Reize und damit nach Möglichkeiten des Erlernens von Motiven und Einstellungen.

Einen entscheidenden Anteil an dieser Aktivierung hat das Vermitteln und Erleben von *Freude*. In ihr kommt die Lebenserfülltheit in ihrer energetischen Bedeutung zum Ausdruck. Die Freude ist es, die den geistig behinderten Menschen über das bloße Dahinleben hinaushebt und zugleich menschlich verbindet.

Von besonderer pädagogischer Bedeutsamkeit ist der Vorgang des *Erlernens* von Motiven. Wenn Motive als Beweggründe für das menschliche Verhalten verstanden werden, so geht es der Erziehung um die Gewinnung und den Aufbau von Bedürfnissen und Aktivitäten, die für die Lebensführung, für das Sich-Zurechtfinden des Kindes mit einer geistigen Behinderung bedeutsam sind. Es gilt, es vor der geistigen Erstarrung und Verirrung zu bewahren, da es so sehr auf Hilfe angewiesen ist.

Für die Tatsache des Erlernens von Motiven gibt es verschiedene Erklärungsversuche. Beim geistig behinderten Kinde dürfte es im wesentlichen auf dem Wege der Nachahmung und der Verstärkung erfolgen, aber auch durch Neugier und exploratives Verhalten. Reizmonotonie lähmt, Reizveränderung aktiviert. Ein Wechsel der Umweltbedingungen, z.B. neues Spiel- und Arbeitsmaterial, bewirkt "Interesse", d.h. Neugierverhalten, und dieses regt vielfach zur Nachahmung an. Nachgeahmt werden Bewegungen und Lautbildungen; es werden Verhaltensmuster und Gewohnheiten erworben. Das geistig behinderte Kind vermag offensichtlich auch den Ausdruck nachzuahmen, den es an der handelnden Person konkret wahrnimmt, z. B. den Ausdruck der Freude oder der Furcht. So imitiert es den zornig schimpfenden Vater oder die zärtlich helfende Mutter. Es ist jedoch wahrscheinlich kaum in der Lage, die Beweggründe in ihrer Differenziertheit wahrzunehmen, die zu dem Verhalten des anderen geführt haben. Dazu reicht offenbar seine kognitive Kompetenz nicht aus. Es vermag nicht, die Motive vom Handeln selbst abzuheben, zu abstrahieren zu Normen an sich. Es erlernt also nicht "Ordnungsliebe" an sich, sondern konkretes ordentliches Verhalten, z. B. das Aufräumen von Spielzeug oder das Sauberhalten der Kleidung.

Die nachahmende Aktivität wird angeregt und gesteigert durch "Verstärkungen" in Form von Belohnung, Erfolgsbestätigung, Zärtlichkeit und auch durch materielle Verstärker, wie Süßigkeiten, Obst usw. Es entsteht dadurch eine sekundäre Motivation: Das Lob für eine gelungene Leistung, z. B. für einen gemalten Reifen, erregt und erhält das Bedürfnis, diese Leistung noch einmal zu wiederholen. Aus der Praxis ist bekannt, wie oft und unermüdlich sich das geistig behinderte Kind der Bestätigung seiner kleinen Leistungen durch den Erzieher zu vergewissern sucht.

Es ist auf Fremdverstärkung oder soziale Verstärker außerordentlich angewiesen. Bei besserer kognitiver Ausstattung sind geistig behinderte Kinder auch zur Eigenverstärkung fähig: Sie können ihren Erfolg als solchen selbst wahrnehmen und erfahren dadurch eine weitere Aktivierung.

Die Leistungsmotivation im besonderen steht in sehr engem Zusammenhang mit der Erziehung zur *Selbständigkeit. Gordon* (*1959,* zit. b. *Oerter 1968, 134*) stellte durch Beobachtungen bei geistig retardierten Kindern fest, daß die soziale Reife bei denjenigen wesentlich höher war, deren Eltern sich von früh an um eine möglichste Unabhängigkeit des Kindes bemüht hatten. Frühes und intensives Selbständigkeitstraining beeinflußt demnach sehr stark die Leistungsmotivation. Es ist bereits darauf hingewiesen worden, daß Veränderungen der Umwelt motivierend wirken, und daß Reizmonotonie zur Lähmung der Bedürfnisse führt. Es wäre also verfehlt zu meinen, geistig behinderte Menschen brauchten keine Abwechslung im Alltag von Familie und Schule. Auf der anderen Seite können sie auch mit Befriedigung länger bei einer monotonen Tätigkeit verweilen.

Nachdem bisher die Möglichkeiten der Aktivierung und Motivierung aufgezeigt wurden, stellt sich des weiteren die Frage nach der *Kontrolle und Steuerung der Bedürfnisse.* Sie ist z. T. schon beantwortet worden, als die Rede war von der Starrheit und Fixiertheit der Willensziele, von der "moralischen Gradlinigkeit". Sie bedeutet, daß der Mensch mit einer geistigen Behinderung in unbelasteten vertrauten Situationen in seinem Handeln durch seine Gewohnheiten stabilisiert wird. Diese Fixiertheit aber bedeutet gleichzeitig seine Ausgeliefertheit. Treten ungewohnte Reizveränderungen in Form von Bedrohungen, Verfügungen, Konflikten und sonstigen Störungen ein, so wird seine Hilflosigkeit deutlich.

Geistig behinderte Menschen können ihr Leben sicherlich nicht selbstverantwortlich führen, aber in einem abgesteckten und sozial abgesicherten Rahmen können sie es doch steuern. Sie brauchen gewissermaßen *Leitplanken* für ihr Verhalten und adäquate Bedingungen. Dazu gehört insbesondere der Mitmensch, der sie zu schützen und zu führen weiß. Wir sehen darin wiederum nur eine Parabel menschlicher Lebensführung, menschlichen Seins; denn nicht nur der Mensch mit einer geistigen Behinderung bedarf der Führung und des Schutzes durch einen anderen und nicht nur er muß lernen, auch in Abhängigkeit zu leben.

5.4. Lernen von Werthaltungen

Ein geordnetes oder "gebildetes" Verhalten beruht auf stabilisierenden Einstellungen, Haltungen und Verhaltensstilen. Es stellt sich die Frage, wie bei einer geistigen Behinderung Werte erfaßt und verwirklicht werden können, wie Werthaltungen zustandekommen. *L. Bopp (1930)* prägte den Begriff der "Wertsinnsminderung" zur Charakterisierung des Wesens jeglicher Behinderung. In der Weckung und Kultivierung von Wertfähigkeit und Wertwilligkeit sah die Pädagogik seit Beginn dieses Jahrhunderts ihre zentrale Aufgabe. In *Seguins* "Erziehung der Schwachsinnigen" spielte das "traitement moral" eine zentrale Rolle *(Hänsel 1974, 83f.)*.

Zweifellos ist das Werten, das Unterscheiden moralischer Qualitäten im Sinne der Gewinnung von Maßstäben für die Lebensführung, von entscheidender Bedeutung für den Menschen. Bevor wir der Frage nachgehen, ob und auf welche Weise Menschen mit einer geistigen Behinderung wertempfänglich und wertwillig sein können, soll versucht werden, den Begriff Haltung zu klären.

Unter *Haltung* oder *Einstellung,* engl. "attitude" oder "habit", wird in der Psychologie ein "seelisch-geistiger und neurologischer Zustand der Bereitschaft" verstanden, "der aus der Erfahrung erwachsen ist und einen steuernden oder dynamischen Einfluß auf die individuellen Reaktionen gegenüber allen Objekten und Situationen ausübt, mit denen er in Zusammenhang steht" (*Allport,* b. *Hartley* und *Hartley 1955, 438*). Wir haben es demnach mit einer *erlernten* Verhaltensdisposition zu tun, die in relativ konsistenten Reaktions- und Handlungsweisen gegenüber lebensbedeutsamen Reizen und Umständen sichtbar wird. Man kann diese auch als *Gewohnheiten* und auf einer höheren, d.h. differenzierteren Stufe als Überzeugungen und Gesinnungen bezeichnen. Letztere Begriffe beinhalten insbesondere das Vermögen, das eigene Handeln rechtfertigen zu können. In der Haltung wird das "Wertkonzept" des Menschen wirksam, das das Aufnehmen und Realisieren von Werten bestimmt.

Für die Klärung der Frage nach dem Phänomen der Haltung bei Menschen mit einer geistigen Behinderung ist es angebracht, die verschiedenen Komponenten zu unterscheiden, die am Zustandekommen der Haltung beteiligt sind. Es sind dies eine motorische, eine affektive und eine kognitive Haltung *(Oerter 1968)*.

Die *motorische* wird auch als Handlungs- oder Verhaltenskomponente bezeichnet. Mit "motorisch" oder "praktisch" läßt sich das schärfer profilieren, was als Bewegungsreaktion des Organismus auf eine bestimmte Reizsituation zu beobachten ist. Das Motorische oder Praktische läßt sich beim Menschen mit einer geistigen Behinderung deutlich beobachten. Das wird im Begriff "motorisch oder praktisch bildbar" sichtbar, der geradezu als Charakteristikum für geistige Behinderung verstanden wurde.

Bei der Entstehung von Haltungen, d.h. von relativ stabilen Verhaltensdispositionen, bildet sich offenbar zuerst die motorische Komponente aus. Das Kind lernt sauber essen, ohne daß man dabei eine bestimmte affektive Beteiligung zu beobachten vermöchte. Sie fehlt auch vielfach bei Schwerstbehinderten, wenn sie z. B. "rein mechanisch" auf eine Aufforderung hin gehorchen. Man hat den Eindruck, daß sie sich dabei lediglich "in Bewegung setzen".

In der Regel aber bildet sich aus der praktischen Verhaltenstendenz oder Gewohnheit auch eine bestimmte *affektive* Neigung, Einstellung und Bewertung. So empfindet und bewertet das Kind z. B. "ordentliches" Verhalten bei Tisch oder in der Schule als "lieb" und lobenswert und das Gegenteil als "bös" und tadelnswert. Das trifft für eigenes und fremdes Verhalten zu. Das geistig behinderte Kind kann Sauberkeit so sehr schätzen, daß es sich geradezu erregt, wenn es bei sich oder einem anderen Kind einen Schmutzfleck entdeckt. Diese affektiven Neigungen, das Gewünschte zu tun und das Unerwünschte zu meiden, bilden sich nicht "von Natur" aus, sondern werden erlernt. Man kann es recht deutlich daran feststellen, daß das Kind genau diejenigen Verhaltensnormen schätzt oder verabscheut, die auch in seiner unmittelbaren Umgebung in dieser Weise besonders bewertet werden im Sinne des Modell-Lernens *(Bandura 1979).* Es ist sein Einstieg in die moralische Entwicklung.

Wieweit ein geistig behindertes Kind in der Lage ist, Gewohnheiten oder Einstellungen, z. B. der Rücksichtnahme, der Hilfsbereitschaft, der Ausdauer, des Fleißes, der Sorgfalt, der Vorsicht, des "gesitteten Benehmens" zu erwerben, hängt von der Art seiner Erziehung, d. h. dem Grad ihrer Kontinuität und Konsequenz, von der individuellen Lernfähigkeit und von sonstigen Persönlichkeitsdeterminanten ab. Hierzu gehört u. a. auch das kognitive Potential.

Die *kognitive* Komponente war als dritte beim Zustandekommen einer Haltung genannt worden. Sie erstreckt sich auf das Beurteilen, Begründen und Rechtfertigen einer Einstellung und erfordert eine gewisse intellektuelle Reife. Man könnte nun geneigt sein, das Wirksamwerden einer solchen Komponente im Fall einer geistigen Behinderung zu verneinen, und ihm damit das Vermögen abzusprechen, Lebenshaltungen (Ethos) auszubilden. Ein Beispiel soll das Gegenteil belegen:

Ein geistig behindertes Mädchen aus einer bäuerlichen Familie, das nur wenig sprechen konnte, überraschte eines Tages durch ein verändertes Verhalten: Der Vater hatte ins Krankenhaus gebracht werden müssen; die Mutter mußte allein den Hof versorgen. Das Mädchen stand – ohne Aufforderung, also spontan (?) – eine Stunde früher auf, um noch vor Schulbeginn der Mutter helfen zu können.

Zweifellos sind die Haltungen und Einstellungen, die geistig behinderte Menschen auszubilden vermögen, anders strukturiert, nämlich einfacher, weniger differenziert, weniger durch Einsicht fundiert und nicht eindeutig "autonom" kontrolliert. Es ist aber ebenso zutreffend, daß auch das nichtbehinderte Kind und vielfach auch der Erwachsene ihre Haltungen und Überzeugungen nicht immer rational zu begründen vermögen oder belieben. Für das Entstehen sozial bedeutsamer Einstellungen ist die kognitive Komponente allein nicht entscheidend. Es ist auch bekannt, wie wenig moralisches Wissen und moralisches Tun miteinander korrelieren (*Eysenck 1960,* zit. b. *Oerter, ibid., 175*).

Wir beobachten jedoch im Falle einer geistigen Behinderung durchaus auch eine kognitive Beteiligung an den Verhaltenstendenzen. Sie ist bereits darin als vorhanden anzusehen, daß das Kind erkennt, “daß das betreffende Objekt mit einem bestimmten Wertkonzept zu tun hat” *(Oerter, ibid., 166).* Das kann dadurch zum Ausdruck kommen, daß es durch sein Verhalten, durch Mimik, Gesten, Zeichen oder durch die Sprache sein Wissen um richtig oder falsch, gut oder schlecht, zuträglich oder bedrohlich zum Ausdruck bringt. “Ich helf’ dir!”

Am Beispiel eines schwerbehinderten Kindes soll die Beteiligung der kognitiven Komponente aufgezeigt werden. Es handelte sich um einen zehnjährigen Buben; er hatte in regelmäßigen Partnerübungen das “Führen und Folgen” im Sinne der rhythmischen Erziehung gelernt. Eines Tages trug ich – als sein Lehrer – infolge einer Verletzung eine schwarze Augenklappe. Es fiel den Kindern schwer, sich an den ungewohnten Anblick zu gewöhnen. Als wir uns zur Pause an der Tür aufstellten, stand der genannte Bub, einen unsicheren, fragenden Blick auf mich gerichtet, neben mir, ergriff plötzlich meine Hand und rief: “Ich führ’!”

Man kann in diesem Beispiel die Generalisierung einer erlernten Verhaltenstendenz erkennen, d. h. das zweifellos kognitive Vermögen, eine bestimmte Verhaltensbereitschaft auf eine der bisherigen Situation ähnliche zu übertragen. Situativ angebrachtes Verhalten setzt das “Erkennen” von Zusammenhängen voraus. Das Kind hat zunächst ein bestimmtes erwünschtes Handeln in einer bestimmten Situation erworben und lernt allmählich, und zwar durch Übung und Verstärkung, dieses, z. B. sittliches Verhalten, in gleichen oder ähnlichen Situationen zu wiederholen. Mehr durch “Einübung in das Gute” ist beim geistig behinderten Kinde Gewissensbildung möglich. Es vermag sein “schlechtes Gewissen” als unbehaglich und ängstigend zu empfinden. Aber sein Wertkonzept, an dem es sein Handeln ausrichtet, bleibt an seine geringere kognitive Differenziertheit gebunden. Der Spielraum für Generalisationen bleibt eng. Die wertende Unterscheidung von gut und böse orientiert sich stark nach Erfahrungsmustern und Gewohnheiten. Infolge der Schwäche der kognitiven Komponente, der “inneren Erfahrung” *(Moor 1958),* wird eine differenzierte und hierarchisch strukturierte Haltung im Fall einer geistigen Behinderung behindert.

Dies bedeutet insbesondere, daß das Gewissen, die Einstellung, weitgehend heteronom, d. h. von einer äußeren Autorität abhängig bleibt. Es bleibt gebunden an Belohnung und Entzug, an die Bestätigung durch die dem geistig Behinderten nahestehenden Erwachsenen und durch die Angst vor Liebesentzug. Das in ihm ausgebildete Gewissen bleibt im wesentlichen die Stimme seiner Autoritätspersonen, soweit es diese vernehmen und sich mit ihnen identifizieren konnte. Dies bedeutet keine totale Absage an ein Vermögen, das Gute auch als das Gute zu erkennen und danach zu handeln.

Wieweit eine solche Identifikation möglich ist, hängt von zahlreichen individualen und sozialen Determinanten ab. Die Unterschiede sind sehr groß. So glaubte *König (1959)* feststellen zu können, daß das “mongoloide” Kind keine Möglichkeit habe, Fundamente eines Gewissens auszubilden. “Es bleibt gewissenlos” *(213).* Wir meinen, daß *König* den Begriff “Gewissen” hier in einem sehr anspruchsvollen Sinne verwendet hat. Dies geht u. a. aus dem Nachsatz hervor: Es ist "daher verantwortungslos. Kaum jemals ist ein solches Kind fähig zu begreifen, *warum* es notwendig ist, etwas zu lernen, etwas zu erwerben, etwas zu tun". *König* betont eigens, daß dies keineswegs allein mit der fehlenden rationalen Einsicht zusammenhängen könne; vielmehr seien auch die emotionalen Voraussetzungen nicht vorhanden. Damit ist offenbar vor allem jene "Seelenfähigkeit" gemeint, "die das Erfaßte im Inneren verankert und alle weiteren Eindrücke damit verknüpft" *(212).* Daß auch mit diesem Begriff *König* eine differenziertere Form der Haltung meint, geht daraus hervor, daß recht extreme Ausfälle als Folge der fehlenden "Einsicht" angegeben werden: keine "moralischen Pfeiler", keine "eindeutige Richtung", "weder Selbstsicherheit noch Entscheidungsfähigkeit" *(212).*

Sicherlich gelangen geistig behinderte Menschen, aber auch viele nichtbehinderte, nicht zu einer solchen Ausdifferenzierung und Autonomie moralischer Gesinnung, zu einem selbstverantwortlichen Gewissen. Aber auch Down-Kinder können einfache und wichtige moralische Wertungen und die Bereitschaft erlernen, ihr Verhalten entsprechend sozial bedeutsamen Normen – seien es auch noch so wenige – zu steuern. Es würde ansonsten das Bild vom relativ angepaßten Down-Kind, wie es die Schule kennt, ad absurdum geführt. Freilich scheint sein Wertkonzept weniger kompliziert zu sein. Aber was wissen wir schon Genaues von seinem Inneren! Wir haben vielmehr in ihm einen ganzen Menschen zu sehen und zu respektieren, der uns Unwissende längst belehrt hat, daß er unter sozialen Bedingungen, die ihm adäquat und vertraut sind, sich normgerecht steuern kann und daß sein Wertbewußtsein vor allem davon abhängig ist, wieviel Wert ihm von anderen zugesprochen wird. Es ist in aller Regel in der Lage, die Grundzüge des Ethos auszubilden, das es in seiner Lebenswelt vorfindet.

V. Pädagogisch-psychologische Beurteilung

1. Aufgabe der pädagogisch-psychologischen Diagnostik

Erziehung wird erst dann wirksam, wenn sie das Kind da erreicht, wo es steht. *Pestalozzi* sprach davon, daß der Erzieher das Kind da abzuholen habe, wo es sich befinde. Gemeint ist hier, daß sich die Erziehung geistig behinderter Kinder an deren jeweiligem Entwicklungsstand, an deren sozialer Situation, an deren allgemeinen und speziellen Bedürfnissen zu orientieren hat.

Maßgebend ist das *ganze* Kind, einschließlich seiner sozialen Situation. Der Erzieher, der Lehrer, wird sich daher an allen Fakten zu orientieren versuchen, die die Gesamtpersönlichkeit des Kindes bestimmen. Fatalerweise wird er dabei häufig durch seine Spezialisten-Vorsatzlinse in seinem Blick verengt auf das Vordergründige, das Besondere, das Andersartige, das Defizitäre; gilt doch hierfür seine Spezial-Oualifikation, die er zu vertreten hat.

In den Hintergrund der Beurteilung tritt üblicherweise all das, was "selbstverständlich auch" volle pädagogische Gültigkeit beansprucht, alles das, was das Kind mit einer geistigen Behinderung mit allen anderen Kindern gemeinsam hat an Bedürfnissen und Problemen.

Der Pädagoge geht also nicht von einem Weniger oder einem Defizit-Komplex aus, sondern von einem menschlichen Ganzen mit komplexem pädagogischem Anspruch. Ihm zu entsprechen, erfordert eine differenzierte individuelle Beurteilung des Kindes, wie es in seiner Situation vorgefunden wird. Beurteilung (assessment) bedeutet pädagogisch, das Kind in der Komplexität seines Ist-Zustandes wahrnehmen, erkennen, verstehen, heißt, seine Entwicklungs- und Förderchancen ausmachen, heißt, seine Lernfähigkeit differenziert einschätzen, damit adäquate pädagogische Maßnahmen geplant und eingeleitet werden können (vgl. *Schmitz 1985*). Pädagogische Beurteilung versteht sich demnach nicht im Sinne einer normorientierten, Standard-Abweichungen messenden und Defekte fixierenden, klassifizierenden Diagnostik, sondern als Ermittlung von Ansatzstellen für fortschreitendes Lernen und für die Erschließung geistigen Wachstums. Man spricht auch von "Förderdiagnostik" (vgl. *Bundschuh 1985*).

Pädagogisch-psychologische Diagnostik in diesem Sinne gilt jeweils dem einzelnen Kind, der hinreichenden Charakterisierung seiner Persönlichkeit, seiner Lern- und Leistungsfähigkeiten im Sinne von Begabungen, seiner Stärken und Schwächen, seiner Chancen und seiner spezifischen Gefährdungen. Jeder generalisierende Klassifizierungsversuch scheitert an der Vielzahl, Vielfalt und unterschiedlichen individuellen Verflochtenheit der Variablen, die für den Einzelmenschen wirksam sind. "Erbe und Umwelt, Leistungsdefekte und persönliche Lebenserfahrungen, psychische Widerstandsfähigkeit gegenüber den unvermeidlichen schweren seelischen Belastungen des geistig Behinderten, Beistand der Familie und Erziehungshilfen führen mit vielen anderen Faktoren zu einem scheinbar unentwirrbaren Mosaik von Individualitäten" *(Spreen 1978, 69).* Daher führt die Suche nach "typischen" Entwicklungsverläufen kaum zu Ergebnissen, die für die Erziehung im einzelnen relevant wären. Eine isolierte Psychodiagnostik ohne einen erkennbaren und direkten Zusammenhang mit der Anwendung ihrer Ergebnisse auf das erzieherisch-therapeutische Handeln kann deshalb als pädagogisch wertlos angesehen werden.

Das bedeutet freilich, daß eine handlungsorientierte Individual-Diagnostik am ehesten dann ihrem Zweck dienen kann, wenn der diagnostizierende Fachmann gleichzeitig auch kompetent für pädagogisch-therapeutisches Handeln ist. Eine Analogie zur therapieorientierten Diagnostik des behandelnden Arztes liegt nahe. Konsequenterweise entwickelte sich im schulischen Handlungsfeld eine durch Sonderschullehrer praktizierte pädagogische Diagnostik (Lerndiagnostik). Ihre Qualifikation hierfür erhalten sie in ihrer Ausbildung (vgl. *Bundschuh 1984*).

Unter den komplexen Ansprüchen der Realität des primär lehrenden und erziehenden Sonderschullehrers aber kommt diese permanente diagnostische Funktion erfahrungsgemäß zu kurz. Sie wird oft mehr implizit zu bewältigen versucht. Eine Ergänzung und Unterstützung durch einen schulisch kompetenten Psychologen wäre wünschenswert. Dabei käme es darauf an, daß Erziehung und Lehren nicht zu einem Epiphänomen der Psychodiagnostik werden. Die Primärverantwortung des Erziehers in der komplexen pädagogischen Situation ist nicht aufhebbar. Er muß auch da handeln, wo ihm die professionelle Diagnostik nichts liefert. Der pädagogisch-psychologischen Diagnostik kann daher im Prinzip nur eine unterstützende Funktion zukommen.

Eine psychologisch-therapeutisch orientierte Beurteilung bedient sich im wesentlichen zweier *diagnostischer Modelle. Eggert (1979)* spricht von einem *traditionellen* diagnostischen Modell gegenüber einem *verhaltensdiagnostischen Modell (394ff.).* Die Unterschiede lassen sich stichwortartig wie folgt gegenüberstellen:

Psychometrische Diagnostik	Verhaltensdiagnostik
Standardisierte Testaufgaben, Antworten "richtig" oder "falsch" Standardisierte Testwerte (Zahlenwerte) als Abweichungen vom Mittelwert einer Bezugsgruppe, an Selektion und Fixierung von Unterschieden orientiert	Direkt am individualen Verhalten, nicht an Persönlichkeitskonstrukten orientiert Normative Beurteilung "erwünschtes" oder "unerwünschtes Verhalten" mittels Beobachtung auf die mögliche Veränderung des individuellen Verhaltens gerichtet

Diese typisierende Unterscheidung zweier Modelle vereinfacht im Grunde die Realität. Auf der einen Seite hat die pädagogische, psychometrische Diagnostik inzwischen informelle, kriteriumsorientierte Meßverfahren zur stärkeren Berücksichtigung des individuellen Leistungsstandes entwickelt, auf der anderen Seite bedient sich die Verhaltensanalyse im System der *"Entwicklungs-*

diagnostik" statischer, biologisch-psychologisch orientierter Normwerte, um das individuale, funktionsbezogene Verhalten entsprechend der "normalen" Entwicklungssequenz beeinflussen zu können. Die Unterscheidung von "erwünschtem" und "unerwünschtem Verhalten" wird in ihrer normativen Problematik in der Regel weithin unterschätzt, nicht so sehr in kognitiven oder sprachlichen Funktionsbereichen als vielmehr in emotionalen und sozialen Lernbereichen (vgl. *Eggert 1979, 396*). Die Unbeschwertheit, mit der psychologischerseits die *Normenproblematik* allen Verhaltens über eine funktionale Analyse "entlastet" wird, dürfte einer der Hauptgründe dafür sein, warum der persönlichkeits- und ganzheitsorientierte, stets in der komplexen Normenthematik stehende Pädagoge trotz umfangreicher diagnostischer Detailwerte vielfach unbefriedigt bleibt, vor allem wenn er in der Gruppe steht. Das verhaltensdiagnostische Modell ließ am ehesten eine unmittelbare Umsetzung in entsprechende Interventionen da finden, wo rein verhaltenstherapeutisch mit dem einzelnen Kind gearbeitet wurde und wo Diagnostiker und Therapeut dieselbe Person ist. Ansonsten, d. h. im Regelfall pädagogischen Handelns in Gruppen, bedarf jegliche Diagnostik einer pädagogischen Intention, Interpretation und Umsetzung. Wir sprechen von einer *heilpädagogischen Diagnostik (Förderdiagnostik).*

Kobi hat *(1983, 282f.)* die pädagogische "Förderdiagnostik" einer bisher üblichen "Einweisungsdiagnostik" gegenübergestellt und dabei herausgearbeitet, worauf es einer pädagogisch orientierten Diagnostik ankommt. Es geht ihr nicht um die Frage, wie das Kind zu klassifizieren und institutionell zu plazieren ist, sondern darum, auszumachen, welche pädagogischen Maßnahmen individuell angemessen sind. Dabei wird das zu beurteilende Kind nicht für sich gesehen, sondern in seiner interaktionalen Situation und im Bezugssystem seiner Lebensumstände. Es wird nicht auf einen Objektstatus reduziert, sondern als Subjekt in seinem Handlungsfeld gesehen. Von Interesse sind nicht das Defizitäre und Abweichende an sich, sondern der Prozeß seines Zustandekommens und die konkretisierbaren Möglichkeiten heilpädagogischen Handelns. Dabei muß Wert darauf gelegt werden, daß das diagnostische Vorgehen ein offenes ist, d. h. ein auch von außen, z. B. von den Eltern, einsehbares und korrigierbares. Da Entwicklung sich als Veränderung in der Zeit vollzieht, ist jede diagnostische Feststellung eine überholbare, was bedeutet, daß heilpädagogische Diagnostik ein permanenter, immer zu wiederholender Versuch ist, erreichte Entwicklungspositionen auszumachen, um neue Entwicklungsschritte pädagogisch vorbereiten und begleiten zu können.

Die Beurteilung von Menschen kann unter *heilpädagogischem* Aspekt nicht über eine *distanzierende* Beobachtung zustande kommen, bei der der Beurteiler den zu beurteilenden Menschen als den anderen sich selbst überläßt und sich aus der intersubjektiven Teilhabe ausschaltet. Dem Pädagogen muß es um eine *verstehende* Beobachtung gehen, bei der er nicht weniger, sondern mehr engagiert und stärker beteiligt ist, stellt *Moor (1965, 282)* fest und fährt fort, daß nur dadurch eine Sichtweise für die "Tatsachen" einer Beobachtung möglich wird, die zum Verstehen führt, vor allem auch da noch, wo dieses Verstehen am schwierigsten wird. "Dazu müssen wir uns in den anderen Menschen hineinversetzen, müssen verspüren, wie es ihm in seiner Haut zumute ist, müssen in uns noch einmal erleben, vor was für Schwierigkeiten er steht und *wie* er vor seinen Schwierigkeiten steht. Dann erst, wenn wir das können, vermögen wir wirklich zu helfen... Wenn das Beobachten unseren erzieherischen Absichten dienen soll, dann muß es ein Teilnehmen sein am Leben des Andern, so wie wenn es um unser eigenes Leben ginge." Zur nötigen Sachlichkeit käme man nur dadurch, daß man sich unablässig bemüht, sich zu einem sachlichen Menschen zu erziehen *(a.a.O.)*.

2. Diagnostische Bereiche und Verfahren

Der *Pädagoge* braucht für die Planung, Durchführung und Überprüfung seiner Fördermaßnahmen ein möglichst umfassendes und mehrdimensionales Bild vom Entwicklungs- und Leistungsstand, von den Persönlichkeitseigentümlichkeiten und von deren Bedingtheiten. Die verschiedenen Details, die er zusammenzutragen hat, wird er so ordnen und interpretieren müssen, daß er einerseits differenzierte Fördermaßnahmen einleiten kann, andererseits aber die ganzheitliche personale und soziale Situation des Kindes transparent bleibt. Eine funktionale Analyse, die lediglich Stücke und Teile produziert, kann letztlich dem Kind existentiell gesehen nicht dienen. Die diagnostische Verführung ist groß. "Spezialisten brauchen vor allem Teile" *(McKnight 1979)*.

2.1. Physische Entwicklungsbedingungen

Die Kenntnis der physischen Bedingungen für Lernen und Sozialisation ist seit je als wichtige Voraussetzung heilpädagogischen Handelns betont worden, früher wohl noch stärker als heute, obwohl heute weitaus differenziertere fachärztliche Diagnose-Instrumentarien zur Verfügung stehen. Wer Kinder mit einer geistigen Behinderung zu fördern hat, wünscht sich im allgemeinen mehr *ärztliche Informationen* über das, was als organisch-genische Bedingtheit für den vorgefundenen Zustand des Kindes in Betracht kommen kann, und welche Funktionsschädigungen (Hören, Sehen, Herzfunktion u. a.) vorliegen. Er wünscht sich, mehr über physiologische Zusammenhänge in Erfahrung zu bringen, damit er sich in seinem Förderansatz auf derart begründbare Blockierungen und Veränderungsmöglichkeiten einstellen kann.

In der Realität erfährt der praktizierende Nicht-Mediziner relativ wenig von solchen Fakten. Das liegt nicht nur am Mangel an Fachärzten, insbesondere an Kinder- und Jugendpsychiatern, auch nicht allein an den Hindernissen, die durch die *ärztliche Schweigepflicht* gegeben sind, sondern wohl z. T. auch an einer Überforderung der Ärzte aus der Sicht eines Pädagogen. Was dieser sich als

Informationen über den Organismus eines Kindes wünscht, kann vielfach erst als Ergebnis ärztlicher Diagnose *und* pädagogischer Beobachtung im Erziehungsprozeß zustande kommen. Es ist offensichtlich viel weniger, was als eindeutige physische Bedingung der Entwicklung eines Organismus auszumachen ist. Das individuell Entscheidende wird erst aus der Interaktion mit Umwelt bestimmbar, d.h. eigentlich erst dann, wenn man seine Beobachtungen fortlaufend austauscht. Der dem Lehrer zugängliche Gesundheitsbogen enthält im allgemeinen nur diagnostische Kurzformeln, wie etwa *"Down-Syndrom"* oder *"frühkindliche Hirnschädigung"*, u.U. auch Angaben über die Art der Schädigung oder über den Stand der motorischen Entwicklung. Genetische Befunde – ohnehin höchst selten – sind pädagogisch nur bedingt von Bedeutung.

Insgesamt ist festzuhalten, daß medizinisch gesehen eine geistige Behinderung auf einer irreversiblen Schädigung des Organismus beruht.

Die organischen Veränderungen insbesondere des Gehirns und seiner Entwicklung determinieren unmittelbar bis zu einem gewissen Grad das Verhalten. Der auf diese Weise eingeschränkte Entfaltungs- und Spielraum für das Verhalten wird jedoch stets mitbestimmt durch die Wechselwirkung mit der Umwelt, so daß er als solcher nicht genau auszumachen ist. Allgemein kann gesagt werden, daß bedeutend weniger Verhalten als irreversibel anzusprechen ist, als bislang angenommen wurde, d.h. daß die Chancen für eine Verhaltensänderung durch Erziehung größer sind als der Nicht-Pädagoge gemeinhin annimmt.

Die *Einwirkung der Umwelt* ist einerseits abhängig vom Grad und der Art der Schädigung, andererseits insbesondere von der Angemessenheit des Umweltverhaltens und dem Grad der psychischen Stabilität der Umweltpersonen. Letztlich ist es ein Ineinandergreifen verschiedener, zum Teil noch nicht völlig geklärter Kausalfaktoren.

Die heilpädagogische Aufgabe, den potentiellen Begabungs- und Verhaltensspielraum eines behinderten Kindes zu erkunden, geht über den Versuch einer Klärung der Kausalfaktoren hinaus. Über die pauschale Diagnostizierung eines "frühkindlichen Hirnschadens" oder "des Mongolismus" hinaus bedarf es einer Spezifizierung der tatsächlichen Entwicklungsmöglichkeiten der Einzelfunktionen und des Gesamtorganismus. Hierzu sind psychologisch fundierte Beobachtungen und auch Messungen nötig.

Das *Hör- und Sehvermögen* Geistigbehinderter weist relativ häufig Beeinträchtigungen auf. *Williams u. a. (1966)* berichten, daß nach einer Untersuchung von *Kodmann (1954)* in einer Einrichtung für geistig Behinderte bei 19% der Kinder im Alter bis zu sieben Jahren ein Verlust des Gehörs von 30 dec. festgestellt wurde, was dem Vierfachen des Anteils Hörgeschädigter an allen übrigen öffentlichen Schulen gleichkommt. Angesichts der Schwierigkeiten, die einer zuverlässigen Hörprüfung geistig behinderter Kinder im Wege stehen, sind hinreichende statistische Daten nicht verfügbar. Es ist damit zu rechnen, daß der Anteil hörgeschädigter Kinder unter den geistig behinderten größer ist als gemeinhin angenommen (vgl. *Wilken 1985*). Sorgfältige audiometrische Untersuchungen als Routineüberprüfungen sind notwendig.

Ähnlich dürfte es sich mit der Häufigkeit von Sehschäden verhalten. Nach *Sondersorge (1967)* litten 18% aller untersuchten Kinder unter ärztlich festgestellten Sehfehlern. Die meisten von ihnen waren Down-Kinder. 14,2% wurden als Brillenträger und 15% als Schielende registriert. *Spreen (1978)* berichtet von Untersuchungen, nach denen die visuellen Schwächen vor allem auch in den Bereichen der Figur-Hintergrund-Wahrnehmung, im Formenerkennen, im Tiefensehen, in der Größenkonstanz oder bei Umkehrbildern liegen *(87).*

Zur Feststellung des individuellen *motorischen Rückstandes* wurde die von *Göllnitz* modifizierte "metrische Skala für die Untersuchung der Motorik bei Kindern" von *Oseretzky* verwendet *(Göllnitz, Lenz, Winterling 1957, Josef 1968).* Inzwischen hat sich zur Messung des psychomotorischen Entwicklungsstandes die *Hamburger Version* der *Lincoln Oseretzky Scala* (LOS) bewährt, ein Subtest der TBGB. Erfolgreich erprobt ist auch der *Körper-Koordinationstest* (KTK) von *Kiphard* und *Schilling (1974),* ein motorischer Test zur Erfassung frühkindlicher Hirnschädigungen.

Ein geeignetes Verfahren, den individuellen Entwicklungsstand der verschiedenen (physisch begründeten) Funktionen (Krabbeln, Sitzen, Laufen, Greifen, Wahrnehmen, Sprechen, Sprachverständnis, Sozialentwicklung) in einem ersten Überblick zu erfassen, stellt die *"Münchener Funktionelle Entwicklungsdiagnostik" (Hellbrügge, Pechstein)* dar. *Schamberger* hat ihre Verwendbarkeit bei Kindern mit dem Down-Syndrom nachgewiesen *(1978).* Der Test – wie auch zahlreiche andere Entwicklungstests, z.B. die *Denver-Entwicklungsskalen (Fleming 1973)* – erbringt ein Entwicklungsprofil, das Aufschlüsse darüber gibt, in welchen Funktionsbereichen ein Kind Stärken oder Schwächen im Vergleich zur Altersnorm aufweist, so daß daraus in Verbindung mit einer intensiven Verhaltensbeobachtung Schlüsse für den "entwicklungstherapeutischen" bzw. heilpädagogischen Ansatz gezogen werden können (vgl. auch *Straßmeier 1984*) (weitere Verfahren vgl. *Mühl 1984, 59f.*).

Ein spezielles Instrument zur Erfassung der Sinnes- und Bewegungsfunktionen stellt das *"Sensomotorische Entwicklungsgitter"* nach *Kiphard (1980)* dar. Für die pädagogisch-therapeutische Einschätzung des Entwicklungsstandes schwerstbehinderter Kinder ist die Förderdiagnostik von *Fröhlich, Haupt (1983)* geeignet, auch die TARC-Methode von *W. Sailor* und *B. J. Mix (Niedermann, Müller, Simmen 1986).*

2.2. Der soziale Kontext

Eine Gesamtbeurteilung des Kindes bliebe unzulänglich, enthielte sie nicht auch Angaben zur sozialen Vorgeschichte und gegenwärtigen sozialen Situation des Kindes, seien es begünstigende oder benachteiligende Umstände und Zusammenhänge. Es geht um Fragen wie:

- Beziehungen des Kindes zu den übrigen Familienmitgliedern
- soziale Position der Familie in ihrer Umgebung
- Beziehungen der Familie zur Schule
- sonstige außerfamiliäre Kontakte, Spielgefährten
- sozialer Status der Familie
- soziale Verhaltensweisen des Kindes in den verschiedenen sozialen Gruppierungen u. ä.

Angaben dieser Art kann vor allem ein Sozialarbeiter, aber auch jeder andere beitragen, der in Kontakt mit der sozialen Situation eines behinderten Menschen steht. Die Auskünfte der Eltern dürften besonders wichtig sein, aber u. U. auch diejenigen der geistig behinderten Personen selber, soweit sie dazu fähig sind bzw. ihnen Gelegenheit gegeben wird, sich ihrer sozialen Bedingungen bewußt zu werden, und diese zu artikulieren.

2.3. Die intellektuelle Kapazität

Die Ermittlung der intellektuellen Leistungsfähigkeit erfolgt in herkömmlicher Weise mittels Intelligenztestverfahren. Mit Hilfe von Intelligenzalter und Intelligenzquotient können Klassifizierungen bezüglich der Abweichung von der Norm vorgenommen werden. Sie haben bisher pädagogisch nicht voll befriedigt. Das mag daran liegen, daß die verwendeten Tests nicht originär für Probanden mit einer geistigen Behinderung konzipiert waren.

Ein auf Grund von nur wenigen gelösten Testaufgaben eines herkömmlichen Testverfahrens ermittelter IQ hat keine ausreichende Aussagekraft. *Wunderlich (1970)* hält die Beurteilung mongoloider Kinder mit Hilfe "sogenannter Intelligenztests" für "ganz falsch" und lehnt deren Ergebnisse zur Beurteilung der Entwicklungstendenz dieser Kinder, vor allem nach Eintritt ins Schulalter, mit ganz besonderem Nachdruck ab.

Eggert hat *(1979)* die Problematik der Intelligenztestung bei geistig behinderten Kindern im einzelnen aufgezeigt, insbesondere in klassifikatorischer Hinsicht, und resümiert: "Das Intelligenz-Niveau ergibt zwar durchaus eine globale Niveau-Bestimmung, ist aber als alleiniger Klassifikationsansatz mit Sicherheit nicht ausreichend" *(402).*

Auf die Unzulänglichkeit von Klassifizierungsversuchen mittels IQ-Werten ist bereits oben (S. 47 ff.) hingewiesen worden. Pädagogischerseits stellt sich die Frage, was derartige Klassifizierungen eigentlich einbringen. Seit je fällt auf, daß die Klassifizierungsschemata mit der Realität von Einteilungen in pädagogische Institutionen nicht übereinstimmen.

Im Anschluß an die *Empfehlungen des Deutschen Bildungsrates (1973)* kann im Sinne einer Groborientierung der gemessene Intelligenzwert als zusätzlicher Anhaltspunkt gelten. Die Grenze zwischen Lernbehinderung und geistiger Behinderung dürfte demnach in der Regel bei drei Standardabweichungen des gemessenen Intelligenzwertes unterhalb des Mittelwertes liegen, was ungefähr einem IQ um 55 entspricht – dies mit allem Vorbehalt hinsichtlich der Meßbarkeit von "Intelligenz" bei Personen mit einer geistigen Behinderung. Damit ist auch die Problematik angesprochen, die in der Person des Diagnostikers liegt, der in einer Fremdsituation testet, worauf u. a. *Eggert (1979, 399)* hingewiesen hat. Als standardisierte Intelligenztestverfahren kommen u. a. in Betracht:

- der *Kramer-Test* (KT) *(Kramer 1972)*
- der HAWIVA *(Hannover-Wechsler-Intelligenztest für das Vorschulalter) (Eggert, Schuck 1975)* und
- der *Psychologische Entwicklungstest* (PET), eine deutsche Bearbeitung des *Illinois Test of Psycholinguistic Abilities* (ITPA, *Kirk, Kirk*) von *Angermeier (1974).*

Über eine rein quantitative Pauschalaussage hinaus interessiert den Pädagogen mehr eine differenzierte Feststellung der verschiedensten Leistungsmöglichkeiten, ein individuelles Verhaltensprofil also, das auch gewisse prognostische Schlüsse zuläßt *(Profildiagnostik).* Den genannten pädagogischen Bedürfnissen am nächsten kommen dürfte die 1969 erschienene *Testbatterie für geistig behinderte Kinder* (TBGB) *(Bondy, Cohen, Eggert, Lüer 1969).* Sie faßt sechs Leistungs- und Intelligenztests zusammen. Diese können in verschiedenen Kombinationen und auch einzeln verwendet werden. Sie gestatten eine frühe Diagnose des Grades der geistigen Behinderung und eine differenzierte Einstufung des Kindes hinsichtlich seiner Leistungsfähigkeit. Im einzelnen geprüft werden allgemeine Intelligenz, Sprache, Merkfähigkeit und Motorik.

Es wird kein Intelligenzquotient ermittelt, jedoch ein Testprofil, das ein Bild der relativen Stärken und Schwächen des Kindes ergibt. Die errechneten Abweichungswerte und Prozentrangwerte beziehen sich auf die Altersgruppe der sieben- bis zwölfjährigen geistig behinderten Kinder. Ein Vergleich mit nichtbehinderten Kindern ist also nicht möglich, jedoch mit Lernbehinderten. Bei keinem Test ist ein differenziertes Sprechvermögen des Kindes erforderlich. Es können also auch Kinder untersucht werden, die gerade noch in der Lage sind, einfachste verbal oder pantomimisch gegebene Anweisungen zu verstehen und auszuführen. Da es notwendig war, auch Tests aufzunehmen, bei denen keine zeitbegrenzten Aufgaben gestellt werden, kann die Gesamttestzeit bis zu vier Stunden in Anspruch nehmen; in der Regel sind drei Sitzungen nötig.

Aufschlußreich für das Leistungsverhalten und seine Entwicklung bei Kindern und Jugendlichen mit einer geistigen Behinderung sind zwei Anmerkungen am Schluß des Anleitungsheftes:

- Der Test läßt keine Aussage über Bildungsfähigkeit und Bildungsunfähigkeit des untersuchten Kindes zu, auch wenn es keine einzige Aufgabe lösen kann. Es ist dann lediglich als testunfähig zu bezeichnen.

– Die Brauchbarkeit der Testbatterie zur Vorhersage von Bildungsmöglichkeiten und zur Planung pädagogischer Fördermaßnahmen konnte von *Eggert (1974)* nachgewiesen werden.

2.4. Die Sozialentwicklung

Es ist bereits oben (S. 48 f.) auf die definitorische Koppelung von Intelligenz- und Sozialentwicklungsdaten insbesondere in den USA *(AAMD)* aufmerksam gemacht worden. Geistige Behinderung wird demnach nicht allein über den IQ, sondern auch über entsprechende Rückstände in der sozialen Anpassung bestimmt.

Als ein Instrument zur vergleichenden Feststellung sozialer Fertigkeiten und der Möglichkeiten ihres Erwerbs hat sich vor allem in den USA die *Vineland Social Maturity Scale* von *Doll (1953)* bewährt *(E. Specht 1963, G. Lüer, R. Cohen* und *W. Nauck 1966)*. Die durch Befragung der Eltern ermittelten, in einem Sozialquotienten (SO) quantifizierbaren Ergebnisse geben Aufschluß über sechs Kategorien sozialer Umgänglichkeit: Selbsthilfe, Fortbewegung, Beschäftigung, Kommunikation, Selbstbestimmung und Soziabilität. – Eine Kurzform dieses Sozialreifetests ist in die *Testbatterie für geistig behinderte Kinder* (TBGB) aufgenommen worden.

Die in den USA von *Nihira und Mitarbeitern (1969)* entwickelte *Adaptive Behavior Scale* (AAMD-Revision 1975) ist ein differenziertes und erweitertes Verfahren zur Messung des Anpassungsverhaltens. Sie gliedert sich in zwei Teile: *Teil 1* orientiert sich an der *Entwicklungssequenz* und ist in *zehn Funktionsbereiche* untergliedert, die für die *persönliche Unabhängigkeit* im täglichen Leben wichtig sind:

- Selbsthilfe (Essen, Waschen, Kleider, Toilettenbenutzung u.ä.)
- physische Entwicklung (Sensomotorik)
- ökonomische Aktivität (Umgehen mit Geld, Einkaufen)
- Sprachentwicklung
- Zahlen und Zeiten
- häusliche Aktivität (Wäsche, Küche etc.)
- berufliche Aktivität
- Selbstbestimmung (Initiation, Beständigkeit, Freizeit)
- Verantwortlichkeit
- Sozialisation.

Im *Teil 2* werden Formen des Fehlverhaltens als *Persönlichkeits- und Verhaltensstörungen* erfaßt:

- Verletzendes und destruktives Verhalten
- antisoziales Verhalten
- auflehnendes Verhalten
- unzuverlässiges Verhalten
- Zurückgezogenheit
- Stereotypien
- unangemessene interpersonelle Angewohnheiten
- nicht akzeptierbare stimmliche Gewohnheiten
- exzentrische Gewohnheiten
- selbstverletzendes Verhalten
- hyperaktive Neigungen
- sexuell abweichendes Verhalten
- psychologische Störungen
- Gebrauch von Medikamenten.

Es handelt sich jeweils um *Schätz-Skalen.* Für jeden Teil werden Zahlenwerte ermittelt, die differenziert und umfassend Aufschluß über das individuelle Niveau des Adaptionsverhaltens und seine Störungen geben.

Weite Verbreitung hat hierzulande ein anderes Meßverfahren für soziale Kompetenz gefunden, die *PAC-Methode (Progress Assessment Chart)* von *Gunzburg (1978).* Sie stellt eine pädagogische Analyse und zugleich ein Curriculum der Sozialentwicklung dar. In Diagrammform werden aufgelistete Fertigkeiten per Beobachtung registriert und zwar in vier Bereichen:

- Selbsthilfe (Essen, Bewegung, Toilette, Waschen, Anziehen)
- Verständigungsvermögen (Sprache, Zahlenbegriffe)
- Sozialanpassung (häusliche Tätigkeiten, Spielen)
- Beschäftigung (Wendigkeit, Fingerfertigkeit).

Es sind jeweils pro Altersstufe eigene Verfahren entwickelt worden. Der Vorteil dieser sequentiell angeordneten Fertigkeiten liegt darin, den jeweils nächsten Entwicklungsschritt ausmachen und die Effektivität der entsprechenden Fördermaßnahme kontrollieren zu können. Das *PAC-System* ist mit seinen Vergleichswerten unmittelbar an den Durchschnittsleistungen geistig behinderter Kinder und Jugendlicher orientiert. (Beziehbar deutsch über Bundesvereinigung Lebenshilfe, Marburg/Lahn.)

Eine praktisch orientierte Kombination von Einschätzungen von Kompetenzen in den Bereichen Motorik, Wahrnehmung, Selbstversorgung, Umweltorientierung, Kulturtechniken, Lernverhalten, Sprache, Sozialverhalten und Verhaltensstörungen stellt das *Heidelberger Kompetenz-Inventar für geistig Behinderte nach Holtz u. a. (1984)* dar *(Holtz 1994).*

2.5. Persönlichkeitseigentümlichkeiten

Die pädagogisch-psychologische Beurteilung eines geistig behinderten Kindes wird sich auch auf charakteristische Eigenheiten seiner Persönlichkeit beziehen müssen, wenn ein Gesamtbild seines Verhaltens und Erlebens vorliegen soll. Durch implizite Beobachtungen und Einschätzungen kennt ein Lehrer an sich recht gut solche Charakteristika in Bereichen der Emotionen, Motivationen, Stimmungen, Handlungsstile, Ausdrucksweisen, Kommunikationsstile u. a. *Hutt, Gibby (1976)* halten es für notwendig, Näheres zu wissen über das Entwicklungsniveau der Persönlichkeit, über den Stand der Ich-Entwicklung, über die Art und Stärke innerer Konflikte, über bevorzugte Abwehrmechanismen und über psychopathologische Reaktionsweisen. Klinische Psychologen, Psychiater und Lehrer müßten zusammenwirken, um ein differenziertes Bild der Persönlichkeit einschließlich seiner Dynamik erhalten zu können.

Die diagnostischen Schwierigkeiten beim geistig behinderten Kind liegen auf der Hand: Es ist nur begrenzt fähig auszusagen, wie es sich fühlt und was es denkt. Übliche Persönlichkeitstests eignen sich daher nur sehr bedingt, meist gar nicht (vgl. *Hutt, Gibby, 278, Spreen 1978, 74*). Von *Hofer-Krauss* und *Eggert (1972)* ist ein eigener Persönlichkeitsfragebogen für geistig behinderte Kinder entwickelt worden, der über Beobachtung Geltungsbedürfnis, Wunsch nach Zuwendung, Ordnungsbedürfnis, Trotzverhalten, Unruhe und Einordnen in die Gruppe erfaßt (b. *Eggert 1979, 412*).

Auch die bereits genannte *AAMD-Adaptive Behavior Scale* ist geeignet, Persönlichkeitseigentümlichkeiten zu registrieren, insbesondere Störungen.

VI. Erziehung und Bildung: Grundbegriffe

1. Erziehungsbedürftigkeit und Bildbarkeit

"Der Mensch kann nur Mensch werden durch Erziehung. Er ist nichts, als was die Erziehung aus ihm macht" *(I. Kant, Über Pädagogik 1803, 1977, 699).* Und doch ist die Anerkennung der Bildbarkeit und der Notwendigkeit von Erziehung des Menschen mit einer geistigen Behinderung kein gesichertes Kulturgut. Es gab Zeiten und Kulturen, die dem "Geistesschwachen" Wert und Sinn seiner Bildung absprachen. Im vorigen Jahrhundert entstand der Begriff der sogenannten *Bildungsunfähigkeit.* Er führte dazu, die Notwendigkeit von schulischer Bildung und Erziehung für diese Gruppe von Menschen zu verneinen.

Wir sprechen damit einen zwar erziehungswissenschaftlich umstrittenen Sachverhalt an und verweisen dabei auf die kritische Analyse des Begriffes der "Erziehungsbedürftigkeit" bei *Brezinka (1974, 156ff.),* sehen in ihm aber auch einen zentralen und heilpädagogisch wichtigen Fragenkomplex. Er läßt sich zunächst auf die Kurzformel bringen: Brauchen geistig behinderte Menschen Erziehung, sind sie darauf angewiesen, daß sie erzieherischen Einflüssen ausgesetzt werden, oder genügt für sie das, was man unter "Pflege" (care) versteht? Eine Klärung dieses Phänomens erweist sich als außerordentlich schwierig, da die zu verwendenden Begriffe höchst unpräzise und empirische Evaluationen kaum möglich sind, zumal in einem so kritischen Grenzbereich, wie ihn die geistige Behinderung darstellt. Eine Klärung ist nicht allein auf metawissenschaftlicher Ebene interessant, sondern ist auch ganz konkret für den betroffenen Menschen und die für ihn zu besorgende spezielle Erziehung wichtig. Bei einer Verneinung der Notwendigkeit von Erziehung und Bildung bliebe der geistig behinderte Mensch der bloßen Pflege überlassen.

Für unseren Klärungsversuch ist die Verbindung des Begriffs der generellen mit dem der individuellen Erziehungsbedürftigkeit wichtig (vgl. *Brezinka, a.a.O.*). Während ersterer Begriff sich einer empirischen Überprüfung entzieht und nur einer pädagogisch-anthroplogischen Analyse zugänglich ist, läßt sich die individuelle "Erziehungsbedürftigkeit" in gewisser Hinsicht auch objektivieren. Eine Schlüsselfrage spielt in jedem Fall der Inhalt dessen, was unter Erziehung (oder Bildung) zu verstehen ist. Wir haben demnach noch dreierlei zu klären:

Gibt es eine generelle Bedürftigkeit des Menschen, also auch des geistig behinderten Menschen, erzogen zu werden? Was beinhaltet eine individuelle Erziehungsbedürftigkeit des geistig behinderten Menschen? Was heißt Erziehung des geistig behinderten Menschen?

1.1. Generelle Erziehungsbedürftigkeit

Die Frage, ob der Mensch als ein naturnotwendig erziehungsbedürftiges Wesen zu kennzeichnen ist, ob er nur durch Erziehung wirklich Mensch werden kann, ist eine Frage der pädagogischen Anthropologie oder Erziehungsphilosophie. Wenn sie bejaht werden kann, dann gilt sie auch für den geistig behinderten Menschen. Es läßt sich im Sinne der Analyse von *Brezinka (a.a.O.)* feststellen, daß Erziehungsbedürftigkeit "das Merkmal einer Person ist, der Erziehung bedürftig zu sein" *(160);* das bedeutet, der Mensch hat generell Erziehung nötig, um Mensch werden zu können, um lebensfähig zu sein, um als vollwertiger Mensch anerkannt zu werden. Erziehung gilt damit als Bedingung des Menschseins. Der Mensch ist educandus, ein zu erziehender, zu bildender *(Langeveld 1965, Roth 1966).*

Diese allgemeine These setzt Erziehbarkeit (educability) oder Bildbarkeit, hier des geistig behinderten Menschen, voraus. Gemeint ist seine Zugänglichkeit oder Empfänglichkeit für erzieherische Einwirkungen. Es dürfte schwierig, wenn nicht unmöglich sein, diese in jedem Falle einer geistigen Behinderung empirisch nachzuweisen, zumal auch der Begriff der Erziehung sich einer operationalen Klärung entzieht. Dies aber wäre noch kein Grund, eine generelle Bildbarkeit selbst im Falle einer schweren Behinderung und einer in hohem Maße gegebenen Pflegebedürftigkeit in Frage zu stellen.

Die These, daß "alle, die als Menschen geboren worden sind, der Unterweisung bedürfen, weil sie Menschen sein sollen" – *Comenius (Gr. Didaktik, 1985, 49)* meinte dabei auch "stumpfe Geister" *(a.a.O., 70)* – wird pädagogischerseits nicht unwidersprochen hingenommen, und zwar dann, wenn man in der Erziehungswirklichkeit bei Schwergeschädigten meint, an die Grenzen des pädagogisch Möglichen gelangt zu sein, wenn man den Eindruck gewinnt, als habe man es bei einem solchen geistig kaum anregbaren Menschen nicht mit einem begegnenden Du, sondern mit einem kommunikationslos vegetierenden Es zu tun, dem jegliche Bildbarkeit ermangele. So sah u.a. *Derbolav* den "homo patiens" als einen erst auf dem Wege zu seiner Bildsamkeit befindlichen Menschen an. Ihm sei die den "homo educandus" konstituierende Bildsamkeit abzusprechen (*Derbolav* 1959).

Liefe ein solches Unterfangen nicht konsequenterweise darauf hinaus, darüber befinden zu müssen, wer als Mensch im Vollsinne des Wortes anzusehen sei und wer nicht? Damit könnte auch der Begriff des "lebensunwerten Lebens" und der "Euthanasie" eine Rechtfertigung erfahren. Löwisch sieht "massive Inhumanität" als Folge eines Absprechens von Bildsamkeit an *(Löwisch 1969, 153).*

In seiner "erziehungsphilosophischen Grundlegung der Heilpädagogik" geht *Löwisch* hinsichtlich der Frage der Bildsamkeit davon aus, daß Geistigkeit, Aktivität und Psyche unabdingbare Konstituenten des Menschseins darstellten, die also prinzipiell nicht geleugnet werden könnten, und daß die Notwendigkeit pädagogischer Mühewaltung nicht aufhebbar sei. Vielmehr erweise sich bei "Zugrundelegung des Prinzips der Aktivität des Subjekts" auch noch die schwerste geistige Behinderung als pädagogische Aufgabe *(ibid., 156).* "Die prinzipielle Bildsamkeit des behinderten Menschen" aber lasse sich – wie jedes Prinzip – "durch Erfahrungsbeweise nicht widerlegen oder aus der Welt schaffen" *(ibid.).*

Wenn von Bildbarkeit bei schwer geschädigten Menschen die Rede ist, so kann es sich nicht um eine materiell zu messende Größe, also auch nicht um ein "gewisses Minimum" handeln, sondern um ein Postulat der conditio humana, das man mit der gebotenen prinzipiellen Offenheit so fassen könnte: *Bildbarkeit* ist die Verwirklichungspotentialität für Menschlichkeit unter der Voraussetzung von Erziehung und Bildung, wobei Menschlichkeit als Menschsein unter Menschen zu begreifen ist.

Zusammenfassend läßt sich postulativ feststellen:

Das geistig behinderte Kind ist als Mensch unter Menschen der Erziehung bedürftig, ist animal educandum. Es geht von ihm – für den Menschen erkennbar – "der Appell (aus), erzogen zu werden" *(Vliegenthart 1968).* Wir können ihn allgemein als den "Wunsch, mitmachen zu dürfen in den Dingen der Menschen", sich zugehörig zu erleben, definieren. Er bedarf dazu einer seiner Besonderung entsprechenden Hilfe. Sie ist darauf gerichtet, "diejenige Form des Menschseins in seinem Leben zu verwirklichen, die ihm möglich ist" *(Vliegenthart, ibid., 33, Speck 1998b).*

Der Bildungsanspruch des geistig behinderten Kindes ist eine pädagogisch-anthropologische These, der widersprochen wird. Sie ist nicht etwas naturhaft Selbstverständliches, sondern ein kulturelles Phänomen. Wie jedes Kulturgut muß es immer wieder verteidigt werden *(Vliegenthart 1968).* Die Aufgabe der Verteidigung der Rechte der Schwachen wird immer nur von einer kleinen Gruppe oder einzelnen als Anruf vernommen. Wohl kaum wird die große Menge der Gesunden und Tüchtigen jemals diese Aufgabe verstehen *(Moor 1964).*

Der geistig behinderte Mensch ist wie jeder Mensch prinzipiell bildbar. Der Begriff "Bildungsunfähigkeit" ist pädagogisch-anthropologisch untragbar. Er ist in sich gleichbedeutend mit dem Absprechen des Wertes als Mensch, ist historisch außerordentlich belastet und als anzuwendende Bestimmung praktisch nicht vollziehbar *(vgl. Hanselmann 1958, 111).*

Auch der Begriff der *schulischen* Bildbarkeit als Abgrenzungskriterium löst nicht das pädagogische Problem der schwerbehinderten Kinder und Jugendlichen. Da er nicht operationabel und von der jeweiligen Definition von Schule abhängig ist, ist er eher dazu angetan, das Unrecht der amtlichen pädagogischen (schulischen) Vernachlässigung zu perpetuieren. Die Schule kann sich von ihrem gesellschaftlichen Auftrag als Bildungsorganisation *für alle* hier nicht von ihrer Verpflichtung für *alle* geistig behinderten Kinder entbinden.

1.2. Individuelle Bildbarkeit

Wie ist für das einzelne geistig behinderte Kind dessen Bildbarkeit und spezielle Erziehungsbedürftigkeit zu sehen, empirisch aufzuweisen und zu bewerten? Konkret gefragt: Woran erkennt man die tatsächliche positive Beeinflußbarkeit von Entwicklung durch Erziehung im Falle einer geistigen Behinderung? Es empfiehlt sich, zunächst eine inhaltliche Bestimmung dessen zurückzustellen, was dabei unter "Erziehung" zu verstehen ist. Dieser Begriff ist selber ein sehr allgemeiner und entzieht sich einer Überprüfung seiner Wirksamkeit im Edukandus. Wir erinnern uns: Neurobiologisch gesehen wählt der Mensch als autopoietisches System aus seiner Umwelt (Erziehung) selber aus, was in ihm zur Wirkung kommt. Die Umwelt ist nur Auslöser von möglichen Wirkungen (vgl. *Maturana, Varela 1987*). Es genügt also zunächst, statt vom komplexen und ziel- und absichtsorientierten Begriff der Erziehung auszugehen, nach dessen Teilinhalt sozialer Einwirkungen und nach Lernfähigkeit zu fragen. Erziehung als Prozeß beruht in jedem Falle auf sozialer Einwirkung und Lernen.

Die elementare empirische Frage müßte also lauten: Sind geistig behinderte Kinder – einschließlich der schwer geschädigten – sozialen Einflüssen zugänglich? Sind sie lernfähig? Beobachtungen lehren, daß eine solche Lernfähigkeit und Zugänglichkeit für soziale Einwirkungen besteht. Selbstverständlich sind diese Interaktionen von der Wirkweise des Gehirns abhängig. Dieses kann derart geschädigt sein, daß beim zu beobachtenden Verhalten nicht unterschieden werden kann, ob es angeborenes oder erlerntes Verhalten ist *(Maturana, Varela, a.a.O., 188)*. Da es diese Unterscheidungsmöglichkeit durch Beobachtung nicht gibt, ist es unzulässig, soziale Beeinflußbarkeit auszuschließen. Wir haben vielmehr von einer plastischen Struktur des Organismus auszugehen, d. h. von einer Entwicklungsfähigkeit im Sinne von Veränderbarkeit durch Interaktionen. Was dabei abläuft, ist Lernen "als Ausdruck einer Strukturkoppelung ..., in der die Verträglichkeit zwischen der Arbeitsweise des Organismus und des Milieus aufrechterhalten wird" *(Maturana, Varela, a.a.O.)*.

Erziehbarkeit oder Bildbarkeit stellt nun einen speziellen Aspekt der hier allgemein bestätigten Lernfähigkeit dar. Nicht jedes Lernen beruht auf Erziehungseinwirkungen. Jedenfalls wird unter Erziehung und Bildung gemeinhin eine *spezielle* Klasse von sozialen Einwirkungen verstanden. Es ginge nun darum, diese von einem sogenannten naturhaften Lernen und von einem allgemeinen sozialen Einfluß zu unterscheiden. Erst dann kann von einer Erziehbarkeit bzw. Bildbarkeit geredet werden. Ohne hier schon auf den Inhalt von Erziehung und Bildung einzugehen, kann vermerkt werden, daß es sich um ein qualitativ anderes Niveau handelt als um bloße Anpassung durch naturhaftes Lernen, vor allem um andere als rein biotische Prozesse. *Mühl (1969)* definiert "Bildsamkeit" als "Ansprechbarkeit auf Dinge und Menschen". Was heißt "Ansprechbarkeit"? Der Begriff erscheint für die Praxis allzu unbestimmt. Man ist geneigt, ihn näher zu bestimmen. Dies kann dazu führen, sogenannte Minimalkriterien für eine Persönlichkeitsentwicklung anzugeben, wenn Erziehung auf Persönlichkeitsbildung bezogen sein soll. Welche wären solche Minimalkriterien, und sind sie empirisch bestimmbar?

Die Psychiatrie hat immer wieder versucht, eine derartige Grenzziehung vorzunehmen und zwar auf der Grundformel: Idiotie ist Bildungsunfähigkeit. So behauptete etwa der Psychiater *Villinger (1928)*, daß die pädagogische Beeinflussung "von vornherein ausgeschlossen" sei überall da, "wo das Gehirn in seiner Anlage so schwere Mißbildungen aufweist, und wo es durch frühe intra- oder extrauterine krankhafte Störungen so tiefgreifende Schädigungen erlitten hat, daß jener Zustand entsteht, den der klinische Sprachgebrauch als Idiotie bezeichnet" *(242)*. Daß es sich durchaus nicht um eine rein organisch gesetzte Begrenzung handelt, sondern um implizite sozietäre Setzungen, geht aus folgendem Satz hervor: Erziehbar ist ein Individuum, "dessen Fähigkeiten unter durchschnittlichen äußeren Bedingungen hinreichen, um ihm den ungestörten Verbleib im freien Gemeinschaftsleben zu ermöglichen, d.h. um es nicht dauernd verwahrungs- oder anstaltsbedürftig im weitesten Sinn zu machen" *(243)*; aber schließlich muß der Psychiater doch einräumen: "Nirgends meßbare Verhältnisse" *(a.a.O.)*!

Offensichtlich auf der Basis solcher medizinischer Einlassungen glaubte der Heilpädagoge *Egenberger (1926)*, die Bildungsfähigkeit abnormer Kinder sei von einem "inneren geistigen Organ" abhängig. Erziehbar und bildbar seien nur "jene Abnormen, deren Gebrechen, Krankheiten, Störungen und Hemmungen das geistige Individuum an sich nicht zerstört haben" *(39)*. Darüber aber, was darunter zu verstehen sei, seien wissenschaftlich bestimmte Antworten nicht möglich. Sie seien auch nicht in Definitionen zu fassen.

Wenn es keine Meßbarkeit für Nicht-Bildsamkeit gibt, kann auch nicht objektiviert werden, wann jemand als "homo educandus" zu werten sei, und wann ihm als lediglich "homo patiens" Bildsamkeit abzusprechen sei.

Auch in neuerer Zeit sind immer wieder Versuche gemacht worden, im Menschen gegebene Minimalkriterien für Bildbarkeit zu bestimmen. *Fletcher (1972)* beispielsweise nennt solche Minimaleigenschaften als Kriterien von Leben als menschlichem Leben: minimale Intelligenz, Explorationsdrang, Selbstbewußtsein, Zeitgefühl, Kommunikationsfähigkeit u.a. (zit. b. *Stolk 1988, 120*). Nach *Chirrek u. a. (1985)*, die bei geistig schwer Behinderten den Status einer Persönlichkeit in Frage stellen, müsse als Minimalkriterium die Fähigkeit vorhanden sein, "soziale Beziehungen zu realisieren", die Fähigkeit eines Ich-Bewußtseins und eines Personenerlebens, das Bedürfnis nach aktiver Zuwendung zu anderen Menschen und die Fähigkeit, sich in eine verständnisvolle Gemeinschaft einzuordnen" *(1004)*. Bei schwerster Oligophrenie (Idiotie) könne man nicht mehr sinnvoll von Persönlichkeiten sprechen. – Das kann nichts anderes bedeuten, als daß Bildung (einer Persönlichkeit) nicht möglich sei, also lediglich "Pflege" angezeigt sei.

Eine ähnliche Unterscheidung ist in der amerikanischen Terminologie verwendet worden, nämlich die zwischen "educability" und "trainability" (vgl.

Jordan [2]*1966, 372*). Abgesehen von der Unmöglichkeit, diese globale Unterscheidung von Fähigkeitsstufen empirisch zu praktizieren (über einen IQ 50), interessiert hier der semantische Hintergrund: "Erziehbarkeit" (Bildbarkeit) wird "nach unten" begrenzt. Was darunter liegt, wird als bloße "Trainierbarkeit" angesehen.

In unserer schulorganisatorischen Terminologie kennt man eine analoge Mindestgrenze von "Bildbarkeit". Sie wird über die Begriffe "Schulfähigkeit" oder "schulische Bildbarkeit" praktiziert. Wer als "schulisch nicht bildbar" diagnostiziert wird, braucht eine Schule nicht zu besuchen. Wenn auch diese Grenze heute weit hinausgeschoben worden ist und nahezu alle geistig schwerer behinderten Kinder die Schulen für geistig Behinderte besuchen, existiert rechtlich und praktisch diese Differenzierung von Bildbarkeit doch. Sie unterliegt der rechtlichen Definition von "Schule" (vgl. *Heckel 1977, 89*).

Bei ihrer Entscheidung bezüglich einer "Schulbefreiung" stützt sich die Schulbehörde im wesentlichen auf eine ärztliche Stellungnahme. Diese lautet in aller Regel lapidar wie folgendes Beispiel aus dem Jahre 1986: "Ärztliche Bescheinigung: Bei K. besteht wegen Idiotie völlige Bildungsunfähigkeit. Die Teilnahme am Schulunterricht ist daher völlig sinnlos."

Bei aller Notwendigkeit, daß bei einer so schwierigen Entscheidung auch fachärztlicherseits eine Stellungnahme vorliegen muß, die im wesentlichen einen Krankheitsbefund darstellt, kann eine apodiktische Aussage wie die obige als Entscheidungsbasis nicht ausreichen, zumal sie sich auf Begriffe wie Bildung und Unterricht bezieht, die eindeutig nur pädagogisch definiert werden können, nicht aber medizinisch.

Gegenwärtig ist zu befürchten, daß Entscheidungen über "Schulbefreiungen" auch von *wirtschaftlichen* Prüfkriterien abhängig gemacht werden, wenn nämlich der Staat den schulischen Aufwand für diesen Personenkreis aus fiskalischen Gründen als zu hoch einschätzen sollte.

Wie unterschiedlich Bildungsniveaus festgelegt werden, zeigte die Situation in der ehemaligen DDR: Hier galten diese Kinder und Jugendlichen generell als "schulbildungsunfähig" *(Ministerium für Gesundheitswesen der DDR 1987, 19)*. Sie wurden abgehoben von den "schulbildungsfähigen Intelligenzgeschädigten", galten jedoch als "förderungsfähige Intelligenzgeschädigte", kurz auch "Förderungsfähige" bezeichnet. Ihre Förderung erfolgte in "Rehabilitationspädagogischen Förderungseinrichtungen". Diese gehörten nicht zum Schulwesen, unterstanden also nicht dem für Schulen zuständigen Ministerium, sondern dem für das Gesundheitswesen. Wichtig ist wiederum eine zusätzliche Abgrenzung "nach unten": Von den "Förderungsfähigen" wurden die "im Sinne der Zielsetzung Rehabilitationspädagogischer Förderungseinrichtungen nicht mehr bildbaren, jedoch noch individuell elementar rehabilitativ förderungsfähigen Intelligenzgeschädigten" unterschieden *(a.a.O.)*. Es handelte sich um den Personenkreis der geistig schwerst Behinderten, die auch als "förderpflegebedürftig" bezeichnet wurden *(Trogisch 1977)* und die im wesentlichen in Anstalten leben.

Analoge aber nicht begrifflich deckungsgleiche Gradabstufungen dürften in allen vergleichbaren Ländern existieren. Der Fortschritt gegenüber der einstigen pauschalen "Bildungsunfähigkeit" bei schwer "schwachsinnigen" Kindern, die schon *Hanselmann (1958)* als theoretisch falsch und praktisch gefährlich verworfen hatte, besteht darin, daß eine generelle Bildbarkeit angenommen wird und pädagogische Förderung (auch in Verbindung mit Pflege) in jedem Fall indiziert ist. Hinsichtlich der prinzipiellen Notwendigkeit von Erziehung für alle geistig behinderten Personen besteht heute international weitgehende Übereinstimmung, auch wenn bei den am schwersten geschädigten Pflege dominant werden kann (vgl. *Gunzburg 1974, 654*). Als Problem bleibt die empirische Überprüfbarkeit des im Einzelfall gegebenen Grades der Bildbarkeit.

Selbst die eigens für geistig behinderte Kinder entwickelte Testbatterie TBGB *(Bondy, Cohen, Eggert, Lüer 1969)* läßt ausdrücklich keine derartige Aussage hinsichtlich einer zu unterscheidenden Bildbarkeit zu. Dieser Begriff erweist sich in der Wirklichkeit als letztlich nicht operationabel. Schulische Bildbarkeit aber bleibt inhaltlich davon abhängig, wie sich Schule definiert. Sie wird im Falle einer schweren geistigen Behinderung zum Schulproblem *(Spreng 1979)*. Unter einem integrationspädagogischen Gesichtspunkt, wie er in der Gesellschaft aktuell vertreten wird, müßte gefolgert werden, daß Schule als Bildungseinrichtung für alle geistig behinderten Kinder – welchen Grades der Bildbarkeit auch immer – zu gelten hat. Der Auftrag von Schule und der Inhalt von Bildung sind freilich verschiedenen Auslegungen ausgeliefert.

2. Erziehung als spezifischer Handlungsansatz

Bildbarkeit ist davon abhängig, was unter Bildung und Erziehung verstanden wird. Es gibt sie real überhaupt nur dann, wenn Erziehung wirksam ist, also nicht bloße Pflege. Negativ gesehen kann Bildsamkeit durch unzulängliche Erziehung, durch soziokulturelle Benachteiligung wie durch organische Defekte derart behindert sein, daß es gemeinhin schwerfällt, Ansätze für eine sinnvolle pädagogische Mühewaltung, für eine spurenhafte Bildbarkeit, ausfindig zu machen. Vielfach wurde generell Bildbarkeit als Voraussetzung für Erziehung angesehen, nicht jedoch als ein Phänomen, das erst durch Erziehung erkennbar wird. Sie wird negiert, wenn Erziehung auf Ziele fixiert wird, die in abstrakten geistigen Höhen angesiedelt sind.

In diesem Sinne dürfte die pädagogische Reflexion über Erziehungsziele und Bildungsideale indirekt dazu beigetragen haben, den Abstand zwischen Ideal und behinderter Wirklichkeit so sehr zu erweitern, daß der extrem bildungsschwache Zögling fast völlig aus dem Gesichtsfeld der Pädagogik entrückt und als nicht bildbar gekennzeichnet werden konnte. Gar zu lange ging die pädagogische Theorie von einem Idealtyp des Zöglings aus, für den höchste Ziele als allgemeinverbindlich und realisierbar gedacht wurden, wie z. B. die Ausprägung des Bildes "edler menschlicher Vollkommenheit" *(F. Sawicki)*, "die Charakterstärke der Sittlichkeit" *(Rein)*, das "autonome Glied der historischen Kulturgemeinschaft" *(J. Cohn)*, "die machtvolle und liebevolle Persönlichkeit" *(E. Otto)*, die "Fähigkeit, im Gespräch der Gesellschaft mündig mitzusprechen" *(J. Dietz)* oder die "geistige Auseinandersetzung des Menschen mit der Welt, das wesentliche und willentliche Selbst- und Weltverhältnis des menschlichen Daseins" (*E. Fink*, sämtl. zit. b. *Erlinghagen 1960*).

An solchen Hochzielen und Menschenbildern gemessen bleibt der geistig behinderte Mensch so weit zurück, daß ein Erziehungsversuch von vornherein als hoffnungslos erscheint. Gegen derartig abstrakte und fixierte Bildungsideale ist einzuwenden, daß die Vielfalt der Erscheinungs- und Verwirklichungsweisen des Menschlichen es unmöglich erscheinen läßt, der Pädagogik ein abgeschlossenes und für alle verbindliches "objektives" Bild vom Menschen zugrunde zu legen. Dieses wäre nach *Bleidick* dazu angetan, "die dem Wesen des Behinderten entsprechenden Möglichkeiten" zu verstellen *(1978, 431)*. Es gehöre zur conditio humana, daß sich der Mensch im Prinzip als offene Frage *(Plessner)* verstehe. – Dies schließt freilich nicht aus, daß Erziehung sich praktisch stets an einem bestimmten immanenten Menschenbild orientiert.

Unzulässig ist es jedenfalls, Bildbarkeit allein als Merkmal des Zöglings zu bewerten, und nicht auch die Unzulänglichkeit der gewährten Hilfe durch Erziehung in Rechnung zu stellen. Manches Kind, das einst oder dort als "hoffnungslos" aufgegeben worden ist, kann heute oder hier adäquate Hilfe finden und seine Bildbarkeit entfalten. Angesichts der Relativität der Hilfe und der manchmal kaum erkennbaren Bildbarkeit ließe sich in den Bereichen extrem verminderter bzw. kaum wahrnehmbarer Bildsamkeit von *spurenhafter Bildbarkeit* reden *(Speck 1964)*.

Entscheidend ist die Frage nach dem *Inhalt* der gerade bei geistig schwerer behinderten Kindern angezeigten speziellen Erziehung. Was soll als Antwort auf ihre "speziellen Erziehungsbedürfnisse" verstanden werden? Der Begriff "Erziehung" ist höchst umstritten. Eine Begriffsanalyse, wie sie beispielsweise *Brezinka (1974)* um der wissenschaftlichen Brauchbarkeit wegen vorgelegt hat, kann hier nicht vorgenommen werden. Wir müssen uns vielmehr auf diejenigen Begriffspunkte beschränken, die unter dem o. g. heilpädagogischen Aspekt wichtig sind. Daß dabei vieles im unklaren bleiben wird, muß in Kauf genommen werden. (Die Wahrheit liegt nicht unbedingt im Klaren!) Dies liegt in erster Linie am Begriff Erziehung selber. *Brezinka (1974)* verweist eingangs selber auf *Aristoteles*, der in seiner Nikomachischen Ethik schrieb, daß es den Gebildeten kennzeichne, "in jedem einzelnen Gebiet nur so viel Genauigkeit zu verlangen, wie es die Natur des Gegenstandes zuläßt" *(11)*. Mit Sicherheit läßt der Begriff Erziehung keine genaue, d.h. eindeutige Bestimmung seines Inhalts zu. Das zeigt u.a. die ausgiebige und kontroverse Diskussion. Er ist und bleibt – wie alle existentiell zentralen Begriffe – unscharf. Es sind nur Annäherungen an ihn möglich. Jeder Versuch, ihn um der Wissenschaftlichkeit wegen rein objektiv, operationabel zu fassen, beschwört die Gefahr herauf, ihn auf Teilinhalte zu reduzieren, nämlich auf das vermeintlich Überprüfbare.

Das soll nun nicht heißen, daß wir den Begriff der Erziehung, hier der speziellen Erziehung beim Vorliegen einer geistigen Behinderung, der totalen Beliebigkeit der Interpretation aussetzen. Im Gegenteil, es geht uns auch darum, zu verhindern, daß unter Erziehung alles Mögliche verstanden wird. Ein solcher Klärungsversuch ist nicht zuletzt auch für die heilpädagogische Praxis wichtig. Erziehung, hier spezielle Erziehung, muß sich auch bewähren, und das kann sie nur, wenn man näher bestimmen kann, was damit gemeint ist.

Unter diesem Aspekt einer angenäherten (begrenzten) Objektivierung läge es nahe, in Analogie zum verhaltensmodifikatorischen Modell unter Erziehung ein "absichtliches Eingreifen eines menschlichen Wesens in den Ablauf des natürlichen Geschehens" zu sehen (*Körner 1970,* zit. b. *Brezinka, a.a.O., 70f.*). Solches "Eingreifen" wäre überprüfbar, wenn dabei das Kind X von einem Entwicklungsstand A zu einem Zielzustand B gebracht würde. Die Praxis der Verhaltensmodifikation hat gelehrt, daß die hier notwendige Variablenisolierung und damit eine entsprechende Veränderungsmessung generell nicht möglich ist.

Nichtsdestoweniger gibt es zahlreiche Ansätze dieser Art vermeintlich überprüfbaren Vorgehens gerade bei geistig behinderten Kindern. Verwiesen sei beispielhaft auf *Haring, Brown (1976),* ebenso auf das hierzulande immer wieder zitierte Experiment eines Schulreifetrainings von *Klauer (1967).* Zu fragen ist, ob es sich dabei wirklich um Erziehung (auch im Sinne von *Brezinka 1974*) handelt oder lediglich um bloße Verhaltensänderung. "Auf diese Weise wird die Pädagogik zur Transportkunde und die Orthopädagogik zur Lehre von den problematischen Transporten" *(ter Horst 1983, 104).*

Auch *Brezinka* verwirft an sich einen solchen Ansatz, der den erreichten Erfolg einschließt, da das beobachtete Lernergebnis nicht kausal zwingend auf das pädagogische Eingreifen zurückführbar sei. Begrifflich bedeutsam sei vielmehr der *Versuchs*charakter von Erziehung. Dieser Aspekt erscheint uns wichtig, wenn es darum geht, heilpädagogische Maßnahmen zu rechtfertigen. Daß Erziehung ein immer wieder neu anzusetzender Versuch mit ungewisser Wirkung ist oder sein kann, wird gerade bei schwerer behinderten Kindern evident. Andererseits kann aber auch nicht bezweifelt werden, daß diese Versuche auf mögliche Erfolge hin ausgerichtet sind. *Brezinka* spricht *(a.a.O.)* in der eigenen Definition vom Versuch, etwas beim Kind, nämlich seine psychischen Dispositionen, zu verbessern.

Um das begriffliche Problem zu verdeutlichen, das uns gerade bei schwerer behinderten, d.h. schwerer zugänglichen Kindern begegnet, sei *Brezinkas* Definition hier wiedergegeben: "Unter Erziehung werden soziale Handlungen verstanden, durch die Menschen versuchen, das Gefüge der psychischen Dispositionen anderer Menschen in irgendeiner Hinsicht dauerhaft zu verbessern oder seine als wertvoll beurteilten Komponenten zu erhalten" *(95).* Abgesehen davon, daß mit bloßen "psychischen Dispositionen" die gerade bei schwerer behinderten Kindern so wichtigen motorischen Funktionen (Selbstbesorgung etc.) unberücksichtigt blieben, sehen wir vor allem zwei kritische Punkte:

Einerseits wird die interaktionale Komplexität eindimensional reduziert durch die Bewegung, die vom Subjekt (Erzieher) ausgehend das Kind (Objekt) zum bloßen Empfänger deklariert. Andererseits wird in einem aktionistischen Verständnis Erziehen nur als direktes Handeln (am Kind) bestimmt. Zum einen ist zu sagen, daß – z. B. neurobiologisch gesehen *(Maturana, Varela 1987)* – die interaktionale Wechselwirkung in der sozialen Koppelung gar nicht aufhebbar ist, daß es eine rein transitiv erzeugte Verhaltensänderung nicht geben kann. Zum anderen gibt es einfach in der (durchaus "vorwissenschaftlichen") Erfahrung das oft zentral wichtige Phänomen einer erzieherischen Wirksamkeit durch ein zwar gerichtetes, aber inhaltlich unbestimmtes In-Beziehung-Treten, das trotz des Nicht-tätig-Seins doch zu einer erkennbaren Stützung (oder "Verbesserung") der Persönlichkeit des Kindes führt. Man könnte dabei von einer förderlichen oder stützenden und auch dabei vom Kind bestätigten wirksamen Bezogenheit sprechen.

P. Moor (1960, 129) nannte dieses Phänomen "pädagogische Zurückhaltung", d. h. eine Verhaltenheit des direkten erzieherischen Zugriffs. Es gibt Phasen im – selbstverständlich gestalteten – Erziehungsgeschehen, in denen gerade durch das Zurücktreten aller Aktivität erzieherische, z. B. ästhetische, kreative, religiöse, Wirkungen erst möglich werden. Wenn *Moor* in diesem Zusammenhang den "Erfahrungsansatz" anspricht, daß "das für die Erziehung Wichtigste da geschieht, wo es nichts zu erziehen gibt" *(a.a.O.)*, so ist damit auch der Tatsache Rechnung getragen, daß das Ergebnis von Erziehung jeweils vom Kinde selbst gesetzt wird. Bloßes, noch so sehr objektiviertes erzieherisch-therapeutisches Tätigsein kann als Aktionismus auch schaden, gerade bei Kindern, die unseren erzieherischen Absichten wegen der Schwere ihrer Behinderung kaum zugänglich sind. Zu denken ist hier etwa an eine "Stimulationspädagogik", deren systematischen "Interventionsstrategien" solche Kinder wehrlos ausgesetzt sind. Sie werden z. B. "gezwungenermaßen in ein Bad mit Plastikbällen gelegt", müssen "Ansichtskarten aus Ferienländern anschauen", werden "mit Pertra-Sätzen betreut und gefördert", kurz ihnen wird nicht selten eine 'Realität' aufgedrängt und aufgezwungen, die nicht ihre Wirklichkeit ist und auch nicht werden kann" *(Thalhammer 1986, 132f.)*. Es ist nicht unwesentlich, daß jeder "Zugriff" aus einer Distanzierung heraus geschieht, aus einer dem Kind fremden Absicht. "Erst das Aufhören jeder eigenen Absicht des Verstehens kann es empfänglich machen für das unentstellte Sein des Anderen" *(P. Moor 1960, 131)*.

Solche Umschreibungen mögen wissenschaftlichen Prüfkriterien nicht genügen, mögen als "vorwissenschaftlich" abgetan werden, erhalten aber doch unmittelbare Bedeutung in der erlebten Erziehungswirklichkeit. Sie erfordert offensichtlich einen komplexen Erziehungsbegriff, der nicht ausschließlich Objektivitäts- und Operationabilitätsgesichtspunkten entspricht, so partiell wichtig diese auch sein mögen, um etwa den Akt des professionellen, d. h. wissenschaftlich begründbaren erzieherischen Handelns auch rechtfertigen zu können. Praktisch nicht verzichtbar sind auch Begriffsinhalte, die mehr implizit und jenseits von direktem Tätigsein sich als erzieherisch bedeutsam erweisen. Betont sei ausdrücklich, daß auch das, was man unter "pädagogischer Zurückhaltung" verstehen kann, sich im Rahmen pädagogischer Verantwortung legitimieren muß, welche grundsätzlich Planmäßigkeit und Fachlichkeit einschließt. Insgesamt kann sich die Absicht des Stützens und Förderns nur in Annäherung an die speziellen Erziehungsbedürfnisse des behinderten Kindes bestimmen lassen. Zusammenfassend können wir Erziehung als spezielle Erziehung bei geistiger Behinderung so umschreiben: *Erziehung ist gerichtete soziale Interaktion, der die Intention zugrunde liegt, einen anderen Menschen in seiner Entwicklung und in seiner Verwirklichung rechten Lebens zu fördern und zu stützen.* Mit gerichteter sozialer Interaktion und mit der Formulierung *"in seiner ..."* soll zum Ausdruck kommen, daß sich "erzieherische Maßnahmen" an die potentiellen Verwirklichungsansätze und -möglichkeiten im Educanden anzunähern haben, daß der Zugang zu ihnen erst – durch soziale Interaktion – gefunden werden muß, daß es nicht um ein extern begründetes "Be-handeln" gehen kann. Der Bezug auf *"Entwicklung"* ist nötig, um die physiologisch (neuropathologisch) begründeten Prozesse in ihrer Differenziertheit in den Blick zu bekommen (vgl. *Speck 1988*). In der Kurzformel des *"rechten Lebens"* soll die generelle Orientierung allen Erziehens an einem wertvollen, einem menschenwürdigen Leben zum Ausdruck kommen. Erziehung ist nicht bloße Verhaltensänderung. Auch in "Fördern" liegt die Intention des besseren Zustandes, z. B. des fortgeschrittenen Entwicklungsstandes. Mit *"stützen"* wird einerseits die Verhaltenheit der erzieherischen Aktion zum Ausdruck gebracht, die dem Eigenaufbau der Persönlichkeit dienlich werden soll, andererseits die sichernde Begleitung einer erreichten wertvollen Persönlichkeitsstruktur. Diese Begleitung kann sich aber letztlich auch auf einen organisch bedingten Verfallsprozeß der Persönlichkeit beziehen, bei dem es gilt, die Menschlichkeit zu bewahren *(Theunissen 1997).*

3. Normalisierung der Lebenswelt

Ein umfassendes normatives Orientierungsprinzip für die soziale und pädagogische Gestaltung humaner Lebensbedingungen für Menschen mit geistigen Behinderungen stellt das *Normalisierungsprinzip* dar. Es stammt aus Skandinavien *(Bank-Mikkelsen 1972, Nirje 1974).* Es hat in den USA einen besonders starken Nachhall gefunden *(Wolfensberger 1972, Flynn, Nitsch 1980).* Eine Analyse der realen Wirklichkeit dieses Prinzips, seiner Ausbreitung und Akzeptanz in der Bundesrepublik und in Dänemark legten in einer Vergleichsuntersuchung *Thimm, v. Ferber und Mitarbeiter 1985* vor (s. a. *Wendeler 1992, Beck u. a. 1996*).

Den wesentlichen Inhalt des Normalisierungsprinzips formulierte *Bank-Mikkelsen* im Zusammenhang mit dem 1959 in Dänemark erlassenen "Gesetz über die Fürsorge für geistig Behinderte und andere besonders Schwachbegabte" lapidar so, daß diese Menschen ein Leben führen können sollten, "das so normal wie möglich" ist. Es lag darin die Forderung nach Abkehr von den tradierten isolierenden Massenunterbringungsformen in separierten "Institutionen" (Anstalten). Einen Schwerpunkt bildete dann auch das spezielle Programm der "Deinstitutionalization" in den USA *(Blatt 1974).*

Der sehr allgemeine Terminus "Normalisierung", angewandt auf eine deviante Personengruppe, bot in verschiedener Hinsicht Anlaß zu Fehldeutungen und Mißverständnissen. *Bank-Mikkelsen* sah sich immer wieder veranlaßt, sich gegen diese zu wenden *(1976).* So betonte er u. a., daß Normalisierung kein neues Dogma, keine neue und spezielle Theorie sei, sondern ein Anti-Dogma. Der Inhalt von Normalisierung dürfe keine eigene, also spezielle Existenz bekommen, da er dadurch seine ursprüngliche allgemeingültige Idee aufhebe. Weiterhin ginge es dabei nicht um das Herstellen von Normalität, so als sollte man geistig behinderte Menschen "normal machen".

Was ist also unter Normalisierung zu verstehen? Rechtlich gesehen geht es um die Sicherung gleicher Rechte für alle Bürger, so daß auch für geistig behinderte Bürger grundsätzlich gleiche (normale) Lebensbedingungen existieren können. Was geistig behinderte Personen an Hilfe und Diensten brauchen, hat als normal zu gelten, als selbstverständlich, so wie es auch für jeden Bürger als normal gilt, daß für ihn die Dienste zur Verfügung stehen, die er braucht: passende Schulen, Arbeits- und Freizeitmöglichkeiten, ärztliche und andere Dienste. Damit soll vor allem die gleiche Menschenwürde respektiert werden. Es geht letztlich darum, daß behinderte Menschen ein "kulturell geachtetes Leben führen können" *(Wolfensberger 1980, 80).* Was dies konkret für die verschiedenen Lebensbereiche beinhaltet, hat *B. Nirje* zusammengestellt *(1974).* Ausdifferenzierungen, die sich auch auf die zur Geltung zu bringenden Normen- und Wertsysteme, aber auch auf das konkrete Handeln innerhalb der Gesellschaft bezogen, nahm *Wolfensberger (1972)* vor. Demnach wären bezogen auf die verschiedenen Adressaten anzustreben:

- für die einzelne Person mit geistiger Behinderung eine Annäherung seines Äußeren und seiner Umgangsformen an das allgemein Übliche;
- für die Institutionen: entsprechende Elternberatung und -mitwirkung, möglichst integriertes Wohnen, Unterstützung behindertenfreundlicher Einstellungen, Abbau unangemessener Abhängigkeiten, aber auch unrealistischer Erwartungen;
- für die Gesellschaft: Veränderung im Schulsystem, entsprechende Verbesserung der Gesetze und der Finanzierung, Förderung von mehr Toleranz und Integrationsbereitschaft.

Im Gegensatz zu *Bank-Mikkelsen* setzt *Wolfensberger* Normalisierung prinzipiell gleich mit physischer und sozialer Integration und zwar im Sinne eines schrittweisen Einführens in normale Lebenszusammenhänge und -bedingungen. Als Beispiele nennt er die gemeinsame Benutzung öffentlicher Einrichtungen anstelle von Sonderschwimmbädern oder Sonderveranstaltungen, die Benutzung öffentlicher Verkehrsmittel anstelle von Sonderfahrzeugen, möglichst integriertes Wohnen und Arbeiten.

Die Untersuchung von *Thimm, v. Ferber u. a. (1985)* bezüglich der inzwischen erreichten realen Wirksamkeit des Normalisierungsprinzips fällt relativ ernüchternd aus: Sowohl in der Bundesrepublik wie in Dänemark kann erst von einer Phase der Konzeptbildung und einer ersten, d. h. insgesamt mehr unverbindlichen Akzeptierung die Rede sein. Für eine Weiterentwicklung müßten zunächst die erforderlichen rechtlichen und finanziellen Rahmenbedingungen geschaffen werden; erst dann könne an eine verbreitete Realisierung gedacht werden *(225)*. Man mußte feststellen, daß nur von einer eingeschränkten "Rückverlagerung der Hilfeleistungen in familiäre, verwandtschaftliche und nachbarschaftliche Strukturen" die Rede sein könne; die bisherigen Normalisierungsbestrebungen sowohl in der Bundesrepublik als auch in Dänemark erstreckten sich "primär auf die institutionalisierten professionellen Dienstleistungen, wie sie im wesentlichen über Einrichtungen vermittelt werden" *(227)*. Es wäre sicherlich völlig verfehlt, diese positiven Veränderungen zugunsten geistig behinderter Menschen als gering und weniger wichtig einzuschätzen. Im Gegenteil: Die konzeptuellen Anstöße zur konkreten Verbesserung der Lebensbedingungen für geistig behinderte Menschen durch das Normalisierungsprinzip sind unübersehbar, zumal in sozialpolitischer Hinsicht.

Das gleiche gilt für die Bedeutung im *pädagogischen* Bereich. Das Normalisierungsprinzip hat sich als Begründungs- und Legitimationsrahmen für pädagogisches Handeln bewährt (vgl. *Antor 1987*). Es stellt den lebensgeschichtlichen Bezug (alle Lebensphasen) in den Vordergrund und betont zugleich auch die horizontalen lebensweltlichen Zusammenhänge anstelle bisheriger Partikularisierungen und isolierter Sichtweisen, u. a. bedingt durch die professionelle Zersplitterung des Personals im Bereich der Behindertenhilfe.

Die *pädagogische* Relevanz des Normalisierungsprinzips bezieht sich auf die Beachtung der allgemeinen und der besonderen Erziehungsbedürfnisse des geistig behinderten Menschen – in Abkehr von einer vordergründigen Defizit-Sichtweise; zum anderen auf den integrativen Aspekt. Er erhielt durch das in den "Empfehlungen für den Unterricht in den Schulen für Geistigbehinderte" *(1980)* der *Kultusminister-Konferenz* (KMK) propagierte Leitziel "Selbstverwirklichung in sozialer Integration" profilierten Ausdruck. *H. Adam (1977)* stützt sich bei ihrem auf nordamerikanischen Unterrichtsprogrammen beruhenden Curriculumentwurf für geistig Behinderte ausdrücklich auf das Normalisierungsprinzip als Leitprinzip. Auf seiner Basis lassen sich schulisch die Bedingungen schaffen, die es "dem Schüler ermöglichen, die Einstellungen, Fertigkeiten, Fähigkeiten und Kenntnisse zu erwerben, die er braucht, um sich weitgehend normal zu bewegen, zu denken und zu leben" *(56)*.

Es handelt sich also um einen Ansatz beim einzelnen Schüler, dem soziale Eingliederung möglich werden soll.

Es stellt sich die Frage, wieweit ein so allgemeines Prinzip wie das der Normalisierung tatsächlich und im einzelnen maßgebend werden kann für unterrichtliches Planen und Handeln, bzw. wieweit die Einhaltung seiner Maßgaben kontrollierbar ist. Ohne Zweifel ist der Bezugsrahmen sehr weit, so daß grundsätzlich Skepsis angebracht ist, wenn mit dem Normalisierungsprinzip als Legitimation argumentiert wird. Die Interpretationsbreite erweist sich als gar zu weit. Sie hat im übrigen bereits dazu geführt, daß *Wolfensberger* diesen Begriff aufgegeben und durch einen rollentheoretischen ersetzt hat, nämlich durch "social role valorization" (vgl. *Thimm u. a. 1985, 13*).

Jantzen in seinem radikal gesellschaftskritischen Ansatz hält das Normalisierungsprinzip für unzureichend, um Isolation aufzuheben (1980). Es zwinge den Pädagogen dazu, "eine Analyse der Realität vorzunehmen, die den Behinderten isoliert". Die bestehenden Vorurteile seien nicht aufhebbar, wenn man lediglich ethisch postuliere, der geistig Behinderte sei Mensch wie jeder andere. "Das sogenannte Normalisierungsprinzip" müsse "im einzelnen aufgelöst werden, um Praxis zu verwirklichen" *(74)*. Es müsse vielmehr der gesamte Bedingungskomplex für Vorurteile und Isolation ins Auge gefaßt werden. – Es bleibt dabei offen, wie real durch ein solches globalisierendes Postulat, das direkt auf das gesellschaftliche Ganze gerichtet ist, eine Humanisierung der Lebensbedingungen eher und wirksamer erreicht werden kann.

Es geht in jedem Fall um *Postulate* zur Veränderung von Wirklichkeit. Mag auch das Normalisierungsprinzip in vielem und im einzelnen unklar und unzureichend sein, es läßt sich als ein moralischer, politischer und pädagogischer Imperativ und als ein Ordnungsprinzip verstehen, die reflexionsleitend und pragmatisch der Verbesserung der Lebensbedingungen geistig behinderter Menschen in der Gesellschaft dienen können. Seine Grenze zeigt sich da, wo seine zweifellos *spezielle* Intention auf keine Resonanz im gesellschaftlich Allgemeinen stößt, auf das es eigentlich gerichtet ist.

4. Bildungsauftrag und pädagogische Intentionen

Ein Konzept des pädagogischen Handelns für Kinder mit geistiger Behinderung wird sich nach dem bisherigen Aufriß der Grundlagen und Bedingungen im wesentlichen an folgenden Leitthesen zu orientieren haben:

1. Geistige Behinderung ist eine *normale Variante* menschlicher Lebensweise. Eine adäquate Erziehung wird daher primär den gleichen Prinzipien und Maßgaben folgen, wie sie für jegliche Erziehung gelten. – Allgemeiner pädagogischer Orientierungsrahmen.
2. Geistige Behinderung bedingt auch *spezielle Erziehungsbedürfnisse,* d. h. spezielle Formen des Lernens und Lehrens. Diese beziehen sich nicht nur auf verschiedene Stufen (Schweregrade) der geistigen Behinderung, sondern auch auf die individuellen Unterschiedlichkeiten. – Spezieller pädagogischer Orientierungsrahmen.

3. Die Bildbarkeit des einzelnen Kindes mit einer geistigen Behinderung ist eine Funktion der Wechselwirkung zwischen Organismus und Umwelt. Seine pädgogische Förderung ist daher als *Interaktionshilfe* zu verstehen, durch die ihm eine aktive Auseinandersetzung mit der ihm erfahrbaren Welt möglich wird.
4. Der *Aufbau der Wirklichkeit im Kinde,* seine Befähigung zum Handeln und Denken, ist ein ganzheitlicher Prozeß, in den sich Maßnahmen zur Förderung (zum Training) einzelner Funktionen integrieren müssen.
5. Erziehung des geistig behinderten Kindes ist kein bloßer Sozialisationsakt sondern ein *personal-sozialer Integrationsprozeß,* in welchem das Subjekt (Selbst) eine konstitutive Funktion behält, auch wenn es wegen physischer Blockierungen streckenweise verdeckt wird.
6. Die primäre Abhängigkeit des geistig behinderten Menschen im Erziehungsprozeß beansprucht eine stärkere und umfassendere *pädagogische Verantwortung,* der sich der Erzieher und Therapeut in seinem Planen und Handeln unter dem Anspruch der conditio humana zu stellen hat, und die sich im besonderen in der Qualität des Erziehungsverhältnisses (der Beziehung) niederschlägt.
7. Die stärkere erzieherische Führungsbedürftigkeit (Abhängigkeit) verlangt nach einer *differenzierteren pädagogischen Planung* und Lernorganisation; da sich aber Erziehung letztlich als offener Prozeß zwischen Mensch und Mensch in der vollen Lebenswirklichkeit ereignet, verbietet sich eine völlige Planbarkeit des pädagogischen Handelns.
8. Die *Lehrziele* werden einerseits entsprechend dem psycho-physischen Entwicklungsstand und der allgemeinen Entwicklungssequenz, andererseits von den gegenwärtigen und künftigen Sozialisationsbedürfnissen und Lebensmöglichkeiten in der Gesellschaft her bestimmt.
9. Im pädagogischen Konzept kommt den engeren und vertrauteren (primären) Erziehern, den *Eltern,* eine *Primärfunktion* zu, der gegenüber die Professionellenrolle im Prinzip zur assistierenden werden sollte.
10. Die pädagogische Aufgabenstellung wird von einem Komplex physischer, psychischer und sozialer Faktoren bestimmt, der eine engere *Kooperation aller beteiligten Disziplinen* erforderlich macht (Mehrdimensionale Diagnostik, Erziehung und Therapie).

Mit diesen Grundzügen soll ein *strukturales pädagogisches Handlungskonzept* skizziert werden, das den Ganzheitscharakter und die Komplexität des Anspruches der Erziehung geistig behinderter Menschen zum Ausdruck bringen soll. Es geht um einen integrierten Ort dieser Menschen und ihrer Erziehung innerhalb eines Gesamtsystems, von dem aus sich ihr Sinn erhellt, verstehen und sichern läßt. Mit "struktural" unterstreichen wir die Ganzheitlichkeit des pädagogischen Ansatzes gegenüber einem elementenhaft-additiven Ansatz, wie er sich im besonderen von der behavioristischen Lernpsychologie ableitet und sich z. B. in bloßen funktionsorientierten Trainingsprogrammen niederschlägt. Das Ganze – des Menschen – ist mehr als die Summe der Teile. Eine naturwissenschaftlich orientierte quantifizierende Methode wie die verhaltenspsychologische ist vor allem an Verhaltenselementen, also an Teilen, interessiert, nicht aber an größeren Zusammenhängen (vgl. *Speck 1998 a*).

Nach der Verdrängung der Metaphysik war die Versuchung groß, die anstehenden "Lösungen" in der naturwissenschaftlichen *"Exaktheit"* und "Operationalität" zu suchen, in dem, was sich am Menschen kontrollierbar beobachten läßt. Dabei bleibt der *Behaviorismus* mit seinem "exakt biologischen Air" und seinem scheinbaren Erfolg, "den Fall Mensch seiner philosophischen Schwierigkeiten entkleidet zu haben", weit hinter den eigentlichen Problemen des Menschen heute zurück *(Plessner 1974, 61).* Dessen zentrale Fragen – selbstverständlich auch die des geistig behinderten Menschen – erreicht er nicht, denn sie betreffen Ganzheitliches: Wie soll der Mensch sein Leben führen? Worauf soll er es ausrichten? Wie gehört alles zusammen, wenn es Sinn haben soll?

Aus der besonderen Erziehungsbedürftigkeit des Kindes mit einer geistigen Behinderung leitet sich eine besondere Erziehungsaufgabe als pädagogische Verpflichtung oder als "Bildungsauftrag" ab. Diese pädagogische Verpflichtung bezieht sich einerseits auf den einzelnen Menschen mit einer geistigen Behinderung und andererseits auf den sozialen Kontext als Lebenswelt. Beide sind nur zwei Seiten ein und desselben Auftrags.

Die Geschichte lehrt, wie sehr dieser von den gesellschaftlichen Bedingungen abhängig ist und wie leicht er reduziert werden kann auf dürftigste Daseinsgewährung oder auf bloße Anpassung an die selbstbestimmende Majorität.

Je nachdem, wie sie den geistig behinderten Menschen sieht und seinen Lebenswert einschätzt, setzt sie Maß und Ziel der Hilfe fest. Demgegenüber ist vom originären Auftrag der Erziehung her daran festzuhalten, daß ihr Ziel nicht von der jeweiligen Sozietät her definiert werden kann, daß der geistig behinderte Mensch nur dann optimal Menschlichkeit verwirklichen kann, wenn er nicht nach seinem Leistungswert im Sinne der Mehrung des Sozialproduktes gemessen wird, sondern wenn sein Dasein als eine gemeinsame Aufgabe angenommen wird, wenn man sich die Mühe macht, seine Eigenart zu verstehen und zu achten, um ihr menschlich gerecht werden zu können. Seine wirklichen, d. h. realisierbaren Möglichkeiten setzen das Maß; das ist dasjenige, was für sein Leben bedeutsam und deshalb notwendig ist. Groß ist die Gefahr, daß ihm Unangemessenes zugemutet wird oder daß das an sein Leben angelegte Maß zu gering ausfällt. Die Folgen sind im einen Falle Verwirrtsein und Belastetsein, im anderen Falle Verkümmert- und Leersein.

Bach sprach von *Fehlzielen* der Geistigbehindertenerziehung *(1967, 23ff.).* Sie entstünden vielfach aus der erzieherischen Ratlosigkeit und Unerfahrenheit angesichts einer so schwierigen Aufgabe, wie sie die Erziehung bei geistiger Behinderung zweifellos darstellt. *Bach* vermerkt vor allem die Verlockung für viele Eltern und andere Erzieher, dem Kinde "wenigstens einen Abglanz der konventionellen Bildung zu vermitteln" *(25),* aber auch das zweckhafte rationale Denken der Öffentlichkeit, das den geistig behinderten Menschen in erster Linie unter dem Aspekt der Rentabilität und sozialen Brauchbarkeit sieht. Es ist dazu angetan, seine Erziehung allzu sehr abzustimmen auf Verwendbarkeit im Arbeits- und Produktionsprozeß oder auf kollektiv-egoistisch gewünschte Unauffälligkeit, d. h. auf “Abrichtung für Zwecke der Umwelt” *(24)*. Schließlich verleitet die Schwerbeweglichkeit, die verringerte Lernfähigkeit oder das insbesondere durch falsche Erziehung bedingte Bedürfnis geistig behinderter Kinder, sich pflegen und helfen zu lassen, zur Verkümmerung der Selbstverwirklichung.

Die nähere Bestimmung dessen, was pädagogisch zu planen und anzustreben ist, ist nicht ohne weiteres von irgendeiner “maßgebenden” Instanz her möglich. Allzu verschieden sind die normativen Auffassungen innerhalb der Gesellschaft, und nicht alle sozio-kulturellen Normen sind pädagogisch relevant bzw. akzeptabel und umsetzbar. Das gegenwärtige Beispiel der normativen Kontroverse um eine integrative Erziehung geistig behinderter Kinder macht deutlich, wie sehr verschränkt Erziehung, Gesellschaft und Politik sind und wie schwierig es ist, einen normativen Konsens zu finden. Da es keine allgemein anerkannten normensetzenden Instanzen mehr gibt und da in der pluralen Gesellschaft sich nicht einfach ein normatives Teilsystem gegen ein anderes durchsetzen kann, ist die Normenfindung auf Verständigung und Bewährung angewiesen. Die Wissenschaft scheidet per definitionem als Normengeber aus. Die Pädagogik erweist sich zwar in normativer Hinsicht als abhängig von den anderen Instanzen, hat sich aber der normativen Auseinandersetzung zu stellen, wenn sie darangeht, Erziehungsziele aufzustellen bzw. ihnen Geltung zu verschaffen.

Pädagogische Aufgaben und Intentionen müssen mehrdimensional begründet sein:
- *ethisch* im Sinne der Achtung der Menschenwürde und der sonstigen verfaßten Grundrechte und sittlichen Normen,
- *pädagogisch-normativ* im Sinne allgemein anerkannter und verfaßter Erziehungsziele,
- *fachlich-differentiell* im Sinne der Beachtung der individuellen (speziellen) Erziehungs- und Förderungsbedürfnisse,
- *pragmatisch* im Sinne der Praktizierbarkeit unter den gegebenen Entwicklungs- und Lebensbedingungen.

Als Legitimationsinstanzen kommen insbesondere in Betracht:
- die Eltern bzw. Erziehungsberechtigten,
- der einzelne Mensch mit einer geistigen Behinderung,
- die Schule im staatlichen Auftrag, das Bildungsrecht zu sichern,
- der professionelle Helfer als verantwortlich handelnde Person und
- makro-soziale Gruppen, wie z. B. Kirchen, soziale Vereinigungen oder politische Parteien u. ä.

Rechtliche Grundlagen bilden die im Grundgesetz und in den Länderverfassungen konstituierten Grundrechte, das primäre Erziehungsrecht der Eltern (gem. Art. 6 GG) und das Schulrecht (gem. Art. 7 GG und auf der Basis der entsprechenden Ländergesetze). Hinzu kam 1994 ein Zusatz zum Grundgesetz-Artikel 3, Abs. 3, wonach "niemand wegen seiner Behinderung benachteiligt werden" darf. Er bezieht sich auch auf das Bildungsrecht.

Derartige allgemeine Rechtsnormen können in der normativ pluralen demokratischen Gesellschaft freilich nur einen allgemeinen Orientierungsrahmen abgeben. In der gesellschaftlichen Wirklichkeit zeigt sich eine Komplexität, die von erheblichen Gegensätzen bestimmt wird. So mußte 1997 das Bundesverfassungsgericht die Klage eines Elternpaares auf integrativen Unterricht für ihr behindertes Kind verwerfen, obwohl die Einweisung in eine Sonderschule im Prinzip als Benachteiligung bewertet worden war (Details siehe S. 225-229!). Maßgebend war die Begrenztheit der verfügbaren öffentlichen Mittel für das Schulsystem, das nicht in der Lage sei, alle Formen integrativer Beschulung bereitzuhalten.

Hinzu kommt gegenwärtig, gesellschaftlich und politisch gesehen, eine *ökonomische Komponente:* Unter dem Druck des globalen marktwirtschaftlichen Wettbewerbs werden Bildungsinvestitionen verstärkt von *wirtschaftlichen* Maßgaben bestimmt. Damit ist die Gefahr gegeben, daß sich das Bildungssystem aufspaltet. Den Vorrang erhält die Förderung von Spitzenbegabungen. In Frage steht damit das bisherige Prinzip der begabungsunabhängigen Gleichheit der Bildungschancen und die bisherige normative und finanzielle Einheit des öffentlichen Schulwesens mit einem uneingeschränkten Bildungsrecht für alle. Privat finanzierte Schulen werden zu einer zunehmenden Ungleichheit der Bildungschancen führen (Speck 1999).

VII. Ziele für Erziehung und Bildung

Bach (1967) unterscheidet in seiner "Geistigbehindertenpädagogik" grundsätzlich zwei anzustrebende Ziele: Lebenserfülltheit und Lebenstüchtigkeit, was nach der Terminologie von *P. Moor (1960)* dem Halt im empfangenden und im tätigen Leben entspräche.

Als Inhalte der Lebenserfülltheit bei geistiger Behinderung werden u. a. das Miterleben, das Angesprochensein von Dingen, das Gefühl, anderen etwas zu bedeuten, das Vertrauen auf die Verläßlichkeit des Nächsten, das Sich-angenommen-Fühlen, das Zuhausesein in der Welt, die Teilhabe an Freude und Kummer genannt.

Als anzustrebende Bestandteile der Lebenstüchtigkeit werden aufgeführt: die Umgänglichkeit, weitmögliche Selbständigkeit, Anstelligkeit, Körperbeherrschung und Geschicklichkeit, Wahrnehmungstüchtigkeit, Darstellungstüchtigkeit und Handfertigkeit, Sprachtüchtigkeit und die Anbahnung einfachster Denkvollzüge. Für jeden dieser Teilbereiche einer "lebenspraktischen Bildung" legt *Bach* ausführliche und differenzierte Einzelpläne vor. Sie reichen von Übungen der Umgangsformen bis zur religiösen Erziehung. Wir greifen einige wahllos heraus.

Grüßen, beim Gähnen Hand vor den Mund, Platz anbieten, Toilette allein benutzen einschließlich sich säubern, Nase putzen, Haare kämmen, für Ordnung sorgen am eigenen Platz und im Raum, Treppe steigen, Flecken entfernen, Staub wischen.

Bach hat *1979(a)* umformulierte Zielangaben vorgelegt. Als Leitziel wird in Übereinstimmung mit den *Empfehlungen für den Unterricht in der Schule für Geistigbehinderte* von *1979* die *Selbstverwirklichung in sozialer Eingliederung* genannt. Daraus werden Zielaspekte der Mündigkeit, der Erfülltheit, der Tüchtigkeit, der Lernfähigkeit und der Integrationsfähigkeit abgeleitet. Die weitere Differenzierung von Teilzielbereichen deckt sich im wesentlichen mit der ursprünglichen Auflistung.

Die Zielvorgaben in den "Empfehlungen für den Unterricht in der Schule für Geistigbehinderte" *(1979)* sind ausdrücklich auf "Fähigkeiten", also Kompetenzen, abgestellt.

Es wäre sicherlich einseitig, die pädagogische Aufgabenstellung lediglich über den Leistungs- oder Könnens-Aspekt zu bestimmen. Wenn sich dieser auch leichter in Teilziele für unterrichtliche Zwecke fassen läßt, so darf der Erlebnisaspekt nicht vernachlässigt werden. *Mühl (1984, 66)* spricht deshalb von "Handlungsfähigkeit und Erlebnisfähigkeit als allgemeinem Erziehungsziel. "Erlebnisfähigkeit" kann freilich nicht als bloße Fähigkeit ohne Inhalt verstanden werden. Was das Erleben eigentlich ausmacht, sind gerade die Inhalte; sie anzubieten und zu füllen, ist pädagogische Aufgabe.

In einem strukturalen pädagogischen Handlungskonzept erhalten alle Einzelmaßnahmen einen vom Gesamtrahmen bestimmten Ort und werden auf das Ganze der erfahrbaren und für den einzelnen konstitutiven Lebenswelt beziehbar. Orientierungsrahmen wird der geistig behinderte Mensch als personale Ganzheit – nicht als Elementensumme – im System der vorgefundenen und aufgegebenen Lebensordnungen, im sozialen System, soweit es für ihn bedeutsam wird. Darüber hinaus hat der Erzieher und Betreuer die größeren Zusammenhänge auszuloten und zu bestimmen, von denen her sein Handeln Sinn empfangen kann. Einige dieser Strukturen und Teilsysteme sollen näher verdeutlicht werden.

1. Personal-soziale Integration als Richtziel

Ein zentraler strukturaler Begriff ist *Integration.* Er wird in verschiedenen Humanwissenschaften verwendet, z. B. in bezug auf das physische Gesamtsystem des Organismus, auf das psychische System der Persönlichkeit oder auf das System der sozialen Eingliederung. Gemeint ist stets ein Zustand sinnvoll geordneter Zusammenhänge. *Synthese* von Teileinheiten in einem Ganzen als das Erschließen und Gewinnen von sinngebundener Ordnung und Zusammengehörigkeit lassen sich nur als verschiedene Aspekte ein und derselben Sache unterscheiden.

1.1. Personale Integration

bezieht sich im besonderen auf das sinnvolle, ein Ganzes ergebende Zusammenwirken der psycho-physischen Einzelprozesse des Individuums, auf *innere Ordnung.* Für *K. Lewin* ist Integration gestaltpsychologisch gesehen eine organisierte Wechselwirkung, die darauf gerichtet ist, die *Einheitlichkeit* und *Ganzheitlichkeit* der menschlichen *Persönlichkeit* herzustellen und aufrechtzuerhalten. In der Persönlichkeitspsychologie *Allports* ist der substantielle Kern der Persönlichkeit, das spezifisch Menschliche, das *Selbst,* eine *integrierende Instanz,* die Selbstidentität ein stabilisierender Integrator. Nach *Bertanlanffy (1970)* läßt sich der Mensch als das integrierte oder zur Integration bestimmte Wesen verstehen. *Rogers (1976)* interpretiert den personalen Impuls zur Integration als Tendenz zur Vorwärtsentwicklung in Richtung wachsender Vollkommenheit, als Streben nach Selbstvervollkommnung, nach "Einswerden mit seinem eigenen Organismus" *(a.a.O., 110).* Auch *Maslow (1973)* betont als Mitbegründer der *Humanistischen Psychologie* ausdrücklich die Rolle der Integration (Selbstkonsistenz, Einheit, Ganzheit) der Persönlichkeit angesichts sozialer Anpassungszwänge, die immer mehr innere Spaltung heraufbeschwören. "Wir müssen mehr holistisch als atomistisch denken lernen ... und eines der Ziele der Therapie" – wir fügen hinzu: auch der Erziehung – "ist es, vom Dichotomisieren und Aufspalten zur Integration anscheinend unversöhnlicher Gegensätze zu gelangen" *(a.a.O., 175).*

Beim Menschen mit einer geistigen Behinderung ist in spezifischer Weise – individuell verschieden – das Zusammenwirken der Teile des psycho-physischen Organismus erschwert und gefährdet: Physische Schädigungen müssen kompensatorisch bewältigt werden, die unzulängliche Wahrnehmung der Wirklichkeit erschwert deren Strukturierung und Erkenntnis, Kognitionsschwächen behindern die innere Verarbeitung und Einarbeitung in die vorhandenen Schemata *(Piaget)*, eine sich distanzierende, nicht-akzeptierende Umwelt läßt die Entfaltung eines Selbst, den Aufbau einer Eigen-Instanz (Identität) u. U. schon im Ansatz verkümmern.

Eine *pädagogische Integrationshilfe* müßte unter dem Aspekt der Persönlichkeitsförderung insbesondere darauf gerichtet sein,

- die physischen Funktionen zu unterstützen und zu üben, ggf. Kompensationstechniken zu entwickeln (physische Funktionalität, funktionelle Integration),
- elementare Fertigkeiten zur Bewältigung des Lebensalltags auszubilden und zu üben,
- Einsicht in die nähere Welt der Menschen und Dinge zu vermitteln,
- Emotionalität zu bereichern und zu stabilisieren,
- Ich-Funktionen zu stärken, ein tragfähiges Selbstkonzept zu erschließen, Identität zu ermöglichen,
- einen Lebensstil und Einstellungen zu vermitteln, die die eigene Existenz bejahen und beglücken können *(Speck 1975)*.

1.2. Soziale Integration

läßt sich als wechselwirkende Ergänzung zur personalen Integration verstehen. Gemeint ist das Finden und Aufbauen von Zusammenhängen des Individuums mit der sozialen Umwelt, die Eingliederung in Rollensysteme, es geht um die Eingliederung in soziale Bezüge, um Status- und Kompetenzerweiterung, um Konfliktreduktion, um den Abbau sozialer Blockierungen, um soziale Zugehörigkeit und soziale Identität oder soziale Distanz im Falle einer Bedrohung.

Im Bereich der Behindertenarbeit wurde der Begriff soziale Integration im besonderen im Sinne gemeinsamer Gruppenzugehörigkeit behinderter und nichtbehinderter Kinder verstanden (vgl. *Mühl 1987, Bleidick 1988*), aber auch im Sinne einer makrosozialen Akzeptierung und Eingliederung in das soziale Bewußtsein *(Speck 1974)*. Damit wird deutlich, daß soziale Integration nicht mehr allein auf den behinderten Menschen bezogen werden kann, sondern zugleich auch auf die Sozietät. Soziale Integration erweist sich als ein Wechselwirkungsprozeß. Die Bereitschaft des behinderten Menschen, sich sozial anzupassen, erscheint dabei stärker als das Entgegenkommen der allgemeinen sozialen Umwelt, wie es sich in Ergebnissen der Einstellungsforschungen *(v. Bracken 1976, Cloerkes 1985)* darstellt. Von daher gesehen kann es sich bei einer pädagogischen Hilfe zur sozialen Integration nicht einfach um eine Anpassung an die geltenden Normen handeln, sondern auch um eine Annäherung der allgemeinen Normen an die Bedürfnisse und Möglichkeiten geistig behinderter Menschen (Normalisierung).

Wenn von ihrer sozialen Eingliederung die Rede ist, so sind damit im wesentlichen *soziale Teilsysteme* gemeint, auf die sich diese Menschen einstellen können und die es ihnen ermöglichen, sich einer größeren sozialen Ganzheit zugehörig fühlen zu können, seien es Familie, Spielgruppe, Schulklasse, Werkstatt, Freizeitgruppe oder öffentliche Veranstaltungen. In jedem Fall wird eine soziale Eingliederung in eine Gruppe nur so weit vertretbar und erstrebenswert sein, als sie auch der personalen Integration eines Menschen *dienlich* ist, also ihr nicht schadet, sie nicht behindert. Er muß auch das Recht haben, für ein Eigenleben in eigenen Gruppen zu optieren, wenn er ein Bedürfnis danach hat *(Gibson 1978)*. Eine pädagogische Integrationshilfe unter dem Aspekt der Sozialisationsförderung wird im besonderen darauf gerichtet sein,

- Kommunikationsfertigkeiten und -möglichkeiten zu entwickeln und zu erschließen,
- soziale Verhaltensweisen auszubilden und soziale Interaktionen zu unterstützen und zu erweitern,
- die Übernahme, das Erlernen sozialer Rollen zu ermöglichen,
- die Teilhabe an Gruppenerfahrungen und -aktivitäten auszubauen und das Zugehörigkeitsgefühl zu verstärken,
- die konkrete Eingliederung in Spielgruppen, Lerngruppen, Arbeitsgruppen und Freizeitgruppen zu begleiten und zu stabilisieren,
- die berufliche Eingliederung in eine Werkstatt sicherzustellen und lebensdienlich zu gestalten.

Soziale Integration kann auch als Weitergabe des "sozialen Erbes" bzw. als Verhinderung oder Aufhebung "sozialer Isolation" gesehen werden, wie *Feuser (1981)* und *Jantzen (1980)* dezidiert herausgearbeitet haben.

2. Zielinhalte für Erziehung und Bildung

Es soll nun versucht werden, Teilzielbereiche für das geistig behinderte Kind auszudifferenzieren, so daß die wesentlichen Intentionen für seine Erziehung zum Ausdruck kommen. Sie müssen ein gerichtetes, strukturiertes Beziehungsgefüge darstellen, das sich an den individualen, wesenhaft menschlichen Bedürfnissen und Möglichkeiten des Kindes und seiner Lebenswelt orientiert. Es soll damit verhindert werden, daß eine katalogisierende Aufstellung von zu erlernenden Einzelfunktionen zu einer bloßen Abrichtung des Verhaltens verleitet.

Entwicklung und Werden sind darauf angewiesen, von außen her angeregt und in Bewegung gebracht und gehalten zu werden. Geistig behinderte Kinder sind in Gefahr, nicht angesprochen, nicht bejaht, nicht aktiviert zu werden. Leben will bestätigt sein, um sich entfalten zu können. Wir wollen diesen Teilbereich der pädagogischen Aufgabenstellung die *Erschließung des Lebenszutrauens* nennen.

Es ermöglicht eine Zuwendung zu sich selbst und zur Umwelt. Die angelegten Fähigkeiten (Potenzen) werden in bestimmten Funktionen und Tätigkeiten sichtbar. Unter dem Einfluß der Erziehung bilden sich immer differenziertere Fertigkeiten heraus. Es geht pädagogisch um die *Ausbildung von Lebensfertigkeiten.*

Gleichzeitig beginnt das Kind, seine Umwelt, aber auch sein eigenes Verhalten zu erkennen und zu deuten, es tritt in Kommunikation mit anderen, sammelt Erfahrungen und versucht, sich zurechtzufinden. Der Erziehung stellt sich die Aufgabe der *Vermittlung von Lebensorientierung.*

Schließlich wird es darauf ankommen, daß das sich regende und differenzierende Leben allmählich Richtung, Stabilität und Stil erhält, daß das Gute und Rechte als verbindlich und beglückend erlebbar wird. Der Erziehung geht es um die *Bildung von Lebenshaltungen.*

Der jeweilige Wortteil "Lebens-" soll dazu beitragen, den bei aller methodologischen Aufteilung unauflöslichen ganzheitlichen Rahmen zu verdeutlichen.

Was ist im einzelnen unter den genannten pädagogischen Teilzielbereichen zu verstehen?

2.1. Erschließen von Lebenszutrauen

Es wurde bereits ausgeführt, daß das geistig behinderte Kind in besonderem Maße darauf angewiesen ist, daß seine Lebenskräfte und Lernantriebe von außen geweckt und ständig lebendig erhalten werden. Seine Aktivität droht allzu leicht zu erlahmen und zu verlöschen, wenn sie überhaupt geweckt worden ist. Die Erziehung wird von Anfang an und unablässig darauf bedacht sein, das Kind "anzusprechen", seine "Anregbarkeit" und emotionale Teilhabe zu wecken und zu steigern. Ein solches "Angesprochensein" *(P. Moor 1960)* wird erschlossen durch die emotionale Zuwendung des Erziehers, durch seine Nähe, seine Wärme und seine Zuversicht. Das Angesprochensein ist nur da möglich, wo das Kind sich angenommen, getragen, geborgen, beheimatet, zugehörig fühlen, und wo es sich – kurz gesagt – seines Lebens freuen darf, wo es das "Ja des Sein-Dürfens" *(Buber)* vernimmt. Mit der Ansprechbarkeit beginnt jegliche Erziehung *(Mühl 1969).*

Im Sichfreuen sieht Lersch ein "Gefühlserlebnis der Daseinsbereicherung", in dem "als Oberton die Thematik des Über-sich-hinaus-Seins enthalten ist" *(Lersch [5]1952, 186).* Durch den Gegenstand der Freude erhält das eigene Dasein Helligkeit und Aufschwung. Der Vorgang läßt sich auch als Beseelung und der Zustand und die Gestimmtheit, die er auslöst, als Beseeltheit oder Glück bezeichnen. Der Bogen der Freude reicht von der "Thematik des Daseinsdranges" bis zum tragenden Gehalt "geschenkten Sinnwertes" *(Lersch, ibid.).* Das Erlebnis des Getragenseins aber, das u. a. durch erwartete Freude ausgelöst wird, enthält in sich einen "Antrieb und Aufruf in die Zukunft". Es ist die Gefühlsregung der Hoffnung, "in deren Horizont die Zukunft steht als das Feld der Verwirklichung der Werte, auf die das Dasein angelegt ist" *(Lersch, ibid., 229).*

Die Spannweite von Freude und Hoffnung ist bei geistiger Behinderung möglicherweise eine kurze. Über die Eigenart, wie sie beide erlebt werden, wissen wir sehr wenig. Es ist aber unabweislich, daß sie jenes Zutrauen zum Leben vermitteln, das der Mensch braucht, wenn er es nicht lediglich dahinfristen soll.

Erziehung vermittelt Lebensfreude und Lebenszutrauen in erster Linie durch den Erzieher selber, durch sein eigenes Getragensein von Lebenszuversicht. Sie steckt das Kind an. Aus ihr erwächst auch all das, was seine Phantasie und Überlegung ständig an Motivationen finden läßt, was er sich ausdenkt, um dem Kind Freude zu schenken, und es freudig mittun und lernen zu lassen. Er empfindet und zeigt dem Kind auch Freude über jeden kleinsten Fortschritt, über sein Können und sein Spielen, über sein Dasein. Die Erziehung muß bewußt der Gefahr zu begegnen suchen, in Stereotypie und Spannungslosigkeit abzugleiten. Das Kind müßte sie wehrlos hinnehmen und in Stumpfheit und "Seelenlosigkeit" verfallen.

Freude und Lebenszutrauen sind dynamische Bedingungen des Tätigseins, aber auch lebentragende Gestimmtheiten. Sie kommen in allen pädagogischen Teilaufgaben zur Geltung.

Daß sich Lebenszutrauen nicht machen und organisieren läßt, daß der Erzieher lediglich die Voraussetzungen dafür schaffen kann, daß es sich einstellt, sei am Rande vermerkt. Daß es für Eltern etwas vom Schwersten sein kann, Zutrauen zum Sinn eines behinderten Lebens zu empfinden und dem eigenen Kind zu vermitteln, sei hier ebenso nur angemerkt. Es ist in aller Regel ein langer und divergenter Prozeß, bei dem der Einzelne wesentlich auch Unterstützung (Vertrauen) von außen braucht (vgl. *Schuchardt 1985*).

Die pädagogische Aufgabenstellung der Vermittlung von Lebensantrieb und Lebenszuversicht ist nicht nur als Freisetzen von psychischer Energie zu verstehen, sondern auch im Sinne ihrer Eindämmung oder Kanalisierung. Auch das geistig behinderte Kind ist auf Verzichte und Überwindungen angewiesen. Auch es muß lernen, daß es nicht alles erhält, wonach und sooft es begehrt. Die mitleiderregende Behinderung verleitet viele Eltern dazu, ihrem Kind das Leben dadurch schön machen zu wollen, daß sie ihm alles gewähren und ihm alle Anstrengungen abnehmen. Sie behindern damit die Ausbildung der Lebenstüchtigkeit des Kindes und verwehren ihm überdies die Freude an vermehrtem Können.

Die konkreten Möglichkeiten, im Alltag von Familie und Schule Lebenszutrauen zu erschließen und zu stabilisieren, sind unendlich vielfältig. Weil sie sich in aller Regel aus Situationen ergeben, wie sie sich ereignen, bleibt jegliche Auflistung vorab unzulänglich und nahezu künstlich. Das schließt nicht aus, daß sie im Bewußtsein des Erziehers (der Eltern) präsent sein müssen, um im Augenblick genutzt werden zu können. Auf der anderen Seite sind immer wieder pädagogisch geeignete Gelegenheiten bereitzustellen, damit sich Erlebnisse dieser Qualität einstellen können. Worauf es dabei ankommt und worauf die erzieherische Aufmerksamkeit gerichtet sein sollte, sei hier nur kurz und mehr beispielhaft als *Zielrichtungen* im Detail angedeutet:

- Den eigenen Körper in seiner Lebendigkeit und seiner Verfügbarkeit wahrnehmen
- sich körperlich wohlfühlen
- Befriedigung elementarer Bedürfnisse erleben
- den Erfolg eigener Aktivität erfahren
- psycho-physische Spannungen (Angst) durchleben können
- Menschen und Dinge emotional als wertvoll erfahren
- Bestätigung des eigenen Daseins durch hinreichend stabile Zuwendung erleben
- Zumutungen an Verzicht letztlich als Bereicherung erleben.

2.2. Ausbilden von Lebensfertigkeiten

Gemeint ist die pragmatische Komponente der pädagogischen Aufgabenstellung: das Erlernen von Fertigkeiten (Kompetenzen), die für das einzelne geistig behinderte Kind lebensbedeutsam und seiner sozialen Eingliederung dienlich sind. Die nachfolgende Aufreihung von Teilaufgaben weist eine gewisse Stufung auf. Sie beginnt mit dem körperunmittelbaren Bereich und reicht bis zu berufsartigen Fertigkeiten, darf aber nicht so verstanden sein, als folgere jeder der genannten Teilbereiche aus dem vorhergenannten. Vielmehr erfolgte die Aufgliederung aus methodologischen Rücksichten. Es sei auch vorweggenommen, daß die hier aufgeführten Lebensfertigkeiten in der erzieherischen Realität nicht von der im nächsten Kapitel abzuhandelnden Lebensorientierung abzutrennen sind.

Das geistig behinderte Kind soll für folgende Lebensbereiche Fertigkeiten erlernen, soweit sie ihm individuell zugänglich sind:

- Persönliche Pflege
- Häusliches Tun
- Soziale Umgänglichkeit
- Körperliche Geschicklichkeit
- Musisches Tun und Handfertigkeit
- Sprechen
- Kognitive Techniken
- Arbeit und Berufsvorbereitung.

Was unter den genannten Teilbereichen verstanden wird, soll kursorisch aufgezählt werden. Ausführliche und bis ins einzelne differenzierte Aufgabensammlungen enthalten u. a. die Arbeiten von *Bach (1967, 1979 a), Adam (1978)* und die *KMK-Empfehlungen* von *1979, Dittmann u. a. (1983).*

Persönliche Pflege: An- und Auskleiden, Sauberkeitspflege, Essenshygiene, Pflege des Körpers und der äußeren Erscheinung, Erhaltung der Gesundheit *(Dank 1990).*

Häusliches Tun: Alltagsverrichtungen zur Pflege der Ordnung und Sauberkeit im Raum, Mithilfe in Küche und Haushalt (Wäsche, Mahlzeiten, Blumen, Haustiere, Garten), Bedienen von Haushaltsgeräten und bestimmten technischen Einrichtungen (Telefon), außerhäusl. Besorgungen (vgl. *Walburg 1974*).

Soziale Umgänglichkeit: Umgangsformen, Verhaltensweisen des Anstandes, der Rücksichtnahme, Hilfsbereitschaft, Kontaktaufnahme, einfache, gute Manieren und die Anerkennung des anderen, die Rechte des anderen achten, Gruppenübungen *(Holtz 1987).* Spielerziehung *(Straßmeier 1982).*

Körperliche Geschicklichkeit: Leibesübungen (gehen, laufen, hüpfen, steigen, werfen, fangen), einfache Übungen an Turngeräten, Spielen, Schwimmen, Psychomotorik *(Rieder u. a. 1981, Theile 1976, Irmischer 1981, Höss, Wolf 1982, Sandvoß 1983, Sander-Beuermann 1985, Haas 1987, Steppacher 1987, Faltermeier [3]1987).*

Musisches Tun und Handfertigkeit: Spielen mit Material, Bauen, Formen, Malen, Werken, Darstellendes Spiel, Musizieren, Singen, rhythmische Erziehung, Tanzen (vgl. *Seeboth 1973, Kornbrink 1986, v. Dobeneck 1983, Damm 1984*).

Sprache: Laut- und Stimmbildung, Benennen von Dingen, Tätigkeiten und Eigenschaften, einfache Aussagen und Mitteilungen, Erweiterung des Wortschatzes, Erlernen von Versen, Gedichten und Liedern, Mitteilungsbereitschaft, Sprachverständnis, Überwindung von Sprachstörungen *(Atzesberger 1978, Schultze 1972, Wilken 1985, Baun 1981).*

Kognitive Techniken: Wahrnehmen und Unterscheiden (sehen, hören, tasten, riechen, schmecken) von Gegenständen und Personen, Erlernen von einfachen Mengen-, Raum- und Zeitbegriffen, praktischer Umgang mit einfachen Mengen und Zahlen, Erfassen von Zeichen (Abbildungen, Symbolen, Ziffern, Zahlen, Buchstaben und Worten), Lesen und Schreiben, Lösen einfacher anschaulich-praktischer Denkaufgaben, Unterscheiden von richtig und falsch *(Miessler, Bauer 1978, Haug, Keuchel 1984, Jansen 1985, Fischer, E. 1998).*

Arbeit und Berufsvorbereitung: Fortführen des Werkens bis zu berufsähnlichen Tätigkeiten, Arbeiten mit leicht zu gebrauchenden Materialien und Werkzeugen, Arbeitskontrolle, Vorbereitung auf den Besuch der Werkstatt und den Übergang in das Berufsleben *(Staatsinstitut o. J., Stuffer 1975).*

2.3. Vermitteln von Lebensorientierung

Mit der Ausbildung von Fertigkeiten ist der Erwerb des für die Lebensorientierung notwendigen Wissens aufs engste verknüpft. Es wird in der Regel nur im tätigen Umgang mit den Wissensinhalten, den Gegenständen und Zusammenhängen, erworben. Die hier vorgenommene Trennung dient lediglich einer Verdeutlichung der Aufgabenstellung. Einerseits ist es vom Unterricht her erforderlich, den realen Lebensbereich und Weltausschnitt, in dem sich der geistig behinderte Mensch bewegen und sich zurechtfinden soll, auszumachen und zu gliedern. Andererseits soll mit dem Begriff der Lebensorientierung, der nur im Rahmen von wirklicher Lebensbedeutsamkeit interpretiert werden kann, vermieden werden, daß ein Unterricht mit vordergründiger und inadäquater Wissensvermittlung im Sinne einer verdünnten Ausgabe konventioneller "Schulbildung" in der Schule für Geistigbehinderte aufgezogen wird. *Bach*

(1967) spricht von der Verfälschung zur "Subhilfsschule". Der basale oder elementare Sachunterricht der Geistigbehindertenschule muß es mit Sachen zu tun haben, die zur Erschließung der individuell wahrnehmbaren Lebenswirklichkeit notwendig sind.

Das In-der-Welt- und In-der-Zeit-Sein gilt als ein wesentliches Charakteristikum des Menschen. Er lebt aus der fortwährenden Kommunikation mit der Welt und ist gleichzeitig selbst Welt. Er ist Leben unter Lebenden und Person unter Personen. Er braucht Pflanzen und Tiere, "nicht nur, um sich ihrer zu bedienen, sondern auch um in ihrer Mitte zu leben" *(Delfgaauw 1965, 11, 23),* und er braucht den anderen Menschen, um in diesem Mit-Sein erst vollständig Mensch sein zu können. Dabei lebt und erlebt er immer nur *eine* Welt, seine *eigene* Umwelt, soweit er sie aus seiner Sicht und Position in Bedeutsamkeitszusammenhängen zu gestalten weiß. Er vermag dies, weil er "ständig als deutendes Wesen" *(ibid., 24)* in der Welt steht, d.h. als einer, der nach dem Sinn sucht. Und in dem Maße, als er zwischen sich selbst und der Welt Distanz zu schaffen vermag, wird er selbständig, und in dem Maße, in dem ihm seine Umwelt vertraut wird, und seine Lebenswelt und seine Zugehörigkeit eine selbstverständliche wird, findet er Heimat.

Die pädagogische Aufgabenstellung zielt darauf, daß auch der geistig behinderte Mensch seine Welt finden, gliedern und gestalten kann, um in ihr heimisch zu werden. Sein geistiges Leben ist dadurch bedroht, daß ihm Umwelt zur Kulissenwelt der Beziehungs- und Bedeutungslosigkeit wird, d.h. zu einem fremden, unheimlichen Etwas, das die Angst verstärken dürfte.

Auf die Frage, wovor sich geistig behinderte Kinder fürchten, erhielt *D. Fischer (1969)* u.a. folgende Antworten von befragten Eltern:

- vor Geräuschen, die es nicht kennt
- vor Lärm auf der Straße, vor großem Lärm (15x)
- vor der Nacht
- vor großen Brücken, auch vor Tunnels
- vor Hundegebell, wenn es den Hund nicht sieht
- vor Tieren, die es nicht kennt, auch im Fernsehen
- vor großem Wasser, Meeresschwimmbad
- beim Bergsteigen vor dem hohen Berg
- vor fremder Umgebung überhaupt
- vor fremden Menschen
- vor Gewitter und Sturm
- vor dem Arzt.

Die Erziehung muß daher die nötigen Hilfen dazu anbieten, daß das Kind seine Welt, d.h. den ihm zugänglichen und bedeutsamen Weltausschnitt, kennen und deuten lernt, damit es sich in ihm zurechtfindet und sich geborgen fühlen kann. Die unmittelbare Umwelt wird ihm zur eigenen Welt, wenn sie ihm "geöffnet, gezeigt, verlebendigt wird, wenn man (es) an sie heran- und in sie hineinführt ... ihm Wohnung, Straße, Geschäfte nicht versperrt, sondern vielmehr Schritt für Schritt aufschließt" *(Bach 1967, 26).*

Unsere Welt ist inzwischen eine recht komplizierte und abstrakte geworden. Sie ist für viele nicht mehr die Welt der Wiesen, Felder und Wälder, der stillen Wege und der einfachen, überschaubaren Ordnungen. Der Erziehung stellen sich damit differenziertere Aufgaben zur Gewinnung von Lebensorientierung bei geistiger Behinderung. Daß sie zu meistern sind, lehren die Erfahrungen in der Großstadtarbeit. Als Orientierungseinheiten kommen in Betracht:

- Personen der täglichen Umgebung (Eltern, Geschwister, Verwandte)
- die Wohnung (Räume, Einrichtung, Blumen, Haustiere)
- der eigene Körper (Vertrautsein mit den Körperfunktionen und ihrer Beherrschung)
- Nahrung und Kleidung
- Haus, Hof, Garten, Nachbarschaft
- Straße, Geschäfte, Handwerker und Arbeiter, Post
- Wetter und Naturgewalten
- Sicherheit (gefährliche Gegenstände und Chemikalien, Gifte, Verkehr, Verkehrszeichen, Polizei, Feuerwehr)
- zeitliche Einheiten (Tages-, Wochen-, Jahres- und Jahreszeitenlauf, Feste und Feiern)
- der erweiterte Wohn- und Betätigungsbereich (Straßen, Fahrmöglichkeiten, Schule, Stadt, nahegelegene Orte)
- Kirche und religiöses Leben
- individuell verschiedene Sonderinteressen (Hobbys): spezielle Spieldinge, Schallplatten, Bildersammlungen u. a.

Der einzelne Mensch mit einer geistigen Behinderung braucht diejenige Orientierung, die für sein Leben und seine soziale Eingliederung wichtig ist. Das wird individuell und kulturregional verschieden sein. So kann z. B. für einen jungen Mann seine umfangreiche Diskothek und sein außerordentliches Wissen im Bereich der Musikliteratur "seine Welt" bedeuten, für andere kann es der Club, die Werkstatt oder der Sport sein. Es sind im Grunde jeweils einzelne und verschiedene Weltausschnitte, die zum Ganzen der eigenen Lebenswelt werden sollen. Diese reicht über das eigene häusliche Lebensfeld hinaus in die naheliegende Umwelt, in die Natur und in die Gemeinde mit lebensbedeutsam werdenden Menschen, kulturellen Einrichtungen und sozialen Gruppen, aber auch darüber hinaus in fernere Landschaften, Länder und Geschehnisse und damit in eine Zugehörigkeit zur Gemeinsamkeit aller Menschen.

Das Kind ist vor Überforderung, d. h. vor Ballast und Verwirrung, ebenso zu bewahren wie vor einer Einengung seiner Weltorientierung. Sie tritt vor allem dann ein, wenn Eltern ihr Kind von der Umwelt weitestgehend abschließen, manchmal buchstäblich einsperren, um es vor Feindseligkeiten, Spott und sonstigen Schwierigkeiten zu bewahren. Letztlich wird der Mensch mit einer geistigen Behinderung seine optimale Lebensorientierung nur dann finden, wenn ihm die Umwelt entgegenkommt, wenn sie es ihm leichter macht, sich in ihrer Vielfalt von Formen, Regeln, Namen und Zeichen auszukennen und darin heimisch zu werden.

Selbsterkenntnis ist eine indirekte Aufgabe bei der Gewinnung von Lebensorientierung. Je deutlicher sich die Umwelt für den geistig behinderten Menschen gliedert, um so erkennbarer wird für ihn sein Verhältnis zur Umwelt und damit auch seine eigene Position. "Die Kinder sollen ihre abhängige oder halbabhängige Rolle in der Gemeinschaft bejahen und erkennen, daß ihnen im Vergleich zu anderen Kindern Grenzen gesetzt sind und sie sich doch nicht als Ausgestoßene betrachten" *(Williams u. a. 1966, 28).* Dieses realistische Verständnis der eigenen Grenzen ist aber nur eine Seite der hier gemeinten Selbsterkenntnis. Sie soll darüber hinaus auch ein positives Verständnis der eigenen Möglichkeiten und die Wertung der eigenen Person im sozialen Beziehungsgefüge umfassen. Es ist dies zugleich ein Beitrag zur Förderung der eigenen Autonomie *(Speck 1985, 1991).*

2.4. Bildung von Lebenshaltungen

Lebenshaltungen sind in gewissem Sinn das komplexe Ergebnis der Erschließung des Lebenszutrauens, der Ausbildung von Lebensfertigkeiten und der Gewinnung von Lebens- und Weltorientierung, nachdem oben bereits ausgeführt wurde, daß Werthaltungen durch eine emotionale, eine pragmatische und eine kognitive Komponente zustandekommen. Die Resultante ist eine gewisse Normorientiertheit des Verhaltens und somit eine Stabilisierung der Lebensführung, die zwar beim geistig behinderten Menschen immer eine minimal selbständige bleiben wird, die sich aber doch an einem "Wertkonzept" orientiert, das in der Regel für das Beurteilen und Handeln maßgeblich wird. Man bezeichnet die sich unter dem Einfluß der Erziehung bildenden Einstellungen bei geistig behinderten Menschen im allgemeinen als *Gewohnheiten* (vgl. *Moor 1958*). Man könnte dies auch weiterhin tun, allerdings nur unter der Bedingung, daß mit diesem – zweifellos abwertend klingenden – Begriff die Beteiligung der kognitiven Komponente, der Einsicht und des Selbst- und Wertkonzeptes nicht eliminiert werden soll, sei diese Beteiligung auch noch so minimal oder nicht immer erkennbar.

Als Werthaltungen, welche die Erziehung bei geistiger Behinderung anstrebt, wären beispielhaft zu nennen:

- Arbeitshaltungen, z. B. Wertschätzung gelungener Arbeit,
- Einstellungen zu anderen, z. B. Kontaktfreundlichkeit, Hilfsbereitschaft und Rücksichtnahme, Achtung vor dem Eigentum anderer, Bereitschaft zu teilen, Zurückhaltung gegenüber Fremden, Selbstbehauptung gegen unberechtigte Ansprüche anderer,
- Einstellungen zu den Dingen, z. B. Achtung vor Pflanzen und Tieren, Schonung von Gegenständen, Vorsicht vor unbekannten und gefährlichen Dingen.

Es bedarf keiner näheren Erklärung, daß die genannten Haltungen nicht das erzieherische Ergebnis bloßer Unterweisungen und Belehrungen sein, sondern daß sie im wesentlichen durch "Einübung" gewonnen werden können. Diese aber wird sich auf der emotionalen Grundlage von Bindung zum Erzieher vollziehen (vgl. *Moor 1958*). Das, was sich als Werthaltungen oder Normeinstellungen beim Kinde oder Jugendlichen ausbildet, wird zu dem, was als Persönlichkeitsmerkmale oder -eigentümlichkeiten sich immer deutlicher ausprägt. Die individuellen Unterschiedlichkeiten sind so groß, daß sich eine generalisierende didaktische Operationalisierung ausschließt. Der Erziehung ist es nur möglich, auf der Basis geplanter Teilschritte und sich bietender Gelegenheiten dem Kind und Jugendlichen die Möglichkeit zu geben, Normerfahrungen zu machen und ein stabilisierendes Wertekonzept zu erwerben. Es wird weithin dem entsprechen, was ihm als Wertekonzepte begegnet und zugänglich ist, was sich als Umgangsstil und "Atmosphäre" modellierend darstellt. Es wird zum Bestandteil seiner Identität. Es ist mehr als die bloße Summe noch so vieler geplanter und "erreichter" Lehrziele.

Die dargestellten Teilbereiche der pädagogischen Aufgabenstellung – man könnte auch von Richtzielbereichen reden – sind strukturell einander zugeordnet. An diesem Grundzusammenhang ändert das unterrichtliche Herausstellen eines spezifischen Lehrzieles nichts. Es wird sich in der Regel auch an den anderen Bedürfnissen und Gegebenheiten mitorientieren müssen, wenn dies auch über weite Strecken nur implizit erfolgt. Das nachfolgende Schema (Abb. 3) soll die strukturalen Zusammenhänge verdeutlichen.

Abb. 3: Komplexität der pädagogischen Aufgabenstellung

Eine ähnliche Aufteilung der pädagogischen Aufgabenstellung ist in den *"Empfehlungen" der Kultusminister-Konferenz von 1979* vorgenommen worden. Danach soll durch die Schule für Geistigbehinderte "Selbstverwirklichung in sozialer Integration" in folgenden "Lebensbereichen" ermöglicht werden:

- Erfahren der eigenen Person und Aufbau eines Lebenszutrauens,
- Selbstversorgen und Beitragen zur eigenen Existenzsicherung,
- Zurechtfinden und angemessenes Erleben in der Umwelt,
- Orientieren in sozialen Bezügen und Mitwirken bei ihrer Gestaltung,
- Erkennen und Gestalten der Sachumwelt *(7)*.

3. Religiöse Bildung

Die religiöse Bildung bedarf einer eigenen Begründung, da sie nicht mehr selbstverständlich ist. Jede Erziehung und Bildung hat Antwort auf die existentiellen Grundfragen zu geben, wer der Mensch sei, woher er komme, was er solle, was seine Bestimmung sei, damit er sie in seinem Leben verwirkliche. Damit ist eine Dimension angesprochen, die nach tradiertem Verständnis in Metaphysik und Religion begründet ist. Ihr kann man am wenigsten ausweichen, wenn man mit der Existenz und dem Lebenssinn eines schwer behinderten Kindes direkt konfrontiert wird. Es stellt sich die Frage nach dem Unbegreiflichen; und man kann sicherlich sagen, daß trotz Aufklärung und einer ins geradezu Unermeßliche gehenden Wissenserweiterung das Unbegreifliche für den einzelnen Menschen nicht geringer und unbedeutender geworden wäre. Die Frage nach dem größten denkbaren Lebenszusammenhang, mit der der Einzelne seinen existentiellen Ort und seinen Sinn sucht, wird nach wie vor gestellt, erst recht dann, wenn er sich in Bedrohung, Leid und innerer Leere vorfindet, wenn er sich vom "Ozean des Nichts" *(Rahner)* bedroht sieht.

Religion kann als eine menschliche Urdimension angesehen werden, durch die der Mensch aus seiner kontingenten Existenz heraus sich in der Welt zu orientieren und sich mit ihr abzufinden versucht. Sie wird zur gemeinsamen Basis für Sinnsuche und soll Hoffnung und Errettung (Heil), Hingabe an andere und Einsatz für die Gesellschaft ermöglichen (vgl. *Stachel, 1973, 22*).

Was dem Menschen in der religiösen Dimension begegnet, geht ihn "unbedingt" an. Er hat es mit einem Absoluten zu tun, in welchem er direkten Halt finden kann, z. B. wenn ihn die Kontingenz, die Zufälligkeit oder ereignisabhängige Befindlichkeit seiner Existenz, beunruhigt. Ohne diesen absoluten Halt drohen ihm trostlose Sinnlosigkeit und Verlassenheit. Ohne absoluten Sinn wäre für ihn alles bedingt, alles relativ und aller Sinn ein von Menschen gemachter, also ein total gesellschaftlich abhängiger. Die Achtung vor der Würde des Menschen kann dann praktisch reduziert werden auf das Minimum der elementarsten Bedürfnisse, die die jeweilige Gesellschaft anzuerkennen bereit ist (vgl. *Quambusch 1989*).

Eine Gesellschaft, die zur alles bestimmenden Totalität im Sinne der Verwirklichung von "Glück für alle" wird, müßte angesichts des Leides, des fortgesetzten Unglücks und der damit herausgeforderten Hilfe allen hedonistisch-egoistischen Interessen klar widersprechen. Dafür aber gibt es kein konsensfähiges Konzept der Gesellschaft. Sie laviert vielmehr in einem normativen Pluralismus, in welchem die Barbarei letztlich nicht ausgeschlossen ist.

Das Sich-Anvertrauen und Sich-Verlassen auf die menschliche und gesellschaftliche Solidarität ist ein bedingter Akt mit bedingtem Ausgang. Heil oder Glück durch sie zu finden, wird letztlich nur möglich, wenn es *alle* finden. Dieses Heil oder Glück unterläge aber der gesellschaftlichen Definition, dem Diskurs, d. h. es würde zur Disposition der Diskursteilnehmer gestellt. Sollte es keine objektive, also absolut gültige Instanz, kein "a priori entworfenes System" *(Kant)* zur Klärung dessen geben, was als gut anzusehen ist, dann gäbe es auch kein Kriterium, nach welchem zwischen Humanität und Barbarei unterschieden werden könnte. Der Mensch befände sich im leeren Raum des reinen Verstandes und seiner Kriterien.

Die sozialisationsorientierte Erziehungswissenschaft, wie sie sich seit der wissenschaftlichen Wende etabliert hat, lasse den Menschen mit seinen kontingent faktischen Grenzerfahrungen letztlich allein, wenn er Leiden erfährt, die nicht durch die Gesellschaft verursacht sind. Es falle auf, daß die religionssoziologische These, daß Religion Praxis der Kontingenzbewältigung sei, in der erziehungswissenschaftlichen Reflexion kaum Spuren hinterlassen habe. Wenn gerade das Geschehen einer geistigen Behinderung die Sinnfrage in besonderer Weise herausfordert, so kann die Frage der Erziehung nicht hinreichend ohne Religionsbezug beantwortet werden.

In der religiösen Dimension erfährt sich der Mensch im Bezug zum absoluten Du *(Buber)*. Zugleich bündeln sich hier alle Bezugslinien. Der transzendierende Bezug verleiht eine Kraft, die die Schwäche im Sinne der aktuellen und zufälligen (sozialen) Wertungsmaßstäbe überwinden, über-leben kann. Kontingente Abhängigkeit (erfahren z.B. durch Leiden, Krankheit, Verlust) kann im Innersten aufgehoben, d.h. zur Geborgenheit werden, Furcht kann gebannt werden, Hilflosigkeit kann sich in Trost verwandeln, wo sich der Einzelne rückgebunden weiß an eine Instanz, für die das Sichtbare und Greifbare, das gesellschaftlich (Ab-)Gewertete, nicht das Entscheidende ist.

Unzählige Eltern geistig behinderter Kinder suchen in ihrer Religion Trost und Halt. Viele verzweifeln – u.U. gerade an ihrem Glauben. Andere suchen über das unmittelbar Erfahrene hinaus nach sonstigen Sinn-Antworten. In jedem Falle ist die religiöse Dimension im Spiel. Eine relativ geschlossene Gestalt findet diese in den tradierten und verfaßten Glaubensgemeinschaften vor. Aus ihnen leitet sich eine religiös fundierte Erziehung ab. Religiöse Bildung hat ihren zentralen Ort in der Familie und setzt sich im Kindergarten, in der Schule und in der Erwachsenenbildung fort (vgl. Beiträge in *Theologia Practica, Z.f. Prakt. Theologie und Religionspädagogik [15] 1980, H. 4; Kellmann 1987; Schilling, K. 1974; Katech. Amt Heilsbronn 1973; Krenzer, Rogge 1978; Buchka 1984; Heinen 1988*). Ihre Intention ist es, dem Kind und Erwachsenen mit geistiger Behinderung einen Zugang zur religiösen Dimension seiner Existenz zu eröffnen, damit er durch sie eine sinnvolle Orientierung in aller Welt und eine Beziehung zu Sinngrößen (Hoffnung, Heimat, innere Geborgenheit, Handlungsmaximen) finden kann, die über die zufälligen Wertmaßstäbe hinausgreift, denen er ansonsten hilflos ausgeliefert wäre (vgl. *Schuchardt 1985*). Er braucht dazu im besonderen das Erleben glaubwürdiger Personen und ein Zusammenleben in relativ kleinen Lebenseinheiten (Familie, Kindergarten, Schulklasse, Gemeindegruppe), die für ihn wegen der persönlichen Nähe verläßliche und überzeugende Stützpunkte für die Begründung von Vertrauen werden können. Religiöse Bildung kann deutlich machen, wie sehr Erziehung davon abhängig ist, daß sie beidseitig als Lebenszusammenhang, als "Lebensverhältnis" *(Nipkow 1980)* erfahren wird.

Wie intensiv und lebendig der Mensch mit einer geistigen Behinderung Religiosität und Glauben erleben kann, belegen u. a. die Gedanken und Gebete, die *Franziska Meier,* eine geistig behinderte junge Frau, zusammen mit ihrer Mutter unter dem Titel "Heute hat es nicht geregnet" (Zürich, Pendo *1986*) vorgelegt hat. Ein eindrucksvolles Zeugnis legen auch die Zeichnungen und Texte von *G. Bender (1986)* ab.

Besondere Bedeutung bei der religiösen Bildung kommt der *Gemeinde* zu. Das selbstverständliche Getragensein von ihr und das fraglose Einbezogensein in sie können einen Menschen mit einer geistigen Behinderung am ehesten davon überzeugen, daß er es mit einer "frohen Botschaft" für alle zu tun hat. Der unendliche Wunsch, nirgends fremd zu sein, nirgends ausgestoßen, ohne Heimat, nicht verloren, nicht ein verächtliches, unbekanntes Wesen zu sein, wird lebendig erhalten durch Gemeinschaft und soziale Vertrautheit.

VIII. Bildung und Lernen

Die erziehungswissenschaftliche Terminologie enthält zahlreiche Vagheiten, ist doch die Pädagogik der Natur ihrer Sache nach weithin genötigt, nach dem *Prinzip des unzureichenden Grundes (Blumenberg 1981, 125)* zu arbeiten. Zu ihren mehrdeutigen Grundbegriffen gehören die von *Erziehung* und *Bildung*. Sie sind nicht hinreichend klar voneinander unterscheidbar, implizieren aber bestimmte Akzentuierungen, die nach wie vor in Gebrauch sind. Wenn auch "Erziehung" als der übergreifende und wissenschaftlich konstitutive Grundbegriff allgemein anerkannt ist, so erweist es sich doch – gerade unter dem Aspekt der geistigen Behinderung und der mit ihr zentral assoziierten "Bildungsfähigkeit" – auch als nützlich und wichtig, den Begriff der *Bildung* mitzuverwenden. Dabei nehmen wir auch Bezug zu der damit implizierten *Bildungsinstitution Schule*. Wenn für die Erziehung geistig behinderter Kinder deren Bildbarkeit als pädagogisch konstitutiv gilt, so kommt dem "Bildungssystem", also auch der Schule oder der "Erwachsenenbildung", eine zentrale Rolle zu.

Über diese mehr pragmatischen heilpädagogischen Gründe hinaus läßt sich durch eine Akzentuierung von *Bildung* eine wichtige Dimension oder Instanz von Erziehung deutlich machen, die im Falle einer geistigen Behinderung gemeinhin zu kurz zu kommen droht, nämlich die zentrale Rolle der Selbstbestimmung (Selbstorganisation) und Selbstreflexivität beim Lernen und bei der Auseinandersetzung mit der Welt. Für den Bildungsvorgang ist die bewertende Funktion des Selbst konstitutiv. Man könnte auch von *Autonomie* sprechen (vgl. *Speck 1991*).

Mit *Bildung* wird sowohl der Vorgang als auch dessen Ergebnis verstanden, durch den der Mensch in der Welt mit ihren mannigfachen natürlichen, kulturellen und sozialen Gegebenheiten sein Bild von ihr, seinen Standpunkt, seine Sinnorientierung und damit zugleich sich selbst oder seine eigene Wirklichkeit hervorbringt. Es ist im wesentlichen ein Vorgang permanenten Bewertens von Erfahrenem, sei es die äußere Welt oder die innere Befindlichkeit. Durch dieses Bewerten werden dem Begegnenden Bedeutungen verliehen, und diese werden in größere Zusammenhänge eingeordnet, seien es die der eigenen Lebenssituation oder die der sozialen und kulturellen Wirklichkeit. Durch Bildung wird das eigene Selbst, die eigene Wirklichkeit, bestimmt und bestimmbar und zugleich Welt hervorgebracht, bewertbar und gestaltbar. Die dazu nötigen Kategorien werden über Bildung erworben.

Bildung in diesem allgemeinen Sinne bezieht sich auch auf *Allgemeinbildung*. Diese kommt u. a. in bestimmten "Persönlichkeitsmerkmalen" oder "Charaktereigenschaften" (Interessen, Haltungen, normative Bindungen, Einsichten etc.) zum Ausdruck und ist an das Ethos einer haltgebenden Lebenswelt gebunden.

Auf Grund der Verschiedenartigkeit der individuellen und soziokulturellen Lernbedingungen erreicht Allgemeinbildung unterschiedliche Ausprägungsgrade. Bildung ist immer dann gegeben, wenn sich unter dem fördernden Einfluß von außen (Bildungshilfe) Bildsamkeit entwickelt als die Fähigkeit und das Interesse, sich ordnend und seelisch-geistig wachsend mit der erfahrbaren Welt auseinanderzusetzen. Die Bildung des geistig behinderten Menschen bewegt sich auf einem vergleichsweise weniger differenziert ausgeprägten Niveau mit geringerem intellektuellen (materialen) Anspruch, umfaßt aber axiomatisch (formal) gesehen alle menschlich wesentlichen Dimensionen: Als gebildet kann der Mensch mit einer geistigen Behinderung seine Wirklichkeit als eine in sich (kategorial) geordnete und sinngebende und als eine zugleich in eine entsprechende Sach- und Wertwelt eingegliederte erfahren.

Bildung in diesem Sinne ist im eigentlichen eine Eigenleistung des Einzelnen, der aus der Fülle von Bildungsangeboten das für ihn Angemessene ausgewählt hat. Bildung wird also nicht im alten privilegierenden Sinne eines für eine bestimmte "Bildungsschicht" standardisierten Bildungskanons verstanden, der für alle gleiche Maßstäbe setzt. Das Maß ist vielmehr die aus der eigenen Potentialität entwickelte Menschlichkeit und Autonomie.

Es stellt sich die Frage, ob man zur Kennzeichnung des "Bildungsgrades", den Menschen mit einer geistigen Behinderung erreichen können, eine eigene Bezeichnung verwenden soll. Ursprünglich war von "lebenspraktischer Bildung" die Rede in Abgehobenheit von darüber hinausgehenden (intellektuell-theoretischen) Bildungsniveaus. Wir halten eine besondere Bezeichnung der erreichten Bildung als einer für geistig behinderte Menschen spezifischen Bildung nicht für erforderlich. Sie wäre dazu angetan, das Absonderliche zu sehr zu betonen. Es genügt, schlicht von der Bildung dieser Menschen zu reden. Sie ist ein lebenslanger Prozeß, in dem die zu verwirklichende Menschlichkeit immer neu zu bestimmen ist als Persönlichkeitsbildung im sozialen Kontext.

Bei einem solchen *bildungstheoretischen Ansatz,* wie er in seinen Grundzügen und Differenzen vor allem von *Klafki* (vgl. *1986*) vertreten worden ist, steht die didaktische Frage nach den *Inhalten* der Bildungsangebote im Vordergrund, nicht die nach den Zielen und ihrer Erreichbarkeit bzw. den dazu nötigen Methoden. Diesem eindeutigen Schwachpunkt begegnete als konsequentestes Gegenmodell auf behavioristisch-wissenschaftlicher Basis eine informationstheoretische bzw. verhaltensmodifikatorische Didaktik (vgl. die vergleichende Darstellung von *Blankertz 1971*). Sie ist als konsequente Unterrichtstechnologie anzusehen. Sie ist u. a. auch bei geistig retardierten Kindern, vor allem in den USA, eingesetzt worden (vgl. z. B. *Haring, Brown 1976*). Alle Hoffnung, mehr Wissen und Können schneller und sicherer zu erreichen, konzentrierte sich auf systematisierte Methoden, wie Programmierten Unterricht, auf reines Reiz-Reaktions-Lernen, auf Lern-Motivationen, die auf das bloße Lust-Unlust-Schema reduziert sind, auf vorgegebene Lernzielkontrolle u. ä. lerneffektivitätssteigernde Techniken. Ethische Implikationen blieben ausgeklammert. Lernen wurde wertneutral als bloße reaktive Verhaltensänderung verstanden.

Ebenfalls auf den Lerntheorien beruhend, aber auch bildungstheoretische Inhalte einschließend wurden hierzulande curriculare *lerntheoretische* Modelle entwickelt. Besondere Verbreitung fand die von *Heimann* und *Schulz (1970)* konstituierte "Berliner Schule", die sich später auch als *"Lehrtheoretische"* Didaktik verstand. Sie bedient sich der lerntheoretischen Erkenntnisse in der Weise, daß sie die individualen und sozio-kulturellen Lernbedingungen als Voraussetzungen und Entscheidungsgrundlagen für die Planung von Unterricht berücksichtigt, vor allem aber die Inhaltsfrage der Lehrplanung nicht unabhängig von der Frage nach den verfügbaren und erforderlichen Methoden beantwortet. Die jeweiligen Zielfragen werden in einer offeneren Form als pädagogische *Intention* gefaßt.

Die Lehr- oder Lerntheoretische Didaktik fußt auf einem analytischen, rationalen Ansatz, der sich wertfrei gibt und zugleich ein Instrument dafür anbieten will, die im Lerngegenstand oder in den Lernintentionen enthaltenen Normen ideologiekritisch zu hinterfragen. Ob ein positivistisch-analytischer Ansatz dies leisten kann, kann bestritten werden (vgl. *Blankertz, a.a.O., 112*). Didaktische Entscheidungen sind prinzipiell wertorientiert. Es bleibt also zu fragen, vor welcher Instanz didaktisch normative Entscheidungen zu rechtfertigen wären, z. B. Entscheidungen darüber, welche Lehrinhalte oder -ziele für geistig behinderte Kinder und Jugendliche adäquat, d. h. Lebenssinn fördernd, und welche Methoden als ethisch fragwürdig zu werten sind.

Der damit angesprochene didaktische Legitimationszusammenhang verweist in Anbetracht der Ausgeliefertheit gerade des geistig behinderten Menschen an die planenden und steuernden Möglichkeiten einer technologisierten Umwelt auf die ethische Frage, auf die direkte Verantwortung des Lehrenden gegenüber dem einzelnen abhängigen Lernenden unter der Maßgabe seines Bedürfnisses nach und seines Rechtes auf Selbstbestimmung. Das den Lehrenden leitende Menschenbild und sein Handlungsinteresse haben sich der offenen Diskussion zu stellen.

1. Bildendes Lernen als praktisches Lernen

Bildung geht aus Lernen hervor, wird von Lernen begleitet, bestimmt aber auch, was gelernt wird. Mit dem Begriff "bildendes Lernen" betonen wir den pädagogisch unaufhebbaren Zusammenhang von Lernen und Bildung im Unterschied zu einer gerade aus der Geschichte der Menschen mit geistigen Behinderungen bekannten Gleichsetzung ihres Lernens mit bloßem Reagieren und Nachmachen, mit Formen des Abrichtens oder der Dressur.

In diesem Sinn einer bildungstheoretischen Position kann das geistig behinderten Menschen verfügbare Lernen im besonderen als *praktisches Lernen* gekennzeichnet werden. Wir lehnen uns bei diesem Begriff u. a. an *Fauser, Fintelmann, Flitner 1983* an. In den von ihnen unter dem Titel "Lernen mit Kopf und Hand" vorgelegten Berichten und Anstößen zum praktischen Lernen in der Schule wird die Bedeutung eines Lernbegriffes herausgestellt, der gerade jene Lernbereiche und Lernprozesse anspricht, die bei der heutigen Überbeanspruchung des theoretisch-verbalisierten Lernens zu kurz kommt, eben das praktische Lernen. Dieser Begriff will darauf verweisen, daß alles Lernen auf (Eigen-)Aktivität beruht, daß Lernen nicht einseitig auf Rationalität beruht, daß Lernen nicht einseitig Aneignung zielvorgegebener Kompetenzen bedeutet sondern eine selbstbestimmte Leistung darstellt, an der eigene Interessen auf Grund biographischer Rückbindung beteiligt sind.

Praktisches Lernen ist nicht abgehoben und schlechthin geringerwertig gegenüber theoretischem Lernen zu sehen. Es hat vielmehr eine pädagogisch unverzichtbare Grundlagenfunktion, ist also "nach oben" offen. Es ist damit zugleich ein umfassender Begriff, der nicht nur auf Schule und Unterricht begrenzt wird, sondern auch den Lebenswelt-Aspekt einschließt.

Zugleich läßt er sich auch auf die moralische Dimension beziehen, die sich wesentlich im sozialen Handeln darstellt und bewährt. Durch Lernen in der gesellschaftlichen *Praxis* läßt sich vor allem auch eigene *Orientierung* finden in Anbetracht der verwirrenden, verbalisierten und medienabgebildeten (Schein-) Wirklichkeit. Praktisches Lernen bezieht sich sowohl auf das Tätigsein der Kinder als auch auf die gesellschaftliche Praxis. Durch eine Öffnung der Schule nach außen sollen Schule und Leben verbunden werden. Das Außen erhält Lernqualität. Gegenüber den zugleich verfremdenden Einflüssen dieses Außenraumes kann die Schule aber auch wiederum eine eigene, die Sinn-Orientierung sichernde Bedeutung (als pädagogischer Eigenraum) erhalten.

2. Lernen durch Erfahrung

Integration ist ein Prozeß, der auf ein Ganz-Werden gerichtet ist. Einer ganzheitlich orientierten Bildung wird es um ein Doppeltes gehen: einerseits darum, daß das Kind die Wirklichkeit kennen lernt, veränderbar oder unveränderbar, andererseits darum, daß es die "Eigenständigkeit biographischer Wirklichkeit" *(A.M.K. Müller)* erfährt, ein unauswechselbares und unplanbares Selbst werden kann. Beides macht Erfahrung aus, reale und offene Erfahrung, für die die Erziehung zu sorgen hat. Erfahrung wird damit in eine polare Wechselwirkung zwischen Objektivieren, Planen, Definieren und Handeln einerseits und Betroffensein, Offensein, Selbstsein, Subjektsein, Unkontrolliertsein und Erleiden andererseits gespannt.

A. M. K. Müller (1978) sieht in seiner kritischen Auseinandersetzung mit den die "Bildungskatastrophe" bedingenden "definierten Verhältnissen in der Pädagogik" die primäre Aufgabe der Erziehung im wesentlichen "auf die Bewältigung eines Ganzen gerichtet, das sich im dialektischen Umschlag zwischen offener und definierter Erfahrung manifestiert", wenn das Ganze des Lebens ausgelotet werden soll *(43)*. Der Mensch mit einer geistigen Behinderung wäre von jeder Vereinseitigung des erzieherischen Ansatzes besonders bedroht. Insbesondere kann er nicht allein unter dem Aspekt von Tätigsein, Leistung und Rentabilität gesehen werden und nur durch objektivierte Lernprozesse gefördert werden. Die Wirklichkeit geistig schwer behinderter Kinder und Jugendlicher entzieht sich weitgehend der Objektivierung. Die Erziehung wird ihnen nur gerecht werden können, wenn sie sie auch sein läßt, wer sie sind.

Erziehung steht in der Spannung zwischen sozialem Handeln als pädagogischem Zugriff und pädagogischer Zurückhaltung *(P. Moor)* und Betroffenheit. Beide Aspekte haben füreinander Komplementärfunktion. So bedeutet Erziehung als geplantes Handeln, dem Kind in strukturierten Lernsituationen Gelegenheit zu geben, sich mit sich und der Umwelt aktiv und verändernd auseinanderzusetzen; dies aber bedeutet gleichzeitig Erfahrungen machen und umsetzen. Der Erziehung geistig behinderter Kinder kommt dabei die Aufgabe zu, ihnen lernadäquate Gelegenheiten zu aktivem Erfahrungsammeln zu verschaffen, und ihnen bei der Bewertung und Umsetzung dieser Erfahrungen behilflich zu sein. Der didaktische Hauptakzent liegt auf der *Initiierung* handelnden Lernens, durch welches sich das Bewußtsein ausbildet und ausdifferenziert und durch das sich eine konstruktive Aneignung der Wirklichkeit als eines Feldes für eigenes Handeln und Denken vollzieht.

Erziehung als impliziter biographischer Prozeß ereignet sich zugleich ungeplant, unkontrolliert, undefiniert, ist in einen zeitlich weiteren Bogen gespannt und lebt aus dem Mitsein des Erziehers, aus seinem Mitfühlen, seiner Achtung, aus dem Zurücktreten seiner Intentionen. Das didaktische "Machen" tritt zugunsten von Schauen-, Staunen-, Spielen- und Sein-Lassen zurück, wird zum Hintergrund *(Fischer, D. 1992).*

3. Ganzheitliches Lernen durch Handeln

Wenn anthropologisch gesehen der Mensch das erziehungsbedürftige Wesen ist, dessen Leben nicht instinktmäßig festgelegt, also lediglich gegeben, sondern im eigentlichen aufgegeben ist, d. h. ein variables und durch "innere Erfahrung" *(Moor 1958)* personal zu ordnendes Leben ist, so muß sein Lernen ganzheitlich orientiert sein. Das bedeutet, daß ihm die Variabilität der ihm zugänglichen Welt erfahrbar gemacht werden muß, damit es in der aktiven Auseinandersetzung mit ihr lernt, *sein* Leben aufzubauen, *seinen* Platz unter den Menschen zu finden und *seine* Identität aufzubauen. Das Lernen hat nur dann wirklichen Erfolg, wenn das *ganze* Kind lernt, und wenn das eigentliche Ergebnis des Lernens "eine Änderung im Menschen selbst, in seinem Wissen und Können, in seiner Haltung und seinen Interessen" ist *(Roth 1966, 184).* Sein Leben würde verkürzt, müßte es sich ausschließlich passiv nach schablonenhaften Mustern richten, an die es von außen mittels bedingter Reaktion fixiert würde, müßte es darauf verzichten, selbst in den einfachen Kategorien *denken* zu lernen, die ihm zugänglich sind.

Ganzheitliches Lernen ist *sinnorientiertes* Lernen. Es ist darauf gerichtet, wann auch immer und soweit als möglich auch den Sinn dessen, was man wahrnimmt und was man tut, zu erfassen oder zu erahnen, Beziehungen (Strukturen) zu sehen, Einsichten zu gewinnen. Daß es dem Kinde mit einer geistigen Behinderung nur in geringem, in einzelnen Fällen nur in kaum erkennbarem Maße möglich ist, Sinnzusammenhänge zu erkennen, ist im wesentlichen ein *didaktisches* Problem.

Das Vermögen *einsichtigen* Lernens bei Kindern mit einer geistigen Behinderung wurde früher i. a. in Frage gestellt. Es hieß, sie lernten nicht, was sie eingesehen hätten, sondern was ihnen vorgemacht und was mit ihnen mechanisch geübt worden sei, ohne zu fragen und zu warten, ob sie es einsähen oder nicht. Beispielsweise sei es hoffnungslos, ihnen einsichtig machen zu wollen, warum man die Blumen gießen solle und woher der Wind und die Kälte kämen.

Gestaltpsychologisch gesehen vollzieht sich Lernen durch Einsicht in einer Umstrukturierung des Erlebnisfeldes im Sinne einer überschaubaren Neuordnung der Beziehungen und Ganzheiten. Nach *Lewin* besteht der Akt der Einsicht "im wesentlichen in einem Wandel der Ganzheitsverhältnisse im Felde" *(1967, 396).* Von dem – wenn auch eingeschränkten – Vermögen geistig behinderter Menschen zu solcher Umstrukturierung war bereits die Rede.

Die denkpsychologische Deutung des pädagogischen Lernens als einsichtigen oder sinnvollen Lernens will die assoziationstheoretische Auffassung von der bloßen und dauerhaften Verlängerung der Reiz-Reaktionsketten und damit die Deutung menschlichen Lernens im Sinne von mechanischem Lernen, also Dressur, überwinden. Für eine Pädagogik der Geistigbehinderten stellt der Begriff des dressurhaften Lernens gemeinhin einen ausgesprochen neuralgischen dar. Er rückt die geistige Behinderung ideologisch in die Nähe des Tieres und gefährdet den Bildungsauftrag. Andererseits aber kann nicht bestritten werden, daß über weite Strecken offensichtlich rein "mechanisch", also "ohne Einsicht" gelernt wird, freilich nicht nur im Falle einer geistigen Behinderung.

Das Begriffspaar *einsichtiges* und *mechanisches* Lernen hatte für das Lernen geistig behinderter Kinder und damit für ein entsprechendes Lehrkonzept eine durchaus wichtige und grundlegende Bedeutung, wenn auch in der Polarisierung eine gewisse Vereinfachung lag. Folgt man diesem doppelten Erklärungsmodell, so ließen sich für das Lernen geistig behinderter Kinder folgende allgemeine Aussagen machen:

a) Kinder mit einer geistigen Behinderung können nachweislich auch mit Hilfe von Einsicht lernen. Beispiel:

In einer Schulklasse soll ein Flügel einer Wandflügeltafel gewendet werden. Die in der Höhe verschiebbare Tafel befindet sich in der untersten Position, vor dem zu wendenden Flügel steht das Lehrerpult und verhindert damit das Vorhaben. Ein Schüler und danach noch andere versuchen ("Versuch und Irrtum"), den Tafelflügel trotz des Widerstandes zu wenden. Sie schlagen ihn immer wieder an den Schreibtisch und versuchen auch, diesen fortzubewegen. Als Versuch und Irrtum nicht zur Lösung führen, meldet sich plötzlich ein Schüler, der bis dahin von seinem Platz aus nur zugeschaut und nachgedacht hatte, ruft freudig "Aha!", geht an die Tafel, schiebt diese mit einem Griff nach oben und wendet den Tafelflügel. – Es handelte sich um einen der intelligenteren Schüler dieser Gruppe geistig behinderter Schüler im Alter von zehn Jahren.

b) Das Vermögen zu einsichtigem Lernen ist allgemein geringer. Es dürfte bis zu einem gewissen Grad vergleichbar sein dem Lernen des Kleinkindes. Nach *Piaget (1946)* verfügt das Kind normalerweise erst nach dem sechsten Lebensjahr über einen geregelten Gebrauch der Einsicht, also über eigentliches einsichtiges Lernen.
c) Das Lernen bei geistiger Behinderung erscheint in der Regel als ein mechanisches und nachahmendes. Dabei aber kann eine rudimentäre oder spurenhafte Beteiligung von Einsicht nicht ohne weiteres ausgeschlossen werden. Vieles lernt der Mensch auch "intuitiv" oder nur *zunächst* ohne Einsicht.
d) Vom Lehr-Lern-Prozeß soll einsichtiges Lernen angestrebt werden, soweit es dem Kind möglich ist. Grenzen werden durch die Struktur des Lerngegenstandes und durch die Intelligenz des Kindes gesetzt.

Das Lernen des geistig behinderten Kindes muß vor allem *handelndes* oder *operatives* Lernen sein, wenn es *bildendes* Lernen sein soll. Es ist vergleichbar dem, was *Correll (³1969)* "Denklernen" genannt hat. Denken wird hier als "verinnerlichtes Handeln" verstanden und kann sowohl nach dem Prinzip von "Versuch und Irrtum" als auch nach dem der Einsicht aufgefaßt werden. Es handelt sich um ein aktives Lernen, das ein operatives, nicht bloß reaktives Verhalten bewirkt (vgl. *Miessler, Bauer 1978*). In der *Montessori-Pädagogik* steht die Selbsttätigkeit des Kindes, unterstützt durch eine "vorbereitete Umgebung", im Zentrum *(Biewer 1992)*.

Für ein *handlungsorientiertes Lernen und Lehren* liegen heute weithin übereinstimmende Theorien vor:

Bei osteuropäischen, wissenschaftlich materialistisch orientierten Psychologen spielt für die Erklärung der psychischen und geistigen Entwicklung der Begriff der *"Tätigkeit"* und der durch sie bedingten "Aneignung" eine zentrale Rolle. Für *Leontjew (1975)* verläuft Aneignung als ein *aktiver Prozeß*, durch den das Individuum die historisch gebildeten Fähigkeiten und Funktionen (Kultur, Sozialisation) reproduziert und zwar im Sinne eigener psychischer Umbildungen, wie sie für seine Existenz bedeutsam sind. Dabei ist es die Tätigkeit, mit Hilfe derer der Mensch diesen Prozeß vermittelt, reguliert und kontrolliert *(235)*. "Die für den Vollzug dieser Tätigkeit erforderlichen Mittel, Fähigkeiten und Fertigkeiten findet er in der Gesellschaft vor. Um sie zu *seinen* Mitteln, *seinen* Fähigkeiten und seinen Fertigkeiten zu machen, muß er mit den Menschen, mit der objektiven Realität in Beziehung treten. Mit der Entwicklung dieser Beziehungen vollzieht sich auch seine Ontogenese" *(236)*.

In der polnischen *Tätigkeitspsychologie,* wie sie *Tomaszewski (1978)* vertritt, wird das Wesen des Verhaltens in der Regulation der wechselseitigen Beziehungen zwischen Mensch und Umwelt gesehen, wobei sich hierarchisch reaktives (S-R) Verhalten und Zielverhalten (als gerichtete Tätigkeiten oder Handlungen) unterscheiden lassen (17/18). Dabei wird ein Persönlichkeitsmodell vertreten, bei dem das Verhalten nicht durch ein Bündel von "habits" gesteuert wird, sondern durch ein autonomes Subjekt. Grundlage dieser Regulierungsorganisation bilden die "integrativen Funktionen" des Gehirns, seine "funktionalen Systeme" (im Anschluß an die sowjetische Neurophysiologie) *(20).* Unter Bewußtsein als dem System der Höchstform der Tätigkeiten wird die innere Repräsentation der Wirklichkeit verstanden und zwar nicht als deren mechanische Kopie, sondern als aktiver Prozeß des Entdeckens immer neuer Aspekte in der Realität *(a.a.O., 96).*

In *Piagets* genetischer und interaktionaler Theorie der Entwicklung der kognitiven Strukturen liegen seit langem derartige Grundannahmen vor *(1975).* Die "Konstruktion der Wirklichkeit" im Kinde wird als Ergebnis einer aktiven Auseinandersetzung mit der Umwelt gesehen, die über die Zwillingsprozesse der *Assimilation* (als Integration der äußeren Gegebenheiten in Strukturen, die vom Subjekt gebildet werden) und der *Akkomodation* (als dem Anpassungs- und Modifizierungsvorgang gegenüber der Umwelt) ablaufen. Die sich auf dem Wege über sensomotorische Operationen ausbildenden Schemata werden per Erfahrung zur Basis neuer Handlungspläne und Erfahrungen. Die sich dabei entwickelnde Gesamtorganisation des Denkens stellt keine bloße Ansammlung von Reaktionen und Verhaltensschemata dar, die etwa durch bloße Reiz-Reaktionsfolgen zustande kommen, auch keine assoziativen Verknüpfungen neuer Reize mit alten Reaktionen, sondern eine wirkliche Tätigkeit, bei der die vorhandenen Strukturen (Schemata) zur Gewinnung neuer aktiv benutzt werden.

Nach *Piaget (1969)* ist das *Denken* vor allem eine Form des *Tuns.* Die tatsächlichen Handlungen bilden die Basis für vorgestellte Handlungen, die *Piaget* und *Aebli* als Operationen bezeichnen. "Statt zur wirklichen Ausführung jeder Handlung gezwungen zu sein, erlangt das Kind die Fähigkeit, sie *innerlich* und ohne sichtbare Bewegungen auszuführen" *(Aebli, ³1968, 57).* Das Kind im obigen Beispiel war in der Lage, die notwendige Handlung sich vorzustellen, vorwegzunehmen, innerlich zu vollziehen, operativ zu denken. Um dies zu erreichen, muß die Erziehungs- und Bildungsarbeit vor allem darauf gerichtet sein, dem Kind möglichst viel Gelegenheit zum tätigen Umgang mit den Dingen, zum Erfahrungsammeln zu geben. Das Spiel bietet besondere Möglichkeiten hierzu.

Der amerikanische Psychologe *Bandura* schließt sich mit seiner "sozial-kognitiven Lerntheorie" *Piaget* weithin an. Auch für ihn steht die Entwicklung von Handlungsplänen im Mittelpunkt der Überlegungen. Es geht dabei im besonderen um die Entwicklung der Fähigkeit im Kinde, das, was es wahrnimmt, in entsprechende Handlungen umzusetzen, und so das Denken in organisierte Handlungsfolgen umzuformen *(1979, 41).* In Abhebung von *Piaget* sieht jedoch *Bandura* in motivationaler Hinsicht die Selbstentdeckung durch spontane Handlungsversuche nicht als die einzige Informationsquelle an. Neue Verhaltensmuster ließen sich vielmehr auch über die Beobachtung modellierter Vorbilder und über Konsequenzen des eigenen Verhaltens gewinnen. – Man muß hierin nicht unbedingt einen Widerspruch zu *Piaget* sehen. Wichtig erscheint *Banduras* detaillierende Explikation in motivationaler und didaktischer Hinsicht, zumal bei Kindern mit einer geistigen Behinderung, deren Schwierigkeiten in der Nachahmung nicht nur mit unzureichend differenzierten Schemata zu erklären wären, sondern auch mit Unzulänglichkeiten der Aufmerksamkeit, der Merkfähigkeit, der motorischen Nachvollziehbarkeit, aber auch der dargebotenen Modelle *(a.a.O., 41)* für das Lernen. Die Frage nach der Art der Modellierung ist unmittelbar die Frage nach dem adäquaten *Lehren*. Verstärkungen gelten in der sozial-kognitiven Lerntheorie als förderliche Faktoren, jedoch nicht – wie in der mechanischen Reiz-Reaktionstheorie – als notwendige Bedingungen *(46)*.

Aus den kurz skizzierten Lerntheorien lassen sich folgende Maßgaben für ein handlungsorientiertes Lehren und Lernen herausfiltern:

- Die "Aneignung" oder "Konstruktion" der Wirklichkeit im Kinde erfolgt über einen *aktiven Prozeß*, nicht also über ein passives Ansammeln von Reaktionsmustern. Erziehung hat die entsprechende Aktivität freizusetzen und zu fördern.
- Aus der fundamentalen Bedeutung des (sensomotorischen, kognitiven, sprachlichen, sozialen) Tätigseins, das auf Interaktionen eines Subjekts mit der Umwelt beruht, folgert die didaktische Notwendigkeit einer intensiven *Interaktionsförderung*.
- Die Entwicklung und Ausdifferenzierung von Handlungsplänen ist nicht nur von spontanen Selbstentdeckungen abhängig, sondern vielfach auch von der Art der *Modellierung* der Informationen, die auf dem Wege über das Beobachtungslernen internalisiert werden sollen.

Eine wesentliche Bedingung dafür, daß das Lernen operativ erfolgt, ist die *didaktische Strukturierung eines Lehrinhalts,* d.h. seine adäquate Zubereitung im Hinblick auf die individuelle Lernfähigkeit, die "fruchtbare Begegnung zwischen Kind und Jugendlichem und einem ausgewählten Ausschnitt der geistig erkannten oder gestalteten Welt, dem Kulturgut" *(H. Roth, 1966, 109)*. Soweit es dem Lehrgeschick des Lehrers gelingt, einen "nach seinem eigentlichen Wesensgehalt aufgeschlossenen Gegenstand mit der spezifischen Verstehensfähigkeit eines nach seiner Entwicklungsphase und geistigen Reife bekannten Kindes" *(Roth, ibid.)* in Beziehung zu setzen, vollzieht sich bildendes Lernen.

Auf das geistig behinderte Kind bezogen heißt das, daß der Erzieher und Lehrer ihm nur solche Bildungsgüter oder Lerngegenstände vermitteln kann, die dem Kind auch wirklich zugänglich sind, und daß er den Wechselprozeß des Inbeziehungtretens mit dem Gegenstand so vorbereiten, lenken und gestalten muß, daß er das ganze Kind erfaßt und bildend anspricht. Dem Kind muß der Gegenstand in seiner sachlichen Beschaffenheit, aber auch in seiner menschlichen Bedeutung erschlossen werden. Dazu gehört der handelnde Umgang mit den Dingen, das affektive Angesprochensein und – soweit möglich – das kognitive Erfassen des Sachverhaltes (Einsicht).

Das Gemeinte soll am Beispiel *"Tischdecken"* verdeutlicht werden:

Das Thema ist dem Erfahrungsbereich des Kindes entnommen und weist einen Bedeutungsgehalt für das Kind auf. Die sachliche und aktive Begegnung erstreckt sich etwa auf das Erfassen des Vorhabens (Was wir tun wollen), auf das Gliedern der Aufgabe (Was wir brauchen, wie wir es anordnen), auf das tätige Kennenlernen der Umgangsqualitäten der Einzeldinge, auf das Erfassen von Begriffen und Zusammenhängen (Mein Platz – dein Platz, Teller – Tasse – Besteck), die sprachliche Formulierung des Erfaßten und Gedeuteten, unter Umständen die bildhafte und zeichenhafte Fixierung u. ä. Als menschliche und emotionale Seite des Sachbereichs wird das Bedürfnis, den Tisch fein herrichten zu wollen, also das Schöne und Gesittete, angesprochen. Gleichzeitig ergibt sich aus der Sachbezogenheit in Verbindung mit der emotionalen Angeregtheit die Notwendigkeit, Verpflichtungen zu übernehmen, z. B. vorsichtig und sorgfältig mit den Dingen umzugehen, auf die richtige Anordnung und die schmückende Gestaltung zu achten, dem anderen beizustehen und Freude zu machen.

Das Ergebnis einer solchen "originalen Begegnung" *(Roth 1966)* dürfte sich im ganzen Kinde widerspiegeln: In einer Bereicherung an Wissen und Können, an Aktivität, Interessen und Haltungen (vgl. auch die Beispiele bei *Mertes 1980*).

Mühl (1979, 1997) hat den *handlungsbezogenen* Unterricht als konstitutiv für den Unterricht bei Schülern mit geistiger Behinderung herausgearbeitet. Als allgemeines Ziel gilt Handlungsfähigkeit. Der Unterricht hat selbständiges Handeln anzuregen und zu fördern. *Mühl* führt hierfür zahlreiche praktische Beispiele aus. Diese sind freilich mehr für leichter geistig behinderte Schüler gedacht und geeignet. Das heißt aber nicht, daß nicht auch schwerer behinderte Kinder in soziales Handeln "verwickelt" werden könnten. Vielmehr sind Handlungsansätze immer dann vorhanden, wenn ein aus Erfahrung resultierendes gerichtetes Verhalten vorliegt, um Dinge zu identifizieren und zu manipulieren (vgl. auch *Pfeffer 1988*).

4. Lernen durch Üben

Aus der unterschiedlichen Struktur der Lerngegenstände folgert eine unterschiedliche Art des Lehrens und Lernens. So kann der Schwerpunkt mehr auf dem nachahmenden und probierenden Erlernen motorischer, sensorischer und kognitiver Fertigkeiten liegen oder auf dem Lernen, bei dem durch Denken und Einsicht Aufgabenlösungen zu suchen sind. Das Lernziel kann das Behalten und Bereichern des Wissens oder das Erwerben von Werthaltungen und Einstellungen sein. Beim Lernen des geistig behinderten Kindes nimmt das Üben, das Automatisieren von Funktionen, einen breiten Raum ein. In Anbetracht der bereits genannten Gefahr der Verabsolutierung des Funktionstrainings bei geistiger Behinderung haben wir zunächst die Möglichkeiten operativen Lernens aufgezeigt. Das Einschleifen von Fertigkeiten und Wissen bis zur sicheren Beherrschung ist hier dem operativen und einsichtigen Erfassen prinzipiell nachgeordnet. *Aebli (³1968)* nennt diese

Art der Übung eine "operatorische". Verfrühtes Mechanisieren setzt den Lernerfolg herab.

Das Üben spielt bei der Erziehung und Bildung geistig behinderter Kinder noch eine andere und besondere Rolle, und zwar da, wo denkendes oder einsichtiges Erfassen nicht abgewartet werden kann oder nicht möglich ist. Dies gilt vor allem für das Lernen in den ersten Lebensjahren. Die in dieser Zeit durch sensomotorisches Funktionstraining aufgebauten Verhaltens- und Lernschemata sind die Voraussetzung und Bedingung für späteres operatives Lernen, für "operative Beweglichkeit" *(Aebli [3]1968).*

Beim gering strukturierten geistig behinderten Kind werden der Entwicklung angepaßte Funktionsübungsprogramme zunächst das Lernfeld beherrschen. In der Familie, in der schulvorbereitenden Einrichtung (Kindergarten) wie auch noch in den ersten Schuljahren muß das Kind auf vielfältige und meist spielerische Weise Gelegenheit erhalten, grundlegende sensomotorische, später auch kognitive Fertigkeiten zu erwerben, insbesondere hinsichtlich der Körper- und Handgeschicklichkeit, der Aufmerksamkeit, der Wahrnehmung, des Behaltens, des Unterscheidens, Vergleichens, Sortierens und Zuordnens von Formen, Farben, Räumen, Mengen und sonstigen Materialien sowie des einfachen Bauens mit verschiedenen Elementen. Es handelt sich dabei zunächst vornehmlich um nachahmendes Üben. Das geistig behinderte Kind braucht zum Erlernen derartiger elementarer Techniken viel mehr Übung und Zeit als das nichtbehinderte Kind.

Für dieses meist hantierende Üben müssen geeignete Materialien und Spiele in ausreichender Zahl zur Verfügung stehen und müssen passende Familien- und Schulalltagssituationen zu Übungsaufträgen ausgenutzt werden. Das Kind dieser Stufe soll mit diesen Funktionsübungen letztlich das Lernen erlernen (Basales Lernen). Zahlreiche praktische Hinweise auf entsprechende Materialien und Beispiele zur unterrichtlichen Handhabung finden sich u.a. bei *Liljeroth, Nimeus 1973, Walburg 1974, Oy, Sagi 1975, Jung, Krenzer, Lotz 1976, Rieder, Buttendorf, Höss 1981, Dittmann, Hahn, Ruoff, Sauter 1983,* und *Staatsinstitut für Schulpädagogik München o.J.* Differenziert ausgearbeitete Programme enthielt das vom *Ministerium für Gesundheitswesen der DDR* herausgegebene "Grundlagenmaterial zur Gestaltung der rehabilitativen Bildung und Erziehung" *(1987),* dessen Grundkonzeption auf *Sigmar Eßbach* zurückgeht.

Zur didaktischen Handhabung der Übung ist folgendes zu bemerken: Der Übungseffekt kommt durch Wiederholungen zustande. Die Zahl der erforderlichen Wiederholungen ist bei geistig behinderten Kindern wesentlich größer als bei nichtbehinderten Kindern. Der Erzieher und Lehrer muß sich von vornherein auf eine relativ lange Übungszeit einstellen und sich mit viel Geduld und Ausdauer rüsten.

Der Übungserfolg, z.B. das selbständige An- und Auskleiden, das Gehen auf einem Schwebebalken, das Malen eines Reifens, das richtige Sprechen, hängt unter anderem von folgenden Faktoren ab:

1. Die Übung muß der kindlichen Fähigkeit so angemessen sein, daß sie annähernd richtig ausgeführt werden kann und zu möglichst wenig Fehlern führt.
2. Die Übung bedarf beständiger Motivierung, wozu vor allem die möglichst sofortige Erfolgsbestätigung gehört. "Erfolgreiche, zu einem befriedigenden Ergebnis führende Reaktionen werden beibehalten und verstärkt" *(Aebli [5]1968, 169).*
3. Wiederholungen sollen nicht gehäuft, sondern verteilt vorgenommen werden. "Verteilte Übung führt zu rascherer Erlernung und besserem Behalten von Gedächtnisstoffen und Bewegungsabläufen als gehäufte Übung" *(Aebli, ibid., 166).* Kurz, aber oft üben!
4. Das Üben bei geistiger Behinderung bedarf genauer Anleitung und ständiger individueller Kontrolle. Das Kind soll nach Möglichkeit auch zur Selbstkontrolle und -beurteilung angehalten werden.
5. Soweit erforderlich müssen größere Übungseinheiten in Teilhandlungen zerlegt (programmiert) und isoliert vorgenommen werden, z.B. Artikulationsübungen. Dabei soll aber die Eingliederung in das Ganze immer wieder mitgeübt und angebahnt werden.
6. Rhythmisierte Übungen, z.B. rhythmisiertes Sprechen, erhöhen in der Regel den Übungseffekt.

Ein Konzept "heilpädagogischer Übungsbehandlung" ist von *v. Oy* und *Sagi (1975)* vorgelegt worden. Es fußt u.a. auf der traditionellen Spielpädagogik und betont die persönliche Bindung als Voraussetzung für den methodischen Einstieg ebenso wie die Orientierung am gegenwärtigen Entwicklungsstand des Kindes, die systematische individuelle Planung und die Kontrolle des Übungserfolgs. Die Methode dieses integralen Funktionstrainings bezieht sich auf die zeitliche begrenzte Förderung einzelner Kinder.

Wenn die Funktionsübungsprogramme dem Entwicklungsstand des Kindes entsprechen, dann dienen sie auch der Entwicklung der Leistungsmotivation im Sinne einer "intrinsischen Motivierung" *(Heckhausen 1969, 209),* wie sie unter anderem durch die *Montessori*-Pädagogik gefördert wird. Darüber hinaus wird durch diese sensomotorischen Übungen die Entwicklung der Sachstrukturen und der Sachbezogenheit und damit des aktiven und produktiven Lernens und Handelns angebahnt. Das Kind sammelt Grunderfahrungen und erlernt Verhaltensgewohnheiten, die ihm für künftiges komplexeres und differenzierteres Denken und Tun zur Verfügung stehen sollen.

5. Verhaltensmodifikation – spezielle Lehrtechniken

Dem Aufbau neuer Verhaltensweisen im Sinne sozialadäquater Fertigkeiten sind beim geistig behinderten Kinde gewisse Grenzen gesetzt bzw. stehen Hindernisse im Wege. Sie beziehen sich u.a.:

- auf den Mangel an spontaner Aktivität
- auf sensorische, motorische und kognitive Unzulänglichkeiten
- auf die nicht ohne weiteres zu reduzierende Informationsfülle
- auf inadäquate Lernmodelle
- auf ausgeprägte schwere Verhaltensstörungen
- auf die Inkonsistenz der Erziehungsmethoden
- auf interpersonal-affektive Probleme.

Derartige Faktoren bedingen u. U. eine Ineffektivität der pädagogischen Förderung. Sie kann Anlaß werden, ein Kind aufzugeben, seine Förderung einzustellen und sich nur noch auf Pflege zu beschränken.

Unter diesen Vorzeichen hat sich – insbesondere in den USA und England – ein Methodensystem etabliert, das als verhaltensmodifikatorische Technologie bezeichnet werden kann. Speziell für das Lehren und Therapieren geistig behinderter Kinder liegen zahlreiche Darstellungen vor *(Florin, Tunner 1970, Gottwald, Redlin 1972, Schmitz 1976, Kuhlen 1972, Adriaans, Duker 1975, Thompson, Grabowski 1976, Kane, Kane 1976, Huber, Striebel 1978).* Einen Überblick über die Konzeptionen und Anwendungen im anglo-amerikanischen Bereich gibt das Sammelreferat von *Kiernan* (in: *Clarke, Clarke 1974*).

Auf das Grundkonzept, das operante Konditionieren, das i. b. auf *Skinner* zurückgeht, braucht hier nicht näher eingegangen zu werden. Es ist bereits darauf hingewiesen worden, daß ein Erklärungsansatz über bloßes Reiz-Reaktionslernen oder "Lernen am Erfolg" nicht ausreicht, um ein Lehrkonzept allein bestimmen zu können. Es kann kein Zweifel bestehen, daß die Erfolgsbestätigung eine hohe Bedeutung – gerade bei schwachmotivierten Kindern – für die Lernmotivation hat. Geht man aber von einem umfassenden Erklärungsansatz aus, wie er in der interaktionalen und strukturalen Entwicklungstheorie von *Piaget,* im Konzept der Aneignungstheorie *(Leontjew)* oder der sozial-kognitiven Lerntheorie von *Bandura* vorliegt, so erhält der Ansatz des operanten Konditionierens den Stellenwert eines abhängigen nachgeordneten Methodensystems. Es wäre in der hierarchischen Unterscheidung, wie sie *Tomaszewski (1978)* vornimmt, dem niederen (elementaren) Bereiche des reaktiven Verhaltens zuzuordnen, das bei allen lebenden Organismen zu beachten ist, im Gegensatz zum (kognitiv) hochorganisierten "Zielverhalten" (Handlungssystem) des Menschen. *Bandura (1979)* betont ebenfalls die zentrale Bedeutung intrapsychischer (kognitiver und motivationaler) Prozesse beim Lernen und wendet sich entschieden gegen die zentralen Glaubenssätze des extremen Behaviorismus, wonach das Verhalten durch seine unmittelbaren Konsequenzen bestimmt werde und operantes Konditionieren zu einer mechanischen Reaktionsstärkung führe. Bekräftigung werde vielmehr grundsätzlich nur als "informative und motivationale Kraft" – also zusätzlich – wirksam, und zwar bei der Regulierung von Verhaltensweisen, die i. a. bereits erlernt wurden, nämlich auf dem Wege der Beobachtung an Modellen *(31),* auch wenn dieses Lernen zunächst nur diffus (ungefähr) erfolgte.

Das allgemein als Verhaltensmodifikation verstandene Methodenkonzept hat sich im wesentlichen in zwei *Teilsystemen* organisiert:

- als therapeutisches Methodensystem und
- als spezielles Lehrsystem.

Die mehr implizite Bedeutung der verhaltensmodifikatorischen Prinzipien für die Erziehung (Konsequenz, Belohnung etc.) bedarf keiner besonderen Würdigung: es sind alte pädagogische "Weisheiten", die z. B. schon die Philanthropen herausgestellt hatten.

5.1. Verhaltenstherapeutische Methoden

finden heute im besonderen in zwei Verhaltens- oder Problembereichen Anwendung:

– für den Aufbau sozialer Verhaltensweisen (Diskrimationslernen) und
– für den Abbau störender Verhaltensweisen (vgl. *Sprau-Kuhlen 1979*).

Gerade bei geistig behinderten Kindern können spezielle Probleme beim *Erlernen elementarer* Anpassungsleistungen eintreten, so daß übliche Erziehungspraktiken wirkungslos bleiben. Aus der Forschung gewonnene und erprobte Programme liegen in deutscher Sprache von *Florin, Tunner (1972)*, von *Kane, Kane (1976)* und von *Schmitz (1976)* vor. Sie beziehen sich jeweils auf die Behandlung einzelner Kinder und auf das systematische Erlernen *lebenspraktischer Fertigkeiten,* wie z.B. des selbständigen Essens und Trinkens, des An- und Ausziehens, der Toilettenbenutzung, der Körperpflege, der Lenkbarkeit u.a. Der methodische Ansatz beruht im besonderen auf einer sehr genauen Verhaltensanalyse, auf der Reduktion der therapeutischen Aufmerksamkeit auf eine eng begrenzte Einzelverhaltensweise und auf der systematischen Verlaufs- und Ergebniskontrolle (vgl. auch *Liljeroth, Niméus 1973*).

In ähnlicher Weise wird das Methodensystem der Verhaltensmodifikation zum *Abbau störender Verhaltensweisen* angewendet, zu denen insbesondere so schwerwiegende, bisher therapeutisch kaum zugängliche Verhaltensstörungen wie Aggressivität, Autoaggressionen (Selbstschädigungen) und Stereotypien (ständig wiederholte störende motorische oder verbale Verhaltensweisen) gehören. In deutscher Sprache liegen u.a. Arbeiten von *Adriaans, Duker (1975)* und von *Huber, Striebel (1978)* vor. Sie lassen erkennen, daß man die methodologischen Verstiegenheiten und ethischen Rücksichtslosigkeiten, wie sie noch die ersten Versuche *(Lovaas)* aufwiesen (vgl. *Gottwald, Redlin 1972*), inzwischen überwunden hat.

Zusammenfassend kann das Konzept der Verhaltensmodifikation zum therapeutischen Aufbau sozialer Fertigkeiten und zum therapeutischen Abbau störender Verhaltensweisen vom pädagogischen Gesamtrahmen her wie folgt beurteilt werden (vgl. *Speck 1979c*):

– Die verhaltenstherapeutische Intervention muß die *Gesamtsituation* des Kindes berücksichtigen und sich in das pädagogische Förderkonzept einfügen lassen.
– Die Verhaltenstherapie kann *nicht die Ziele* der Erziehung *bestimmen.* Sie ist lediglich ein Methodensystem zur Veränderung von Verhalten. Sie ist daher in der Festlegung, welches Verhalten (als “erwünscht” oder “unerwünscht”) geändert werden soll, von pädagogisch verantwortlichen Instanzen abhängig.
– Bei der hohen interpersonalen Abhängigkeit geistig behinderter Personen ist es erforderlich, daß durch eine sorgfältige Verhaltens- und Situationsanalyse und über eine *Team-Verantwortung* der Fehlansatz therapeutischen Drucks vermieden wird.

- Die *Auswahl der Verstärker* richtet sich nicht einfach nach deren Praktikabilität, sondern muß auch das reale Bedürfnis des Kindes nach *sozialer Zuwendung* beachten. (Nicht über die Gefühle des Kindes hinwegtherapieren!)
- Die Eltern sind bei der Planung und Durchführung grundsätzlich miteinzubeziehen, jedoch nicht einfach als abhängige "Ko-Therapeuten".
- Jegliche verhaltenstherapeutische Intervention muß den geltenden sozialen, ethischen und religiösen Werten und Normen entsprechen.

Auf die rechtliche Problematik der Verhaltenstherapie unter dem Aspekt des in den USA verbrieften "Rechtes auf Behandlung" und des impliziten Rechtes auf Ablehnung hat *Kane (1979)* hingewiesen.

Ein eher informativer Bericht über einen geschlossenen Versuch zur verhaltensmodifikatorischen Besserung der Situation einer ganzen Anstalt in den USA liegt von *Thompson* und *Grabowski (1976)* vor.

5.2. Verhaltenspsychologische Lehrtechnologie

Aus der Verhaltensmodifikation heraus haben sich – insbesondere in den USA – Lehr-Technologien entwickelt, die speziell auch für den Unterricht bei geistig behinderten Kindern angewendet werden. Es waren insbesondere die Arbeiten von *Haring* und *Schiefelbusch (1976)* und *Haring, Brown (1976),* die einen rapiden Wandel in den Klassenzimmertechniken hervorriefen. Das neue lernpsychologische Lehrsystem kam durch eine Kombination verschiedener Methoden zustande, u. a. des *programmierten Lernens, des individualisierten Curriculums,* des *Klassenzimmer-Managements,* des *Präzisionslehrens* (precision teaching, *Lindsley*) und der technisierten Instruktion (engineered teaching, *Hewett*). Einen starken Schub erhielt die Entwicklung dieser Unterrichtstechnologie durch die Erweiterung des *Rechtes auf öffentliche Erziehung* für alle Kinder, also auch die schwer behinderten. Programmatische Ziele wurden Normalisierung, mainstreaming (schulische Integration) und Deinstitutionalisierung, die über diese Lehrtechnologien (special teaching) zu erreichen seien. Die Komplexität dieses primär aus der wissenschaftlichen Forschung (aus Labor-Experimenten) hervorgegangenen technologischen Ansatzes erstreckt sich damit nicht nur auf validierte Methoden, sondern auch auf Organisationsformen des Lehrens und Lernens.

Als *Grundprinzipien* dieses technologisierten Lehrsystems für behinderte Kinder lassen sich folgende nennen:

- Individualisiertes Lehren, Orientieren an den individuellen Bedürfnissen – Realisierung von Selbständigkeit im Lernen
- curriculare Systematik in der Auswahl und Abfolge der Lehrinhalte und -ziele in systematisierten handlichen Verfahren
- vorsorgliche Techniken zur Modifizierung des Lehrprogramms im Falle ernsthafter individueller Lernprobleme eines Kindes
- tägliches Überprüfen (Messen) der Lernfortschritte
- Techniken zur Überwindung von Verhaltensstörungen.

Daß dieses Höchstmaß an Lehrsystematik eine Fülle entsprechenden *Lehr- und Lernmaterials* voraussetzt und erforderlich macht, liegt ebenso auf der Hand wie die strenge Gebundenheit des Lehrers an das *vorkonstruierte System,* in welchem er mit einem Höchstmaß von Sicherheit individuell variieren muß. Seine "Verantwortlichkeit" wird deshalb auch zum Schlüsselwort für dieses System *(Lent, McLean 1976, 228).*

Eine besondere Rolle spielt der Aufbau der notwendigen Alltagsfertigkeiten einschließlich des Abbaus hinderlicher und störender Verhaltensweisen. Hier wird im Sinne des operanten Konditionierens systematisch mit sorgfältigen *Verhaltensanalysen* und *Checklisten* zur Registrierung der Verhaltensänderungen, der Wirksamkeit von Verstärkern (kontrollierender Konsequenzen) und mit Techniken zur sorgfältigen Stimulus-Kontrolle gearbeitet. *Spradlin, Spradlin (1976)* betonen ausdrücklich, daß es sich um das Erlernen von individualisierten Grundfertigkeiten als spezifischen Verhaltensweisen handelt, bei denen das Kind lernt, einfachen Weisungen zu folgen, um in Situationen, die ein abgewandeltes neues Verhalten erfordern, adäquat reagieren, also Reize besser unterscheiden zu können. Damit soll gegenüber einer kognitiven Lerntheorie zum Ausdruck gebracht werden, daß es sich lediglich um das Erlernen grundlegenden und reizdiskriminierenden Reaktionsverhaltens handelt, als Voraussetzung für generalisierendes Lernen, d.h. für die Anwendung auf neue, differenziertere Situationen. Es sind dies vor allem Grundfertigkeiten der Selbsthilfe, des sozialen Verhaltens, der Sensomotorik und des Sprechens, die als bedeutsame Zielbereiche für geistig behinderte Kinder gelten und systematisch geübt werden sollen.

Ein solcherart *volltechnisiertes* Curriculum, das individualisierend das direkte Erlernen genau (vor-)definierter Verhaltensprodukte steuert, imponierte durch seine Konsistenz und "wissenschaftliche" Begründbarkeit und seine Umsetzbarkeit in einem auch organisatorisch geschlossenen Lehrsystem. Es war von einem großen pädagogischen Optimismus und von starken Erfolgserlebnissen in der psychologischen Forschung getragen. Es sollte den Lehrern dienen, damit sie "aus dramatischen Artisten zu Managern der Gesamtmöglichkeiten verfügbarer Lehrmethoden" werden könnten *(Haring 1972, 43).*

An der "Effektivität" eines so technologisierten Lehrsystems wollte man lange Zeit nicht zweifeln, insbesondere im Hinblick auf so schwere Lernprobleme, wie sie bei geistig behinderten Kindern in der Regel auftreten können. Inzwischen ist klargeworden, daß *die bloße Orientierung an Effektivität* nicht ausreicht. Es ist eben nicht von nebensächlicher Bedeutung, wie stark die Kinder an direkte Systeme gebunden werden, ob die Freiräume für individuelle, kreative Gestaltungen des eigenen Lebens gewahrt werden, und wie sich eine solche Voll-Technisierung auf das begegnende Verhalten des Lehrers seinen Kindern gegenüber auswirkt.

Der Lehrer als bloßer *Manager* dürfte sicherlich zu größerer interpersonaler Distanz und Sachlichkeit gezwungen sein, und der Verlust an "Dramatik" dürfte auch einen Verlust an menschlicher Originalität nach sich ziehen. Die

Probleme einer vollen organisatorischen Umsetzung eines so aufwendigen, differenzierten Lehrsystems auf das Schulsystem *eines ganzen Landes* seien nur am Rande erwähnt. Bis jetzt liegen im wesentlichen nur Berichte von mehr oder weniger *exklusiven Schulversuchen* vor. Man könnte sich am ehesten die Etablierung von Intensivklassen im Rahmen einer pädagogischen Gesamtkonzeption vorstellen, wo konzentriert und konsequent spezielle Lehrprogramme – zeitlich pro Tag begrenzt – für Kinder mit hartnäckigen Lernblockierungen angeboten werden. Eine konzeptuale Integration in ein umfassendes Fördersystem erscheint unabdingbar; denn Technologien mit quantifizierenden, naturwissenschaftlichen Methoden allein erreichen die Ganzheit des Menschen sicherlich nicht *(Speck 1980).* Damit soll freilich kein *Technologieverdikt* gesetzt sein *(Luhmann, Schorr 1979);* denn wenn die spezielle Pädagogik ernstgenommen werden will in ihrem Versprechen der besonderen Lehrhilfe für Menschen mit schulischen Lernproblemen, so kann sie nicht umhin, sich direkter der Frage nach den Bedingungen im Lehr-Lernprozeß zu stellen, um das Eintreten gewünschter Wirkungen wahrscheinlicher zu machen (vgl. *Speck 1981*).

IX. Erziehungssystem und Bildungsinstitutionen

Die nötige Hilfe für den Menschen mit einer geistigen Behinderung als adäquate und verbindliche Antwort auf ihre personalen und sozialen Bedürfnisse im normativen Bezugsrahmen umfassender Humanität bedarf ordnender Formen oder funktionierender Systeme. Um die Teilaufgaben oder -funktionen zu erfüllen, gliedert die Gesellschaft soziale Teilsysteme aus. Sie manifestieren sich in Institutionen. Sie haben den Zweck – im Falle einer geistigen Behinderung –, diejenige Hilfe zu organisieren, die diese Menschen brauchen, um ihr Leben im Zusammenleben mit den anderen zu ordnen und menschlicher werden zu lassen. Institutionen haben viel mit Organisation zu tun, reichen aber auch über diesen engeren Begriffsinhalt hinaus in das, was man auch als Formen zwischenmenschlicher Ordnung bezeichnen kann. Die *sozialen Systeme* mit ihren Institutionen geben Auskunft darüber, wie man es in einer Gesellschaft mit bestimmten Mitgliedern hält.

In diesem umfassenden und sozial-ethisch begründeten Begriff von *Institution* lassen sich verschiedene Formen unterscheiden, die von ungeschriebenen, relativ offenen sozialen Verbindlichkeiten und Normen bis zu strikt geregelten Förder- und Therapiesystemen reichen. Dazwischen liegen Abstufungen und Unterschiedlichkeiten, die sich auf ein Mehr oder Weniger an Organisiertheit des sozialen Planens und Handelns beziehen.

Die zahlreichen und verschiedenen *Institutionen,* die innerhalb kurzer Zeit entstanden sind, entwickelten sich aus den verschiedenen Bereichen der Behindertenhilfe, so aus den Bereichen der Pädagogik, der Medizin, der Rechtsordnung, des Arbeitswesens, der Pastoral. In ihren Zwecken orientieren sie sich mehr an den speziellen Bedürfnissen geistig behinderter Menschen oder mehr an der Gemeinsamkeit mit allen Gliedern der Gesellschaft. In vieler Hinsicht haben sich die einzelnen Institutionen mehr nebeneinander etabliert, haben sich mehr an ihren eigenen speziellen Aufgabenstellungen ausgerichtet und dabei Kontakt mit den anderen *Teilsystemen* eingebüßt. Derartige Differenzen lassen sich z.B. zwischen pädagogischen und ärztlichen Orientierungen ebenso ausmachen wie zwischen Schule und Werkstatt für Behinderte. Nur mühsam kommt eine gegenseitige Annäherung und Koordinierung in Gang.

Ein anderes Problem stellen die mit der *Eigengesetzlichkeit eines Systems* verbundenen Tendenzen zur Selbstverzweckung dar. Die *Dienstleistungsgesellschaft* sieht sich genötigt, alle Dienstleistungen als berechenbare und krisensichere Regelungen auszuweisen; es verselbständigen sich damit in wachsendem Maße die partialen Normen pro Teilsystem. Für den geistig behinderten Menschen, der sich am wenigsten gegen Verplanungen von außen zur Wehr setzen und zu Wort melden kann, bedeutet dies, daß er u.U. in organisierte, also festgefügte Abhängigkeiten gerät, daß Normen für ihn wirksam werden, die zwar für ein Teilsystem, z. B. das der Arbeitsverwaltung oder des Schulwesens, insgesamt wichtig erscheinen mögen, dem einzelnen behinderten Menschen aber nicht hinreichend gerecht werden. Zugleich entwickeln die einzelnen Sondersysteme mit ihren Experten immer differenziertere Eigenmachtstrukturen. Sie reichen von der Definition von Behinderung über die diagnostische Feststellung bis zum Therapieprogramm: die Experten bestimmen per se.

In der hochorganisierten Dienstleistungsgesellschaft ist über die verschiedenen Institutionen der Hilfe "für alles gesorgt". Was diese Hilfe beinhaltet, regelt die *Organisation.* Dabei ist zu beachten, daß wachsende Reglementierung – der Dienstzeiten, der Zuständigkeiten, der Zuordnungen, der Ansprüche, der Leistungen, der Lehrziele, der Behandlungen, der Abrechnungen etc. – nicht unbedingt zu einer Humanisierung führt, sondern auch Verfremdungen in den Beziehungen der Menschen nach sich ziehen kann. Das Ausmaß der *Verrechtlichung* hat einen Punkt erreicht, wo das persönliche Engagement Schaden zu nehmen droht. Der Spielraum für unmittelbare Menschlichkeit wird eng.

Vom behinderten Menschen her gesehen können die Institutionen für ihn Sinn als organisatorische, normative und technologische Rahmenbedingungen nur unter der Voraussetzung finden, daß sich die Menschen darin auch als geachtete Mitmenschen erfahren und Beziehungen zueinander finden können, die über bloße Funktionalität hinausreichen in das, was man mit Begriffen wie Unmittelbarkeit, persönliche Verantwortlichkeit, Dialog, Vertrauen oder Wagnis bezeichnen kann. Institutionen haben eine dienende Funktion. Diese ist die ursprüngliche Begründung und daher auch die eigentliche Legitimation für organisiertes Helfen. Der dialogische Bezug, die Verwirklichung von Menschlichkeit im Miteinander und Füreinander, bleibt inhaltlicher Dreh- und Angelpunkt aller Institutionalität.

Die sich den Institutionen stellenden Aufgaben sind *reale Aufgaben.* Sie haben sich *auch* an der vorgefundenen Realität zu orientieren, nicht ausschließlich an normativen Ideen oder Idealtypen, gegenüber denen sonst jegliches soziales System als unzureichend zu deklarieren wäre. Gemeint ist vielmehr eine über das soziale Teilsystem der Hilfe hinausreichende Sinngebundenheit an größere normative Zusammenhänge, wie sie für das Gesamtsystem Gesellschaft konstitutiv ausgebildet sind.

Sinnorientierte institutionelle Hilfe für geistig behinderte Menschen ist bei der heutigen Gesellschaftsdifferenzierung nicht anders realisierbar als in funktional orientierten *Teilsystemen.* Es lassen sich folgende *soziale Teilsysteme* nennen:

- das Erziehungssystem, das heute hauptsächlich als Schulsystem verstanden wird
- das Gesundheitssystem
- das Rechtssystem
- das Arbeitssystem
- das Sozialhilfesystem
- das Gemeindesystem u. a. (vgl. Abb. 4).

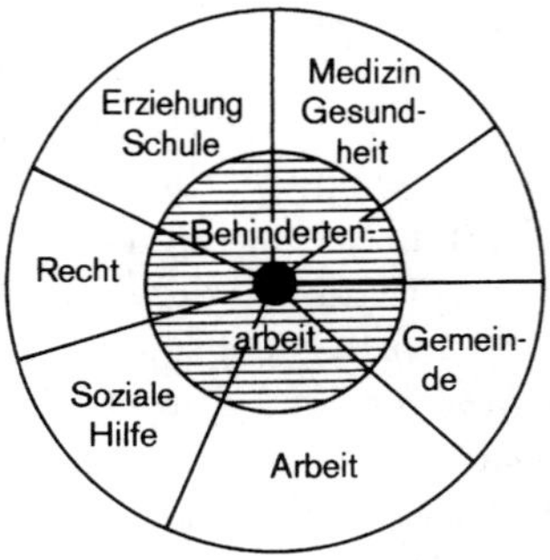

Abb. 4: Soziale Teilsysteme der Behindertenarbeit

Abb. 4 macht zweierlei deutlich: Einmal kommen für die Behindertenhilfe Teilsektoren der *verschiedenen Sozialsysteme* in Betracht, z. B. die Schule für Geistigbehinderte als Teil des Schulsystems, zum anderen ein *Verbundsystem* aller Teilsektoren, die sich im besonderen auf die Geistigbehindertenarbeit beziehen. Zwischen beiden Bezugsgrößen besteht ein *Spannungsverhältnis,* das den Ausschlag dafür gibt, wie sich eine konkrete Institution orientiert: entweder mehr am eigenen Teilsystem, z. B. dem ärztlichen, oder mehr an einer umfassenden, interdisziplinären Orientierung. Letztere dürfte sicherlich die anspruchsvollere, aber auch die für den einzelnen (ganzen) Menschen ergiebigere sein, wenn sie gelingt. *Luhmann, Schorr (1979)* weisen darauf hin, daß ein gleichzeitiges Im-Auge-Behalten verschiedener Systemreferenzen, die wechselseitig auch Umwelt sind, in der gesellschaftlichen Realität normalerweise nicht vorausgesetzt werden könne *(350).*

Das eigene Teilsystem als institutionell bestimmende Bezugsgröße dagegen ist unmittelbar funktionsfähig. Es bietet die nötige theoretische und organisatorische Basis für die Ausdifferenzierung und Modifizierung des eigenen, speziellen Arbeitsansatzes. Eine interdisziplinäre Quer-Orientierung wird damit nicht ausgeschlossen; sie wird dadurch eigentlich institutionell erst möglich. Selbst in interdisziplinär organisierten Institutionen, z. B. *Zentren,* kann auf die Wahrung des jeweiligen fachlichen Bezugs zum eigenen Teilsystem, z. B. zu dem der Erziehung und Schule, nicht verzichtet werden. Der Erziehungsbereich innerhalb einer ärztlich-klinischen Einrichtung (Krankenhaus) verlöre seine fachliche Orientierungsbasis, wenn er im klinischen System aufginge. Interdisziplinarität setzt Wahrung des facheigenen Systemanteils, setzt offene Eigenständigkeit jeder Disziplin im Verbundsystem voraus. Sie lebt vom Wissen um die andere Fachkompetenz. Es genügt deshalb nicht die bloße Orientierung am eigenen Fachansatz (vgl. *Klappenecker 1979*). Seit es Einrichtungen für Menschen mit geistigen Behinderungen gibt, weiß man, daß bloße Ärzte, bloße Pädagogen oder bloße Theologen für diese Arbeit nicht taugen (vgl. Thesen über die Aufgabe des Arztes in der Idiotenanstalt, Frankfurt/M. *1886,* in: *Zur Orientierung 1979, 472-476*).

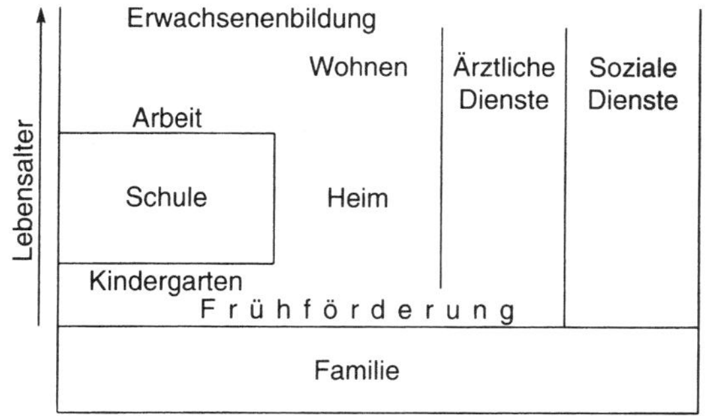

Abb. 5: Institutionen der Geistigbehindertenarbeit

Die von der Gesellschaft etablierten Institutionen erfüllen spezielle Funktionen. Diese sind am einzelnen geistig behinderten Menschen, aber zugleich auch am sozialen Gesamtsystem orientiert. Institutionen sind damit keine eigenen Welten außerhalb der Gesellschaft, sondern stehen normativ unter dem Anspruch, den allgemeinen Menschenrechten und allgemein gültigen Normen zu entsprechen und damit die Eingliederung in die Gesellschaft zu unterstützen und zu fördern. *Die Aufgaben der pädagogischen Institutionen* lassen sich im wesentlichen auf die *Förderung der Lernfähigkeit,* die *Unterstützung des Bildungsprozesses* und auf die *soziale Eingliederung* beziehen. Diese Aufgabenkomplexe hängen zusammen. Die verschiedenen *Erziehungsinstitutionen* lassen sich lebenslauforientiert gliedern:

- pädagogische Frühförderung (Früherziehung),
- Elementarerziehung im Kindergarten,
- Schule.

In *familienersetzender* oder *familienergänzender* sozialpädagogischer Funktion tritt in bestimmten Fällen

- das Heim dazu.

Einrichtungen für Erwachsene mit partiellen pädagogischen Aufgaben:

- Erwachsenenbildung,
- Arbeitsbereich,
- Wohnbereich.

Schließlich kommen noch Institutionen in Betracht, die zwar auch zur Unterstützung der Erziehung dienen können, aber originär *anderen sozialen Systemen* zuzurechnen sind:

- klinische Einrichtungen, ärztliche Dienste
- Beratung, Sozialhilfe, Gemeinwesenarbeit

– Die *Familie* als eigenes soziales System ist in ihrer zentralen und umfassenden Aufgabe bereits dargestellt worden.

Die Abbildung 5 soll die Gliederung und Zuordnung der verschiedenen Institutionen im Überblick wiedergeben.

1. Die pädagogische Frühförderung

Die institutionelle Konsequenz aus der wissenschaftlich abgesicherten Erkenntnis von der *fundamentalen Bedeutung der frühen Entwicklung* war die Errichtung von Frühförderdiensten für behinderte Kinder *(Speck 1973, 1977 b).* Von Anfang an bestand Klarheit darüber, daß diese mehrdimensionale Aufgabenstellung von *verschiedenen Teilsystemen* der Behindertenarbeit anzugehen war, insbesondere vom Funktionsbereich der Erziehung und von dem der ärztlichen Dienste her. Die *Bildungskommission des Deutschen Bildungsrates* empfahl deshalb die Errichtung von *Zentren für pädagogische Frühförderung* und von *Klinischen Einrichtungen für Frühdiagnostik und Frühtherapie (1973).* Die Notwendigkeit der interdisziplinären Kooperation zwischen beiden Organisationstypen ist ebenso unverzichtbar wie die interdisziplinare Arbeit in jeglicher Frühförder-Institution.

Pädagogische Frühförderung oder Früherziehung geistig behinderter Kinder ist ein integraler Bestandteil der übergreifenden Aufgabe der Frühförderungshilfe. Sie setzt unmittelbar in der Familie an und versteht sich deshalb im wesentlichen als *Haus-Früherziehungshilfe (Speck 1975, Klein 1979).* Die *Eltern* werden nicht zu abhängigen Ko-Therapeuten, sondern bleiben *Primärerzieher* und Adressaten adäquater Förderangebote. Die Familienzentriertheit macht die Früherziehungshilfe zu einem weithin mobilen Dienst *(Speck 1977 b)* und bedingt damit ein *flächendeckendes Netz regionaler Frühförderstellen,* wie es heute in nahezu allen Bundesländern besteht.

Diese Einrichtungen sind zwar vom Erziehungssystem her organisiert, umfassen aber die verschiedenen fachlichen Dienste, wie sie nicht nur vom Pädagogen (Sonderpädagogen, Heilpädagogen, Sozialpädagogen, Erzieher), sondern auch von Psychologen, Beschäftigungstherapeuten, Krankengymnasten, Logopäden eingebracht werden können. Die Einbeziehung eines Arztes ist in jedem Falle notwendig.

Das *pädagogische Konzept* ist an der Komplexität der Wechselwirkung zwischen Kind und sozialen Bedingungen orientiert. Es bezieht sich deshalb zum einen mehr auf das Kind und zum anderen mehr auf die *Familie.*

Für den Ansatz beim Kind steht das diagnostische Erfassen des kindlichen Entwicklungsstandes und der Entwicklungsbedingungen am Anfang der Förderarbeit *(Becker u. a. 1978, Schamberger 1978, Straßmeier 1984).* Bei der relativ starken Reifungsabhängigkeit der frühen Entwicklung orientieren sich die pädagogischen Fördermaßnahmen an der generellen Abfolge der einzelnen Entwicklungsschritte unter gleichzeitiger Berücksichtigung der individuellen Entwicklungsdynamik. Die entsprechenden pädagogischen Anregungen sollen das Lernen in allen Funktionsbereichen Schritt für Schritt voranbringen *(Johnson, Werner 1975)*.

Die frühe Lernanregung und gezielte Förderung der Lernfähigkeit bedeutet eine *Stimulierung* der Hirntätigkeit in der Phase, in der das kindliche Gehirn erst am Beginn seiner Ausdifferenzierung steht und im Falle einer vorausgegangenen Schädigung noch weithin kompensationsfähig ist. Geistig behinderte Kinder können daher durch eine zum frühestmöglichen Zeitpunkt – also schon im ersten Lebensjahr – einsetzende Förderung eine ungleich stärkere Aktivierung und Differenzierung ihrer Entwicklung erfahren, als sie sonst möglich wäre. Die frühen Chancen sind wahrscheinlich ihre größten Chancen.

Die Förderung der Motorik und der Sensorik steht im Vordergrund für Anregungen, Übungen und Spiele mit dem Kind *(I. Thomae 1976, Bach u. a. 1974, Cunningham, Sloper 1980)*. Die Stabilisierung der Emotionalität und die Belebung der Kommunikation (Sprechen zum Kind) bildet eine ebenso grundlegende Voraussetzung für alle Förderung wie die Integrierung der einzelnen Maßnahmen in den Alltag der Familie, wobei es zentral wichtig ist, daß das Kind genügend Gelegenheit erhält, *durch Tätigsein Erfahrungen zu machen*. In diesem komplexen Sinne – gegenüber einer punktuellen, bloßen Funktionstherapie – ist Früherziehung eine *ganzheitlich* zu lösende Aufgabe *(Grond 1977)*.

Der Ansatz der pädagogischen Frühförderung, der sich ursprünglich auf das Kind zentrierte, hat sich inzwischen mehr auf die *Eltern* verlagert und sich zu einer *Zusammenarbeit mit den Eltern* gewandelt *(Speck, Warnke 1983, Speck, Thurmair 1989)*. Gemäß der primären Bedeutung der Eltern für ihr Kind *(Weiß 1989)* und der sich daraus ergebenden *assistierenden* Funktion des Frühförderdienstes kommt es vor allem darauf an, den Eltern zu helfen, damit sich ihre Erziehungswirksamkeit verbessert.

2. Der Kindergarten

Institution der *Elementarerziehung* ist der Kindergarten als Kindertagesstätte. Während ursprünglich eigene heilpädagogische Einrichtungen (Sonderkindergärten, Schulvorbereitende Einrichtungen) für geistig behinderte Kleinkinder (3-6 Jahre) errichtet werden mußten, damit sie überhaupt einer institutionalisierten Elementarerziehung zugeführt werden konnten, erklären sich heute immer mehr Regelkindergärten bereit und kompetent, auch geistig behinderte Kinder aufzunehmen und gemeinsam mit nichtbehinderten Kindern zu erziehen.

Die Geschichte des Heilpädagogischen Kindergartens reicht weit zurück: *Hanselmann* hatte schon *1930* von der Notwendigkeit gesprochen, öffentliche Sonderkindergärten und an sämtlichen Anstalten für bildungsfähige Geistesschwache "Vorbereitungsklassen" einzurichten. Heilpädagogische Hilfe müsse so früh wie möglich einsetzen. Material und Methoden einer Frühentwicklungsförderung für Geistesschwache hatten u. a. *Montessori (1913), Corte* und *Corwinus (1926), Decroly (1932)* und *Descoeudres (1921)* erarbeitet.

Aufgabe des Heilpäd. Kindergartens ist die entwicklungsgemäße Förderung der motorischen, sprachlichen, kognitiven und sozialen Fähigkeiten und der sozio-emotionalen Entwicklung. Sie beinhaltet häufig einen Nachholbedarf, also Nacherziehung, vielfach aber auch Umerziehung infolge bisheriger Fehlerziehung im Elternhaus. *I. Thomae (1964)* nannte als Lernziele: Gemeinschaftsfähigkeit, eine bescheidenes Maß an Konzentration und Ausdauer, Form- und Farberfassung, Freude am Nachahmen, Verständnis für Aufgaben und ihre Erfüllung, das Wecken und Üben der Spielfähigkeit. Es sind grundlegende Fertigkeiten und Kenntnisse, die für die Ausdifferenzierung des weiteren Lernens wichtig sind.

Als *Schwerpunkte der Bildungsarbeit* sind anzusehen:

- das Erlernen einfachster Gewohnheiten der Selbstversorgung und Hygiene (an- und ausziehen, essen, sich waschen, die Toilette benutzen, auf Sauberkeit achten u. ä.),
- das Erlernen einfachster sozialer Umgangsformen (grüßen, danke und bitte sagen, aufeinander Rücksicht nehmen u. ä.),
- Bewegungsschulung (Übungen für Groß- und Kleinmotorik, Turnspiele, Gymnastik),
- rhythmisch-musische Erziehung (Umgang mit Reifen und Bällen, einfachste Reaktionsübungen, Formenlegen, Greif-, Tast- und Horchübungen, Singen, Spielen mit Instrumenten, Singspiele, Fingermalen u. ä.),
- elementare Sprachbildung (Sprechlust wecken durch Verse, Sprüche und Lieder, Tierlaute nachahmen, Lippen- und Zungenübungen, Gegenstände benennen, einfachste Aussagen),
- Erlernen einfachster kognitiver Fertigkeiten (Unterscheiden und Inbeziehungsetzen von Farben, Formen, Größen, Zeichen, Bildbetrachtungen, Erzählen und Spielen von Geschichten u. a. (siehe auch *I. Thomae 1979*).

Derartige Aufgabenstellungen aber bedeuten nicht, daß sich der Heilpädagogische Kindergarten in eine schulartige Einrichtung mit Verplanungstendenzen verwandeln sollte, wo das Spielen mit seinen Lernwirkungen und der offene soziale Umgang miteinander zu kurz kommen und wo die Kinder durch allzu viel verschiedenes Personal und allzu viele Lernziele überfordert werden. – Das Zusammenwirken mit den Eltern ist wichtig, aber auch eine heilpädagogische Zusatzausbildung des Personals.

Die Gliederung und personelle Ausstattung eines Heilpäd. Kindergartens ist von nicht zu überschätzender pädagogischer Bedeutung. Das betrifft sowohl die Größe der Gruppen als auch die Zahl der Erzieher. Pädagogisch wünschenswert wären möglichst kleine Gruppen. Sie sollten nicht mehr als sechs Kinder umfassen. Maßgeblich für die Größe der Gruppe ist der durch Verhalteneigentümlichkeiten der Kinder gesetzte Schwierigkeitsgrad der Aufgabe, aber auch die Zahl der zur Verfügung stehenden Erzieherinnen. An sich müßte in Anbetracht der vielen Schwierigkeiten, die mit einzelnen Kindern auftreten können, für jede Gruppe eine Helferin (z. B. eine Praktikantin oder eine geeignete Mutter) zusätzlich zur Verfügung stehen, ganz gleichgültig, wie klein eine Gruppe ist. *I. Thomae (ibid.)* empfiehlt darüber hinaus eine mobile Erzieherin für jeden Kindergarten einzuplanen, um die dringend nötige *Hausbetreuung* einzelner Kinder durchführen zu können, die den Kindergarten nicht besuchen können. Zur Beratung in heilpädagogischen Fragen sollten Heil- bzw. Sonderpädagogen zur Verfügung stehen.

Unter dem Aspekt der sozialen Eingliederung behinderter Kinder wird heute die Forderung erhoben, geistig behinderte Kinder *Regel-Kindergärten* besuchen zu lassen. In diesem Sinne empfahl *Wunderlich* schon *1970* den Eltern von Down-Kindern, wenn diese sich gut entwickeln, sie in "gewöhnlichen Kindergarten" unterzubringen. Die Erfahrung habe gelehrt, daß ein größerer Teil dieser Kinder dort "ausgezeichnet betreut" und gefördert würde und daß sie "völlig in die Gemeinschaft der 'Normalen' integriert" seien.

Die gemeinsame Erziehung von geistig behinderten und nichtbehinderten Kindern ist mit Sicherheit ein Unternehmen, das pädagogisch große Aufmerksamkeit verdient und das sorgfältig geplant und als bewußte Zielsetzung realisiert werden muß, das also *nicht en passant* im üblichen Rahmen ablaufen kann, wenn es dem behinderten Kinde dienlich sein soll, und das auch nicht nur vom persönlichen Engagement leben kann. Das Beispiel des häufig zitierten Münchener Montessori-Kindergartens zeigt freilich, daß selbst für solche speziell eingerichteten Kindergärten nur bestimmte, also ausgesuchte, geistig behinderte Kleinkinder als "geeignet" in Betracht kommen.

Die Entwicklung ist inzwischen dahingehend weitergeschritten, daß immer mehr Regelkindergärten integrative Gruppen einrichten, in die auch geistig behinderte Kinder aufgenommen werden. Die Gemeinsamkeit des Spielens und Lernens, also eine sozialpädagogische Zielsetzung, tritt damit in den Vordergrund. Dabei bleibt die Mitberücksichtigung behinderungsspezifischer Erfordernisse für das einzelne Kind weiterhin notwendig und macht den Einsatz von Fachberatern und auch von Fachleuten zur direkten heilpädagogisch-therapeutischen Förderung erforderlich. Ebenso kann auf eine entsprechende "integrationspädagogische" und heilpädagogische Weiterbildung der Erzieherinnen nicht verzichtet werden. Über erste und allgemeine Erfahrungen mit "integrativen Kindergärten" berichteten u. a. *Hundertmarck 1981, Kniel, Kniel 1986, Miedaner 1987, Klein u. a. 1987,* ohne freilich die spezielle Frage nach den Kindern mit einer geistigen Behinderung befriedigend zu beantworten (vgl. auch *Kaplan 1992, Kniel 1992* u. Projektberichte des *Deutschen Jugendinstituts,* München, speziell 3/90).

3. Die Schule

3.1. Das Recht auf schulische Bildung

Mit der Praktizierung des Rechtsbegriffes der *"Bildungsunfähigkeit"* wurde den geistig behinderten Kindern jahrzehntelang das Recht auf schulische Bildung verwehrt. Sie wurden *"schulbefreit"*. Ihnen wurde jeglicher "Beitrag zum Wohl und Nutzen der Volksgemeinschaft" abgesprochen. Sie galten als "sozial unbrauchbar" und deshalb als schulunwürdig.

Ihre Ausschulung stellte im Nazistaat einen Beitrag zur "Ausmerze erbkranken Nachwuchses" dar. Man kann in ihr aber auch Ausdruck und Ergebnis der hilfsschulpädagogischen Bewegung zur "Leistungsschule" sehen, die zum "Strukturwandel" der Hilfsschule führte (vgl. *Höck 1979*).

Eine weitere Schwierigkeit lag in dem über Jahrhunderte tradierten *Junktim von Schule und "Kulturtechniken"* (Lesen, Schreiben und Rechnen). Da dieses bei der Unterrichtung geistig behinderter Kinder und Jugendlicher nicht durchgängig einzuhalten ist, wurde eine Beschulung dieser "unbelehrbaren Analphabeten" für unnötig gehalten. Das Vermögen, "in den Kulturtechniken des Lesens, Schreibens und Rechnens noch Leistungen, wenn auch nur in ganz bescheidenem Umfang, hervorzubringen" (1. Durchführungsverordnung zum Sonderschulgesetz in Bayern 1966), wurde zum äußersten und unabdingbaren Kriterium der Schulfähigkeit. So auch zu lesen in dem *1965* erschienenen "Enzyklopädischen Handbuch der Sonderpädagogik", wo *E. Philipps* zur "Bildungsfähigkeit und Bildungsunfähigkeit" *(Sp. 377-379)* schreibt: "Im schulischen Sinne ist Bildungsfähigkeit an das Erlernen der Kulturtechniken gebunden." Unter Berufung auf das Preußische Allgemeine Landrecht, das bekanntlich aus dem Jahre 1794 stammt und das in § 1, Teil II, Tit. 12 den Schulen die Unterrichtung in "nützlichen Kenntnissen und Wissenschaften" zur Aufgabe stellt, wird der Bildungsauftrag des öffentlichen Schulwesens dort als beendet angesehen, wo die Vermittlung der sog. Kulturtechniken auch in bescheidenem Umfang nicht möglich ist.

Auf die Problematik einer näheren Abgrenzung dessen, was man unter "bescheidenem Umfang" zu verstehen hat, soll später noch eingegangen werden. Bemerkt sei hier nur, daß das Junktim von Schulbildung und "Kulturtechniken" offenbar in keinem Schulgesetz fixiert ist, also eine usuelle Auffassung darstellt. Sie hält einer differenzierten pädagogischen Reflexion nicht stand, hat aber immerhin dazu geführt, daß mancher Lehrer geradezu hilflos werden kann, wenn seine Schüler nicht lesen, schreiben und rechnen können, beziehungsweise wenn er sie in diesen Techniken nicht erfolgreich unterweisen kann.

Nach *Klauers* Studie "Über den Begriff der Sonderschule" *(1964)* und seinen Ausführungen in der "Lernbehindertenpädagogik" *(1966)* gehören folgende Bestimmungsstücke zum Begriff Schule:

a) "Schulen sind überdauernde Einrichtungen
b) in ihnen geschieht Bildung und Erziehung (Erziehung allein genügt nicht)
c) nach einem Bildungs- und Erziehungsziel (die Höhe des Ziels ist nicht entscheidend)
d) nach einem Bildungsplan (also systematisch und nicht nur gelegentlich)
e) sowie in Gruppen von Schülern (also nicht ausschließlich im Einzelunterricht)" *(22)*.

Vertikale Unterschiedlichkeiten des Bildungsprozesses und damit der Bildungsorganisation ergeben sich aus dem sich durch Reifen und Lernen progressiv wandelnden Verhältnis des werdenden Menschen zur Welt. Dieses aber bildet sich und wird gebildet vom Beginn menschlichen Werdens an. Es wird nicht erst durch ein bestimmtes Vermögen, so etwa lesen und schreiben zu können, konstituiert.

Die Notwendigkeit schulischer Bildung für geistig behinderte Kinder und Jugendliche ist im Prinzip die gleiche wie die für Schulen überhaupt: Ort und Organisation der Erziehung zu sein, wie sie sich aus den Ansprüchen des einzelnen und der Gesellschaft herleitet und von den Eltern nach allgemeiner Auffassung nicht geboten werden kann. Darüber hinaus bedarf das behinderte Kind in besonderem Maße einer planmäßigen und zielgerichteten Bildung und einer entsprechenden Schulorganisation. Es besteht sonst die Gefahr, daß – zumal das geistig behinderte Kind – lediglich versorgt und bewahrt wird, seine Bildungsmöglichkeiten ungenutzt bleiben und sein Menschsein verkürzt wird *(Mühl 1997, Speck 1998b).*

3.2. Gemeinsamer Unterricht

Während noch bis zum Ende der siebziger Jahre die "Schule für Geistigbehinderte" unbestritten als die adäquate Institution für die schulische Bildung von Kindern und Jugendlichen mit einer geistigen Behinderung galt, werden inzwischen immer häufiger auch Versuche unternommen, solche Schüler gemeinsam mit nichtbehinderten an der allgemeinen Schule, insbesondere an den Grundschulen, zu unterrichten.

Die damit ausgelöste Kontroverse hält – auch international – an (vgl. *Bleidick 1988, Speck 1998a).* Der Diskussionsstand läßt sich folgendermaßen zusammenfassen, soweit er sich auf ein schulisch gemeinsames Lernen mit geistig behinderten Kindern bezieht:

1. Aus den Berichten und Analysen (vgl. *Mühl 1987, Feuser, Meyer 1987, Wocken, Antor 1987*) geht hervor, daß es *unter bestimmten günstigen Bedingungen* pädagogisch möglich ist, auch *geistig* behinderte Kinder in Grundschulen sozial zu integrieren und auch ihre Lernentwicklung zu fördern, vor allem dann, wenn sich die Lehrer für diese besondere Aufgabe engagieren, und wenn auch die Eltern der nichtbehinderten Mitschüler hinter dieser schulischen Gemeinsamkeit stehen.

2. Die Berichte über Möglichkeiten eines gemeinsamen Unterrichts stützen sich auf Schulversuche bzw. besondere Integrationsklassen, für die strukturelle und personelle Ausstattungen zur Verfügung stehen, die über die für allgemeine Schulen geltenden Normen hinausgehen. Es ist also fraglich, wenn nicht unwahrscheinlich, diese Bedingungen (z.B. 2-3 Lehrer pro Klasse wie in Hamburg, vgl. *Wocken, Antor 1987*) auf das gesamte Schulsystem zu übertragen, es sei denn, die Schulen für geistig Behinderte würden gänzlich aufgelöst. – Die geforderte Norm eines zusätzlichen *Sonderschullehrers* erscheint überdies nicht überzeugend und unsicher, wenn man in der Realität der Schulversuche feststellt, daß dieses Erfordernis im zeitlichen Umfang pro Klasse bis auf ein Minimum nahe Null ausgedünnt werden kann und daß beispielsweise in Italien Sonderschullehrer dem integrativen Konzept nach nicht als erforderlich

angesehen werden, da sie als behindertenpädagogische Spezialisten eher störend wirken könnten. Nach dem Modell der "Integrationspädagogik" *(Eberwein 1988)* soll es künftig überhaupt keine Sonderschullehrer mehr geben.

3. Einige der erforderlichen Bedingungen für das Gelingen eines gemeinsamen Unterrichts sind wegen ihrer ideologischen Qualität organisatorisch nicht sicherzustellen, sondern beruhen auf freien Entscheidungen und entsprechenden Einstellungen und Motivationen, und zwar auf seiten der Lehrer und der Eltern, wobei wiederum solche mit behinderten und solche mit nichtbehinderten Kindern zu unterscheiden sind. Die Verallgemeinerbarkeit von Einzelversuchen ist damit in entscheidender Weise eingeschränkt.

4. In der Praxis werden bestimmte passende Schüler mit einer geistigen Behinderung ausgewählt, d.h. vor allem Kinder mit leichteren geistigen Behinderungen ("Selektive Integration"). In Italien, wo offiziell die Sonderschulen aufgehoben sind, brauchen (schwerer) geistig behinderte Kinder nicht in die allgemeine Schule aufgenommen zu werden. Für sie werden wiederum die (privaten) Heime zuständig.

5. Mit der Übernahme bestimmter geistig behinderter Kinder in die allgemeine Schule wird das Weiterexistieren der Schule für geistig Behinderte in Frage gestellt, so daß die Eltern, die ihr geistig behindertes Kind in diese Schule schicken wollten, von ihrem Recht darauf nicht mehr Gebrauch machen können.

6. Die Erfahrung lehrt, daß neue Schulkonzepte sehr wesentlich von dem aktuellen Innovationsgeist getragen werden, der in seinen Trägern wirksam wird, daß sich dieser aber nach einer gewissen Erprobung in der Gesamtrealität im allgemeinen abschwächt. Es ist daher damit zu rechnen, daß das Interesse an einem schulisch gemeinsamen Lernen, das höhere Kompetenzansprüche stellt, eher wieder abnehmen wird. Die allgemeine Schule hält sich ohnehin in der bisherigen Integrationsdiskussion zurück, fühlt sich jetzt schon mit Aufgaben überfordert.

Die in der Regel "positiven" Ergebnisse von *Schulversuchen,* die jeweils unter besonders arrangierten schulischen Bedingungen zustandekommen, sind nicht ohne weiteres auf das übliche Schulsystem insgesamt übertragbar. Welche negativen Folgen eintreten können, wenn eine bloße Umplazierung in allgemeine Schulen vorgenommen wird – ein Trend, der gegenwärtig auch in einigen Regionen der Bundesrepublik zu beobachten ist – lehren u.a. die vor Jahren in den USA gemachten Erfahrungen. So berichtete *1979 Childs* in der Zeitschrift "mental retardation", wie durch die Praxis von "mainstreaming" ein drastischer Wandel im Curriculum für geistig behinderte Schüler eingetreten sei. Nicht die besonderen Lernbedürfnisse dieser Kinder seien unterrichtlich bestimmend, sondern das übliche Schulpensum. Bisherige Untersuchungen ließen erkennen, daß ca. 90% des Schulalltags dieser "integriert" beschulten Kinder mit einer geistigen Behinderung (bis IQ 40) mit Kulturtechniken (academic skills) verbracht würden. "Nicht lebenspraktische Fertigkeiten für ein unabhängiges Leben, sondern Lesen, Schreiben und Rechnen! Bloßes und simples Normalklassen-Curriculum!" *(306) Childs* betont ausdrücklich, daß er schulische Integration (mainstreaming) an sich mit ganzem Herzen unterstütze, aber nicht zustimmen könne, wenn dabei geistig behinderte Kinder nicht das lernen können, was ihren besonderen Lebensbedürfnissen entspricht.

In der gleichen Zeitschrift geht auch *Warren* der Frage nach, was falsch sei an "mainstreaming", und beklagt dabei, daß die integrativen Schulplazierungen geistig behinderter Kinder zu überstürzt vorgenommen worden seien, daß man nicht vor solchen Entscheidungen entsprechende empirische Untersuchungen abgewartet habe, meint aber, daß man weitere Erfahrungsdaten sammeln sollte, um besser beurteilen zu können, welche Details in der Praxis effektiv seien. Eine differenzierte Analyse liegt von *Opp (1993)* vor.

Der didaktische Schlüssel für einen gemeinsamen Unterricht in der Grundschule wird von *Feuser, Meyer (1987)* im *"gemeinsamen Gegenstand"* (Lerninhalt, Vorhaben, Sachverhalt) gesehen, der für eine heteronome Schülergruppe derart ausgewählt ist, daß "Kooperation", also soziales Lernen und Handeln der Schüler, möglich wird, nicht aber von jedem Schüler erwartet wird, daß er das gleiche Lernziel wie alle übrigen Schüler erreicht. Ein solches Modell unterrichtlicher Individualisierung und innerer Differenzierung lag bereits den *Empfehlungen des Deutschen Bildungsrates (1973)* zugrunde *(69/70),* bezog sich hier aber nicht auf eine unbegrenzte Heterogenität der Schülerschaft, also nicht – wie bei *Feuser, Meyer* – auch auf geistig (schwerst)behinderte Schüler. Für sie im Alltag jeweils den passenden gemeinsamen Lerngegenstand zu projektieren, so daß Kooperation und Individualisierung zustande kommen, also soziale Diskriminierungen als Fixierungen minderer Schülerrollen und Leerlauf vermieden werden, dürfte in aller Regel einen so hohen Anspruch an Lehrer und Schüler bedeuten, daß Überforderungen schlechterdings unvermeidlich sind und eine Übertragung auf das übliche Schulsystem mit "ganz normalen" Lehrern und Schülern kaum zu verantworten wäre. Heterogenität der Schüler stößt auch dann auf Grenzen, wenn sie – von Lehrern und Eltern her gesehen – die Lernfortschritte nichtbehinderter Schüler beeinträchtigt (BGH-Urteil v. 1997).

Zweifel sind auch gegenüber einem didaktischen Integrationsmodell angebracht, das – wie in Italien – unter primär *sozialen* Normen praktiziert wird. Maßgebend für den Unterricht in einer Klasse, in der sich ein (leicht) geistig behindertes Kind befindet, ist das gemeinsame Lernniveau, das dadurch zustande kommt, daß es dem behinderten Kind angenähert wird.

Eine derart pointierte soziale Orientierung des schulischen Lernens ist freilich nicht garantierbar. Sie dürfte auch auf Widerspruch bei jenen Eltern nichtbehinderter Kinder stoßen, die die Leistungsfortschritte ihrer Kinder gefährdet sehen. In Italien wurde uns beispielsweise auch berichtet, daß in einer Klasse, in die ein schwer behindertes Kind aufgenommen worden war, innerhalb weniger Monate nahezu die Hälfte der Eltern ihr Kind in andere Schulen abmeldete. – Daß es in Einzelfällen und bei einem außerordentlichen persönlichen und didaktischen Aufwand möglich ist, auch schwerer behinderte Kinder in eine gemeinsame Klasse einzugliedern, zeigen die ausgewählten Beispiele von *Cuomo (1988).*

Es kann – auch international gesehen (*Kasztantowicz 1982, Klauer, Mitter 1987, Bürli 1985, Mühl 1987*) – ganz und gar nicht davon ausgegangen werden, daß eigene Klassen oder Schulen für geistig Behinderte demnächst überflüssig würden. Im Gegenteil: Sie bestehen überall da weiter, wo auch schon vorher ein differenziertes Sonderschulsystem ausgebaut war, z. B. in den USA, in Japan, in Großbritannien, in Holland, in der Schweiz, in Österreich, in Osteuropa und auch in Skandinavien, wo allerdings die Sonderschule für Geistigbehinderte mehr und mehr zur ausschließlichen Betreuungseinrichtung für schwerstbehinderte Kinder und Jugendliche wird. *Mühl (1987)* kommt nach seiner differenzierten Analyse von Integrationskonzepten zum Fazit, "daß die schulische Integration der Schüler mit geistiger Behinderung ein komplexes und schwieriges Unterfangen darstellt, das kaum lösbar erscheint" *(93).* Seiner Auffassung, daß Bestehendes nicht aufzugeben sei, ohne daß etwas Besseres zur Verfügung steht, ist zuzustimmen. Diese Position schließt unter evolutivem Aspekt das zielstrebige Bemühen um schrittweise Annäherung der allzu gegliederten schulischen Teilsysteme mit ein. Dies bedeutet konkret, daß Sonderklassen bzw. Sonderschulen für geistig Behinderte mit regional zugeordneten allgemeinen Schulen *kooperieren* sollten *(Sucharowski 1993).*

Nach den Erfahrungen aus der Geschichte und unter Berücksichtigung der nach wie vor verbreiteten ablehnenden Einstellungen gegenüber geistig behinderten Personen in der Bevölkerung (siehe *Cloerkes 1985*) sind also Klassen und Schulen für geistig Behinderte als Bildungseinrichtung unverzichtbar. Sie bilden faktisch die *Regel* für die schulische Bildung geistig behinderter Kinder und Jugendlicher. Nur ein sehr kleiner Teil von ihnen (ca. 3 %) besucht bislang einen gemeinsamen Unterricht in der Grundschule. Es käme einem Vabanquespiel gleich, wollte man aus bloßer Hoffnung auf eine mögliche Ausbreitung der bisher nur in Ansätzen vorhandenen Integrationsbereitschaft und -kompetenz der allgemeinen Schule die gerade erst erkämpften und aufgebauten schulischen Einrichtungen für geistig Behinderte in Frage stellen. Diese können ihren Beitrag zur sozialen Integration ihrer Schüler leisten, nämlich die dazu erforderlichen identitätsfördernden Fähigkeiten zu stärken (vgl. *Cloerkes, a.a.O., 495*), soweit sie nicht von außen diskriminiert und stigmatisiert werden. Spezielle Klassen oder Schulen diskreditieren ihre Schüler nicht eo ipso. Eine Diskreditierung tritt vielmehr erst dann ein, wenn diese Einrichtungen von außen her diskreditiert werden, z. B. zu dem Zweck, sie letztlich abzuschaffen.

Umgekehrt erbringt schulische Gemeinsamkeit nicht schlechthin besser soziale Eingliederungsergebnisse für die geistig behinderten Kinder. Wie *Wocken u. Antor (1987)* in ihrem Bericht über die Hamburger Integrationsklassen feststellen, in denen von den integriert unterrichteten behinderten Schülern immerhin 31 *geistig* behindert sind, muß die Frage, “ob die soziale Integration behinderter und nichtbehinderter Kinder im Sinne gleichgewichtiger sozioemotionaler Beziehungen gelungen ist, als offen beantwortet werden. Aus den Untersuchungsergebnissen war weder ein voller Erfolg noch ein voller Mißerfolg abzulesen *(255)*.

Insgesamt stagniert die gemeinsame Unterrichtung und Erziehung geistig behinderter Kinder in allgemeinen Schulen. Auch außerhalb der Schule ist recht wenig Interesse an gemeinsamen Aktionen mit geistig behinderten Kindern zu verzeichnen. Ein Grund liegt im Mangel an Finanzierungsmitteln; gemeinsamer Unterricht erfordert mehr Personal und ist deshalb teurer. Die ökonomische Entwicklung priorisiert kostensparende Konzepte.

3.2.1. Rechtsanspruch auf gemeinsamen Unterricht?

Das Grundgesetz der Bundesrepublik war 1994 durch eine wichtige Bestimmung ergänzt worden: “Niemand darf wegen seiner Behinderung benachteiligt werden” (Art. 3, 3, Satz 2). Die neue Verfassungsnorm sollte dem Schutz vor Ungleichbehandlungen dienen. Auf sie richteten sich auch Hoffnungen von Elternseite, die für das eigene behinderte Kind geeignete Schulform selber bestimmen zu können, nicht also von der bloßen Macht der Schulbehörden abhängig zu sein. Eine gegen den Willen der Betroffenen angeordnete Überweisung eines behinderten Kindes in eine Sonderschule wurde als Verletzung des Benachteiligungsverbotes angesehen.

Gegen eine solche staatliche Einweisung ihres Kindes hatten Eltern aus Niedersachsen das Bundesverfassungsgericht angerufen. Auch wenn es sich im vorliegenden Falle um ein körperbehindertes Kind handelt, hat der Beschluß grundsätzliche Bedeutung, also auch für geistig behinderte Kinder. Dieser erging am 8. Oktober 1997. Darin wurde die Verfassungsbeschwerde der Eltern verworfen. Das Bundesverfassungsgericht (BVG) hatte in einem Vorentscheid vom 1. Juli 1996 zunächst festgestellt, daß die Beschwerde gegen die auch vom Niedersächsischen Oberlandesgericht bestätigte Entscheidung der Schulbehörde zulässig sei. Nach Auffassung des BVG sei die neue Verfassungsnorm nicht genügend beachtet worden. Im Unterschied zu diesem vorläufigen Beschluß erklärte nun das BVG am 8. 10. 1997:

> “Die Überweisung eines behinderten Kindes an eine Sonderschule gegen seinen und seiner Eltern Willen stellt nicht schon für sich eine verbotene Benachteiligung im Sinne des Art. 3 Abs. 3 Satz 2 GG dar. Eine solche Benachteiligung ist jedoch gegeben, wenn die Überweisung erfolgt, obwohl eine Unterrichtung an der allgemeinen Schule mit sonderpädagogischer Förderung möglich ist, der dafür benötigte personelle und sächliche Aufwand mit vorhandenen Personal- und Sachmitteln bestritten werden kann und auch organisatorische Schwierigkeiten und schutzwürdige Belange Dritter der integrativen Beschulung nicht entgegenstehen.”

Befürworter des gemeinsamen Unterrichts behinderter und nichtbehinderter Schülerinnen und Schüler sahen in diesem Beschluß ein Abweichen vom Prinzip der Integration. Es läßt sich in diesem Beschluß aber auch eine wichtige rechtliche Grundlage dafür sehen, das umstrittene Integrationsprinzip zu schützen. Eine nähere Analyse ergibt folgendes Bild:

1. Das Prinzip des möglichst gemeinsamen Unterrichts für behinderte und nichtbehinderte Kinder erhält eine verfassungsrechtliche Absicherung, wird also nicht in Frage gestellt.

Das BVG geht von der Übereinstimmung aus, daß behinderte Kinder nach Möglichkeit gemeinsam mit nichtbehinderten Altersgenossen unterrichtet werden sollen. Ein Verstoß gegen das Benachteiligungsverbot ist nach Auffassung des BVG bereits dann gegeben, wenn eine Überweisung an eine Sonderschule angeordnet würde, obwohl eine Unterrichtung an einer allgemeinen Schule mit zusätzlicher sonderpädagogischer Förderung dort in personeller, sächlicher und organisatorischer Hinsicht möglich wäre. Es widersprach damit dem Niedersächsischen Oberverwaltungsgericht, das einen solchen Verstoß erst dann annahm, wenn ein Schüler gegen seinen Willen in die Sonderschule "abgeschoben" würde, "obwohl er für eine normale Schule geeignet ist".

Das bedeutet, nicht die einzelne Schülerin oder der einzelne Schüler hat den Nachweis zu führen, daß sie oder er in der Lage ist, "dem allgemeinen Bildungsweg zu folgen", wie es früher galt, sondern der Staat (die Schule) hat nachzuweisen, daß er über keine Möglichkeit verfügt, einen gemeinsamen Unterricht an der allgemeinen Schule einzurichten. Der Staat unterliegt damit einer erhöhten Begründungspflicht. Behinderte Kinder generell von der Möglichkeit eines gemeinsamen Unterrichts auszuschließen, wäre mit der Verfassung nicht vereinbar.

2. Der Besuch einer Sonderschule stellt nicht für sich eine Verletzung des verfassungsmäßigen Benachteiligungsverbotes dar.

Sonderschulen sind nicht als solche "benachteiligende" Einrichtungen, deren Bestehen gegen Art. 3, 3 (2) verstieße. Schon in seinem Beschluß vom 30. 7. 1996 hatte das BVG festgestellt, daß Sonderschulen von ihrem pädagogischen Auftrag der speziellen Förderung und damit der Förderung der Persönlichkeitsentwicklung dienen. Der Staat sei auf Grund von Bestimmungen des Grundgesetzes gehalten, "für behinderte Kinder und Jugendliche schulische Einrichtungen bereitzuhalten, die auch ihnen eine sachgerechte schulische Erziehung, Bildung und Ausbildung ermöglichen".

Die entsprechend nötigen Schulformen festzulegen und bereitzuhalten, liege in der Verantwortung des Staates. Ob eine schulische Maßnahme einen benachteiligenden Charakter hat, könne erst beurteilt werden, wenn zugleich auch die mit ihr einhergehende spezifische Förderung berücksichtigt werde. Eine verbotene Benachteiligung läge erst dann vor, wenn es sich gewissermaßen der Staat zu leicht machte und nicht genügend Anstrengungen unternähme, um einen an sich möglichen und sinnvollen gemeinsamen Unterricht an der allgemeinen Schule zu realisieren oder wenn er sich einfach über den Willen der Betroffenen hinwegsetzte. Der Staat muß für seine Entscheidungen "zwingende Gründe" benennen können.

3. Die Befugnis des Staates, das Schulwesen zu gestalten, unterliegt der Maßgabe des neuen Verfassungsverbotes und ist damit eingeschränkt.
Die geltenden Schulgesetze müssen zwar nicht geändert werden; der Staat muß aber alle dem Wohl des Kindes dienlichen Möglichkeiten ausschöpfen und den Willen der Erziehungsberechtigten beachten; das heißt, er muß sich "verstärkt (um) realisierungswürdige Alternativen zur Erziehung und Unterrichtung in Sonder- und Förderschule" bemühen. Wie die einzelnen Bundesländer dieser Verfassungsnorm entsprechen, liegt in deren Verantwortung. Im Prinzip muß es also neben den speziellen schulischen Einrichtungen mit ihrem "zielgleichen" Unterrichtsansatz auch eine "zieldifferente Beschulung" in Integrationsklassen geben, "wenn auf diese Weise – erforderlichenfalls unter Bereitstellung sonderpädagogischer Förderung (wie im Niedersächsischen Schulgesetz vorgesehen) – dem individuellen Förderbedarf ... entsprochen werden kann".

4. Die Realisierung integrativen Unterrichts unterliegt dem "Vorbehalt des Möglichen".
In allen bisherigen Integrationsverordnungen der Länder war bereits herausgestellt worden, daß für die Einführung gemeinsamen Unterrichts bestimmte Voraussetzungen gegeben sein müssen. Das BVG unterstreicht an mehreren Stellen, daß "staatliche Maßnahmen zum Ausgleich einer Behinderung nur nach Maßgabe des finanziell, personell, sachlich und organisatorisch Möglichen verlangt und gewährt werden können". Damit wird die entsprechende rechtliche Bestimmung im Niedersächsischen Schulgesetz – sie findet sich auch in Bestimmungen anderer Bundesländer fast gleichlautend – bestätigt. Der Staat könne seine Aufgabe, ein "begabungsgerechtes Schulsystem bereitzustellen", nur im Rahmen seiner "begrenzt verfügbaren öffentlichen Mittel" realisieren; er habe auch andere Belange zu beachten, und deshalb könne er verfassungsrechtlich nicht gehindert werden, die Verwirklichung integrativer Schulformen "von einschränkenden Voraussetzungen abhängig zu machen". Der Vorbehalt des Machbaren und finanziell Vertretbaren beziehe sich auch auf die gesetzlich zu regelnden Schulkonzepte. Der Staat sei deshalb "nicht verpflichtet, für das jeweilige Land alle Formen integrativer Beschulung bereitzuhalten".

Das BVG betont in diesem Zusammenhang auch, daß der für einen integrativen Unterricht an allgemeinen Schulen notwendige Aufwand "nicht zu Lasten solcher Kinder gehen (dürfe), deren Teilnahme an einem gemeinsamen Unterricht aufgrund der Art oder des Grades ihrer Behinderung ausgeschlossen ist oder pädagogisch nicht wünschenswert erscheint", und die deshalb auf entsprechende Sonder- und Förderschulen mit einer entsprechenden personellen und sächlichen Ausstattung angewiesen sind. Das bedeutet: Es gibt kein Vorrecht für integrative Maßnahmen auf Kosten der schwerer Behinderten und derjenigen Eltern, die ihr Kind eine Sonderschule besuchen lassen wollen.

5. *Das Mitbestimmungsrecht der Eltern ist nachprüfbar zu beachten, und es sind einvernehmliche Lösungen anzustreben.*

Von seiten der Eltern ist immer wieder eine "Wahlfreiheit" gefordert worden, d.h. das Recht, selber zu bestimmen, welche Schulform für ihr Kind, in diesem Falle für ihr behindertes Kind, die geeignete ist. Nach dem Grundgesetz (Art. 6) haben die Eltern das Recht, den Bildungsweg ihres Kindes in der Schule grundsätzlich frei zu wählen, allerdings "im Rahmen von dessen Eignung". Da es sich aber nach wie vor um eine staatlich geregelte Schule handelt, für die der Staat die Letztentscheidung und damit auch Letztverantwortung trägt, ist das Elternrecht ein eingeschränktes.

Das bedeutet jedoch nicht, daß die Schulbehörden allein beurteilen könnten, welche Schule ein Kind besuchen soll. Vielmehr ist es so, daß den Vorstellungen der Eltern bezüglich der schulischen Laufbahn ihres Kindes laut Grundgesetz (Art. 6) "großes Gewicht" zukommt. Wenn sich die Eltern "im aus ihrer Sicht so gewürdigten Interesse ihres Kindes für eine Beschulung gemeinsam mit nichtbehinderten Schülern" entscheiden, so darf sich die Schulbehörde darüber nicht einfach hinwegsetzen. Es sei vielmehr erforderlich, daß der Elternwunsch eingehend geprüft wird und daß sich die Schulbehörde mit dem elterlichen Erziehungsplan auseinandersetzt.

Letztlich aber kann eine Einweisung eines behinderten Kindes auch gegen den Willen des Behinderten oder seiner Erziehungsberechtigten angeordnet werden und zwar dann, wenn der Staat diese Notwendigkeit zum Schutz des Kindes und im Sinne seiner erhöhten Verantwortung für behinderte Kinder zwingend begründet. Was er nicht darf, das wäre eine bloße "Überweisungsverfügung" ohne eine ausreichende Würdigung der im Einzelfall gegebenen Verhältnisse.

6. *Die Entscheidung darüber, welche Schulform ein behindertes Kind besucht, wird von einer Gesamtbeurteilung abhängig gemacht, an der alle Beteiligten mitwirken und bei der alle Gegebenheiten, also alle möglichen Vorteile und Nachteile, berücksichtigt werden müssen.*

Die Schulbehörde darf nicht nur die eigenen Belange ins Spiel bringen. Sie darf auch die jeweiligen Vor- und Nachteile einer integrativen oder separierenden schulischen Bildung weder allein aus der Sicht der behinderten Schüler und ihrer Eltern noch ausschließlich aus der Sicht der Schulverwaltung beurteilen. Das BVG würdigt in diesem Zusammenhang ausdrücklich die Verfahrensregelung, wie sie in Niedersachsen festgelegt worden ist. Sie wird grundsätzlich als geeignet angesehen, als eine "verfahrensmäßige und organisatorische Absicherung des Benachteiligungsverbotes des Art. 3 Abs. 3 Satz 2 GG zugunsten Behinderter zu dienen". Diese Regelung bezieht auch die Erziehungsberechtigten ein und zielt auf eine einvernehmliche Lösung ab.

Bemerkenswert ist die zusätzliche Bedingung, die das BVG noch nennt: Für ein behindertes Kind müsse in einer Integrationsklasse nicht nur begründete Aussicht auf eigenen Erfolg bestehen, sondern es müsse außerdem geprüft werden, wieweit sich "auch denkbare Belastungen für Mitschüler und Lehrpersonal" ergeben, also "schutzwürdige Belange Dritter, insbesondere anderer Schüler", entgegenstehen.

In letzter Instanz hat die Schulbehörde zu entscheiden. Dabei unterliegt sie einer gesteigerten Begründungspflicht. Sie muß genau angeben und klar offenlegen können, auf welchen Erwägungen ihre Entscheidung beruht. Nötigenfalls ist darzulegen, warum gegebene Schwierigkeiten nicht überwunden werden konnten. Auf entgegengesetzte Vorstellungen der Eltern ist einzugehen. Deren Einwände sind in Vergleich zu den Bewertungen durch die Schulbehörde zu setzen, so daß diese nachvollziehbar und gerichtlich überprüfbar werden.

Der BVG-Beschluß stellt einen Kompromiß dar. Er unterstreicht die übergreifende Bedeutung der neuen Verfassungsnorm für die Schulbehörden, ohne einen zwingend integrativen Unterricht als Konsequenz aus dem neuen Grundgesetz-Artikel abzuleiten. Er verwirft also nicht pauschal das Sonderschulsystem. Er macht deutlich, welche Schwierigkeiten und Komplikationen einem allgemein einzuführenden integrativen Unterricht in der Realität entgegenstehen. Zu beachten ist, daß inzwischen staatlicherseits Regelungen in Kraft getreten und vom BVG bestätigt worden sind, die dem Recht auf eine möglichst selbstbestimmte und gegebenenfalls integrative Schulbildung behinderter Kinder Rechnung tragen. Es sind dies die 1994 von der Kultusminister-Konferenz erlassenen "Empfehlungen zur sonderpädagogischen Förderung in den Schulen in der Bundesrepublik Deutschland".

3.3. Spezielle Schulen und Klassen

Sie sind in allen vergleichbaren Ländern der Welt die Regeleinrichtungen zur schulischen Bildung geistig behinderter Kinder und Jugendlicher. Die Bedeutung einer Unterscheidung von Klassen und Schulen ist erst im Zusammenhang mit der Integrationsdiskussion besonders relevant geworden. Während man hierzulande strikt dem Organisationsprinzip der *eigenständigen* Schule (mit eigenem Schulleiter) folgte und konsequent Sonderschulen von allgemeinen Schulen in jeder Hinsicht und auch jede Sonderschule von jeder anderen schied, erhielten oder vermehrten sich in anderen Ländern eigene *Sonderklassen,* die an allgemeine Schulen angegliedert sind. In zahlreichen Ländern haben sie sogar zahlenmäßig eindeutig das Übergewicht, wie z. B. in den USA und in Japan.

Angegliederte Sonderklassen können sich als integrierter Bestandteil einer Schule verstehen. Sie werden auch als "Außenklassen" bezeichnet und zwar insofern, als sie organisatorisch einer Sonder- oder Förderschule angehören.

Dadurch aber, daß sie auch Teil einer gemeinsamen Umwelt mit einer allgemeinen Schule sind, erwachsen für beide Seiten wichtige Chancen. Diese Klassen verfügen einerseits über die heilpädagogisch erforderliche spezielle Ausstattung, können also den besonderen Erziehungs- und Förderungsbedürfnissen entsprechen, haben aber andererseits auch besondere Möglichkeiten, in ein Miteinander mit der allgemeinen Schule zu treten. Das Ausschöpfen aller Möglichkeiten einer Kooperation wird zur pädagogischen Aufgabe der Schule. Man kann vom *kooperativen Modell* der schulischen Gemeinsamkeit sprechen.

Verwirklicht ist es beispielsweise in der Münchener Montessori-Schule, einer privaten Schule, die rechtlich als "Sonderschule" errichtet worden ist. Im Sinne der Empfehlungen des Deutschen Bildungsrates von 1973, die um einer weitestmöglichen schulischen Gemeinsamkeit willen die Bildung von "kooperativen Schulzentren" vorsehen, bestehen hier drei Teilschulen "unter einem Dach": eine Teilschule mit integrativen Klassen, eine mit Sonderklassen für geistig Behinderte und eine für lernbehinderte und verhaltensgestörte Schüler.

Für die im Lande bestehenden Schulen für geistig Behinderte bieten sich teilintegrative Möglichkeiten über den Weg einer *Kooperation* mit allgemeinen Schulen. Gemeint sind partielle und zeitlich begrenzte Gemeinsamkeiten, die sich auf den Unterricht und auf das Schulleben beziehen, also gemeinsamer Unterricht von Klassen einer allgemeinen Schule mit Klassen einer Schule für geistig Behinderte und gemeinsame sonstige Unternehmungen, wie Feiern, Schulfahrten u. ä. In Baden-Württemberg und in Bayern waren entsprechende Modell-Projekte erfolgreich durchgeführt worden *(Klein, Nestle 1992, Berges 1995)*. Das Staatsinstitut für Schulpädagogik und Bildungsforschung in München hat ein ganzes "Medienpaket Kooperation" herausgegeben (1998). Es enthält Materialien und Unterrichtshilfen.

Die *"Schulen für geistig Behinderte"* sind eigenständige Sonderschulen. Auch sie unterliegen dem Anspruch sozialer Integration. Sie dienen der besonderen pädagogischen Förderung, wenn die Voraussetzungen für den Besuch der allgemeinen Bildungsgänge fehlen *(Heckel 1977, 94)*. Sie sind Einrichtungen zur *Erfüllung der Schulpflicht*. Diese erstreckt sich – auch als Sonderschulpflicht – auf die Zeit der neunjährigen Volksschulpflicht und der dreijährigen Berufsschulpflicht. Sonderschulen können als *öffentliche* oder als *private* Schulen errichtet werden.

Im organisatorischen Rahmen der Pflichtschulen wie auch im engeren Rahmen der Sonderschulen sind die Schulen für geistig Behinderte Schulen eigener Art. Ihnen stehen einerseits die Organisationsgrundlagen und -formen des Schulwesens zur Verfügung (Schulrecht, Schulpflicht, Finanzierung, Bereitstellung, Ausbildung und Fortbildung der Lehrer, Schulaufsicht). Die spezielle Schulkonzeption verlangt aber auch nach Sonderregelungen und -formen, z.B. bezüglich der Schulgliederung, der Klassenstärke, der Lehrerschaft oder des Lehrplanes. Beide Aspekte sind lernadäquat aufeinander abzustimmen, und nur dann, wenn es gelingt, unter Berücksichtigung und Ausnutzung des großen Organisationsrahmens eine eigene Konzeption auszuprägen, kann die Schule für geistig Behinderte mit einem dauerhaften Erfolg rechnen. Sie würde ihrer Aufgabe nicht gerecht werden können, wenn sie etwa allzu unkritisch bestehenden Schulformen, z. B. der Sonderschule für Lernbehinderte, angeglichen würde oder wenn sie sich allzu sehr durch besondere Formen vom Ganzen distanzierte und isolierte, z. B. auf speziell ausgebildete Lehrer verzichtete.

3.3.1. Schule für *alle* Kinder mit geistiger Behinderung

In der Aufbauphase der Schule für geistig Behinderte spielte die Frage nach den *Aufnahmekriterien* und damit der Schulfähigkeit bzw. der Schulunfähigkeit eine zentrale und zugleich belastende Rolle. Da die damals entstehenden Schulen – zumal wegen ihrer strukturellen Abhängigkeit vom übrigen Schulsystem – sich außerstande sahen, unter den gegebenen Bedingungen alle gemeldeten Kinder adäquat zu fördern, wurde seitens der Schulverwaltung nach wie vor eine Abgrenzung "nach unten" praktiziert. Der höchst belastete Begriff der "Bildungsunfähigkeit" wurde zwar in seinem tradierten Inhalt getilgt, jedoch gleichzeitig ersetzt durch "Schulunfähigkeit". So gilt für das heutige Schulrecht nach wie vor die Bestimmung, daß "Schulunfähige" von der "Schulpflicht befreit" werden können. "*Schulunfähigkeit* (Bildungsunfähigkeit)" liege vor, "wenn der junge Mensch körperlich, geistig oder in seinem sozialen Verhalten so behindert ist, daß er auch in Sonderschuleinrichtungen nicht zu sinnvoller Tätigkeit oder ausreichender sozialer Anpassung erzogen werden kann" *(Heckel 1977, 89).*

Diese Rechtsposition ist zunächst nichts anderes als die *Widerspiegelung einer schulischen Praxis* auf der Grundlage eines historischen Schule-Begriffes, wie ihn der Staat definieren *kann.* Unter dem strukturellen Selektionszwang des Schulsystems erscheint es erklärlich, daß dieser von "oben" nach "unten" weitergegeben wird und auch noch in der Schule für geistig Behinderte wiederum die letzten ausschließt. Es gibt jedoch mehrere Gründe, die diese Selektionsanalogie als pädagogisch nicht gerechtfertigt ausweisen:

- Schule ist stets gesellschaftsabhängig definierbar, kann also auch als Einrichtung für eine *planmäßige Förderung aller Kinder* bestimmten Alters verstanden werden. Die prinzipielle Möglichkeit der Förderung der Lernfähigkeit jedes, auch des schwächsten Kindes, ist eine unüberholbar anthropologische Prämisse.
- Eine hinreichende *Diagnostizierung von Schulunfähigkeit* ist *instrumentell nicht praktizierbar.* Untersuchungen zur Feststellung von Schulunfähigkeit *(Spreng 1979)* haben höchst widersprüchliche Praktiken und pädagogisch nicht zu verantwortende Entscheidungen zutage gebracht.
- In der *Realität* gibt es zahlreiche Schulen für geistig Behinderte, die nachweislich *auch lernschwächste Kinder zu fördern* vermögen. Der Staat sanktioniert derartige Praktiken und bestätigt sie damit. Er finanziert a.a. auch das in diesen Schulen nötige Pflegepersonal.

Der hier angesprochene Sachverhalt erweist sich damit als ein *definitorischer:* Schule – als *pädagogisches System zur planmäßigen Förderung der Lernfähigkeit* – bezieht sich verfassungsgemäß auf *alle* Kinder. Das in ihm angewandte Selektionsprinzip konstituiert die Schule für geistig Behinderte und findet zugleich hier sein Ende. Demnach kann und muß sich die Schule für geistig Behinderte als spezielle pädagogische Institution, die das Recht auf Bildung und Erziehung gerade der besonders behinderten Kinder zu sichern hat, auf alle diese Kinder einstellen und sich so konstituieren, daß sie *allen* entsprechen kann *(D. Fischer 1976, Feuser 1978, Hagemeister 1977).* Auf eine Schulfähigkeitsschwelle muß sie verzichten, weil sich deren Kriterien letztlich als Lehrziele erweisen, die sie zunächst einmal erst zu praktizieren hätte.

Mit einer derartigen *Ausweitung des Begriffs von Schule,* genauer gesagt: von Schule für geistig Behinderte, ist im wesentlichen die Sicherstellung eines Rechtes, des Rechtes auf adäquate Förderung des Lernens über ein spezielles Förderungssystem im Rahmen des allgemeinen Bildungssystems, intendiert. Es geht um die Einbeziehung in ein größeres Systemganzes, weil Ausschließungskriterien nicht praktikabel sind. Dies setzt freilich eine Differenzierung des Bildungssystems voraus.

In diesem Zusammenhang wäre nach Konsequenzen in den *Heimen* zu fragen. Diese bemühen sich seit je auch und gerade um die am schwersten geschädigten Kinder und zwar mehr unter pflegerisch-sozialen Gesichtspunkten. Eine Auflösung oder eine Zuordnung dieser Abteilungen zum Schulsystem wäre nur sinnvoll, wenn davon effektivere pädagogische Förderung zu erwarten wäre. Ein bloßes Auswechseln des Etiketts und des Verwaltungsrahmens brächte noch nichts Positives für diese Kinder.

Gegen eine derartige Zuordnung können *Bedenken* erhoben werden und zwar von seiten der für die *Heime* zuständigen *Sozialpädagogik.* Sie könnte eine administrative Erschwerung der Arbeit geltend machen, aber auch ihr grundsätzliches Mißtrauen gegenüber dem Schulsystem äußern, das durch die unheilvolle Praktizierung der "Bildungsunfähigkeit" und der "Schulbefreiung" historisch belastet ist. Es kann sicherlich nicht darum gehen, bewährte und pädagogisch verantwortbare Regelungen lediglich formal durch andere zu ersetzen. Es ist vielmehr denkbar, daß sich innerhalb der Heime Sonderpädagogen und Sozialpädagogen in gegenseitiger Ergänzung und Verständigung näherkommen und in einer entsprechenden verbindenden organisatorischen Regelung ihre gemeinsame Arbeitsplattform finden. – Ähnliches gilt für die Zusammenarbeit in Tageseinrichtungen (Tagesschulen).

Andere Bedenken richten sich gegen eine *mögliche Verschulung* eines Arbeits- und Förderungsbereiches, der sehr wenig mit dem üblichen Schulsystem gemeinsam hat. Die Übertragung von Strukturen und Regelungen, wie sie für das Schulsystem angemessen sein mögen, könnten hier eher hemmend und blockierend wirken, z.B. wenn man an Begriffe wie Benotung, Unterrichtsstunden, Leistungsmessung, Lehrplanerfüllung, Lehrnachweis u. ä. denkt. Es kann bei diesen Kindern sicherlich nicht nur um permanentes, aktives "Fördern" gehen, sondern auch und über weite Strecken um ein *pädagogisch verhaltenes Miteinandersein.* Es käme also wesentlich darauf an, daß mit dem Kind individuell angemessene Regelungen und Formen "sinnvoller Tätigkeit" und sozialer Teilhabe praktiziert werden können, nicht aber solche dominant werden, die das herrschende Schulsystem diktiert.

Ein Blick in *andere Länder* zeigt Parallelen zur hier angesprochenen Systemzuordnung der am schwersten geschädigten Kinder, aber auch eindeutig nichtschulische Konzepte. Bei der Durchsicht der Literatur findet man auffallend wenig Berichte darüber, wie und wo diese Kinder betreut werden.

In *Dänemark* wurde ursprünglich die gesamte Geistigbehindertenarbeit, also auch die Schule, vom *Sozialministerium* her organisiert. Die Einbeziehung der am schwersten behinderten Kinder und Jugendlichen in ein gestuftes und einheitliches Fördersystem brachte daher keine formalen Schwierigkeiten. Seit 1980 ist dieses in den Amtsbereich des Unterrichtsministeriums übergegangen. Die schwerer geistig behinderten Kinder werden in "Spezialunterrichtszentren" betreut, aber z. T. auch in Schulheimen, Behandlungsheimen oder psychiatrischen Hospitälern *(Miedaner 1982, 123).* Es fragt sich, ob und wieweit in den "Spezialunterrichtszentren" als Ballungsinstitutionen für schwerstgeschädigte Kinder eine befriedigende Lösung zu sehen ist. Immerhin brauchen die Lehrer für behinderte Kinder keine Sonderqualifikation *(a.a.O., 126).*

In *Schweden* werden "psychisch entwicklungsgestörte" (geistig behinderte) Kinder schwereren Grades in besonderen Kindergruppen (Tagesstätten) betreut. Ein Aufenthalt in normalen Gruppen sei ihnen "zu ihrem eigenen Schutz nicht ratsam" *(Hössl 1982, 67).* Eine volle Integration komme für sie nicht in Frage.

In *Italien,* wo offiziell nur ein integratives Schulsystem besteht, müssen geistig schwerer behinderte Kinder nicht in die Schule aufgenommen werden. Integration könne nur dann geschehen, wenn adäquate und erfolgversprechende Bedingungen vorhanden seien *(Galliani 1982, 200).* Solche schulisch ausgeschlossenen Kinder werden nach wie vor in privaten (kirchlichen) Einrichtungen betreut.

Insgesamt läßt sich in den integrationsorientierten Ländern eindeutig ein *Zusammenhang zwischen Sicherung des gemeinsamen Unterrichts und Aussonderung der schwerer behinderten Kinder* feststellen.

In den einstigen "sozialistischen Ländern" *Osteuropas* wurden die schwerer geistig behinderten Kinder durchwegs als "schulbildungsunfähig" eingestuft und in Pflegeheimen (Tagesstätten) der Sozialfürsorge überlassen *(Theiner u. a. 1977).*

In *England* und in den *USA* ist – unter dem Einfluß von Veröffentlichungen über skandalöse Zustände in Massenpflegeanstalten *(Blatt 1974)* und von Reformbestrebungen in Skandinavien *(Kugel, Wolfensberger 1974)* ein Wandel eingetreten, der zu einem rapiden Anwachsen der pädagogischen Bemühungen um profoundly mentally retarded geführt hat *(Robinson, Robinson 1976).* Die finanzielle und verwaltungsmäßige Grundlage in den USA bildet das Gesetz von 1975 *(Right to Education for all Handicapped Children),* das allen behinderten Kindern im Alter zwischen 2 und 21 Jahren angemessene öffentliche Erziehung oder Training sichert.

Eine Korrektur erfuhr die auf diesem Gesetz fußende Praxis durch eine sozialpolitische Diskussion, die zu einem gerichtlichen Entscheid darüber führte, ob für alle Personen mit einer geistigen Behinderung der gleiche Anspruch auf pädagogische Förderung gelte. Das Gericht bestätigte zwar die prinzipielle Gültigkeit der gesetzlichen Norm, konnte aber gewisse Unterscheidungen nicht verhindern (vgl. *König 1984*). So ist nun davon die Rede, daß für Personen, die über pädagogische Förderprogramme keine signifikanten Fortschritte machen, sog. "programs of enriched living" ausreichen, d.h. Programme, die auch weniger aufwendig sind. Den Ausgangspunkt der Diskussion hatten diejenigen Personen gebildet, die beim *De-institutionalization-program* wegen des Schweregrads ihrer Behinderung in den "Institutionen" verblieben waren. Diese Anstalten sind jetzt wieder als Stätten einer angemessenen Versorgung anerkannt. Für die betroffenen Personen wird der Begriff "subtrainable" verwendet. Möglicherweise deutet sich hier eine neue, von ökonomischen Effizienzen her bestimmte allgemeine Einstellung ab.

Zusammenfassend läßt sich feststellen, daß international gesehen einerseits ein deutlicher Trend zur *Ablösung bloßer Pflege* intensiv behinderter Kinder durch *planmäßige Förderung* ihrer Lern- und Sozialanpassungsfähigkeit zu beobachten ist. Die Konsequenz dieser Wende läge darin, diese Möglichkeiten weiter auszubauen und in ein pädagogisches Fördersystem einzubeziehen, das sich in der Orientierung an den speziellen Lernbedürfnissen der Kinder zwar entsprechend differenziert, jedoch keine letzte Selektion betreibt. Andererseits zeichnen sich in den verschiedensten Ländern – deutlicher als bisher – eigene Maßnahmen und Institutionen (Heime) für die am schwersten geschädigten Kinder und Jugendlichen ab. Dabei werden vor allem pflegerische Gesichtspunkte im Sinne eines human "angereicherten" (enriched), d.h. verantwortbar menschenwürdigen Leben-Könnens wirksam. Es ist ausdrücklich hervorzuheben, daß es sich hier nicht um die Gesamtgruppe der intensiv (schwer) behinderten Kinder und Jugendlichen handelt, sondern nur um einen relativ geringen Teil von ihnen, nämlich um diejenigen, deren Betreuung von der eigenen Familie nicht geleistet werden kann, und die deshalb in einem Heim untergebracht werden. Die Erfahrung lehrt, daß derartige Einrichtungen sich nicht selbst überlassen bleiben dürfen, sondern sich einer schulisch-heilpädagogischen Kontrolle öffnen müssen, um zu verhindern, daß Kinder, die durch differenzierte pädagogische Maßnahmen doch gefördert werden könnten, unterversorgt, also pädagogisch depriviert werden.

3.3.2. Geistigbehindertenschule und Lernbehindertenschule

Die Unterscheidung der *geistigen Behinderung* von der *Lernbehinderung* in schulischem Sinn wird im allgemeinen negativ relational angegeben: "Schulen für Geistigbehinderte sind bestimmt für Kinder, die wegen ihrer geringen Anlagen weder dem Unterricht in der Volksschule noch dem in der Schule für Lernbehinderte zu folgen vermögen", hieß es beispielsweise in der 1. Durchführungsverordnung zum bayerischen Sonderschulgesetz vom 14. 12. 1966. Dabei bleibt die Frage offen, was es im einzelnen heißt, "dem Bildungsweg der Schule für Lernbehinderte zu folgen vermögen". Nach *Klauer (1966)* ist die Fähigkeit zum Besuch der Schule für Lernbehinderte dann gegeben, wenn das Kind physisch und psychisch in der Lage ist, das Ziel dieser Schule in ihrem Bildungsgang zu erreichen. Damit ist freilich noch keine Klarheit geschaffen. Diese setzt eine Objektivierung dieses Zieles voraus. Diese ist auch nicht für das herkömmliche jährliche "Versetzen" gegeben, so daß auch das Durchlaufen aller Schülerjahrgänge als Kriterium für das Erreichen des Bildungszieles ausscheidet. Im übrigen nützte es wenig für den Regelfall der frühen Aufnahme eines Kindes in die Sonderschule; denn neun Jahre im voraus können bis jetzt das jährliche "Versetztwerden" und der Entlassungsjahrgang nicht mit Sicherheit prognostiziert werden.

Solange keine genaue und zuverlässige Leistungsobjektivierung möglich ist, wird man sich mit Faustregeln und Wahrscheinlichkeitsaussagen behelfen müssen. *Bach (1966)* stellte auf das voraussichtliche Erreichen der Mittelstufe der Schule für Lernbehinderte ab. Dabei vermißt man wiederum eine genaue Bestimmung dessen, was unter der Mittelstufe der Schule für Lernbehinderte zu verstehen ist.

Orientierende Entscheidungshilfen können Schulleistungs-, Motorik- und Intelligenz-Testverfahren sowie *Sozialentwicklungsskalen* bieten. Die Empfehlungen des *Deutschen Bildungsrates* von *1973* nennen als Abgrenzungsniveau drei Standardabweichungen unterhalb des Mittelwertes eines validen Intelligenztests *(37)*. Dieses läge ca. bei IQ 55 *(Kanter 1974, 163)*. In der Praxis wird die Grenze jedoch höher angesetzt (ca. 60/65), entsprechend einer Annäherung der Lernbehindertenschule an die allgemeine Schule im Sinne einer *Schule für sozio-kulturell benachteiligte Kinder (Begemann 1970)* oder einer *"besonderen Grund- und Hauptschule" (Möckel 1976)*.

Auf die Problematik jeglicher Intelligenztests ist bereits hingewiesen worden. "Das Intelligenzniveau ergibt zwar durchaus eine globale Niveau-Bestimmung, ist aber als alleiniger Klassifikationsansatz mit Sicherheit nicht ausreichend" *(Eggert 1979, 402)*. Auch andere Testverfahren, wie z. B. die *Testbatterie für Geistigbehinderte (TBGB),* können nur grob orientierende Niveaudaten ermitteln. In Zweifelsfällen kann eine zusätzliche und systematische *Verhaltensbeobachtung* in direktem Kontakt zwischen Lernbehinderten- und Geistigbehindertenschule für eine Entscheidungsförderung hilfreich sein.

Für eine didaktische Konzeption der Schule für geistig Behinderte ist das Ausmaß der Begabungsstreuung der Schüler von maßgeblicher Bedeutung. Es erhebt sich die Frage, wie die von spurenhafter Bildbarkeit bis in den IQ-Bereich um 60 reichende oder anders ausgedrückt: verschiedenste Intelligenz- und Lernstrukturen umfassende Spanne didaktisch bewältigt werden kann. Sie ist in Deutschland immerhin größer als in anderen Ländern! Sie kann dazu führen, daß eine Schule sich schwerpunktmäßig entweder am "unteren" oder am "oberen" Begabungsbereich orientiert *(Bernart 1970).*

Gegenüber der Tendenz der Lernbehindertenschule noch Anfang der siebziger Jahre, sich mehr an die Regelschule anzunähern und damit die "Strukturwandel"-Spirale noch weiter "nach oben" zu bewegen, zeichnete sich als Folge des Rückgangs der Schülerzahlen und vermehrt praktizierter schulischer Integration in den abgebenden Schulen zunächst ein größeres Interesse ab, auch schwächere Schüler zu behalten. Das Abgrenzungsniveau zwischen Lernbehinderung und geistiger Behinderung verlagerte sich "nach unten", was allerdings nicht ein neues Selbstverständnis der Lernbehindertenschule nach sich zog.

In den letzten Jahren scheint sich dieser Trend umgekehrt zu haben und zwar unter dem Einfluß einer stärkeren Orientierung der Lernbehindertenschule an der allgemeinen Schule. Speziell in Bayern hat sich durch die Einführung der *Diagnose- und Förderklassen* anstelle der Lernbehindertenklassen das Anspruchsniveau in Richtung Grundschule verlagert. Als Folge werden vermehrt Kinder mit leichteren mentalen Retardierungen, die früher eindeutig als lernbehindert eingestuft worden wären, an die Schule für Geistigbehinderte ("Schule zur individuellen Lebensbewältigung") überwiesen (Staatsinstitut für Schulpädagogik 1997 a). Sollte dieser Trend fortgesetzt werden, liefe er darauf hinaus, die Schule für Geistigbehinderte im Lernniveau zu heben – auf Kosten der am stärksten behinderten Schüler, deren "Schulfähigkeit" immer schon auf den Prüfstand gestellt worden war.

3.3.3. Unterschiedliche Lernniveaus

Angesichts der erheblichen Varianz individueller Lernfähigkeitsniveaus ist es unterrichtlich nötig, gewisse Differenzierungen zu beachten, um den Unterricht adäquater auf den einzelnen Schüler einrichten zu können.

In einem internationalen Vergleich stellt man fest, daß sich im wesentlichen *drei Niveaustufen* unterscheiden lassen *(Speck 1973):*

- *Leichte geistige Behinderungen* (moderate mental retardation) als *Übergangsformen* zur Lernbehinderung oder Grenzfälle; das sind Kinder, die u. a. eine Befähigung zum instrumentellen Gebrauch einfachen Lesens und Schreibens, u. U. auffallende Teilbegabungen aufweisen und in sozialer Hinsicht im gewohnten – auch außerhäuslichen – Situationsfeld relativ selbständig werden können.
- *Durchschnittliche geistige Behinderungen* (severe mental retardation) bei Kindern und Jugendlichen mit einem Lernfeld, das sich vornehmlich auf Primärgruppen und weitest-

gehend absichernde Sozialsysteme bezieht (Familie, Sonderschulklassen, Heimgruppen, Werkstatt für Behinderte); die Lernfähigkeit in Gruppen ist gegeben. Über die gewohnten Gruppen hinaus besteht in sozialer Hinsicht eine deutliche Führungsbedürftigkeit.
- *Intensive geistige Behinderungen* (profound mental retardation), auch als schwere geistige Behinderungen bezeichnet, das sind Kinder und Jugendliche mit einem auf die nächste Umgebung eingeengten Lernfeld, mit einer im wesentlichen basalen Lernfähigkeit und einer extremen und umfassenden sozialen Abhängigkeit und mit erheblicher (zumeist dominanter) Pflegebedürftigkeit. Einzelförderung als Intensivförderung ist nötig. Vielfach sind solche Kinder und Jugendliche bettlägerig.

Diese Niveaustufung bezieht sich im wesentlichen auf lernorganisatorische Konsequenzen, wobei diese sich nicht nur auf die Bildung entsprechender *Lerngruppen* beziehen, sondern auch auf deren zeitweilige Kombination.

Von mehr *didaktisch-methodischen Implikationen* bestimmt ist eine Gliederung, die *Thalhammer (1974)* vornimmt, und die auf die Entwicklung der kommunikativen Fähigkeiten und damit vom Beziehungs- und Vermittlungsaspekt her bestimmt ist. Dabei werden vier Stufen unterschieden, die zugleich insgesamt evolutiv menschliche Kommunikation konstituieren:

- *eindrucksfähiges Geistigbehindertsein:* Vorherrschen sensorischer (impressiver) Aktivitäten
- *ausdrucksfähiges Geistigbehindertsein:* Differenzierung psychomotorischer Ausdrucksmodalitäten, im wesentlichen non-verbale Kommunikationsweisen
- *gewöhnungsfähiges Geistigbehindertsein:* Lineare Handlungsvollzüge, habituell geschlossene Verhaltensweisen, Befähigung zu verbaler Kommunikation
- *sozialhandlungsfähiges Geistigbehindertsein:* Für konkretes Handeln im sozialen Feld stehen differenziertere Schemata und sprachlich umsetzbare Vorstellungen und Begriffe zur Verfügung.

Während die ersten beiden Stufen sich den Intensivformen geistiger Behinderung in der obigen lernorganisatorischen Einteilung zuordnen lassen, beziehen sich die letzten beiden auf Durchschnittsformen geistiger Behinderung.

X. Spezielle didaktische Fragen

Didaktische Fragen beziehen sich im allgemeinen auf Inhalte und Ziele von Unterricht und auf die Art und Weise, wie dieser organisiert und gestaltet werden muß, damit er effektiv wird, d. h. die Schülerinnen und Schüler das lernen, was sie lernen sollen. Bei einem derartigen Verständnis von Unterricht dominierte der didaktische Ansatz von außen. Zu kurz zu kommen drohte das, was man unter autonomem Lernen zu verstehen hat, und es stellt sich im übrigen die Frage, woher sich von außen her und im einzelnen das bestimmt, was die Schüler tatsächlich lernen sollen. Da stets sie es sind, die lernen, müßte sich Unterricht zumindest als ein wechselwirkendes, reflexives und damit komplexes Geschehen darstellen, bei dem zwar die Lehrenden ihre didaktischen Intentionen einbringen, diese jedoch in einer unmittelbaren Koppelung mit den Lerninteressen und Lernmöglichkeiten der Lernenden koppeln und sinnvoll variieren.

Wie unzulänglich ein einseitig von außen her angelegter Ansatz von Unterricht ist, kann man wohl nirgends deutlicher erfahren als im Unterricht bei geistig behinderten Kindern und Jugendlichen. Es kann dazu kommen, daß sich auf ihrer Seite überhaupt nichts bewegt, was aber nicht heißen muß, es lägen keine Lerninteressen vor. Die Lehrenden sind vielmehr in einem kaum vergleichbaren Maße herausgefordert, sich an den Bedürfnissen und der "Strukturdeterminiertheit" *(Maturana)* ihrer Schüler, aber auch an ihrer Lebenswelt draußen zu orientieren. Der Zugang zu ihrer Eigenwelt, ohne den "Unterricht" eine leere Veranstaltung wäre, erschließt sich nicht durch bloße didaktische Planung. Es muß vielmehr ein lebendiger und auch emotional verbindender Lehr-Lern-Zusammenhang entstehen. *Leben lehren* kann bei geistig behinderten Kindern nur bedeuten, Leben in sinnvollen Ausschnitten und in der Unmittelbarkeit einer emotionalern Zugehörigkeit, eines Miteinander-Agierens und eines Voneinander-Lernens für beide Seiten wirksam werden zu lassen. Dies aber bedeutet, daß der Ort, an dem Lehren und Lernen arrangiert wird, nämlich die Schule, selber ein Stück Lebenswelt sein muß (siehe auch *D. Fischer 1992*).

1. Die Schule als Lebenswelt

Eine menschlichere Schule jenseits eines vorprogrammierten Leistungs- und Funktionssystems, eine Schule, die den Schüler in allen seinen speziellen Bedürfnissen ganz ernst nimmt und eine Brücke zu bauen versucht für einen Weg in ein sinngetragenes Leben, eine Schule, die Lernen und Leben lehrt, in der eine Atmosphäre des vertrauensvollen Miteinander und des Verstehens herrscht, in der man sich geborgen, angenommen fühlt, eine Schule, in die die Schüler wirklich gern gehen, ohne schulmüde zu werden, das kann gerade die Schule für geistig Behinderte sein – möglicherweise wie keine andere Schule! Weil sie nicht unmittelbar in der gesellschaftlichen Koppelung des Leistungsprinzips mit sozialen Berechtigungen steht, hat sie die Chance, sich Raum zu verschaffen und sich zu behaupten für personale und soziale Dimensionen, die vom Kind und seinen Bedürfnissen, ein integrierter Teil der Welt zu sein, her bestimmt sind. Eine schulische Einrichtung für geistig Behinderte steht vor der Notwendigkeit, sich einer Aufgabenkomplexität zu stellen, die sich auf physische und auf psychische Belange, auf die ganz persönliche und auf die erweiterte soziale Umwelt, auf offenes Spielen und auf zielbestimmtes Lernen, auf kognitive Differenzierung und emotionale Beziehung, auf Handeln und auf Sein-Lassen erstreckt. Sie wird damit zu einem Ort des Leben-Lehrens und des Mitleben-Lassens, des wirklichkeitsnahen Erfahrens und Erlebens. Sie erreicht damit einen höheren Echtheitsgrad als die eher verfremdende Künstlichkeit bloßer "Lernorganisation". Sie wird zur *Lebenswelt* (vgl. *Autorenteam 1987*).

H. v. Hentig (1972) bezeichnet die "entschulte Schule" auch als *"Erfahrungsschule"*. In ihr ist "Spielraum" für offene und reale, nicht künstlich isolierte Erfahrung, haben die Lehrer und Erzieher die Funktion von Helfern und Vermittlern, wird offene und öffentliche Kommunikation und Kooperation möglich. Indem sie sich auch der offenen Situation stellt, dem Unvorhergesehenen, dem Nicht-Planbaren, der Betroffenheit, wird sie zu einer Schule, die dem Kinde dient, also keine "beherrschende Rolle" spielt *(109f.)*.

Eine derart *lebensunmittelbare Schulkonzeption* ist gebunden an ein gesellschaftliches Bezugsfeld, in welchem der geistig behinderte Mensch allgemein soziale Akzeptanz ohne Leistungs- und Berechtigungsnachweis vorfindet, an eine Gesellschaft, die sich ihm gegenüber in seiner Abhängigkeit menschlich verpflichtet erweist, weil er ihr angehört. Da aber derartige Einstellungen und Verpflichtungen keine Naturprodukte sind, sondern Bewußtseinsakte, müssen sich die pädagogischen Bemühungen der Schule auch nach außen richten, bzw. die *Außenwelt mit hereinholen* in ihren internen Raum.

Das Modell "Schule als Lebenswelt", bezogen auf die Schule für geistig Behinderte, könnte als Widerspruch zu einem schulintegrativen Konzept gesehen werden. Es könnte entgegengehalten werden, daß eine besondere Schule gerade eine Eingliederung in "die Lebenswelt" verhindere, also eben keine Lebenswelt, sondern Isolierung vom Leben sei. Hierzu ist ganz allgemein festzustel-

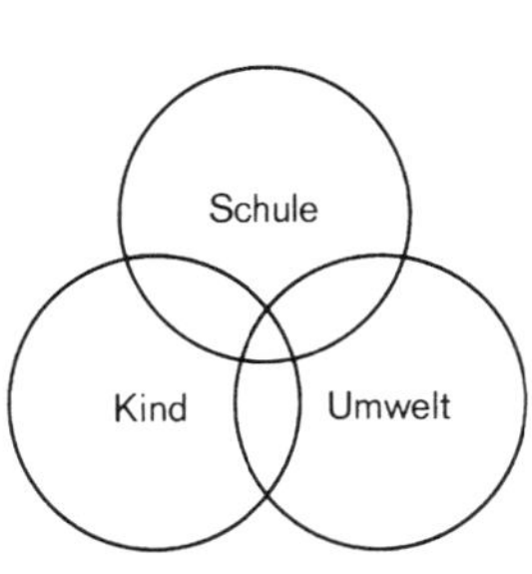

Abb. 6:
Einbeziehung der Außenwelt

len, daß Menschen generell in verschiedenen Lebenswelten leben und darin ihre Identität finden können, und daß die Qualität als Lebenswelt nicht schlechthin davon abhängig ist, daß sie für alle gleich ist. Lebenswelten sind generell Teilwelten. Ihre Lebensqualität wird jeweils davon bestimmt, wie sehr sie den zentralen Bedürfnissen des einzelnen entsprechen, so wie er diese wahrnimmt; man könnte auch sagen im Sinne seiner Identitätssicherung. Zum anderen kommt es darauf an, wie konstruktiv die Verbindungen zu anderen Teilsystemen (sozialen Systemen) sind.

Wie entscheidend bei dieser Frage der Blickpunkt, d. h. das eigene Teilsystem ist, aus dem heraus geurteilt wird, geht aus zwei Untersuchungen hervor, die sich auf Elternvoten bezüglich eines gemeinsamen oder eines behinderungsorientierten Schulbesuchs bei geistiger Behinderung beziehen. So gaben bei einer Befragung in den Hamburger Integrationsklassen, in denen nahezu die Hälfte der gemeinsam unterrichteten behinderten Kinder *geistig* behindert sind, von den befragten 94 Eltern 44 % an, daß sie "alles in allem" mit dem Schulbesuch ihres Kindes "zufrieden" und 53 % sogar "sehr zufrieden" sind *(Wocken u. Antor 1987, 184).*

Pettinger (1989) führte eine Befragung bei Eltern geistig behinderter Kinder landesweit in Bayern durch. Von den insgesamt 1308 antwortenden Eltern, deren Kind einen speziellen Kindergarten ("Schulvorbereitende Einrichtung") bzw. eine Schule für geistig Behinderte besucht, erklärten 90 %, daß sich ihr Kind in dieser Einrichtung "überwiegend wohlfühlt". Sie bringen diese Bewertung im besonderen in Verbindung mit der Tatsache, daß ihre Kinder hier zum überwiegenden Teil Freunde finden.

Ohne hier auf unterschiedliche Details der Untersuchungen einzugehen, scheinen jedenfalls beide Befragungsergebnisse ein Paradoxon zu ergeben. Es läßt sich auflösen, wenn man sich klarmacht, daß es *die* Wirklichkeit schlechthin nicht gibt, daß vielmehr Wirklichkeitsbewertungen entscheidend von dem Lebensausschnitt mitbestimmt werden, der konkret wirksam und als Erfahrungsgrundlage maßgebend für den einzelnen ist.

Als einzelne *Aufgabenbereiche* der Schule lassen sich in einer *komplexen Konzeption* folgende unterscheiden:

- Lehren (Erziehen, Unterrichten)
- pädagogisch-psychologische Diagnostik
- spezielle Therapie (Verhaltenstherapie, Spieltherapie u. a.)
- Freizeit- und Gruppenarbeit
- Elternarbeit als pädagogische Partnerschaft
- Pflege und Gesundheitsfürsorge (ärztl. Begleitung)
- Öffentlichkeitsarbeit.

Nicht alle diese Bereiche sind unmittelbare oder ausschließliche Aufgaben der Schule. Einige beziehen sich auf *Vermittlungs- und Kooperationsdienste,* z. B. auf die Mitwirkung und Einbeziehung außerschulischer Fachleute und Einrichtungen (Ärzte, Psychologen, Kliniken, Soziale Dienste).

Entsprechend diesen differenzierten Aufgaben wird eine schulische Einrichtung für geistig Behinderte abweichend vom üblichen Schule-Schema in *personeller Hinsicht* deutliche Unterschiedlichkeiten aufweisen: *Sonderschullehrer* mit der speziellen Ausbildung in Geistigbehindertenpädagogik, *Assistenzlehrer* (Heilpädagogen im Sonderschuldienst, Fachlehrer an Sonderschulen), andere *Fachlehrer, Psychologen, Sozial- und Heilpädagogen, Logopäden, Beschäftigungstherapeuten, Pflegepersonal* u. a. Eine differenzierte Darstellung der verschiedenen Tätigkeitsbereiche und Ausbildungsqualifikationen gibt *Feuser (1973)*. Für eine künftig differenziertere pädagogische Arbeit in der Schulklasse erscheint der *gemeinsame Einsatz von zwei Lehrern* (Sonderschullehrer und Assistenzlehrer) im Unterricht notwendig, u. U. in einer flexiblen organisatorischen Kombination mit einer anderen Klasse.

Damit ist auch die *interdisziplinäre Kooperativität* des schulisch organisierten Fördersystems für geistig behinderte Kinder und Jugendliche angesprochen. Die Vorstellung, ein einzelner Spezialist, wie der Sonderschullehrer als Klassenlehrer, sei für die Durchführung aller Fördermaßnahmen in seiner Klasse (Gruppe) allein ausreichend, gehört der Vergangenheit an wie der Anspruch eines Einzelspezialisten, sei es ein Arzt, ein Psychologe, ein Sprachtherapeut oder ein anderer, mit den sich stellenden Problemen bei mehrfach und schwerbehinderten Kindern allein fertig werden zu können, zumal wenn es sich nicht um bloße punktuelle Interventionen (Therapien), sondern um eine komplexe, Leben erschließende Aufgabe handelt.

Die Schule wird damit zu einem *interdisziplinären Förder- und Hilfesystem* in dem Sinne, daß sie alle speziellen helfenden Dienste, derer die mehrfachbehinderten Kinder und Jugendlichen bedürfen, organisatorisch vermittelt und zwar auch in der Weise, daß ein Spezialist vom anderen lernt, z. B. der Lehrer – aber auch die Eltern – von einer Krankengymnastin, wie bestimmte Bewegungen geübt werden können. *Haring* und *Bricker (1976)* beschreiben ein solches *interdisziplinäres Gesamt-Fördersystem,* wie es sich in den USA, aber auch in anderen Ländern immer mehr durchsetzt. Dabei werden auch die *Eltern* als integraler Teil jeglicher Interventionsteams miteinbezogen *(29)*.

Es liegt auf der Hand, daß eine unterschiedliche Zusammensetzung der Mitarbeiterschaft innerhalb eines interdisziplinären Gesamtsystems auch zu eigenen Problemen führt. Kooperation ist auf Lernprozesse angewiesen. Es empfiehlt sich das regelmäßige Gespräch miteinander, und zwar organisiert auf Stufenebenen *(Stufen-Teams, Großgruppen-Teams),* so daß sich jeweils ein kleinerer Kreis beruflich unterschiedlicher Zusammensetzung trifft. Derartige *Gruppenbildungen mit informellem, persönlichem Charakter* können auch dazu beitragen, daß die ganze Schule nicht in einem Funktionsapparat erstarrt, in dem Schulmanagement und Routine dominant werden. Es wird auch darauf ankommen, daß bei der Arbeitsteilung, der Aufteilung von Verantwortlichkeiten und Funktionen kein Kompetenzen-Wirrwarr und auch kein Verantwortungsverlust für das Kind eintritt. Es kann kein Zweifel bestehen, daß für jedes Team, für jedes Kind, für jede Gruppe letzte und koordinierende Verantwortlichkeiten wirksam sein müssen; denn es geht nicht um spezielle Funktionen am Kind, sondern es geht um das Kind und sein Menschwerden in einem ganzheitlichen Sinn. "Wer anders als der Erzieher wäre dann berufen, die Verantwortung zu übernehmen für das Kind und für alles, was mit ihm geschieht?" *(Moor 1965, 14)*. Im Erziehungssystem der Schule oder Klasse für Geistigbehinderte kommt diese koordinierende Verantwortlichkeit dem Sonderschullehrer zu. Sie wird u. a. auch darauf gerichtet sein, die Zahl und den Tätigkeitsumfang der verschiedenen Mitarbeiter je Kind so gering wie nötig zu halten, um Beziehungsprobleme pro Kind möglichst zu reduzieren und um den Schulalltag nicht zu zerstückeln.

2. Spezielle didaktische Modelle

Didaktik ist die Theorie des Unterrichts. Unter Unterricht läßt sich die schulische Veranstaltung des *Lehrens* verstehen, welches darauf *gerichtet ist, bestimmte Lernprozesse auszulösen und zu unterstützen,* die für das Kind und seine Sozialisation real wichtig sind. Es geht darum, dem Kind "den Aufbau oder die Veränderung von relativ überdauernden Einstellungen bzw. Haltungen, Fähigkeiten, Erkenntnissen und Kenntnissen zu ermöglichen, und zwar unter Zielvorstellungen, die im Hinblick auf die Adressaten solcher Bemühungen für gültig bzw. für begründbar gehalten werden" *(Klafki 1977, 12)*. Die Ergebnisse des Unterrichts sind Ergebnisse von Interaktionen, die ihrerseits bestimmter unterrichtlicher Bedingungen (Strukturen) bedürfen.

Die *unterrichtliche Ausgangsfrage* lautet: Was sollen geistig behinderte Kinder lernen? Was sollen also die Lehrinhalte und Lehrziele für diese Schüler sein? Die Beantwortung dieser Frage wird in zwei Richtungen erfolgen müssen: Einerseits ist sie von der individualen Entwicklung und ihren Sequenzen abhängig und andererseits von der abschätzbaren und begründbaren personalen und sozialen Relevanz des zu Erlernenden in der gegebenen Kultur. Letztere läßt sich unter dem Begriff der *Handlungskompetenz* fassen. Geistig behinderte Kinder brauchen einen Unterricht, der sich an den individuellen Entwicklungschancen orientiert und zugleich bedeutsame Handlungsmöglichkeiten erschließt (vgl. *Mühl 1979, Pitsch 1998, Straßmeier 1997*).

In der Unterscheidung von *Entwicklungs- und Handlungsbezogenheit des Unterrichts* bei geistig behinderten Kindern und Jugendlichen versuchen wir, zwei Begriffe und zwei Modelle einander gegenüberzustellen, die uns geeignet erscheinen, die inhaltliche Spannung zum Ausdruck bringen zu können, von der geplantes Lehren und Lernen dieser Kinder und Jugendlichen bestimmt ist. Dabei sind beide Ansätze nicht voll voneinander trennbar, und individuell gesehen wird jeweils der eine oder der andere Ansatz im Unterricht stärker zum Tragen kommen. – Daß der Unterricht nicht nur praktische Fertigkeiten (skills) sondern auch Seinsqualitäten (Lebensqualitäten) zu vermitteln hat, sei hier nur kurz ergänzt.

2.1. Entwicklungsbezogener Unterricht – das normative Entwicklungsmodell

Mit dem normativen Entwicklungsmodell ist ein Unterrichtsansatz gemeint, bei dem die normalen Entwicklungsverläufe als Zielsetzungen der pädagogischen Förderung maßgebend werden. Dieser Ansatz ist hierzulande unter sozialpädiatrischem Einfluß unter dem Doppelbegriff der Entwicklungstherapie im Bereich der Frühförderung bekannt geworden, auch "Lerntherapie" genannt *(Hellbrügge, Pechstein).* Er wird in den USA als "meistversprechende Methode" auch für die Schule für geistig retardierte Kinder propagiert *(Haring, Brown 1976).* Das normative Entwicklungsmodell stützt sich ausdrücklich auf wissenschaftliche Fundierung und Überprüfbarkeit. Es ist didaktisch dem "lernzielorientierten" Ansatz bzw. dem Präzisionslehransatz zuzuordnen.

Die implizite Orientierung an den Normverläufen der Entwicklung ist an sich für die Pädagogik nichts Neues, sondern etwas Selbstverständliches. Der curriculare Entwicklungsansatz steht jedoch unter der expliziten Determinanz testpsychologischer Normen der Entwicklung, die allein ausschlaggebend werden für die Lernzielbestimmung. Das normative Entwicklungsmodell ist im wesentlichen von klinisch arbeitenden Psychologen entwickelt worden und ist methodisch an der Verhaltensmodifikation orientiert.

Die pädagogische Skepsis und Kritik bezieht sich sowohl auf die theoretische Begründung als auch auf die praktische Handhabung dieses Ansatzes in der Realität des Klassenzimmers. Die Kontrapositionen lassen sich im besonderen dadurch kennzeichnen, daß auf der einen Seite behauptet wird, im Besitz einer sicheren, belegbaren, validen, kontrollierbaren Methode zu sein, um geistig behinderte Kinder systematisch fördern (= therapieren) zu können, gegenüber einem prinzipiell offenen und ganzheitlichen, als vage und inoperationabel desavouierten Ansatz auf der anderen Seite.

Von ihr her gesehen ist pädagogische Intention darauf gerichtet, die nicht standardisierbaren individuellen und je umweltabhängigen Lehr- und Lernbedingungen und die offene Kommunikation stärker zu berücksichtigen gegenüber einer eher als manipulativ angesehenen und generalisierenden Zielsetzung und Vorgehensweise. Die Bedeutung einer näheren Klärung des angesprochenen didaktischen Modells kann nicht überschätzt werden, da sie ganz offensichtlich einen realen Bezug zu zentralen didaktischen Grundsatzentscheidungen und zu einer sich u. U. methodisch auseinanderentwickelnden Praxis hat.

2.1.1. Zur theoretischen Grundlegung

Die theoretische Position des normativen Entwicklungsmodells läßt sich in folgenden Punkten grob skizzieren:

1. Reifung und Änderungen des Verhaltens folgen einer Entwicklungshierarchie, z. B. lernen Kinder das Ergreifen eines Gegenstandes eher als das Loslassen, das Produzieren von Lauten eher als das Sprechen von Wörtern u. a.

2. Die Aneignung von Verhalten schreitet vom Erlernen einfacher zum Erlernen mehr komplexer Leistungen fort, z. B. lernen Kinder zunächst, ihre Augen für einfachere Wahrnehmungen zu gebrauchen, bevor sie lesen lernen können.

3. Komplexeres Verhalten ist das Resultat der Koordinierung und Modifizierung von Verhaltensweisen mit einfacheren Bestandteilen; man denke etwa an die Hand-Auge-Koordination, der das Erlernen des gezielten Sehens und des Greifens vorausgeht.

Neben diesen allgemeinen theoretischen Begründungen (vgl. *Bricker 1976*) werden auch speziell auf Behinderung hin bezogene Positionen des Entwicklungsmodells vertreten.

4. Die Entwicklung behinderter, retardierter Kinder verlaufe generell in den gleichen Sequenzen wie die der nichtbehinderten Kinder. Lediglich die Geschwindigkeit und die Gewichtung der einzelnen Funktionsbereiche sei unterschiedlich. Man könne also das gleiche Instrumentarium für alle Kinder verwenden (universeller methodischer Ansatz).

5. Da Entwicklungsnormen um so zuverlässiger erscheinen, je jünger das Kind ist, hält man diese – weithin biologisch abhängigen – Daten im Falle einer geistigen Behinderung (mental retardation) im besonderen für relevant. Das gemessene Entwicklungsalter geistig behinderter Personen reicht erfahrungsgemäß im allgemeinen über die frühe Entwicklungsphase nicht hinaus.

6. Vom methodischen Ansatz her gesehen ermögliche das Entwicklungsmodell die im Falle einer Behinderung geforderte und notwendige unmittelbare Verbindung von Diagnostik und Therapie: Die Ansatzstellen der Therapie ("Entwicklungstherapie") ließen sich direkt aus den diagnostisch ermittelten Werten ablesen ("Entwicklungsdiagnostik").

7. Die Operationalisierbarkeit der Entwicklungsschritte als erwünschte nächste Ziele der Verhaltensänderung lasse eine unmittelbare Verbindung mit den Methoden des operanten Konditionierens zu. Es wird systematisches (Präzisions-)Lehren und damit eine Leistungssteigerung gezielter und sicherer möglich. In letzter Konsequenz erfordert ein ausdifferenziertes Entwicklungsmodell ein ausgeklügeltes technologisches Lehrsystem mit den verschiedensten instrumentellen Details für Verhaltensanalyse; Lehrmaterial, Kontrolle und Verstärkung (precision teaching).

8. Das curriculare Bedürfnis nach klaren, generalisierbaren und überprüfbaren Lehrzielen in einer entwicklungspsychologisch belegbaren Abfolge wird vom normativen Entwicklungsmodell offenbar besonders angesprochen und befriedigt. Hierzu gehört auch das Bedürfnis, Effektivität nachweisen zu können.

9. Schließlich könnte noch pädagogisch geltend gemacht werden, daß dieser Ansatz, der prinzipiell für alle Kinder anwendbar ist, von gleichen Entwicklungssequenzen für alle ausgeht, dem Leitziel der Normalisierung (Integration) am nähesten kommen dürfte, da er keine Sonderziele, z. B. für geistig behinderte Kinder, aufweist. Die pädagogische Aufgabe bestünde vielmehr darin, "normales Verhalten zu lehren".

10. In psychologischer Hinsicht ermögliche der vollsystematisierte Entwicklungsansatz mit seinen Möglichkeiten der Effektivitätskontrolle, daß die Lehrer psychisch entlastet werden und "aus dramatischen Artisten zu Managern der Gesamtmöglichkeiten verfügbarer Lehrmethoden werden können" *(Haring 1972, 43).*

2.1.2. Zur praktischen Umsetzung

Die praktischen Vorzüge des curricularen Ansatzes nach dem Entwicklungskonzept werden von seinen Vertretern in folgenden Details gesehen:

- systematisches Lehren (Präzisions-Lehren)
- Lernen in kleinsten Schritten
- operationalisiertes und daher kontrollierbares Lernen
- klare Planungsgliederung nach Funktionsbereichen und Sequenzen
- überprüfbare Berücksichtigung des individuellen Entwicklungsstandes
- Vermeiden von Überforderungen
- basales Lernen, "Lernen des Lernens"
- Lernmöglichkeiten für intensiv geistig behinderte Kinder und Jugendliche.

Hierzulande ist das normative Entwicklungsmodell bislang nur in der Frühförderung als *Früh*diagnostik und *Früh*therapie umgesetzt worden. Zu nennen wären die Ansätze von *Hellbrügge* und *Pechstein,* deren "Münchner Funktionelle Entwicklungsdiagnostik" ursprünglich als "Entwicklungsphysiologische Tabellen" bezeichnet war *(1968).* Diese medizinische (sozial-pädiatrische) Herkunft dürfte nicht zufällig sein.

Im Bereich der Frühförderung ist das von *Kiphard* vorgelegte "Entwicklungsgitter" in Gebrauch, das jedoch mehr grob orientierenden Charakter hat. *R. Schamberger* hat in ihrer Dissertation *(1977)* "Frühtherapie bei geistig behinderten Säuglingen und Kleinkindern" (Down-Syndrom) aus ihrer praktischen klinisch-psychologischen Tätigkeit am Kinderzentrum München heraus Untersuchungsergebnisse zur Effektivität dieser Entwicklungsdiagnostik und -therapie vorgelegt, dabei aber auch die offenen Stellen im System aufgezeigt, wo eine Umsetzung der standardisierenden Diagnostik in individuelle Therapie letztlich doch über Intuition und Erfahrungswerte vorgenommen werden muß.

Straßmeier (1984) hat "Frühförderprogramme für behinderte und entwicklungsverzögerte Kinder" in Anlehnung an nordamerikanische Entwicklungstabellen vorgelegt, die im Rahmen unseres von der Bund-Länder-Kommission für Bildungsplanung durchgeführten Forschungsprojektes "Frühförderung behinderter Kinder" in bayerischen Frühförderstellen erprobt worden sind. Sie bieten im Anschluß an einen Screening-Test die nötigen Angaben für Fördermöglichkeiten (Materialien, Vorgehensweisen).

In den USA hat sich der Entwicklungsansatz über die early intervention, für die dort unzählige Entwicklungstabellen vorliegen, hinaus auch in die Schulen für severely/profoundly mentally retarded children weiterentwickeln lassen, vor allem in Labor-Schulen. Zu den entschiedensten Verfechtern zählen *Haring* und *Bricker* (vgl. in *Haring, Brown 1976, Haring, Schiefelbusch 1976*). Es liegen Programme mit Tausenden einzelner "pinpoints" vor, dazu im Forschungslabor erprobte Lehrmaterialien, Analysebögen und Kontrollsysteme. Während sich die praktische Arbeit zunächst im wesentlichen in Einzelförderung vollzog, glaubt man heute auch die entsprechend differenzierteren Technologien für die Arbeit im Klassenzimmer praktikabel verfügbar zu haben – einschließlich des entsprechend intensiveren Personalaufwands.

In zahlreichen Schul-Curricula dominieren entwicklungsorientierte Lehrzielsetzungen, verknüpft mit sachstrukturellen Ausdifferenzierungen, z. B. "Anziehen", insbesondere in solchen, die als "geschlossene" Curricula zu kategorisieren wären (vgl. *H. Adam 1977, 1978*).

Da die differenzierte und gezielte, d. h. adäquatere und effektivere Förderung geistig behinderter Kinder nach wie vor eine noch nicht genügend geklärte Frage – der Praxis und der Forschung – darstellt und das Bedürfnis nach systematischerer Unterrichtsplanung in Teilen der Sonderschul-Lehrerschaft bzw. das Bedürfnis nach objektiveren und effektiveren Methoden nach wie vor besteht (vgl. *Anstötz 1985*), ist es angebracht, daß diese Frage pädagogisch differenziert angegangen und zu klären versucht wird.

2.1.3. Das Entwicklungscurriculum unter pädagogischem Aspekt

Der pädagogische Aspekt ist im allgemeinen schwer vermittelbar – vor allem für Nicht-Pädagogen. Dies mag an der unendlichen Komplexität dessen liegen, was unter Erziehung verstehbar ist. Diese steht im besonderen in der Dimension der Zeit, die immer auch Offenheit bedeutet, Offenheit der Entwicklung – im weitesten Sinn. Zugleich ist es die Dimension der Interaktionalität in Verbindung mit der Personalität, wodurch jegliche Standardisierung und Punktualisierung entwicklungsbezogener Urteile nur begrenzten Wert erhalten. Die Unterrichtstechnologie bemüht sich zwar, Erziehungs- und Lernprozesse durchschaubarer und damit planbarer und effektiver werden zu lassen, stößt aber an ihre Grenzen immer dann, wenn sie im Sinn ihres naturwissenschaftlich-technologischen Ansatzes nur noch das gelten läßt, was sich operationalisieren und brauchbar definieren läßt, wenn sie also alles das fortlassen muß, was sich auf Offenheit des Lernens und der Entwicklung und auf offenes Werten und Entscheiden bezieht.

Die theoretische Position gegenüber einem normativen Entwicklungsmodell als Basis für pädagogisches Planen und Handeln läßt sich an folgenden Punkten skizzenartig festmachen:

a) Der Begriff *"Entwicklungsmodell"* (resp. "Entwicklungstherapie") ist doppeldeutig und daher ungenau. Was unter "Entwicklung" verstanden wird, wird in der praktischen Umsetzung nicht immer klar. Auf der einen Seite wird eine relativ deutliche Invarianz der Entwicklungsnormen vertreten, was eher auf einen Bezug zu einem primär physiologischen Begriff von Entwicklung schließen ließe, auf Entwicklung als Reifung, was u. a. auch aus der Verwendung der Bezeichnung "Entwicklungsphysiologische Tabellen" hervorgeht. Diese biologische Referenz kommt auch dadurch zum Ausdruck, daß das Entwicklungsmodell vor allem für Kinder in den ersten Lebensjahren bzw. für geistig behinderte Kinder mit ihrer entwicklungsmäßigen Kleinkindhaftigkeit als valide erachtet wird, wobei offensichtlich unterstellt wird – u. a. von sozialpädiatrischer Seite – daß diese Entwicklungsperiode primär biologisch determiniert sei *(Pechstein 1975, 20)*. – Auf der anderen Seite wird Entwicklung zweifellos auch als Lernprozeß aufgefaßt. Die Bedeutung früher Erziehungseinflüsse ist unbestritten. Dann aber bleibt offen, was es mit der Invarianz der genormten Entwicklungsdaten auf sich hat.

Man könnte auch fragen, warum der physiologisch gebundene Begriff "Entwicklung" verwendet wird, wo doch bei näherem Hinsehen die einzelnen Abfolgen von Verhaltensänderung auch als "soziales Lernen" gefaßt werden könnten. So liegt etwa von *Goldstein* ein differenziert und auch für die Schule didaktisch aufbereitetes Programm als "Social Learning Curriculum" vor, bei dem die entwicklungspsychologische Orientierung lediglich eine Grundlage darstellt und klar zurücktritt hinter die primär pädagogische Orientierung an sozialen Bedürfnissen und Erfordernissen.

Der Entwicklungsbegriff als Basis für eine Curriculum-Konstruktion suggeriert eine fälschliche Invarianz der einzelnen Teilschritte, u. a. in dem Sinne, daß jeder Teilschritt für das Erreichen des nächsten notwendig sei. Dies aber ist durchaus nicht erwiesen.

Daß sich hinter einem Etikett "Entwicklungscurriculum" durchaus verschiedene und offene theoretische Ansätze zusammenfassen lassen, zeigt die "Entwicklungstherapie" von *M. Wood (1975)*, die für emotional gestörte Kinder konstruiert worden ist (vgl. *Wegler 1979*). Die Verwendung von ausgerechnet 144 Teillernzielen in jeweils vier Funktionsbereichen (Behavior, Communication, Socialisation, Academics) ist sicherlich ganz einfach damit zu erklären, daß diese Funktionen sich relativ gut beobachten und messen lassen.

b) Die Verwendung von generalisierten *Entwicklungsfolgen* und -einzelschritten für die Auflistung von Einzelzielen der Förderung (Lehr-, Therapiezielen) behinderter Kinder erscheint begrenzt legitim, und zwar soweit diese als individuell variable Größen zur Groborientierung des pädagogischen Ansatzes dienen. Jeder Entwicklungsverlauf ist letztlich anders. In Betracht kommen basale Fertigkeiten als Voraussetzungen für differenziertere Leistungen. *Spradlin, Spradlin (1976)* betonen ausdrücklich, daß es sich um das Erlernen von individualisierten Grundfertigkeiten als spezifischen Verhaltensweisen handelt, bei denen das Kind u. a. lernt, zunächst einfachen Weisungen zu folgen, um später in Situationen, die ein abgewandeltes neues Verhalten erfordern, adäquat reagieren, also Reize besser unterscheiden zu können. Damit soll gegenüber einer kognitiven Lerntheorie zum Ausdruck gebracht werden, daß es sich lediglich um das Erlernen grundlegenden und reizdiskriminierenden Reaktionsverhaltens handelt als Voraussetzung für generalisierendes Lernen, d. h. für die Anwendung auf neue, differenziertere Situationen. Es sind dies vor allem Grundfertigkeiten der Selbsthilfe, des sozialen Verhaltens, der Sensomotorik und der Sprache, die als bedeutsame Zielbereiche für geistig behinderte Kinder gelten und systematisch geübt werden sollen.

c) Der universalistische Bezug auf die normale Entwicklung anstelle eines behinderungsspezifischen Ansatzes stellt das behinderte Kind stärker in den pädagogisch relevanten, integrativen Bezugsrahmen des verbindenden Allgemeinen. Es fragt sich jedoch, wieweit es sich bei der Entwicklung – z. B. *geistig* behinderter Kinder, tatsächlich um die gleichen Abfolgen handelt wie im sogenannten Normalfall, der im übrigen auch eine Fülle von Varianz aufweist, ob ein geistig behindertes Kind tatsächlich alle Stufen und Folgen in gleicher Weise durchläuft wie ein nichtbehindertes Kind, und wie spezifisch sich die Abfolgen unterscheiden, je nachdem wie behindert ein Kind im Einzelfall ist. Jeder Ansatz von pädagogischer Förderung behinderter Kinder wird die Mitberücksichtigung von Eigenverläufen der Entwicklung und entsprechender Detailschritte sicherzustellen haben.

d) *Spezielle Erziehung* (special education) versteht sich als Modulation der allgemeinen Erziehung, soweit diese bei einer spezifisch vorliegenden Behinderung bzw. behindernden sozialen Umwelt notwendig ist. Spezielle Erziehung orientiert sich demnach primär nach den im individuellen Fall vorliegenden Lern- und Sozialisationsbedingungen. *Brooks* und *Baumeister (1977)* sprechen von "ecological validity" und "ultimate functioning" als finalen Maßgaben für eine individuell adäquate erzieherische Förderung. Von daher stellt sich die Frage, in welchem Verhältnis zu Entwicklungsstandards die individuell spezifischen erzieherischen Aufgaben innerhalb und für eine bestimmte natürliche Umwelt zu finden und zu formulieren sind. Eine kind- und bedürfnisorientierte Lehrplanung wird solche Lehrziele reflektieren müssen, die es dem einzelnen geistig behinderten Kind erlauben, seine spezifischen Kapazitäten zu realisieren und in einer Welt zu leben, in der es möglichst unabhängig die ihm adäquate Rolle spielen kann.

e) Die Vermittlung von *Fertigkeiten* ist eine zentrale pädagogische Aufgabe. Die didaktische oder curriculare Planung bemüht sich, die im allgemeinen und individuell wichtigsten Lehrziele als erreichbare Kompetenzen herauszufinden und zu fixieren. Ohne Zweifel aber genügt dies didaktisch nicht. Vielmehr sind auch ungeplante, offene, situationsgebundene Erfahrungen in Verbindung mit offenen emotionalen Prozessen und relativ frei verfügbare Spielräume und "pädagogische Zurückhaltung" mindestens ebenso relevant wie relativ gebundene Unterrichtsverfahren. Wird nicht letztlich Erziehung als verbindliches und modellierendes In-Beziehung-Treten mit dem Kind (Sicheinlassen in persönliche Verantwortung) neutralisiert zu bloßer manipulativer Therapie umfunktioniert? Führt nicht ein solcher "Toiletten-Training-Ansatz" zu bloßer Anpassung? Ist er nicht eigentlich ein rein konformistischer Ansatz?

Das Entwicklungscurriculum weicht von der theoretischen Maßgabe im praktischen Vollzug in mancher Beziehung ab. So berichten *Switzky u. a. (1979),*

- daß das ausgeklügelte technologische System eine Berücksichtigung der individuellen Variabilität vielfach nicht zulasse,
- daß die Entwicklungszielangaben rigide verfolgt werden,
- daß die Beziehung zu emotionalen Prozessen zu kurz komme, die Leistung im Vordergrund stehe – auch für die betroffenen Eltern,
- daß die Förderung sich funktionell zersplittere,
- daß einer Rezeptologie und Kochbuchmanier Vorschub geleistet werde,
- daß die pädagogischen Maßnahmen in einer "Gleichschrittmanier" abgewickelt würden,
- daß das Lernen eher von einer Labor-Atmosphäre bestimmt werde als von der natürlichen Umwelt.

Es wäre hinzuzufügen, daß das curriculare Entwicklungsmodell bisher im wesentlichen in Versuchsschulen erprobt worden ist, Erfahrungen im Schulalltag also weithin fehlen. Auf technische Probleme, z. B. hinsichtlich des exakten Identifizierens einer erreichten Fertigkeit gerade bei geistig behinderten Kindern, kann hier nicht näher eingegangen werden.

Wir halten die *Praktikabilität* eines Methodensystems für ein wesentliches Kriterium seines pädagogischen Wertes. Exklusive Technologie, in elitären Versuchsschulen umgesetzt, ist u. U. dazu angetan, die volle, echte Realität zu verstellen, um dann u. U. in einer selbstbestätigenden (arroganten) Manier zwischen "Anspruch und Wirklichkeit" zu unterscheiden, und der Wirklichkeit kurzschlüssig die Schuld zuzuschreiben.

2.1.4. Pädagogische Gesamtbeurteilung

Die Geistigbehindertenpädagogik ist daran interessiert, geistig behinderte Kinder dahingehend zu fördern, daß sie als Persönlichkeit ein Höchstmaß eigener Funktionstüchtigkeit erreichen und ein weitestgehend normalisiertes Leben in sozialer Partizipation führen können. Dabei fragt es sich, wie eine Annäherung an derartige Leitziele zu bewerkstelligen ist und welche Erschwerungen diesem Versuch im Wege liegen.

Das Konzept der Entwicklungsretardierung (mental retardation) legt es nahe, die – quasi nicht "von selbst" sich vollziehende – Entwicklung durch systematische Stimulation von außen und nachträglich zu aktivieren. Für die Frühphase der Entwicklung liegen relativ übereinstimmende Befunde darüber vor, daß eine von außen intensiv gestützte Förderung, die den allgemeinen Entwicklungssequenzen folgt, effektiv ist (Basale Lernförderung). Insgesamt aber stellen sich heilpädagogisch gesehen einige grundsätzliche Fragen. Sie beziehen sich insbesondere auf

- den pädagogischen Stellenwert gebundenen Lehrens und Lernens,
- die Notwendigkeit behinderungsspezifischer Erziehung,
- die Bedeutung individueller Lern- und Situationsanalysen gegenüber einer standardisierten Diagnostik,
- die Erklärungsbasis für "Entwicklungs-Lehren und -lernen",
- das Verhältnis von Therapie und Erziehung.

Zu den einzelnen Punkten:

1. Eine unterrichtliche Förderung, der ein normatives Entwicklungsmodell zugrunde liegt, beinhaltet explizit ein gebundenes, produktorientiertes Lehren und Lernen. Alle Teilschritte sind präfixiert. Die Effektivität des Lernens ist zwar kontrollierbar, aber kontrollierbar ist nur das, was sich auf den präfixierten Leistungstabellen ablesen läßt ("sets of pinpoints"). Ungeplantes, kreatives, offenes Lernen tritt in den Hintergrund, wird als vage desavouiert. Ist solch gebundenes Lehren und Lernen adäquat für die pädagogische Förderung geistig behinderter Kinder? Wo liegen die Grenzen, wenn verhindert werden soll, daß geistig behinderte Kinder zu bloßen Lehrobjekten werden? Wir gehen von der Auffassung aus, daß diese Kinder nicht permanent Kleinkinder bleiben und daß sie auf Eigenaktivität gegenüber anderen angewiesen sind, wenn sie ihre Identität – soweit sie ihnen potentiell erschließbar ist – finden sollen.

So gesehen, wird ein normatives curriculares Entwicklungskonzept nur begrenzte Gültigkeit im pädagogischen Gesamtkonzept beanspruchen können.

2. Das Verhältnis von behinderungsspezifischer und allgemein orientierter Förderung: Ohne Zweifel gibt es und gab es vor allem in der Vergangenheit eine Überbetonung des Behinderungsspezifischen: Alles sei *ganz anders,* wenn eine Behinderung vorläge, hieß es. Heute betonen wir in Anbetracht integrativer Einstellungen in der Gesellschaft den Aspekt der sozialen Partizipation und Normalisation stärker. Eine curriculare Orientierung an allgemeinen Entwicklungsnormen verheißt zunächst mehr soziale Eingliederung. – Kritisch ist jedoch zu fragen, wo ein solches Unternehmen auf bloßen Vergleich und damit auf ein Verstärken der negativen Differenz hinausläuft, und wo die spezifischen persönlichen Chancen des einzelnen geistig behinderten Kindes vernachlässigt werden, wenn seine individuelle Situation hinter generalisierte Planungen zurücktritt.

3. Eine standardisierte Entwicklungsdiagnostik (Entwicklungsprofil) kann offensichtlich nur Anspruch auf eine grobe Orientierung (screening) erheben. Auch die Profilvergleiche der verschiedenen Funktionsbereiche (Motorik, Sensorik, Sprache, Kognition, soziales Verhalten) geben nicht die ganze Individualanalyse ab, die erst erhältlich ist, wenn man die individuellen Entwicklungsbedingungen und -akzente erfaßt. Zumindest zusätzlich nötig erscheinen langzeitliche Beobachtungen und Interaktionsanalysen, die den Schüler mit sich selbst vergleichen lassen, die seine Veränderungen erkennbar machen. Der Aufwand hierfür ist wahrscheinlich höher zu veranschlagen. Er müßte auch die Mitwirkung des Kinder- und Jugendpsychiaters und Neuropädiaters einschließen.

4. Psychologisch gesehen ist das curriculare Entwicklungsmodell im wesentlichen an ein Reiz-Reaktions-Lernen gebunden, läuft also im Prinzip auf ein additives Antrainieren hinaus. Damit steht es im Widerspruch zu *Piagets* strukturalgenetischem Entwicklungsansatz. Auf *Piaget* aber berufen sich die Vertreter des curricularen Entwicklungsansatzes merkwürdigerweise auch. Müßte

nicht dem *Piagetschen* Ansatz eher ein *offenes Erfahrungsmodell* entsprechen, bei dem die Ziele nicht von außen fixiert werden, sondern "die Konstruktion der Wirklichkeit" durch Eigenaktivität in der Auseinandersetzung mit der Umwelt zustandekommt?

5. Ein an Entwicklungsnormen orientiertes Curriculum ist in besonderem Maße an physiologische und standardisierte Individualdaten gebunden. Es entspricht damit dem "medizinischen Modell", das von naturhaft im Menschen gegebenen Richtgrößen ausgeht, die sich etwa naturwissenschaftlich-statistisch in Normtabellen fassen lassen. Abweichungen von diesen Normwerten intendieren dann "therapeutisches" Intervenieren: "Lerntherapie", "Frühtherapie", "Entwicklungstherapie", "Soziotherapie".

Demgegenüber ist pädagogischerseits festzuhalten, daß sich Erziehung und Lernen primär nicht an Standards orientieren, sondern einen zwar intentionalen, aber letztlich offenen Prozeß darstellen, der in einem interaktionalen Feld zwischen Subjekten in der Dimension der Zeit abläuft. Normierte Entwicklungsförderung kann daher nur begrenzten Wert beanspruchen, eben den, der sich auf Normierbares bezieht.

Von einer curricularen Umsetzung des normativen Entwicklungsmodells im engeren Sinn zu unterscheiden ist ein *entwicklungsbezogener Unterricht.* Er ist das Modell eines Unterrichts, der sich nicht nur allgemein an den Entwicklungssequenzen des Kindes orientiert, sondern im speziellen sich auf didaktische Einheiten bezieht, die Übungen umfassen, um das Erreichen der "nächsten Zone der Entwicklung" *(Wygotski)* anzubahnen und zu unterstützen, also um die nächste "Entwicklungaufgabe" meistern zu helfen. Dabei ist z.B. an lernbasale Übungen zu denken oder an Trainings des Anziehens, des Essens und der sonstigen elementaren Selbstversorgung. Es sind Übungen (Lehrgänge) und Vorgehensweisen in "kleinsten Schritten", angepaßt an die Entwicklungsansätze des einzelnen Kindes. Solche didaktische Einheiten müssen freilich eingepaßt sein in ein didaktisches Gesamtkonzept, das die Eigeninteressen genau umfaßt wie seine Lebenswelt. Sie werden sich in der Regel auf Einzelförderung beziehen.

2.2. Das Modell des handlungsbezogenen Unterrichts

Während der entwicklungsbezogene Unterrichtsansatz im besonderen durch die Gebundenheit der Lernziele und Lernprozesse gekennzeichnet ist, zielt der handlungsbezogene Ansatz auf *relativ offenes Agieren in realen Lebenssituationen.* Es geht um den Erwerb von *Handlungskompetenz* über eigene Aktivität und Erfahrung.

Handlung ist "die Verwirklichung eines Antriebszieles in der Welt durch die Eigentätigkeit des Subjekts" *(Lersch 1952, 390),* d.h. sie ist eine gerichtete Tätigkeit. *Tomaszewski (1978)* spricht von "Zielverhalten". Zugleich erweist sich die Handlung als eine *Antwort auf eine Situation,* aus der heraus sich eine *Aufgabe* stellt. Man kann auch von einer "Aufgabensituation" reden *(Toma-*

szewski, ibid.). Handlung stellt sich also nicht als bloße Reaktion auf einen Reiz dar, sondern als komplexer Akt bezogen auf eine Situation. Der Verlauf der Handlung wird vom Subjekt bestimmt, wobei die *Antizipation* eine wesentliche Rolle spielt. Dabei werden Erfahrungen mittels Einsicht (Intelligenz) verwertet. Dieser Vorgang ist nicht auf das Vollbewußtsein angewiesen, verläuft vielmehr weithin in Halbbewußtheit oder Unbewußtheit. In jedem Falle realisiert sich in der Handlung Selbständigkeit, wird diese auch nur spurenhaft erlebt. Zugleich ist es eine Erfahrung innerhalb eines sozialen Feldes und damit eine *soziale Erfahrung.*

Es liegt pädagogisch nahe, Handlungsfähigkeit in diesem Sinne als allgemeines Lehr- oder Erziehungsziel für den Unterricht bei geistig behinderten Kindern und Jugendlichen zu verwenden *(Mühl 1979).* Gemeint ist eine komplexe Kompetenz, die über funktionale, isolierte Teilleistungen hinaus bzw. mit deren Hilfe den Menschen instand setzt, auf wechselnde Lebenssituationen adäquate Antworten zu finden, d. h. in der Welt bestehen zu können, sich als Teil eines Ganzen zu erfahren, und zwar gerade dadurch, daß man auch intentional darin tätig wird.

Wir verwenden damit einen Begriff von Handlung, der über bloßes entwicklungsbiologisch determiniertes und reaktives Tätigsein hinausreicht in den *offenen Raum* subjektiv zu bewältigender Situationen des Alltagslebens mit der Zielrichtung auf *realisierbare Selbständigkeit* in der Lebenswirklichkeit.

Die *Bedeutung eines handlungsbezogenen Unterrichtskonzepts* kann darin gesehen werden, daß es in besonderem Maß

- das Lernen in Sinnganzen (Situationen)
- das Tätigwerden in sozialen Bezügen
- das Erfahren von Sachzusammenhängen
- die Ausbildung von Subjektivität (Selbstbewußtsein)
- lebenspraktische Aufgabenbewältigungen und Orientierungen und
- Einsicht und Kreativität

ermöglicht.

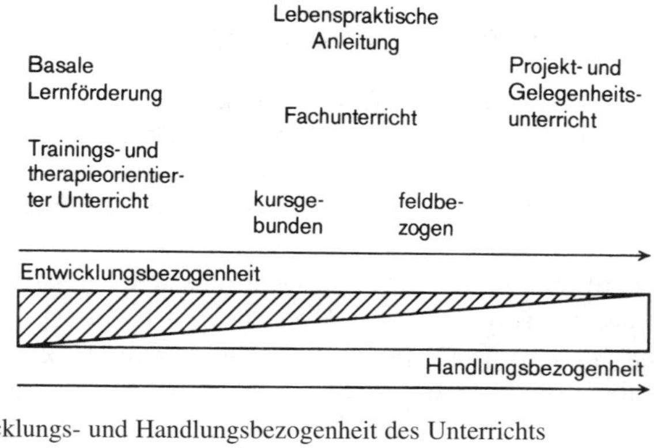

Abb. 7: Entwicklungs- und Handlungsbezogenheit des Unterrichts

Es ist ein Konzept, das gegenüber dem mehr gebundenen Entwicklungsansatz mehr Offenheit bezüglich der Lernprozesse und Lernergebnisse zu realisieren vermag und damit dem menschlichen Bedürfnis nach freiem Handeln, nach Kreativität und Selbstverwirklichung stärker entgegenkommt. Es bildet als sozial-orientiertes Konzept gewissermaßen den Gegenpol zum letztlich biologisch ansetzenden Entwicklungsmodell. Damit sollen freilich nur Extrempositionen markiert sein. In Wirklichkeit *greifen beide Ansätze ineinander* und zwar in der Weise, daß das Entwicklungsmodell entwicklungsmäßig früher ansetzt und eine für das Erlernen von Handlungskompetenz notwendige Vorbedingung und Unterstützung darstellt. Es kommt daher auch eher für die ersten Lebensjahre und für intensiv behinderte Kinder in Betracht, während das Handlungskonzept voll realisierbar wird bei kognitiv und kommunikativ fortgeschritteneren und selbständigeren geistig behinderten Kindern und Jugendlichen. Gegenüber dem vollsystematisierbaren Entwicklungsmodell wirkt es strukturell eher vage und allgemein. Eine genaue und fixierende Lernzielbestimmung ist kaum möglich. Das Lernergebnis ist prinzipiell offen. Es kommt eher für Projektunterricht in Betracht. Es erweist sich letztlich als *originär pädagogisch-ganzheitlicher Ansatz* – mit allen Möglichkeiten und Grenzen. Der Unterricht für geistig behinderte Schüler orientiert sich in seinen vielfältigen Formen zunächst mehr am Entwicklungs- und später mehr am Handlungsbezugsrahmen. Die verschiedenen Zuordnungen und Überlappungen lassen sich in einer schematischen Polarisierung wie in Abb. 7 verdeutlichen.

Eine didaktische Orientierung kann sich nach dem Grundsatz richten: So viel basale und fundierende Entwicklungsorientierung als individuell nötig und so viel Handlungsoffenheit als sinnvollerweise möglich. Letztere setzte jedoch die Öffnung der Schule in das reale Leben der Gesellschaft voraus, die Einbeziehung des Unterrichts in unmittelbare Handlungszusammenhänge, kurz gesagt: den Lebensweltbezug. Das Bild, das Schule heute bietet, zeigt jedoch sogleich die Grenzen einer konsequenten Realisierung des Handlungsmodells auf. Es ist das Bild eines Lernortes voller Künstlichkeit der Sachbezüge und nur mittelbarer Erfahrungen, ein Unterrichtssystem, das sich angesichts der wachsenden Komplexität der Realität in immer mehr Verbalität und Abstraktion steigert, eine Schule, die Wort und Gegenstand trennt und damit den verbalen Realismus zerstört, indem sie eine Situation schafft, "in der Wörter systematisch und kontinuierlich 'da' sind, ihre Entsprechungen aber nicht" *(Bruner 1973, 77)*. Wenn dies für die allgemeine Schule beklagt wird, so ist eine solche Realitäts- und Handlungsferne erst recht für die Geistigbehindertenschule eigentlich unverantwortbar (vgl. auch *Mühl 1979*). Schon *Hanselmann* hatte gefordert, daß eine Schulstube, in der Leben gelehrt werden soll, "gleichsam ihre vier Wände niederlegen" müsse, um Denken, "Fühlen" und Wollen im unmittelbaren Lebenszusammenhang erfahren und erleben zu können *(1958, 156)*.

Im Sinne dieser alten heilpädagogischen Einsicht ist das Konzept eines realitätsnahen, erfahrungsbezogenen Unterrichts zu sehen, wie es u. a. *Mühl (1979)* vorgelegt hat.

3. Didaktische Prinzipien

Das komplementäre *Grundkonzept* eines entwicklungs- und handlungsbezogenen Unterrichts muß in der komplexen Realität des Unterrichts bei geistig behinderten Kindern so variabel und strukturiert zugleich gehandhabt werden, daß unter Berücksichtigung der individualen Lernvoraussetzungen mit ihrer enormen Varianz pro Klasse für alle Schüler ein Lernzuwachs, eine Verbesserung der Kommunikations- und Handlungskompetenz zu erwarten bzw. zu erzielen ist. Diese tägliche didaktische Aufgabe erfordert vom Lehrer ein hohes Maß an Sicherheit in der Einschätzung der gegebenen individuellen Lernbedingungen sowie an Variabilität, Situationsoffenheit und Souveränität in der Handhabung von Lehrzielen, Lehrinhalten und Methoden des Vorgehens. Die dafür nötigen *Unterrichtsprinzipien* sind angesichts der Komplexität jeglichen Unterrichts mit einer Gruppe von Kindern mit individuell sehr verschiedenen Lernbedingungen als übergreifende Handlungsorientierung unverzichtbar nötig. Sie sind einerseits als Konsequenzen aus dem didaktischen Grundkonzept anzusehen; andererseits handelt es sich um Extraktionen aus Befunden verschiedener Wissenschaften. Sie fungieren als Handlungsregulative für jeglichen Unterricht, um dessen Zwecke erreichbar zu machen.

Es ist müßig, eine Systematik der Unterrichtsprinzipien erstellen zu wollen. Sie sind wie alle Prinzipien Aufforderungen mit Grundsatzcharakter, d. h. sie geben generelle Richtungen und Gültigkeiten an, deren Wirksamwerden letztlich individuell und situativ bestimmt werden. Da diese Verschiedenheiten unendliche sind und der Unterrichtsprozeß prinzipiell ein offener und variabler ist, kommt es, daß Listen solcher Prinzipien verschieden differenziert sind. *Bach (1967)* stellte 17 zusammen. In dem für die ehemalige DDR erschienenen "Grundlagenmaterial zur Gestaltung der rehabilitativen Bildung und Erziehung" *(Ministerium für Gesundheitswesen der DDR 1987)* ist von "didaktisch-methodischen und rehabilitationspädagogischen Grundsätzen" die Rede. Sie werden als allgemeine Aufforderungen zur planmäßigen Gestaltung der Bildungs- und Erziehungsaufgabe verstanden und gelten für alle Erziehungsinstitutionen.

Es handelt sich um 13 derartige Grundsätze, die hier kurz wiedergegeben seien:

1. Grundsatz der komplexen Zielgerichtetheit
2. Grundsatz der integrierenden Verknüpfung der Förderungsdisziplinen
3. Grundsatz der komplexen rehabilitativen Einwirkung auf alle Äußerungsbereiche
4. Grundsatz der Wissenschaftlichkeit der Gestaltung des rehabilitationspädagogischen Förderungsprozesses
5. Grundsatz der unmittelbaren Verbindung des rehabilitationspädagogischen Förderungsprozesses mit dem Leben in der sozialistischen Gesellschaft
6. Grundsatz der Anschaulichkeit im Förderungsprozeß
7. Grundsatz der Systematik im rehabilitationspädagogischen Förderungsprozeß
8. Grundsatz der Anpassung der Leistungsanforderungen an die Leistungsvoraussetzungen der förderungsfähigen Kinder (Grundsatz der Faßlichkeit)
9. Grundsatz der Individualisierung

10. Grundsatz der konsequenten zielorientierten Führung des Förderungsprozesses durch den Rehabilitationspädagogen
11. Grundsatz der häufigen Wiederholung und der ständigen Festigung der angeeigneten Kenntnisse, Fähigkeiten, Fertigkeiten und Verhaltensweisen
12. Grundsatz der Koordinierung der Maßnahmen der rehabilitativen Bildung und Erziehung zwischen den verschiedenen Erziehungsträgern
13. Grundsatz der Lustbetontheit im Förderungsprozeß.

Wir meinen, anstelle einer derart differenzierten und ausführlichen Liste von Unterrichtsprinzipien mit einer geringen Zahl zumeist *komplexerer* Prinzipien auskommen zu können. Es werden damit zugleich Schwerpunkte als spezifische Konsequenzen aus dem hier dargestellten didaktischen Grundkonzept gesetzt.

Als solche lassen sich folgende prinzipielle didaktische Regulative ableiten:

a) Der Unterricht muß differenziert die Individualitäten der Schüler berücksichtigen *(Individualisierung).*
b) Der Unterricht muß eine aktive Auseinandersetzung mit den Lehrinhalten ermöglichen *(Aktivitätsprinzip).*
c) Der Unterricht muß möglichst ganzheitlich organisiert sein *(Ganzheitsprinzip)* und
d) die entsprechend nötigen Strukturierungshilfen bereitstellen *(Lehrzielstrukturierung).*
e) Durch konkrete Erfahrung der Wirklichkeit und durch Anschaulichkeit soll die Anwendung von Kenntnissen und Fertigkeiten auf ähnliche Lerngegenstände und Situationen vorbereitet und geübt werden (*Anschaulichkeit* und *Übertragung*).
f) Die unterrichtliche Beanspruchung des Schülers muß dem Stand und der Stufenfolge der geistigen Entwicklung entsprechen *(Entwicklungsgemäßheit).*
g) Das kognitive Erfassen im Handeln soll durch begleitendes Sprechen gestützt werden *(Aktionsbegleitendes Sprechen)*
h) Alles Lernen wird im besonderen durch soziale Motivationen gefördert *(Soziales Lernen).*

Zu diesen didaktischen Orientierungsprinzipien wäre folgendes zu bemerken:

3.1. Das Individualisierungsprinzip

ist bereits mehrfach in seiner besonderen Bedeutung angesprochen worden. Es verdient im Geistigbehinderten-Unterricht deshalb eine besondere Beachtung, weil dieser wegen der enormen Unterschiedlichkeiten der individuellen Lernfähigkeiten und wegen der sehr begrenzten Selbst-Lernfähigkeit (incidental learning) der Schüler sich nur in sehr begrenztem Maße generalisierend an die ganze Klasse richten kann, vielmehr die einzelnen Schüler nur dann erreicht, wenn er sie direkt und individuell angemessen anspricht. Er muß *jeden Schüler in seinem Lernen da abholen, wo er sich jeweils befindet.* Übliche Lehrer-Kontrollfragen wie: "Habt ihr das verstanden?" haben bei geistig behinderten Kindern höchstens karikaturistischen Wert. Es darf keine Stunde, keine Lehreinheit ablaufen, ohne daß sich der Lehrer auch an jedes einzelne Kind seiner Klasse wendet.

3.2. Das Aktivitätsprinzip

Der Mensch lernt im wesentlichen durch seine Handlungen, verwirklicht sich in seiner Aktivität. Der Organismus ist dauernd in Aktion, um seine Struktur zu erhalten *(Piaget 1969, 410).* Die durch die geistige Behinderung beeinträchtigte Aktivität bedarf in besonderem Maße der Weckung, Belebung und Anleitung. Aktivität ist die Voraussetzung des Lernens. Sie ist Ausdruck des Verlangens nach Überwindung eines gestörten Gleichgewichts *(Piaget).* Die Lern- und Veränderungsaktivität ist daher vom Wahrnehmen dieser Dissonanz und von Veränderungsreizen abhängig, die durch den Unterricht geschaffen werden müssen. Lernen ist nicht als rein rezeptiv erfolgender Zuwachs an Wissen und Verhaltensregulation zu verstehen, sondern als progressiver Anreiz zur Differenzierung und Strukturierung. Nur durch eigenes Tun wird es möglich, sich die äußere Wirklichkeit einzuverleiben. Versuchen und Probieren wecken das Lerninteresse, verstärken die Lernmotivation. Nur wenn sich der von der Umwelt ausgehende Einfluß in ein eigenes Bedürfnis verwandelt, wird geistige Begegnung und Anpassung möglich.

Der Unterricht bei geistig behinderten Kindern muß radikal Ernst machen mit dem *Aktivitätsprinzip.* Soll er ein dynamischer sein, so muß er dem Kind hinreichend Gelegenheit geben, durch Handeln Erfahrungen zu sammeln. Er darf nichts vorwegnehmen, was das Kind durch seine eigene Aktivität finden könnte. Verbales Lehren, transferierende Belehrungen allein, bloßes Referieren und Demonstrieren können nur zu einer passiven Aufnahme führen, soweit diese bei der nur geringen Generalisierungsfähigkeit überhaupt möglich ist.

Das Aktivitätsprinzip gilt für alle Stufen der geistigen Entwicklung. Bereits im Stadium des sensomotorischen Lernens sind es Operationen des Reproduzierens, des Wiederkennens und Generalisierens, die die ersten erworbenen Verhaltensweisen hervorbringen. Im Bereich des anschaulichen Denkens sind es intentionale Handlungen, die, durch die Sprache unterstützt, zur weiteren Differenzierung und Koordinierung des Verhaltens beitragen. Für *Piaget* ist das Denken vor allem eine Form des Tuns.

Das Tätigkeitsprinzip deckt sich nicht einfach mit dem Prinzip motorisch manueller Betätigung, wenn diese auch beim geistig behinderten Kind – insbesondere für den elementaren Aufbau sensomotorischer Schemata – eine sehr wichtige Rolle spielt. Aktivität kann auch eine geistige sein. *Aebli (³1968)* nennt sie "verinnerlichte Handlungen", das sind Operationen, die das Kind bereits in seiner Vorstellung vollziehen kann, nachdem die tatsächliche Handlung vorausgegangen ist. Erst wenn das Kind eine vorgeführte Operation, z. B. ein Bild, die Darstellung eines Vorgangs, eine erzählte Geschichte, innerlich nachvollziehen kann, ist Anschauung vorhanden. Anschauung setzt Handlung voraus.

Aktivität in jeder Form läßt das Kind zu einem geistig Mitwirkenden werden, so daß es nicht als bloß rezeptiv Gesteuertes der abstumpfenden Passivität verfällt.

Zur Belebung und Steuerung der Aktivität sind psychomotorische Übungen *(Pohl 1977/78, Walburg 1974, Miessler, Bauer 1978)*, der tätige und realitätsnahe Umgang mit didaktisch angemessenen Lehrinhalten *(Walburg 1978, Jung, Krenzer, Lotz 1975)* und besondere und geeignete Lernmaterialien erforderlich. Möglichkeiten des Einsatzes von Medien im Unterricht hat *Th. Hofmann (1975)* zusammengestellt. Erfahrungen und Empfehlungen zum Lernen mit dem Overhead-Projektor liegen von *Bauer, Fischer (1978)* vor.

3.3. Das Ganzheitsprinzip

des Unterrichts entspricht der hier zugrunde gelegten Erfahrungsorientiertheit und Situationsoffenheit. Es betont das Operieren in Sinnganzen, die Einordnung detaillierter Lernziele in reale Zusammenhänge. Nach *Piaget (1969)* haben wir es bei den erworbenen Verhaltensweisen von Anfang an nicht mit einer "Summe von organisierten Elementen" zu tun, sondern viel eher mit einer "gesamtheitlichen und durchstrukturierten Organisation", "die aus einem System von interdependenten Operationen besteht" *(1969, 411f.)*. Damit wird die Eigenstrukturiertheit und Dynamik des geistigen Werdens zum Ausdruck gebracht. Sie ist nach *Piaget* "Keine bloße *Ansammlung von Reaktionen,* die durch äußere Stimuli auf mechanische Weise determiniert worden sind" *(ibid., 412)*, wie man es gerade dem Lernen des geistig behinderten Kindes leicht unterstellen könnte. Geistige Organisation ist vielmehr "ein Zyklus von Operationen, der so gestaltet ist, daß jede der Operationen für die andere notwendig ist" *(Piaget, ibid., 413)*.

Der Unterricht sollte nach Möglichkeit so gestaltet sein, daß er dem Kinde viel Gelegenheit gibt, in Sinn- und Sachganzen zu handeln. Der Sinn des eigenen Tuns, die einfache Struktur eines Sachverhalts müssen ihm erfahrbar sein. So dürfte es pädagogisch sinnlos sein, es in *irgendwelchen kognitiven Techniken* schematisch zu drillen, ihm bestimmte Verhaltensweisen – mögen sie noch so wünschenswert erscheinen – durch geschicktes "Verstärken" beizubringen, wenn diese sich nicht durch Operationen des Umstrukturierens in das psychische Gesamtfeld einfügen lassen *(M. Wertheimer 1957)*. Wir stoßen damit noch einmal auf den Begriff des Handelns, aber auch auf den des autonomen Systems.

Die Handlung als wirkendes Verhalten des instinktarmen Menschen ist durch ihre Gerichtetheit auf die Welt gekennzeichnet und ist vom Gestaltganzen einer Situation, nicht von einzelnen Reizen bestimmt. Sie ist auch nicht Reaktion eines körperlichen Teilganzen, sondern "Antwort der psychosomatischen Ganzheit" *(Lersch, ibid., 389)*. Neben den Instinkthandlungen sind vor allem die Erfahrungshandlungen und das einsichtige Handeln von pädagogischer Relevanz.

Der Unterricht muß gerade bei geistig behinderten Kindern erfahrungsgesteuertes und nach Möglichkeit auch *einsichtiges Handeln* ermöglichen, wenn er *Geistiges* bewirken soll. Er muß das Kind in und vor Situationen stellen, in denen es als Ganzheit sinnvoll agieren, das heißt sich handelnd bewähren und Einsichten gewinnen kann. Das erfordert Unterrichtssituationen, die das Kind als Sinnganze oder "Handlungseinheiten" erleben kann. Dazu eignen sich lebensunmittelbare, dem täglichen Erfahrungsbereich des Kindes entnommene Lehr- und Lerneinheiten, wie z. B. *Rabenstein* und *Haas (^{3}1969)* für einen elementaren Sachunterricht erprobt und dargestellt haben. Unter "Handlungseinheit" verstehen die Autoren eine Unterrichtseinheit, der ein Handlungsablauf zugrunde liegt, der von Lehrer und Schülern gemeinsam ausgeführt wird und ein Vorhaben mit einem Minimum an Stoff beinhaltet. Vollzogen werden nur solche Tätigkeiten, die unbedingt nötig sind, um die didaktische Absicht zu erreichen. Diese Tätigkeiten aber werden mit großer unterrichtlicher Gründlichkeit ausgeführt. Es werden Gegenstände hergestellt, untersucht, verändert oder verwendet (vgl. auch *Mühl 1979*).

Lernpsychologisch gesehen vollzieht sich dabei eine innige Verflechtung des "Lernens durch Handeln und des Lernens durch Beobachten von Vorgängen". Die didaktische Absicht liegt in der "Bildung von Anschauungen, dem Erwerb grundlegender Erfahrungen und Einsichten und in der Gewinnung von Grundbegriffen". Bestimmte Ausschnitte der Umwelt werden als vereinfachte Sachverhalte in ein "Nacheinander von Handlungsschritten umgesetzt". Die meisten Handlungseinheiten verlaufen über den Weg von Versuch und Irrtum. Es handelt sich um gelenkte Selbständigkeit im Sinne eines "Miteinanderhandelns von Lehrer und Kindern". Die Grundlage bildet das Tun, das psychodidaktisch Entscheidende aber ist "das Nachdenken über das Tun, der geistige Akt" *(13/14)*.

Die *Normorientierung* des Verhaltens dürfte am sichersten gelingen, wenn sie innerhalb von Sinnganzheiten erfolgt. Eine Fächerung des Unterrichts kann erst mit der fortschreitenden Differenzierung und Entwicklung des Kindes zum Tragen kommen. Verfehlt wäre es, das Lernen als bloße Funktionsnahrung aufzufassen. Das Kind muß vielmehr auch erfahren, daß es Umwelt durch sein Handeln auch verändern kann.

3.4. Das Prinzip der Lehrziel-Strukturierung

Der Weg zum Erreichen eines bestimmten Lehrzieles verlangt ein weitestgehendes *Klarlegen der Lernroute,* d. h. der einzelnen Schritte auf ein bestimmtes Ziel, eine bestimmte Erfahrung hin, was gleichzeitig das Beiseiteräumen von lernhemmenden, momentan unwichtigen Details bedeutet. Hierzu muß der

Lehrer bis ins einzelne die wesentlichen Inhalte und Strukturen eines Begriffes oder einer Handlung, die erfaßt werden sollen, z. B. einer Speise, die zubereitet werden soll, genau aufgliedern und in einzelnen, aufeinander aufbauenden Lehrschritten fassen können, soweit solche Ziele als Orientierungspunkte vorhersehbar sind. Das *Entwicklungsmodell* gibt vor allem für entwicklungsjüngere Kinder den wichtigsten Orientierungsrahmen ab, z. B. für den Einsatz der Handmotorik für eine bestimmte Tätigkeit. Mit fortschreitender Entwicklung und Verselbständigung kommen sachimmanente Gesetzmäßigkeiten beim Lernen zum Tragen, die eine bestimmte Schrittfolge erfordern, um ein Lehrziel, wie z. B. den Umgang mit einem Werkzeug, erreichen zu können.

Die hier angesprochene Lehrziel-Strukturierung bezieht sich freilich nicht nur und unmittelbar auf bloße Abfolgen, sondern vor allem darauf, daß sachstrukturelle Zusammenhänge als gesamtheitliche geistige Strukturen lernwirksam werden.

Wenn es darum geht, Lernen als sukzessive und dynamische Erweiterung vorhandener "Schemata", nicht als bloße Reiz-Reaktions-Summationen, zu ermöglichen, und wenn beim geistig behinderten Kind die eigene Fähigkeit der Strukturierung (= Reduktion) der Realität erheblich begrenzt ist, so wird es didaktisch darauf ankommen, unterrichtliche Strukturierung als jeweils geringfügige Veränderung der Lernsituation zu handhaben, um Verwirrung zu vermeiden. Das Neue muß zwar klar diskriminiert werden können, muß sich aber auch auf *Entsprechungen* (Anknüpfungsmöglichkeiten) in den *bereits aufgebauten Lernsystemen* beziehen lassen können. Die Fremdheit darf nicht zu groß sein.

Das bedeutet für den Unterricht: Keine zu große Unterschiedlichkeit und Vielfalt in der Abfolge der Lehrgegenstände! Längeres Verweilen bei einem Lerngegenstand bei gleichzeitigem "Durcharbeiten der Operation" *(Aebli 1961). Aebli* nennt diese konkrete, sinnbezogene Übung an einem Lerninhalt auch "operatorische Übung". Nur in behutsamem Fortschreiten kann das Kind die Struktur und Varianz eines Lerngegenstandes erfahren und das Neue dem vorhandenen System einordnen. Dieses Prinzip der kleinsten Schritte läuft letztlich darauf hinaus, daß die Lehrziele individuell adäquat gefaßt werden, d. h. daß mehr *spezifisch* als *global* und *allgemein* geübt und unterrichtet wird. Geschieht dies nicht, so bleibt das Kind dem Dargebotenen gegenüber beziehungslos. Sein Verhalten wird lediglich mechanisiert, d. h. abgerichtet, oder das Kind wird überfordert. In jedem Falle ist das Ergebnis nicht geistige Klarheit, sondern Desorganisiertheit, d. h. Sinn- und Geistlosigkeit.

Die von der *Ständigen Konferenz der Kultusminister der Länder in der Bundesrepublik (1979)* erlassenen *Empfehlungen für den Unterricht in der Schule für Geistigbehinderte* bieten als offen angelegter, umfassender Katalog von Lehrzielen eine Fülle von Einzel-Lehrzielen, die allerdings jeweils erst in die eigene Unterrichtsplanung des einzelnen Lehrers umgesetzt und real-inhaltlich gefüllt werden müssen (vgl. *Staatsinstitut für Schulpädagogik München 1982*).

3.5. Das Prinzip der Anschaulichkeit und der Übertragung

Die Lerninhalte sind dann Bildungsinhalte, wenn sie der Lebensorientierung und Lebensbewältigung dienen. Das setzt voraus, daß sich das Kind die zu erlernenden Ausschnitte der Wirklichkeit (Menschen und Dinge) wirklich zu eigen macht, was nur geschehen kann, wenn es diese sinnlich (mit allen Sinnen) wahrnehmen und sich mit Hilfe innerer (kognitiver) Verknüpfung vorstellen kann. Das bedeutet, daß sie sich im Unterricht bei geistig behinderten Kindern durch *Konkretheit* auszeichnen müssen. Der bloßen *Veranschaulichung* durch Medien (Beschreibung, Bilder, Modelle) sind Grenzen gesetzt.

Anschaulichkeit ist gegeben durch die unmittelbare oder mittelbare Begegnung und Auseinandersetzung mit der Wirklichkeit. Insgesamt sind beim geistig behinderten Kind relativ mehr konkrete Einzelkenntnisse und Einzelfertigkeiten zu vermitteln, da seine Generalisierungs- und Übertragungsfähigkeit (Transfer) geringer ist.

Es wäre zwar völlig verfehlt, so etwas wie formale Bildung bei geistig behinderten Kindern zu betreiben. Ihr Lernfeld wird sich sinnvollerweise immer auf konkrete, wirklichkeitsunmittelbare Gegenstände und Tätigkeiten erstrecken müssen. Es darf aber auch nicht übersehen werden, daß Lernen, wenn es Hilfe sein soll, immer auch auf neue Situationen anwendbar sein muß, damit sich das Erlernte in der Variabilität und in langsam sich erweiternder Komplexität bewähren kann, und daß eine wachsende Unabhängigkeit von der unmittelbaren Instruktion und damit ein zunehmendes *Interesse für eigene neue Anwendungen* eintreten sollte, wenn Lehren kein bloßes Abrichten auf bestimmte Funktionen sein soll. Das Kind mit einer geistigen Behinderung vermag durchaus, vom konkreten Gegenstand zu abstrahieren, also Begriffe zu bilden, z. B. verschiedenartige Stühle als "Stühle" und verschiedenartige Blumen als "Blumen" zu begreifen. Es ist fähig zur Reizgeneralisierung; es kann z. B. auf grünes oder rotes Ampellicht entsprechend reagieren, gleichgültig, wie viele verschiedene Ampeln in verschiedener Form und Umgebung ihm begegnen. Es kann nach der sicheren Einübung des Essens schließlich auch in Restaurants speisen. Es kann im Urlaub mit den Eltern vielfache Gelegenheiten benutzen, erlernte Kenntnisse und Fertigkeiten variabel anzuwenden. Es kann seine Wertschätzungen (Normen), die es sich in seiner gewohnten Umgebung angeeignet hat, in neuen und komplexeren Situationen erproben und damit stabilisieren.

Ein solches Übertragen oder Anwenden setzt voraus, daß das Kind von dem zu vermittelnden *Gegenstand in seiner Grundstruktur,* d. h. in seiner Bedeutung, die er für einen geistig behinderten Menschen gewinnen kann und soll, *relativ klare Begriffe* hat, und daß es Grundfertigkeiten (basale Fertigkeiten) beherrscht. Ein solches exemplarisches Vorgehen und operatives Vertrautwerden mit einem Lehrinhalt, beispielsweise mit den Blumen im Schulzimmer, führt letztlich auch zu bestimmten Einstellungen, Wertschätzungen gegenüber Blumen, die auch über das Schulzimmer hinaus auf andere Blumen und andere Dinge übertragen werden können, die als schön empfunden werden, und mit denen man pfleglich umgeht (Blumen im Garten, in der Natur).

Es wird darauf ankommen, daß die ähnlichen Lerngegenstände und Situationen, auf die übertragen werden soll, leicht überschaubar, nicht allzu komplex und allzu verschieden sind, und daß nur behutsam, Stück für Stück ausgliedernd und wieder zusammenführend fortgeschritten wird. Indem das früher Gelernte in veränderten Situationen geübt, d. h. variierend wiederholt wird, werden künftige Anwendungen, auch relativ selbständige, vorbereitet – und damit wird eigentlich auch mehr Autonomie erschlossen.

Die nötige Anwendungshilfe des Lehrers bezieht sich einerseits darauf, daß er den Kindern immer wieder *neue, passende Gelegenheiten* verschafft, einen Transfer vorzunehmen. Dies bedeutet, daß sich bestimmte Lehrinhalte und Lehrziele im Ablauf des Schullebens in sich *erweiternden Zyklen* wiederholen. Geht es schließlich um *Problem-Löse-Situationen,* so wird er sich dabei helfender Hinweise möglichst enthalten. Andererseits stellt sich das Problem, *außerschulische Situationen* in die Lehrplanung miteinzubeziehen. Hier ist der Lehrer auf die Zusammenarbeit mit den Eltern angewiesen, die er immer wieder auf die Bedeutung und auf die Gelegenheit der anzuwendenden Wiederholung hinweisen wird.

3.6. Das Prinzip der Entwicklungsgemäßheit

Das, was dem Kind als Lernleistung zugemutet wird, Lernziele und Lerninhalte, müssen dem Entwicklungsniveau des einzelnen Kindes angepaßt sein. Negativ gesagt: Es darf nicht Überforderungen oder Unterforderungen ausgesetzt sein. Diese erzeugen keine produktiven Lernmotivationen; es kommen keine Lernfortschritte zustande. Dem Entwicklungsstand des Kindes angepaßt ist eine Lernanforderung dann, wenn sie eine positive, d. h. lernmotivierende Differenz zum Status quo erzeugt; anders gesagt, wenn sie als Lernherausforderung vom Kind gemeistert werden kann, d. h. wenn sie zu einem Lernerfolg und damit zu einem Entwicklungsfortschritt führt, auch wenn dabei Hindernisse zu überwinden und Anstrengungen zu erbringen sind.

Unterrichtsmethodisch bedeutet dieses Prinzip der Entwicklungsgemäßheit, daß bei der Auswahl von Lehrzielen und Inhalten und beim unterrichtlichen Vorgehen die individuellen und situativen physischen und psychischen Lernbedingungen berücksichtigt werden und daß deshalb diese pädagogisch-diagnostisch abgeklärt sein müssen. Es kommt darauf an, den Unterricht so zu gestalten, daß demotivierende Belastungen (Mißerfolge) vermieden und lernmotivierende Spannungen (Interessen) angeregt werden.

Eine grobe Orientierung zur generellen Abfolge der einzelnen Entwicklungsschritte bietet die Entwicklungspsychologie.

Es ist bereits darauf hingewiesen worden, daß die Entwicklung des Denkens auf das Tätigsein unter Verwendung aller Sinne angewiesen ist, daß sich das Kind die Welt durch sein Tätigsein in ihr aneignet. Diese intellektuelle Entwicklung vollzieht sich in bestimmten *Sequenzen.*

Als elementare Stufe nennt *Piaget* die *"sensomotorische"* und *"praktische"* Intelligenz. Sie baut sich über folgende Einzelstadien auf:

1. Betätigung und Übung der ererbten Reflexe
2. erste erworbene Gewohnheiten
3. Vorgehensweisen, die dazu dienen, interessante Erscheinungen andauern zu lassen
4. Anwendung bekannter Mittel auf neuartige Situationen
5. Entdeckung neuer Mittel durch aktives Ausprobieren
6. Erfindung neuer Mittel durch geistige Kombination *(Piaget 1969).*

Die Untersuchungen *Piagets* machen deutlich, daß *bereits die ersten erworbenen Verhaltensweisen* durch *Operationen* zustande kommen und zwar durch solche des *Reproduzierens,* des *Wiedererkennens* und des *Generalisierens.* Alle Operationen dieser Intelligenzstufe verlaufen *ohne die Mitfunktion der Sprache.* Es handelt sich vielmehr um *vor-begriffliche Erfahrungen*, um *vor-rationales Tun,* bei dem nur aufeinanderfolgende Wahrnehmungen und ebenfalls aufeinanderfolgende wirkliche Bewegungen koordiniert werden. Die Entfernung zwischen Individuum und Objekt muß zeitlich und räumlich sehr gering sein. Es stehen noch keine Vorstellungen zur Verfügung.

Das *geistig behinderte* Kind verharrt relativ *lange,* man kann sagen, mehr als doppelt so lange wie das normalbegabte Kind, ausschließlich im Bereich *sensomotorischer Verhaltenssysteme.* Die pädagogische Arbeit im Kindergarten hat sich im wesentlichen auf Übungen zur Förderung solcher *vorverbaler, senso- oder psychomotorischer Fertigkeiten* oder Techniken einzustellen. Dazu sind *spezifische Spiel- und Lernmaterialien* unentbehrlich. Andererseits muß dafür Sorge getragen werden, daß solches *Funktionstraining nicht isoliert* betrieben wird, sondern sich in das Erlebnisfeld des Kindes einfügen läßt, z. B. aus Holz- oder Legobausteinen "für Vaters Auto eine Garage bauen".

Erfahrungsgemäß erstreckt sich der Aufbau der sensomotorischen Verhaltenssysteme und damit die Notwendigkeit ihrer Förderung beim geistig behinderten Kinde *bis weit in das Schulalter hinein.* Nur *allmählich* tritt diese *zurück* und zwar im Verhältnis zur Entwicklung des *Denkens,* das auf der *sensomotorischen Intelligenz* aufruht. Das *Denken* beginnt nach *Piaget* mit dem *Vorhandensein von Vorstellungen im weitesten Sinn.* Die erste Stufe wird als *"symbolisches"* und *"vor-begriffliches"* Denken bezeichnet *(Piaget 1964).* Das Unterscheidenkönnen von realem Objekt und Symbol zeigt sich u. a. im ersten Erwerb der *Sprache.*

Die nächste Stufe ist das "anschauliche Denken". Es bilden sich Begriffe aus, allerdings noch rein anschaulichen Charakters. Es ist ein eingleisiges Denken. Das Kind beschränkt sich darauf, nur eine Tätigkeit auszuüben, nicht zwei zugleich. Es folgt unmittelbar dem Ablauf der wirklichen Ereignisse. Sie lassen sich nicht rückläufig verfolgen. Das Denken ist daher *vordergründig, augenblicksgebunden* und stark *egozentrisch.*

Die beiden übrigen Stufen der Intelligenzentwicklung, die *Piaget* "konkrete Denkoperationen" und darauf folgend "formale Denkoperationen" nennt, sind bei geistiger Behinderung kaum erreichbar. Vermerkt sei, daß die genannten Stufen nicht scharf voneinander abgrenzbar verstanden werden dürfen.

Mit Hilfe der *Symbolfunktion* kann das Kind zwischen gemeintem *Gegenstand und Zeichen unterscheiden* und mit dem Zeichen umgehen, wie wenn es der gemeinte Gegenstand wäre. Dieses *vorbegriffliche Denken* wird unterrichtlich unterstützt durch den tätigen Umgang mit den Dingen und ihren *Abbildungen* und *akustischen Zeichen* (Wörtern) *(Hartmann 1968).*

Erst auf der Stufe des anschaulichen Denkens bilden sich aufruhend auf den sensomotorischen und vorbegrifflichen Erfahrungen eigentliche *Begriffe.* Sie sind inhaltlich an die *unmittelbar erlebte Wirklichkeit gebunden.* Der Unterricht hat daher dafür Sorge zu tragen, daß das Kind in *überschaubare Handlungssituationen* gestellt wird, in denen sich *Gegenstands-, Raum-, Zahl- und Zeitbegriffe* bilden können. *Spezielle Lern- und Arbeitsmittel* sind dazu unerläßlich notwendig, ebenso spezielle Trainingsprogramme. Von besonderer Bedeutung für die geistige Entwicklung ist die Förderung der Sprachfunktion als einer Symbolfunktion.

3.7. Das Prinzip des aktionsbegleitenden Sprechens

Die Sprache steht nicht nur im Dienste der zwischenmenschlichen Kommunikation, sondern auch des Denkens. Von ihrer Förderung hängt wesentlich auch das geistige Werden ab. Da das geistig behinderte Kind relativ lange Zeit über kein Sprechvermögen verfügt, ist der Laie geneigt, eine Spracherziehung in dieser Zeit für nutzlos anzusehen. Immerhin aber läßt es ein oft überraschend gutes Sprachverständnis erkennen.

Die Sprachpsychologie lehrt, daß sich bereits in der frühen sprachfreien Entwicklungsphase die kognitiven Schemata bilden. Ihr Aufbau beginnt mit den sensomotorischen Kombinationen. Allmählich erlernt das Kind daneben auf dem Wege der sozialen, linguistischen Kommunikation Wörter, mit denen es die Objekte etikettiert. Es entsteht eine "sprachliche Symbolorganisation" *(Oevermann ²1969),* die sich nach Beendigung der Sprachentwicklung – beim gesunden Kinde etwa nach dem vierten Lebensjahr – mit der operativen Intelligenz, d.h. der außersprachlichen Organisation der Erfahrungen, zusammenschließen muß, damit die Sprache zum Instrument des Denkens wird. Sie soll dem Menschen das Vorwegnehmen (Antizipieren) künftiger Ereignisse ermöglichen.

Oevermann (²1969) nennt zwei didaktische Bedingungen, die für diesen Integrationsprozeß besonders wichtig sind: "Es muß in der sozialen Kommunikation ein differenzierter und stabiler *linguistischer Kontext* auf dem Wege der differenzierten syntaktischen Organisation hergestellt werden, und es muß das Handeln des Kindes möglichst intensiv und differenziert begleitend *verbalisiert* werden, damit eine möglichst dichte Verknüpfung zwischen dem sprachlichen Zeichensystem und der Erfahrung hergestellt wird" *(337/338).*

Dies bedeutet auf das geistig behinderte Kind bezogen und mit anderen Worten, daß seine geistige Entwicklung vor allem dadurch gefördert werden kann, daß es möglichst frühzeitig auf dem Wege der sozialen Interaktionen Sprache lernt und zwar in möglichst klaren und gleichen Sprachmustern, mit denen diese begleitet werden, und daß das Kind, soweit es ihm möglich ist, sein Tun gleichzeitig auch sprachlich ausdrückt, sei die Artikulation auch unvollkommen. Beispiele: "Ich rolle den Ball". "Ich setze mich hin." "Der Schnee ist kalt."

Man kann hier auch von einer Wechselwirkung sprechen: Das Tun wird vom Sprechen begleitet, das Sprechen kann aber auch eine regulierende Funktion auf das Handeln ausüben *(Oerter 1968).* Indem das Kind ein Vorhaben verbalisiert, provoziert und stützt es dessen Durchführung. Beispiel: Beim Überqueren der Straße auch sprechen: "Zuerst nach links schauen!"

Ein Modell, in welchem die Verbindung von Tun, Bewußtsein und Sprache eine ganz zentrale Rolle spielt, stellt die "Konduktive Pädagogik" dar, die von dem ungarischen Arzt Petö auf neurologischer Basis entwickelt worden ist und am "Petö-Institut" in Budapest praktiziert wird (vgl. *Haug 1988*). Die Sprache, im speziellen die "rhythmische Intendierung", ("Ich hebe meinen rechten Arm."), unterstützt dabei nicht nur das bewußte Begreifen, sondern auch das Tun.

Josef und *Böckmann (1969)* haben eine Reihe von Aufgaben und Übungen zur Spracherziehung zusammengestellt, von denen einige wichtige hier kurz wiedergegeben seien:

- Bei jeder Tätigkeit mit dem Kinde und zu dem Kinde sprechen!
- Das Kind möglichst auch sehen lassen, worüber gesprochen wird!
- Möglichst die gleichen Wörter für die gleichen Gegenstände verwenden!
- Langsam und deutlich sprechen!
- Das Sprechen in Sätzen zügig anstreben!
- Motorisch-rhythmische Übungen in die Sprechübungen miteinbeziehen!

Mit jedem Namen, den das Kind den Dingen geben kann, mit jedem Begriff, mit jeder Regelhaftigkeit, die es erkannt hat, mit jeder Erfahrung, die es mit seiner Umwelt und mit sich macht und zu verbalisieren vermag, wird ihm die Welt und sein Leben vertrauter und reicher, bildet sich seine Sachlichkeit, bleibt es *nicht einfach hineingebunden* in den Mechanismus des *Getriebenseins und Erleidens,* sondern wird es befähigt, auch vorauszuschauen, zu überlegen, zu planen, zu erproben, sei der Aktionsradius dafür auch noch so minimal.

3.8. Das Prinzip der sozialen Lernmotivierung

Das Lernen hängt zu einem hohen Grad von den sozialpsychologischen Bedingungen ab, unter denen ein Kind lernt. Ihre Bedeutung für das geistig behinderte Kind hat man früher oftmals unterschätzt.

Empirische Untersuchungen können die hohe Bedeutung der sozialen Bedingungen für die Lernmotivation gerade der geistig behinderten Kinder belegen. *Skeels* und *Dye* (*1939,* b. *Gallagher 1968*) hatten eine kleine Gruppe von *noch nicht drei Jahre alten geistig retardierten Kindern* aus einem *allgemeinen* Waisenhaus in ein *besonderes* Heim gebracht, wo ihnen sehr *viel Aufmerksamkeit* geschenkt wurde. Dabei stieg ihr *Intelligenzquotient* durchschnittlich *über 27 Punkte.* Die Kontrollgruppe, die im Waisenhaus verblieben war, verzeichnete einen *Verlust* von *26 Punkten* im gleichen Zeitraum. Bedeutsam ist noch die Nachuntersuchung der Versuchsgruppe nach zweieinhalb Jahren. Sie ergab, daß sich die Kinder auch weiter günstig entwickelt hatten und der IQ im Durchschnitt um weitere vier Punkte gestiegen war. Elf von den dreizehn Kindern konnten auf Grund dieser erstaunlichen Fortschritte sogar adoptiert werden.

Es dürfte gerade für das geistig behinderte Kind sehr darauf ankommen, in welcher Umgebung es lernt, wie die Gruppenatmosphäre beschaffen ist, wie es um die Lehrer-Kind-Beziehung steht. Im wesentlichen ist es seine Einstellung zu den Kindern und zu seiner Aufgabe, die dann auch die sozialen Einstellungen der Mitschüler mitbestimmt. Gegen Unfreundlichkeit, Ungerechtigkeit, Mißachtung und Lieblosigkeit ist das geistig behinderte Kind wehrlos. Es reagiert mit Verlust der Lernspannung und Lernaktivität. Es hat ein Gespür dafür, wie man es mit ihm meint.

Aktuelle oder spezielle Relevanz erhält das Prinzip der sozialen Lernmotivierung im gemeinsamen Lernen mit nichtbehinderten Kindern. Es kann als plausibel angesehen werden, wenn Eltern berichten, ihre (geistig behinderten) Kinder gingen gern in die koedukative Klasse und würden gerade durch diese Gemeinsamkeit in ihrem Lernen besonders angeregt. Es ist aber ebenso einsichtig, daß eine wirklich lernmotivierende Gemeinsamkeit gegeben sein muß. Daß dies nicht generell der Fall ist, belegt u. a. der Bericht von *Wocken, Antor (1987, 255f.).*

4. Emotionalität im Unterricht

Unterricht ist intentionales, organisiertes Lehren und bezieht sich daher vom Ansatz und von der Verlaufsplanung stets auch auf Aktivität, Kognition und Fertigkeiten. Diese können derart in den Vordergrund treten, daß das aktive Leisten mit Unterricht und Lernen gleichgesetzt wird, daß damit das Emotionale in den Hintergrund tritt oder zum eigenen "Unterrichtsgegenstand" zu stilisieren versucht wird. Es bedarf keiner näheren Begründung, daß es keine Emotionalitätsfächer gibt.

Die Frage nach einem eigenen Ort der Emotionalität im Unterricht ist an sich überflüssig; denn sie ist immer mitgegeben in jeglicher Unterrichtssituation. Jedes Verhalten wird mitbestimmt von Gefühlen. *Die Trennung von Denken und Fühlen ist eine scheinbare. Piaget (1972)* betont die konstante Parallele zwischen der Entwicklung des Gefühlslebens und des intellektuellen Lebens. "Jedes Verhalten setzt auch Motive und finale Werte (Wert der Ziele) voraus: ... Gefühlsleben und Intelligenz sind also untrennbar verbunden" *(200).* Mit der fortschreitenden Differenzierung der sensomotorischen Schemata differenzieren und vervielfachen sich auch die an die Eigenaktivität gebundenen Gefühle *(ibid., 201).* Die interpersonalen Gefühle beginnen damit, daß die elementaren Gefühle von Freude und Traurigkeit, Erfolg und Mißerfolg usw. entsprechend der Objektivierung von Dingen und Personen empfunden werden *(ibid.).*

Emotionalität ist also *Bestandteil jeglichen Unterrichts,* wenn sie auch häufig nicht bewußt wird. Die Berücksichtigung, die *implizite Gültigkeit* des Emotionalen im Unterricht, das, was man auch als emotionale Erziehung bezeichnet ("Gemütspflege"), kann daher keine eigene, isolierbare Aktion werden, sondern begleitet alle Unterrichtsplanung und Unterrichtsverläufe. Dabei kann es situationsweise Unterschiedlichkeiten hinsichtlich der Verdichtung von Gefühlserlebnissen geben. Beispielsweise kann beim Singen, Spielen oder Feiern die Emotionalität stärker zum Tragen kommen. Kein anderer Heilpädagoge hat die Bedeutung des Angesprochenseins und der Erfüllung (des Gemüts) gerade für das behinderte Kind so umfassend konsequent und differenziert dargestellt wie *P. Moor.* Vor allem ist es die unmittelbare Einbezogenheit der Gefühle des Erziehers, von denen die Entwicklung der Gefühle des Kindes abhängig ist. Jeder Lehrer geistig behinderter Kinder weiß, wie sehr sein Unterricht, seine Kommunikationsabsicht auf die emotionale Qualität der erlebten Beziehungen angewiesen ist. Darum sollte sich der Erzieher immer und überall offenhalten für das, was "nebenbei" zwischen ihm und dem Kind sich emotional ereignet, was einen zu verwandeln vermag, was beide letztlich verbindet, trägt und erfüllt: Freude, Gehaltensein, Liebe, Auftrieb, Zuversicht, Vertrauen, Beglücktsein. Unsere Gefühle sind wahrscheinlich die empfindlichsten Bewußtseinsorgane für komplexe Sachverhalte und Situationen, und zugleich Sinnqualitäten, Inhalt und Ausdruck gelebter Lebensqualität.

Der Lehrer wird bei seinem Planen und Organisieren von Unterricht bedacht sein, Gelegenheiten zu schaffen, in denen sich positive Gefühle einstellen können. Dies gilt grundsätzlich für jeglichen Unterricht, sei er mehr basal funktionsbezogen und trainingsorientiert oder mehr situations- und handlungsbezogen.

5. Spezielle Formen des Unterrichts

Das übliche *Fächer-Schema* ist auf die Schule für geistig Behinderte *nicht übertragbar.* Planung und Ablauf eines Schultags müssen sich vielmehr nach Gesichtspunkten richten, die der Lernfähigkeit (Entwicklung) der Schüler und dem lebensnah organisierten Lehrkonzept entsprechen. Andererseits bedürfen bestimmte *Lehrbereiche* einer eigenen Struktur, z. B. Rhythmik, Sport, Hauswirtschaft oder Religion, und damit unter Umständen auch eigener Lehrpersonen. Zeitliche Gliederungen werden dann nötig. Eine vorgegebene Auflistung von *Lehrzielen,* wie z. B. die Rahmenrichtlinien der Kultusminister-Konferenz von 1979, bedarf einer Umsetzung in praktikable und schulsituationsbezogene Unterrichtseinheiten.

Es lassen sich im wesentlichen *drei Typen von Unterrichtseinheiten* unterscheiden, und zwar gemäß ihrer Gewichtung im Ablauf der Entwicklung:

- Basale Lernförderung
- Elementarunterricht
- Kurs- oder Fachunterricht.

Die drei Unterrichtstypen lassen sich in einem Schema (Abb. 8) zusammenstellen. Es macht in der aufsteigenden Entwicklungsrichtung zugleich die wachsende Komplexität und Differenzierung des Lernfeldes mit zunehmendem Lebensalter deutlich.

Diese Aufgliederung ist keine durchgängige oder starre. Die einzelnen Unterrichtstypen können und müssen auch ineinandergreifen.

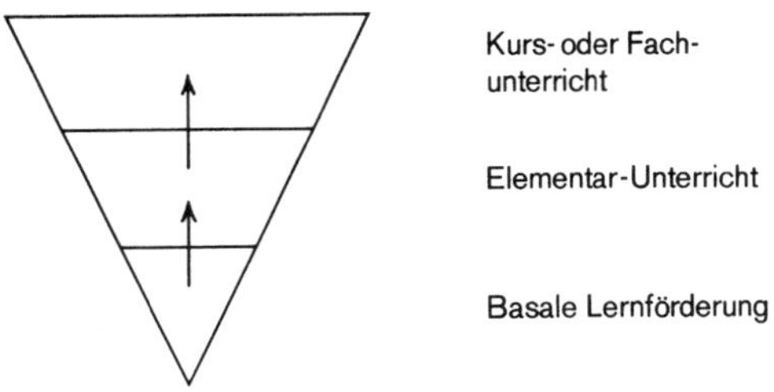

Abb. 8: Entwicklungsbezogene Verlagerung von Unterrichtsstrukturen

Die *basale Lernförderung* orientiert sich im wesentlichen am entwicklungsbezogenen Unterrichtsmodell, berücksichtigt aber auch Ansätze der Kognitionspsychologie *(Piaget),* der Neurophysiologie und -psychologie *(Kephart, Ayres),* der Motopädagogik *(Kiphard, Irmischer).* Pädagogische Pionierarbeit hatte *Fröhlich* geleistet ("basale Stimulation"). Sie gilt dem Anregen, Aktivieren und Einüben grundlegender motorischer, sensorischer, sprachlicher und kognitiver Funktionen als Voraussetzung oder instrumentelle Fundierung komplexer Handlungskompetenz (vgl. *Dittmann 1983*). Da der individuelle Entwicklungsstand direkt berücksichtigt werden muß, steht die Einzelförderung im Vordergrund; es kann aber auch in kleinen Gruppen gearbeitet werden. Unter dem Gesichtspunkt eines ganzheitlichen Lernens wird es darauf ankommen, daß kein isoliertes Funktionstraining betrieben wird, sondern daß die einzelnen Übungen

in Sach- und Sozialzusammenhänge eingebettet sind, wie sie für das einzelne Kind erfahrbar sind und motivierend wirken können. Wichtig ist dabei das Einfühlungsvermögen des Lehrers auf der Basis einer anregenden Beziehung. Die sozial-emotionale Dimension ist stets mit angesprochen. Letztlich wird durch eine basale Lernförderung auch die Persönlichkeitsbildung (Selbstbewußtsein, psychische Stabilität) fundiert.

Praktische (curriculare und methodische) Anregungen enthält u. a. die vom *Staatsinstitut für Schulpädagogik München* herausgegebene Sammlung "Lehrplan und Materialien" (1982). Im einzelnen wären noch zu nennen

- für den *motorischen* Funktionsbereich: *Kiphard 1979, 1983, Rieder u. a. 1981,*
- für den *sensorischen* Funktionsbereich: *Frostig 1972, Reinartz u. a. 1979, Fröhlich 1977,*
- für den *sprachlichen* Funktionsbereich: *Josef, Böckmann 4/1978, Wilken 1985*
- für den *kognitiven* Funktionsbereich: *Miessler, Bauer 1978, Pohl u. a. 1983.*

Daß in der technologisch fortschreitenden Informationsgesellschaft auch der Computer seine Bedeutung für das schulische Lernen bei geistiger Behinderung hat, zeigte ein Schulversuch in Bayern *(Staatsinstitut für Schulpädagogik 1997 b).*

Der *Elementar-Unterricht* bildet die zentrale Einheit. Er bezieht sich in einer mehr komplexen, handlungs- und situationsbezogenen Gestaltung auf Lehrziele im Bereich lebenspraktischer Fertigkeiten und Orientierungen, aber auch auf freie Räume für offenes Spielen. Seine Inhalte erstrecken sich auf lebendige, strukturierte Kleinausschnitte der Lebenswirklichkeit. *Mühl (1979)* hat eine ganze Reihe von *Themen* für solche Vorhaben (Handlungseinheiten) zusammengestellt. Andere finden sich u. a. bei *Mertes (1980), Heits, John (1980), Straßmeier (1997)* und *Klöpfer (1997).*

In den Elementarunterricht hineingebunden – und wenn möglich auch sachlich verbunden – werden Übungen lebenspraktischer Fertigkeiten, wie z. B. des An- und Auskleidens, des Essens, des sozialen Verhaltens, aber auch der sprachlichen Kommunikation *(Walburg 1971).*

Kurs- oder Fachunterricht schließlich wird nötig für Lehrziele und Lehrinhalte, die einen kursmäßigen Ablauf von sachlich aufeinander aufbauenden Teilschritten erforderlich machen. Zu denken ist etwa an

- Leibeserziehung, Schwimmen *(Henke, Stöckmann 1974, Diederley 1977, Theile 1976, Größing 1981)*
- Rhythmik *(Hoellering 1966, Tauscher 1964)*
- Musizieren *(Josef 1974, Goebel 1978, Hirsch-Wernet 1979, Goll 1993)*
- Werken, Handarbeit, Bildnerisches Gestalten *(Kaminski, Spellenberg 1975, Mahlke 1979, Lindsay 1973)*
- Kochen, Hauswirtschaft *(Fischer u. a. 1979)*
- Elementares Lesen, Schreiben, Rechnen *(Pohl 1979, Haug, Schmitz 1977, Haug, Keuchel 1984, Jansen 1985, Leonhardt, Ruoff 1988)*
- Arbeitstechniken, Berufliche Bildung *(Menning 1979, Stuffer 1975, Bernhart 1977)*
- Religion *(K. Schilling 1974, Kaspar 1974, Buchka 1973, Deutscher Katechetenverein 1973, Katechetisches Amt Heilsbronn 1973).*

Es wird sogleich deutlich, daß Teilinhalte der hier genannten möglichen Kurseinheiten auch in den Elementar-Unterricht einbezogen werden, wenn man etwa an das tägliche, begleitende Singen und Musizieren, an Bewegungsübungen, an Bildnerisches Gestalten oder an die religiöse Erziehung (Gebet) denkt. Auch nicht alles, was mit Kochen zusammenhängt, gehört nur in den Hauswirtschaftsunterricht. Im besonderen dürfte das Prinzip der musischen Erziehung eine durchgängige Bedeutung für jegliche unterrichtliche Interaktion haben, eine Einsicht, die vor allem von der anthroposophischen Heilpädagogik vertreten wird *(Goll 1993, Upton 1979).*

6. Zur pädagogischen Förderung geistig intensiv behinderter Kinder und Jugendlicher

Die pädagogische Förderung geistig behinderter Kinder und Jugendlicher hat in den letzten Jahren gerade im Bereich intensiver (schwerer) geistiger Behinderung weitere Fortschritte gemacht (vgl. *Fröhlich 1991*). In Konsequenz der zugrunde gelegten generellen Bildungsfähigkeit, die auch durch eine systembedingte Reduktion auf "schulische Bildbarkeit" nicht aufgehoben wird, geht es pädagogisch darum, Möglichkeiten einer *basalen Bildung* zu erhellen, wenn schwerwiegende physische Blockaden der Entwicklung vorliegen.

Zugänge für einen "objektivierbaren" Bildungsansatz sind empirisch schwer zu finden. Dennoch ist das Interesse an ihnen auffallend groß, auch wenn sich die bisherigen Erklärungsansätze auf relativ vage Thesen stützen. Versuche, einen empirischen Nachweis von Kompetenzerweiterungen auf strikt lernpsychologischer Basis zu erbringen, haben zu unbefriedigenden Ergebnissen geführt. Offensichtlich erweist sich das übliche Grundschema von Input und Output, von Ursache und Wirkung, als ungeeignet. Was zu kurz kommt, sind Aspekte des Unberechenbaren, der Offenheit und der Ganzheitlichkeit der Interaktion sowie der individuellen Verkörpertheit des Handelns und des Mentalen auf der Basis von *Selbstorganisation.*

Erklärungs- und damit auch Konzeptionsfortschritte sind am ehesten auf *kognitionswissenschaftlichem* Hintergrund zu erwarten, der verschiedene wissenschaftliche Aspekte, u.a. philosophisch-anthropologische und neurobiologische umfaßt (vgl. *Varela, Thompson 1992*). So gesehen läßt sich in einer schweren oder intensiven geistigen Behinderung eine Zuständlichkeit vermuten, die aus schwerwiegenden und komplexen *Handlungsblockaden* hervorgeht und bei der sich durch das weitgehende Ausgekoppeltsein aus allgemeiner *Erfahrung* neuronale und mentale Konzepte und Strukturen nur in Ansätzen ausbilden können. Diese beziehen sich im wesentlichen auf die eigenen Körperprozesse. Die Ausdifferenzierung einer kategorisierten Umwelt und damit auch Innenwelt ist blockiert, soweit adäquate *Erfahrung* ausbleibt.

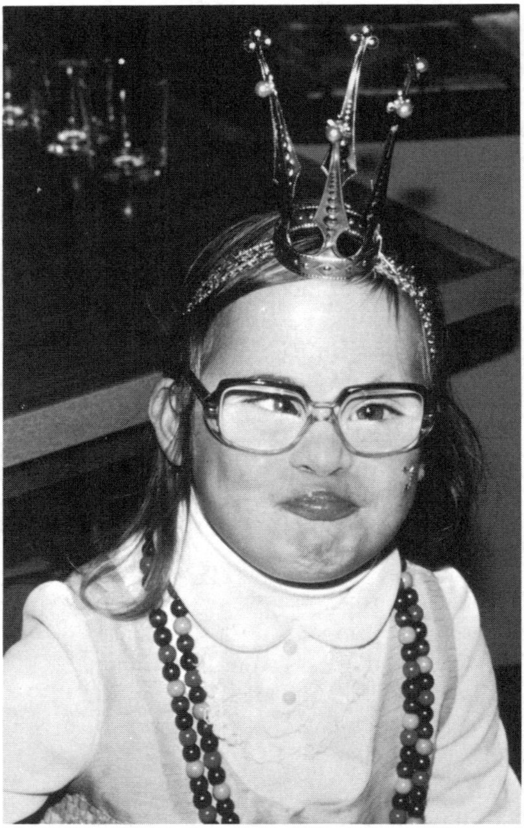
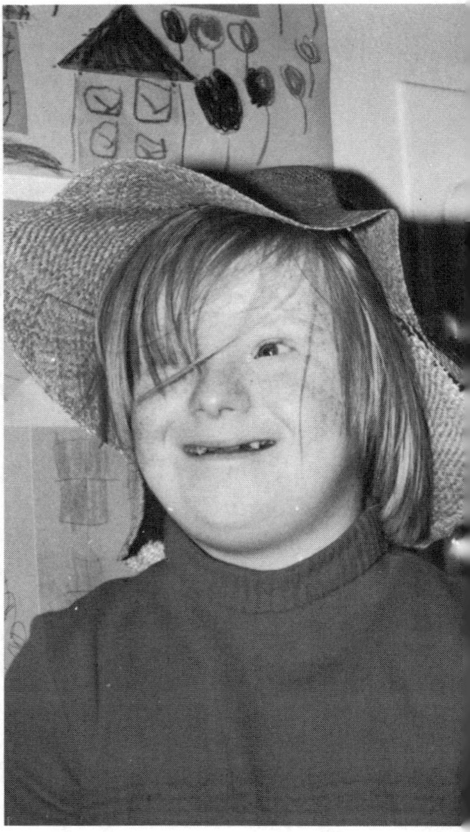
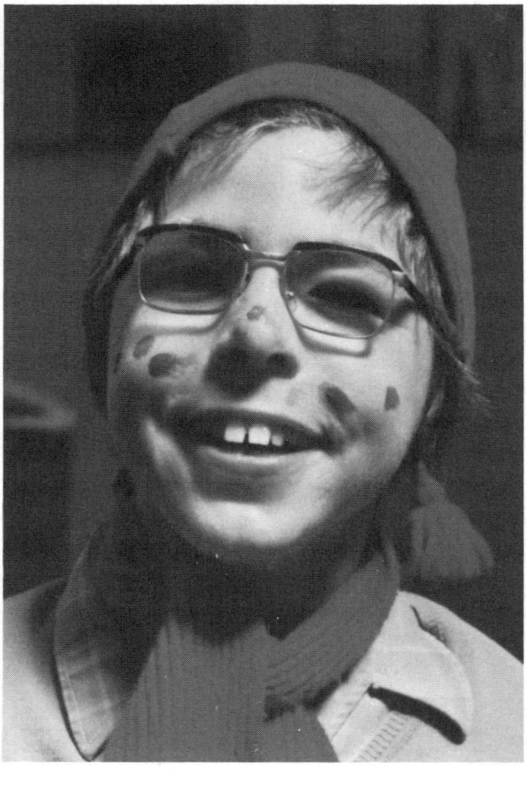

Im pädagogischen Ansatz muß es deshalb um die Ermöglichung und Erweiterung von *Erfahrung* gehen. Die in erster Linie ansprechbare Erfahrungsebene ist die *körperliche.* Folgerichtig konzentriert sich die Erörterung von Bildungsmöglichkeiten auf elementare, d.h. *körperbezogene Kommunikationsweisen.* Sie werden aus verschiedenen wissenschaftlichen Ansätzen abgeleitet:

- Ein *entwicklungspsychologischer* Ansatz über *"basale Stimulation" (Fröhlich 1977)* und dessen Erweiterung zu einer "aktivierenden Kommunikationsförderung" *(Fröhlich [2]1989),*
- ein *didaktisch-lebensweltlich* orientierter Ansatz von *Breitinger* und *D. Fischer (1981),* der auf dem Wege über "basale Aktivierung" und "körpernahes Lernen" auf "Leben lernen" ausgerichtet ist,
- ein *phänomenologischer* Ansatz, der sich unter besonderem Bezug auf *M. Merleau-Ponty* bei *Pfeffer (1988)* auf *"leibhaftes Lernen"* und bei *Fornefeld (1989)* auf das Wirksamwerden von *"elementarer Beziehung"* stützt,
- ein *phänomenologisch-kulturästhetischer* Ansatz von *D. Fischer (1992)* im Sinne einer "Schule für leiblich-sinnliche Kultur", der sich gegen eine Pädagogik der Machbarkeit zur Wehr setzt und sich auf die Eigenbedürfnisse des Einzelnen als eines Kulturträgers konzentriert, und
- ein *pragmatisch-intuitiver* Ansatz über "basale Kommunikation" bei *Mall (1990).* Ähnlich intendiert sind die Modelle einer "integrativen Körpertherapie" nach *Besems* und *van Vugt (1983)* mit gestalttherapeutischen Elementen, eine "Streichelmassage" nach *Leboyer* (*1984,* vgl. auch *Fikar 1987*), ein Verstehensansatz von *Schumacher (1985),* aber auch das "Snoezelen" nach *Hulsegge* und *Verheul (1989).*

Pädagogische Kommunikation zielt darauf ab, elementare Austauschprozesse in Gang zu bringen, reicht aber über bloßes In-Kontakt-Gehen hinaus. Es handelt sich vielmehr darum, daß eine *sensitive Verbindung* zwischen Sinnen und Objekten hergestellt wird, z.B. durch eine warme Hand, daß damit *Empfindungen* (Gefühle) hervorgerufen werden, daß sich *Unterscheidungen* in der *Wahrnehmung* ausbilden und dadurch *Intentionen* (absichtsvolles Tun) und *Aufmerksamkeit* als gerichtetes Bewußtsein eintreten und aktiv werden.

Durch diese inhaltliche Kontaktaufnahme, die auch als elementare Beziehung oder als Dialog zu verstehen ist, und die auch präreflexiv ablaufen kann (Kognition ist nicht an Bewußtsein gebunden, *Varela, Thompson 1992, 80*), werden neuronale Spuren und Teilsysteme im Gehirn ausgeprägt. Es bildet sich ein elementares Konzept von Welt und damit von kategorisiertem Bezug zu ihr. Das sonst drohende sensorische Chaos oder eine motorische Blindheit und ein – u.U. tödliches – Verhaftetbleiben in bloßer Körperlichkeit (Isolation) können gebannt werden.

Wichtig für dieses *Initiieren von "Mentabilität",* d.h. von Fähigkeit zum Verstehen und Hervorbringen von Wirklichkeit durch Kognition, d.h. zu *verkörpertem Handeln (Varela, Thompson, a.a.O.)* ist die Beachtung des *autonomen*

Systems des Kindes, das selber aktiv werden muß, um zu einem wahrnehmungsgeleiteten Handeln zu kommen. Gemäß seiner *Selbstorganisation* wählt es entsprechend der eigentümlichen Beschaffenheit seiner Empfangsorgane, seines Nervensystems und seiner Vorgeschichte aus der physischen Welt diejenigen Reize selber aus, für die es empfänglich ist. Das Kind ist, wie *Merleau-Ponty* sagt, keine "Klaviatur, auf der äußere Reize spielen und ihre eigentümliche Gestalt abzeichnen" (nach *Varela, Thompson, a.a.O., 239*). Es trägt vielmehr selbst zu seiner Erfahrung und Kognition bei. In sozialer und kultureller Koppelung "inszeniert" es selber seine Wirklichkeit. Diese kann also nicht von außen durch Ziele und Planvorgaben bestimmt werden. Der gangbare Weg zeichnet sich erst im Gehen ab, im gemeinsamen Gehen.

Der Gesamtprozeß des sensomotorischen In-Kommunikation-Tretens bedarf wegen der erheblich behinderten Eigenaktivität der immer wiederholten, individuell passenden *Verstärkung* von außen: der emotional warmen Zuwendung, aber auch psychophysisch befriedigender Bedingungen. *Verhaltensmodifikatorische Methoden* können dabei dienlich sein. Bei diesen handelt es sich pädagogisch gesehen nicht um lediglich punktuell ansetzende Prozeduren. Vielmehr sollten in der gesamten Umwelt des Kindes lernanregende und bestätigende Bedingungen wirksam sein, im Verhalten aller ihm begegnenden Personen wie auch in der wohnlichen Atmosphäre seiner Lebenswelt. – Differenzierte Möglichkeiten einer individualisierenden pädagogischen Förderung haben *Breitinger, Fischer (1981), Dittmann u. a. (1984)* und *Dank (1987)* zusammengestellt. *Bonn (1985)* hat einen arbeitspädagogischen Ansatz für die Werkstufe erprobt. – Für eine diagnostische Einschätzung eignet sich u. a. der "Entwicklungsbogen" der *Arbeitsgemeinschaft des Rehabilitationszentrums Mosbach (1986).* Probleme einer heilpädagogischen Diagnostik im Falle einer schweren geistigen Behinderung hat *Müller (1982)* dargestellt. Eine praktische Handreichung liegt vom *Staatsinstitut für Schulpädagogik (München 1992)* vor.

Spezifische Lernräume mit einem präsenten "passiven Lernangebot" *(D. Fischer 1976),* wie z. B. Räume mit (hygienisch präpariertem) Sand, Wasserbecken oder Plastikbällchen-Bäder, haben sich ebenso bewährt wie eine freundlich-ansprechende Zimmerausstattung mit spezifischen Spiel- und Lerngegenständen, die jederzeit zum Hantieren anregen bzw. Veränderungen wahrnehmen lassen. Ein bloßes Arsenal solcher Materialien ist aber noch keine Garantie für bildendes Lernen. Die Benutzung *rhythmisch-musikalischer Mittel* und Wege dürfte zu den wichtigsten Kommunikationshilfen gehören.

Intensiv geistig behinderte Kinder sind *mehrfachbehinderte Kinder.* Ihre spezielle Förderung wird sich daher auch nach den jeweiligen Wahrnehmungs-, Bewegungs- und Verhaltensstörungen richten. Da letztere, insbesondere Aggressionen, aber auch Stereotypien, sich in aller Regel als Auswirkungen blockierter Interaktion erweisen, wird die Bedeutung der pädagogischen Zuwendung deutlich. Wie sich im besonderen das Lehr-Lern-Problem bei autistischen Kindern darstellt, hat u. a. *Pfeffer (1988)* aufgezeigt.

Individualisierende Intensivförderung kann nicht ausschließlich punktuelle Einzelförderung sein. Das Kommunikationsbedürfnis des Kindes ist stets auch auf die Teilhabe an anderen, an einer *Gruppe,* gerichtet, mag es auch nicht oder kaum imstande sein, dies zu äußern oder direkt zu kommunizieren. Diese Gruppenzugehörigkeit ist nicht nur dann eine pädagogisch adäquate, wenn sich das schwerer behinderte Kind unter ebenfalls schwer behinderten Kindern aufhält, sondern auch dann, wenn es Gelegenheit erhält, in Gruppen mit weniger behinderten Kindern dabei zu sein, miteinbezogen zu sein.

Dieser schulischen Integration von Schülern mit schwerer geistiger Behinderung galt ein landesweit durchgeführtes Projekt (LOGESCH), das wir 1986-1990 durchführten (Abschlußbericht *Straßmeier, Speck, Homan 1990*). Als Ergebnis kann allgemein festgestellt werden, daß das Einbeziehen der schwerer behinderten Schüler in unterrichtliche Einheiten (temporäre Großgruppen) mit Schülern der Durchschnittsform geistiger Behinderung deutlich erkennbar besondere Entwicklungsanreize für die erstgenannten bringt. Als pädagogischer Gewinn ist auch die mit kombinierten Lerngruppen verbundene Kooperation mehrerer Pädagogen zu werten. Als Hindernis erwies sich dabei die an den Schulen für geistig Behinderte weitestgehend ausgebaute Spezialisierung des pädagogischen und therapeutischen Personals. Wenn jeder Spezialist "seine" Fachunterrichts- und Therapiestunden beansprucht, wird eine integrative Organisation schwierig, wenn nicht unmöglich.

Die pädagogische Förderung intensiv geistig behinderter Kinder ist ganz und gar nicht ausschließlich als *Aktion,* als direkte Intervention zu sehen, sondern auch und zwar über weite Strecken, als *Angebot des Mitseins* im Sinne der "pädagogischen Zurückhaltung", wie sie *P. Moor* verstanden hat. Es kann bei diesen Kindern erst recht nicht um bloße Leistungsförderung gehen, sondern auch und vor allem um ein *Sein-Lassen in der Geborgenheit der Verantwortung des Stärkeren.* Unter dem Aspekt der Beziehung ist auch die Tätigkeit von *Pflegepersonen* zu sehen.

Die Aufgabe der basalen Lernförderung intensiv behinderter Kinder ist nicht eine bloße Angelegenheit einer bestimmten Disziplin, sondern eine von den verschiedenen Mitarbeitergruppen zu tragende Aufgabe *(Fröhlich 1979).* Ein wichtiger Part kommt dem Arzt zu *(Trogisch 1979).* Seine Mitwirkung gilt der Sorge für die gesundheitlichen Bedingungen, für eine angemessene, unterstützende Medikamentierung und für die begleitende Diagnostik und Therapie der motorischen und perzeptorischen Körperfunktionen.

7. Nichtverbale Kommunikationstechniken

Ein didaktisch bisher zu wenig aufgearbeitetes Problemfeld liegt im Bereich der unterrichtlichen Kommunikation *nichtsprechender Kinder.* Sie sind zwar in der Lage, über Mimik und Gestik Informationen – insbesondere den Beziehungsaspekt betreffend – auszutauschen. Es mangelt ihnen aber in der Regel

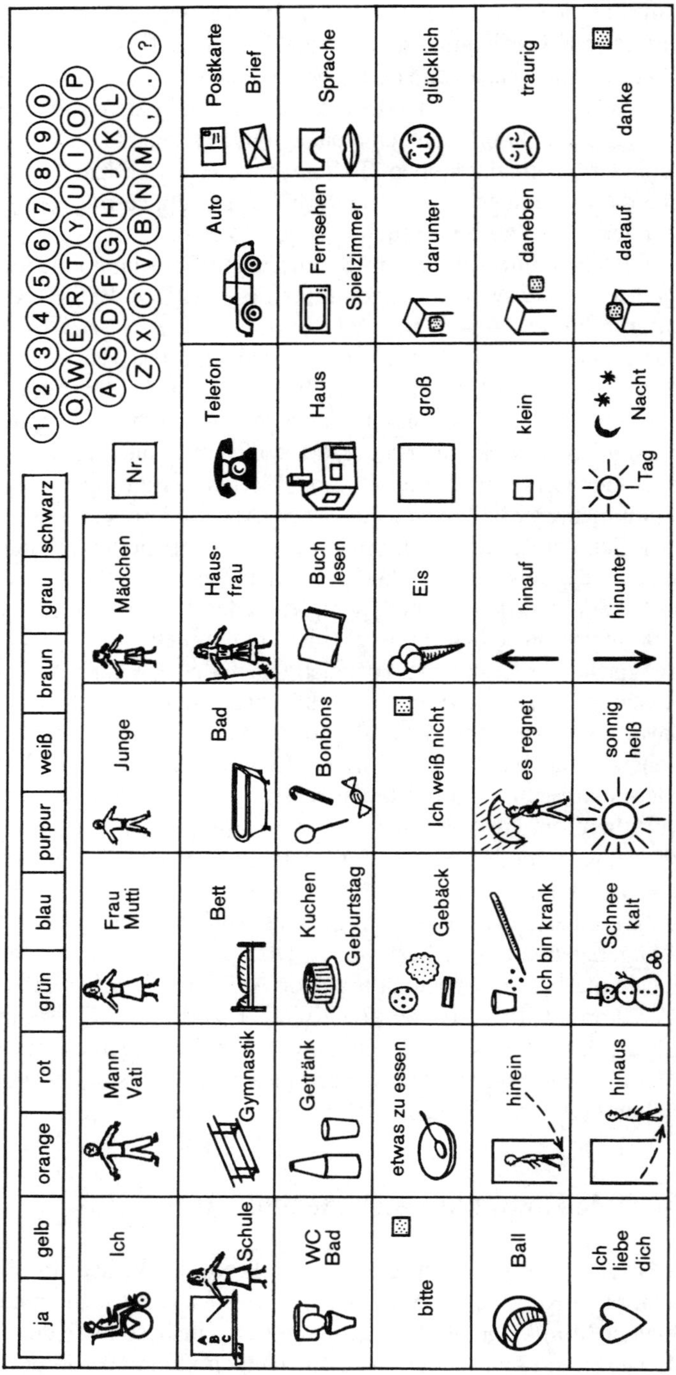

Abb. 9: Visuelles Zeichensystem. Aus: *Vanderheiden, Harris-Vanderheiden 1977, 283*

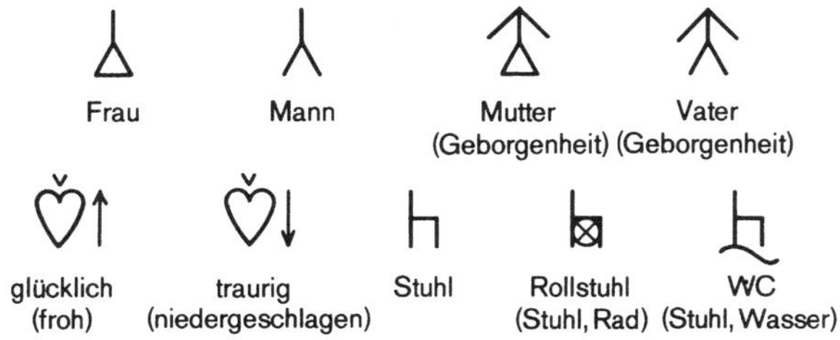

Abb. 10: Bliss-Symbole. Aus: *Vanderheiden, Harris-Vanderheiden 1977, 288*

an Modalitäten zum Austausch von Inhalten ("Aussagen"), für die eine natürliche Mimik oder Gestik nicht hinreichen, und die auf eine logische Syntax angewiesen sind, z. B. für eine Information wie: "Auf der Straße fährt ein Auto." Oder "Die Flasche steht im Schrank."

Die Entwicklung entsprechender *Nicht-Sprech-Kommunikationssysteme* (Non-speech communication systems) befindet sich im Bereich geistiger Behinderungen noch in ihrem Anfangsstadium. Aus den USA wird berichtet, daß dort eine ganze Reihe verschiedener Zeichensysteme erprobt wird. *Fristoe* und *Lloyd (1978)* referieren ingesamt 19 solche Systeme, die sich unterscheiden lassen, je nachdem ob es sich um Hand- und Körperzeichen bzw. Gesten oder um andere Zeichen (vgl. Abb. 10) handelt. Sie sind nur zum Teil im besonderen für geistig retardierte Personen entwickelt worden, werden aber auch für diese z. T. in individuellen Abwandlungen und Kombinationen verwendet. Am häufigsten ist das System der Bliss-Symbole in Gebrauch (benannt nach *C. K. Bliss*). Es handelt sich um ein nicht-phonetisches, sondern verbildlichendes bzw. ideographisches System von Zeichen, die sich relativ leicht erlernen und auch zeichnen lassen (vgl. Abb. 9).

Die insgesamt etwa 50 Symbole können miteinander kombiniert werden, so daß das Kind sich syntaktisch äußern kann *(Vanderheiden, Harris-Vanderheiden 1977)*. Eine Untersuchung von *Song (1979)* an vier geistig behinderten Jugendlichen zeigte Erfolgsmöglichkeiten, aber auch individuelle Unterschiedlichkeiten hinsichtlich rezeptiver, respondierender und spontaner expressiver Anwendung. Letztere stellt die höchsten Ansprüche. Das *Bliss-Symbol-System* ist somit nicht in jedem Fall geeignet.

Didaktische Voraussetzung für die syntaktische Verwendung visueller Zeichensysteme ist das Erlernen der *Bedeutungen* visueller Zeichen. Dies sollte sehr früh schon angebahnt werden über das Betrachten und Zeigen von Photos, Abbildungen und Zeichnungen meist in Verbindung mit Gesten (vgl. *Hobson, Duncan 1979*). In einem nächsten Schritt werden auch die *Schriftbilder* mitverwendet.

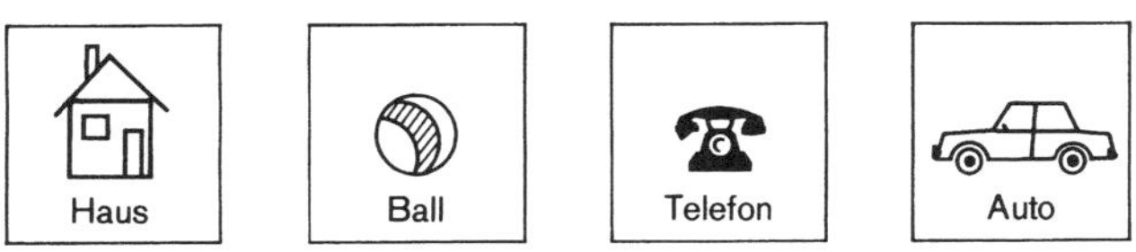

Abb. 11

Sie können sich auch auf *adjektivische Bedeutungen* beziehen, die bereits zeichnerische Abstraktionen darstellen.

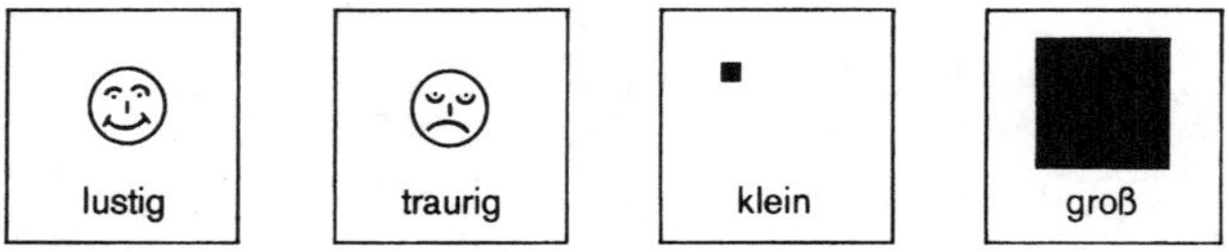

Abb. 12

Allmählich lernt das Kind auch relativ *abstrakte* Zeichen deuten:

Abb. 13

Erst in einem weiteren Schritt lernt das Kind, sich auch *expressiv* dieser Zeichen zu bedienen. Man wird sich dabei sehr auf das individuelle Lernfeld und die individuelle Lernfähigkeit des Kindes einstellen müssen.

Es lassen sich auch *apparative Techniken* verwenden, und zwar sowohl zum Zeigen einzelner Bedeutungen (Karten) als auch zur syntaktischen Anordnung einer "Aussage". *Fröhlich (1979)* verwendete eine Dreifachscheibe zum Drehen und eine "Ja-Nein-Maschine". *Elder* und *Bergmann (1978)* benutzten in ihrem Lehrprogramm für visuelle Kommunikation mit *Bliss-symbols* ebenfalls eine einfache Apparatur. Es sind sicherlich noch differenziertere Techniken möglich, die eine syntaktisch kombinierende Verwendung von visuellen Zeichen ermöglichen könnten, aber die didaktische Erfahrung lehrt, daß unkomplizierte Techniken sich eher durchsetzen.

So wird in der Praxis u. a. ein relativ einfaches Bildkarten-System nach *R. Löb (1985, Löb-System)* verwendet. Es setzt sich aus mehr als 60 Piktogrammen für Begriffe zusammen, die für die Alltagskommunikation besonders wichtig sind. – An sich kann jeder Lehrer zusammen mit seiner Klasse ähnliche Bild- und Symbolsysteme entwickeln. Diese sind im übrigen auch für Kinder angezeigt, die noch nicht sprechen. Sie können die Entwicklung des Sprechens und der Sprache vorbereiten.

Von erheblicher Bedeutung für die non-verbale Kommunikation ist auch der sprachunterstützende Gebrauch von Handzeichen. *Adam (1990)* stellt diese unter besonderem Bezug auf das in Holland verwendete Gebärden-System nach *Speth* und *van den Hoven (1982)* heraus. – Ob sich der immer wieder geäußerte Wunsch nach einer Vereinheitlichung der verschiedenen Gebärden-Systeme für Menschen mit geistiger Behinderung verwirklichen läßt, bleibt eine offene Frage. Vorschläge enthält der vom *Verband evang. Einrichtungen für geistig und seelisch Behinderte (1990)* herausgegebene Band "Schau doch meine Hände an!". Verwiesen sei auch auf die Arbeit von *Bernhard-Opitz u. a. (1988).*

Aufsehenerregende Erfolge werden der Methode der *Gestützten Kommunikation* (Facilitated Communication = FC) zugeschrieben. Es wird berichtet *(Zöller 1992),* daß autistische Kinder, Jugendliche und Erwachsene in der Lage sind, mit Hilfe eines Computers zu schreiben, wenn sie dabei physisch an Hand, Handgelenk oder Unterarm unterstützt werden *(Braun 1994, Kristen 1994).*

8. Zur Frage der Kulturtechniken

Die bisherige Darstellung der inhaltlichen Lernbedürfnisse geistig behinderter Kinder läßt erkennen, daß das Geamtlehrangebot sich eindeutig auf die Förderung sensomotorischer und real-sozialer Fertigkeiten im Sinne eines entwicklungsadäquaten und mehr praktischen Leben-Lernens konzentrieren muß. Da diese komplexe Aufgabe immer wieder in einen – scheinbaren – Widerspruch zu Lehrmöglichkeiten in den Bereichen von Lesen, Schreiben und Rechnen gebracht wird und diese unter Umständen – wie etwa in der Aufbauphase der Schule für geistig Behinderte – überbetont werden können, erscheint eine Bemerkung hierzu nötig.

Die Frage nach der Rolle der *Kulturtechniken* im Unterricht geistig behinderter Kinder hatte sich zunächst zu einer Art *"Gretchenfrage" der Geistigbehindertenpädagogik* entwickelt. Da empirisch-wissenschaftliche Befunde über den Wert oder Unwert dieser Schultechniken fehlten, wurde die Auseinandersetzung weithin *ideologisch* geführt. Auch Mediziner beteiligten sich an ihr *(Wunderlich 1970).* Sie werden im übrigen fälschlicherweise als "die" Kulturtechniken verabsolutiert, als gäbe es nicht auch andere kulturrelevante Techniken, z. B. auch bei Analphabeten.

In den USA und auch anderswo sind die "academic skills" ebenfalls umstritten. Im Labor gewonnene Forschungsergebnisse hinsichtlich der möglichen Erlernbarkeit werden nicht ohne weiteres als relevant für Klassenzimmer-Methoden angesehen *(Hirshoren, Burton 1979).*

Der angesprochene Komplex enthält ein Bündel von Einzelfragen, Fragen nach der allgemeinen und individuellen Berechtigung des Lesens, Schreibens und Rechnens bei geistiger Behinderung, Fragen nach Möglichkeiten, Methoden und Bedingungen. Es sollen hier einige Gesichtspunkte aufgezeigt werden.

Die unterrichtliche Erfahrung lehrt: Geistig behinderte Schüler vermögen "Lesen, Schreiben und Rechnen" zu erlernen. Was heißt aber Lesen, Schreiben und Rechnen bei geistiger Behinderung?

"Unter Lesen versteht man die Entnahme der in der Schriftsprache niedergelegten Sinngehalte" (*E. Kern,* Enzyklopäd. Handbuch der Sonderpädagogik, *1969, Sp. 790*). Zweifellos vermögen geistig behinderte Schüler Schriftbilder sinnentnehmend zu deuten, also zu lesen; aber ebenso sicher ist, daß dies nicht alle können, und daß sie eine sehr unterschiedliche Lesefertigkeit entwickeln (vgl. *Haug, Schmitz 1977, Haug, Keuchel 184, Jansen 1985*).

Aus der unterrichtlichen Erfahrung lassen sich folgende drei Gruppen geistig behinderter Kinder hinsichtlich ihrer Leselernfähigkeit unterscheiden:

1. Eine geringe Zahl von Kindern, die keinerlei Schriftbild, auch keinen Buchstaben als Laut, deuten können.
2. eine größere Zahl von Kindern, die bestimmte Namen, Aufschriften und Schilder wiedererkennen und deuten können,
3. eine geringere Zahl von Kindern, die neue Schriftbilder und Texte erlesen können.

Die Unterschiede zwischen diesen Gruppen sind fließend. Wie weit die Leselernpotenz eines Kindes tatsächlich reicht, läßt sich nur nach einer sorgfältigen Beobachtung und Untersuchung sagen. *Kirk* und *Johnson (1964)* waren der Auffassung, daß das Intelligenzalter gewisse Hinweise auf die zu erwartende Lesefertigkeit geben kann. Allerdings sind inzwischen bei beiden und anderen Verfassern Korrekturen anzubringen, soweit sie von der Annahme ausgingen, daß Kinder im allgemeinen erst mit sechs Jahren lesen lernen können. Schon Dreijährige verfügen über Leselernvermögen *(Doman, Lückert 1966)*. Daraus allerdings die Schlußfolgerung zu ziehen, alle Kinder mit einem Intelligenzalter von drei Jahren, also auch geistig retardierte, könnten das Lesen erlernen, erscheint bei der andersartigen Lernstruktur dieser Kinder zumindest fraglich. Auf die Unzulänglichkeit von Klassifizierungsversuchen mittels Intelligenzquotienten bei geistiger Behinderung ist im übrigen bereits hingewiesen worden.

Ähnliches ist vom *Schreibenlernen* zu sagen. Geistig behinderte Schüler sind durchaus in der Lage, Schriftbilder zu produzieren, aber nicht alle von ihnen können dies. Im allgemeinen ist dies ein Nachvollziehen, also ein Abschreiben. Nur ein kleiner Teil dürfte fähig sein, selbständig und spontan Gemeintes schriftlich zu fixieren, z.B. für Mitteilungen an andere. Als Beispiel kann auf die von *Gabriele Bender (1986)* verfaßten und bebilderten Texte verwiesen werden. Bei den von *Wunderlich (1970)* publizierten, geradezu fehlerlos geschriebenen und stilistisch wie grammatikalisch bemerkenswerten Briefen von Down-Kindern wären genauere Angaben über die einzelnen Bedingungen wichtig, unter denen diese Leistungen zustande kamen.

Das "Rechnen" als das Operieren mit Mengen und Zahlen, also der Lernbereich Mathematik, bereitet bei geistiger Behinderung, die größten Schwierigkeiten. Aber auch hier, also im Bereich des "quantitativen Denkens" *(Kirk, Johnson 1964)* oder des Zahlendenkens, kann man eine Stufung der Lernfähigkeit der einzelnen Kinder feststellen. Einige scheinen nicht in der Lage zu sein, quantitative Unterschiede auszumachen, andere können auch nicht einen Zahlbegriff bilden, einzelne wiederum gehen in verblüffender Weise mit Zahlen und Münzen um.

Der traditionelle Begriff "Rechnen" verstellt ein angemessenes Verständnis dessen, was in diesem mathematischen Lernbereich als Lernleistung angestrebt und erreicht werden kann. Als realistisches Beispiel seien hier die entsprechenden Lernziele wiedergegeben, wie sie der Bayerische Lehrplan (Staatsinstitut für Schulpädagogik 1982, 180) enthält:

1. In und mit Räumen handeln
2. Mengen durch Begrenzungen herstellen
3. Mengen ordnen
4. Mengen vergleichen
5. Mengen verändern
6. Der numerischen Sprache begegnen
7. Mengen bewußt erfassen (Mächtigkeit, Kardinalzahlen)
8. Zahlbeziehungen bewußt erfassen (Anzahl/Ordinalzahl)
9. Zahlen lesen und schreiben
10. Mit Mengen, Zahlen und Ziffern im Zehner umgehen
11. Den erweiterten Zehnerraum verstehen
12. Mit Geld umgehen
13. Mit Maßen umgehen.

Im "Grundlagenmaterial" für die Rehabilitationspädagogischen Förderungseinrichtungen in der ehemaligen DDR war eine eigene Förderungsdisziplin "Bekanntmachen mit quantitativen Sachverhalten" ausgewiesen. Der Lehrstoff gliedert sich in die Erarbeitung

- von Mengen,
- von Zahlen und Ziffern und
- von räumlichen Ausdehnungen.

Die bisherigen Feststellungen haben folgendes deutlich werden lassen:

a) Die Begriffe "Lesen, Schreiben und Rechnen" ("Kulturtechniken") sind bei geistiger Behinderung spezifisch zu modifizieren. Sie können infolge der unterschiedlichen Lernfähigkeit der Kinder nicht die gleiche Lernzielbedeutung für alle haben. Geistig behinderte Schüler können entsprechend ihren individuellen Fähigkeiten nur bestimmte Lernziele innerhalb des Lese-, Schreib- und Rechen-Lernprogrammes erreichen.

b) Die mit "Lesen, Schreiben und Rechnen" gemeinten Lernvorgänge und Fertigkeiten lassen sich gemeinhin nicht so weit quantifizieren, daß ein bestimmtes Minimum angegeben werden könnte, das diese Begriffe noch rechtfertigt. Die schulrechtliche Bestimmung, daß ein geistig behindertes Kind "wenigstens in ganz bescheidenem Umfang" diese "Kulturtechniken" erlernen können müsse, um in der Schule sinnvoll unterrichtet werden zu können, ist daher nicht verifizierbar, erst recht nicht in prognostischer Hinsicht.

Die Beobachtung, daß geistig behinderte Kinder manchmal mit geradezu verblüffender Geschicklichkeit "lesen, schreiben und rechnen" können, mit diesen Fertigkeiten im allgemeinen aber nur mechanisch in der Schule umgehen können, d.h. diese nicht selbständig in ihrem Alltag anwenden können, wirft die Frage auf, ob solches Können als *Bildung* anzusprechen ist oder ob es sich nicht einfach um Dressate handelt, die womöglich für das Alltagsleben unbedeutsam sind und dem Kind lediglich unnötige Mühen, oft Strafen und im ganzen entmutigende Überforderungserlebnisse einbringen.

Zunächst sei ein kurzer Hinweis darauf angebracht, daß verhaltenspsychologisch gesehen Dressate nicht einfach als Negation bildenden Lernens aufgefaßt werden dürfen. Auf die Berechtigung auch uneinsichtigen Lernens ist bereits hingewiesen worden. Gerade geistig behinderte Kinder werden vieles lernen müssen, was sie zunächst nicht oder nie "einsehen" oder transferieren können.

Der Vorwurf, daß das Erlernen der Kulturtechniken etwas rein Mechanisches, Dressurhaftes sei und daß diese im späteren Leben wertlos seien, wird mit dem Argument zu entkräften versucht, es unterstütze die Gesamtentwicklung des Kindes. Im Sinne der "formalen Bildung" würden die kognitive Leistungsfähigkeit, die soziale Anpassung und die charakterliche Reifung mitgefördert, heißt es.

Hierzu ist lernpsychologisch zu sagen, daß die Erwartung einer generellen Leistungssteigerung durch spezifische Übungen eine Täuschung darstellt. Die Spezifität des Transfers ist ausreichend belegt *(Klauer 1967)*. Des weiteren ist es bei der geringen Transferfähigkeit des geistig behinderten Menschen unwahrscheinlich, daß recht viele äquivalente kognitive Funktionen durch das Üben der Kulturtechniken mitgeübt werden können. Es muß allerdings darauf hingewiesen werden, daß für genauere Aussagen spezielle Transfer-Untersuchungen an geistig behinderten Kindern nötig wären.

Man kann also auch nicht rundweg ausschließen, daß spezielle Übungen im Bereich von Schriftsprache und Zahl die Entwicklung bestimmter kognitiver Fähigkeiten mitfördern. Wir verweisen auf die Untersuchung von *Klauer (1969)*.

Generell kann man sagen, daß das Einüben der "Kulturtechniken" nur dann von bildender Wirkung sein kann, also didaktisch-psychologisch sinnvoll ist, wenn diese Lernvorgänge der Lernfähigkeit des einzelnen Schülers entsprechen, er also nicht überfordert wird und dabei wirkliche Erfolge erzielt und damit neue Lernmotivationen erhält.

Nur unter diesen lernpsychologischen Bedingungen sind die Argumente von Interesse, die *für die Berechtigung* der Kulturtechniken im Lehr- und Lernplan der Schule für geistig Behinderte, d.h. für eigene Kurse für ausgewählte kognitiv leistungsfähigere Schüler vorgebracht werden können.

a) In *sozial-rehabilitativer* Hinsicht: Das Vermögen, zu lesen, zu schreiben und zu rechnen erleichtere die soziale Eingliederung. *Vetter (1966)* weist u.a. auf diese Bedeutung der "Kulturtechniken" hin. Sie gelinge leichter, wenn der geistig behinderte Mensch kein Analphabet sei und damit den durchschnittlichen

Erwartungsnormen entsprechen könne. “Kenntnisse und Fertigkeiten in den Kulturtechniken stellen Hauptziele dar, weil sie gegenüber der engeren und weiteren Öffentlichkeit am besten darstellbar sind” *(Vetter, ibid., 51).* Unter Umständen könnten solche Ziele gar im Sinne der “Normalisierung” gewertet werden.

Es ist bereits darauf hingewiesen worden, daß sich insbesondere die Eltern diesem Anpassungszwang ausgesetzt sehen. Da auch sie von den allgemeinen Erwartungsnormen bis zu einem gewissen Grad abhängig sind, ist es für sie und damit für ihr Verhältnis und ihre Einstellung zum Kind nicht unbedeutend, ob es diesen Normen entspricht oder nicht. Dabei dürfte es von sekundärer Bedeutung sein, ob diese Erwartungsvorstellungen menschlich berechtigt sind oder nicht. Was hilft es dem Betroffenen, wenn die Intoleranz der anderen lediglich als unmenschlich deklariert und analysiert wird, ohne daß sie sich ändert! Wie viele Menschen können sich schon innerlich freimachen vom Sozialisationsdruck, ohne psychischen Schaden zu nehmen!

Auf jeden Fall kommt dem genannten sozialpsychologischen Argument nur temporäre und mittelbare Bedeutung zu, und die Gefahr, die in ihm für das Kind liegt, muß sehr ernst genommen werden. Ihr erliegen viele Eltern. *Bach (1967)* weist mit Recht auf die Wertlosigkeit bloßen Bildungsabglanzes hin, der das Ergebnis der übersteigerten Prestigewünsche von Eltern sein kann. Sie können die Schule und das Kind unter einen erheblichen Druck setzen und damit die gesamte Bildungsarbeit verfälschen. Er kann beispielsweise bis zum Schreibdrill mittels Prügel und zur Diffamierung der Schule und des Lehrers führen, die den Kindern zu wenig beibrächten.

b) In *persönlichkeitspsychologischer* Hinsicht läßt sich aus der Verfügbarkeit über Schrift und Zahl eine Steigerung des Eigenmachtgefühls ableiten. *Lersch (1965)* weist darauf hin, daß der Mensch mit der Verfügbarkeit der Sprache auch Verfügungsmacht über die Dinge erhält, sie dadurch in den Griff bekommt *(Lersch* ^{2}*1965).* Die sprachliche Fixierung der wechselnden Erscheinungen ermöglicht es dem Menschen, sich abzuheben vom bloßen Getriebensein in der Flucht der Erscheinungen.

Dies gilt offensichtlich für das gesprochene wie für das geschriebene Wort. Man kann für den geistig behinderten Menschen, der sich weithin in einer Welt voller fremder Dinge und Wesen vorfindet, folgern, daß sein Eigenmachtgefühl eine Steigerung erfahren dürfte, wenn er in der Lage ist, die Dinge, ihre Bilder und Namen, zu fixieren, beziehungsweise sie in ihren Wortfixierungen zu entschlüsseln.

Es ist eine bekannte Erfahrung, daß sich die Eindrücke und Gedanken klarer fassen und ordnen lassen, wenn man sie schriftlich fixiert, um sie auch optisch überschauen zu können. Umgekehrt ist auch die Beklommenheit bekannt, die einen befällt, wenn man in einer ausländischen Stadt die Zeichen und Wörter, die einen umgeben, nicht entschlüsseln kann. Man kann annehmen, daß die Lebensorientierung des geistig behinderten Menschen mit jedem Wort, das er fixieren und entschlüsseln kann, klarer und sein Weltbild reicher wird.

c) In *sprachlicher* Hinsicht ist in der Unterrichtspraxis zu beobachten, daß der Lese- und Schreibunterricht einen fördernden Einfluß auf die Sprechentwicklung ausübt. Geistig behinderte Kinder mit einem angepaßten und intensiven Lese- und Schreibunterricht sprechen vermutlich besser. Diese Wirkung dürfte mit der gründlichen und vielseitigen Auseinandersetzung und Beschäftigung mit jedem einzelnen Laut und Wort zu erkären sein. Die optische und handmotorische Funktion unterstützt offenbar die mnestische und motorische Funktion des Sprechens.

d) In *kommunikativer* Hinsicht wird dem Menschen mit einer geistigen Behinderung durch die Lese- und Schreibfertigkeit die Möglichkeit gegeben, mit anderen in schriftlichen Kontakt zu treten. Er kann dann beispielsweise einen Kartengruß entgegennehmen oder sich einem Verwandten oder Freund auf dem gleichen Wege mitteilen, mag er dazu auch der Hilfe bedürfen. Dieses schriftliche In-Beziehung-Treten kann für ihn ein Weg aus seiner Isolierung heraus sein.

Es sei nochmals betont, daß die genannten Lebens- und Bildungshilfen nur dann tatsächlich möglich und nur so weit realisierbar sind, als das Erlernen des "Lesens, Schreibens und Rechnens" den wirklichen Lernfähigkeiten des Kindes entspricht. Die Kinder müssen so weit fortgeschritten sein, daß sie "willig und ohne Überanstrengung mit einiger Aussicht auf Erfolg und in sinnvollem Umfang" diese Techniken erlernen können *(Bach 1967, 42).* Vor einer Überforderung ist mit aller Deutlichkeit zu warnen. Diese Gefahr stellt sich aus mehreren Gründen leicht ein, nicht zuletzt deshalb, weil diese Techniken eine praktikable Beschäftigung des Kindes darstellen, sofern einem pädagogisch nichts Besseres einfällt. Die Gefahr kann auch aus dem Selbstrechtfertigungsbemühen der Sonderschule erwachsen, wenn sie also den Versuch unternimmt, den Sinn und Wert ihrer Arbeit nach außen hin durch "echt schulische" und möglichst bemerkenswerte Leistungen plausibel zu machen.

Unter Umständen könnte dann aber auch von einer Unterforderung die Rede sein und zwar bei jenen geistig behinderten Schülern, die zur oberen Leistungsgruppe gehören und u. U. fähig wären, den Leistungsanforderungen der Unterstufe der Schule für Lernbehinderte zu genügen *(Bernart 1970).* Nach Untersuchungsbefunden, von denen u. a. *Hirshoren* und *Burton (1979)* aus den USA berichten, beziehen sich die erfolgreich und experimentell durchgeführten Versuche zum Erlernen von "academic skills" auf geistig behinderte Personen bis zu einem unteren IQ von ca. 40. Die Autoren betonen jedoch ausdrücklich, daß selbst bei einer experimentell nachweisbaren Erlernbarkeit die Realisierung unter schulischen Bedingungen nicht eo ipso zu rechtfertigen sei.

Für das *unterrichtliche Vorgehen* im Lesen, Schreiben und quantitativen Operieren erscheinen folgende didaktische Leitgedanken wichtig:

a) Das Erlernen des Lesens, Schreibens und quantitativen Operierens erfolgt in *Stufen.* Dem Lesen und Schreiben des ersten Buchstabens oder Wortes wie auch der einfachsten quantitativen Operation gehen Vorstufen und Vorübungen voraus. Sie gelten dem Sammeln und Ordnen von Erfahrungen, dem Erarbeiten elementarer quantitativer und qualitativer Begriffe (groß/klein, hell/dunkel, süß/sauer, viel/wenig), dem Erkennen und Darstellen von Beziehungen und Abfolgen (Vater und Mutter; über – unter – zwischen, wenn – dann; zuerst – dann – dann), Bilder "lesen", vergleichen, ordnen, Üben der Groß- und Feinmotorik, Nachbilden einfachster Formen in verschiedenen Materialien. Einen "naiv-ganzheitlichen" Lese-Lehrgang mit geistig behinderten Kindern hat *Haug (1977)* erprobt. *Hublow* und *Wohlgehagen (1978)* zeigen die entwicklungs- und kommunikationspsychologischen Bedingungen auf, die auch bei geistig behinderten Kindern ein Lesenlernen als Anpassungs- und Austauschprozeß ermöglichen (vgl. auch *Hublow 1985, Oberacker 1984*).

b) Die erhebliche Unterschiedlichkeit der Lernfähigkeit bedingt ein unterschiedliches *Lerntempo,* so daß nicht generell festgelegt werden kann, in welchem Schuljahr ein Kind so weit fortgeschritten ist, daß es mit "den Kulturtechniken" beginnen kann. Während *Vetter (1966)* die Mittelstufe für den Beginn empfiehlt, verweist *Bach (1967)* diesen Unterricht in die Oberstufe. Es liegt lernpsychologisch gesehen genügend Grund dafür vor, daß sich eine Verfrühung, aber auch eine Verspätung lernnachteilig auswirken kann. Es gibt nachweislich – in geringer Zahl – geistig behinderte Schüler, die schon in der Unterstufe besagte kognitive Techniken bis zu einem gewissen Grad erlernen können, ohne daß man ihnen deshalb ihre "echte" geistige Behinderung absprechen müßte; denn sie wären nicht in der Lage, dem Bildungsweg der Lernbehindertenschule zu folgen. Sie sind vielfach nach vergeblichem Besuch dieser Schule in die Geistigbehindertenschule überwiesen worden.

Daß auch nach Ende der üblichen Schulzeit beachtliche Chancen bestehen, die Kulturtechniken zu erlernen, zeigen die ermutigenden Erfahrungen in der *Erwachsenenbildung* (vgl. *Meyer-Jungclausen 1985, Baumgart 1987*). Es konnte beobachtet werden, daß im ersten Erwachsenenalter (3. Lebensjahrzehnt) das eigene Bedürfnis, Lesen, Schreiben und den Umgang mit Zahlen (Geld) zu erlernen, deutlich wirksam wird.

c) Soweit das Umgehen mit Schriftzeichen und Zahlen nicht bloßes mechanisches Andrillen sein soll, läßt sich als *Lernziele* nicht von vornherein ein bestimmter, allgemein verbindlicher Katalog von Wörtern (Namen, Aufschriften) und Zahlenräumen festlegen. Er könnte im übrigen auch dazu angetan sein, bestimmte Kinder zu überfordern und andere zu unterfordern. *Bach (1967)* gab für die Kinder der Oberstufe als Lernziel an, daß sie "nach Möglichkeit ihren

Namen und ihre Adresse gut lesbar und sauber 'abzumalen' und danach auch auswendig 'aufzumalen', einige häufig vorkommende und praktisch wichtige Wortbilder zu erkennen lernen und in der Beurteilung des Wertes der gängigen *Geldsorten geübt* werden" (gesperrt gedruckt bei *Bach, ibid., 42*). Andere Autoren (*Vetter 1966* und *Bernart 1970*) gingen darüber hinaus. Daß Rechnen auch im Zahlenraum 100-1000 möglich und sinnvoll sein kann, zeigt ein von *Rehbein (1979)* durchgeführtes Programm mit geistig behinderten Jugendlichen.

d) Der Erwerb von Fertigkeiten im Lesen, Schreiben und quantitativen Operieren spielt sich in hochkomplexen Lernprozessen ab. Diese erfordern eine wohlüberlegte, psychologisch angemessene *Lehrweise.* Ihre Bedeutsamkeit für den Lernerfolg erstreckt sich auf die Stoffauswahl wie auf die methodischen Mittel und Wege, z. B. die Verwendung von Handzeichen beim Lesen.

Da das Erlernen dieser Techniken sich in ihrer wirklichen Bedeutsamkeit für die Kommunikation, d. h. für eine bessere Lebensorientierung und Lebensbewältigung des Kindes erweisen, d. h. ein sinnvolles sein soll, muß es sich stofflich-inhaltlich in enger Beziehung zum Sachunterricht vollziehen. Es soll vermieden werden, daß aus formal-methodischen Gründen künstliche, imaginäre "Sach"-bezüge an das Kind herangetragen werden, die dazu führen könnten, daß das Kind verwirrt wird. Andererseits muß die Abfolge der einzelnen Lernschritte einem didaktisch-methodisch differenzierten *Lehrgang* folgen.

Die Verantwortung für die Gestaltung dieses Unterrichts in den genannten elementaren Kulturtechniken im Sinne einer angemessenen Kombination beider didaktischer Prinzipien muß daher beim Sonderschullehrer liegen. Assistenzlehrer können ihn bei der Durchführung von Übungen unterstützen.

Wohin es führen kann, wenn elementare lernpsychologische und didaktische Einsichten fehlen, zeigt folgender Auszug aus einem unbefangenen Bericht: "In der vergangenen Woche rechneten wir z. B. bis fünf mit plus und minus und es ging ganz gut. Da dachte ich dann am nächsten Tag, ich könnte diese Rechnereien langsam bis zehn (bis zehn sitzt der Zahlbegriff) erweitern – aber es war unmöglich. Obwohl jedes Kind die Anfangs- und Endsumme laut vorzählte, war es auch dem letzten Kind noch unmöglich, die gleiche Aufgabe ohne jeweiliges Zählen zu lösen."

e) Im Erlernen der Kulturtechniken kann nicht das Hauptziel der Schule für geistig Behinderte gesehen werden, da sie im späteren Leben eine eindeutig untergeordnete Rolle spielen und da für das Kind das Erlernen anderer Fertigkeiten für die spätere Lebensbewältigung wichtiger ist. Da der für das Erlernen von Lesen, Schreiben und Rechnen notwendige Zeitaufwand relativ groß ist, muß mit aller Sorgfalt und Verantwortung geprüft werden, ob und wieweit dieser wirklich zu rechtfertigen ist gegenüber einem Verlust an Unterrichtszeit für lebenspraktisch dienlichere Lehrziele. Andererseits käme es einem Vorenthalten von Bildungschancen gleich, wenn auf jegliches Lehren dieser Fertigkeiten gänzlich verzichtet wird und von vornherein generell die Aussichtslosigkeit jedes Versuches behauptet wird.

9. Die Lernorganisation der Schule für geistig Behinderte

Wenn Schule Lebenswelt und ein Ort, um leben zu lernen, sein soll, so wird sie sich gegenüber dem üblichen Schule-Schema durch besonders viel Lebensnähe und Natürlichkeit des Tagesablaufs und der Begegnung mit den alltäglichen Geschehnissen und Erfordernissen auszeichnen müssen. Aus diesem Grunde ist die Schule für geistig Behinderte in der Regel als *Tagesschule* errichtet worden. Sie vereinigt damit in einer organisatorisch-komplementären Verdichtung heilpädagogisch- schulische und sozialpädagogische Elemente und Ressourcen.

Die Form der *Tagesschule* mit täglich siebenstündigem Betrieb von Montag bis Freitag kann sicherlich in gewisser Weise den Erfordernissen einer Geistigbehindertenschule im Sinne einer Schule zur Lebenshilfe gerecht werden: Erziehungs- und Unterrichtsaufgaben können gesamtheitlich aufeinander abgestimmt werden, das Lernfeld wird weiter und vielgestaltiger, es schließt so wichtige Lerninhalte wie die der Alltagshygiene, des Verhaltens beim Essen, bei der Mittagsruhe, in der Freizeit, bei gemeinsamer Arbeit ein; schließlich bringt die Tagesschule den Eltern die so dringend nötige Entlastung, und der hohe Aufwand an Zeit und Kraft für den Transport zur und von der Schule wird rentabler.

Diese Form der Schule kann mit ernst zu nehmenden Gründen auch in Frage gestellt werden. So wird von Elternseite geltend gemacht, daß die Chancen für eine soziale Eingliederung in die Lebenswelt außerhalb der Schule erheblich schwinden, wenn das geistig behinderte Kind im Gegensatz zu seinen Altersgenossen ohne geistige Behinderung den ganzen Tag in der Schule verbringt.

Diese Auffassung wird nicht von allen Eltern geteilt. Sie sollte aber respektiert werden. Da sich die Schulpflicht nicht auch auf den Besuch eines Tagesheimes bezieht, müßten die Eltern das Recht haben, ihr Kind nur halbtags zur Schule zu schicken. Dies setzt freilich eine Trennbarkeit von Schule und Tagesheim voraus, wie sie beispielsweise in Bayern gegeben ist. Bei dieser – fiskalisch und auch administrativ – additiven Form wird es darauf ankommen, durch eine möglichst enge Zusammenarbeit einheitlich zu planen und sich gegenseitig zu unterstützen. Regelmäßige gemeinsame Konferenzen sind dazu nötig (vgl. *Budde 1977*).

Die *Gliederung der Schülerschaft* in Klassen oder Gruppen richtet sich nach verschiedenen Gesichtspunkten, die im Einzelfall gegeneinander abgewogen werden müssen. Zu nennen sind insbesondere das individuelle Lernvermögen eines Kindes, sein soziales Verhalten und sein Lebensalter *(Bach 1967)*. Je größer die Zahl der Schüler einer Schule, desto größer sind die Möglichkeiten der Differenzierung und damit der Bildung lernhomogener Gruppen. Das Differenzierungsprinzip wird jedoch überzogen, wenn unübersichtliche Mammutschulen entstehen, die die Binnenkontakte verdünnen und Eltern und Schülern zu weite und beschwerliche Schulwege zumuten.

Nur dem Grad und der Art der Bildungsbehinderung entsprechende *kleine Klassen* sind geeignet, das Selbsttun und Mittun des Kindes im wünschenswerten Maße zu aktivieren.

Das pädagogische Heil liegt aber nicht in der kleinen, abgeschlossenen Klasse. Diese kann auch – unbemerkt – veröden, wenn nicht genügend lebendige Außenkontakte bestehen. Wir verfolgten in einem Projekt das Ziel, durch die temporäre Bildung von *Großgruppen* als Kombination verschiedener Klassen eine Auflockerung und Dynamisierung des Schulalltags für Schüler und Lehrer herbeizuführen *(Straßmeier, Speck, Homann 1990).* In der nachbarschaftlichen Öffnung der Klassen sehen wir eine Chance, einer möglichen Erstarrung des Unterrichts in bloßer Routine und dem Burnout-Syndrom vorzubeugen, und vor allem der Isolierung der intensiv geistig behinderten Schüler in eigenen "Schwerstbehindertenklassen" zu begegnen.

Für die Einteilung in *Schulstufen* – Unter-, Mittel-, Ober- und Werkstufe oder Abschlußstufe – gibt es keine genauen Markierungseinheiten. Mit ihnen werden lediglich Schwerpunkte für die Unterrichtsplanung gesetzt und Lernfelder abgesteckt, die der ungefähren Sequenz der Lernstufen geistig behinderter Kinder entsprechen. Bedingt durch die Unregelhaftigkeit ihrer Entwicklung und die große Streuung ihrer Begabungsstrukturen sind nur vage Charakterisierungen der einzelnen Schul- und Lernstufen möglich; sie greifen jeweils weit ineinander. In der einführenden Unterstufe steht nach *Bach (1967)* das "spielende Lernen" im Vordergrund, in der Mittelstufe das "mitschaffende Lernen", in der Oberstufe das "werkgerichtete Lernen".

Die *Werkstufe* entspricht im Rahmen der zwölfjährigen Schulpflicht dem Abschnitt des Berufsschulbesuchs. Ihr Bildungsauftrag erstreckt sich auf die Sicherung der Allgemeinbildung sowie auf die berufliche, freizeitpädagogische und erwachsenenpädagogische Förderung (vgl. *Staatsinstitut für Schulpädagogik München, Modellversuch Werkstufe*). Sie ist in gewissem Sinn das Bindeglied zwischen Oberstufe und Werkstatt für Behinderte. Dabei behält der Gesamtbildungauftrag seine volle Gültigkeit; der geistig behinderte Jugendliche und Heranwachsende wird noch nicht in spezieller Weise in den Dienst der Produktion gestellt. Allerdings werden mit dem Erlernen von arbeitsartigem Verhalten (Arbeitstechniken und Arbeitshaltungen) schwerpunktmäßig die Voraussetzungen für eine spätere Arbeitsanleitung im Sinne der Produktion geschaffen. Hand in Hand damit geht das Erlernen von Motiven und Fertigkeiten zur Gestaltung einer sinnvollen *Freizeit.*

Stuffer (1975) hat in einer empirischen Untersuchung die pädagogische Notwendigkeit einer der Schule für geistig Behinderte zugeordneten Werkstufe begründet und ein entsprechendes Konzept vorgelegt.

Von zentraler Bedeutung für die gesamte Lernorganisation sind die *Lehrenden.* Ein grundlegendes Erfordernis ist ihre heilpädagogische Spezialisierung auf der Basis einer pädagogischen Grundausbildung. Dabei ist nicht nur an diejenigen zu denken, die über einen offiziellen Lehrerstatus verfügen, sondern auch an die in diesem Schulbereich in relativ großer Zahl eingesetzten Sozialpädagogen. Wichtig ist dabei die Ausrichtung ihrer speziellen Ausbildung auf die besonderen Erziehungs- und Förderungsbedürfnisse, wie sie bei Kindern und Jugendlichen mit einer geistigen Behinderung vorliegen, unter hinreichender Berücksichtigung des schulischen Lehrens und Lernens.

Vom *Sonderschullehrer* wird ein sonderpädagogisches Hochschulstudium verlangt, das ihn instandsetzt, seinen speziellen und komplexen Aufgaben mit wissenschaftlichen Begründungen gerecht zu werden. Er muß insbesondere Unterricht und jegliche Lernprozesse den besonderen Situationen, Fähigkeiten und Grenzen geistig behinderter Schüler entsprechend organisieren und reflektieren können *(Deutscher Bildungsrat 1973)*. Darüber hinaus muß er in Anbetracht der verschiedenartigen Schädigungen und nicht auf eine Behinderungsart reduzierbaren speziellen Erziehungs- und Förderungsbedürfnisse über eine breite, grundlegende heilpädagogische Fachkompetenz (non-kategoriale heilpädagogische Grundausbildung) verfügen und gleichzeitig über pädagogisch-didaktisch allgemeine Kompetenzen, um im Sinne einer integrativen Kooperation mit der allgemeinen Schule und ihren Lehrern zusammenarbeiten zu können.

Neben den Sonderschullehrern werden auch *Sozialpädagogen* oder *Heilpädagogen* mit der Führung einer Gruppe oder Klasse betraut. In den einzelnen Bundesländern sind für diesen Personenkreis verschiedene Berufsbezeichnungen geprägt worden: Heilpädagogische Assistenten an Sonderschulen, Personal für heilpädagogische Unterrichtshilfe, Fachlehrer an Sonderschulen. Man könnte auch von Assistenzlehrern an Sonderschulen reden. Gemäß den schulrechtlichen Bestimmungen in mehreren Ländern kann nur einem "Lehrer" die pädagogisch verantwortliche Leitung einer Schulklasse übertragen werden. Demnach können die oben genannten Lehrpersonen nur in Mitarbeit neben dem Sonderschullehrer tätig werden. Da aber einem Lehrer auch zwei oder drei Klassen als ein Klassenverbund übertragen werden können, bietet sich die Möglichkeit, solche Klassen für bestimmte Aufgaben den genannten Mitarbeitern ("Sonderpädagogen", "Heilpädagogen") in kooperativer Teilverantwortlichkeit anzuvertrauen (Klassenführung). Auf die Dauer wird sich ein Zwei-Lehrer-System, bestehend aus Sonderschullehrer plus Assistenzlehrer für jede Schulklasse, als notwendig erweisen, wenn all die hier genannten erzieherischen und didaktischen Prinzipien wirklich zum Tragen kommen sollen.

Fachlehrer (technische Lehrer, Handarbeits- und Hauswirtschaftslehrerinnen, Rhythmiklehrerinnen) werden für einen stundenweisen Unterricht nur so weit in Betracht kommen, als an die Umstellungsfähigkeit der Kinder keine zu hohen Anforderungen gestellt werden. Vor allem in den unteren Schulstufen sollten so wenig als nötig weitere Lehrpersonen verwendet werden. Soweit erforderlich werden für spezielle therapeutische Aufgaben auch Krankengymnastinnen, Beschäftigungstherapeutinnen und Heilpädagogen eingesetzt.

Nur in enger Fühlungnahme miteinander und in gemeinsamer Planung, gesichert durch regelmäßige Besprechungen, wird es möglich sein, die schwierigen Aufgaben dieser Arbeit zu erfüllen. Dazu empfiehlt es sich, die Gesamtmitarbeiterschaft aufzugliedern und in *kooperativen Abteilungen* zu organisieren. Diese können sich auf die verschiedenen Schulstufen beziehen. Ein Koordinator (Sonderschullehrer) sorgt pro Abteilung für regelmäßige Zusammenkünfte und eine pädagogische Abstimmung der verschiedenen Arbeitsansätze. Auftretende Probleme können hier ebenso besprochen werden wie Fragen der Zusammenarbeit mit den *Eltern.* Derartige Abteilungsteams auf der Basis relativ vertrauten Kooperierens können erfahrungsgemäß zu einem lebendigen Instrument der Schule werden (Teamarbeit).

Einzelheiten zu weiteren Bereichen der Schul- und Unterrichtsorganisation bieten die Übersicht von *Höss (1979)* sowie die Empfehlungen des *Pädagogischen Ausschusses der Bundesvereinigung Lebenshilfe für geistig Behinderte (1973).*

XI. Das erzieherische Verhältnis

1. Interpersonale Kommunikation

Von der Einsicht ausgehend, daß der “geistesschwache” Mensch der schlechthin unselbständige, abhängige ist, der beständiger Fürsorge und Führung bedarf, war man früher geneigt, im erzieherischen Verhältnis zum geistig behinderten Kind dem Erzieher eine dominierende Position und direktive Rolle zuzuschreiben. “Da die Kinder nur in engen Grenzen zur Selbständigkeit gelangen und später meist der Führung bedürftig sind, müssen sie vorzugsweise an Gehorsam gewöhnt werden.” Was hier *H. Kielhorn 1887* (Hilfsschule, Hilfsklasse für schwachbefähigte Kinder, in *Klink 1966*) für die damaligen Hilfsschüler für angemessen hielt, hatte erst recht Gültigkeit für die noch weniger selbständigen geistig behinderten Schüler gehabt, und zwar vielfach bis in die jüngste Vergangenheit hinein. Die Auffassung von der primär autoritären und Gehorsam fordernden Lehrerhaltung war freilich auch im übrigen Schulwesen bestimmend und ging vornehmlich auf den von *Herbart* und *Ziller* entworfenen Führungsstil zurück.

Inzwischen ist längst ein Wandel eingetreten und zwar auch im Bereich der Heilpädagogik. *P. Moor (1958)* hatte die Bedeutung des *Vertrauens* für die Erziehung geistesschwacher Kinder in subtiler Weise herausgestellt und zwar als Grundbedingung “äußeren Halts” und “äußeren Gehorsams”. Vertrauen könne beim geistesschwachen Kind zwar relativ leicht gewonnen werden, es versiege aber ebenso leicht und müsse daher besonders gepflegt und immer wieder neu geweckt werden. Die bloße Gehorsamsforderung sei auch deshalb als erzieherisch wirkungslos anzusehen, weil das geistesschwache Kind vielfach das Gebot als solches gar nicht in sein Wollen aufnehmen könne. Der Erzieher müsse daher “immer wieder mit dem geistesschwachen Kinde das Gebotene tun, nicht nur gebieten und Gehorsam erwarten” *(1958, 326).*

Das Gebotene mit dem Kinde tun und das Kind auch in den alltäglichsten Dingen spüren lassen, “daß es mir wirklich von Herzen kommt, was ich tue, und was ich verlange” *(P. Moor, ibid., 328),* bedeutet, die erzieherische Autorität in den Akt des Dienens, des Dienens für den anderen und füreinander, zu integrieren.

Tausch, Tausch (1970) haben als entscheidende Dimensionen des Lehrerverhaltens die der Lenkung und Dirigierung und die der Wertschätzung und emotionalen Wärme gegenüber Geringschätzung und emotionaler Kälte herausgearbeitet. Weitere Untersuchungsbefunde – speziell bei Sonderschullehrern an Lernbehindertenschulen ermittelt – haben *Bleidick, Rüttgardt (1978)* vorgelegt.

Die Frage, ob die Erziehung geistig behinderter Kinder ein spezifisch anderes, ein *eigenes* Erzieherverhalten erfordere, ist sicherlich mit einem Nein zu beantworten. Natürlich ergeben sich situative und individuelle Modifizierungen auf Grund von Eigenarten des Lernens und Verhaltens. So sind geistig behinderte Kinder einerseits führungsbedürftiger als intelligentere, sie verlangen aber andererseits nach einem differenzierteren Berücksichtigen und Verstehen ihrer individuellen Bedürfnisse.

Wichtiger als die Schablone des "objektiven" Erzieherverhaltens ist die Echtheitsqualität des Bezugs, in welchem sich zwei Subjekte begegnen und in welchem die Erziehungsbedürftigkeit des Kindes zur subjektiven Aufgabe, zum Problem des Erziehers wird *(Kobi 1972)*. Sie bedeutet letztlich, daß der Erzieher "da sein", das Kind voll "wahrnehmen" muß und sich einlassen muß mit ihm. Geistig behinderte Kinder sind sicherlich stärker auf ihren Erzieher angewiesen, er sieht sich aber auch stärker genötigt, sein Verhalten auf sie abzustimmen. Der Kompetenzunterschied zwischen ihm und den Kindern ist einerseits viel größer, andererseits kommen sie ihm persönlich viel näher, reden ihn z. B. in der Regel mit dem vertrauten Du an.

In einer einseitigen Übermächtigkeit des Erziehers gegenüber dem geistig behinderten Kind, die sich aus der Hilf- und Wehrlosigkeit des Kindes und aus der Überlegenheit des Erziehers leicht ergeben kann, ist demnach eine Fehleinstellung zu sehen. Sie findet sich im wesentlichen in den beiden Extremformen der libidinös einhüllenden Distanzlosigkeit (a) und der autoritär verfügenden Kontaktlosigkeit (b).

Im letzteren Fall (b) befindet sich das Kind in einem Hörigkeitsverhältnis gegenüber dem absolut dominierenden, übermächtigen und zugleich deutlich distanzierten Erzieher. Es wird in seinem Eigenwert mißachtet und kann beliebig manipuliert und abgerichtet werden.

Im ersten Fall (a) entsteht – vielfach aus übermäßiger Sorge und triebhaft mütterlicher Verbundenheit mit dem Kind – eine Einengung und Abschnürung des Lebensspielraumes des Kindes. Sein Selbst kann sich nicht in wünschenswertem Maße entfalten.

Die Grundlage des erzieherischen Verhältnisses muß die gleiche sein wie für jede konstruktive soziale Koppelung *(Maturana, Varela 1987)*. Es treten jeweils zwei autonome (autopoietische) Einheiten miteinander in Austausch. Autonomie heißt hier, daß jedes System sich selbst zu organisieren hat, also sich selbst aufbaut. Diese Ontogenese kommt aber nur durch eine Ko-Ontogenese mit anderen zustande. Dabei gehen von beiden Einheiten Wirkungen aus. Diese greifen aber nicht unmittelbar in das andere System ein. Wenn es zu ontogenetischen Veränderungen kommt, so dadurch, daß das eigene System mit Hilfe seines Zentralnervensystems Einwirkungen von außen auswählt und in das eigene System einbaut. Kommunikation ist demnach das gegenseitige Auslösen von koordinierten Verhaltensweisen unter den Mitgliedern einer sozialen Einheit. Es erfolgt also keine direkte Übertragung – z. B. einer erzieherischen Information – an das Kind. Dieses nimmt vielmehr nur das wahr, was es – auf Grund seiner Struktur – wahrnehmen, d. h. verstehen kann, nicht also das, was der Erzieher absendet.

Da das kindliche Gehirn ein besonders plastisches Organ, also entwicklungsfähig ist, ist das Kind auch in besonderem Maße "lernfähig", d. h. abhängig von der Art der sozialen Einwirkungen. Abhängigkeit spielt also in der pädagogischen Kommunikation ebenso eine zentrale Rolle wie Autonomie.

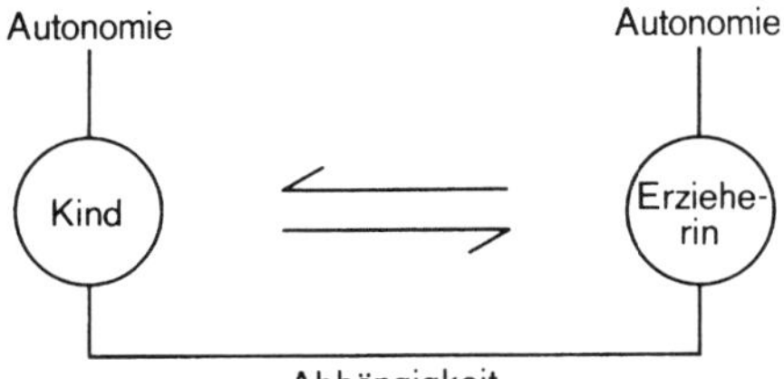

Abb. 14

Aber auch sie ist kommunikativ gesehen eine gegenseitige. Auch der Erzieher ist, wenn er sein erzieherisches Verhalten (autonom) steuert, damit es positiv wirke, abhängig von den Eigenstrukturen des Kindes, von dessen Wahrnehmung, von dessen Ansprechen, Reagieren-Können oder Einsicht. Der Erzieher versucht sich permanent auf diese ontogenetischen Prozesse im Kind einzustellen. Autonomie und Abhängigkeit stehen also auch erzieherisch gesehen in einem konstruktiven Spannungsverhältnis zueinander. Der Erzieher, der dem geistig behinderten Kind diejenigen Anregungen und Spielräume vermittelt, die das Kind als "Akteur seiner Entwicklung" nutzen kann, bleibt zugleich pädagogisch autonom und kann damit rechnen, daß sich das Kind bereitwillig in seine Abhängigkeit (Geborgenheit) begibt, soweit es selber auf diese angewiesen ist. Gefährlich wird sie dann, wenn sie erzieherisch verabsolutiert wird, d. h. wenn dem Kind Spielräume für eigenes Agieren im sozialen Feld verwehrt werden, es also der Isolation ausgesetzt wird.

Die erzieherische Abhängigkeit, in der das Kind steht, ist naturgemäß größer, je jünger und weniger entwickelt (gereift) es ist. In dem Maß, in dem es zur Selbsterhaltung noch nicht fähig ist, ist es auf Fremderhaltung (Führung, "äußeren Halt") angewiesen. Seine Identität baut es im Übergang von Fremdbestimmtheit zur Selbstbestimmtheit auf. Sie ist "Identität im Übergang" *(Sommer 1988),* auch wenn sich letztlich "Mündigkeit" nie ganz aus Abhängigkeit lösen kann und eigentlich auch mit "reifer Abhängigkeit" gleichgesetzt werden kann. Alle Erziehung hat sich am immanenten Grundbedürfnis nach Selbstsein, Selbstaufbau und Selbsterhaltung zu orientieren. Alle erzieherische Intentionalität hat die wachsende Eigenintentionalität zu beachten und zu fördern, auch wenn sie – wie im Falle einer geistigen Behinderung – eine noch so behinderte ist.

Als eine weitere Form einseitigen Bezugs kann auch die betont sachliche Zugeordnetheit zum Kind angesehen werden, bei der die Person, das Persönliche des Erziehers, hinter der sachlich orientierten erzieherischen oder "therapeutischen" Absicht und den im Vordergrund stehenden Mitteln und Methoden weitestgehend zurücktritt. Er handelt als "Bezugsperson", deren wesentliches Merkmal die "betont sachliche Einstellung" ist, die alles Persönliche meidet. Die gewährte Freundlichkeit ist von der Sache her gefordert: sie schließt das Hassen – aber auch das Lieben aus. Die Einseitigkeit solchen Bezugs kommt darin zum Ausdruck, daß generell nur der Erzieher als Bezugsperson des Kindes gemeint ist, nicht die Gegenseitigkeit des Bezugs. Die ihn treffenden Beziehungslinien des Kindes registriert und verarbeitet er primär in seinem "Sachverstand".

Unter pädagogischem Bezug haben wir einen Kommunikationskomplex zu verstehen, der von einer relativ hohen Stabilität gekennzeichnet ist und sich am Erziehungsziel orientiert. Er beinhaltet den Stil der interpersonalen Begegnung zwischen Erzieher und Kind. In diesem pädagogisch-kommunikativen Grundverhältnis werden von Person zu Person, von Subjekt zu Subjekt Inhalte wechselseitig übermittelt und zwar auf der Basis einer innerlich verbindenden Beziehung. *Watzlawick u. a. (1974)* unterscheiden in jeglicher Kommunikation einen Inhalts- und einen *Beziehungsaspekt: Inhaltlich* werden bestimmte Informationen vermittelt, während der *Beziehungsaspekt* erkennen läßt, wie diese Informationen zu verstehen sind. Je dichter und vertrauter eine Beziehung ist, desto sicherer gelingt die Vermittlung der Inhalte. Ein Kind, das sich der liebenden Zuwendung seines Erziehers sicher ist, versteht dessen Aussagen, Wünsche und Befürchtungen besser. Umgekehrt: wo die emotionalen Beziehungen gestört sind, muß der Erzieher mehr Mühe aufwenden, sich verständlich zu machen, Sachverhalte angemessen zu vermitteln, oder er scheitert.

Eine stabile *"Interaktionsbeziehung"* ist wichtig für eine *kommunikativ orientierte Didaktik.* Im pädagogischen Bezug vollzieht sich eine interpersonale Annäherung; sie ist ein Akt personaler Zuwendung, durch den das Anderssein des anderen anerkannt und bestätigt wird, und zwar unabhängig von aktuellen Unzulänglichkeiten und kommunikativen Erschwerungen (Behinderungen). In der interpersonalen Beziehung erfährt jeder Partner eine Ergänzung und Entsprechung; es entsteht ein Wir. Darin kann sich die Hoffnung auf Dauer und Verläßlichkeit der Zugewandtheit und Verbundenheit ausdrücken.

Es ist unmittelbar einleuchtend, wie dieser Bezug liebevoller und fragloser Zuwendung als Ausdruck und Vollzug bergender Verbundenheit von existentieller Bedeutung gerade für das Kind mit einer geistigen Behinderung ist. Sein Lebensfaden hängt an dieser Beziehung, ist es doch letztlich in so hohem Maße abhängig vom anderen.

Thalhammer (1976) hat mit großer Sensibilität aufgezeigt, wie sehr die Existenz des geistig behinderten Menschen kommunikativ gefährdet ist, wenn sein Dasein als fremde Welt, als wertlos, als unvermittelbar – analog der tierischen Lebensweise – fehlinterpretiert wird, und zwar auf der Basis totaler Distanziertheit, wie sehr elementare Angst, Unsicherheit und Einsamkeit, Ausgeliefertheit diese in Frage gestellte Existenz bedrohen.

Fraglos – für denjenigen, der in unmittelbarer Kommunikation mit diesen Menschen zusammenlebt, also nicht nur von oben herab über sie redet – ist die *Begegnungsmöglichkeit von Person zu Person,* das Urerlebnis zwischenmenschlicher Bestätigung. Die Asymmetrie der Intelligenzkapazität ist hierfür durchaus kein Hindernis; denn es geht nicht um rationale Kommunikation, sondern um primär emotionale Qualitäten. Empathie entwickelt sich da, wo eine Wechselseitigkeit in der Kommunikation zustande kommt. *Pfeffer (1988)* weist darauf hin, daß immer auch Nichtverstehen im Spiel ist. "Die wechselseitige Ratlosigkeit und Unsicherheit postuliert vom reflektierenden Erzieher die Anerkennung der letztlichen Unverfügbarkeit des zu Erziehenden, das geduldige Offensein für das Unerwartete und die Bereitschaft, (den anderen) trotz alledem nicht allein zu lassen" *(174).*

Eine gewisse *Distanz* oder *Differenz* freilich bleibt. Sie ist die Voraussetzung für Kommunikation, aber auch für die freie eigene Entfaltung, für die Wahrung der Andersheit *(Stinkes 1993).* Sie ist "Distanz, die Nähe ist" *(Lévinas),* kein trennender, isolierender Abstand. Der in einem hohen Maß abhängige, ausgelieferte geistig behinderte Mensch lebt aus seiner Eigenheit, aber auch aus deren Respektierung und der emotionalen Verbundenheit. Sie erschließen ihm den anderen und damit das andere, die Umwelt, fundieren also den nötigen Realitätsbezug.

Im pädagogischen Bezug wird *Verstehen* möglich, und zwar dann, wenn ich dem Kind nahe bin, so daß ich seine – oft diffusen – Kommunikationszeichen deuten kann. Moor sprach in diesem Zusammenhang vom "liebenden Verstehen " ("mit dem Herzen spüren"), von einem Teilnehmen am Leben des anderen, vom Annehmen des anderen, so wie er ist. Ein Kind ohne Rückhalt bejahen, heißt, sich von ihm verwandeln lassen, so daß ich "seine Wirklichkeit, sie sei, wie sie wolle, hinnehmen, annehmen und darin überhaupt erst das Du finden kann, ohne welches mein eigenes Dasein gar nicht zum erfüllten Erzieher-Dasein werden könnte" *(Moor 1965, 300f.).*

Empirische Befunde über Einzelheiten des kommunikativen Verhältnisses zwischen Lehrern/Erziehern und geistig behinderten Kindern liegen im wesentlichen auf kasuistischer Basis vor *(Pfeffer 1988).* Die konkreten Schwierigkeiten des näheren In-Beziehung-Tretens sind bekannt. Kommen Beziehungen nicht zustande, so verlieren Beobachtungen und Aussagen über die Kommunikationsfähigkeit geistig behinderter Menschen an Validität.

Aggression und Selbstaggression können in den Vordergrund treten und sein Bild entstellen. Autistische Blockaden können den pädagogischen Bezug sehr erschweren (vgl. *Pfeffer 1988*).

2. Dialogische Beziehung

Das Erziehungsgeschehen in der weithin technisch bestimmten Welt verläuft vornehmlich in einer sachorientierten Weise. Die vorgegebenen pädagogischen *Absichten und Maßnahmen* stehen für den handelnden Erzieher im Vordergrund. Sind sie aber das erzieherisch Entscheidende, zumal für das geistig behinderte Kind?

P. Moor (1958) spricht in seiner Heilpädagogischen Psychologie vom "ohnmächtigen Geist äußerlicher Formung", der die Erziehung zum bloßen Handwerk werden und den Erzieher meinen läßt, "in Mitteln, Regeln, Methoden das Wesen der Erziehung", "in der *Anwendung* grundsätzlicher Ansichten und psychologischer Erkenntnisse bereits die Erfüllung seiner Aufgabe" zu sehen. "Bleibe ich als Erzieher stehen bei der psychologischen Deutung kindlichen Verhaltens und bei der Anwendung bewährter Erziehungsregeln, geschieht bei all dem in mir selber nichts, habe ich nichts vernommen, das mich verwandelt, und geschieht kein Aufbruch eines neu Gewordenen, so ist in mir kein geistiges Geschehen", ... das "die Menschwerdung überhaupt erst in Gang brächte" *(Moor 1958, 82).*

Das Geistbelebende und erzieherisch eigentlich Wirksame ist in der Begegnung von Mensch zu Mensch in Erzieher und – geistig behindertem – Kind zu sehen, in der Verklammerung der sachlichen pädagogischen Aufgaben mit der "dialogischen Zweiheit" *(Faber 1962, 174)* von Erzieher und Kind. Sie ist gewissermaßen die Achse, um die sich alles pädagogische Tun dreht, und durch die Lebenszutrauen, Fertigkeiten, Orientierung und Einstellungen ihre eigentliche Stabilisierung und Richtung erhalten.

Man könnte geneigt sein, die der geistigen Behinderung – früher oft – zugeschriebene "geistige Stumpfheit" als ein Hindernis für das Wirksamwerden einer dialogischen Zuwendung und den pädagogischen Akt in diesem Falle als ein Herablassen zum Kind anzusehen. Die kommunikative Erfahrung aber lehrt, daß man auch von der seinsmäßigen Ebenbürtigkeit von Behinderten und Nichtbehinderten ausgehen kann, um dann am profilscharfen und geradezu provozierenden Beispiel der geistigen Behinderung aufzuzeigen, daß es in der Tat die Ich-Du-Beziehung ist, die das erzieherische Verhältnis an sich konstituiert *(Faber 1962).*

Nach *Faber,* dessen Darstellung über "das Dialogische Prinzip *Martin Bubers* und das erzieherische Verhältnis" wir folgen, ist in der dialogischen Beziehung eine Sonderform der zwischenmenschlichen Wechselwirkung zu sehen, in der sich zwei ebenbürtige Personen gegenübertreten. Die faktische Unzulänglichkeit des Zöglings – sei sie noch so groß – wird durch eine "kreatürliche und personhafte Seinsebenbürtigkeit" überdeckt. Sie wird für den Erzieher erfahrbar, indem er als Folge seiner Zuwendung zum Kind in sich eine Umgestaltung oder Verwandlung wahrnimmt.

Das *dialogische Prinzip* stellt ein Doppelprinzip aus "Urdistanz" und "Beziehung" dar. In der "Urdistanz" liegt die seinsmäßige Selbständigkeit der Partner, die jegliches Übertreten der Grenzen zum Innenraum des Zöglings ausschließt. Die "Kontrapunktik von Hingabe und Zurückhaltung, Vertrautheit und Distanz" *(Buber)* verwehrt es dem Erzieher, sich des Kindes zu bemächtigen. Vielmehr stellt sie ihn in eine seinsmäßige Verantwortlichkeit gegenüber dem Zögling.

Die konstitutive Bedeutung der Ich-Du-Beziehung für das erzieherische Verhältnis reicht über ein Denkmodell "herzlicher Zuneigung" – etwa im Sinne der freundlichen Bezugsperson – hinaus und liegt in der Anerkennung eines "Seelenmodells" *(Buber),* das allein erst "jegliches Erziehen zuläßt. Das Gegenüber von Erzieher und Zögling wird damit auf eine Grundlage gestellt, die tragfähiger ist und sein kann als die Vorstellung von der Würde des Menschen; es steht in dem seinsmäßigen Auf-ein-Miteinander-zu, das für alles Menschliche gilt" *(Faber, ibid., 119).*

Die Struktur und Dynamik der Ich-Du-Beziehung läßt sich an ihren einzelnen Wesenszügen verdeutlichen:

Die Anerkennung der Andersheit fundiert und eröffnet das erzieherische Verhältnis. Das Kind will spüren, daß es angenommen ist und zwar so, wie es nun einmal ist, d.h. auch in seiner ganzen "Unansehnlichkeit". Das Kind mit einer geistigen Behinderung als eine "in der Welt verlorene Mitkreatur" *(Buber)* bedarf des "Ja des Seindürfens", um sich der erzieherischen Einwirkung zu öffnen. Das Ja sprechen die Eltern, spricht der Lehrer, der nicht auswählt: "Da betritt er den Schulraum zum ersten Mal, da sieht er sie in den Bänken hocken, wahllos, tierische Gesichter, nichtige und edle; sein Blick, der Blick des Erziehers, nimmt sie alle an und nimmt sie auf" *(Buber, 1956, 31).* In der Anerkennung des Andersseins liegt die Achtung vor dem Menschen, die Bekundung seines Dazugehörens. Anerkennung und Bestätigung erlebt aber nicht nur das Kind, sondern auch sein Erzieher, der ernst genommen und damit für das Kind wirksam wird.

In der *Unmittelbarkeit zwischen Erzieher und Zögling* ist ein weiteres Wesenselement der Ich-Du-Beziehung zu sehen. Unmittelbar sein bedeutet: wirklich da sein, bedeutet, in Offenheit und Lauterkeit in ungetrübte mitmenschliche "Berührung" mit dem Kinde treten, ihm wirklich nahekommen. Der Erzieher hat erst dann Unmittelbarkeit verwirklicht, wenn seine Verhaltensweisen nicht "methodisch" eingesetzte Mittel darstellen, sondern Ausdruck einer spontanen und aufrichtigen Wesenszuwendung zum Zögling sind.

Da geht es nicht um einen "Fall von Mongolismus", um einen postencephalitischen Zustand, um die Begutachtung, um die Behandlung – seien solch differenzierte heilpädagogische Kenntnisse und Fertigkeiten auch noch so wichtig – sondern da begegnen sich in bestimmten Situationen und Augenblicken Mensch und Mensch in unzweckhaftem Umgang miteinander, treten zueinander ohne objektivierende "Vorsatzlinsen" in Blickberührung. Da das systematische Unterrichten an sich wenig Gelegenheiten hierfür bietet, wird es darauf ankommen, daß der Erziehungsraum nicht allein vom Unterrichten beherrscht wird, und daß natürlich-lebendige Formen des erzieherischen Miteinander gefunden werden. Schulen für geistig Behinderte sollten nicht der "Verschulung" durch eine Angleichung an das übliche Schule-Schema zum Opfer fallen!

Ein Beispiel aus dem Schulalltag mit geistig Behinderten könnte das hier dargestellte unmittelbare Nahe-Kommen von Erzieher und Zögling veranschaulichen:

In einer Gruppe von zehn Kindern befand sich ein dreizehnjähriger Schüler mit einem Down-Syndrom, der erst seit wenigen Monaten überhaupt in der öffentlichen Bildungseinrichtung war und bisher kein verständliches Sprechen gelernt hatte. Eines Tages gelang ihm das Wort "Lehrer". Dieser war hocherfreut über diesen Fortschritt. Der Schüler merkte dies, war seinerseits sichtlich beglückt, versuchte nun unentwegt dieses "Zauberwort", rief also immer wieder "Lehrer" und erhielt jedesmal die Antwort: "Ja, Hansi!" Die Blicke trafen sich jedesmal, und jeder erlebte die Freude des anderen in diesen kurzen Augenblicken als *seine* Freude.

Dieses Beispiel leitet bereits über zu einem weiteren Phänomen der Ich- Du-Beziehung, das als *Ausschließlichkeit* bezeichnet wird. Immer nur *ein* Kind tritt im Augenblick der aktualisierten Begegnung in die Unmittelbarkeit der Berührung. Der Erzieher wendet sich ausschließlich und uneingeschränkt diesem einen bestimmten Kinde zu. "In der Ausschließlichkeit des Augenblicks löst sich der einzelne Schüler aus der Gesamtheit der Klasse und tritt in die Verbundenheit mit dem Lehrer; wenn dieser sich einem anderen zuwendet, lösen sie sich voneinander, aber der Schüler hat neue Kraft und neue Bestätigung erfahren und findet sich neu und anders der Gemeinschaft seiner Klasse eingefügt" *(Faber, ibid., 135).*

Das Bedürfnis nach einer ganz persönlichen Zuwendung des Erziehers, mag sie auch noch so kurz und unscheinbar sein, ist beim geistig behinderten Kinde besonders deutlich, ja geradezu "unverblümt" zu beobachten. Es zieht den Lehrer immer wieder auf sich, indem es ihn durch Gestikulieren oder durch bestimmte Laute auf sich aufmerksam macht, und es ist sichtlich glücklich, wenn der Lehrer es anschaut, ihm antwortet oder wenn es seine Hand halten kann. Auch in seiner Vorstellung ist dieses Verlangen nach Ausschließlichkeit lebendig:

Ein Mädchen mit einem Down-Syndrom sollte wegen einer leichten Erkrankung nicht zur Schule gehen. Es war ganz bestürzt, als die Mutter ihm dies eröffnete, und machte den Einwand: "Da wird ja der Lehrer sagen: Wo ist denn heute die Nora?" In der Schule wird nämlich jeden Tag jedes Kind einzeln begrüßt und der Lehrer fragt auch nach jedem Kind, das fehlt.

In der *"Umfassung im erzieherischen Verhältnis" (Faber)* geht es um die bipolare Erfahrung des Erziehungsvorganges. "Der Erzieher befindet sich im Umfassungsakt an beiden Enden der Situation, er steht in voller Wirklichkeit in sich selbst, erfährt sich in seiner gegenwärtigen Seinslage und in seinem verantwortlichen Tun und ist zugleich auf der Seite des Zöglings, wo er den von ihm selbst ausgegangenen Erziehungsakt auffängt und aus der Perspektive dieses jungen Menschen erlebt" *(Faber, ibid., 137).* Eine solche Bipolarität oder "Doppelendigkeit" beim Menschen mit einer geistigen Behinderung zu erfahren, dürfte nicht immer leicht sein. Und doch muß diese "Erfahrung der Gegenseite" *(Buber)* auch seinem Erzieher möglich sein, sei es auch nur komplexhaft oder spurenweise. Nur durch sie findet er die Angemessenheit seines erzieherischen Tuns. Zugleich manifestiert sich in diesem "Zugleich-drüben-Sein" das, was Buber Liebe im Sinne von "Verantwortung eines Ich für ein Du" nennt.

Das *Vertrauen,* "das innerlichste Werk des erzieherischen Verhältnisses" *(Buber),* löst die Verschlossenheit des Zöglings und öffnet sein Wesen dem Erzogenwerden. In der Gegenseitigkeit des Vertrauens gibt sich das Kind dem Erzieher ganz anheim. Es traut und glaubt ihm und schaut zu ihm auf. Wie befremdend vielfältig und undurchdringlich ist für das geistig behinderte Kind die Welt! Da findet es in seinem Erzieher einen Menschen, der an seinem Leben teilnimmt. "Man hatte einen Lehrer, unter allen den einen; man wußte es: es gibt diesen Menschen, also ist alles in Ordnung" *(Buber, zit. Faber, ibid., 145).* Es löst sich die Angst, das Kind findet Zugang zu anderen Menschen und Zutrauen zum Künftigen. Wie grenzenlos Vertrauen sein kann, das ein Kind seinem Erzieher schenkt, kann man bei Menschen mit einer geistigen Behinderung unter Umständen in besonderer Eindringlichkeit erfahren.

Damit stoßen wir auf ein letztes Phänomen der Ich-Du-Beziehung, die *dialogische Verantwortung.* Es bedeutet für das erzieherische Verhältnis, gemäß der Besonderheit der jeweiligen Situation rechtschaffen, d. h. dem werdenden Leben dienend, zu antworten. "Eine an den Widersprüchen in der Welt, in der menschlichen Gesellschaft, in ihrem eigenen leiblichen Dasein leidende Seele tritt mir mit einer Frage entgegen; indem ich ihr nach meinem Wissen und Gewissen zu antworten versuche, helfe ich ihr ...". Dieser Satz *M. Bubers (1956, 69)* trifft in besonderer Weise für die menschliche Situation bei einer geistigen Behinderung zu.

Die genannten Einzelphänomene der dialogischen Beziehung zeichnen sich durch eine besondere innere Dichte aus, die es von vornherein nicht zuläßt, daß sie unentwegt aktualisiert werden. Sie treten vielmehr über weite Strecken des erzieherischen Miteinander in Latenz, wirken aber untergründig weiter und beeinflussen das erzieherische Tun in der erzieherischen Haltung. *Buber* hat in seinen Jerusalemer Radioreden 1950 (zit. *G. Störmer 1966, 28*) in Zusammenhang mit dem Begriff Kontakt als Grundwort der Erziehung folgendes ausgeführt: "Es bedeutet, daß der Lehrer den Schülern nicht von Gehirn zu Gehirn, von entwickeltem Gehirn zu unfertigem, sondern von Wesen zu Wesen, von gereiftem zu werdendem Wesen gegenüberstehen soll, wirklich gegenüber, das heißt nicht in einer Richtung von oben nach unten, sondern in echter Wechselwirkung, im Austausch von Erfahrungen, Erfahrungen eines erfüllten Lebens mit denen unerfüllter, die aber nicht weniger wichtig sind, nicht bloß Auskunftsuchen von unten und Auskunftgeben von oben, auch nicht bloß fragen und antworten hinüber und herüber, sondern echtes Wechselgespräch, das der Lehrer zwar leiten und beherrschen, in das er aber doch auch mit seiner eigenen Person unmittelbar und unbefangen eintreten muß. Dieses Gespräch aber soll sich ins schweigende Miteinandersein hinein fortsetzen, ja hier wohl erst eigentlich kulminieren. Das ist es, was ich das dialogische Prinzip in der Erziehung nenne."

3. Selbstbezogenes Helfen?

Heilpädagogisches Helfen versteht sich als Antwort auf den Anruf eines Anderen, der Beistand und Unterstützung braucht. Es orientiert sich also am Anderen. Dieser primäre Bezug auf den Anderen stellt in aller Regel einen erhöhten Anspruch an den einzelnen Helfenden dar. Erfordert dieser Akt das, was auch als *Selbstlosigkeit* bezeichnet wird, oder ist er nichts anderes als eine bestimmte Form von Selbstverwirklichung? Die verbreitete Diskussion um das sogenannte *Burnout-Syndrom* oder *Helfer-Syndrom (Schmidbauer 1977)* zeigt, daß der Ansatz oder die Motive des Helfens heute in eine Krise geraten sind *(Speck 1992)*.

Mit Burnout ist ein Ausbrennen der eigenen Bereitschaft und Kraft gemeint, einen Beruf auszuüben, der nicht mehr genug Sinn für die eigene Selbstverwirklichung abgibt, bzw. der zu einer nicht mehr verkraftbaren psychophysischen Belastung wird. Das Burnout-Phänomen ist sicherlich kein Phantom, sonst wäre es nicht zum Gegenstand einer Vielzahl von Untersuchungen und Diskussionen im In- und Ausland geworden *(Aronson u. a. 1983, Maslach 1985)*. Speziell mit dem Bezug dieses Phänomens zur Arbeit mit schwerer behinderten Menschen befassen sich die Arbeiten von *Hahn (1985), Buchka, Hackenberg (1987)* und *Straßmeier (1990)*. Uns interessieren hier im besonderen Fragen nach dem Erlebnishintergrund dieses Phänomens, also Fragen, die sich auf die Haltung der heilpädagogisch Helfenden erstrecken.

Im Vordergrund der verschiedenen Befunde stehen Angaben zur Kennzeichnung des Erlebens der eigenen Überlastung:

- emotionale Erschöpfung, Hilf- und Ausweglosigkeit
- verlorener Idealismus, Unzufriedenheit mit der Wirklichkeit
- geistige Erschöpfung, Dehumanisierung der eigenen Einstellung, Negativismus
- physische Erschöpfung, Neigung zu psychosomatischen Erkrankungen und überhöhtem Alkohol- und Medikamentenverbrauch.

Die Entstehungsgründe werden insbesondere in den spezifischen Tätigkeitsmerkmalen (Mangel an Bestätigung, emotionalem Dauerstreß, frustrierenden Situationen ohne Sinnerleben, Gefühl ineffektiven Arbeitens), in belastenden äußeren Arbeitsbedingungen (Überforderung wegen fehlenden Personals, Mangel an Selbständigkeit und Unterstützung) und in individuellen Persönlichkeitsfaktoren gesehen. *Straßmeier (a.a.O.)* hat das Geflecht der verschiedenen, individuell wirksamen Bedingungen verdeutlicht, gleichzeitig seine Verbreitung relativiert und u. a. ermittelt, daß nicht die "Schwere" der Arbeit (Arbeit mit *schwer* geistig behinderten Kindern) entscheidend ist, auch nicht der damit verbundene "Streß", aber offensichtlich die Einstellung zum *Sinn* der eigenen Aufgabe.

Diese Feststellungen geben uns Anlaß, über eine mögliche grundlegende Gefährdung der heilpädagogischen Haltung nachzudenken. Was heißt es, Sinn in der eigenen Arbeit sehen? Geht man von einigen der o. g. negativen Erlebnisweisen aus, so fällt auf, daß eine innere Erschöpfung im besonderen im Zusammenhang mit *Sinn für mich* steht:

- *Meine* Erwartungen waren andere, wurden enttäuscht.
- *Ich* sehe keine Effekte meiner Arbeit.
- Auf *mich* kommt zu wenig Befriedigendes zurück.
- *Ich* werde zu wenig verstärkt und unterstützt.
- *Ich* fühle mich zu sehr abhängig und kontrolliert.
- *Ich* finde für *mich* keinen Sinn.

Der moderne, aufgeklärte Mensch sieht sich genötigt, seine *Ich- oder Selbstreferenz* verstärkt geltend zu machen. Er ist "auf sich selbst zurückgeworfen" *(Lyotard).* Er hat die eigene Arbeitssituation unter dem Aspekt des eigenen Werte- und Normenanspruchs zu sehen. Dies bedingt eine Fülle von "Unzufriedenheiten". In den Vordergrund der Alltagsinszenierung treten die jeweils eigenen (subjektiven) Ich- und Selbstverwirklichungsvorstellungen.

Was heißt es nun, sich selbst verwirklichen, wenn es um Für-sorge für andere geht? Wie kann verhindert werden, daß der andere zum Objekt des Helfer-Subjekts wird? Zur Klärung beitragen könnte ein Rückgriff auf den alten Begriff der *Selbstlosigkeit.* Er ist als Widerspruch zur Selbstverwirklichung abgewertet worden. Der Grund kann darin gesehen werden, daß sozialer Dienst ursprünglich aus dem *Ideal* der *Selbstverleugnung* und damit als *moralische* Forderung begründet worden ist. Eine Folge dieses Anspruchs von außen war dann das, was als "Ausbeutung" zu kritisieren war und was schließlich die Gegenströmung des Selbst-Interesses auslöste: Was hat das alles mit *mir* zu tun? Was habe *ich* davon?

An sich wissen wir – nicht erst seit *M. Buber* –, daß nicht das Ich die Grundgestalt des Menschen ausmacht, sondern das *Ich-Du.* Offensichtlich aber kommt der entsprechende Lernprozeß erst jetzt in Gang. Die Wissenschaft vom Menschen sieht sich heute genötigt, Theorien zur Kenntnis zu nehmen, die über den Begriff des Ich/Selbst hinausreichen. Haben wir nicht seit je Schwierigkeiten, diesen Begriff überhaupt hinreichend zu definieren? *Varela, Thompson (1992),* die einen "Mittleren Weg der Erkenntnis", also einen Weg zwischen den extremen Maximen der *Selbstverleugnung* (Askese) und der *Selbstverwöhnung* suchen, gelangen zur Feststellung, daß wir auf der Basis der betonten Trennung von Subjekt und Objekt (Descartes: Cogito, ergo sum!) in die Falle eines unglückseligen Dualismus gegangen seien, und daß nun die Existenz des aus ihm hervorgegangenen eigenen Ich/Selbst zur Disposition stehe. Die für den heutigen homo oeconomicus bestimmend gewordene Orientierung an sich selbst habe zu einem Denken und Handeln im Sinne des Nutzens für sich selbst geführt. Sogar der *Altruismus* werde so gedeutet, daß er letztlich eigenen *Nutzen* einbringe (Dankbarkeit, Bestätigung durch andere oder ewige Güter). In den Vordergrund stelle sich das rastlose Fragen nach Gewinnen oder Verlieren.

Müßte sich beim Akt der *Fürsorge* dieses Ich/Selbst nicht eigentlich zurücknehmen, wenn es darum geht, sich dem anderen zu öffnen und für *ihn* zu handeln? Ist nicht das Lösen vom eigenen Ich/Selbst die Voraussetzung für ein Helfen, das sich am Anderen orientiert? – Es ist schwierig, sprachlich das zum Ausdruck zu bringen, was sich im Akt des Helfens im Helfenden vollzieht. Zweifellos geht vom Anderen der Impuls aus: Hilf mir, gleichgültig, in welcher Situation Du Dich gerade befindest, ob es Dir gelegen kommt oder nicht, ob Du es schaffst oder nicht! Die Antwort gibt stets das Selbst. Insofern ist das Reden (oder Fordern) von Selbstlosigkeit verfehlt. Ohne die Beteiligung des Selbst ist sinnvolle Hilfe nicht denkbar. Probleme dürften vor allem dann entstehen, wenn das Selbst im Grunde auf sich selbst gerichtet ist, im Grunde also sich selbst sucht und dabei den Anderen nach eigenen Maßgaben benutzt. *Lévinas (1995, 1998)* hat diese Zusammenhänge differenziert dargestellt.

XII. Die Erziehung in der Familie

Die Eltern sind die ersten Erzieher des geistig behinderten Kindes. An ihnen macht es seine grundlegenden Lebens- und Lernerfahrungen. Ihre Haltung und ihr erzieherisches Verhalten prägen in besonderer Weise sein Werden, die Entwicklung seiner Fähigkeiten, seine Einstellungen, sein späteres Lebensgefühl.

Gleichzeitig aber stellt die Aufgabe der Erziehung eines geistig behinderten Kindes seine Eltern vor außergewöhnliche Schwierigkeiten. Sie können unter Umständen so groß werden, daß man geneigt sein könnte zu sagen, sie sei eine übermenschliche Aufgabe, eine Aufgabe, die nur unter großen Opfern zu bewältigen sei.

Der pädagogischen Überlegung stellt sich damit die Frage nach den Determinanten der häuslichen Erziehung. Wovon sind ihre speziellen Möglichkeiten und Schwierigkeiten abhängig?

Die unvergleichliche Herausforderung, die Eltern durch die Geburt eines geistig behinderten Kindes erleben, kann man sich klarmachen, wenn man sie rechtsphilosophisch betrachtet. *Kant* schreibt in der Rechtslehre seiner "Metaphysik der Sitten" *(§ 28)*, daß es eine notwendige Idee sei, "den Akt der Zeugung als einen solchen anzusehen, wodurch wir eine Person ohne ihre Einwilligung auf die Welt gesetzt, und eigenmächtig in sie herüber gebracht haben; für welche Tat auf den Eltern nun auch eine Verbindlichkeit haftet, sie, so viel in ihren Kräften ist, mit diesem ihrem Zustande zufrieden zu machen". Sie übernehmen damit die Pflicht, für diesen Menschen zu sorgen, freilich mit der Zielvorstellung und in aller Regel mit der Aussicht, daß diese Fremderhaltung allmählich in eine Selbsterhaltung, nach *Kant* in die "Entlassung (emancipatio)" *(§ 29 a.a.O.)* führe.

Diese Aussicht zerbricht, wenn eine geistige Behinderung entdeckt wird. Die Eltern werden sich eines Aktes bewußt, der anders ausgeht, als sie angenommen hatten: der von ihnen in die Welt "herübergezogene" Mensch wird bei aller Fremderhaltung sich nicht im üblichen Sinne emanzipieren können; er bleibt ein Abhängiger. Für die Eltern entfällt die Rechtfertigung, einem Menschen zwar ohne seine Zustimmung ins Leben verholfen zu haben, aber doch mit der Aussicht, ein freier Mensch zu werden. In dem Bewußtsein dieses zweifellos belastenden Ereignisses liegt wohl letztlich das begründet, was Eltern als "Schuld" im weitesten Sinne empfinden können. – Die "Verantwortung" dafür bleibt auf ihnen unter Umständen ein Leben lang haften und drängt sie oft auch noch im Angesicht des Todes, sie weitergeben zu dürfen, das heißt, von ihr erlöst zu werden.

Aus der Tatsache der lebenslangen dominanten Fremderhaltung, die nicht zur Selbsterhaltung führen kann, erwächst der Erziehung eine besondere Aufgabe. Diese kann nicht etwa in der Fixierung der Abhängigkeit liegen, sondern in der Unterstützung aller Selbstbestimmungsintentionen, deren der Mensch mit einer geistigen Behinderung fähig ist, auch wenn er nie ganz mündig wird.

1. Die affektive Belastung der elterlichen Einstellungen

Das erzieherische Verhalten im einzelnen wird zentral bestimmt durch die *Einstellungen,* die ihm zugrunde liegen. Diese werden durch die *Entdeckung* einer geistigen Behinderung am Kinde empfindlich getroffen und verändert. Dies geht aus der Fülle von Untersuchungen hervor, die vor allem in Amerika durchgeführt worden sind. Eine ausführliche Literaturübersicht bieten *Vliegenthart* und *v. d. Dunk (1968)* und *Ross (1967).* Verwiesen sei auch auf *H. Brock 1954, Tizard* und *Grad 1961, Carr 1974, Hutt, Gibby 1976, Robinson, Robinson 1976, Thomas 1980, Prekop 1979, Clemens 1979, Bodenbender 1981, Rache 1980, Guski 1980, Graf 1987, Nippert 1988.*

Die Vielschichtigkeit und Kompliziertheit der ermittelten Reaktionsweisen der Eltern macht es schwer, sie in ein System zu bringen. Es besteht die Gefahr unzulässiger Verallgemeinerungen und damit der Verstellung wichtiger Nuancierungen im Einzelfall (vgl. *Jeltsch-Schudel 1988*).

Über den Zeitpunkt des Entdeckens der geistigen Behinderung werden von *D. Eggert (1969)* folgende Angaben gemacht: In 20,9 % der untersuchten Fälle war die Behinderung schon bei der Geburt bekannt, im Durchschnitt fiel sie mit zwei Jahren auf und bei 25 % sogar erst nach dem sechsten Lebensjahr.

Das Wahrnehmen einer geistigen Schädigung des Kindes löst recht unterschiedliche Reaktionen aus (vgl. *Clemens 1979*). Sie sind allgemein bedingt durch die jeweilige Dynamik und Struktur der Persönlichkeit von Vater und Mutter, ihrer Ehe und ihrer Familie, soweit diese schon besteht, aber auch durch das Verhalten der Umwelt. Im einzelnen determinieren vor allem Schuldgefühle, die Enttäuschung eigener Zukunftserwartungen, pädagogische Hilf- und Ratlosigkeit, das Miterleiden der eingeschränkten Lebensmöglichkeiten des Kindes und der Druck des sozialen Urteils die eigenen erzieherischen Einstellungen.

Die Elternproblematik würde jedoch vereinseitigt, wollte man sie nur als eine ungelöste betrachten. Viele Eltern sind oder werden durchaus fähig, die durch die geistige Behinderung ihres Kindes entstandenen Probleme positiv zu lösen, worauf unter anderem auch *Vliegenthart, v. d. Dunk (1968), Carr (1978), Clemens (1979)* und *Schubert (1987)* hinweisen.

Die Eltern geistig behinderter Kinder stammen aus allen sozialen Schichten. Ihr Verhalten gegenüber dem Kind wird generell von ihrer sozio-ökonomischen Lage beeinflußt, wie dies auch bei normalen Kindern der Fall ist *(Carr 1978, 114). Mohr, Müller, Plein (1979)* haben ermittelt, daß die sozio-ökonomische Situation in diesen Familien nicht durch eine generelle Zuordnung zu definierten sozialen Schichten hinreichend beschrieben werden kann.

Von Schuldgefühlen bei Eltern geistig behinderter Kinder wird besonders häufig berichtet (vgl. *Van Es* b. *Vliegenthart* und *v. d. Dunk 1968*). Der Grund läßt sich in infantilen Sündenvorstellungen suchen, aber auch – und zwar gerade heute – in der vermehrten Kenntnis möglicher äußerer Einwirkungen auf die Leibesfrucht, seien sie zutreffend oder nicht, Einwirkungen jedenfalls, für die sich der Mensch selbst verantwortlich ansieht. Es kann auch die Frage nach der Erblichkeit sein oder speziell bei Müttern die Vorstellung von der Unfähigkeit des eigenen Leibes, "dem Mann ein gesundes Kind zu schenken" *(Ross 1967).* Die Enttäuschung eigener Zukunftserwartungen, die man in das Kind gesetzt hatte, dürfte in einer Leistungsgesellschaft wie der heutigen besonders verbreitet und schwerwiegend sein. "Unsere Gesellschaft hält es für eine gute Sache, Kinder zu haben", schrieb *Ross* im Anschluß an *Zuk (1962),* "aber für schlecht, schwachsinnige zu haben, weil sie auf dem Prinzip von Leistung und Wettbewerb aufgebaut ist und Glieder der Gesellschaft, die nichts leisten und keinen Erfolg haben, nur gering achtet" *(Ross, ibid., 116).*

Man könnte wie *Vliegenthart* und *v. d. Dunk (1968)* geneigt sein, die seelische Erschütterung der Eltern gerade über eine geistige Schädigung ihres Kindes als die schwerste anzusehen im Vergleich zu anderen möglichen Behinderungen, und zwar deshalb, weil "die Intelligenz im allgemeinen als eine Fähigkeit betrachtet wird, die des Menschen höchste Würde ausmacht" (*Vliegenthart* und *v. d. Dunk, ibid., 369).* Untersuchungen an Eltern gliedmaßengeschädigter Kinder aber haben ergeben, daß deren Reaktion auf die schwere Behinderung ihres Kindes ganz ähnliche Konflikte aufweist. So berichten *Strasser u. a. (1968)* über eine solche Mutter in der Phase des ersten Schocks: "In dieser Zeit war der Mutter alles gleich, auch, ob das Kind sterben würde. Sie hat mehr mechanisch alles gemacht. Das Gefühl hat sich völlig von der Realität zurückgezogen. Sie sagt, sie sei damals wie tot gewesen ... Sie konnte ohne Ermüdung arbeiten, sie hatte das Gefühl, als seien Körper und Seele getrennt. Mitteilungen, die ihr gemacht wurden, konnte sie nicht mehr auffassen" *(Strasser, Sievert, Munk 1968, 14).* Auch Tötungen solcher Kinder durch ihre Eltern sind bekannt geworden. Möglicherweise ist es also nicht die Intelligenzschwäche an sich, sondern die befürchtete absolute Lebensuntüchtigkeit, die sogar Todeswünsche aufkommen läßt.

Die Enttäuschung, ein geistig behindertes Kind zu haben, dürfte um so größer sein, je höher die Erwartungen der Eltern angesetzt waren, z. B. im Hinblick auf die Mehrung des Sozialprestiges durch das Kind. Das "nichtvollwertige" Kind kann als narzißtische Kränkung für das Ich und als Unglück empfunden werden. Man stellt sich die schwere seelische und körperliche Belastung vor, die das behinderte Kind für das eigene Leben und das der Familie in Zukunft bedeuten wird.

Vliegenthart, v. d. Dunk (1968) weisen mit Recht darauf hin, daß es eine Simplifizierung darstelle, lediglich die Frustrierung der *eigenen,* also mehr oder weniger egoistischen Zukunftserwartungen der Eltern als Enttäuschungen zu sehen. Es gibt darüber hinaus auch die Trauer der Enttäuschung über die Verkürzung der Lebensmöglichkeiten des behinderten Kindes selber. Es gibt einen Schmerz aus selbstloser Liebe zum Kind, Sorge um seine gefährdete Zukunft, weil man es liebt. Hier handelt es sich um echtes Mit-Leiden, wie es *Vliegenthart, v. d. Dunk (1968)* am Beispiel eines Vaters verdeutlichen, der nach dem ersten Besuch bei seinem anormalen Kind vor Erschütterung eine Stunde im Bahnhofswartesaal sitzen blieb, bevor er zu Hause darüber sprechen konnte. Wie er später sagte, habe seine Erschütterung *sowohl* der Angst, wie es diesem Kinde später gehen werde, *als auch* der Angst um die eigene Zukunft gegolten.

Die genannten emotionalen Reaktionsweisen der Eltern sind mitbedingt durch das *Verhalten der Umwelt,* durch den Druck des sozialen Urteils. Neugieriges Gaffen, abfällige Äußerungen, Gleichgültigkeit und Distanz werden als Erniedrigung erlebt. Der Grad dieses Erlebens, d.h. des sozialen Drucks, hängt wesentlich ab von der eigenen Empfindlichkeit der Eltern und dem Grad ihrer psychischen Stabilität *(Tizard* und *Grad 1961).* Man kann aber auch sagen, daß sich eine besondere Empfindlichkeit gegenüber der Umwelt erst herausbildet. Man projiziert u.U. in das Verhalten der anderen Motive und Absichten hinein, die gar nicht vorliegen; man beklagt sich über die Verständnislosigkeit der Mitmenschen, übersieht aber, wie schwer es diesen Nichtbetroffenen fällt, sich "richtig" zu verhalten, weil sie sich einfach nicht in die tatsächliche Situation einfühlen können, und weil auch die betroffenen Eltern andere geworden sind. Die Erfahrungen, die sie machen mußten, andere aber nicht kennen, haben ihr Erleben und ihr Weltbild verändert *(Vliegenthart, v. d. Dunk 1968).*

Der inzwischen eingetretene Wandel der Einstellungen hat u. a. dazu geführt, daß Eltern geistig behinderter Kinder ihre Umwelt heute nicht als schlechthin feindlich einschätzen *(Clemens 1979, 57).* In der Untersuchung von *Carr (1978)* erklärte mehr als die Hälfte der befragten Mütter, sie hätten von Verwandten und Freunden Hilfe erfahren.

Wie stark allgemein verbreitet die soziale Distanz gegenüber geistig behinderten Kindern ist, zeigte die Erhebung von *v. Bracken (1976).* Gefühle des Befremdetseins, der Unsicherheit, der Angst und der Ablehnung äußerte nahezu die Hälfte der Befragten. Ein Drittel wollte das eigene Kind nicht mit einem geistig behinderten spielen lassen, nahezu alle lehnten eine Adoption ab. 70% konnten im Leben dieser Kinder kaum positive Werte sehen, hielten es für besser, wenn diese früh stürben. Die meisten befürworteten eine Heimunterbringung – in möglichst entlegenen Orten. (Vgl. auch die sehr umfangreichen und differenzierten Analysen von *Cloerkes 1985*!)

Die Einstellung der Eltern zu ihrem behinderten Kind wird schließlich auch stark beeinflußt von der physisch-psychischen Überbeanspruchung, vor allem der Mutter, und von der Ungewißheit der Zukunft *(Bodenbender 1981).* Die permanente Hilfebedürftigkeit der Kinder, ihre ständige Gefährdung und Beaufsichtigung, ihre täglich sich wiederholenden Schwierigkeiten und Nöte können zu stärksten Belastungen führen *(Bremer-Hübler 1990).*

Stellt heute schon die Erziehung eines nichtbehinderten Kindes eine Aufgabe dar, für die Elternschulung und psychologische Information für notwendig erachtet werden, so läßt sich das Ausmaß der Schwierigkeiten abschätzen, das durch eine geistige Behinderung des Kindes hervorgerufen wird.

2. Innerfamiliäre Verarbeitungsprozesse

Die Einstellung der Eltern zum Kind hängt von der Art der Verarbeitung der Erschütterung und des inneren Konfliktes ab. In der vorliegenden Literatur erscheint vor allem die ungelöste Problematik als Gegenstand zahlreicher Untersuchungen. Sie beruht auf der unrealistischen Beurteilung des kindlichen Zustandes. Es ist die Angst, die bestimmte *Abwehrmechanismen* auslöst. Sie sollen das durch die Schädigung des Kindes gestörte innere Gleichgewicht wiederherstellen und aufrechterhalten. Es sind dies, wie *Ross (ibid.)* aus *psychoanalytischer* Sicht darstellt (vgl. auch *Prekop 1979*), vor allem folgende:

In der *Verleugnung* wird der Versuch gemacht, in der Vorstellung zu leben, es fehle dem Kinde nichts. Vor allem solange das Kind noch klein ist, neigen Eltern zu dieser Selbsttäuschung und verbinden sie mit Vorwürfen gegen die Umwelt oder bestimmte Fachleute und Einrichtungen, die dem Kinde zu wenig Chancen für seine Entwicklung gäben. Um die Konfrontation mit nichtbehinderten Kindern zu vermeiden, wird das Kind von ihnen ferngehalten und in der Familie überbehütet. Damit aber wird es an der Entfaltung seiner tatsächlichen Fähigkeiten gehindert. – Verleugnung kann aber auch dazu führen, daß das Kind unter einen *Lernüberdruck* gestellt wird. Durch übermäßige Forderungen und Übungen will man den Beweis für die Richtigkeit seiner These von der Nichtbehinderung des Kindes erbringen.

Bei der *Projektion* wird die wahrgenommene Behinderung als solche zwar akzeptiert, aber die Schuld am Zustandekommen der Schädigung wird, um Selbstvorwürfe abzuwehren, in bestimmten Umständen und Personen gesucht. Die ständige Suche nach einem Sündenbock bannt die Eltern in eine Dauerspannung, die die Erziehung des Kindes belasten muß, und zwar vor allem dann, wenn die Verantwortung verschoben wird (vgl. *Görres 1974*).

Die *Intellektualisierung* des Konfliktes kann sich in einer intensiven Beschäftigung mit dem Defekt des Kindes äußern, unter Umständen in einer geradezu wissenschaftlichen Erforschung der Behinderung. Bei der *Sublimierung* wird die durch die Konfliktspannung erzeugte psychische Energie in gesteigerte soziale Aktivität zugunsten behinderter Kinder umgesetzt, z. B. in den Elternvereinigungen. Intellektualisierung und Sublimierung haben nur dann eine aufbauende Wirkung, wenn die unbewußten Konflikte der Eltern verarbeitet sind und die wirklichen Bedürfnisse des Kindes ernst genommen werden.

Als eine Form des *Abreagierens von Aggressionen* gegen das Kind erweist sich vielfach die als Konsequenz getarnte erzieherische Strenge verbunden mit Strafen, mühevollen Übungen oder strenger Diät. Bei der *Ritualisierung* werden die heilpädagogischen Maßnahmen zum Zeremoniell: Sie werden auf das peinlichste genau beachtet. Eine solche Übergewissenhaftigkeit ist dazu angetan, die Beziehung zum Kind zu mechanisieren.

Die häufig anzutreffende *Überbehütung* und *Verwöhnung* des geistig behinderten Kindes ist sicherlich auf mehrere Gründe zurückzuführen. Es kann sich um eine Kompensation der eigenen Enttäuschung, um Schuldgefühle oder falsches Mitleid handeln. Gelegentlich auftreten kann jene Opferhaltung, welche zu einer Selbstüberforderung ohnegleichen führen kann.

Hutt und *Gibby (1976)* unterscheiden hauptsächlich drei größere Kategorien emotionaler Reaktionen:

- Eltern, die die Realität ihres behinderten Kindes akzeptieren,
- Eltern, die sich verstellen, und
- Eltern, die die Realität der Behinderung verleugnen.

Je nach der Persönlichkeitsstruktur können als emotionale Fehlanpassungen eintreten:

- Verzerrungen in der Wahrnehmung des kindlichen Verhaltens
- Zurückweisungen und Feindseligkeit
- eheliche Unstimmigkeiten
- narzißtische Verwicklungen
- Abhängigkeitsreaktionen
- Fehlreaktionen gegenüber sozialen Gruppen
- Schuldgefühle.

Die Einstellung von Vater und Mutter steht in Wechselwirkung zueinander und zu der der gesunden Kinder. Die ganze Familie kann, muß aber nicht "Sonderfamilie" *(Ross 1967)* werden, wenn ein Mitglied in besonderer Weise beeinträchtigt ist. Es können Ehekonflikte heraufbeschworen werden, wie die Untersuchung von *Farber (1959)* gezeigt hat, es können aber auch bisher latente Konflikte z.B. zwischen den Eltern und einem gesunden Kind, manifest werden. Die durch das behinderte Kind notwendig gewordene bzw. ausgelöste Veränderung und Neuordnung des Rollensystems der ganzen Familie wird von den einzelnen Mitgliedern unterschiedlich mitvollzogen. Unter Umständen kann psychotherapeutische Hilfe angebracht sein *(Müller-Hohagen 1987).*

S. Görres (1974) beschreibt, wie die Andersartigkeit des behinderten Kindes benutzt werden kann, um die übrigen – sich distanzierenden – Familienmitglieder in ihrer Verantwortung zu entlasten. Das behinderte Kind wird etwa zum Sündenbock der Familie, zum Dauer-Kleinkind oder zum Star bzw. zum "Auserwählten".

Eine für den Ansatz von Familientherapie wichtige Sicht der familiären Probleme ergibt sich, wenn man diese unter systemtheoretischem Aspekt untersucht. Entsprechende familiendiagnostische Befunde liegen von *Schubert (1987)* vor. Danach ist die Funktionabilität einer Familie mit einem geistig behinderten Kind von einer insgesamt schwächeren innerfamiliären Kohäsion und Adaptabilität geprägt. Vermehrte Probleme werden für jede 5. Familie registriert, während diese Einschätzung nur von jeder 15. Familie, die kein behindertes Kind aufweist, vorgenommen wird. Insgesamt überwiegen reale innerfamiliäre Belastungen – vor allem in emotionaler Hinsicht –, die für eine wachstumsfördernde Lebensgestaltung weniger dienlich sind.

In einem nur scheinbaren Gegensatz hierzu steht die weitere Feststellung, daß Familien mit einem geistig behinderten Kind im Vergleich zu sogenannten Normalfamilien keine größeren Probleme bezüglich der konkreten "Aufgabenerfüllung" (Identifizierung von Problemen, Finden von Lösungen, Anwendung probater Maßnahmen) haben. Die Konzentration auf diese Aufgaben, die wegen der besonderen Herausforderung durch das behinderte Kind auch zu einer – vielfach mehr äußeren – Stabilisierung des familiären Zusammenhalts führen kann, wird vielfach "bezahlt" mit einer chronischen Vernachlässigung der Eigenbedürfnisse der Familienmitglieder. Insbesondere werden gehäufte Konflikte zwischen den Eltern und deutlich schlechtere Kind-Eltern-Beziehungen aus der Sicht der nichtbehinderten Kinder registriert. Die vielfach verdeckten Konflikte zwischen Vater und Mutter werden über das Kind "umgeleitet". Dieses erfährt dadurch mehr Zuwendung durch den einzelnen Elternteil, während sich die Eltern einander weniger zuwenden. Das auf diese Weise "triangulierte" Kind tritt als gemeinsames Sorgenkind in den Mittelpunkt des Familiengeschehens. Diese Position zwischen den Eltern verleiht ihm die Rolle des Bindeglieds oder des Prellbocks. – Die Beratung der Eltern darf diese zumeist verdeckten Rollenkomplikationen nicht übersehen.

Was die *Geschwister* eines geistig behinderten Kindes betrifft (vgl. *Hackenberg 1983, Seifert 1989*), so ist zu beachten, daß sie sich in der Regel mit der Einstellung ihrer Eltern identifizieren, solange sie im Kindesalter sind. So können sie etwa die helfende Bereitschaft der Eltern übernehmen und dadurch sogar zu einer Steigerung des Zusammengehörigkeitsgefühls der Familie beitragen. Angesichts der vermehrten und oft recht mühsamen Aufsicht und Pflege des Kindes entsteht daraus leicht eine Überforderung der gesunden Geschwister. Hinzu kommt eine mehrfache Benachteiligung durch eine Verringerung der Zuwendung der Eltern an sie, wenn das behinderte Kind zum Mittel- und Schwerpunkt der Familie wird, und durch die Schmälerung des Sozialkontaktes außerhalb der Familie. Auch für Belange der persönlichen Entwicklung steht weniger Zeit und Kraft zur Verfügung. "Es ist sehr schwer, den Geschwistern klarzumachen, daß man sich um ein krankes Kind noch mehr kümmern muß als um ein gesundes, und daß ein solches manchmal etwas darf, was man bei ihnen nicht richtig findet, klagen die Eltern *(D. Fischer 1969)*.

Die Folgen können Spannungen im Verhältnis zu den Eltern wie zum behinderten Geschwister sein. Psychische Fehlhaltungen wie Regressionen und Aggressionen können sich einstellen. *Bach (1967)* weist noch auf die besondere Gefahr hin, die darin liegen kann, daß die Eltern ein Kind mit dem Versprechen überbürden, sein Leben lang für das behinderte Geschwister zu sorgen. Dies könne zu einer feindseligen Haltung gegenüber dem Behinderten oder zu einer Aufopferung des Eigenlebens mit allen ihren problematischen Folgen führen. Weitere Hinweise zur Geschwistersituation enthalten die Arbeiten von *Vliegenhart, v. d. Dunk (1968), Farber (1962), Caldwell, Guze (1964), Ross (1967), Mittermaier (1969), S. Görres (1974), Jeltsch-Schudel (1988)* und *Seifert (1989)*.

3. Beratende Hilfe für die Eltern – Kooperation

Nicht nur das geistig behinderte Kind, sondern auch seine Eltern brauchen Hilfe. Ohne Beratung, Anleitung und Unterstützung werden ihre Kräfte angesichts der ihnen gestellten Aufgaben leicht überfordert und bleiben ihre noch so gutgemeinten Bemühungen um ihr Kind ohne den sonst möglichen Erfolg. Im übrigen sollen auch sie und ihre anderen Kinder ein Leben führen können, das lebenswert ist.

3.1. Das Gespräch mit den Eltern

Beratung soll die Eltern instand setzen, die eigenen Probleme und Aufgaben zu lösen, soweit sie dazu fähig sind. *Ross (1967)* sieht es als letztes Ziel unserer Hilfeleistung an, daß die Eltern ihr Kind als individuelles Menschenkind sehen, dessen Behinderung ein unglücklicher Zufall der Natur ist. "Man muß den Eltern helfen, das Problem klar zu sehen und realistisch die notwendigen Entscheidungen zu treffen" *(88).* Dazu brauchen sie sachliche Informationen über den Zustand und die mögliche Zukunft des Kindes, aber auch Ermutigung, um Über die erlittenen Enttäuschungen hinwegzukommen. Dabei wird es darauf ankommen, daß sie sich ihrer eigenen Gefühle bewußt werden, und daß sie ein gewisses Verständnis für das vielfach befremdende Verhalten der anderen Leute erlernen.

Die Beratung der Eltern zielt darauf ab, ihnen zu einer realistischen und akzeptierenden Einstellung zum Kind und zu sich selbst zu verhelfen. Es geht aber auch entsprechend den ständig neu auftretenden Schwierigkeiten mit dem Kind um die möglicherweise fortlaufende Beantwortung ganz "simpler" Fragen des praktischen Verhaltens gegenüber dem Kind, Fragen nach Gesichtspunkten bei der Sauberkeits-, Selbständigkeits- oder Geschlechtserziehung, Fragen der Verwendung von Lohn und Strafe u. ä. *(W. Nauck 1963).*

Antwort auf diese Fragen kann sicherlich nur ein Berater geben, der sowohl über das nötige Fachwissen wie auch über eine gewisse Erfahrung im Umgang mit geistig behinderten Kindern verfügt. Die Zahl der Fachleute, die sich mit geistig behinderten Kindern beschäftigen, wird größer. Ob sie alle, Ärzte, Heilpädagogen, Krankengymnastinnen, Psychologen, Sozialarbeiter u. a., in gleichem Maße in der Lage sind, den Eltern zu helfen, kann bezweifelt werden. *Ross (1967)* meint, daß gerade eine Vielzahl von Spezialisten das Ergebnis der Beratung eher beeinträchtigen als verbessern könne.

Auf die besondere Problematik der stets besserwissenden Berater weist *A. Görres (1972)* hin. Als Psychologe prophezeit er jedem behinderten Kind und seinen Eltern, daß sie "unter die Ratgeber fallen" werden, "wie man unter die Räuber fällt" *(5).* Ratgeben entlastet – auch wenn es nicht hilft, und wer rät, ist oben. In der Tat brauchen die Eltern mehr als bloßen Rat begutachtender Experten, und vielfach geht der erteilte Rat an ihrer eigentlichen Problematik vorbei. Nach *Sarason (1952)* ist die Unwissenheit eines großen Teils der Eltern nicht durch ihr Nicht-wissen-Wollen, sondern durch das Versagen der Spezialisten bei der Aufklärung der Eltern bedingt *(19)*. *Roos (1975)* beschreibt das Fehlverhalten der – beratenden – Experten im einzelnen. Sie neigten dazu, die Probleme der Eltern darin zu sehen, daß sie die Behinderung nicht genügend akzeptierten, daß sie wegen ihrer verdeckten Todeswünsche gegenüber dem Kind chronisch depressiv würden, daß sie wegen ihrer latenten Feindseligkeit ihr Kind überbehüteten oder daß ihre ehelichen Probleme aus der Verschiebung und Projektion dieser Feindseligkeit resultierten *(340)*.

Gegenüber diesen destruktiven Stereotypien der Eltern macht *Roos* Fehlverhaltensweisen der Experten geltend:

- professionelle Ignoranz
- professionelle Hoffnungslosigkeit
- endlose Überweisungen von Spezialist zu Spezialist
- Geheimniskrämerei
- das Taube-Ohren-Syndrom
- professionelle Alles-Wisserei
- professionelle Omnipotenz und
- die Tendenz, die Eltern zu Patienten zu machen *(ibid., 341ff.)*.

Nur sehr mühsam kommt eine gegenseitige Verständigung der verschiedenen Berufsgruppen zustande, die sich an der Beratung beteiligen.

Es erscheint daher eine stärkere Koordinierung der Arbeit der verschiedenen Fachleute, eine engere Fühlungnahme miteinander und ein häufigerer Erfahrungsaustausch notwendig (vgl. *Speck 1988*). *Wunderlich (1970)* weist mit Recht darauf hin, daß diese Zusammenarbeit schon während der Studienzeit grundgelegt und angebahnt werden kann und soll. Zusammenarbeit erfordert vor allem die Haltung der Aufrichtigkeit hinsichtlich der eigenen Nicht-Kompetenz und die Haltung der Achtung vor dem anderen Fachmann. Im Interesse der ratsuchenden Eltern und einer kontinuierlichen Entwicklung des Kindes dürfte es letztlich liegen, daß – jedenfalls für einen längeren Zeitabschnitt – einer bestimmten Person die Hauptverantwortung der Beratung zufällt.

Wunderlich (1970) stellte im besonderen die Bedeutung heraus, die der Arzt, speziell der Hausarzt, vor allem in den ersten Lebensjahren des Kindes hat und haben kann, ohne sich Illusionen über die gegenwärtigen Unzulänglichkeiten hinzugeben. Es sei ein gründliches ärztliches Umdenken und Umgestalten der ärztlichen Betreuung des Down-Kindes und seiner Kinder nötig, und zwar nicht so sehr in bezug auf die Neuorientierung im Bereich der Pathogenese, als vielmehr in sozialpsychologischer Hinsicht angesichts der Verantwortlichkeit der Ärzte als der vielfach ersten wesentlichen Bezugspersonen der Eltern in deren spezieller Notlage. Tatsache sei jedoch, “daß wir (Ärzte) – auch heute noch – diesen Problemen vielfach so ablehnend und widerwillig gegenüberstehen und uns so gerne auf unsere naturwissenschaftlichen Bereiche zurückziehen", und dies sei "oft der sichtbare Ausdruck einer Verdrängung von Aggressionen gegen diese Kinder, die in unserer Gesellschaft noch tief verwurzelt sind" (*83*, vgl. auch *Neuhäuser, Steinhausen 1990*).

Wer auch immer Eltern geistig behinderter Kinder berät, muß neben Wissen und Erfahrung vor allem über bestimmte menschliche Qualitäten verfügen. *Ross (1967)* nennt u. a. die Bereitschaft, den anderen anzunehmen, Verständnis und Wärme, fachliche Objektivität und Sicherheit und die technischen Fertigkeiten der Gesprächsführung. Wer über derartige Befähigungen, die sich aus Lehrbüchern nicht erlernen lassen, nicht verfügt, sollte Abstand von einem Beruf nehmen, dessen zentrale Aufgabe das mitmenschliche Helfen ist.

Über die Techniken und Prinzipien der *Gesprächsführung* speziell mit Eltern behinderter Kinder gibt *Ross (1967)* eine ausführliche Darstellung. Dabei ist auch die Möglichkeit der Beratung in Gruppen berücksichtigt. Sie ist – auch auf Grund eigener Erfahrungen – für bestimmte Eltern und für bestimmte Beratungsthemen geeigneter als die Einzelberatung. In der Schule für Geistigbehinderte in München war es üblich, daß die Eltern in regelmäßigen Abständen Gelegenheit hatten, am Unterricht teilzunehmen. Dadurch boten sich besonders günstige und anschauliche Anhaltspunkte für ein Beratungsgespräch. Überdies war auf eine solche Weise die Anleitung der Eltern zum rechten erzieherischen Umgang mit den Kindern wohl am anschaulichsten möglich.

Über das Ergebnis einer Reihe von Gruppensitzungen mit Eltern geistig behinderter Kinder berichtete *Auerbach (1959)*.

- Die Eltern fühlten sich erleichtert und unterstützt durch das gemeinsame Tragen von Enttäuschungen und Erfolgen. Sie sprachen aus, daß sie sich nicht mehr so einsam fühlten in ihren Nöten;
- sie schienen weniger von Schuldgefühlen bedrückt;
- sie verstanden es besser, das Kind dafür zu gewinnen, Neues zu lernen und ihm dabei zu helfen. Zu all dem könnte man noch beifügen, daß diese Eltern fähiger geworden schienen, sich mit den Grenzen ihres Kindes abzufinden, und freier, ihm zu helfen, das Beste aus seinen Möglichkeiten zu machen (zit. *Ross, ibid., 114*).

Über die Bedeutung und über Formen der Elternarbeit in der Schule berichtete *Mertes 1978*, bezogen auf die Frühförderung (vgl. *Speck, Warnke 1989* und *Weiß 1989*).

3.2. Der Beratungsvorgang als ökologische Kommunikation

Der Beratungsvorgang spielt sich auf der Grundlage des Verhältnisses zwischen zwei Subjekten ab. Nach allgemeinem Verständnis gilt dabei der eine als Ratgeber und der andere als Ratempfangender. Der eine berät, der andere läßt sich beraten. In dieser üblichen Beschreibung des Beratungsverhältnisses steckt bereits eine problematische Auffassung, die näher erläutert werden muß. Wir können sie als das traditionelle Modell der *fachmännischen Einflußnahme* oder als das Laien-Modell bezeichnen (vgl. *Speck/Warnke 1983*). Es beruht sozialpsychologisch und phänomenologisch auf folgenden Grundannahmen:

Der zu Beratende wird zum Objekt des besser Bescheid wissenden Fachmannes. Beratung zielt dann auf eine bestimmte Beeinflussung ab, d.h. sie folgt der Absicht, dem Zuberatenden bestimmte Einsichten zu übermitteln und ein mehr oder weniger intendiertes Verhalten hervorzurufen. Die dazu verwendeten Methoden sollen zwar der Intention nach die Entscheidungsfreiheit des Beratenen berücksichtigen, sie verfolgen aber eben doch die Absicht, den Klienten die Maßnahmen und Lösungen, "die der Experte für angezeigt erachtet, ... selbst finden zu lassen" (*Däumling 1970*, zit. b. *Houben 1975, 94*).

Dieses Modell entspricht dem landläufigen Bild eines einseitig gerichteten Beratungsverhältnisses, das durch die Fachautorität auf der einen Seite und durch die Autoritätsabhängigkeit auf der anderen Seite gekennzeichnet ist. Auf den ersten Blick erscheint es ganz plausibel; schließlich ist es doch der Fachmann, der über das Wissen und Können verfügt, dessentwegen jemand seinen Rat sucht, bzw. das dazu legitimiert, Rat zu erteilen. Aus dieser Sicht müßte Beratung ihre höchste Effektivität jeweils dann erreichen, wenn der Beratende ein Höchstmaß an fachlichem Wissen und Können aufweist. Dem entspricht aber nicht die Realität.

Der Mensch ist – wie jedes Lebewesen – als eigenes System, als "autopoietisches System" zu sehen (*Maturana* und *Varela 1987*). Auf der Basis seiner angeborenen Organisation ist er in der Lage, die für ihn eigene Struktur, also eigene Gesetzlichkeit (Autonomie) zu verwirklichen. Diese Eigenstruktur entwickelt sich durch Interaktionen mit der Umwelt. Die Ontogenese wird zur Ko-Ontogenese, ohne daß dabei die Autonomie verlorengeht (Abb. 14, 274). Dabei bestimmen nicht die Einwirkungen der Umwelt, zu welchen Veränderungen es im Individuum kommt. Sie sind vielmehr nur Auslöser von strukturellen Veränderungen. Das Individuum selber wählt aus. Der Mensch ist kein bloßes oder direktes Ergebnis äußerer Einflüsse.

Das bedeutet für den Beratungsvorgang, daß nicht einfach das, was vom Berater an den zu Beratenden abgeschickt wird, quasi als Informationspaket in Empfang genommen wird, sondern in der sprachlichen Koppelung bleibt es grundsätzlich offen, wieweit das eigene System sich umbaut, also z.B. den Intentionen des anderen entspricht oder nicht.

Beratung ist also günstigenfalls eine ko-ontogenetische Koppelung zweier in sich autonomer Systeme, durch die eine Annäherung, also etwas Gemeinsames, zustandekommt. Entscheidend ist dabei nicht das, was z.B. der Berater sagt, sondern was der andere wahrnimmt, und was in ihm an Umstrukturierung ausgelöst wird oder nicht. Dies wiederum ist wesentlich Ergebnis der eigenen Lebensgeschichte und ihres Kontextes.

Diese eigene Sicht der Wirklichkeit und die Schwierigkeit, Übereinstimmung zu erzielen, soll an einem Beispiel aus der Frühförderung erläutert werden:

Ein Mädchen mit dem Down-Syndrom (3. J.) versucht in Anwesenheit der Mutter und der Frühbetreuerin immer wieder, aber vergeblich, sich auf ein Puppenstühlchen zu setzen; dabei fällt es jedesmal um, gibt aber nicht auf. Während die Frühbetreuerin in diesen Lernversuchen einen positiven Effekt sieht, den sie unterstützt, beurteilt die Mutter diese Versuche ganz entgegengesetzt und macht dem Kind Vorwürfe: "Immer ist sie so stur; sie muß doch merken, daß das nicht geht." *(Arbeitsstelle Frühförderung 1988, 108f.)*

Jeder von beiden Beobachtern sieht dieselbe Wirklichkeit anders. Wie sieht sie das Kind? Eine weitere Frage wäre: Warum handelt das Kind in dieser Situation, im gegebenen Kontext, so? Diese Frage führt uns zum nächsten Aspekt:

Der Mensch handelt jeweils aus einem bestimmten Lebenskontext heraus und ist deshalb erst verstehbar, wenn der andere diesen Lebenskontext in seine Beobachtung miteinbezieht. Zum Begriff "Lebenswelt": Er wird auch als Lebensbereich, Lebensraum *(Lewin),* soziales Netzwerk bezeichnet, aber auch als soziales System *(Bronfenbrenner 1981).* Auf einer ökologischen Begriffsbasis ist diese Gleichsetzung vertretbar.

Bronfenbrenner arbeitet in seiner "Ökologie der menschlichen Entwicklung" die Bedeutung der Wechselwirkungen heraus, in die das sich entwickelnde Kind hineingewoben ist als in einen Komplex ineinandergeschachtelter, vielfältiger Zusammenhänge, die für die Entwicklung seiner Vorstellung von der Welt und seines Handelns bedeutsam werden (vgl. *Lewin* und *Piaget*). Dabei nimmt jedes Kind auf seine Weise Wirklichkeit wahr; es entsteht eine gewisse Kontinuität der Wahrnehmung (Identität), je nachdem in welcher Umwelt das Kind aufwächst und was es dabei wahrnimmt. Dies gilt vor allem für den primären Lebensbereich, die Familie, auch für die Schule (Schulklasse). *Bronfenbrenner* nennt diese vom Kind unmittelbar und direkt erlebten Lebensbereiche *"Mikrosysteme"* im Unterschied zu *"Makrosystemen"* (größere, kulturelle Zusammenhänge) und *"Exosystemen"* (indirekt beeinflussende Ereignisse, z.B. Arbeitslosigkeit). Uns interessieren hier im besonderen die Mikrosysteme und zwar nicht für sich allein, sondern unter dem Aspekt ihrer Verbindung, also intersystemisch. *Bronfenbrenner* spricht von *"Mesosystemen"*. Das uns hier interessierende Mesosystem wäre das zwischen Familie und Schule. Das Kind hat als Schüler/in Anteil an beiden, erlebt aber beide jeweils aus der eigenen Wahrnehmung, d.h. nicht so, wie Eltern und Lehrer diese Wirklichkeiten wahrnehmen. Darauf muß man sich einstellen, d.h. keiner der Beteiligten kann seine Sicht verabsolutieren als "die richtige". Daß diese Komplizierung im Beratungsvorgang eine entscheidende Rolle spielt, liegt auf der Hand. Sie bedeutet, daß man sehr leicht aneinander vorbeireden kann.

Eine ökologisch orientierte pädagogische Beratung muß von der *Lebenswelt des Kindes,* genauer gesagt von seinen realen Lebensbereichen, ausgehen, und zwar möglichst in Annäherung an seine eigene Erfahrung darin.

Wie erfährt man etwas vom Lebenskontext der Kinder? Sicherlich auch über Anamnesebögen und Sozialtests. Das aber reicht nicht aus. *Bronfenbrenner (1981, 205)* spricht von "unterstützenden Verbindungen", die zwischen den Mikrosystemen, also im Mesosystem, bestehen müssen. Sie kommen dadurch zustande, daß man sich gegenseitig einschlägige (und zutreffende) Informationen und Erfahrungen zugänglich macht. Der kommunikative Austausch muß in beiden Richtungen laufen, also nach beiden Seiten offen sein. Es geht um häufige Kontakte und dabei auch um gemeinsame Tätigkeiten (z.B. über gemeinsam gestaltete Schulfeste u.ä.). Die dabei entstehenden Partnerschaften sind ein wichtiges Förderungselement für das Kind.

Grundqualitäten, die für eine pädagogische Beratung im besonderen unter dem Aspekt ökologischer Kommunikation wünschenswert sind, seien hier nur stichwortartig aufgelistet:

- Realitätsoffenheit – keine Verbohrtheit in die eigene Welt,
- Empathie – sich einfühlen können in andere,
- kontrolliert und aufmerksam zuhören können,
- Wertschätzung, Bejahung, Toleranz und Akzeptanz des anderen,
- positive Grundhaltung im Sinne von Zuversicht, um Hoffnung und Mut erschließen zu können,
- eine Sprache, die verständlich ist und zum Gespräch einlädt,
- Bemühung um Sachlichkeit und Redlichkeit,
- sich Zeit für den anderen nehmen können,
- Bereitschaft zur Revision eigener (Fehl-)Urteile, zum Bekenntnis eigener Grenzen und u. U. zum Hinzuziehen oder Empfehlen eines weiteren Ratgebers,
- relative Festigkeit im eigenen Standpunkt (fachlich und ethisch) und Offenheit und Anpassungsbereitschaft zugleich.

Beratung hat es nicht mit Einzelpersonen zu tun, sondern mit einem Gefüge innerfamiliärer Interaktionen. *Schubert (1987)* hat Familien mit einem geistig behinderten Kind unter systemtheoretischem und familientherapeutischem Aspekt untersucht und kommt auf Grund ihrer Ergebnisse u. a. zu folgenden Empfehlungen für die Beratung:

Beratung soll sich an *beide* Elternteile und entsprechend dem Alter auch an die Geschwister wenden. Die Eltern sollten darin unterstützt werden, daß sie *gemeinsame* Entscheidungen treffen und sich gegen unzulässige Einmischungen von außen oder auch von seiten des Kindes (der Kinder) schützen. Sie sollten ermutigt werden, ihrer Paar-Beziehung genügend Zeit und Energie zu widmen und diese klar nach außen abzugrenzen. Innerhalb der Familie sollte es möglich werden, auch die – vielfach gemiedenen – affektiven Bereiche anzusprechen und den Austausch von Gefühlen zuzulassen. Schuldzuweisungen seien unbedingt zu vermeiden *(99).*

3.3. Partnerschaftliche Elternarbeit

Elternarbeit als Hilfe für die Eltern ist Aktion *mit* den Eltern, nicht an den Eltern. In allen vergleichbaren Ländern wächst – immer spürbarer für die professionellen Helfer – das Bedürfnis der Eltern behinderter Kinder nach Mitsprache und einer partnerschaftlichen Orientierungs- und Handlungshilfe für eine bessere Bewältigung der sich gemeinsam stellenden Aufgaben und Probleme. Dieser Trend zeugt davon, daß sich die Eltern psychologisch und gesellschaftlich stärker fühlen, ihre Erziehungsverantwortung selber wahrzunehmen. Er artikulierte sich deutlich auf dem *7. Weltkongreß der Internationalen Liga der Elternverbände* für geistig Behinderte 1978 in Wien (siehe Kongreßbericht, darin u. a. *Mittler* und *Speck*).

Eltern als Partner bedeuten professionell gesehen eine klare Abkehr von einer Orientierung an bloßer Be-ratung, Be-lehrung, Be-handlung. Eltern sind weder Schüler noch Patienten. Sie haben sich nicht einfach belehren oder therapieren zu lassen. Ihr Leben mit ihrem behinderten Kind ist mehr als bloßes Fördern unter pädagogisch-therapeutischen Maßgaben. Eine Mutter schreibt: "Die ständige Förderung und der Zwang zu Erfolg und Leistung hat die Kehrseite, daß ich nur selten meinen Buben als Kind akzeptieren kann. Sehr schnell werde ich immer wieder daran gestoßen, daß er behindert ist – in erster Linie jemand, dem etwas fehlt."

Partnerschaft mit den Eltern (vgl. *Mittler, McLonachie 1986*) bedeutet, daß sich beide Teile, Eltern und Professionelle, als verbundene Teilhaber an einer gemeinsamen Aufgabe erfahren *(Hofman u. a. 1993).* Dies bedeutet, daß beide voneinander voll Kenntnis nehmen, einander ernst nehmen und sich gegenseitig ergänzen. Dabei mag der Experte über das differenziertere und qualifiziertere Wissen und Können verfügen, dies jedoch im wesentlichen in genereller Hinsicht. Was die individuelle Situation aber betrifft, so ist niemand für ein Kind kompetenter als seine Mutter und sein Vater. Der professionelle Helfer hat deshalb eine eindeutig *assistierende* Funktion auszuüben. Er verfehlt sie, wenn er meint, für alles kompetent sein zu müssen, was das einzelne Kind betrifft. Er belastet und verfremdet die Eltern, wenn er sie als Subsystem zur Verfolgung seiner Therapieziele und Förderpläne verwendet. Eine Erziehung der Kinder zur Selbständigkeit wird in Frage gestellt, wenn die elterlichen Erzieher in dominanter Abhängigkeit von ihren Experten handeln.

Wenn von *assistierender Funktion der Fachleute* die Rede ist, so bedeutet dies durchaus keine lediglich nachgeordnete, weniger wichtige Funktion. Partnerschaft erweist sich in persönlicher Beteiligung, nicht im bloßen Abwickeln eines professionellen Programms.

Die Eltern brauchen als Partner nicht nur Spezialisten, sondern auch Alltagsfreunde. Damit sind persönliche Freundschaften, aber auch Verwandtschaften und Nachbarschaftshilfen (freiwillige Helfer) angesprochen und damit ein Partnerbereich, der zwar weniger strukturiert ist, sich jedoch in dieser

Hinsicht als unmittelbar dienlich erweisen kann. Ein Teil der Eltern findet Kontakte und Austausch in locker und autonom organisierten Elterngruppen.

Partnerschaft als kreative Qualität wird wesentlich vom offenen Gespräch abhängen, vom gegenseitig vertrauensvollen Zuhören und von der Bereitschaft, sich ansprechen und bewegen zu lassen – jenseits vorgefaßter Meinungen, fertiger Programme. Die Entscheidungen, die für ein Kind zustandekommen, sollten aus solchen interpersonalen Verständigungen hervorgehen.

Auf einer derartigen Ausgangsbasis erhalten u. U. auch spezielle Eltern-Trainings ihre Legitimation *(Innerhofer 1977).* Sie sind nicht auf die direkte oder indirekte Erzeugung eines vorab programmierten Endverhaltens angelegt, sondern lassen bei aller nötigen Technik den erforderlichen Spielraum für offene Interaktionen zu und orientieren sich intensiv an der familiären Ausgangssituation. Gemeinsam mit den Eltern werden auch hier die Möglichkeiten für eine bessere Verständigung über die Bedürfnisse ihres Kindes und seiner Erziehung gesucht, wobei das Sichtbar-werden-Lassen der eigenen Verhaltensweisen mittels Spiel und Videoband erfahrungsgemäß sehr wichtige Dienste zu leisten vermag.

Das hypothetische Aufzeigen von Chancen in einer partnerschaftlichen Elternarbeit kann nicht die oft gravierenden Probleme verdecken, die einer Realisierung im Wege stehen können. Partnerschaft läßt sich nicht programmieren. Sie kommt vielfach überhaupt nicht zustande. Die Gründe sind auf beiden Seiten zu suchen: Sie können in Persönlichkeitseigentümlichkeiten oder besonderen sozialen Bedingungen liegen. Der Weg zur Verständigung und wirklichen Hilfe führt häufig über zahllose, mühselige und entmutigende Umwege, Mißverständnisse, Blockaden.

4. Häusliche Erziehungsgrundsätze

Die Erziehung eines geistig behinderten Kindes stellt die Eltern vor eine ungewohnte und deshalb schwierige Aufgabe. Die erhöhte körperliche Anfälligkeit und Pflegebedürftigkeit des Kindes löst vermehrte Bemühungen, Sorgen und Ängste aus. Sein vom üblichen Bild abweichendes Verhalten führt allzu leicht zu Mißdeutungen, erzieherischen Fehlgriffen und dadurch in steigendem Maße zu schweren und schwersten nervlichen Belastungen aller Familienmitglieder. Wichtig ist in diesem Zusammenhang der Hinweis, daß nicht alle Verhaltensschwierigkeiten die direkte Folge der geistigen Behinderung bzw. einer organischen Schädigung sind. Viele dieser Kinder brauchten keine zusätzlichen Verhaltensstörungen aufzuweisen, wenn sie angemessen erzogen worden wären. Daß sie auch neurotisiert werden können, ist bereits ausgeführt worden. – (Einzelheiten über Verhaltensstörungen bei geistiger Behinderung siehe *Speck 1979a*).

Bevor wir die Hauptgesichtspunkte für die erzieherische Orientierung der Eltern und überhaupt der Primärerzieher des geistig behinderten Kindes darstellen, seien zwei *Vorbemerkungen* angebracht:

a) Die Erziehung des geistig behinderten Kindes hängt entscheidend von der angemessenen *Einstellung zum Kind* und seiner Zukunft ab. Insbesondere ist es das innere Annehmen des Kindes und der Aufgaben, die es dem Erzieher stellt, und das Ernstnehmen der kindlichen Persönlichkeit. Das innere Aufarbeiten der Tatsache, ein behindertes Kind zu haben, ist ein ureigenes Problem der Eltern. Ob das Bejahen gelingt, ist eine im Prinzip offene Frage. Sie kann ein ganzes Leben begleiten. Die Erziehung erhält eine sichere Grundlage, wenn das Annehmen gelingt (vgl. *Sporken 1975*). Die Eltern brauchen dazu Verständnis und Unterstützung durch andere. Ganz und gar nicht hilfreich, sondern als Anmaßung erweist sich dagegen ein verdeckter oder ausgesprochener moralischer Anspruch, der durch andere, z. B. Professionelle, an die Eltern – u. U. vorwurfsvoll – gerichtet wird, sie *sollten* ihr behindertes Kind annehmen.

b) Das geistig behinderte Kind sollte *nach Möglichkeit innerhalb seiner Familie* erzogen werden. Es kann erwartet werden, daß es hier – insbesondere in seinen ersten Lebensjahren – diejenige Geborgenheit, persönliche Zuwendung und individuelle Förderung erfährt, die es für seinen erschwerten Lebensstart braucht (vgl. *Sporken 1975*). Diese Erwartung aber ist nicht in jedem Falle gegeben. Sie ist an bestimmte Bedingungen gebunden, vor allem an die, daß die zu verkraftende Aufgabe für die Betroffenen nicht zu einer Überbelastung wird. Diese kann durch die verschiedensten Umstände hervorgerufen werden; zu denken ist an den Schweregrad der Behinderung, an die Familienkonstellation, an die psychische und physische Belastbarkeit der gesunden Familienmitglieder, an die wirtschaftliche Situation, an die Einstellung der Nachbarschaft und an die zur Verfügung stehenden außerfamiliären Hilfen in Beratungs- und Bildungsinstitutionen.

Wenn die äußeren und inneren Voraussetzungen für eine gedeihliche Pflege und Förderung des Kindes im Elternhaus fehlen, ist eine *Heimunterbringung* die bessere Lösung *(Heimlich, Rother 1991)*. Nach den Untersuchungen von *Bondy, Cohen, Eggert, Lüer (D. Eggert 1969a, 38)* war bei 42,6 % von 808 Kindern das Personensorgerecht auf eine Jugendbehörde oder einen Vormund übergegangen. Dieser hohe Prozentsatz ist u. a. auf die große Zahl der damals in Heimen untergebrachten geistig behinderten Kinder und Jugendlichen zurückzuführen. Daß der Anteil der Kinder und Jugendlichen mit einer geistigen Behinderung, die in Heimen untergebracht sind, nach wie vor beachtlich ist, geht aus den Erhebungen von *Thimm u. a. (1985)* hervor. Die in 3 Regionen vorgenommenen Auszählungen (Oldenburg, Süddeutschland und Dänemark) ergaben Quoten von 5-23 % bei den 0-10jährigen und von 13-57 % bei den 11-20jährigen, die stationär untergebracht waren, wobei freilich unklar blieb, aus welchen Regionen diese Kinder stammten *(129)*.

Ross (1967) berichtete ausführlich über Ergebnisse amerikanischer Untersuchungen zum Fragenkomplex Heimunterbringung und Familienleben. Sie lassen erkennen, daß gegenüber Pauschalierungen Vorsicht geboten ist, und daß die Entscheidung über eine in Frage stehende Heimunterbringung nur unter

Berücksichtigung aller im Einzelfall vorliegenden Bedingungen zustandekommen kann und zwar auf Grund gemeinsamer Überlegungen von Eltern und Fachleuten. Die Entscheidung freilich müssen die Eltern selber fällen.

Mit erfolgter Heimunterbringung sind nicht von selbst alle Probleme gelöst. In der Familie können Schuldgefühle zurückbleiben. Ein neues Gleichgewicht im Rollensystem der Familie muß erst gefunden werden. Die Eltern bedürfen zumindest in einer Übergangszeit der Beratung und Unterstützung.

Für eine Orientierung der Erziehungspraxis *in der Familie* stehen im wesentlichen aus der Erfahrung gewonnene praktisch pädagogische Handlungsnormen und -regeln zur Verfügung:

Das Kind soll möglichst viel *Bestätigung, Ermutigung und Freude* erleben können. Um seine Aktivität entfalten zu können, bedarf es einer relativ ausgeglichenen, bejahenden häuslichen Atmosphäre und des unermüdlichen Beachtens der kindlichen Bedürfnisse und der vielfach unscheinbaren Versuche, die vorhandenen Kräfte und Fähigkeiten zu aktualisieren. Selbst kleinste Erfolge müssen immer wieder, unter Umständen auch überschwenglich bestätigt und anerkannt werden. Alles Lob stärkt sein Selbstwertgefühl und damit seine Kraft und Bereitschaft, sich weiter ins Leben hineinzuwagen.

Besonders unter dem Aspekt der Früherziehung als sensomotorischer Anregung zum Erwerb *grundlegender Fertigkeiten* braucht das Kind vielfältige Gelegenheiten für die Entwicklung und Förderung der Bewegung, der Wahrnehmung, der Unterscheidung, Zuordnung und Kombination, der Nachahmung und Anwendung in den verschiedensten Alltagserfordernissen. Eine reiche Sammlung von Lernhilfen haben *J. Thomae (1976)* und *Cunningham, Sloper (1980)* vorgelegt. (Siehe auch *Speck u. a. 1977b* und *Byrne u. a. 1988*).

Das Kind, das frühzeitig *gute Gewohnheiten (Moor 1958)* oder "habits" erwirbt, kann dadurch selbständiger werden. Gewohnheiten sind erlernte Verhaltenstendenzen von sozialer Bedeutsamkeit. Es war bereits davon die Rede, daß an ihrem Zustandekommen weniger die kognitive Komponente als vielmehr die Handlungs- und affektive Komponente beteiligt sind. Durch Nachahmung, Anleitung, Übung und Verstärkung prägen sich im Kinde Verhaltensdispositionen aus, die insbesondere beim geistig Behinderten für die gesamte Lebensführung bestimmend werden können. Als solche sozial bedeutsamen Gewohnheiten sind anzusehen: das Einhalten von Regeln und Rhythmus im Tagesablauf, angemessene Umgangsformen, Selbständigkeit in der Besorgung von Alltagsverrichtungen (Selbsthilfe) und ähnliches.

Die Verantwortung der Eltern für das Erlernen derartiger Gewohnheiten, die für den primär nicht durch Einsicht gesteuerten geistig behinderten Menschen von beachtlicher Bedeutung sind, ist groß. Sie sind während der ersten Lebensjahre im allgemeinen die einzigen Erzieher des Kindes. Was sich in dieser Zeit hoher Prägbarkeit als Verhaltenstendenz "einschleift", ist später nur schwer korrigierbar. Unter dem Aspekt der Normativität aller Erziehung sind es hauptsächlich zwei *Fehler,* die unerfahrenen Eltern dabei widerfahren können, die Unterforderung oder die Überforderung des Kindes.

Die *Unterforderung,* das heißt ein zu geringes Maß an Zumutung oder Anleitung, kommt entweder durch Vernachlässigung auf der Grundlage von Gleichgültigkeit gegenüber dem Kind zustande oder durch Verwöhnung als Folge von falschem Schonungsbedürfnis und bloßem Mitleid; dem Kind wird jede Mühe abgenommen. Es entstehen dadurch nicht nur keine guten, sondern dazu schlechte Gewohnheiten. Die gerade beim geistig behinderten Kinde sehr mühsame Aufgabe der Gewöhnung erfordert erzieherische Geduld, Ausdauer und Konsequenz. Was ein intelligentes Kind innerhalb weniger Tage erlernen kann, das erfordert beim geistig behinderten Kinde vielleicht Monate oder gar Jahre. Eine besonders wichtige Bedingung für das Erlernen guter Gewohnheiten ist ein rhythmisierter Tageslauf und das Gleichmaß der Tagesabläufe. Der Ertrag der Gewöhnung ist ein Höchstmaß an Selbständigkeit, d. h. Unabhängigkeit von fremder Hilfe, ein Zustand also, der für die Zukunft des geistig behinderten Menschen von wesentlicher Bedeutung ist.

Wie die Unterforderung, so kann auch die *Überforderung* die rechte Gewöhnung gefährden. Man erwartet vom Kinde mehr, als es zu leisten vermag. Seinem Versagen gegenüber wird zu wenig Toleranz und Geduld aufgebracht. Es soll zu viel auf einmal erlernen. Solches Leisten-Sollen, das auch von der Schule erwartet wird, nimmt keine Rücksicht auf die tatsächlichen Entwicklungsmöglichkeiten des Kindes. Der Überdruck, dem das überforderte Kind ständig ausgesetzt ist, führt entweder zu einer schablonenhaften Abgerichtetheit oder zur Verhaltensverwirrtheit und Aggressivität.

Die angelegten beziehungsweise verbliebenen motorischen und kognitiven Fähigkeiten bedürfen *systematischer und vielfältiger Übung.* – Körperliche und geistige Lebendigkeit entwickelt sich nicht von selbst. Können und Leisten müssen geübt sein. Die Übung hat für das Werden des Menschen eine wesentliche, jedoch weithin vernachlässigte Bedeutung. Übung führt zum Können. Im "Ich-kann-Sagen" äußert sich Selbstgewißheit. "Der Mensch ist das, was er vermag", zitiert *Bollnow* in seiner kleinen Schrift "Vom Geist des Übens" *(1987) J. König.*

Während aber das intelligente Kind dank seiner Spontaneität vieles selbst einübt und lernt, zum Beispiel im nachahmenden Spiel, ist das geistig behinderte Kind auf Anregung von außen und auf die Mithilfe des Erwachsenen bei jeglicher Übung angewiesen. Die besondere Bedeutung seiner ersten Erzieher ist darin begründet, daß in den ersten Lebensjahren wichtige, basale Funktionen, zum Beispiel im Bereiche der Körpermotorik oder der Sprache, reifen und daß lernpsychologisch gesehen ein optimaler Lernerfolg unmittelbar nach abgeschlossener Funktionsreifung einzutreten pflegt *(Oerter 1968).* Voraussetzung ist das Zuführen der entsprechenden Anreize in der Umwelt und zwar schon in der frühesten Kindheit *(Josef 1968, Speck 1977 b).*

Die Eltern brauchen Aufkärung darüber, daß *Bewegungsförderung* nicht nur unmittelbar der Entwicklung der Groß- und Feinmotorik, der körperlichen Geschicklichkeit und Gewandtheit dient, sondern der gesamten Entwicklung, also auch seiner sprachlichen und intellektuellen Entwicklung.

Was das geistig behinderte Kind für seine Bewegungsförderung braucht, sind eine Vielzahl von Bewegungsanreizen im Alltag, Bewegungsspielraum im Hause und im Freien, auch im Wasser, sind Übungsgeräte und Spielmaterial, wie z. B. Steckbretter, Bausteine, Lego, Eisenbahn, Puppen, Perlen zum Schnüren, Puzzlespiele und anderes. Hinweise für das Spielen mit geistig behinderten Kindern geben unter anderem der *Arbeitsausschuß "Gutes Spielzeug"* in Ulm, *van den Bos (1968)* und *Herzka (1964), Hofmann (1975)*. Ein günstiger Ansatzpunkt für Übungen sind die alltäglichen Verrichtungen, z. B. des Anziehens, Waschens oder Essens, aber auch des häuslichen Mithelfens. Rhythmische Bewegungen, auch in Verbindung mit Singen und Tanzen, regen selbst antriebsschwache Kinder zum Mitmachen an *(Hetzer 1968)*. Überhaupt motiviert das gemeinsame Spielen und Tun stärker als das Allein-Spielen und Allein-Tun. Aus der Erhebung von *D. Fischer (1969)* geben wir einige Antworten der Eltern wieder:

"Spielen ist ihr zu langweilig."
"Sie weiß oft nichts mit dem Spielzeug anzufangen."
"Beim Spielen muß er meist mit seinem Spielzeug allein sein, das gefällt ihm nicht."
"Er spielt ja immer nur das gleiche."
Das Kind hilft lieber den Eltern:
"Da ist es wenigstens nicht für sich allein."
"Da kann er bei uns sein."
"Da fühlt er sich groß, daß er auch was kann."
"Mit dem Vater arbeiten ist ihm das Allerliebste."

Auch für die Förderung der sprachlichen und kognitiven Fähigkeiten geben die Eltern die ersten Anregungen. Sie tun dies, indem sie das Kind viele ihm zugängliche Erfahrungen machen lassen, seine Wahrnehmungen klären helfen, die es interessierenden Dinge benennen, mit ihm sprechen, auch wenn es selber noch nicht sprechen kann, es quantitative Unterscheidungen vornehmen lassen, es kleine Schwierigkeiten selbst lösen lassen und ähnliches mehr. Der Umgang mit geeigneten Bilderbüchern bietet eine Fülle von Möglichkeiten zur Förderung des Kindes. Der Schule fällt die Aufgabe zu, die Eltern darin zu beraten und anzuleiten.

Fragwürdig ist dagegen der erzieherische Wert des Fernsehens. Nach der Erhebung von *D. Fischer (1969)* werden Sendungen für Kinder wie für Erwachsene von der Mehrzahl der erfaßten Kinder täglich gesehen. Besonders beliebt sind Sendereihen mit immer wiederkehrenden Darstellern (vgl. auch *Schmidt-Thimme 1971*).

Die relativ rege Anteilnahme am Sendegeschehen, wie sie aus den nachfolgend zitierten Elternantworten hervorgeht, darf nicht darüber hinwegtäuschen, daß es sich nicht um ein zusammenhängendes Erfassen des Ganzen, sondern nur von mehr oder weniger zufälligen Bruchstücken handelt:

"Sie erzählt nur, was die Bilder darstellen."
"Er eignet sich Redewendungen und Gesten der Künstler an, macht sie dauernd nach, weiß ihre Namen und Lieder."
"Tiere sind ihm am wichtigsten."
"Sie fragt: 'Wer ist beim Krimi der Böse?'"

Immerhin gehen viele Anregungen zu Fragen und Gesprächen vom Umgang mit den Medien aus, die die Eltern als Chancen nutzen sollten.

Das geistig behinderte Kind braucht *Umgang mit anderen Kindern,* und zwar möglichst auch mit nichtbehinderten Altersgenossen. – Besorgte Eltern neigen dazu, soziale Interaktionen zu vermeiden und ihr behindertes Kind vor Schwierigkeiten und Verletzungen durch andere Kinder zu bewahren. Sie binden es dadurch stärker an sich, isolieren es sozial und beschneiden ihm damit wichtige Möglichkeiten seiner Sozialentwicklung. Vor allem seine Zukunft – ohne Eltern – wird erschwert.

Nach der Untersuchung von *D. Fischer (1969)* lebten 60% der untersuchten Kinder von der übrigen Außenwelt isoliert nur in Familie und Schule. Die Eltern nannten unter anderem folgende Schwierigkeiten, die im Umgang mit anderen Kindern leicht entstehen:

"Sie lassen ihn oft nicht richtig mitmachen, weil er die Spielregeln nicht versteht, um die es geht."
"Sie darf oft nicht mitspielen, weil sie nicht richtig sprechen kann."
"Manche Kinder mögen ihn schon deswegen nicht, weil er anders aussieht."
"Auf dem Kinderspielplatz steht 'meiner' bald nebendraußen, weil er nicht so schnell schalten kann."
"Die Ungeschicklichkeit meiner Tochter wird den anderen Kindern oft zur Gaudi."

Wo Geschwister in der Familie vorhanden sind, ergeben sich zunächst natürliche Möglichkeiten des Umgangs und des Spiels mit Altersgenossen. Dabei sollten die nichtbehinderten Geschwister nicht immer nur zurücktreten und auf die Behauptung ihrer berechtigten Interessen verzichten. Dies gilt auch für den Umgang mit nicht zur Familie gehörenden Kindern, z. B. aus der Nachbarschaft.

Adäquate Möglichkeiten des sozialen Umgangs und damit der inneren Bereicherung findet das geistig behinderte Kind in der Gruppe mit anderen ebenso behinderten Kindern. Sie bieten sich im privaten Bereich bei Besuchen anderer Familien mit geistig behinderten Kindern und durch den Besuch öffentlicher Bildungseinrichtungen, seien es Sonderkindergarten oder Schule. Darüber hinaus sollte der Kontakt zu *nichtbehinderten* Kindern gesucht werden. Möglichkeiten bieten sich – in jüngster Zeit vermehrt – in Kindergärten an, die sich einer gemeinsamen Erziehung mit einer entsprechenden heilpädagogischen Zusatz-Ausstattung stellen. Unter bestimmten Bedingungen können geistig behinderte Kinder auch im Rahmen eines integrativen Schulbesuchs förderliche soziale Erfahrungen machen *(Wocken, Antor 1987).*

Angesichts der besonderen Schwierigkeiten der sozialen Kontaktnahme werden Eltern oder andere Erzieher vermittelnd, beobachtend und steuernd *mehr* in Erscheinung treten müssen, als dies bei nichtbehinderten Kindern nötig ist. Sie sollten aber nicht voreilig eingreifen. Gewisse unangenehme Erfahrungen im Umgang mit anderen Menschen sind etwas Natürliches. Wichtig ist der soziale Rückhalt, den die Kinder immer dann vorfinden sollten, wenn sie seiner wirklich bedürfen.

Geistig behinderten Kindern sollte auch immer wieder Gelegenheit gegeben werden, anderen Kindern beizustehen, mit ihnen zu teilen und ihnen zu helfen.

Die *Pflege der leiblichen Gesundheit* erfordert besondere Beachtung. Da der Organismus bei geistiger Behinderung im allgemeinen anfälliger als der nichtbehinderter Kinder ist, ergibt sich die Notwendigkeit erhöhter Aufmerksamkeit und vermehrter ärztlicher Fürsorge und Hilfe. Es ist u. a. Sorge zu tragen für einen angemessenen Rhythmus zwischen Anspannung (Spiel und Arbeit) und Erholung, für eine zuträgliche Ernährung *(F. Stöckmann 1964),* für feste hygienische Gewohnheiten, für regelmäßige ärztliche Kontrolle und Behandlung *(Wunderlich 1970)* und erforderlichenfalls für krankengymnastische, beschäftigungstherapeutische und orthopädische Maßnahmen.

Die *emotionale Erziehung,* die Pflege des Gemüts, wird vornehmlich im Elternhaus fundiert.

Die Gemüthaftigkeit des Menschen mit einer geistigen Behinderung ist Ausdruck der Lebenserfülltheit derjenigen Menschen, die ihm innerlich besonders nahe sind. Sie wird für ihn im wesentlichen zur "äußeren Bindung" *(Moor)* und bedeutet für das Kind, "daß es mit seinem Gefühl so sehr an dem teilnimmt, was den Erzieher bewegt, daß es sich dadurch gebunden weiß, und zwar so, daß solche Bindung nicht als Fessel und Beschränkung erlebt wird, sondern als beglückende Bereicherung. Das setzt voraus, daß der Erzieher ein innerlich reiches Leben führt" *(P. Moor 1964, 60).* Emotionale Erziehung wird möglich durch die verbindliche Einstellung der Erzieher zum Kind und zum Dasein an sich, durch die Erfülltheit von Freude, Glauben und Vertrauen. Viele Eltern geistig behinderter Kinder finden besonderen Rückhalt in ihrer Religion. Entsprechende Untersuchungsbefunde liegen von *Farber (1959)* und *Zuk (1959)* in den USA vor. (Vgl. *Ross 1967*).

Gemüt läßt sich nicht machen, aber man kann für Gelegenheiten sorgen, in denen das Gefühl anspricht. Solche können sein: der taktvolle, freundliche Umgang miteinander, das Mitmachen-Dürfen, der pflegliche Umgang mit Blumen und Tieren, musisch-bildnerisches Gestalten, frohes Singen und Spielen und ein Teilhaben-Lassen am Glaubens- und Gebetsleben der Familie (vgl. *Bender 1986*).

Die Eltern geistig behinderter Kinder können ihre anstrengende Pflege- und Erziehungsarbeit nur dann bewältigen, wenn sie auch *entlastet* werden. Die Tatsache, daß die öffentliche Meinung geneigt ist, den erziehungswilligen Eltern die ganze Last der Betreuung eines behinderten Kindes zu überantworten, ist Ausdruck eines – vielfach gedankenlosen – "Kollektivegoismus" *(v. Wiese 1964).* Nur allmählich und sporadisch gelangt man zu der Einsicht, daß diese Eltern dem Staat enorme Summen für die sonst notwendige Heimunterbringung ersparen. Dies belegen u. a. die von *Laich* in der Schweiz ermittelten Zahlen, über die *Sagitz (1967)* referierte.

Laich wies an Hand von drei detaillierten Beispielen mit jeweils zwei Varianten nach, daß geistig behinderte Menschen den Staat um so weniger kosten, je besser und umfassender die schulisch-berufliche und soziale Förderung in

Kindheit und Jugendzeit ist. So betrugen z. B. die Kosten für die lebenslängliche Pflege eines unausgebildeten geistig behinderten Menschen Fr. 626 720,–. Dagegen beliefen sich die öffentlichen Ausgaben für die Schulbildung, berufliche Ausbildung, Wohnheim u. a. abzüglich Erwerbseinkommen aus Tätigkeit in Beschützender Werkstatt auf Fr. 396 980,–. Die positive Differenz zugunsten einer optimalen Förderung betrug demnach Fr. 229 740,– für einen einzigen Menschen mit geistiger Behinderung!

Eine weitere dringend nötige Maßnahme zur Unterstützung der Eltern, vor allem der Mütter, sind Erholungskuren bzw. die Einrichtung von Ferienaufenthalten für das behinderte Kind, damit die Eltern auch Urlaub machen können.

XIII. Die Erziehung im Heim

Für einen beachtlichen Teil der Kinder und Jugendlichen mit einer geistigen Behinderung besteht die Notwendigkeit, sie in Heimen unterzubringen, wenn sich die eigene Familie nicht bereitfindet oder sich außerstande sieht, die Pflege und häusliche Erziehung selber zu übernehmen bzw. wenn keine Pflegefamilie gefunden werden kann (vgl. *Heimlich, Rother 1991*). Im einzelnen können verschiedene Gründe maßgebend werden:

- nicht anders überbrückbare, innerfamiliäre Probleme
- fehlende außerfamiliäre, soziale Hilfe und Unterstützung
- Fehlen von erreichbaren Tageseinrichtungen für eine spezielle pädagogische Förderung
- die besondere Schwere und Intensität der Behinderung des Kindes.

Während früher die Anstaltsunterbringung eines geistesschwachen Kindes die Regel war, hat sich inzwischen ein sozialer Wandel vollzogen, der international zu beobachten ist und die wachsende Tendenz der Familien erkennen läßt, ihr Kind nach Möglichkeit zu Haus zu behalten. Diese Möglichkeit aber hängt im besonderen davon ab, wieweit entsprechende Hilfen (ambulante Dienste, Tageseinrichtungen) den Eltern zur Verfügung stehen, wieweit ihnen also die Umwelt entgegenkommt, sie nicht allein läßt.

Vergleicht man Zahlen aus der Bundesrepublik und Skandinavien *(Thimm u. a. 1985, Wallner 1985)* so variieren die Anteile pro Region erheblich. Da sie z. T. vom jeweiligen Ausbaustand der Heime abhängig sind, geben Zahlen für ein ganzes Land differenzierte Aufschlüsse. *Wallner (a.a.O.)* benennt sie für Schweden: Hier leben 21 % der geistig behinderten Kinder und Jugendlichen außerhalb des Elternhauses oder einer Pflegefamilie. Man kann davon ausgehen, daß für etwa 20-25 % der Kinder und Jugendlichen mit einer geistigen Behinderung Heimplätze erforderlich sind, wobei diese Quoten für die Jüngeren niedriger und für die älteren höher sind.

Der Ausbau der Tageseinrichtungen hat dazu geführt, daß die Zahl der in Heimen untergebrachten Kinder spürbar zurückging und daß es vor allem die schwerer behinderten und zugleich verhaltensgestörten Kinder sind, die in Heimen Aufnahme finden. Es versteht sich pädagogisch gesehen von selbst, daß sie hier menschlich und im engeren Sinn pädagogisch "Heimat" finden müssen, d. h. einen "Ort zum Leben": einen Ort menschenwürdigen Lebens, Lebenswelt.

Aus der Zeit der Massenverwahrung als Folge einer Massendistanz der Gesellschaft rührt die Kritik an den "Anstalten" her, nachdem diese zunächst die ersten Orte in der Geschichte gewesen waren, die "geistesschwachen" Menschen Zuflucht, Schutz, Pflege und Bildung überhaupt ermöglicht hatten. Inzwischen kann längst nicht mehr generell davon die Rede sein, daß in den Heimen die individuelle Förderung oder das soziale Leben schlechthin vernachlässigt würde, vor allem dann nicht, wenn man in Rechnung stellt, daß "die Gesellschaft" vielen geistig behinderten Menschen eben nicht die Möglichkeiten der sozialen Eingliederung in der angestammten Lebenswelt bietet. Anders verhält es sich, wenn die administrativen Systemzwänge dazu führen, die Heimunterbringung als die einfacher zu verwaltende Lösung zu priorisieren, z. B. gegenüber Pflegefamilienplätzen (vgl. *Tuckermann 1981*).

Das immer wieder kontrovers diskutierte Dilemma liegt darin, daß einerseits Heime für geistig behinderte Menschen ohne Zweifel notwendig sind – es gibt sie in allen vergleichbaren Ländern, auch in Italien trotz der großangelegten Strukturreform –, und daß sie dann als erforderliche Bestandteile des sozialen Netzes intern so ausgebaut sein müssen, daß in ihnen ein menschenwürdiges Leben möglich ist. Auf der anderen Seite darf daraus kein Trend entstehen, der darauf hinausliefe, die Betreuung geistig behinderter Menschen *prinzipiell* in die Heime zu verlagern, die Eingliederung in die Gemeinde als soziale Aufgabe preiszugeben und individuelle Bedürfnisse nach einem sozialen Leben in der angestammten Lebenswelt zu mißachten. Das genannte Dilemma ist nach aller Erfahrung nicht bündig lösbar. Es bleibt ein Spannungsverhältnis, dessen Sinn darin gesehen werden kann, daß es dazu beiträgt, um die jeweils besten Lösungen zu ringen. Eine wichtige Voraussetzung dafür ist der Verzicht auf vorurteilsbehaftete soziale Feindbilder, wie z. B. die Stigmatisierung der Heime als "Ghettos". Ein Heim muß kein Ghetto sein, es sei denn, es wird von außen her dazu gemacht. Verzweifelt um eine Entscheidung ringenden Eltern ist mit ideologisch pauschalen Diskreditierungen nicht gedient. Eine verantwortungsbewußte und menschlich legitime Entscheidung kann auch eine Entscheidung für eine Heimunterbringung sein.

Die dazu notwendig gewesene Strukturreform der Heime ist längst vollzogen. Wir verweisen u. a. auf den von *Wacker, Neumann (1985)* herausgegebenen Sammelband "Geistige Behinderung und soziales Leben" sowie auf den Tagungsbericht von *Neumann (1988)*. Wichtige Anstöße hatte international gesehen das *Normalisierungsprinzip* gegeben.

Seine Zielvorstellung wird darin gesehen, das Leben geistig behinderter Menschen so weit wie möglich den normalen Lebensbedingungen anzunähern *(Bank-Mikkelsen)*. *Nirje (1974)* ergänzt, daß es möglich gemacht werden sollte, daß diese Menschen die Errungenschaften und Bedingungen des täglichen Lebens, wie sie für die Masse ihrer Mitmenschen verfügbar sind, auch weitestgehend nutzen können *(34)*. Dieses Grundprinzip bedeutet nun keineswegs eine totale Absage an jegliche Heimunterbringung, im Gegenteil: es gilt explizit auch für die Heime. *Nirje (ibid.)* macht dies in seinen Teilgesichtspunkten deutlich:

- normaler Tagesrhythmus (aus den Betten, Anziehen, normales Essen, Berücksichtigen des persönlichen Rhythmus)
- lokaler Wechsel im Tagesablauf (verschiedene Orte für verschiedene Tätigkeiten, wie z. B. für Wohnen, Schule, Arbeit, Freizeit)
- Erleben des normalen Jahresrhythmus (Feiertage in der Familie, Urlaubsreisen)
- Lebensablauf so normal wie möglich (Erfahren der weiteren Umwelt, kleine Gruppen im Heim, wenig Personalwechsel, möglichste Selbständigkeit)
- weitestgehende Berücksichtigung der Eigeninteressen insbesondere in der Freizeitgestaltung
- Leben in einer bisexuellen Umwelt, Miteinander der Geschlechter (die Empfehlung, u. U. Heiraten zuzulassen, bezieht sich explizit auf leichtgradige Behinderte (vgl. *Speck 1977a*)
- Ermöglichen eines normalen wirtschaftlichen Standards (Mindesteinkommen, Sozial- und Altersversicherung etc.)
- Orientierung aller Einrichtungen (Kliniken, Schulen, Heime) an den Maßstäben, die für alle Mitbürger üblich sind. Kleine, in die Umwelt integrierbare Einheiten, räumliche Integration, Wohnlichkeit.

Normalisierung in diesem Sinne ist ein Programm, das in gleicher Weise für Familie, allgemeine Sozialordnung und Heime gilt. Freilich enthält aber dieses Programm eine klare Absage an eine bestimmte Art von Massen-Institutionen mit ihren spezifischen depersonalisierenden und sozial isolierenden Auswirkungen, wie sie in den USA vor allem von *B. Blatt* (vgl. *Kugel, Wolfensberger 1974*) gegeißelt worden sind. Ein Beispiel nicht zu verantwortender Heimerziehung beschrieb *Tuckermann 1981.*

Auf dem historischen Hintergrund der Massendeprivation in Anstalten muß man die Bewegung der *Deinstitutionalisierung* in den USA sehen, wenn man sie von außen angemessen beurteilen will. Sie ist auf den Abbau der Mehrzweck-Massenanstalten zugunsten eines differenzierten, gestuften Systems weithin normalisierter, d. h. *sozial integrierter kleiner Heim-Einrichtungen* für verschiedene Zwecke (kürzere oder längere Aufenthalte, medizinische oder schulische Intentionen) *(Dunn 1974)* sowie auf den Ausbau offener, sozial-integrierender Dienste *(Tageszentren)* gerichtet. Unter dem Sammelbegriff "Heime" oder der wenig glücklichen Formulierung "stationäre Unterbringung" sind also recht verschiedene Wohnformen zu verstehen: Größere, in sich gegliederte Heime, Wohnheime, Schulheime, Schülerwohngemeinschaften, aber auch Pflegeheime.

Die Primär-Orientierung der Geistigbehindertenhilfe an der Unterstützung der Familie geht u. a. auch auf Untersuchungsbefunde zurück, die aus Vergleichen von Entwicklungsdaten familiär und institutionell untergebrachter geistig behinderter Kinder hervorgegangen sind. So ließen Untersuchungen, die noch in den sechziger Jahren stattfanden (vgl. *Carr 1974, 813*), vermuten, daß geistig behinderte Kinder in Anstalten im allgemeinen stärker retardiert und mehr behindert seien und aus größeren Familien stammten, vor allem solchen, die wenig Hilfe erhielten. Was den letzteren Umstand betrifft, so konnte inzwischen erhärtet werden, daß familiär-soziale Gründe für eine Heimeinweisung die wohl vorherrschenden sind, vor allem wenn noch zusätzliche Behinderungen und Verhaltensstörungen beim Kinde vorliegen *(Carr 1978, Liepmann 1979).* Nicht mehr haltbar aber erscheint die bisherige Annahme, daß in Heimen aufwachsende geistig behinderte Kinder schlechthin retardierter seien als Familienkinder, wie die Untersuchung von *Carr (1978, 33)* ergab. Es hatte sich gezeigt, daß bei einer entsprechenden pädagogischen Anpassung des Heimes an die Bedürfnisse der Kinder und bei einer Intensivierung der Förderung sich keine signifikanten Unterschiede in den Entwicklungsdaten mehr feststellen lassen. Im übrigen war ein gewisses Überwiegen niedrigerer Entwicklungswerte nicht einfach den Erziehungsbedingungen zuzuschreiben, sondern der Auslese der Heimkinder, die offensichtlich von Anfang an schwerer geschädigt sind *(Carr, ibid.)*.

Eine weitere Unterschiedlichkeit ergab eine vergleichende Untersuchung zwischen Heimen und Krankenhäusern. *Raynes* und *King (1974)* fanden in England, daß in Krankenhäusern (hospitals) im Gegensatz zu Heimen die typischen Anstaltsbedingungen vorherrschen: Starrheit der Routine, Block-Verfahren (nicht auf Einzelbedürfnisse abgestellt), Depersonalisation und soziale Distanz *(300)*.

Zusammenfassend läßt sich feststellen, daß sich die Frage nach der Heimunterbringung geistig behinderter Kinder im wesentlichen auf *zwei Aspekte* bezieht:

- auf die pädagogische Qualität der Heime und
- auf die prinzipielle Sekundärfunktion der Heime gegenüber der Familie.

Nach heutigem Verständnis kommt den Heimen eine Subsidiaritätsfunktion gegenüber der Familie zu. In dieser Funktion aber unterliegen sie dem vollen, konzentrierten Anspruch einer familienersatzorientierten Erziehung und Pflege. Was eine Heimerziehung für geistig behinderte Kinder zu leisten vermag, belegen zahlreiche Einrichtungen in ihrer Praxis. Wir verweisen auf Arbeiten von *S. Görres 1974, Schmidt-Thimme 1970, Schlaich 1974, Kaspar 1979, Kaminski u. a. 1978, Stöckmann 1973, Wacker, Neumann 1985 und Neumann 1988.*

Wenn von Fortschritten in der Heimerziehung die Rede ist, so gilt dies nicht schlechthin für alle Heime. Immer wieder treten auch Kleinanstalten aus ihrer Abgeschiedenheit ins Rampenlicht der Öffentlichkeit, in denen Kinder unter menschenunwürdigen Bedingungen einfach vergessen dahinvegetieren.

Für die *Eltern* ist es wichtig, sich *vor einer Aufnahme* ihres Kindes in ein Heim genauer zu informieren, welche Art von Lebensbedingungen es hier vorfinden wird. Von Interesse wären Fragen nach der fachlichen Vorbildung des Personals, nach der ärztlichen Versorgung, nach der Wohnweise, nach der Gruppengröße, nach dem Tagesablauf, nach den Freizeitmöglichkeiten, nach den Außenkontakten, nach dem Jahresrhythmus, nach Festen und Feiern, nach der ethischen und religiösen Basis.

Wieweit *auf Heimerziehung* verzichtet werden kann, hängt letztlich maßgeblich auch von der Eingliederungsbereitschaft der Normalbürger ab, über die man sich im Interesse geistig behinderter Menschen keine Illusionen machen sollte. *Gibson (1978)* stellt aus kanadischer Sicht ernüchternd fest, daß die erhoffte breite Akzeptierung dieser Menschen durch eine in Großmut gewandelte Gesellschaft sich nicht ereignet habe. "Ganz offensichtlich hat der Kaiser keine Kleider!" *(323)* Natürlich müssen alle nötigen Schritte unternommen werden, damit eine soziale Integration gelingt, wo sie möglich ist. Aber so, wie die Dinge jetzt stehen, erwarteten wir zu viel von der potentiellen Eingliederungsfähigkeit geistig behinderter Erwachsener und der Eingliederungsbereitschaft des Durchschnittsbürgers. Man müsse verstehen lernen, daß die Toleranz des Gemeinwesens im Selbstinteresse der Mehrheit seiner Mitglieder begründet liege *(327)*.

XIV. Erwachsene mit geistiger Behinderung

Menschen mit einer geistigen Behinderung bedürfen auch als Erwachsene einer lebensanregenden Begleitung, die sich an ihren Bildungsmöglichkeiten und -interessen orientiert. Wie beachtlich diese sind, wie sehr also diese Menschen auf Unterstützung und Aktivierung von außen angewiesen sind, zeigen Erfahrungen, wie sie vor allem in den achtziger Jahren publiziert worden sind (vgl. *Speck 1982, Jakobs, König und Theunissen 1987, Baumgart 1985, 1987, Höss 1987, Bundesvereinigung Lebenshilfe 1991*). Der Aspekt der durch Bildungsangebote begleitenden Lebensgestaltung bezieht sich zum einen auf den Prozeß des Erwachsenwerdens, zum anderen auf Fragen der Erwachsenenrollen in den Bereichen der geschlechtlichen Partnerschaft, der Arbeit, des Wohnens und der Freizeit.

Das Erwachsenwerden hängt wesentlich von den Bedingungen ab, unter denen Menschen mit geistiger Behinderung leben. Das *Wohnen,* der Ort und die Lebensqualität ihres Alltags bestimmen weithin, welches kulturelle Niveau diese Menschen erreichen. Zu den äußeren Bedingungen wären vor allem zu rechnen:

- ein zureichender Eigenraum für jeden Bewohner, über dessen Gestaltung er allein verfügen kann,
- die Unantastbarkeit von Eigentum,
- die Respektierung des eigenen Territoriums durch andere, auch durch die Angehörigen,
- die Beständigkeit des Lebensortes (kein willkürliches Verlegtwerden),
- eine relative Kontinuität der Hausgemeinschaft ohne Konformitätszwänge,
- ausreichend Gelegenheiten zur persönlichen Gestaltung der Freizeit und zur Pflege von Geselligkeit, Freundschaften und Partnerschaft *(Speck 1982).*

Qualitativ entscheidend sind aber nicht die äußeren (materiellen) Gegebenheiten des Wohnens an sich, sondern das subjektive *Wohlbefinden* der Bewohner. Es wird als persönliches Beheimatetsein erlebt. Wohnliches Wohlbefinden bildet sich weniger durch kognitive als vielmehr durch *emotionale* Prozesse. Die Alltagsereignisse binden das eigene Erleben und verleihen ihm Stabilität. Der Einzelne gewinnt dabei das Gefühl von *Ortsidentität* und *Zugehörigkeit.* Die eigene Wohnwelt gilt als zentraler Referenzpunkt für die Verwirklichung eigener Bedürfnisse und Ziele. Wohnheimat als Aneignung und Bindung kann so stark sein, daß sich ein Mensch mit aller Affektivität und Gewalt dagegen wehrt, wenn er genötigt wird, sie zu verlassen. Sein Leben kann dabei zusammenbrechen.

Die äußere Gestalt der Wohnumwelt ist in ihrem individuellen Bedeutungsgehalt für den einzelnen nicht ohne weiteres von außen her erschließbar. Die persönlich erlebte Qualität, z. B. in ästhetischer Hinsicht, ist *vielfältig* bedingt, etwa durch persönlichen Geschmack, Interessen und sonstige Eigenheiten. Sie sind zu achten. Zugleich muß ein Ausgleich von Beständigkeit (Konvention, Verläßlichkeit, Sicherheit) und Abwechslung, also dem Gegenteil von Monotonie, bestehen. Vom Erleben dieser Wohnqualität hängt der Grad der psychischen Aktivität und der emotionalen Befindlichkeit ab, aber auch die erreichbare Leistungsfähigkeit. Wichtig ist dabei auch ein gewisser Grad an Ordnung, Ruhe, Privatheit und Natürlichkeit *(Thesing 1990, Bundesvereinigung Lebenshilfe 1982, 1990, Arbeitsgemeinschaft Wohnplätze 1990).*

Welche Bedeutung das Wohnerleben für Menschen mit schwerer geistiger Behinderung hat, hat die Forschungsgruppe von *M. Hahn* (Berlin) ermittelt *(Seifert 1992 a/b, Fischer, U. u. a. 1992, Fischer, U. u. a. 1998).*

1. Erwachsenwerden

Über den Prozeß des Erwachsenwerdens bei geistiger Behinderung liegen relativ wenig wissenschaftlich gesicherte Befunde vor *(Gunzburg 1974).* Zunächst wäre zu klären, was man unter dem Erwachsensein zu verstehen hätte, worin, einfacher gesagt, der Unterschied zum Kindsein zu sehen sei. Ganz allgemein läßt sich sagen, daß die Entwicklung zum Erwachsenen einen Prozeß darstellt, bei dem der Mensch diejenigen Verhaltensmuster, Normen und Einstellungen erwirbt, die für die Kultur und Gesellschaft, in der er lebt, maßgebend sind. Bei diesem Sozialisationsvorgang löst sich der Mensch allmählich aus der Abhängigkeit von der erzieherischen Autorität hin zur Selbständigkeit des Wertens, Entscheidens und Handelns im Sinne der von ihm akzeptierten Normen.

Entwicklungspsychologisch gesehen geht es um das Bewältigen von "Entwicklungsaufgaben" (vgl. *Oerter, Montada 1982, 112*). Für die Periode der "Jugend" (18-22 Jahre) werden genannt:

- Autonomie von den Eltern
- Identität in der Geschlechtsrolle
- Internalisiertes moralisches Bewußtsein
- Berufswahl.

Für das "frühe Erwachsenenalter":

- Heirat
- Geburt von Kindern
- Arbeit/Beruf
- Lebensstil finden.

Im Falle einer geistigen Behinderung haben wir davon auszugehen, daß zwar die kognitive Bewältigung solcher Entwicklungsaufgaben behindert sein mag, daß aber der Prozeß des Selbstwerdens, die zentralen *Bedürfnisse* nach *Loslösung* von den bisher gültigen Autoritäten, vor allem den Eltern, hin zu mehr Unabhängigkeit, Selbstentscheidung und Selbsthandeln deutlich zu beobachten sind *(Baumgart 1986).* Das gleiche gilt für die körperliche und geschlechtliche Entwicklung. Es bilden sich neben den Reifungsvorgängen im genitalen Bereich die typischen Erwachsenen-Merkmale aus; zugleich stellt sich das zentrale Bedürfnis nach personaler Ergänzung durch einen Partner ein. Die kindliche zwischenmenschliche Ergänzungsbedürftigkeit nach einem sichernden und anleitenden Erwachsenen wird abgelöst durch diejenige nach einem gleichgeordneten Geschlechtspartner für eine gemeinsame Lebensbewältigung nach eigenen Maßgaben.

Dieser Prozeß des Sich-Lösens aus totaler Abhängigkeit, des Geltend-Machens eigener Entscheidungen und des interpersonalen Ergänzens und Sich-Bindens in Partnerschaft verläuft nicht ohne Hindernisse und Probleme. Diese sind in der Regel um so größer, je weniger diese Veränderungen, z. B. durch eine gezielte Selbständigkeitserziehung, durch ausreichende Gelegenheiten zu sozialem Lernen, vorbereitet wurden und je stärker der Widerstand – bewußt oder unbewußt – von seiten derjenigen ist, die diese Selbstverwirklichungsansätze zu respektieren und zu unterstützen hätten. Offensichtlich haben es Menschen mit einer geistigen Behinderung schwerer als andere, Erwachsene zu werden. Sie wissen auch selber um die Ambivalenz ihrer Zukunft als Erwachsene.

Befragungen (vgl. *Speck 1982*) ergaben, daß sich die Mehrzahl auf ihr Erwachsenwerden freut. Als Gründe werden u. a. angegeben, daß man arbeiten und Geld verdienen, sich schön anziehen und schminken kann und mehr Selbständigkeit hat.

Diejenigen, die *lieber Kind bleiben* wollten, nannten als Gründe: Als Erwachsener müsse man arbeiten, sei man so allein, habe man Angst vor Alter und Tod und Angst, nicht zurechtzukommen. Die Angst, sich von den Eltern lösen zu müssen, reicht bis ins Extrem: "Wenn die Mama stirbt, dann mach ich Selbstmord, dann mag ich nicht mehr leben." Die *Zukunftswünsche* richten sich u. a. darauf, einen Beruf auszuüben, den Führerschein zu machen, zu heiraten und Kinder zu haben, eine eigene Wohnung zu haben, oder mit mehreren Leuten zusammenzuwohnen, die einem helfen, wenn was ist, oder Reisen, Ausflüge zu machen, abends auszugehen, zu tanzen, mit Freunden wegzugehen.

Die künftigen Probleme, einen Partner zu finden, werden deutlich erkannt: "Ich möchte heiraten, aber ich habe Angst, daß ich mit der Frau nicht zurechtkomme." "Das Leben ist nicht schön, weil ich nie heiraten und Kinder haben kann."

Derartige Aussagen legen den Schluß nahe, daß das Erwachsenwerden bei einer geistigen Behinderung dann eher gelingt, wenn für die Loslösung von den Eltern partnerschaftliche Beziehungen eingetauscht werden können. Das sogenannte "Kindbleiben" Erwachsener mit einer geistigen Behinderung dürfte zu einem wesentlichen Teil darauf zurückzuführen sein, daß normalisierte zwischengeschlechtliche Kontakte und Lebensformen ausbleiben.

Wie klar das Erwachsenenbewußtsein bei geistiger Behinderung auch bei Personen in stationärer Unterbringung ausgeprägt ist, zeigt eine Untersuchung von *Reimann* und *Trogisch* (in: *Speck 1982*).

Das Erwachsenwerden ist pädagogisch als Sozialisationsprozeß zu sehen, der im wesentlichen durch Lernen, durch soziales Lernen, zustande kommt. Man könnte fragen, wieweit Menschen mit einer geistigen Behinderung überhaupt noch etwas dazulernen können. Die Frage nach der Lernkapazität ist von zentraler Bedeutung für den Sinn einer Weiterbildung dieser Personen. Es liegen verschiedene Untersuchungsbefunde vor – wir berichteten darüber an anderer Stelle *(Speck 1982)* –, die übereinstimmend darauf hindeuten, daß die Lernzuwachsmöglichkeiten wesentlich höher zu veranschlagen sind als bisher angenommen, daß z.B. der Gipfel der intellektuellen Leistungsfähigkeit im Durchschnitt zwischen 20 und 34 Jahren erreicht wird *(Gunzburg 1974)*. Ein weiteres Ansteigen personaler und sozialer Kompetenz über diesen Zeitraum hinaus konnte *Nihira (1976)* für Personen mit schweren und schwersten geistigen Behinderungen ermitteln.

Die hier kurz referierten Befunde zur Lernpotenz Erwachsener lassen erkennen, daß es für Menschen mit geistiger Behinderung eine über das Kind-Stadium hinausreichende Entwicklung gibt, die aber nur dann realisiert werden kann, wenn die entsprechenden sozialen Lernprozesse systematisch angeregt und unterstützt werden. Erwachsenenbildung bei geistiger Behinderung ist deshalb keine Privatsache, als die man Erwachsenenbildung im allgemeinen anzusehen geneigt ist, sondern eine unabweisbare allgemeine Verpflichtung im Rahmen der Behindertenhilfe (vgl. *Höss, Goll 1987, Heilpädagogisches Centrum Augustinum 1986*).

2. Sexualität

Auf die Unregelhaftigkeit der pubertären Vorgänge ist bereits hingewiesen worden. Die geschlechtliche Entwicklung verläuft im allgemeinen verlangsamt und oft nicht bis zur vollen Reife. Das Geschlechtliche spielt zwar im Leben des Menschen mit einer geistigen Behinderung im allgemeinen eine geringere Rolle als beim nicht geistig behinderten Heranwachsenden, aber deshalb sind die Erziehungsaufgaben nicht einfacher, zumal die anderen Menschen wenig Rücksicht auf die besondere Situation bei geistiger Behinderung nehmen und sie selbst kaum in der Lage sind, die neuen, bisher nicht gekannten Motivationen und Verhaltensweisen zu akzeptieren und zu steuern. Die Gefahr des sexuellen Mißbrauchs durch andere besteht ebenso wie die der Mißdeutung und Unterdrückung sexueller Bedürfnisse.

Die Diskussion um die Sexualität geistig behinderter Menschen ist lange Zeit kontrovers geführt worden, wenn sie überhaupt stattfand. Allzu kurzschlüssig werden auch gegenwärtig noch diejenigen, die auf Grund der sexuellen Selbststeuerungsschwäche und prinzipiellen Abhängigkeit dieser Personen mehr den Gesichtspunkt des Schutzes und der Bewahrung vor ausweglosen sexuellen Problemen hervorheben, der Prüderie, Verklemmtheit und sexuellen Unduldsamkeit geziehen, während auf der anderen Seite diejenigen, die für den Sinn menschlicher Sexualität in der Begegnung der Geschlechter eintreten, in den Geruch der sexuellen Abenteuerei und der bloßen, verantwortungslosen Illusion geraten. Das so dringend nötige Gespräch über das, was als Sexualität geistig behinderter Menschen zu schützen und zu akzeptieren ist, wird durch ideologische Empfindlichkeiten und Verdächtigungen gestört, so daß im allgemeinen aneinander vorbeigeredet wird; und dieses Reden ist noch dazu ein Reden über andere, die sich selber zu ihren Bedürfnissen und Problemen nur unzulänglich oder gar nicht äußern können. Die Hauptschwierigkeiten werden durch pauschalisierte Urteile hervorgerufen, die alle gesicherten Einsichten über Entwicklungsabhängigkeit, Individualisierung und Differenzierung des Verhaltens geistig behinderter Menschen zu ignorieren scheinen.

Auf Grund des inzwischen vorliegenden Materials *(Bach 1981, Stöckmann 1979, Huber, Katz 1975, de la Cruz, LaVeck 1975, Sporken 1974, Bundesvereinigung Lebenshilfe 1976, Schröder 1977, Walter 1986)* lassen sich im Sinne einer Versachlichung des Themas folgende kurzgefaßte Aussagen machen:

1. Die Geschlechtlichkeit des geistig behinderten Menschen ist prinzipiell von einer konstitutiven Bedeutung für die Persönlichkeit und ihre interpersonalen Beziehungen. Sie beansprucht daher eine in die Gesamterziehung einbezogene Pflege und Beachtung, insbesondere eine Erziehung der Emotionalität *(Sandre, Raute 1972).*
2. Eine Geschlechtserziehung beginnt nicht erst in der Pubertät im Sinne von Maßnahmen zum Gebrauch oder zur Unterdrückung des Sexualtriebes, sondern wird in der Kindheit fundiert, und zwar durch eine Gewöhnung als soziale Anpassung an gängige Normen im Bereich des Geschlechtlichen, z. B. durch Erziehung zum Schamverhalten (nicht Prüderie), zu einer gewissen Zurückhaltung gegenüber Fremden *(Huber 1975).*
3. Die grundsätzliche Akzeptanz der sexuellen Selbstbefriedigung sollte gekoppelt sein mit der Gewöhnung an einen privaten Raum bzw. dem Vermeiden der Anwesenheit anderer.
4. Durch geschlechtliche Koedukation sollen Mädchen und Jungen einander besser kennenlernen. Die begleitende Erziehung sollte für sinnvolle Begegnungen in Freizeit und Spiel Sorge tragen. Die dabei entstehenden Freundschaften sind zunächst als personale Bereicherungen zu werten und in der Regel nicht genital intendiert.
5. Geistig behinderte Personen sind im allgemeinen auf ein lebenslanges Geleit in der geschlechtlichen Begegnung angewiesen. Dritte Personen (Erzieher) haben kein Recht, genitale Kontakte anzuregen, wenn diese vom Behinderten weder gewußt noch gesucht werden *(Huber ibid.).*
6. Ehen geistig behinderter Personen bleiben ein Problem, eine "äußerst heikle Sache" *(Sporken 1974),* und bedürfen eines "intensiven Geleits", das nicht beliebig abgebrochen werden darf.
7. Sexuelle Auffälligkeiten treten bei geistig behinderten Menschen nicht häufiger auf als bei nichtbehinderten.

8. Zur Verhütung von Schwangerschaften ist für die Anwendung von empfängnisverhütenden Mitteln Sorge zu tragen. Die Durchführung von Sterilisationen ist umstritten *(Walter 1987)*.
9. Die Entwicklung der Geschlechtlichkeit vollzieht sich bei geistig behinderten Personen individuell derart unterschiedlich, daß hilfreiche Aussagen im konkreten Fall nur unter Berücksichtigung der individuellen Situation möglich sind.
10. Der heranwachsende Mensch mit einer geistigen Behinderung soll diejenigen Informationen (Aufklärung) zum Geschlechtsbereich erhalten, die er individuell braucht, und wie er sie für seinen Alltag umsetzen kann. Verallgemeinerungen können ihn überfordern. Insbesondere bedürfen genitale Prozesse wie das Ersterlebnis des Eintretens von Menstruation oder Pollution einer vorbereitenden bzw. begleitenden informativen Hilfe.

Die Sexualerziehung der Kinder und Jugendlichen muß in der Erwachsenenphase als integrierte Sexualandragogik (*Walter*, in: *Heilpäd. Centrum Aug. 1986*) fortgesetzt werden. Sie ist als Hilfe zur Selbsthilfe unverzichtbarer Bestandteil der Identitätsförderung und Persönlichkeitsbildung und damit Dienst im Sinne humaner Lebenserfüllung in Lebenszweisamkeit. Sie setzt konkret ein Zusammenwohnen, zumindest ein Beisammenseinkönnen voraus.

3. Erwachsenenbildung und Freizeit

Geistige Behinderung verändert die Realisationsmöglichkeiten eigener Identitätsfindung und sozialer und kultureller Teilhabe in so entscheidendem Maße, daß *dauernde und intensive fremde Hilfe notwendig* wird und damit ein weitreichenes, unmittelbar erfahrenes Abhängigkeitsverhältnis entsteht. Selbsterfahrung und Aneignung der Wirklichkeit sind auf spezifische Lernanregungen angewiesen, und zwar lebenslang. Die pädagogischen Konsequenzen für die Kindheit und Jugendzeit – bekannt und auch relativ plausibel – entsprechen weithin den analogen, generellen Erfordernissen der Fremderziehung und der gezielten Lernförderung im Kindes- und Jugendalter.

Während beim nichtbehinderten Heranwachsenden auf dem Wege des Mündigwerdens die Selbststeuerung und Selbstbestimmung die pädagogische Führung von außen immer mehr überflüssig macht, also Selbsterhaltung freigesetzt wird, bleibt beim Erwachsenen mit einer geistigen Behinderung das Angewiesensein auf Unterstützung und Förderung von außen erhalten. Die eintretende relative Selbständigkeit reicht nicht aus, um die Befriedigung der eigenen, weiterreichenden Lern- und Erfahrungsbedürfnisse zu reflektieren und in Programme umzusetzen. Erwachsene mit einer geistigen Behinderung können ihre eigene Weiterbildung nicht selber in die Hand nehmen und organisieren. Sie brauchen eine *subsidiäre Weiterbildung*.

Fällt diese aus, werden die nötigen Anregungen und Gelegenheiten, sich weiterzubilden, nicht bereitgestellt, so tritt nicht nur keine Weiterentwicklung ein, sondern es verfällt auch das bisher erworbene, d.h. durch intensive Lernförderung von außen entstandene Wissen und Können. Es ist gewissermaßen nicht mehr gefragt, womit es vom einzelnen Abhängigen her auch seinen Sinn und damit seine Motivation verliert. Die geistige Konstruktion der Wirklichkeit im Bewußtsein des Menschen und ihre Bewältigung stellen, lernpsychologisch gesehen, einen Prozeß dar, der auf immer neue Interaktion angewiesen ist. Diese durch vornehmlich eigene Initiativen zu beleben, ist dem Menschen mit einer geistigen Behinderung generell verwehrt.

Erwachsenenbildung bei geistiger Behinderung stellt somit ein humanes Erfordernis dar, das aus der speziellen Befindlichkeit der betroffenen Menschen unmittelbar hervorgeht. Bliebe es unberücksichtigt, so müßte die vorausgegangene Erziehung als Farce deklariert werden; denn sie verliert als öffentliche Unternehmung ihre Glaubwürdigkeit, wenn sie nicht den ganzen Menschen, d.h., den Menschen in der Permanenz seiner Zeitlichkeit, ernst nimmt. Soll die pädagogische Förderung von Kindern und Jugendlichen mit einer geistigen Behinderung wirklich im Dienste dieser Menschen stehen, nicht lediglich Funktion bloßer pädagogischer Betriebsamkeit und gesellschaftlicher Alibi-Bedürfnisse sein, so muß sie zwingend ins Erwachsenenleben hinein weitergeführt werden.

3.1. Aufgaben

Weiterbildung für Erwachsene mit geistiger Behinderung wird sich weiterhin als ein *bedürfnisorientiertes* und *zielgerichtetes* Unternehmen zu konstituieren haben; sie kommt also nicht durch beiläufiges Lernen (incidental learning) zustande, sondern bedarf eigener Veranstaltungen und eigener Organisation.

Erwachsenenbildung bei geistiger Behinderung beinhaltet schließlich ein *umfassendes* Angebot, das sich auf all die Lebensbereiche zu erstrecken hat, die für den einzelnen in seiner sozialen Situation existentiell bedeutsam sind. Es kann also beispielsweise nicht nur um die Pflege einzelner Sonderinteressen, z.B. individueller Hobbys, oder um das bloße Erlernen isolierter Fertigkeiten gelten; worauf es vielmehr ankommt, das ist die Sicherung all der personalen und sozialen Entwicklungsmöglichkeiten, die der einzelne erkennen läßt, sei es in den Bereichen der beruflichen Bildung, der Alltagsbedürfnisse, der Freizeit, des Wohnens, der Partnerschaft und Geselligkeit oder anderer Interessen und Lebensbedeutsamkeiten. Damit kann keinesfalls eine totale Pädagogisierung des Erwachsenenlebens bei geistiger Behinderung gemeint sein, sondern vielmehr die Notwendigkeit eines in dieser Weise umfassenden Angebots, damit jeder einzelne in seinen verschiedenen Bedürfnissen erreicht werden kann.

Geht man von der Zielvorstellung des möglichst selbständigen Erwachsenen mit einer geistigen Behinderung aus, der zu einer Stabilisierung seiner Identität und zu bereichernder sozialer Teilhabe gefunden hat, um sowohl sich selbst zu verwirklichen als auch aktiv an der Gestaltung seiner Umwelt mitzuwirken, und berücksichtigt man zugleich die spezifischen Erschwerungen, die eine geistige Behinderung nach sich zieht, so lassen sich folgende erwachsenenpädagogische Aufgabenstellungen benennen:

1. Unter dem Aspekt der Personalisationshilfe, unter der wir eine Akzentuierung all der Bedürfnisse und Erfordernisse verstehen, die sowohl dem Erfahren der eigenen Person und der Selbstverwirklichung als auch dem Erwerb von Fertigkeiten zur Selbstversorgung und zur Sicherung der eigenen Existenz dienen, lassen sich folgende Aufgaben im einzelnen ausmachen:

- Weiterführung der Vermittlung von Kenntnissen und Fertigkeiten, die für eine relativ selbständige Bewältigung des Alltags in den Bereich des Wohnens, der Arbeit, der Selbstdarstellung, des Verkehrs u. dgl. wichtig sind
- Hilfe zur Überwindung persönlicher Probleme und Hindernisse (Selbstbehauptung)
- Vermittlung von Inhalten und Werten für eine relativ eigen bestimmte Lebensführung
- Schaffen von Gelegenheiten, um eigene Entscheidungen in konkretem Handeln einzuüben und zu erproben
- Religiöse Bildung *(Heinen 1988)*.

2. Unter dem Aspekt der Hilfe zur sozialen Partizipation und zur Umwelterweiterung lassen sich Aufgaben ausmachen, die auf folgende Ziele gerichtet sind:

- Erlernen kommunikativer Fertigkeiten (vgl. *Eisenwort u. a. 1990*)
- Kennenlernen sozialer Regeln für den Umgang mit Erwachsenen
- Erlernen von Formen und Regeln des geselligen Beisammenseins und des Spiels miteinander
- Erfahren von Hilfe zur Verarbeitung sozialer Konflikte
- Erwerb spezifischer Kenntnisse und Verhaltensmuster für den zwischengeschlechtlichen, partnerschaftlichen Kontakt
- Erweiterung der Umweltorientierung, des kulturellen Erfahrungsraumes, Beteiligung am Zeitgeschehen u. ä.

Derartige mehr formale Aufgabenstellungen bedürfen zur Konkretisierung lebensnaher Handlungsfelder, in denen sich dann Erwachsenenbildung praktisch strukturiert und vollzieht. Folgende Bereiche ließen sich unterscheiden:

- Alltag im Wohnbereich (Wohnungspflege, Selbstversorgung, Hygiene, Mahlzeiten u. ä.)
- Arbeitsbereich (berufliches Wissen und Können)
- Musischer Bereich (Sport, Musik, Spiele, Bildnerisches Gestalten, Theaterbesuch u. ä.)
- Technischer Bereich (Fotografieren, Video)
- Partnerschaft und Gruppe (Tanz, selbstgewählte Gruppenaktivität, Feiern)
- Ausflüge und Wanderungen
- Unsere Stadt (Straßen, Geschäfte, Verkehr).

Ein kleines und handliches "Lexikon" mit Wissenswertem zur Erwachsenenbildung bei geistiger Behinderung legten *Baumgart* und *Bücheler (1998)* vor.

3.2. Didaktische Gesichtspunkte

Welche *didaktischen Gesichtspunkte* sind besonders zu beachten?

Wir haben die ersten Erfahrungen des *Theodor-Heckel-Bildungswerkes* in München, das u. a. auf Anregungen von *Stuffer* zurückgeht und speziell für Erwachsene mit geistigen Behinderungen gedacht ist, näher untersuchen lassen (vgl. *Speck 1982*). Hier sollen kurzgefaßt die wichtigsten Ergebnisse wiedergegeben werden.

Erwachsene müssen als Erwachsene angesprochen werden, auch wenn sie geistig behindert sind. Diese Forderung mutet trivial an, ist aber eigens zu betonen, da die Mitarbeiter vielfach aus pädagogischen Einrichtungen stammen, in denen sie mit Kindern und Jugendlichen zu tun haben, und deshalb geneigt sind, ihre gewohnten Umgangsformen und Methoden hierher zu übertragen.

Die Erwachsenenbildung für Teilnehmer mit geistiger Behinderung muß vielmehr und klar von Prinzipien der allgemeinen Erwachsenenbildung geprägt sein. Dies bedeutet u. a.

- das Berücksichtigen der persönlichen Wünsche der Teilnehmer, z. B. bei der Auswahl von Kursen
- das Respektieren eigener Entscheidungen
- das bewußte Einbeziehen von Mitbestimmung für den Ablauf bestimmter Kurse.

Selbstverständlich wird man sich auch auf die individuelle Situation (Behinderungsform, Elterneinfluß) einzustellen haben.

Sachbezogenheit und Personbezogenheit müssen sich ergänzen. Auf der einen Seite sind deshalb Kurse notwendig, die um eines im einzelnen definierten Lernergebnisses willen und auf Grund eines von der Sache her einzuhaltenden Lehr- und Lernablaufs inhaltlich und sequentiell näher strukturiert, also mehr geschlossen sind, z. B. "Wir bereiten eine Mahlzeit" oder ein "Nähkurs".

Auf der anderen Seite sind Angebote gefragt, die mehr offen gehalten bleiben für momentane und interaktionale Bedürfnisse nach Interessen der Teilnehmer. Soziale und emotionale Aspekte kommen stärker zum Tragen. Inhaltliche Offenheit schließt eine gewisse Grundstrukturiertheit freilich nicht aus.

Für den einzelnen Teilnehmer stehen nicht unbedingt die ausgewiesenen Kursthemen, z. B. "Tonen" oder "Gymnastik", im Vordergrund, sondern die sich dabei gleichzeitig abspielenden *sozialen Prozesse*. Es konnte beobachtet werden, daß die auf dem Programm stehenden Lerntätigkeiten vielfach nur ein Vehikel oder Medium für eigentliche Interessen darstellen, die ihren Schwerpunkt in der Begegnung mit anderen Menschen haben. Dieses außerordentlich starke Bedürfnis erklärt sich u. a. aus der sonstigen sozialen Isoliertheit, der Erwachsene mit einer geistigen Behinderung in der Regel ausgeliefert sind. Die Eltern sind kein Ersatz für Kontakte mit Altersgenossen. Für die Kursplanung ist deshalb die Beachtung dieses mehr implizit ablaufenden sozialen Kontaktbedürfnisses einschließlich der sich dabei stellenden Aufgaben sehr wichtig.

Im Gegensatz zur üblichen Erwachsenenbildung, die weithin belehrende Verfahren aufweist, erfordert die geistige Behinderung eine ausdrückliche Orientierung an konkretem Handeln in realen Situationen. Projektvorhaben stehen deshalb im Kursprogramm eindeutig im Vordergrund. Dieses Prinzip fanden wir besonders intensiv beachtet im dänischen Erwachsenen-Unterricht (vgl. *Speck 1982*).

Die Kurse sollten, auch wenn sie speziell für Teilnehmer mit einer geistigen Behinderung gedacht sind, grundsätzlich auch für nichtbehinderte Teilnehmer offen sein. Gemischte Gruppen können für beide Seiten einen Beitrag zur sozialen Annäherung und Verständigung leisten. Hier können Scheu und Ängste abgebaut, dort neue Aktivitäten geweckt werden. Kurse mit mehr offenen Strukturen und mehr geselligen Inhalten eignen sich dafür besser als solche, die spezielle motorische und kognitive Fähigkeiten verlangen.

Für Teilnehmer, die bei ihren Eltern wohnen, ist es besonders wichtig, daß die Erwachsenenbildungsstätte sich mit diesen immer wieder zu verständigen sucht. Eigene regelmäßige Veranstaltungen sind dazu ebenso notwendig wie gelegentliche Hausbesuche. Es geht darum, den Eltern die Intentionen der Kursangebote näherzubringen, um ihnen dabei auch die Eigeninteressen ihrer erwachsenen "Kinder" zu verdeutlichen und deren Loslösungsprozeß zu unterstützen. Von daher gesehen ist es verständlich, wenn in der Regel eine Beteiligung der Eltern an den Kursen selbst für ungünstig gehalten wird. Ebenso sollte die Entscheidung für einen bestimmten Kurs nicht einfach von den Eltern festgelegt werden.

Die Kurssituation ist in der Regel durch verschiedene dynamische Komponenten der individuellen geistigen Behinderungen erheblich belastet. Die Teilnehmer erfahren sich unter für sie ungewohnten interaktionalen Bedingungen. Häufig sind sie durch die Werkstatt-Arbeit ermüdet. Immer wieder müssen eintretende Konflikte aufgearbeitet werden. Bei derartigen komplexen pädagogischen Anforderungen ist ein Kursleiter vielfach überfordert. Deshalb wird die Zusammenarbeit mit einem zweiten Mitarbeiter für wünschenswert angesehen, wobei es sich auch um einen Helfer handeln könnte. Darüber hinaus haben sich regelmäßige Mitarbeiterbesprechungen als notwendig erwiesen, um Erfahrungen auszutauschen und das eigene Konzept besser abstimmen zu können.

3.3. Institutionen

Es konnte deutlich gemacht werden, daß die Weiterentwicklung eines Erwachsenen mit einer geistigen Behinderung von einer kontinuierlichen und konstanten Weiterbildung abhängig ist, also eine *Institutionalisierung* seiner Weiterförderung erforderlich macht. In der Obhut der Eltern droht Langeweile. Die Werkstätten haben ihre Vorstellungen mit "begleitenden Diensten" nicht hinreichend verwirklichen können (vgl. *Bernhart 1977, Stuffer 1975*). Wir müssen heute vielmehr erkennen, daß das, was wir als Erwachsenenbildung für notwendig halten, ein eigenes Unternehmen darstellt, das über Familie und Werkstatt hinausreicht und eigener Institutionen bedarf.

Dabei ist immer wieder der aus dem Normalisierungsprinzip heraus naheliegende Gedanke einer Integration in die allgemeinen Volkshochschulen verfolgt worden. So begrüßenswert er auch ist, zeigt jedoch die Erfahrung, daß in der Praxis sich nur nominelle und additive Möglichkeiten realisieren lassen. Von einer Integrierung Erwachsener mit einer geistigen Behinderung in die üblichen Volkshochschulangebote kann nicht die Rede sein. Praktiziert werden lediglich – hier und da – eigene Veranstaltungen "im Rahmen der Volkshochschule", freilich in eigenen Räumen und speziell für Personen mit geistiger Behinderung gedacht (vgl. *Höss, Goll 1987, Baumgart 1987*).

Da überdies in finanzieller Hinsicht die Volkshochschulen ihre eigenen Probleme haben, bestehen kaum Aussichten, daß sie ihre knappen Ressourcen künftig auch noch für spezielle Aufgaben der Erwachsenenbildung bei geistiger Behinderung abzweigen. Es dürfte kein Zufall sein, daß in Dänemark, dem Ursprungsland der Volkshochschulen und des Normalisierungsprinzips, eigene Volkshochschul-Einrichtungen für Erwachsene mit einer geistigen Behinderung bestehen und zwar auf der rechtlichen Grundlage eines eigenen Gesetzes für den Spezialunterricht für behinderte Erwachsene. Die geradezu deprimierenden Erfahrungen mit der Finanzierung der Erwachsenenbildung geistig behinderter Personen hierzulande lehren ganz eindeutig, daß mit einer Verbesserung der Situation nur über eine gesetzliche Verankerung dieser Aufgabe gerechnet werden kann.

Modellcharakter hatte lange Zeit die "Volkshochschule" für geistig Behinderte an der Spaniensgade in Kopenhagen, also in Dänemark, wo die Erwachsenenbildung im ganzen eine lange und gute Tradition hat. Hier hält man seit vielen Jahrzehnten Jahreskurse für Erwachsene aus dem ganzen Land ab. Seit 1980 wird über das Unterrichtsministerium der gesamte Erwachsenenunterricht gesetzlich geregelt, also auch für Personen mit geistigen Behinderungen (vgl. *Berg 1979*). Der Staat finanziert die verschiedenen Formen dieses Unterrichts: Abendschulen, Abendhochschulen, Studienkreise, Interessengruppen, berufliche Kurse, Spezialunterricht. Die Teilnehmer zahlen lediglich eine eher symbolische Gebühr. Träger solcher Einrichtungen sind regionale oder örtliche Instanzen oder Verbände. Das Gesetz regelt im einzelnen auch Mindestgrößen der Gruppen, Qualifikationen der Mitarbeiter und die Verpflichtung zur Bereitstellung geeigneter Räumlichkeiten.

Eigene gesetzliche Regelungen sind für den *Spezialunterricht* für Erwachsene mit Behinderungen geschaffen worden. Diese können und sollen freilich nach Möglichkeit auch am integrierten Erwachsenenunterricht teilnehmen. – Das Weiterbildungswesen für Erwachsene mit geistigen Behinderungen hat damit in Dänemark eine klare, sehr tragfähige Organisationsbasis und ist inzwischen im ganzen Lande weithin ausgebaut.

Als Modelleinrichtung in Deutschland kann das *Theodor-Heckel-Bildungswerk* in München (Oberschleißheim) angesehen werden. Es wurde 1977 von *Otto Steiner* speziell für Personen mit einer geistigen Behinderung gegründet (vgl. *Speck 1982*). Von einem Projekt, das im Rahmen einer Volkshochschule durchgeführt wurde, berichtete *Meyer-Jungclaussen (1985).* In ähnlicher Richtung wird im "Heidelberger Modell" gearbeitet *(Höss, Goll 1987a, b).*

Über Erfahrungen in der Schweiz legte *Siegenthaler (1984)* Berichte vor. Sie bezogen sich vornehmlich auf Arbeiten in Wohnheimen bzw. auf die Freizeitgestaltung. Betont wurde die Notwendigkeit einer "andauernden" Fortbildung. Ein originelles Beispiel für einen offenen Ansatz einer Weiterbildung im Kurssystem bildet das Projekt "Bildungsklub" in Zürich, damals unter der Leitung von *E. Baumgart (1985, 1987).* Es folgt konsequent dem Normalisierungsprinzip und einer ausgesprochenen Bildungsintention, also nicht dem bloßen Bedürfnis nach Freizeitbeschäftigung. – Erfahrungsberichte aus anderen Ländern (Dänemark, Holland, Österreich) enthält der Tagungsbericht des *Heilpädagogischen Centrums Augustinum,* München *(1986).* Weitere Anregungen enthalten die Tagungsberichte der *Bundesvereinigung Lebenshilfe für geistig Behinderte e.V. (1991)* und von *E. Baumgart (1991).*

Welche gemeinhin kaum für möglich gehaltenen Chancen einer Erwachsenenbildung sich auch für Erwachsene ergeben, die in psychiatrischen Einrichtungen aufwuchsen, zeigen die verdienstvollen Arbeiten von *Theunissen (1985, 1986),* auch die von *Höss, Goll (1986). Theunissen* konnte belegen, daß Erwachsene mit einer – auch schweren – geistigen Behinderung im Rahmen "Heilpädagogischer Heime" in ihrer geistigen Entwicklung gefördert werden können, daß also diese Heime als ihr Lebensort in Betracht kommen, nicht aber psychiatrische Krankenhäuser (*1991,* vgl. auch *Bradl* und *Schädler 1986*).

3.4. Freizeitdienste

Der Bereich der Weiterbildung deckt sich zum Teil mit dem der *Freizeit,* und zwar zeitlich gesehen wie auch inhaltlich. Beide können aber nicht gleichgesetzt werden. Freizeit reicht über organisierte Bildungsangebote, z.B. im Rahmen von Volkshochschulen, hinaus. Im Laufe der Entwicklung der Industriegesellschaft, d.h. unter dem Einfluß der den Menschen im allgemeinen einseitig beanspruchenden Arbeit, ist die Freizeit immer mehr zur Sinn-Zeit geworden und zu einem Bereich, in dem nicht nur Rekreation gesucht wird, sondern vor allem konkreter und subjektiver Lebenssinn. Seine Bedeutung für den einzelnen erhält er im besonderen dadurch, daß er Selbstverfügung – gegenüber der vorherrschenden Abhängigkeit im Beruf – ermöglicht. Es sind die alltäglichen Zonen des Feierabends, des Wochenendes und die besonderen Zonen des Urlaubs und der Feste und Feiern, und schließlich noch die Zeiten des Ruhestandes.

Die Probleme, die für Menschen mit einer geistigen Behinderung entstehen können, gehen insbesondere daraus hervor, daß deren Selbstverfügung (Autonomie) eingeschränkt, ihre Abhängigkeit also größer ist. Sie führt, wie u.a. *Mühl (1984)* aus verschiedenen Untersuchungsergebnissen resümierte, dazu, daß ein passives Freizeitverhalten und Langeweile relativ weit verbreitet sind, daß sich Freizeit vor allem auf den häuslichen Bereich mit starker elterlicher Kontrolle beschränkt, und daß – vor allem infolge des Mangels an Kontakten zu Freunden – insgesamt deutlich Züge sozialer Isolation zu beobachten sind (129) (vgl. auch *Zielniok, Schmidt-Thimme 1983* und *Willand, Schwedes 1980*).

Daraus ergeben sich spezielle freizeitpädagogische Konsequenzen: Das Nutzen der Freizeit muß gelernt, unterstützt und begleitet werden. Es sind spezielle Freizeitdienste erforderlich.

Möglichkeiten der Freizeiterziehung hat *Mühl (a.a.O.)* referiert. Darüber hinaus ist Freizeitförderung ständig gefragt (vgl. *BV Lebenshilfe 1984*). Ihre Aufgaben beziehen sich auf das häusliche Feld, wobei vor allem an das Fernsehen (vgl. *Kerkhoff 1978*), an Hobbys oder an Spiele zu denken ist (vgl. *Krenzer 1974, 1975*) und an die Vermittlung entsprechender Fertigkeiten (wie z. B. Musikhören, Umgang mit sonstigen Medien, bildnerisches Gestalten). Vor allem aber stellen sich außerhäusliche Aufgaben: die Teilnahme an Spiel und Sport mit anderen, an kulturellen Veranstaltungen, an Fahrten u. a. gemeinsamen Freizeiten. Als Institution hierfür hat die *Offene Behindertenarbeit* besondere Bedeutung erlangt, die auch ganz bewußt die Einbeziehung nichtbehinderter Jugendlicher und Erwachsener praktiziert. Es sind Freizeitclubs als regelmäßige Treffs entstanden, wie z. B. in München das "Löhe-Haus", das mit hauptamtlichen Sozialpädagogen arbeitet. Zunehmende Bedeutung erhält der für behinderte Personen organisierte Tourismus *(Wilken 1983)*.

Der Bereich der Freizeit ist z. T. auch unmittelbar verflochten mit dem des Wohnens, im speziellen bezogen auf Wohnstätten, Wohnheime und Heime im allgemeinen (vgl. *Jantzen 1980, BV Lebenshilfe 1982, Mühl 1984, Bruckmüller 1988*).

Ein Handbuch für die Gestaltung eines lebensnahen Tagesablaufs in Tagesheimstätten, Wohn- und Pflegeheimen liegt aus Schweden vor. Es handelt sich um das SIVUS-Modell *(Walujo, Malmström 1991)*, eine gruppendynamische Methode für die individuelle und soziale Entwicklung und Förderung, die vor allem auf dem Prinzip gemeinsamer Tätigkeiten beruht. Nach dieser SIVUS-Methode (Social Individid Utveckling i Samverkan), hrsg. vom Schwedischen Sozialministerium, wird seit 1978 in mehr als 200 schwedischen Heimen und Wohngemeinschaften gearbeitet.

Vorschläge für eine lebensförderliche Wohnfeldgestaltung haben *Mahlke* und *Schwarte (1985)* entwickelt.

4. Lebensbereich Arbeit

Das Erlernen und Ausüben einer angemessenen Berufsarbeit gehört zum Grundbedürfnis des Menschen *(Speck 1998 c)*. Sie ermöglicht ihm auch bei einer geistigen Behinderung in aller Regel ein sinnvolles Entfalten seiner Aktivität, das Erleben von Leistung und Nützlichsein und damit eine Stärkung seines Selbst- und Lebensgefühls und schließlich das Mittun als Teilhaben an einem größeren Lebensbereich, dem man sich zugehörig fühlen darf (*Bell u. a. 1988*).

Bei aller Notwendigkeit, speziell für Arbeit und Beruf auszubilden, bleibt es die Aufgabe auch der Berufsbildung, dem Menschen mit einer geistigen Behinderung auf dem Wege seines Werdens komplex weiterzuhelfen, nicht also ihn ausschließlich und von vornherein für eine bestimmte Beschäftigung in einer Werkstatt für Behinderte oder in der freien Wirtschaft vorzubereiten. Die Gefahr ist groß, weil er leichter manipulierbar ist und zu monotoner Arbeitsweise neigt. Abstumpfende Eintönigkeit und Einseitigkeit aber dürfte seine durch jahrelanges Bemühen angeregte und aufgebaute Lernaktivität zum Erliegen bringen *(Speck 1974, Bach u. a. 1975, Stuffer 1975, Bernhart 1977)*. Berufliche Bildung und Arbeit müssen auch der Persönlichkeitsbildung und der persönlichen Lebenserfüllung dienen (vgl. *Speck 1988, 400f.*).

Der Arbeitsort für Menschen mit einer geistigen Behinderung ist in aller Regel "die Werkstatt für Behinderte", Hoffnungen, eine größere Zahl dieser Menschen auf dem freien Arbeitsmarkt beschäftigen zu können, haben sich nicht erfüllt. Aber auch nicht alle Personen mit einer geistigen Behinderung können nach den gesetzlichen Bestimmungen (Schwerbehindertengesetz) Aufnahme in der Werkstatt für Behinderte finden. Da hierzu eine Mindest-Produktionsfähigkeit ("Mindestmaß wirtschaftlich verwertbarer Arbeitsleistung" gem. § 52 (3) SchwbG) erforderlich ist, müssen Personen mit einer schwereren Behinderung in wiederum eigene Beschäftigungsstätten ("Förderstätten" u. ä.) ausgegliedert werden. Diese können freilich de facto auch räumlich "unter einem Dach" zusammen mit der "Werkstatt für Behinderte" angesiedelt sein.

Auf der anderen Seite gibt es im Grenzbereich ("Grauzone") zwischen geistiger Behinderung und Lernbehinderung junge Menschen, die durchaus in der Lage wären, außerhalb einer Werkstatt für Behinderte einen Arbeitsplatz zu finden, wenn sie entsprechend ausgebildet würden, und wenn sich eine passende tarifliche Eingruppierung realisieren ließe. Ein wegweisendes Beispiel bieten die von *Inge Wälzholz-Junitis* entwickelten Werkstätten des Vereins "Pro Integration", Hagen (vgl. *Speck, Kanter 1992*).

Es sollen hier nur einige prinzipielle Erfordernisse aufgezeigt werden, wie sie sich für eine Arbeitsstätte für Personen mit einer geistigen Behinderung aus pädagogischer Sicht ergeben.

– Ein Ort für die Entfaltung der Persönlichkeit

Die in einer Werkstatt Tätigen sind nicht "Arbeitskräfte" schlechthin, sondern Menschen, Personen. Die Werkstatt muß ein Ort sein, an dem der Mensch mit einer geistigen Behinderung sich in seinem Personwert bestätigt findet, indem er erlebt, daß seine Bedürfnisse Beachtung finden, daß auch seinen Urteilen und Entscheidungen Rechnung getragen wird, daß er nicht als lediglich abhängiges Rollenobjekt behandelt wird, daß ihm vielmehr auch Autonomie zugesprochen wird.

Mit Entfaltung der Persönlichkeit meinen wir aber auch die Möglichkeit für ihn, daß er seine Fertigkeiten erweitert, daß er Leistungen erbringen kann, die ihm Anerkennung und Bestätigung einbringen. Die Werkstatt ist auch ein *Lernort,* ein Ort zur Bildung. Die begleitenden Dienste sind kein Appendix der Werkstatt. Ohne ihren entsprechenden Ausbau in bezug auf die verschiedenen Bedürfnisse, seien es pädagogische, pflegerische, ärztliche, therapeutische, werden die Begleitenden Dienste zur Farce. Eine Klimaverschlechterung in den Werkstätten müßte die Folge sein. Verhaltensstörungen können vermehrt auftreten, z. B. in Formen destruktiver Aggressivität (vgl. *Bruckmüller 1985*).

– *Ein Ort zum Arbeiten*

Selbstverständlich soll die Werkstatt für Behinderte ein Ort des Arbeitslebens sein. Ohne Zweifel hat Arbeit etwas mit Leistung, Produktion und Wirtschaftlichkeit zu tun. Interessanterweise wird in der "Werkstättenverordnung" für den Arbeitsbereich (§ 5) zwischen "Arbeitsplätzen" einerseits und "Plätzen zur Ausübung einer geeigneten Tätigkeit" unterschieden, womit offenbar insbesondere der unterschiedlichen Leistungsfähigkeit der Behinderten Rechnung getragen werden soll. Auf den ersten Blick ist man geneigt, darin eine Bestätigung der Forderung nach sowohl "produktions-" als auch "tätigkeitsorientierten Arbeitsplätzen" zu sehen, wie sie von den Wohlfahrtsverbänden aufgestellt worden war. Es findet sich allerdings dafür keine Bestätigung im sonstigen Verordnungstext. Dieser stellt vielmehr nur auf eine in jedem Fall vorauszusetzende Fähigkeit ab, nämlich auf ein "Mindestmaß an wirtschaftlich verwertbarer Arbeitsleistung", die zu erbringen ist.

Daraus leitet sich die Maßgabe ab, Arbeits- und Beschäftigungsplätze im Prinzip den Normen des allgemeinen Arbeitsmarktes anzupassen, freilich "soweit wie möglich" und unter Berücksichtigung der "besonderen Bedürfnisse der Behinderten" (§ 5 SchwbWV). Auch wenn die damit verfolgte Absicht, die Befähigung zum Überwechseln in den allgemeinen Arbeitsmarkt, für geistig Behinderte nahezu Illusion ist (ca. 1 %), so ist immerhin festzustellen und zu beachten, daß es legal ist, solche Normen an das Arbeitsleben auch in der Werkstatt zu stellen, seien es Normen der Arbeitszeit oder des Verpflichtetseins zu sorgfältiger, werkgerechter Arbeitsweise. Arbeiten heißt immer auch, sich Leistungsforderungen zu stellen. Dies entspricht durchaus auch Bedürfnissen geistig behinderter Personen. Die individuellen Leistungsmöglichkeiten sind freilich zu beachten, und dies bedeutet, daß eine Werkstatt für geistig Behinderte eigenen Normen zu folgen hat, die nicht nur vom Kosten-Nutzen-Prinzip bestimmt sind. Sollte sich dieses unter dem Druck technologisch-wirtschaftlicher Arbeitsbedingungen verstärken, so ergäbe sich daraus ein Anheben der Aufnahmeschwelle, ein verstärkter Anpassungsdruck auf die Werkstattfähigen und die Notwendigkeit, für die Nichtaufnahmefähigen vermehrt eigene Beschäftigungsstätten nach rein sozial-rehabilitativen Maßgaben zu errichten, d. h. Einrichtungen, die eine völlig neue Dimension von Problemen einbringen *(Speck 1998c)*!

Was das inhaltliche Arbeits- und Beschäftigungsangebot betrifft, so haben sich im Zuge des vermehrten Einsatzes von Maschinen als Arbeitsprothesen vor allem industrielle Fertigungsweisen durchgesetzt. Es gibt aber auch gute Erfahrungen mit Arbeitsplätzen im Bereich von Gärtnereien, Land- und Forstwirtschaft. Der Umgang mit der Natur scheint für geistig Behinderte besondere Chancen zu erschließen.

– *Ein Ort zwischenmenschlicher Begegnung*

Wahrscheinlich mehr als für Nicht-geistig-Behinderte ist der Arbeitsplatz auch ein Ort sozialen Austausches, zwischenmenschlicher Beziehungen und gegenseitiger Ergänzung. Personen mit einer geistigen Behinderung können sich im täglichen Arbeitsleben nicht ohne weiteres auf die bloße Werkrolle beschränken, etwa im Sinne von "Dienst ist Dienst, und Schnaps ist Schnaps!" Sie erleben vielmehr unmittelbar das Komplexe eines Betriebs, das im Grunde immer Arbeitsleistung *und* interpersonale Kontakte umfaßt. Sie, die außerhalb der Werkstatt vielfach verdünnte und wenig motivierende zwischenmenschliche Kontakte erleben, in der Regel dem isolierenden Fernsehen ausgeliefert sind, haben ein Bedürfnis, mit anderen zusammen tätig zu sein, sich voreinander als Schaffende auszuweisen, sich von Kontakten mit Freunden und Freundinnen beleben zu lassen, d. h., ihren Arbeitsplatz als Lebenswelt zu erleben.

Diese sozialen Bedürfnisse, auch die zwischengeschlechtlichen Kontaktinteressen, sind durchaus legitim, wenn sie auch gesteuert und begleitet werden müssen. Eine Werkstatt, die ihre Arbeitsleistung auf Kosten zwischenmenschlicher Kontakte zu erhöhen suchte, wäre keine besondere Werkstatt für geistig Behinderte. Damit soll zugleich die Bedeutung und die Notwendigkeit sozialpädagogischer und psychologischer Hilfestellung und Beratung hervorgehoben werden (Begleitende Dienste).

– *Ein Ort des Mitredens*

Laut § 14 SchwbGV ist den Behinderten eine angemessene Mitwirkung in den ihre Interessen betreffenden Angelegenheiten der Werkstatt zu ermöglichen. Man hat mit dieser Bestimmung noch wenig Erfahrungen, aber es kann sicherlich festgestellt werden, daß es nicht nur ein wirkliches *Bedürfnis* der geistig behinderten Beschäftigten gibt, auch mitreden zu dürfen, sondern daß sie es auch können, wenn auch nicht alle. Es ist wohl auch zu beachten, daß sie das Mitreden erst lernen müssen. Ihre besondere Art und Form der Äußerung ist dabei zu berücksichtigen.

– *Ein Ort zu leben – auch für die professionellen Mitarbeiter*

Das Prinzip der "Zufriedenheit am Arbeitsplatz" gilt für behinderte Beschäftigte ebenso wie für die professionellen Helfer (Dienstleistenden). Damit ist auch ein Zusammenhang für beide Gruppen gegeben: Die "Zufriedenheit" der abhängigen Beschäftigten ist weithin auch abhängig von der "Zufriedenheit" der helfenden Mitarbeiter.

Wenn die WfB ein "Ort zu leben" für alle darin Tätigen sein soll und wenn dieser Ort so verschiedene Gesichtspunkte und Prinzipien in einer permanenten Spannung vereinigt, so können Konflikte nicht ausbleiben. Sie stellen sich bekanntermaßen auch immer ein, wenn verschiedene Berufsgruppen täglich unmittelbar zusammenzuarbeiten haben. Das Gespräch miteinander muß gepflegt werden.

5. Lebensbegleitung für älter werdende Menschen mit einer geistigen Behinderung

5.1. Problemlage

Bildung ist ein lebenslanger Prozeß. Gerade an der Lebendigkeit, mit der alte Menschen imponieren können, an ihrer Teilhabe am Leben um sie herum, an ihrem kulturellen Interesse, an ihrem Bedürfnis nach sozialer Zugehörigkeit, an ihrer Nachdenklichkeit, an ihren Erinnerungen und an ihrer Gesprächsbereitschaft zeigt sich, daß in ihnen gebildetes Leben wirksam ist, man könnte auch sagen: belebender Geist, der das physische Altern aufzufangen in der Lage ist.

Diese Beobachtung bezieht sich auf älter werdende bzw. alte Menschen an sich, seien sie geistig behindert oder nicht. Was läge also näher, als hier an den Schluß noch ein Kapitel über Möglichkeiten der *Altenbildung* bei geistiger Behinderung zu setzen: last but not least! So selbstverständlich aber ist ein solches Vorhaben nicht. Dafür sind mehrere Gründe maßgebend:

- Die Kenntnislücken für den Bereich älter werdender bzw. alter Menschen mit einer geistigen Behinderung sind sehr groß. Wissenschaftliche Untersuchungsergebnisse liegen kaum vor. Wir wissen zu wenig über die Entwicklungsprozesse dieser Menschen, über ihre realen Lebensbedingungen, ihre Interessen, ihre besonderen Probleme und über ihre Lebensmöglichkeiten.
- Es fehlen entsprechende Institutionen, Modelle und Erfahrungen. Es existiert real keine Altenbildung für Menschen mit geistiger Behinderung. Sie sind buchstäblich die letzten (last and least!), über die man sich Gedanken macht. Sie sind doppelt schwer benachteiligt: Sie sind alt und geistig behindert! Das Interesse der Gesellschaft an ihnen bewegt sich nahezu am Nullpunkt. Sie spielen im wesentlichen in Versorgungs- und Unterbringungsfragen eine gewisse Rolle.
- Es fehlt an Finanzierungsgrundlagen und deshalb an Personal. Investitionen werden als eigentlich nutzlos eingeschätzt.

Analysiert man die relativ wenigen bisherigen Berichte und Expertisen (vgl. *Berthold, Dürr 1980, BV Lebenshilfe 1983, 1984, Wieland 1987*), so überwiegen Ausführungen zu Kenntnisdefiziten, Desideraten, Unterbringungsfragen, Annahmen über Entwicklungsverläufe und Altersgrenzen sowie zu Ideen über eine menschenwürdige Betreuung. Den aktuellen Stand, sowohl in statistischer Hinsicht als auch in bezug auf reale Möglichkeiten und Erfordernisse eines lebenswerten Lebens im Alter, gibt der von *Rapp* und *Strubel (1992)* herausgegebene Sammelband wieder. Er macht zugleich die sich zuspitzende Versorgungssituation deutlich. Unter den Betroffenen, insbesondere unter den Eltern, herrscht zunehmende Sorge um einen Platz in einem Heim für die eigene Tochter bzw. den eigenen Sohn. Man entdeckt, daß nicht genügend vorgesorgt ist. Daß die bisherigen Planungen hinter dem bevorstehenden enormen Bedarf zurückliegen, ist hierzulande zum Teil darauf zurückzuführen, daß die Zahl der älteren Personen mit einer geistigen Behinderung bisher relativ gering war: eine Spätfolge der mörderischen Euthanasie-Aktionen der Nazis. In kürzester Zeit aber werden diese Lücken geschlossen sein. Die Lebenserwartung der Menschen mit einer geistigen Behinderung steigt ohnehin an. Sie erreichen inzwischen vergleichbare Altersstufen wie die übrige Bevölkerung.

Wenn bei den bisherigen Planungen der Aspekt der "Versorgung" und der Bereitstellung von "Betten" vorherrscht, so hängt dies zum großen Teil mit bisherigen Annahmen zusammen, daß es sich bei diesen Personen generell um Pflegebedürftige handle, wenn sie überhaupt das Alter erreichen. Die unmittelbar Betroffenen, diese Menschen selber, melden sich nicht zu Wort. Sie wissen mit Sicherheit um ihre totale Ausgeliefertheit: "They never ask for help" lautete der Titel einer kanadischen Studie von *Betty Anglin,* deren Text 1981 die Diskussion um diesen bisher vergessenen Personenkreis und seine Bedürfnisse hierzulande anregte.

5.2. Der psycho-physische Alterungsprozeß

Die auffallend geringe Kenntnis um den Alterungsprozeß bei geistiger Behinderung drückt sich u. a. in unterschiedlichen und vagen Annahmen aus. Soweit sie empirisch begründet werden, mangelt es ihnen an Repräsentativität:

- Es gäbe keinen eigentlichen Alterungsprozeß, weil es gar nicht zum Alter komme.
- Das Alter trete abrupt ein und zwar relativ früh.
- Die Lebenserwartung sei wesentlich niedriger als in der Gesamtbevölkerung.
- Es träten frühzeitig psychotische Störungen (Demenz) ein *(Weber, Rett 1991).*
- Der Alterungsprozeß verlaufe wesentlich anders und werde durch die intellektuelle Schädigung determiniert.

Insbesondere fällt auf, daß es keine klare Auffassung darüber gibt, von welchem Lebensjahr an von *Alter* gesprochen werden soll. Die Vorschläge reichen von 45 bis 65 Jahren. – Man sollte auf weitere Spekulationen dieser Art verzichten und sich an den individuellen Erfordernissen orientieren! –

Zu der Vielfalt der angesprochenen Annahmen, wie sie auch *Wieland (1987)* zusammengestellt hat, soll dreierlei angemerkt werden:

1. Aus gerontologischen Befunden *(H. Thomae, 1985)* ergeben sich hinreichend Indizien dafür, daß der Alterungsprozeß bei geistiger Behinderung im allgemeinen nicht anders verläuft als bei alternden Menschen an sich. Er ist – unter vergleichbaren Lebensbedingungen – als gleichartig anzusehen. Er wird nicht durch die geistige Behinderung schlechthin determiniert.
2. Für das psychische Altern bei geistiger Behinderung sind in erster Linie Umweltfaktoren maßgebend. *H. Thomae* spricht von "sozialem Schicksal" *(a.a.O.)*. Unterschiedliche Entwicklungen im körperlichen Bereich, z. B. bezüglich der Anfälligkeit für Erkrankungen, ergeben sich jeweils aus bestimmten genetischen und umweltbedingten Prägungen.
3. Wenn vermehrt psychische (psychotische) oder sonstige Störungen bzw. Empfindlichkeiten auftreten, so liegt diesen Erscheinungen eine komplexe und wechselwirkende Kausalität zugrunde, die sich aus sozialen Lebensbedingungen, körperlicher Gesundheit, Art der Hirnschädigung und verfügbaren Hilfen (Therapien) zusammensetzt *(Weber 1997)*.
4. Zahlenangaben über gehäuftes Auftreten psychiatrischer Störungen sind in aller Regel in Großheimen oder psychiatrischen Kliniken gewonnen worden. Da sie wegen fehlender Erfassungsmöglichkeiten außerhalb solcher Einrichtungen nicht vergleichbar sind, müssen sie relativiert werden, können also nicht verallgemeinert werden.
5. Bündige Aussagen über reale Möglichkeiten einer Altenbildung für Menschen mit einer geistigen Behinderung können erst gemacht werden, wenn diese von früher Kindheit an in ihrer personalen und sozialen Entwicklung gefördert wurden, und wenn sie durchgängig – wie andere Menschen auch – eine hinreichend bedürfnisadäquate Lebensbegleitung einschließlich einer angemessenen Altenbildung erfahren haben. Dies trifft für den größeren Teil der heutigen alten Menschen mit einer geistigen Behinderung nicht zu.

5.3. Lebensorte für das Altwerden

Es gibt keine eindeutigen Zahlen darüber, wo hierzulande ältere Menschen mit einer geistigen Behinderung leben. Es kann davon ausgegangen werden, daß etwa die Hälfte aller Erwachsenen mit einer geistigen Behinderung in Deutschland (West) in ihren Herkunftsfamilien leben *(Beermann, Reischuk 1987)*. Dagegen dürften es – auch international vergleichbar – über 90 % der über 60jährigen sein, die stationär untergebracht sind *(a.a.O., 77)*. Es heißt weiterhin, daß

Vollzeitinstitutionen in zunehmendem Maße zu Sammelbecken für ältere Menschen mit geistiger Behinderung würden (vgl. auch *Bradl u. a. 1982, 91*).

In *psychiatrischen Krankenhäusern* wird nach wie vor eine relativ große Zahl von ihnen "betreut", obwohl nach der Psychiatrie-Enquete von 1975 für den Deutschen Bundestag diese Art der Unterbringung in den meisten Fällen als "Fehlplazierung" anzusehen ist (vgl. *Böker, Brenner 1990*). Sie betraf damals mehr als 17000 Personen mit geistiger Behinderung; das waren 18,5% aller Patienten in diesen Krankenanstalten. – Die Zahl der in *Altersheimen* untergebrachten Menschen mit geistiger Behinderung ist nicht bekannt.

In den *Wohnheimen* (die Bundesregierung, 1984, spricht von rd. 320 "Wohnstätten" mit etwa 8200 Plätzen für Personen mit geistiger Behinderung) finden sich so gut wie keine Älteren, d. h. nicht mehr beruflich Tätigen. Dies hängt mit der unglücklichen Koppelung von Wohnheim und Werkstatt für Behinderte in Deutschland zusammen. Die finanziellen Regelungen sehen solche Plätze in Wohnheimen nur für Werkstatt-Tätige vor, ein Junktim, das m.W. international seinesgleichen sucht! Wohnheime sind damit praktisch Werkswohnungen; wer aus dem Berufsleben ausscheidet, also älter wird, muß aus der Wohnung!

Günstiger stellt sich die Situation in *Wohnverbund-Formen* dar. Nach der Erhebung von *Beermann* und *Reischuk (1987, 88)* beläuft sich hier der Anteil der über 50jährigen auf 26%. Bei diesen Verbundformen handelt es sich um Wohnheime, in denen ältere, nicht mehr in der Werkstatt Tätige in eigenen Abteilungen oder zugeordneten Altenheimen leben.

In *Österreich,* wo es die oben genannte Koppelung von Wohnheim und Werkstatt nicht gibt, können älter werdende und alte Menschen mit geistiger Behinderung in den gewohnten Wohngruppen, Wohngemeinschaften oder Einzelwohnungen bleiben (vgl. *Bruckmüller,* in *Rapp, Strubel 1992*).

In Schweden sind nach Angaben von *T. Wallner* (*1986,* Vortragsmanuskript) von den insgesamt 25300 Erwachsenen mit geistiger Behinderung ca. 2300 im Seniorenalter, d. h. älter als 65 Jahre. Ihr Eintritt in dieses Alter ändert nichts an ihrer Wohnsituation. Sie verbleiben also in ihren angestammten Lebensverhältnissen. Wie insgesamt Erwachsene mit einer geistigen Behinderung in Schweden wohnen, geht aus folgenden Zahlen *(a.a.O.)* hervor. Danach lebten 1985

27,6% im Elternhaus oder in einer anderen Familie
18,0% in einer eigenen Wohnung
22,8% in Gruppenwohnungen
29,6% in Wohn- und Pflegeheimen
0,3% in Spezialkrankenhäusern und
1,6% auf andere Weise.

Überblickt man die Situation der Lebensorte für alternde Menschen mit einer geistigen Behinderung, so kann – jedenfalls was die Lage in Deutschland betrifft, insbesondere in den neuen Bundesländern – der gegenwärtige Zustand nicht als befriedigend angesehen werden. Das Problem liegt nicht nur in den massenweise fehlenden Plätzen (Fehlbedarf lt. Bundesregierung 1984: 10000, wahrscheinlich zu niedrig geschätzt!) sondern in der mangelnden Lebensqualität der Lebensbedingungen für diese Menschen:

1. Es leben zu viele Menschen mit einer geistigen Behinderung zu lange in ihren *Herkunftsfamilien*. Die Eltern bzw. die verbleibenden Elternteile werden um so mehr belastet, je älter sie selber werden. Ihr plötzlicher Tod kann schockierend auf Sohn oder Tochter wirken, vor allem wenn er das Verlassen der Familie bedeutet. Vorbereitungen auf den natürlicherweise notwendigen Wechsel in ein Wohnheim finden im allgemeinen nicht statt. Er sollte spätestens in den zwanziger Jahren vollzogen werden.
2. Es ist menschlich kaum zu verantworten, daß aus Finanzierungsgründen (Koppelung mit der Werkstatt für Behinderte) älter werdende Menschen mit einer geistigen Behinderung ihr angestammtes *Wohnheim* verlassen müssen. Dabei stellt sich noch die Frage, wo sie nun eigentlich weiterleben sollen, da es an den nötigen Plätzen fehlt. Geleistet werden sollte auch eine Vorbereitung auf das Alter.
3. In eigenen (separaten) *Alten- und Altenpflegeheimen,* die im allgemeinen größer angelegt sind, ist nicht die Lösung des Problems zu sehen.
4. Ob *größere Heime* in jedem Falle der adäquate Lebensort sind, wenn hier konzentriert alte Menschen mit einer geistigen Behinderung leben, und wenn diese hierher aus anderen Wohnstätten transferiert werden, weil sie älter geworden sind, kann bezweifelt werden.
5. *Psychiatrische Krankenhäuser* sollten als Unterbringungsplätze endlich außer Betracht bleiben. Sie sind normalerweise kein akzeptabler Lebensort, es sei denn, es handelt sich um Menschen, die nicht nur geistig behindert sondern auch eindeutig psychisch krank sind.

Fragt man nach den tieferen Gründen für die kritische Situation der Lebensbedingungen älter werdender Menschen mit einer geistigen Behinderung, so wird man gewahr, daß sie tatsächlich die Letzten, die nahezu Vergessenen der Sozialpolitik sind *(Speck 1997).* Sie können keine Lobby bilden wie die vergleichbaren Alten (die "grauen Panther"). Es scheint so, als bliebe für sie nur das Nötigste übrig, ihre "Unterbringung". Demgegenüber darf an das Normalisierungsprinzip erinnert werden. Was also wäre hier so normal wie möglich? Es käme auf folgende Prinzipien an:

– Das *Beheimatungsprinzip (Speck 1983)* erfordert u. U., daß Erwachsene mit einer geistigen Behinderung bis in ihr Alter hinein denselben Lebensort behalten dürfen. Gegebenenfalls sind die üblichen Wohnstätten (Wohngruppen, Wohngemeinschaften, vgl. *Thesing 1990*) durch zusätzliche Abteilungen zu ergänzen. Nur für einen relativ kleinen Teil der älteren Menschen mit einer geistigen Behinderung kommen Altenpflegeheime in Betracht, vergleichbar den ansonsten üblichen Indikationen für Altenpflegeheime.

- Prinzipielle Orientierungsbasis für die Einrichtung von Lebensstätten für Menschen mit einer geistigen Behinderung ist und bleibt die *Einbindung in die Gemeinde.* Jegliche Planung hat von dieser Gemeindeintegrierung auszugehen *(Bradl 1987).* Wenn gegenwärtig die Unterbringung in größeren Heimen im Versorgungskonzept überwiegt, so sei dies (nach *Bradl a.a.O.*) systembedingt, d.h. man gehe allzu sehr vom Verbleibenkönnen in der Herkunftsfamilie und von Finanzierungsschwierigkeiten für gemeindenahe Wohnplätze und ambulante Dienste aus. Gemeindenahes Wohnen bedeutet im wesentlichen, daß die – auch älteren – Bewohner von Wohnstätten auch tatsächlich in das Leben einer Gemeinde und in deren soziale Dienste einbezogen werden. Ambulante bzw. mobile *Helfer-Dienste,* wie sie z.B. in München von der Vereinigung für Integrationsförderung (VIF) seit Jahren praktiziert werden, sind dabei unverzichtbar (vgl. *Fussek 1983, Speck 1985*).

So stimmig ein Programm gemeindeintegrierten Wohnens in sich ist, und so sehr auch Übereinstimmung darüber besteht, daß ihm planerische Priorität zukommt, so daß Großheime auf Dauer überflüssig werden könnten, läuft die Entwicklung in der Realität anders. Ein wesentlicher Grund liegt im Finanzierungsmodus: Da für die "stationäre Unterbringung" der überörtliche Träger der Sozialhilfe zuständig ist, werden die Gemeindeverwaltungen entlastet, wenn es zu einer Heimeinweisung kommt. Von einem ausgeprägten Interesse der Gemeinden, ihre – älteren – geistig behinderten Mitbürger solidarisch bei sich zu behalten, kann nicht die Rede sein.

Da sich Anzeichen dafür mehren, daß die Überforderung der Familien durch die lebenslange Betreuung eines Mitglieds mit einer geistigen Behinderung zunimmt und zu vermehrten Problemen führt, zumal wenn sonstige Verwandte und ambulante Dienste fehlen, hat man mit einem höheren Fehlbedarf an Wohnplätzen als bisher geschätzt zu rechnen. Wollte man dabei den Ausbau der Großheime forcieren, so dürfte es schwierig werden, sie vor einer Ausweitung zu *Wohnstädten* und vor der Installierung industrialisierter Organisationsstrukturen zu bewahren. Da sich zudem die Personalfrage gegenwärtig zuspitzt, ist es nicht unwichtig, zur Kenntnis zu nehmen, daß – nach einer Erhebung von *Thesing (1990, 137f.)* – die Mitarbeiter in den offenen, kleinen Wohnformen mit ihrer Arbeit wesentlich mehr zufrieden sind als ihre Kollegen im Heim. Geschätzt wird vor allem das hohe Maß an Selbständigkeit beim Arbeiten in der Wohngruppe. Das Thema Wohnen darf nicht als bloße Frage nach den unterzubringenden Menschen mit einer geistigen Behinderung betrachtet werden.

5.4. Altenbildung als Lebensbegleitung

Mit dem Begriff des Wohnens muß sich mehr verbinden als bloße Versorgung mit Wohnplätzen. Zur Wohnqualität als Lebensqualität gehört mehr. Es geht um einen *Lebensort* oder um eine *Lebenswelt,* an dem/der ein älter werdender

Mensch mit einer geistigen Behinderung bergende und bildende, d.h. sein geistiges Leben erhaltende *Heimat* findet *(Speck 1982, Skiba 1996).* Wieweit dies tatsächlich der Fall ist, wieweit real eine Altenbildung praktiziert wird, kann nur vage geschätzt werden. Das Ergebnis ist nach allen Anzeichen eher niederdrückend. Dafür maßgebend sind u.a. finanzielle und personelle Engpässe und ein minimales öffentliches Interesse. Man hat zu bedenken, daß die natürlicherweise stärksten Vertreter und Verteidiger der Rechte von Menschen mit einer geistigen Behinderung, nämlich die eigenen Eltern, mit zunehmendem Alter ausfallen bzw. selber weitestgehend abhängig werden.

In dieser Situation auch noch Vorschläge für eine *Altenbildung* bei geistiger Behinderung zusammenzustellen, könnte wie eine blanke Illusion anmuten. In der einschlägigen Literatur kommt dieser Begriff nicht vor. Es ist höchstens von "Beschäftigung" die Rede, einem Begriff, der lediglich bedeuten soll, daß es sich nicht um bloßes Vegetieren handelt. Aber selbst dann, wenn von "Beschäftigung" berichtet wird, ist höchst Dürftiges gemeint, z.B. wenn es heißt, daß in einer Einrichtung für 53 Personen im Alter von 58 bis 84 Jahren sich die "Altenbeschäftigung" darauf beschränkt, daß an zwei Halbtagen in der Woche zwei Betreuer in Funktion treten *(Beermann, Reischuk 1987, 96).* Ansonsten ist die Rede von Mitarbeit in der Hauswirtschaft oder in Regiebetrieben oder von Werktherapie (?). Wenn es heißt, daß Beschäftigungsmöglichkeiten kaum in Betracht kommen, weil der Pflegeaufwand zu hoch sei, so muß dabei auch die Wechselwirkung mit unzureichenden Lebensbedingungen gesehen werden.

Besondere Verantwortung fällt den Vollzeitheimen zu, in denen über 90% aller älteren Menschen mit einer geistigen Behinderung leben. Diese Menschen sollten, zumal wenn sie schon bisher hier ihren Lebensort hatten (vgl. *Neumann 1988*), unbedingt in Bildungsangebote einbezogen werden; und diese wiederum sollten sich vermehrt auch auf integrative Kontakte und Einbeziehung der Umwelt erstrecken, z.B. in Form gemeinsamer Freizeitmaßnahmen oder Feste.

Was als Altenbildung hier angesprochen wird, versteht sich als eine Form der *Lebensbegleitung,* die darauf abzielt, geistiges Leben und damit auch körperliche Gesundheit zu erhalten. Dies setzt immer wieder neue oder gewohnte Impulse zur Teilhabe am Leben der eigenen Lebenswelt voraus und zwar über

- Spiel, Liebhabereien und Gelegenheiten zu körperlicher Betätigung
- Gemeinsame Unternehmungen (Reisen, Wandern u.ä.)
- Medien zur Unterhaltung und zur Belebung geistiger Interessen (Bücher, Bilder, Filme, Cassetten)
- musische Betätigungsmöglichkeiten
- Gelegenheiten zu Gesprächen (Plausch) und gewohnten sozialen Kontakten
- einladende Gelegenheiten, in den eigenen guten Erinnerungen zu leben.

Um dies in eine belebende Wirklichkeit umzusetzen, sind Menschen notwendig, die dies gern und qualifiziert tun. Ob es sie in der Zukunft in ausreichendem Maße geben wird, bleibt eine offene Frage. Es steht Humanität auf dem Spiel. Zu groß ist die Gefahr, daß man sich an das Elend gewöhnt, indem man es übersieht.

Lebensbegleitung auch im *Sterben*? Ist das Sterben von Menschen mit geistiger Behinderung auch von pädagogischem Interesse? Was wissen wir überhaupt über das Zuendegehen des Lebensweges dieser unserer Mitmenschen? Wir verweisen auf *N. Huber* in *Rapp, Strubel (1992)*. Eine Begebenheit stammt von Pfarrer *Sommerer* aus dem Heim in Bruckberg *(Ursberger Kalender 1987, 82)*:

Es handelte sich um eine Frau, die 20 Jahre hier gelebt hatte. "Man hielt sie für schwerstbehindert. Immer apathisch, kaum ein Zeichen zur Außenwelt, kaum ein Kontakt, nie ein Wort, kaum ein Lächeln. Bewegungslos blickte sie stundenlang vor sich hin oder sie zappelte in sichtlicher Erregung, wobei niemand wußte, warum. Sie aß und trank, schlief und wachte, schrie manchmal unartikuliert – andere Lebensregungen wurden nicht wahrgenommen ... An der Umgebung nahm sie nicht den geringsten Anteil. Körperlich wurde sie immer elender ... Ihr Siechtum, ihre Hilflosigkeit verstärkten sich." – Eines Tages lag sie im Sterben. Sie ahnte es offensichtlich; denn in ihr vollzog sich eine ganz auffallende Veränderung: Zum Staunen ihrer Mitbewohner, die um sie herum standen, fing sie an zu singen. Sie, "die nie ein Wort gesprochen, sang, sang mit klarer Stimme selbst ihre Sterbelieder: 'Wo findet die Seele die Heimat, die Ruh'? wiederholte sie mehrmals mit klarer Stimme, etwa eine halbe Stunde lang"; dann starb sie mit selig verklärtem Gesicht. –

Eine ungewöhnliche Geschichte, die aber sehr nachdenklich macht: Was wissen wir wirklich, was im anderen vor sich geht, was für ihn ein Leben lang Bedeutung hat? Es ist sicherlich mehr, als wir von außen her wahrnehmen können. Ein erfülltes Leben trotz lebenslanger Hindernisse, getragen von der Sehnsucht oder Ahnung einer besseren Welt.

Literatur

AAMD (Amer. Ass. Ment. Defic., Ed.): International Research Seminar on Vocational Rehabilitation of the Mentally Retarded, Washington D.C. 1972
Adam, H.: Curriculumkonstruktion für Geistigbehinderte. Untersuchung zur Theorie und Praxis in den USA unter besonderer Berücksichtigung des Normalisierungsprinzips. Marburg 1977
–: Arbeitsplan für den Unterricht mit Geistigbehinderten. Limburg 1978
–: Liebe macht erfinderisch. Ausgewählte Studien zur Geistigbehindertenpädagogik. Würzburg 1990
Adriaans, P., Duker, P.: Die Behandlung von Verhaltensstörungen bei Geistigbehinderten. Bern/Stuttgart 1975
Aebli, H.: Psychologische Didaktik. Stuttgart [3]1968
–: Grundformen des Lehrens. Stuttgart [5]1968
Altner, G.: Naturvergessenheit. Grundlagen einer umfassenden Bioethik. Darmstadt 1991
Anderson, R.M., Greer, J.G. (Eds.): Educating the Severely and Profoundly Retarded. Baltimore/London/Tokyo 1976
Anstötz, Ch.: Geistigbehindertenpädagogik als erziehungswissenschaftliche Disziplin. Köln 1984a
–: Zur Verbindung von Wissenschaft und ethischen Fragestellungen in der Pädagogik bei Geistigbehinderten. Heilpädagogische Forschung (XI), 1984b, 3, 191-205
–: Analyse und Kritik des Ganzheitsdenkens in der (deutschsprachigen) Geistigbehindertenpädagogik. Heilpädagogische Forschung (XII), 1985, 3, 257-268
–: Grundriß der Geistigbehindertenpädagogik. Berlin 1987
–: Heilpädagogische Ethik auf der Basis des Präferenz-Utilitarismus. Behindertenpädagogik (27), 1988, 4, 368-382
Antor, G.: Wege zur Normalisierung für Geistig Behinderte und ihre Angehörigen. Geistige Behinderung 1987, 4, 267-275
–: Ethische Fragen in der pädagogischen Förderung schwerstbehinderter Menschen. In: A. Fröhlich (Hrsg.): Pädagogik bei schwerster Behinderung. Handbuch der Sonderpädagogik, Bd. 12. Berlin 1991, 70-88
Antor, G. u. Bleidick, U. (Hrsg.): Recht auf Leben – Recht auf Bildung. Aktuelle Fragen der Behindertenpädagogik. Heidelberg 1995
Arbeitsgemeinschaft des Rehabilitationszentrums für Schwerst- und Mehrfachbehinderte der Johannes-Anstalten Mosbach (Hrsg.): Entwicklungsbogen für Schwerstbehinderte. Schwarzach 1986
Arbeitsgemeinschaft Wohnplätze für behinderte Menschen, Sozialamt der Stadt Wien (Hrsg.): Wohnen mit behinderten Menschen. Wien 1990
Arbeitsstelle Frühförderung (Hrsg.): Verlaufsstudien zur Frühförderung. München 1988
Argyle, M.: Soziale Interaktion. Köln 1972
Aronson, E., Pines, A.M., Kafry, D.: Ausgebrannt. Vom Überdruß zur Selbstentfaltung. Stuttgart 1983
Aschaffenburg, G.: Grenzen der Heilpädagogik. In: *E. Lesch* (Hrsg.): Bericht über den 5. Kongreß für Heilpädagogik in Köln, München 1931
Asperger, H.: Heilpädagogik, Einführung in die Psychopathologie des Kindes für Ärzte, Lehrer, Psychologen, Richter und Fürsorgerinnen. Wien/New York, [5]1968
Atzesberger, M.: Sprachaufbauhilfe bei Geistigbehinderten. Berlin [3]1975, [4]1978
Aurin, K.: Zur Rehabilitation geistig behinderter Jugendlicher. Die Rehabilitation 1964, 103-110, 182-188
–: Was heißt "Humanisierung der Schule"? Z. f. Pädagogik 1977, 23, 757-772

Autorenteam: Eine Schule für Kinder mit geistiger Behinderung. Handbuch für Heilpädagogen, Erzieher und Therapeuten. Zürich 1987
Autrum, H.: Sprechen, Sprache und Verstehen. Vortrag v. d. Bayer. Akademie der Wissenschaften. München 1977
Ayres, J.: Lernstörungen. Heidelberg 1979
Bach, H.: Geistigbehindertenpädagogik. Berlin 1967, [11]1984
–: Lesereife und Lesenlernen bei Geistigbehinderten. Sonderpädagogik 1971, 1, 149-156
– (Hrsg.): Früherziehungsprogramme für geistigbehinderte und entwicklungsverzögerte Säuglinge und Kleinkinder. Berlin 1974
–: Geistigbehinderte unter pädagogischem Aspekt. In: *Bach, Kanter, Kauter, Munz:* Sonderpädagogik 3. Stuttgart 1974
– (Hrsg.): Pädagogik der Geistigbehinderten. Handbuch der Sonderpädagogik Bd. 5. Berlin 1979 a
– (Hrsg.): Familien mit geistigbehinderten Kindern. Berlin 1979 b
–: Sexuelle Erziehung als Eingliederungshilfe bei geistiger Behinderung. Berlin 1981
–: Die heimlichen Bitten des Peter M. Berlin 1985
–, *Baumann, J., Beck, R.:* Berufsausbildung Geistigbehinderter. Mainz 1975
Bachmann, W.: Das unselige Erbe des Christentums: Die Wechselbälge. Zur Geschichte der Heilpädagogik. Gießen 1985
Baier, H. (Hrsg.): Beiträge zur Behindertenpädagogik in Forschung und Lehre. Rheinstetten 1976
Balzer, B., Rolli, S.: Sozialtherapie mit Eltern Behinderter. Weinheim/Basel 1975
Bandura, A.: Sozial-kognitive Lerntheorie, Stuttgart 1979
Bank-Mikkelsen, N. E.: Das Normalisierungsprinzip. Zur Fortbildung 1972, 2, 24-30
–: Misconceptions of the Principle of Normalisation. Vortragsmanuskript f. d. 4. Intern. Congr. der IASSMD. Washington 1976
Barker, P.: Grundlagen der Kinderpsychiatrie. Ravensburg 1973
Barksdale, M. W.: Social Problems of Mentally Retarded Children. Mental Hygiene, New York 1961, 45, 509-512
Bateson, G.: Ökologie des Geistes. Anthropologische, psychologische, biologische und epistemologische Perspektiven. Frankfurt/M. 1985
Bauer, I., Fischer, D.: Neues Leben mit Geistigbehinderten. Wir Lernen mit dem Overhead-Projektor. Würzburg 1978
Baumgart, E.: Bildungsklub. Erwachsenenbildung für Menschen mit geistiger Behinderung an einer Züricher Modelleinrichtung. Luzern 1985.
–: Ablösung. Geistig behindert sein und erwachsen werden. Luzern 1986
–: Volkshochschulen – auch für geistig behinderte Menschen. Erfahrungen mit Weiterbildung im Kurssystem. Luzern 1987
–: Mehr Lebensqualität für Menschen mit geistiger Behinderung. Stuttgart 1991
–, *Bücheler, H.* (Hrsg.): Lexikon. Wissenswertes zur Erwachsenenbildung unter besonderer Berücksichtigung von geistiger Behinderung. Neuwied, Berlin 1998
Baun, M.: Beeinträchtigungen der Sprache bei Geistigbehinderten. Sonderpädagogik 1978, 8, 15-23
–: Förderung sprachlicher Kommunikation bei Geistigbehinderten. Berlin 1981
Beck, W.: Grundzüge der Sozialpsychologie. München [3]1960
Beck, I., Düe, W. u. Wieland, H. (Hrsg.): Normalisierung: Behindertenpädagogische und sozialpolitische Perspektiven eines Reformkonzeptes. Heidelberg 1996
Becker, R. u. Autorenkollektiv: Früherziehung geschädigter Kinder. Berlin 1978
Beermann, M., Reischuk, R.: Zur Lebenssituation älterer Menschen mit geistiger Behinderung in der BRD. Analyse der vorfindlichen Rahmenbedingungen für die Versorgung innerhalb der Institutionen der Behindertenhilfe anhand einer Umfrage. In: *H. Wieland* (Hrsg.): Geistig behinderte Menschen im Alter. Heidelberg 1987, 67-115
Begab, M. J., Richardson, S. A. (Eds.): The Mentally Retarded and Society. A Social Science Perspective. Baltimore/London/Tokyo 1975

Begemann, E.: Die Erziehung der sozio-kulturell benachteiligten Schüler. Zur erziehungswissenschaftlichen Grundlegung der "Hilfsschulpädagogik". Berlin/Darmstadt/Dortmund 1970
–: Behinderte – eine humane Chance unserer Gesellschaft. Berlin 1973
–, *Fröhlich, A. D., Penner, H.:* Förderung von schwerstkörperbehinderten Kindern in der Primarstufe. Zwischenbericht. Mainz 1979
Bell, H., Kuznik, R., Laga, G., Runde, P.: Arbeit, Orientierung, Rehabilitation. Zu arbeitspädagogischen Förderungsmöglichkeiten geistig behinderter Menschen. Villingen-Schwenningen 1988
Benda, Cl. E.: Die Oligophrenien. In: Psychiatrie der Gegenwart. Berlin/Göttingen/Heidelberg 1960, Bd. 11, 869-934
Bender, G.: So erlebe ich meine Welt. Bilder und Geschichten eines behinderten Mädchens. Freiburg/Basel/Wien [2]1986
Berg, J. M.: Aetiological Aspects of Mental Subnormality: Pathological Faktors. In: Clarke, Clarke [3]1974, 82-117
Berges, M.: Dimensionen der Integration bei kooperativem Unterricht. Frankfurt/M. u. a. 1995
Bernard-Opitz, V., Blesch, G., Holz, K.: Sprachlos muß keiner bleiben. Handzeichen und andere Kommunikationshilfen für autistisch und geistig Behinderte. Freiburg i. B. 1988
Bernart, E.: Schulbildung für geistig Behinderte. Berlin 1970
Bernhart, P.: Pädagogische Förderung in der Werkstatt für Behinderte. Ein Beitrag zur Praxis der Arbeit mit geistigbehinderten Erwachsenen. München/Basel 1977
Bertalanffy, L. von: Aber vom Menschen wissen wir nichts. Düsseldorf/Wien 1970
Berthold, M., Dürr, E.: Delphi-Umfrage: Der geistig behinderte Mensch in der 3. Lebensphase. Zur Orientierung (4), 1980, 4, 336-395.
Beschel, E.: Der Eigencharakter der Hilfsschule. Weinheim 1960
Besems, Th., Vugt, G. van: Integrative Körpertherapie bei behinderten Kindern und Jugendlichen. In: *W. Färber* (Hrsg.): Integrative Therapie mit geistig und psychisch behinderten Kindern und Jugendlichen. Dortmund 1983
Biewer, G.: Montessori-Pädagogik mit geistig behinderten Schülern. Bad Heilbrunn 1992.
Binding, K., Hoche, A.: Die Freigabe der Vernichtung lebensunwerten Lebens. Leipzig [2]1922
Birnbacher, D., Hoerster, D.: Texte zur Ethik. München 1976
Blankertz, H.: Theorien und Modelle der Didaktik. München [5]1971.
Blatt, B.: Fegefeuer. In: Kugel, Wolfensberger (Hrsg.) 1974, 17-23
Bleidick, U.: Sonderschule für geistig Behinderte. In: Enzyklopäd. Handbuch der Sonderpädagogik. Berlin 1965 ff., Sp. 1095-1097
–: Das behinderte Kind in anthropologischer Sicht. In: *Heckel, Jensen, Schaaf* (Hrsg.): Das behinderte Kind in Schule und Gesellschaft. Hamburg 1967.
–: Sonderpädagogik. In: Enzyklopäd. Handbuch der Sonderpädagogik, Berlin 1968, Sp. 3191-3226
–: Pädagogik der Behinderten. Berlin [3]1978
– (Hrsg.): Theorie der Behindertenpädagogik. Handbuch der Sonderpädagogik Bd. 1. Berlin 1985
–: Betrifft Integration: Behinderte Schüler in allgemeinen Schulen. Berlin 1988
–, *Rüttgardt, S. E.* (Hrsg.): Lehrer für Behinderte. Stuttgart/Berlin/Köln/Mainz 1978
Blumenberg, H.: Wirklichkeiten, in denen wir leben. Stuttgart 1981
Bochinger, R. (Hrsg.): Hilfe für das geistig behinderte Kind. Stuttgart 1967
Bodenbender, E.: Zur psychosozialen Situation der Eltern geistig behinderter Kinder. Geistige Behinderung (1), 1981, 5-16
Böker, W., Brenner, H.-D. (Hrsg.): Geistigbehinderte in psychiatrischen Kliniken. Bern/Stuttgart/Toronto 1990
Bollnow, O. F.: Krise und neuer Anfang. Heidelberg 1966
–: Vom Geist des Übens. Eine Rückbesinnung auf elementare didaktische Erfahrungen. Oberwil b. Zug 1987
Bondy, C.: Neue Testuntersuchungen an minderbegabten Kindern. Lebenshilfe 1964, 113

–, *Cohen, R., Eggert, D., Lüer, G.:* Die Testbatterie für geistig behinderte Kinder. Weinheim/ Berlin/Basel 1969
Bonn, H.: Arbeitslehre: Sachbezogene Arbeitshaltung schwerstgeistigbehinderter Werkstufenschüler. Anbahnung und Vorhabengestaltung. Berlin 1985
Bopp, L.: Allgemeine Heilpädagogik. Freiburg 1930
Bos, E. van den: Neues Spielmaterial für behinderte Kinder. Heidelberg 1968
Boswell, D.M., Wingrove, J.M. (Eds.): The Handicapped Person in the Community. London 1974
Bowlby, J.: Bindung. München 1975
Bracken, H. v.: Entwickungsgestörte Jugendliche. München 1965
– (Hrsg.): Erziehung und Unterricht behinderter Kinder. Frankfurt/M. 1968
–: Vorurteile gegen behinderte Kinder, ihre Familien und Schulen. Berlin 1976
Bradl, Ch.: Gemeindeintegrierte Hilfen für ältere Menschen mit geistiger Behinderung. Gesellschaftliche, sozialrechtliche und sozialpolitische Aspekte. In: H. Wieland (Hrsg.) 1987, 141-189
–: Anfänge der Anstaltsfürsorge für Menschen mit geistiger Behinderung ("Idiotenanstaltswesen"). Ein Beitrag zur Sozial- und Ideengeschichte des Behindertenbetreuungswesens am Beispiel des Rheinlandes im 19. Jahrhundert. Butzbach 1991
–, *Schädler, B.:* Zur Situation geistig Behinderter in psychiatrischen Krankenhäusern. Geistige Behinderung (25), 1986, 4, 243-251
– *u. a.:* Ausgliederung geistig Behinderter aus Einrichtungen der Psychiatrie. In: BV Lebenshilfe e.V. (Hrsg.) 1982, 88-96
Braun, U. (Hrsg.): Unterstützte Kommunikation. Kinder mit cerebralen Bewegungsstörungen. selbstbestimmtes leben 1994
Breitinger, M., Fischer, D.: Intensivbehinderte lernen leben. Würzburg 1981
Bremer-Hübler, U.: Streß und Streßverarbeitung im täglichen Zusammenleben mit geistig behinderten Kindern. Eine empirische Studie zur Situation der Mütter. Frankfurt/M. u. a. 1990
Brezinka, W.: Erziehung als Lebenshilfe. Wien 1961
–: Der erziehungsbedürftige Mensch und die Institutionen. In: *W. Brezinka* (Hrsg.): Weltweite Erziehung. Freiburg/Basel/Wien 1961
–: Grundbegriffe der Erziehungswissenschaft. München 1974
Bronfenbrenner, U.: Die Ökologie der menschlichen Entwicklung. Stuttgart 1981
Brooks, P., Baumeister, A.: A Plea for Consideration of Ecological Validity in the Experimental Psychology of Mental Retardation. Amer. J. Ment. Deficiency 1977, 81, 407-416
Bruckmüller, M.: Aggression und Regression bei geistiger Behinderung – Ausdrucksmittel oder Störung? Geistige Behinderung (24), 1985, 2, 114-125
–: Menschen sehen. Wien 1988
Bruner, J.: Relevanz der Erziehung. Ravensburg 1973
Buber, M.: Urdistanz und Beziehung. Heidelberg 1951
–: Reden über Erziehung. Heidelberg 1956
–: Ich und Du. Heidelberg 1958
Buchka, M.: Religiöse Unterweisung in der Schule für Geistigbehinderte. Berlin 1973
–: Pädagogische Erfahrungen mit der "Testbatterie für geistig behinderte Kinder". Sonderpädagogik 1973, 3, 74-83
–: Katechese und Religionsunterricht bei Geistigbehinderten. Frankfurt/M. 1984
Hackenberg, J.: Das Burn-out-Syndrom bei Mitarbeitern in der Behindertenhilfe. Dortmund 1987
Büchel, F.: Das Reversal-Shift-Paradigma bei geistigbehinderten Kindern. Heilpädag. Forschung (7), 1977, 1, 208-219
–: Gedächtnis und Lernen beim geistig behinderten Kind. Eine heilpädagogisch-psychologische Untersuchung zum Free-Recall-Paradigma. Weinheim/Basel 1978
Budde, K.R. (Hrsg.): Handbuch der Schule und Bildungsstätte für geistig Behinderte Bd. 1 u. 11. Staufen/Br. 1977
Bürli, A.: Zur Behindertenpädagogik in Italien, England und Dänemark. Luzern 1985

Bundesregierung (Bundesminister für Arbeit und Sozialordnung): Behinderte und Rehabilitation. Bonn 1984
Bundesverband für spastisch Gelähmte und andere Körperbehinderte, Düsseldorf e.V., Fröhlich, A. D. (Hrsg.): Dokumentation zur Situation Schwerstbehinderter. Staufen/Br. 1978
Bundesvereinigung Lebenshilfe für Geistig Behinderte e.V. (Hrsg.): Frühe Hilfen – wirksamste Hilfen. Marburg 1975
–: Geistige Behinderung, Partnerschaft, Sexualität, Marburg 1976
–: Hilfen für schwer geistig Behinderte. Eingliederung statt Isolation. Marburg 1978
–: Materialien zur Freizeitgestaltung. Marburg [3]1978
–: Verhaltenstherapien im Rahmen der Gesamtförderung geistig Behinderter. Marburg 1979
–: Humanes Wohnen – seine Bedeutung für das Leben geistig behinderter Erwachsener. Marburg 1982
–: Altwerden von Menschen mit geistiger Behinderung. Marburg 1983
–: Freizeitförderung bei geistig Behinderten. Marburg [5]1984
–: Hilfen für alte und alternde geistig behinderte Menschen. Marburg 1985
–: Familienentlastende Dienste. Marburg 1986
–: Selbständigere und neuere Wohnformen. Marburg 1990
–: Pflegeeltern von Kindern mit Behinderungen. Marburg 1990
–: Erwachsenenbildung für Menschen mit geistiger Behinderung. Marburg 1991
Bundschuh, K.: Einführung in die sonderpädagogische Diagnostik. München/Basel [2]1984
–: Dimensionen der Förderdiagnostik. München/Basel 1985
Burisch, M.: Das Burnout-Syndrom. Theorie der inneren Erschöpfung. Berlin 1989
Burkart, H., Krech, R.: Aggression und geistige Behinderung. Berlin 1985
Busemann, A.: Psychologie der Intelligenzdefekte. München 1959
Buytendijk, F. I. I.: Prolegomena einer anthropologischen Physiologie. Salzburg 1967
Byrne, W., Cunningham, C., Slope, P.: Families and their Children with Down's Syndrome. London 1988
Caldwell, B., Guze, S. A.: A study of adjustment of parents and siblings of institutionalized and non-institutionalized retarded children. Amer. J. Ment. Deficiency 1960, 845-861
Cardinaux, H.: Zur Diagnostik der Mehrfachbehinderung. Villingen 1975
Carr, J.: The Effect of the Severely Subnormal on their Families. In: *Clarke, Clarke* (Eds.) [3]1974, 807-839
–: Young Children with Down's Syndrome. London/Boston 1975. Deutsch: Down-Syndrom in früher Kindheit. München/Basel 1978
Carroll, J. B.: Psycholinguistics in the Study of Mental Retardation. In: *Schiefelbusch, Copeland, Smith* (Eds.): Language and Mental Retardation. New York 1967
Chargraff, E.: Naturwissenschaft als Angriff auf die Natur. Ästhetik und Kommunikation. H. 69: Gentechnologie. Berlin 1988, 14-22
Childs, R. E.: A Drastic Change in Curriculum for the Educable Mentally Retarded Child. Ment. Retardation (17), 299-301
Chirrek, E., Donalies, C., Körner, K.: Die Anwendbarkeit des Persönlichkeitsbegriffes auf geistig schwer Geschädigte. Ärztliche Fortbildung (79), 1985, 1003-1005
Chomsky, N.: Sprache und Geist. Frankfurt/M. 1970
Clarke, D. D. B., Lewis M. M. (Eds.): Learning, Speech and Thought in the Mentally Retarded. London 1972
Clarke A. M., Clarke A. D. B. (Eds.): Mental Deficiency. The Changing Outlook. London [3]1974
Clemens, E.: Eltern- und Umweltreaktionen auf die Geburt eines geistigbehinderten Kindes. In: *H. Bach* (Hrsg.): Familien mit geistigbehinderten Kindern. Berlin 1979
Cloerkes, G.: Einstellung und Verhalten gegenüber Behinderten. Eine kritische Bestandsaufnahme internationaler Forschung. Berlin [3]1985
Coleman, J. S.: Die asymmetrische Gesellschaft. Weinheim/Basel 1986
Collatz, J., Flatz, G. (Hrsg.): Geistige Entwicklungsstörungen. Genetische und Umweltfaktoren als Ursachen und als Grundlagen von Diagnostik, Therapie und Prävention. Bern/Stuttgart/Wien 1976

Combs, A. W., Avila, D. L., Purkey, W. W.: Die helfenden Berufe. Stuttgart 1975
Comenius, J. A.: Große Didaktik. Hrsg. *v. A. Flitner.* Stuttgart 1985
Corte, E., Corwinus, L.: Entwicklungsgehemmte Kinder in Vorbereitungsklasse und Sonder-Kindergarten. Leipzig 1926
Cruz, E. de la, LaVeck, G. D. (Hrsg.): Geistig Retardierte und ihre Sexualität. München, Basel 1975
Cunningham, C., Sloper, P.: Hilfe für Ihr behindertes Baby. Früherkennung und Therapie. Frankfurt/M. 1980
Cuomo, N.: "Schwere Behinderungen" in der Schule. Unsere Fragen an die Erfahrung. Bad Heilbrunn 1988
Damm, E.-L.: Malen mit seelenpflegebedürftigen Kindern. Stuttgart 1984
Dank, S.: Individuelle Förderung Schwerstbehinderter. Dortmund 1987
–: Individuelle Förderung Schwerstbehinderter. Konkrete Beispiele, Programme, Übertragungsmöglichkeiten. Dortmund 1987
–: Geistigbehinderte pflegen ihren Körper. Fitneß, Training, Hygiene, Herstellung von Kosmetika. Dortmund 1990
Decroly, O., Monchamps, E.: L'initation à l'activité intellectuelle et motrice par les jeux éducatifs. Neuchâtel 1932
Delfgaauw, B.: Geschichte als Fortschritt. Köln 1965
Dennison, G.: Lernen und Freiheit. Aus der Praxis der First Street School. Frankfurt/M. 1971
Derbolav, J.: Problem und Aufgabe einer pädagogischen Anthropologie. In: *H. Roth, J. Derbolav* (Hrsg.): Psychologie und Pädagogik. Heidelberg 1959
Descoeudres, A.: Die Erziehung der anormalen Kinder. Zürich 1921
Deutsche Gesellschaft für Medizinrecht (Hrsg.): Grenzen der ärztlichen Behandlungspflicht bei schwerstgeschädigten Neugeborenen. Z. klin. Pädiat. (199) 1987, 318-319
Deutscher Bildungsrat (Hrsg.): Empfehlungen zur pädagogischen Förderung behinderter und von Behinderung bedrohter Kinder und Jugendlicher. Bonn-Bad Godesberg 1973
Deutscher Katecheten-Verein (Hrsg.): Hilfen für die religiöse Unterweisung geistigbehinderter Kinder. München 1973
Deutsches Jugendinstitut (Hrsg.): Projekt "Integration von Kindern mit besonderen Problemen". Gemeinsam leben. München 3/1990
Diederley, H.: Schwimmen mit geistigbehinderten Kindern und Jugendlichen. Rheinstetten [2]1977
Dittmann, W.: Intelligenz beim Down-Syndrom. Heidelberg 1982
–: Basale Förderung als Bildungsauftrag der Schule für Geistigbehinderte. In: *W. Dittmann, u. a.* (Hrsg.) 1983
–, *Hahn, M., Ruoff, E., Sautter, H.* (Hrsg.): Lernen durch Handeln. Neue Richtlinien für den Unterricht in der Schule für Geistigbehinderte. Stuttgart 1983
– *u. a.:* Zum Problem der pädagogischen Förderung schwerstbehinderter Kinder und Jugendlicher. Heidelberg [2]1984
–: Kinder und Jugendliche mit Down-Syndrom. Aspekte ihres Lebens. Bad Heilbrunn 1992
Dmitriev, V.: Frühförderung für "mongoloide" Kinder. Weinheim/Basel 1987
Dobeneck, R. v.: Gebundenes Malen mit geistig behinderten Kindern. München/Basel 1983
Doerner, K.: Tödliches Mitleid. Gütersloh 1988
Doll, E. A.: The Measurement of Social Competence. Educational Publishers, Inc. USA 1953
Doman, G., Lückert, H.-R.: Wie kleine Kinder lesen lernen. Freiburg 1966
Down, J. L. H.: Beobachtungen zu einer ethnischen Klassifizierung von Schwachsinnigen. Dortmund 1968
Dreher, W. (Hrsg.): Geistigbehindertenpädagogik – vom Menschen aus. Festschrift für Theodor Hofmann zum 60. Geburtstag. Gütersloh 1990
–: Denkspuren. Bildung von Menschen mit geistiger Behinderung. Basis einer integralen Pädagogik. Mainz 1996
–, *Hofmann, Th., Bradl, Ch.* (Hrsg.): Geistigbehinderte zwischen Pädagogik und Psychiatrie. Bonn 1987

Dreitzel, H. P.: Die gesellschaftlichen Leiden und das Leiden an der Gesellschaft. Stuttgart 1968
Dreyer, M.: Überlegungen zur psychologisch-pädagogischen Diagnostik hinsichtlich ihrer didaktisch-methodischen und prognostischen Bedeutung für die schulische Förderung geistig Behinderter. Praxis der Kinderpsychologie u. Kinderpsychiatrie 1968, 289-305
–: Das geistig behinderte Kind und der Bildungsbegriff in den Schulgesetzen. Praxis der Kinderpsychologie u. Kinderpsychiatrie 1969, 71-74
Dreyer, A., Göbel, M., Reile, E., Schlüter, H., Wahler, O.: Warum nicht so? Geistigbehinderte in Dänemark. Solms-Oberbiel 1981
Dunn, L. M.: Kleine Heime für geistig Behinderte mit spezieller Aufgabenstellung. In: *Kugel, Wolfensberger* (Hrsg.) 1974, 59-71
Dybwad, G.: Erfahrungen in der Beratung der Eltern geistig behinderter Kinder in den USA. Handbücherei der Lebenshilfe Bd. V. Marburg 1965
–: Care for the severely retarded in the USA. In: Intern. Soc. for Rehab. of the Disabled (Ed.): Proceedings of 3. Intern. Seminar on Special Education. New York 1966
Eberwein, H. (Hrsg.): Behinderte und Nichtbehinderte lernen gemeinsam. Handbuch der Integrationspädagogik. Weinheim, Basel 1988
Egenberger, R.: Die Bildungsfähigkeit abnormer Kinder. In: *E. Lesch* (Hrsg.): Bericht über den 3. Kongreß für Heilpädagogik 1926 in München, Berlin 1927
–: Heilpädagogik. Berlin 1958
–: Die Güte der Hilfsschulorganisationen. Die Hilfsschule 1913, 6, 97-104
Egg, M.: Ein Kind ist anders. Zürich [3]1963
–: Andere Kinder – andere Erziehung. Zürich 1965
–: Andere Menschen – anderer Lebensweg. Zürich 1966
Eggert, D.: Ein Beitrag zur Sozial- und Familienstatistik von geistig behinderten Kindern. In: *K. W. Zimmermann* (Hrsg.): Neue Ergebnisse der Heil- und Sonderschulpädagogik. Bonn 1969
–: Die Testbatterie für geistigbehinderte Kinder. Lebenshilfe 1969, 75-78
–: Tests für Geistigbehinderte. Weinheim/Basel 1970
–: Zur Bewährung der Testbatterie für geistigbehinderte Kinder (TBGB) in der Schulpraxis. Z. f. Heilpädagogik 1974, 25, 75-91
–, *Betche, D.:* Untersuchungen zur psychometrischen Eignung einer Kurzform der Vineland Social Maturity Scale für geistig behinderte Kinder. Praxis der Kinderpsychologie u. Kinderpsychiatrie 1969, 81-86
Ehrhardt. H.: Euthanasie und Vernichtung "lebensunwerten" Lebens. Stuttgart 1965
Eichler, L.-L. (Hrsg.): Einführung in die heilpädagogische Arbeit mit geistig schwer und schwerst behinderten Kindern unter Anlehnung an die ungarische heilpädagogische Arbeit (nach Dr. *G. Bárczi*). Berlin 1967
Eisenwort, B., Burian, K., Viehauer, G.: Kommunikationstraining. Kommunikationsförderung hochgradig geistig behinderter Erwachsener. Stuttgart 1990
Elder, P. S., Bergmann, J. S.: Visual Symbol Communication Instruction with Nonverbal, Multiply-Handicapped Individuals. Ment. Retardation 1978, 16, 107-112
Eller, M.: Die Sonderschule für geistig behinderte Kinder. In: K. Brem (Hrsg.): Pädagogische Psychologie der Bildungsinstitutionen Bd. 11. München/Basel 1968
Erlinghagen, K.: Vom Bildungsideal zur Lebensordnung. Freiburg/Basel/Wien 1960
Eßbach, S.: Bildung und Erziehung förderungsfähiger schwachsinniger (imbeziller) Kinder. Die Sonderschule 1967, 2. Beiheft, 3-27
– *u. Autorenkollektiv:* Ein Kind kann keine Schule besuchen – hat es überhaupt eine Entwicklungschance? Berlin 1981
Eyman, R. K., Miller, C.: A Demographic Overview of Severe and Profound Mental Retardation. In: *C. E. Meyers* (Ed.) 1978, IX-XI
Faber, W.: Das Dialogische Prinzip Martin Bubers und das erzieherische Verhältnis. Ratingen 1962
Fäth, J.: Die soziale Herkunft von Schülern einer Sonderschule für Geistigbehinderte in einem Landkreis Unterfrankens. München 1979 (unveröffentl. Examensarbeit am Institut f. Sonderpädagogik)

Faltermeier, L.: Sport macht lebendiger. Zur Entdeckung des Körper-Potentials und der Körperlust von Menschen mit geistiger Behinderung. Bonn [3]1987

Farber, B.: Effects of a severely mentally retarded child on family integration. Monogr. Soc. Res. Child Develm. 1959, 24, 2

Faulstich, H.: Hungersterben in der Psychiatrie 1914-1949. Mit einer Topographie der NS-Psychiatrie. Freiburg 1998

Fauser, P., Fintelmann, K.J., Flitner, A. (Hrsg.): Lernen mit Kopf und Hand. Berichte und Anstöße zum praktischen Lernen in der Schule. Weinheim 1983

Fawcus, M., Fawcus, R.: Disorders of Communication. In: Clarke, Clarke (Eds.) [3]1974, 592-627

Ferber, Ch. v.: Der geistig behinderte Jugendliche in der Gesellschaft von heute. In: *W. Thimm* (Hrsg.) 1972, 118-129

Feuser, G.: Aufgabenbereiche, Einsatz und Ausbildung von Mitarbeitern an Schulen für Geistigbehinderte (Sonderschulen). Z. f. Heilpädagogik 1973, Beiheft 10, 7-29

–: Zur Realisation des Auftrags der Förderung aller geistig Behinderten in Kindergarten und Schule. In: BV Lebenshilfe e.V. (Hrsg.): Hilfen für schwer geistig Behinderte. Marburg 1978, 68-76

–: Grundlagen zur Pädagogik autistischer Kinder zum gesellschaftswissenschaftlich-erziehungswissenschaftlichen Verständnis des "Frühkindlichen Autismus". Weinheim 1979

–: Autistische Kinder. Gesamtsituation, Persönlichkeitsentwicklung, Schulische Förderung. Solms-Oberbiel 1980

–: Beiträge zur Geistigbehindertenpädagogik. Solms-Oberbiel 1981

–, *Meyer, H.:* Integrativer Unterricht in der Grundschule. Ein Zwischenbericht. Solms-Oberbiel 1987

–: Behinderte Kinder und Jugendliche. Zwischen Interpretation und Aussonderung. Darmstadt 1995

Fikar, H.: Körperorientierte Förderansätze im Unterricht bei Menschen mit schwerer geistiger Behinderung. Z. Geistige Behinderung 1987, H. 4, 1-19 (Innenteil)

Finkel, K.: Förderung der Kreativität bei Geistigbehinderten. Weinheim/Basel 1978

Fischer, D.: Innerfamiliäre Belastungen durch das außerschulische Verhalten geistig behinderter Kinder. München 1969 (unveröffentl. Examensarbeit d. Staatsinstituts f. d. Ausbildung d. Lehrer an Sonderschulen)

–: Die Förderung Intensiv-Geistigbehinderter – eine schulpädagogische Aufgabe. In: *H. Baier* (Hrsg.) 1976, 62-100

–: Neues Lernen mit Geistigbehinderten. Eine methodische Grundlegung. Würzburg 1978

–: Ich setzte meinen Fuß in die Luft – und sie trug. Leben und Lernen mit behinderten Menschen. Bd. 1-3. Würzburg 1992

–, *Mehl, M., Schebler, R., Vollmuth, I.:* Neues Lernen mit Geistigbehinderten. Wir lernen in der Küche. Würzburg 1979

–, *Speck-Kafkoulas, B.:* Ein Elementar-Bogen zur Leistungs- und Verhaltenseinschätzung in der Schulvorbereitenden Einrichtung bzw. im Sonderkindergarten. Würzburg 1978

Fischer, E.: Wahrnehmungsförderung. Zur Aneignung sinnlicher Erkenntnisse und Bedeutungsstrukturen bei Geistigbehinderten. Bad Honnef 1983

–: Die schulische Förderung mehrfachgeschädigter Kinder und Jugendlicher mit geistiger Behinderung in der Bundesrepublik Deutschland. Hamburg 1992

–: Vorhaben und Unterrichtseinheiten in der Schule für Geistigbehinderte. Dortmund 1995

–: Wahrnehmungsförderung. Handeln und sinnliche Erkenntnis bei Kindern und Jugendlichen. Dortmund 1998

Fischer, U., Hahn, M.Th., Klingmüller, B., Seifert, M. (Hrsg.): Urbanes Wohnen für Erwachsene mit schwerer geistiger Behinderung. Herausforderung – Realität – Perspektiven. Reutlingen 1996

–, –, *Lindmeier, Ch., Reimann, B., Richardt, M.* (Hrsg.): Wohlbefinden und Wohnen von Menschen mit schwerer geistiger Behinderung. Reutlingen 1998

Fleming, J.: Denver-Entwickungsskalen. Deutsche Bearbeitung des Denver Development Screening Test von Frankenburg und Dodds 1967. Hamburg 1973

Florin, I., Tunner, W.: Behandlung kindlicher Verhaltensstörungen. München 1970
Flynn, R. J., Nitsch, K. E. (Eds.): Normalization, Social Integration and Community Services. Baltimore 1980
Fornefeld, B.: "Elementare Beziehung" und Selbstverwirklichung geistig Schwerstbehinderter in sozialer Integration. Reflexionen im Vorfeld einer leiborientierten Pädagogik. Aachen 1989
Fristoe, M., Lloyd, L.: A Survey of the Use of Non-Speech Systems with the Severely Communication Impaired. Ment. Retardation 1978, 16, 99-103
Fröhlich, A. (Hrsg.): Wahrnehmungsstörungen und Wahrnehmungstraining bei Körperbehinderten. Rheinstetten 1977
–: Nichtverbale Kommunikation mit mehrfach behinderten Kindern, insbesondere Kindern mit Cerebral-Parese. In: *E. Begemann u. a.* 1979, 177-183
–: Interdisziplinäre Zusammenarbeit in der Hilfe für geistig Schwerstbehinderte. Basale Stimulation – Ein interdisziplinärer Ansatz zur Förderung Schwerstbehinderter. Zur Orientierung 1979, 370-377
– (Hrsg.): Lernmöglichkeiten. Ansätze zu einer pädagogischen Förderung schwerst mehrfachbehinderter Kinder. Heidelberg (1982) ²1989
–: Die Mütter schwerstbehinderter Kinder. Heidelberg 1986
– (Hrsg.): Pädagogik bei schwerster Behinderung. Handbuch der Sonderpädagogik, Bd. 12. Berlin 1991
–, *Haupt, U.:* Förderdiagnostik mit schwerstbehinderten Kindern. Dortmund 1983
Fromm, E.: Die Furcht vor der Freiheit. Frankfurt/M. 1968
Frostig, M., Miller, A.: Wahrnehmungstraining. Dortmund 1972
Fuchs, A.: Die unterrichtliche und erziehliche Versorgung der im Elternhaus verbleibenden schwer schwachsinnigen Schulkinder. Die Hilfsschule 1917
–: Schwachsinnige Kinder, ihre sittlich-religiöse, intellektuelle und wirtschaftliche Rettung. Versuch einer Hilfsschulpädagogik. Gütersloh ³1922
Furger, F.: Ethik der Lebensbereiche. Entscheidungshilfen. Freiburg/Basel/Wien 1985
Fussek, C.: Familienentlastende Hilfen und ambulante gemeindenahe Dienste – Bericht eines Mitarbeiters. In: *BV Lebenshilfe e.V.* (Hrsg.) 1983, 4-20
Gadamer, H. G.: Theorie, Technik, Praxis – die Aufgabe einer neuen Anthropologie. In: *H.-G. Gadamer, P. Vogler* (Hrsg.): Neue Anthropologie Bd. 1, S. IX-XXXVI. Stuttgart 1972
Galliani, L.: Situation und Probleme der Sonderpädagogik in Italien. Z. f. Heilpädagogik (33) 1982, 193-203
Gardner, H.: Abschied vom IQ. Die Rahmen-Theorie der vielfachen Intelligenzen. Stuttgart 1991
Gastager, S.: Schwachsinn und Gesellschaft. Fallstudien aus sozialpsychologischer Sicht. Wien/München 1973
Gebsattel, V. E. v.: Not und Hilfe. Kolmar o. J.
–: Prolegomena einer Medizinischen Anthropologie. Berlin/Göttingen/Heidelberg 1954
Geisler, E.: Medizinische Erfahrungen an geistig behinderten Kindern und ihre Anwendung in der sozialen und pädagogischen Arbeit. Z. f. Heilpädagogik 1962, 57-66
–, *Förster, C.:* Über Entwicklungsstörungen der Motorik bei cerebralgeschädigten Kindern und deren Bedeutung für die Diagnostik und Praxis. Münch. Med. Wschr. 1960, 102, 2391
Georgens, J. D., Deinhardt, H. M.: Die Heilpädagogik mit besonderer Berücksichtigung der Idiotie und der Idiotenanstalten. Leipzig, Bd. 1 1861, Bd. II 1863
Gibson, D.: Down's Syndrome. The Psychology of Mongolism. London/New York/Melbourne 1978
Glenn, S., Cunningham, C.: Special Care – but Active Learning. Special Education: Forward Trends (11) 1984, 4, 33-36
Goddard, H. H.: Die Kallikak-Familie. Eine Studie über die Vererbung des Schwachsinns. Langensalza 1914
Goebel, A.: Instrumentales Illustrieren von Erzählungen im Musikunterricht der Schule für Geistigbehinderte. Heilpädagogik (VHN) 1977, 46, 49-56

–: Rhythmische Erziehung bei Geistigbehinderten. Heilpädagogik (VHN) 1978, 47, 133-137
–: Methodisch-didaktische Überlegungen zum Musikunterricht in der Schule für Geistigbehinderte. Heilpädagogik (VHN) 1978, 47, 310-318
Göllnitz, G.: Neuropsychiatrie des Kindes- und Jugendalters. Stuttgart [2]1973
Lenz, H., Winterling, D.: Beiträge zur Psychodiagnostik des Sonderschulkindes. München/Basel 1957
Görres, A.: Sinn und Grenzen der Psychologie in der Elternberatung. In: *BV Lebenshilfe e.V.* (Hrsg.): Beratung – Lebensbegleitende Hilfe für Behinderte. Marburg 1972, 5-15
Görres, S.: Leben mit einem behinderten Kind. Zürich/Köln 1974
–, *Hansen, G.:* Psychotherapie bei Menschen mit geistiger Behinderung. Bad Heilbrunn 1991
Goffman, E.: Stigma. Über Techniken der Bewältigung beschädigter Identität. Frankfurt/M. [8]1974
Goll, H.: Heilpädagogische Musiktherapie. Grundlegende Entwicklung eines ganzheitlich angelegten ökologisch-dialogischen Theorie-Entwurfs, ausgehend von Jugendlichen und Erwachsenen mit schwerer geistiger Behinderung. Frankfurt/M. u. a. 1993
Gottwald, P., Redlin, W.: Verhaltenstherapie bei geistigbehinderten Kindern. Göttingen 1972
Graf, E.: Zur Einstellung von Eltern gegenüber ihrem geistigbehinderten Kind. Berlin 1987
Grampp, G.: Einige Ergebnisse der Prüfung von Faktoren der Kreativität bei Geistigbehinderten. Z. f. Heilpädagogik 1975, 26, 89-102
–: Die Bedeutung gestalteter Umgebungen für das Lernen Geistigbehinderter. Z. f. Heilpädagogik (33), 1982, 10, 706-715
Gröschke, D.: Praktische Ethik der Heilpädagogik. Individual- und sozialethische Reflexionen zu Grundfragen der Behindertenhilfe. Bad Heilbrunn 1993
Größing, S. (Hrsg.): Bewegungserziehung und Sportunterricht mit geistig behinderten Kindern und Jugendlichen. Bad Homburg 1981
Grond, J. (Hrsg.): Früherziehung behinderter Kinder. Luzern 1977
Grossmann, H. I. (Ed.): Manual on Terminology and Classification in Mental Retardation. 1973 Revision, AAMD Washington 1973
Günzburg, H. L.: Die Erstellung eines individuellen Entwicklungsprogramms für schwer geistig Behinderte auf der Grundlage einer päd. Bestandsaufnahme: P-A-C System. In: Bundesverband Lebenshilfe e.V. (Hrsg.): Hilfen für schwer geistig Behinderte. Marburg 1978, 139-147
Gunzburg, H. C.: Social Competence and Mental Handicap. London [2]1973
–: Further Education for the Mentally Handicapped. In: *Clarke, Clarke* (Eds.) [3]1974, 669-707
Guski, E.: Die Dynamik der Eltern-Kind-Beziehung bei geistig Behinderten. Geistige Behinderung (3) 1980, 130-142
Haas, P.: Fördern durch Fordern. Eine leistungsorientierte Bewegungs- und Sporterziehung mit Geistigbehinderten. Dortmund 1987
Habermas, J.: Erläuterungen zur Diskursethik. Frankfurt/M. 1991
Hackenberg, W.: Die psychosoziale Situation von Geschwistern behinderter Kinder. Heidelberg 1983
Haeberlin, U.: Das Menschenbild für die Heilpädagogik. Bern/Stuttgart 1985
–: Heilpädagogik als wertgeleitete Wissenschaft. Ein propädeutisches Einführungsbuch in Grundfragen einer Pädagogik für Benachteiligte und Ausgegrenzte. Bern u. a. 1996
Hänsel, D.: Die "physiologische Erziehung" der Schwachsinnigen (Edouard Séguin 1812-1880). Freiburg/Br. 1974
Hagemeister, U.: Geistigbehindertenpädagogik. In: *U. Bleidick, u. a.:* Einführung in die Behindertenpädagogik Bd. 11. Stuttgart 1977, 52-73
Hahn, G.-P.: Hilfen für das Zusammenleben mit geistig Behinderten. Erfahrungen aus jahrzehntelanger Tätigkeit. Berlin 4/1990
Hahn, M.: Behinderung als soziale Abhängigkeit. Zur Situation schwerbehinderter Menschen. München 1981
–: Zum Ausbrennen (Burn-out-Syndrom) in Zusammenhang mit schwer behinderten Menschen. Z. Vierteljahr. Schrift für Heilpädagogik u. ihre Nachbargebiete (VHN) 1985, 142-159

Handbücherei der Lebenshilfe für das geistig behinderte Kind, Marburg:
Bd. I: Zur Methodik und Praxis der Bildungsarbeit in Tageseinrichtungen für geistig behinderte Kinder. 1962; Bd. II: Nun sind sie erwachsen. 1962; Bd. III: Die Beschützende Werkstatt für geistig Behinderte. 1963; Bd. IV: Frühe Hilfe für das geistig behinderte Kind. 1964; Bd. V: Elternhaus und Einrichtungen für geistig Behinderte als Erziehungseinheit 1965; Bd. VI: Schulische Förderung der geistig behinderten Kinder. 1966

Hanselmann, H.: Einführung in die Heilpädagogik. Zürich [5]1958

–: Vom Sinn des Leidens. Zürich 1934

Hansen, H.: Decline of Down's Syndrome after Abortion Reform in New York State. Amer. J. of Ment. Deficiency (83) 1978, No. 2, 185-188

Hanson, M.J.: Down's Syndrome Children. Characteristics and Intervention Research. In: *M. Lewis, L.A. Rosenblum* (Eds.): The Uncommon Child. New York/London 1981

Harbauer, H.: Vorbeugung, Früherfassung und Behandlungsvorschläge bei kindlichem Schwachsinn. Informationsschrift 22 der Bundesverband Lebenshilfe e.V. (Hrsg.). Marburg 1967

–: Geistig Behinderte. Ein Ratgeber für Eltern, Erzieher und Ärzte, Stuttgart 1971

–: Oligophrenien und Demenzzustände. In: *Harbauer, Lempp, Nissen, Strunk* (Hrsg.) 1971, 167-208

–, *Lempp, R., Nissen, G., Strunk, P.:* Lehrbuch der speziellen Kinder- und Jugendpsychiatrie. Berlin/Heidelberg/New York 1971

–, *Schmidt, M.: Medizinische* Aspekte. In: *H. Bach* (Hrsg.): Pädagogik der Geistigbehinderten. Berlin 1979, 447-486

Haring, N. G.: The New Curriculum Design in Special Education. In: *A. U. Iriarte* (Ed.): 1972, 27-47

–, *Brown, L.J.* (Eds.): Teaching the Severely Handicapped Vol. 1. New York/San Francisco/ London 1976

–, *Bricker, D.:* Overview of Comprehensive Services for the Severely/Profoundly Handicapped. In: *Haring, Brown* (Eds.) 1976, Vol. 1, 17-32

–, *Schiefelbusch, R.L.* (Eds.): Teaching Special Children. New York 1976

Hartley, E.L., Hartley, R.E.: Die Grundlagen der Sozialpsychologie. Berlin 1955

Hartmann, N.: Die Bedeutung der Sprache für geistig Behinderte. Die Sprachheilarbeit 1968, 149-154

Haug, C., Schmitz, G.: Lesen und Rechnen mit geistig behinderten Kindern. Wien/München 1977

Haug, Ch., Keuchel, B.: Lesen, Schreiben und Rechnen mit geistig Behinderten. Handbuch zur Didaktik der Kulturtechniken. Wien 1984

Haug, G.: Was ist Konduktive Pädagogik? Ein Überblick. München 1988

Hauß, F.: Von der Zwangsjacke zur Fördergruppe: Geistig Behinderte in der Geschichte der Psychiatrie. Bern 1990

Haywood, H. C.: What Happened to Mild and Moderate Mental Retardation? Amer. J. Ment. Deficiency 1979, 83, 429-431

Heber, R.: Geistige Retardation. Begriff und Klassifikation. In: *E. Weinert* (Hrsg.): Pädagogische Psychologie. Köln/Berlin 1967

Heckel, H.: Einführung in das Erziehungs- und Schulrecht. Darmstadt 1977

Heckhausen, H.: Förderung der Lernmotivierung und der intellektuellen Tüchtigkeiten. In. *H. Roth* (Hrsg.): Begabung und Lernen. Stuttgart 1969

Hegi, S.: Probleme der geistig Behinderten. Heilpäd. Werkbl. 1969, 2-5

Heilpädagogisches Centrum Augustinum am Hasenbergl. München (Hrsg.): Der Erwachsene mit geistiger Behinderung: Seine Lebensbewältigung, ein Ergebnis von Fortbildung und Anregung. Tagungsbericht. München 1986

Heimann, P., Otto, G., Schulz, W.: Unterricht. Analyse und Planung. Berlin/Darmstadt/Dortmund [5]1970

Heimlich, H., Rother, D.: Wenn's zu Hause nicht mehr geht. Eltern lösen sich von ihrem behinderten Kind. München/Basel 1991

Heinemann, P.: Grundriß einer Pädagogik der nonverbalen Kommunikation. Kastellaun 1976
Heinen, N.: Elementarisierung als Forderung an die Religionsdidaktik mit geistigbehinderten Jugendlichen und jungen Erwachsenen. Diss. Univ. Köln 1988
Heits, H., John, E.: Unterrichtsarbeit an der Schule für Geistigbehinderte. Planung und Durchführung. Berlin 1980
Hengstenberg, H.-E.: Zur Anthropologie des geistig und körperlich behinderten Kindes und Jugendlichen. In: Hilfe für d. behinderte Kind, Kongreßbericht 1964. Hrsg. v. Bundesausschuß f. gesundheitl. Volksbelehrung e.V. Stuttgart 1966, 11-26
Henke, M., Stöckmann, F.: Leibeserziehung mit geistig behinderten Kindern und Jugendlichen. Neuburgweier 1974
Hentig, H. v.: Cuernavaca oder: Alternativen zur Schule? Stuttgart/München 1972
Herzka, H.: Spielsachen für das gesunde und behinderte Kind. Basel/Stuttgart 1964
Hetzer, H.: Zur Diagnostik der geistigen Behinderung. Lebenshilfe 1963, 136-138
–: Das Spiel geistig behinderter Kinder. Lebenshilfe 1967, 1-8
–: Spielpflege bei geistig zurückgebliebenen Kindern als heilpädagogische Aufgabe. In: *H. v. Bracken* (Hrsg.): Erziehung und Unterricht behinderter Kinder. Frankfurt/M. 1968, 213
Hill, F.: Behinderte Kinder – vernachlässigte Kinder? Göttingen 1971
Hillebrand, M. J.: Psychologie des Lernens und Lehrens. Bern/Stuttgart [2]1958
Hillmann, K. H.: Wertwandel. Zur Frage sozio-kultureller Voraussetzungen alternativer Lebensformen. Darmstadt 1986
Hilscher, K.: Geschichte der Schwachsinnigenfürsorge, des Schwachsinnigenbildungswesens und der Hilfsschule. Wien/Leipzig 1930
Hirsch-Wernet, K.: Bereich der Musik. In: *H. Bach* (Hrsg.): Pädagogik der Geistigbehinderten. Berlin 1979, 304-309
Hirshoren, A., Burton, T. A.: Teaching Academic Skills to Trainable Mentally Retarded Children: A Study in Tautology. Ment. Retardation 1979, 17, 177-179
Hobson, P. A., Duncan, P.: Sign Learning and Profoundly Retarded People. Ment. Retardation 1979, 17, 33-37
Höck, M.: Die Hilfsschule im national-sozialistischen Staat. Berlin 1979
Hoellering, A.: Zur Theorie und Praxis der rhythmischen Erziehung. Berlin 1966
Höss, H.: Primar- und Sekundarbereich 1. In: *H. Bach* (Hrsg.): Pädagogik der Geistigbehinderten. Berlin 1979, 88-113
–, Goll, H.: Wege nach draußen. Reaktivierung und Revitalisierung in der Psychiatrie. Heidelberg 1986
–, –: Das Heidelberger Modell. Erwachsenenbildung für Menschen mit geistiger Behinderung. Geistige Behinderung (26), 1987, 3, 167-177
–, – (Hrsg.): Heidelberger Kolloquium. Erwachsenenbildung für Menschen mit geistiger Behinderung. Dokumentation. Heidelberg (Bildungszentrum) 1987
–, *Wolf, G.* (Hrsg.): Psychomotorische Förderung geistig Behinderter. Stuttgart 1982
Hössl, A.: Integration behinderter Kinder in Schweden. München 1982
Hofmann, A., Jocham, E., Stengel-Rutkowski, S. (Hrsg.): Kinder mit Down-Syndrom. Ein Ratgeber für Betroffene, geschrieben von einer Elterngruppe. Stuttgart 1993
Hofmann, Th.: Medien für geistig behinderte Kinder und Jugendliche. Rheinstetten 1975
– (Hrsg.): Beiträge zur Geistigbehindertenpädagogik. Rheinstetten 1979
– u. a.: Mein Bilderlesebuch. Ein Arbeitsbuch für geistig behinderte Kinder. Düsseldorf 1969
– u. a.: Anregungen zum Einsatz des Bilderlesebuches in der Geistigbehindertenschule. Düsseldorf 1969
Hofmann, W.: Zum Problem der heilpädagogischen Betreuung schwachsinniger Kinder. Z. f. Heilpädagogik 1959, 248-250
Holtz, K. L.: Geistige Behinderung, soziale Kompetenz und Sozialverhalten. Heidelberg 1987
– u. a.: Heidelberger Kompetenz-Inventar für geistig Behinderte. Heidelberg 1984
–: Geistige Behinderung und soziale Kompetenz. Analyse und Integration psychologischer Konstrukte. Heidelberg 1994

Homburger, A.: Vorlesungen über Psychopathologie des Kindesalters. Berlin 1926
Houben, A.: Klinisch-psychologische Beratung. München/Basel 1975
Hoyler-Herrmann, A., Walter, J. (Hrsg.): Sexualpädagogische Arbeitshilfe für geistigbehinderte Erwachsene. 1987
Huber, N., Katz, G.: Geschlechtserziehung bei geistig Behinderten. Freiburg/Br. 1975
–, *Striebel, M.* (Hrsg.): Aggression und Hyperaktivität bei Geistigbehinderten. Freiburg 1978
Hublow, Ch.: Lebensbezogenes Lesenlernen bei geistig behinderten Schülern. Geistige Behinderung (24), 1985, 2, 1-24
Hublow, C., Wohlgehagen, E.: Lesenlernen mit Geistigbehinderten. Z. f. Heilpädagogik 1978, 29, 23-28
Hünnekens, H., Kiphard, E.: Psychomotorische Übungsbehandlung. Lebenshilfe 1965, 10-14
–, –: Bewegung heilt. Gütersloh 1967
Hulsegge, J., Verheul, A.: Snoezelen – Eine andere Welt. Marburg 1989
Hundertmarck, G. (Hrsg.): Leben Lernen in Gemeinschaft. Behinderte Kinder im Kindergarten. Freiburg/Br. 1981
Hunt, N.: The World of Nigel Hunt. The Diary of a Mongoloid Youth. Beaconsfield, Bucks, England 1967, Deutsch: Die Welt des Nigel Hunt. Tagebuch eines mongoloiden Jungen. München/Basel ²1976
Hutt, M. L., Gibby, R. G.: The Mentally Retarded Child. Development, Education and Treatment, Boston/London/Sydney ³1976
Inhelder, B.: The Diagnosis of Reasoning in the Mentally Retarded. New York 1968
–: Die kognitive Entwicklung und ihr Beitrag zur Diagnose einiger Erscheinungsformen geistiger Behinderung. In: *B. Inhelder* (Hrsg.): Von der Kinderwelt zur Erkenntnis der Welt. Wiesbaden 1978, 252-260
Innerhofer, P.: Das Münchner Trainingsmodell. Beobachtung, Interaktionsanalyse, Verhaltensänderung. Berlin/Heidelberg/New York 1977
–, *Klicpera, Ch.:* Die Welt des frühkindlichen Autismus. München/Basel 1988
International League of Societies for the Mentally Handicapped (Hrsg.): 7th World Congress of the ILSMH on Mental Handicap 1978, Vienna, Austria Vol. 1, 11. Wien 1978
Irmischer, T.: Motopädagogik bei geistig Behinderten. Schorndorf 1980
–: Bewegungserziehung an der Schule für Geistigbehinderte. Dortmund 1981
Itard, J.: Victor, das Wildkind vom Aveyron, Zürich/Stuttgart 1965
Jakobi, V.: Der Geistigbehinderte und sein Recht. Ein Leitfaden für Ausbildung und Praxis. Freiburg i. Br. 1982
Jakobs, H., König, A., Theunissen, G. (Hrsg.): Lebensräume – Lebensperspektiven. Erwachsene mit geistiger Behinderung in der Bundesrepublik Deutschland. Frankfurt/M. 1987
Jansen, B.: Menschen mit geistiger Behinderung lernen lesen. Theorie und Praxis eines Unterrichtsmodells. Berlin 1985
Jantzen, W.: Grundriß einer allgemeinen Psychopathologie und Psychotherapie. Köln 1979
–: Geistigbehinderte Menschen und gesellschaftliche Integration. Bern 1980
–: Allgemeine Behindertenpädagogik Bd. 1. Weinheim/Basel 1988
–, *Lanwer-Koppelin, W. u. Schulz, K.* (Hrsg.): Qualitätssicherung und Deinstitutionalisierung. Niemand darf wegen seiner Behinderung benachteiligt werden. Berlin 1999
Japan League for the Mentally Retarded (Ed.): Education, Medical Care and Welfare for the Mentally Retarded in Japan. Tokyo 1977
Jeltsch-Schudel, B.: Bewältigungsformen von Familien mit geistig behinderten Söhnen und Töchtern. Gespräche mit Müttern und anderen Familienangehörigen über ihren Alltag mit einem geistig behinderten Kleinkind, Schulkind oder Erwachsenen. Berlin 1988
Jenner, H., Klieme, J. (Hrsg.): Nationalsozialistische Euthanasieverbrechen und Einrichtungen der Inneren Mission. Eine Übersicht. Reutlingen 1997
Jensen, J.: Lebensrecht und Lebenssinn der Schwachen. Evang. Heilerziehungs-, Heil- und Pflegeanstalten, Hamburg o. J.
Johnson, V. M., Werner, R. A.: A Step-by-Step Learning Guide for Retarded Infants and Children. Syracuse, N.Y. 1975

Jordan, Th. E.: The Mentally Retarded. Columbus, Ohio ²1966
Josef, K.: Musik als Hilfe in der Erziehung geistig Behinderter. Berlin 1967, ³1974
–: Lernen und Lernhilfen bei geistig Behinderten. Berlin 1968, ³1974
–: Gezieltes Training in frühester Kindheit macht unsere Kinder intelligenter. Lebenshilfe 1968, 124-127
–, *Böckmann, G.:* Spracherziehungshilfen bei geistig behinderten und sprachentwicklungsgestörten Kindern. Berlin 1969, ⁴1978
Jung, E., Krenzer, R., Lotz, I.: Handbuch der Unterrichtspraxis mit Geistigbehinderten. Methodische und didaktische Wege. Frankfurt/M. 1976
Jung, G.: Orff-Instrumente für den Unterricht mit Geistigbehinderten. Bolin 1988
Kagan, J.: Die Natur des Kindes. München ²1987
Kaminski, H., Spellenberg, A.: Bildnerei als Lernhilfe mit Geistigbehinderten. Fellbach-Oeffingen 1975
–, *Kast, W., Spellenberg, A. D.:* Das Leben Geistigbehinderter im Heim. Stuttgart 1978
Kane, J. F.: Neue Ansätze zur Regelung der therapeutischen Maßnahmen bei geistig Behinderten. In: BV Lebenshilfe e.V. (Hrsg.) 1979, 55-63
–, *Kane, G.:* Geistig schwer Behinderte lernen lebenspraktische Fertigkeiten. Bern/Stuttgart/Wien 1976
Kanner, L.: A History of the Care and Study of the Mentally Retarded. Springfield, III. 1964
Kant, I.: Über Pädagogik. Werkausgabe, hrsg. v. *W. Weischedel,* Bd. XII, 695-761. Frankfurt/M. 1977
Kanter, G.: Lernbehinderungen, Lernbehinderte, deren Erziehung und Rehabilitation. In: Sonderpädagogik 3. Stuttgart 1974
Kaplan, K.: Integrative Frühförderung als Alternative zur Sonderbetreuung im Elementarbereich. In: *A. Mühlum, H. Oppl* (Hrsg.): Handbuch der Rehabilitation. Neuwied 1992, 41-62
Karrer, R. (Ed.): Developmental Psychophysiology of Mental Retardation. Concepts and Studies. Springfield, III. 1976
Kaspar, E. (Hrsg.): Religionsunterricht an Sonderschulen. Konzeptionen und Modelle für die Praxis. München/Lahr 1974
–: Anstalten. In: *H. Bach* (Hrsg.): Pädagogik der Geistigbehinderten. Berlin 1979, 132-137
–, *Wollasch, H. J.:* Bilder aus 100 Jahren caritativer Sorge um geistig behinderte Menschen. Freiburg/Br. 1981
Kasztantowicz, U. (Hrsg.): Wege aus der Isolierung. Heidelberg 1982
Katechetisches Amt Heilsbronn (Hrsg.): Lehrplan für den Religionsunterricht an Schulen für Geistigbehinderte. Nürnberg 1973
Kauffman, J. M., Payne, J. S. (Eds.): Mental Retardation. Introduction and Personal Perspectives. Columbus, Ohio 1975
Keller, M.: Die Einstellung zu geistig Behinderten in Geel. München 1969 (unveröffentl. Examensarbeit d. Staatsinstitutes f. d. Ausbildung d. Lehrer an Sonderschulen)
Kellmann, Ch.: Religiöse Früherziehung bei geistig behinderten Kindern. Dortmund 1988
Kephart, N. C.: Das lernbehinderte Kind im Unterricht. München/Basel 1977
Kerkhoff, W.: Familien-Fernsehen für geistig behinderte Kinder und Jugendliche? Überlegungen zu einer sonderpädagogischen Fernsehnutzung. Das behinderte Kind (15), 1978, 23-27
Keupp, H.: Soziale Netzwerke. In: *Keupp, H. u. Rerrich, D.* (Hrsg.): Psychosoziale Praxis. Ein Handbuch in Schlüsselbegriffen. München, Wien, Baltimore 1982, 43-53
Kiernan, C. C.: Behaviour Modification. In: *Clarke, Clarke* (Eds.) ³1974, 729-803
Kilian, H.: "Der in die Ecke gestellte Mensch". Der "Dumme im Märchen". Z. f. Heilpädagogik 1967, 18, 354-359
Kiphard, E. J.: Psychomotorische Übungsbehandlung beim geistig behinderten Kind. In: Handbücherei der Lebenshilfe Bd. Vl. Marburg 1966
–: Motopädagogik. Psychomotorische Entwicklungsförderung Bd. 1. Dortmund 1979
–: Wie weit ist ein Kind entwickelt? Dortmund ⁴1980

–: Mototherapie Bd. 2/3. Dortmund 1983

Kiphard, E., Huppertz, H.: Übungsanregungen für die elementare Leibeserziehung. Lebenshilfe 1969, 131-136

Kirk, S.A.: Lehrbuch der Sondererziehung. Forschungsergebnisse und ihre Anwendung in der Praxis. Berlin-Charlottenburg 1971

–, *Johnson, O.:* Die Erziehung des zurückgebliebenen Kindes. München 1964

Kirsch, R.: Aspekte der äußeren Differenzierung in der Schule für Geistigbehinderte. Z. f. Heilpädagogik 1979, 30, 478-489

Kläger, M.: Jane C. Symbolisches Denken in Bildern und Sprache. Das Werk eines Mädchens mit Down-Syndrom in LeFil d'Ariane. München/Basel 1978

Klafki, W.: Organisation und Interaktion in pädagogischen Feldern – Thesen und Argumentationsansätze zum Thema und zur Terminologie. Z. f. Pädagogik 1977, 13. Beiheft, 11-37

–: Die Bedeutung der klassischen Bildungstheorien für ein zeitgemäßes Konzept allgemeiner Bildung. Z. f. Pädagogik (32), 1986, 455-476

Klappenecker, K.: Interdisziplinäre Zusammenarbeit – Anregungen für ein schwieriges Kapitel der Diakonischen Behindertenhilfe. Zur Orientierung 1979, 452-465

Klauer, K.J.: Über den Begriff der Sonderschule. Z. f. Heilpädagogik 1974, 261-280

–: Lernbehindertenpädagogik. Berlin 1966

–: Über den Effekt eines Schulreifetrainings für die Behandlung der Intelligenzschwäche. In: *F. Weinert* (Hrsg.): Pädagog. Psychologie. Köln/Berlin 1967

–, *Mitter, W.* (Hrsg.): Vergleichende Sonderpädagogik. Handbuch der Sonderpädagogik Bd. 11. Berlin 1987

Klauss, Th.: Probleme und Perspektiven der aktuellen Geistigbehindertenpädagogik. Zeitschr. f. Heilpädagogik (47) 1996, 233-240

Klee, E.: "Euthanasie" im NS-Staat. Die "Vernichtung lebensunwerten Lebens". Frankfurt/M. [2]1983

Klein, F.: Grundsätze für das Lernen mit Geistigbehinderten. Sonderpädagogik 1973, 3, 119-125

–: Die häusliche Früherziehung des entwicklungsbehinderten Kindes. Bad Heilbrunn/Obb. 1979

Klein, G., Kreie, G., Kron, M., Reiser, H.: Integrative Prozesse in Kindergartengruppen. Über die gemeinsame Erziehung von behinderten und nichtbehinderten Kindern. München 1987

–, *Nestle, W.* (Hrsg.): Kooperation zwischen behinderten und nichtbehinderten Menschen. Dokumente, Erfahrungen, Ergebnisse des Projektes "Gemeinsam leben – Gemeinsam handeln". Rheinbreitbach 1992

Kleinbach, K.: Zur ethischen Begründung einer Praxis der Geistigbehindertenpädagogik. Bad Heilbrunn 1994

Klevinghaus, J.: Der geistig behinderte Mensch in der heutigen Gesellschaft. Sozialpädagogik 1964, 98-101

–: Hilfen zum Leben. Zur Geschichte der Sorge für Behinderte. Bielefeld 1972

Kling, E.: Leistungs- und Beobachtungsheft für die fundamentale Erziehung bei Geistigbehinderten, anderweitig Behinderten und bei nicht behinderten Kleinkindern. Berlin-Charlottenburg 1973

Klink, J.-G. (Hrsg.): Zur Geschichte der Sonderschule. Bad Heilbrunn 1966

Klöpfer, S.: Kommunikation im Unterricht geistigbehinderter Schüler. Bielefeld 1978

– (Hrsg.): Sonderpädagogik praktisch. Beiträge zur Erziehung und zum Unterricht von Schülerinnen und Schülern mit Behinderungen. Reutlingen 1997

KMK Kultusministerkonferenz: Empfehlungen zur sonderpädagogischen Förderung in den Schulen in der Bundesrepublik Deutschland. Bonn 1994

Kniel, A.: Entwicklungstendenzen in der vorschulischen Erziehung behinderter Kinder: Modelle, Perspektiven. In: Mühlum, Oppl 1992, 63-86

–, Kniel, Ch.: Behinderte Kinder in Regelkindergärten. Eine Untersuchung in Kassel. München 1984

Kobi, E.E.: Grundfragen der Heilpädagogik und der Heilerziehung. Bern/Stuttgart 1972, [4]1983
König, A.: "The Right of Habilition". Eine sozialpolitische Diskussion in den USA. Heilpädagogik (35), 1984, 550-553
König, K.: Der Mongolismus. Stuttgart 1959
Kooij, R. van der: A Study of the play behavior of retarded children. Int. J. of Rehabilitation Research 1978, 1, 329-342
Kornbrink, U.: Bildnerisches Gestalten als Entwicklungsförderung bei geistig Behinderten. Gießen 1986
Kramer, J.: Wesen, Häufigkeit, Ursachen und Erscheinungsformen der geistigen Behinderung (1), Viertelj.schrift Heilpädagogik (VHN) 1975, 44, 290-301
–: Wesen, Häufigkeit, Ursachen und Erscheinungsformen der geistigen Behinderung (2)., Viertelj.schrift Heilpädagogik (VHN) 1976, 45, 270-283
Krampf, A.: Hilfsschule im neuen Staat. Leipzig 1936
Krappmann, L.: Soziologische Dimensionen der Identität, Strukturelle Bedingungen für die Teilnahme an Interaktionsprozessen. Stuttgart [5]1978
Krebs, H.: Zahlen und Gedanken zur Umweltproblematik des geistig behinderten Kindes. In: Heilpädagogische Forschung Bd. 1. Marburg 1965, 216-230
–: Umweltprobleme des geistig behinderten Kindes. Gesundheitsfürsorge (15) 1965, 1
–: Verhaltensbeobachtung bei geistig Behinderten. In: Heilpädagogische Forschung Bd. I. Marburg 1968, 325-352
Krenzer, R.: Feste und Feiern mit Behinderen. Staufen/Br. 1974
–: Spiele mit behinderten Kindern. Staufen/Br. [4]1975
–: Freizeiterziehung in der Schule für Geistigbehinderte. Z. f. Heilpädagogik, 1976, 27, 295
–: Erwachsenenbildung. In: *Bach, H.* (Hrsg.): Pädagogik der Geistigbehinderten 1979, 120-125
–, *Rogge, R.:* Methodik der religiösen Erziehung Geistigbehinderter. Lahr/München 1978
Kristen, U.: Praxisunterstützte Kommunikation. Eine Einführung. selbstbestimmtes lernen 1994
Kron, E. W.: Grundwissen Pädagogik. München/Basel 1988
Kugel, R.B., Wolfensberger, W. (Hrsg.): Geistig Behinderte – Eingliederung oder Bewahrung. Stuttgart 1974
Kuhlen, V.: Verhaltenstherapie im Kindesalter. München 1972, [4]1974
Kulenkampff, C., Aktion Psychisch Kranke (Hrsg.): Probleme der Versorgung erwachsener geistig Behinderter. Tagungsbericht. Köln 1980
Kuntz, J.B., Carrier, L.K., Hollis, L.H.: A Nonvocal System für Teaching Retarded Children to Read and Write. In: *C.E. Meyers* (Ed.) 1978
Kuratorium Gedenkstätte Sonnenstein e.V., Sächsische Landeszentrale für politische Bildung (Hrsg.): Nationalsozialistische Euthanasie-Verbrechen in Sachsen. Beiträge zu ihrer Aufarbeitung. Dresden/Pirna [2]1996
Kushlick, A., Blunden, R.: The Epidemiology of Mental Subnormality. In: *Clarke, Clarke* (Eds.) [3]1974, 31-81
Lane, H.: Mit der Seele hören. Die Lebensgeschichte des taubstummen Laurent Clerc und sein Kampf um die Anerkennung der Gebärdensprache. München 1990
Lauth, G.W., Viebahn, P.: Soziale Isolierung. Ursachen und Interventionsmöglichkeiten. München/Weinheim 1987
Leboyer, F.: Sanfte Hände. München 1984
Lempp, R.: Frühkindliche Hirnschädigung und Neurose. Berlin/Stuttgart 1964
Lent, J.R., McLean, B.M.: The Trainable Retarded: The Technology of Teaching. In: Haring, Schiefelbusch (Eds.) 1978, 197-231
Leonhardt, H., Ruoff, E.: Lebenspraktisches Lesen. Pfullingen 1988
Leontjew, A.N.: Probleme der Entwicklung des Psychischen. Berlin 1975
Lersch, Ph.: Aufbau der Person. München [5]1952
–: Der Mensch als soziales Wesen. München [2]1965

Lévinas, E.: Zwischen uns. Versuche über das Denken an den Anderen. München/Wien 1995
–: Die Spur des Anderen. Untersuchungen zur Phänomenologie und Sozialphilosophie. Freiburg/München [3]1998
Levinson, A., Sagi, A.: Das geistig behinderte Kind. Freiburg/Br. 1967
Lewin, K.: A Dynamic Theory of Personality. New York 1935
–: Eine dynamische Theorie des Schwachsinnigen. In: *E. Weinert* (Hrsg.): Pädagogische Psychologie. Köln/Berlin 1967, 390-411
Lewis, E. O.: Types of Mental Deficiency and their Social Significance. J. Ment. Sci. 1933, 79, 298-304
Liebmann, A.: Untersuchung und Behandlung geistig zurückgebliebener Kinder. München/Basel [3]1970
Liepmann, M. C.: Geistig behinderte Kinder und Jugendliche. Eine epidemiologische, klinische und sozialpsychologische Studie in Mannheim. Bern/Stuttgart/Wien 1979
Liljeroth, I., Nimdus, B.: Praktische Bildung für geistig Behinderte. Weinheim/Basel 1973
Lindsay, Z.: Bildnerisches Gestalten mit behinderten Kindern. München 1973
Lingg, A. u. Theunissen, G.: Psychische Störungen bei geistig Behinderten. Erscheinungsformen, Ursachen und Handlungsmöglichkeiten aus pädagogischer und psychiatrischer Sicht. Freiburg i. Br. 1993
Löb, R.: Das Löb-System. Amberg 1985
Löwisch, D.-J.: Pädagogisches Heilen. München 1969
Lüer, G., Cohen, R., Nauck, W.: Eine Kurzform der "Vineland Social Maturity Scale" für minderbegabte Kinder. Praxis d. Kinderpsychologie u. Kinderpsychiatrie 1966, 101
Lüpke, K.: Flimmender Docht in hellem Licht, Flüstern mitten im Lärm. Überlegungen zum Menschsein besonders schwer geistig u. mehrfach behinderter Menschen. Diakonie (2), 1972, 97-106
Luhmann, N.: Soziale Systeme. Frankfurt/M. 1987
–: Ökologische Kommunikation. Opladen [2]1988
–, *Schorr, K. E.:* Das Technologiedefizit der Erziehung und die Pädagogik. Z. f. Pädagogik 1979, 25, 345-365
Luria, A. R. (Ed.): The Mentally Retarded Child. Washington 1963 (russ. 1960)
Lutz, J.: Kinderpsychiatrie, Zürich/Stuttgart 1961
Lyotard, J.-F.: Der Widerstreit. München [2]1989
MacIntyre, A.: Der Verlust der Tugend. Zur moralischen Krise der Gegenwart. Frankfurt/New York 1987
MacKnight, J.: Professionelle Dienstleistungen und entmündigende Hilfe. In: *L. Illich u. a.:* Entmündigung durch Experten. Zur Kritik der Dienstleistungsberufe. Reinbek 1979, 37-56
MacLean, C.: The Wolf Children. New York 1977
Mahlke, W.: Bereich der haptisch-visuellen Kommunikation/Betätigung – Gestaltung. In: *H. Bach* (Hrsg.): Pädagogik der Geistigbehinderten. Berlin 1979, 291-303.
–, *Schwarte, N.:* Wohnen als Lebenshilfe. Ein Arbeitsbuch zur Wohnfeldgestaltung in der Behindertenhilfe. Weinheim/Basel 1985
Mall, W.: Kommunikation mit schwer geistig behinderten Menschen. Ein Werkheft. Heidelberg 1990
Martin, L. R.: Schulberatung – Anlässe, Aufgaben, Methodenkonzeption. Stuttgart 1981
Mannoni, M.: Das zurückgebliebene Kind und seine Mutter. Eine psychoanalytische Studie. Olten/Freiburg 1972
Maslach, Ch.: Das Problem des Ausbrennens bei berufsmäßigen Helfern. In: *E. Wacker, J. Neumann* (Hrsg.) 1985, 249-265
Maslow, A. H.: Psychologie des Seins. Ein Entwurf. München 1973
Maturana, H. R.: Biologische Grundlagen von Moral und Ethik in der Erziehung. Vierteljahresschrift für Heilpädagogik und ihre Nachbargebiete (VHN) 1997, H. 2, 206-224
–, *Varela, F. J.:* Der Baum der Erkenntnis. Die biologischen Wurzeln des menschlichen Erkennens. Bern/München/Wien 1987

Meltzer, E.: Das Problem der Abkürzung "lebensunwerten" Lebens, Halle 1925
Menning, H.: Bereich der Arbeit. In: *H. Bach* (Hrsg.): Pädagogik der Geistigbehinderten. Berlin 1979, 328-334
Menolascino, E. J., McGee, J. J.: The New Institutions: Last Ditch Arguments. Mental Retardation (19), 1981, 215-220
Merkens, L.: Einführung in die historische Entwicklung der Behindertenpädagogik in Deutschland unter integrativen Aspekten. München/Basel 1988
Merleau-Ponty, M.: Phänomenologie der Wahrnehmung. Berlin 1966
Mertes, J. P.: Praxis der Elternarbeit an Schulen für geistig Behinderte. Z. f. Heilpädagogik (29), 1978, 327-340
Metz, W.: Onnozel Leven. Nijkerk 1972
Meyer, D.: Erforschung und Therapie der Oligophrenien in der ersten Hälfte des 19. Jahrhunderts. Berlin 1973
Meyer, H.: Zur Psychologie der geistig Behinderten. Berlin 1977
–: Basisförderung bei geistigbehinderten Kindern. Dortmund 1978
–: Elternarbeit in Geistigbehinderteneinrichtungen. Ein Erziehungskursus mit Kursusheft für Eltern und Erzieher geistig behinderter Kinder. Berlin 1978
–: Geistigbehindertenpädagogik. In: S. Solarová (Hrsg.) 1983, 84-119
Meyer-Jungclausen, V.: Geistige Behinderung und Erwachsenenbildung. Berlin 1985
Meyers, C. E. (Ed.): Quality of Life in Severely and Profoundly Mentally Retarded People: Research Foundations for Improvement. Washington D.C. (AAMD) 1978
Michaelis, C. T.: Communication with the Severely and Profoundly Handicapped. A Psycholinguistic Approach. Ment. Retardation 1978, 16, 346-349
Miedaner, L.: Gemeinsame Erziehung Behinderter und Nichtbehinderter. Materialien zur pädagogischen Arbeit im Kindergarten. München 1987
Miessler, M., Bauer, I.: Neues Lernen mit Geistigbehinderten. Wir lernen denken. Würzburg 1978
–, *Bauer, I., Thalmeier, K.:* Das bin ich. Beiträge zu einer persönlichkeitsorientierten Erziehung. Ponn-Bad Godesberg 1984
Minden, G. von: Der Bruchstück-Mensch. Psychoanalyse des frühgestört-neurotischen Menschen der technokratischen Gesellschaft. München/Basel 1988
Ministerium für Gesundheitswesen der Deutschen Demokratischen Republik (Hrsg.): Bildungs- und Erziehungsprogramm für Rehabilitationspädagogische Förderungseinrichtungen des Gesundheits- und Sozialwesens der DDR. Berlin 1977
– (Hrsg.): Grundlagenmaterial zur Gestaltung der rehabilitativen Bildung und Erziehung in rehab.-päd. Einrichtungen des Gesundheits- u. Sozialwesens der DDR. Berlin 1987
Minski, L., Shepperd, M. J.: Non-communicating Children. London/Boston 1970
Mittler, P. J.: Language and Communication. In: *Clarke, Clarke* (Eds .) ³1974, 527-591
– (Ed.): Research to Practice in Mental Retardation. Vol. I-III. Baltimore/London/Tokyo 1977
Mittler, P., McLonachie, H. (Eds.): Parents, Professionals and Mentally Handicapped Children. London ²1986
Mlczoch, B.: Was machen erwachsene geistig Behinderte, die nicht institutionell betreut werden? Heilpädagogik 1980, 5, 144-148
Möckel, A.: Die besondere Grund- und Hauptschule. Rheinstetten 1976
–: Geschichte der Heilpädagogik. Stuttgart 1988
–, *Adam, H. u. Adam, G.* (Hrsg.): Quellen zur Erziehung von Kindern mit geistiger Behinderung. Bd. 1, 19. Jahrh. Würzburg 1997
Mohr, J.: Partnerschaft und Sexualität bei geistiger Behinderung. Berlin 1991
Mohr, K., Müller, R., Plein, J.: Die sozio-ökonomische Situation von Familien mit geistig behinderten Kindern. In: *Bach, H.* (Hrsg.): Familien mit geistigbehinderten Kindern, Berlin 1979, 64-207
Montalta, E.: Grundlagen und systematische Ansätze zu einer Theorie der Heilerziehung (Heilpädagogik). In: *Jussen* (Hrsg.): Handbuch der Heilpädagogik. München 1967

Montessori, M.: Selbsttätige Erziehung im frühen Kindesalter. 1913
–: Kinder sind anders. Stuttgart 1952
Moor, P.: Heilpädagogische Psychologie. Bern/Stuttgart, Bd. I [2]1969, Bd. II, 1958
–: Notwendigkeit und Möglichkeiten der Erziehung und Bildung geistig behinderter Kinder. Lebenshilfe 1964, 57-65
–: Heilpädagogik. Bern/Stuttgart 1965
–: Die Verantwortung im heilpädagogischen Helfen. Zürich 1936
Mühl, H.: Notwendigkeit und Möglichkeit der Erziehung geistig behinderter Kinder. Bonn – Bad Godesberg 1969
–: Handlungsbezogener Unterricht mit Geistigbehinderten. Bonn – Bad Godesberg 1979
–: Einführung in die Geistigbehindertenpädagogik. Stuttgart u. a. 1984
–: Integration von Kindern und Jugendlichen mit geistiger Behinderung. Berlin 1987
–: Einführung in die Schulpädagogik bei geistiger Behinderung. Oldenburg 1997
Mühlum, A., Oppl, H. (Hrsg.): Handbuch der Rehabilitation. Neuwied, Berlin 1992
Müller, A. M. K.: Wende der Wahrnehmung. Erwägungen zur Grundlagenkrise in Physik, Medizin, Pädagogik und Theologie. München 1978
Müller, M.: Heilpädagogische Diagnostik bei schwer und schwerst geistigbehinderten Kindern. Berlin 1982
Müller-Hohagen, J.: Psychotherapie mit behinderten Kindern. München 1987
Müller-Wiedemann, H., Vierl, K., Goelzer, G., V. Pietzner, C.: Beiträge zur heilpädagogischen Methodik. Heilpädagogik aus anthroposophischer Menschenkunde Bd. 2. Stuttgart 1974
Murken, J. u. Dietrich-Reichart, E. (Hrsg.): Down-Syndrom: aktuelle Bezeichnung für Mongolismus. Starnberg 1990
Mutters, T.: Lebenshilfe für geistig Behinderte. In: Enzyklopäd. Handbuch der Sonderpädagogik Berlin 1965, Sp. 1102-1108
Nauck, W.: Erziehungsschwierigkeiten bei geistig behinderten Kindern. – Das Beratungsgespräch mit Eltern geistig behinderter Kinder. In: Beiträge zur Erziehung und Bildung geistig behinderter Kinder. Schr. d. Deutsch. Parit. Wohlfahrtsverb. 1963, Bd. 1, Nr. 30
Neikes, J. L.: Die sozialpsychiatrische Behandlung oligophrener Kinder. Praxis der Kinderpsychologie u. Kinderpsychiatrie 1966, 40-45
–: Verhaltensbeobachtung und Entwicklungsanalyse als Schlüssel zur Erfassung und Grundlage zur Bildung geistig behinderter Kinder. Praxis der Kinderpsychologie u. Kinderpsychiatrie 1967, 62-66
Neuhäuser, G., Steinhausen, H.-C. (Hrsg.): Geistige Behinderung. Grundlagen, klinische Syndrome, Behandlung und Rehabilitation. Stuttgart 1990
Neumann, J. (Hrsg.): Arbeit im Behindertenheim. Situationsanalyse und Strategien zu ihrer Humanisierung. Frankfurt/M. 1988
Niedermann, A., Müller, M., Simmen, R. (Hrsg.): Die TARC-Methode von Wayne Sailor und Bonnie Jean Mix. Bern 1986
Nietzsche, F.: Zur Genealogie der Moral. Eine Streitschrift (1887). Stuttgart 1988
Nihira, K.: Dimensions of Adaptive Behavior in Institutionalizied Mentally Retarded Children and Adults. American J. Ment. Deficiency 1976, 215-226
–: Development of Adaptive Behavior in the Mentally Retarded. In: *P. Mittler* (Ed.): Research to Practice in Mental Retardation, Vol. 11, 157-168. Baltimore/London/Tokyo 1977
–, *Forster, R., Shellhaas, M., Leland, H.:* AAMD Adaptive Behavior Scale. 1975 Revision. Washington, D.C. 1975
Nipkow, K. E.: Kind-Kindergarten-Gemeinde. Zum Zusammenhang gesellschaftlich-kirchlicher, pädagogischer und religionspädagogischer Perspektiven. Z. f. Pädagogik (26) 1980, 1-12
Nippert, J.: Die Geburt eines behinderten Kindes. Belastung und Bewältigung aus der Sicht betroffener Mütter und ihrer Familien. Stuttgart 1988
Nirje, B.: Das Normalisierungsprinzip und seine Auswirkungen in der fürsorgerischen Betreuung. In: Kugel, Wolfensberger (Hrsg.) 1974, 33-46

Oberacker, P.: Sprechen, Lesen und Schreiben mit geistig Behinderten. Villingen-Schwenningen [2]1984
– (Hrsg.): Arbeitsplan der Schule für Geistigbehinderte. Stuttgart 1988
Oerter, R.: Moderne Entwicklungspsychologie. Donauwörth 1968
–, *Montada, L.* (Hrsg.): Entwicklungspsychologie. Ein Lehrbuch. München/Wien/Baltimore 1982
Oevermann, U.: Schichtenspezifische Formen des Sprachverhaltens und ihr Einfluß auf die kognitiven Prozesse. In: H. Roth (Hrsg.): Begabung und Lernen. Stuttgart [2]1969, 297-356
Opp, G.: Mainstreaming in den USA. Heilpädagogische Integration im Vergleich. München, Basel 1993
Ornstein, R.: Multimind. Ein neues Modell des menschlichen Geistes. Paderborn 1990
Oy, C.M. v., Sagi, A.: Lehrbuch der heilpädagogischen Übungsbehandlung. Hilfe für das geistig behinderte Kind. Ravensburg 1975, [7]1988
Parmar, V., Clarke, A.D.B.: Flexibility Training with Moderately and Severely Retarded Children and Young Adults. In: *P. Mittler* (Ed.): Research to Practice in Mental Retardation. Baltimore/London/Tokyo 1977, Bd. 11, 137-143
Pechstein, J.: Umweltabhängigkeit der frühkindlichen zentralnervösen Entwicklung. Stuttgart 1974
–: Sozialpädiatrische Zentren. Sonderpädagogik 6. Stuttgart 1975
Penrose, L.S., Smith, G.F.: Down's anomaly. London 1966
Pestalozzi, J.H.: Sämtliche Werke (S.W.), hrsg. v. Buchenau, Spranger, Stettbacher. 1. Bd. Berlin, Leipzig 1927, 13. Bd. 1932
Peterander, F. u. Speck, O. (Hrsg.): Qualitätsmanagement in sozialen Einrichtungen. München, Basel 1999
Pettinger, J.: Einstellung von Eltern geistig Behinderter zu den vorschulischen und schulischen Einrichtungen nach dem Sonderschulgesetz in Bayern. Diss. Univ. München, Fak. 11, 1989
Pfeffer, Ch.: Bewegung – aller Erziehung Anfang. Zürich 1958
Pfeffer, W.: Förderung schwer geistig Behinderter. Eine Grundlegung. Würzburg 1988
Pfluger-Jakob, M.: Elementare Wahrnehmung bei schwerstbehinderten Kindern. In: Bewegen, erleben, lernen. Z. f. Heilpädagogik, Beiheft 12. Nienburg 1985, 14-23
Philipps, E.: Bildungsfähigkeit und Bildungsunfähigkeit. In: Enzyklopäd. Handbuch der Sonderpädagogik Berlin 1965, Sp. 377-379
Piaget, J.: Psychologie der Intelligenz, Zürich [2]1946
–: Das Erwachen der Intelligenz beim Kinde. Stuttgart 1969
–: Theorien und Methoden der modernen Erziehung. Wien/München/Zürich 1972
–: Lebendige Entwicklung. Z. f. Pädagogik 1974, 20, 1-6
–: Gesammelte Werke Bd. 2: Der Aufbau der Wirklichkeit beim Kinde. Bd. 10: Entwicklung des Erkennens III. Stuttgart 1975
Pitsch, H.-J.: Zur Didaktik und Methodik des Unterrichts mit Geistigbehinderten. Oberhausen 1998
Plessner, H.: Der Mensch als Lebewesen. In: *Rojek, Schatz* (Hrsg.): Philosophische Anthropologie heute. München [2]1974, 51-64
Pohl, R. (Hrsg.): Handbücherei für die Unterrichtsplanung und Unterrichtsgestaltung an der Schule für Geistigbehinderte (Sonderschule). Dortmund 1977/1978
–: Bereich des Kognitiven. In: *H. Bach* (Hrsg.): Pädagogik der Geistigbehinderten. Berlin 1979, 247-260
–, *Pohl, U., Schulte auf'm Hofe, K.:* Sinnes- und Verstandeserziehung und Einführung in den Umgang mit der Schrift, den Zahlen und den Größen (kognitive Förderung). Dortmund 1983
Popper, K.R.: Die offene Gesellschaft und ihre Feinde, 2. München [4]1975
Prekop, I.: Wir haben ein behindertes Kind. Eltern berichten. Stuttgart 1979
Pueschel, S.M.: Kinder mit Down-Syndrom. Wachsen und Lernen. Marburg/Lahn 1987
– (Hrsg.) : Down-Syndrom: Für eine bessere Zukunft. Stuttgart 1995

Quambusch, E.: Die Bedeutung des Verfassungsbegriffs der Würde für Menschen mit geistiger Behinderung. Z. f. Sozialhilfe u. Sozialgesetzbuch 1989, H. 1, 10-21

Rabenstein, R., Haas, R.: Erfolgreicher Unterricht durch Handlungseinheiten. Bad Heilbrunn/Obb. ³1969

Rache, H.: Zur sozialen Situation des geistig-behinderten Kindes. In: *Eggert, D., Schomburg, E., Altemöller, R.* (Hrsg.) 1980

Radigk, W.: Kognitive Entwicklung und zerebrale Dysfunktion. Dortmund 1987

Radtke, P.: "Wir lassen nicht über uns diskutieren." Zur Lebensrechtsdebatte behinderter Menschen. Z. Geistige Behinderung 1990, H. 4, 275-279

Ramm, Th.: Jugendrecht. München 1990

Rapp, N., Strubel, W. (Hrsg.): Behinderte Menschen im Alter. Freiburg/Br. 1992

Rauh, H.: Lernpsychologie. In: *H. Bach* (Hrsg.): Pädagogik der Geistigbehinderten. Berlin 1979, 354-391

–, *Berry, P. B.:* Differentielle Entwicklungsverläufe bei Kleinkindern mit Down-Syndrom. In: Risikobewältigung in der lebenslangen psychischen Entwicklung. – Verlaufsstudien im Kindes-, Jugend- und Erwachsenenalter. (Vorabdruck) Leipzig 1989/90.

–, *Diesch, E.:* Cognitive Development in Mentally Handicapped Children. Berlin 1987

–, *Rudinger, G.:* Early Development of Down Syndrome Children as Assessed by the Bayley Scales. Berlin 1987

Raynes, N. V., King, R. D.: Residential Care for the Mentally Retarded. In: *Boswell, Wingrove* (Eds.) 1974, 299-306

Rehbein, H.: Rechnen mit Geistigbehinderten im Zahlenraum 100 bis 1000, Z. f. Heilpädagogik 1979, 30, 441-450

Reichenbach, P.: Die Erziehung des mongoloiden Kindes. Heidelberg 1961

Reinartz, A., Reinartz, E., Reiser, H. (Hrsg.): Wahrnehmungsförderung behinderter und schulschwacher Kinder. Berlin 1979

Remschmidt, H.: Kinder- und Jugendpsychiatrie. Praktische Einführung für Krankenpflege-, pädagogische und soziale Berufe. Stuttgart 1979

–, *Schmidt, M.* (Hrsg.): Multiaxiales Klassifikationsschema für psychische Erkrankungen im Kindes- und Jugendalter nach *Rutter, Shaffer, Sturge.* Bern/Stuttgart/Wien 1977

Rest, F.: Das kontrollierte Töten. Lebensethik gegen Euthanasie und Eugenik. Gütersloh 1992

Rethault, E.: L'éducation d'un enfant mongolien. Paris 1963

Rett, A.: Mongolismus. Biologische, erzieherische und soziale Aspekte. Bern/Stuttgart/Wien 1977, ²1983

–: Das hirngeschädigte Kind. Ärztliche, erzieherische und soziale Probleme. Wien/München o. J. (1969)

–: Schwangerschaftsabbruch aus kinderärztlicher Sicht. Geburtshilfe und Frauenheilkunde (43), 1983, 259-262

–, *Seidler, H.:* Das hirngeschädigte Kind. Wien ⁵1981

Rieder, H., Buttendorf, Th., Höss, H. (Hrsg.): Förderung der Motorik geistig Behinderter. Theoretisch und praktisch orientierte Beiträge. Berlin 1981

Robins, F., Robins, J.: Pädagogische Rhythmik für geistig und körperlich behinderte Kinder. Rapperswil/Schweiz 1968

Robinson, N. M., Robinson, H. B.: The Mentally Retarded Child. A Psychological Approach. New York ²1976

Rösler, R. (Hrsg.): Biologie im Horizont der Philosophie. Der Entwurf einer europäischen "Bioethik"-Konvention. Frankfurt/M. u. a. 1997

Rössel, F.: Zur Phänomenologie und Psychologie des Helfens. In: *E. Lesch* (Hrsg.): Bericht über den 3. Kongreß für Heilpädagogik in München 1926, Berlin 1927, 97-105

Rogers, C. R.: Entwicklung der Persönlichkeit. Stuttgart 1976

Roos, Ph.: Psychologische Beratung mit Eltern retardierter Kinder. In: *v. Bracken* (Hrsg.): Erziehung und Unterricht behinderter Kinder. Frankfurt/M. 1968

–: Parents and Families of the Mentally Retarded. In: Kauffmann, Payne (Eds.) 1975, 336-386

Rosen, M., Clark, R. C., Kiritz, M. S. (Eds.): The History of Mental Retardation. Collected Papers Vol. 1, 2. Baltimore/London/Tokyo 1976
Ross, A. O.: Das Sonderkind. Stuttgart 1967
Roth, H.: Pädagogische Psychologie des Lernens und Lehrens. Hannover/Berlin/Darmstadt [6]1962
–: Das Problem der Bildsamkeit und die Erziehungsfähigkeit in der psychologischen Forschung. In: *H. Hetzer* (Hrsg.): Handbuch der Psychologie Bd. 10, 1959
–: Pädagogische Anthropologie Bd. 1: Bildsamkeit und Bestimmung. Hannover 1966
–: (Hrsg.): Begabung und Lernen. Stuttgart 1969
Rutter, M.: Bindung und Trennung in der frühen Kindheit. München 1978
–, *Tizard, J., Whitmore, K.* (Eds.): Education, Health and Behavior. London 1970
–, *Tizard, J., Yule, W., Graham, P., Whitmore, K.:* Epidemiologie in der Kinderpsychiatrie – die Isle of Wight Studien 1964-1974. Zeitschrift f. Kinder- u. Jugendpsychiatrie 1977, 5, 238-279
Saegert, C. W.: Die Heilung des Blödsinns auf intellektuellem Wege. Bd. I 1845, Bd. II, Berlin 1846
–: Die Heil- und Bildungsanstalt für Blödsinnige zu Berlin. In: *E. Heyer* (Hrsg.): Berlin 1858
Sagitz, W.: Beitrag zur Frage der schulischen und beruflichen Betreuung geistesschwacher Kinder. Praxis der Kinderpsychologie u. Kinderpsychiatrie, 1967, 306-309
Sander, A.: Die statistische Erfassung von Behinderten in der Bundesrepublik Deutschland. In: *Deutscher Bildungsrat* (Hrsg.): Sonderpädagogik 1. Stuttgart 1973, 13-109
Sander-Beuermann, Ch.: Sportbezogene Freizeitaktivitäten bei Kindern und Jugendlichen mit geistiger Behinderung. Berlin 1985
Sandre, E. u. Raute, H.: Das geistig behinderte Kind. Sexualität und Gefühlswelt in seiner Erziehung. Zürich/Köln 1972
Sandvoß, O.: Die Auswirkung sportmotorischer Förderung auf geistig behinderte Schüler. Folgerungen für den Sportunterricht in den Schulen für Geistigbehinderte. Berlin 1983
Sarason, S. B.: The psychology of the exceptional child. In: Woods Schools. Helping parents understand the exceptional child. Langhorne, Pa. (Woods Schools) 1952
Schamberger, R.: Frühtherapie bei geistig behinderten Säuglingen und Kleinkindern. Untersuchungen bei Kindern mit Down-Syndrom. Weinheim/Basel 1978
Schaner-Wolles, Ch., Haug, Ch., Hamberger, U.: Das Wiener Down-Syndrom-Projekt. Versuch einer linguistisch fundierten Sprachförderung f. geistig Behinderte. Wien (unveröff. Manuskript) 1986
Schatz, G., Genenger, M., Stotz, E.: Geistig Behinderte und Freizeit. Zwischenbericht über eine empirische Untersuchung. Behindertenpädagogik (21), 1982, 135-142
Scherenberger, R. C.: A History of Mental Retardation. A Quarter Century of Promise. Baltimore/London 1987
Schiefelbusch, R. L.: Language of the Mentally Retarded. Baltimore, Md. 1972
Schiefenhövel, W.: Zur Situation des Kindes in "Primitiven" Gesellschaften. In: *G. Lipinski u. a.* (Hrsg.): Behinderte Kinder im Heim, München/Basel 1983, 22-41
Schilling, F.: Motodiagnostik des Kindesalters. Empirische Untersuchungen an hirngeschädigten und normalen Kindern. Berlin 1973
–: Bereich der Motorik. In: *H. Bach* (Hrsg.): Pädagogik der Geistigbehinderten. Berlin 1979, 310-327
Schilling, K.: Religionsunterricht bei Geistigbehinderten. Theoretische Grundlegung. Limburg 1974
–: Unterrichtsentwürfe für den Religionsunterricht an der Sonderschule G. Limburg 1974
Schlaich, L.: Über die wissenschaftliche Erforschung des Schwachsinns. Sozialpädagogik 1961, 179-181
–: Erziehung und Bildung geistig Behinderter durch Eltern und Erzieher. Neuburgweier 1974
Schmid, F.: Das Mongolismus-Syndrom. Münsterdorf 1976. Das Down-Syndrom, 1987
Schmidbauer, W.: Die hilflosen Helfer. Über die seelische Problematik der helfenden Berufe. Reinbek 1977

Schmidt, T.: Betreuungsstätten für schwachsinnige Kinder in Berlin. Z. f. Heilpädagogik 1959, 10, 436-441
Schmidt-Thimme, D.: Chancen für Ihr geistig behindertes Kind. Heidelberg 1970
Schmitz, E.: Elternprogramm für behinderte Kinder. München/Basel 1976
Schmitz, G.: Psychodiagnostik bei geistig Behinderten. Geistige Behinderung (24), 1985, 4, 264-273
Schröder, S.: Die Sonderschule G als pädagogische Einrichtung für alle Geistigbehinderten. Zur Fortbildung 1976, 53-64
–: Beschützte Ehe bei Geistigbehinderten. In: *Kluge, Sparty* (Hrsg.): Können, dürfen, sollen Behinderte heiraten? Bonn-Bad Godesberg 1977
Schubert, M. Th.: System Familie und Geistige Behinderung. Wien/New York 1987
Schuchardt, E.: Warum gerade ich ...? Behinderung und Glaube. Offenbach [3]1985
Schulze, A.: Sprachausbildung und Hörsprecherziehung bei Geistigbehinderten. Bonn-Bad Godesberg 1972
Schumacher, J.: Schwerstbehinderte Menschen verstehen lernen. Z. Geistige Behinderung, H. 1, 1985, 1-20 (Heftmitte)
Schwager, M.: Verständigung mit geistigbehinderten Menschen. Zur (sonder-)pädagogischen Relevanz transzendental-pragmatischer Reflexion. Frankfurt/M. 1990
Seebandt, G.: Die Psychomotorik des schwachsinnigen Kindes und ihre Bedeutung für die heilpädagogische Arbeit im Rahmen der Lebenshilfe für das geistig behinderte Kind. Praxis der Kinderpsychologie u. Kinderpsychiatrie 1964, 56-63
Seeboth, E.-H.: Kreativitätsförderung bei Geistigbehinderten. Bonn-Bad Godesberg 1973
Seguin, E.: Origin of Treatment and Training of Idiots (1864). In: *Rosen u. a.* (Eds.): The History of Mental Retardation. 1976, Vol. 1, 151-159
Seifert, M.: Geschwister in Familien mit geistig behinderten Kindern. Eine praxisbezogene Studie. Bad Heilbrunn 1989
–: Lebensqualität und Wohnen bei schwerer geistiger Behinderung. Theorie und Praxis. Reutlingen 1997 a
–: Wohnalltag von Erwachsenen mit schwerer geistiger Behinderung. Eine Studie zur Lebensqualität. Reutlingen 1997 b
Sengelmann, H. M.: Sorgen für geistig Behinderte. Mit einer originalgetreuen Wiedergabe von "Idiotophilus" 1885. Hamburg 1975
Siegenthaler, H. (Hrsg.): Andauernde Fortbildung des erwachsenen Geistigbehinderten. Erfahrungen aus schweizerischen Einrichtungen. Luzern 1984
Sinason, V.: Mental Handicap and the Human Condition. New Approaches from Tavistock. London 1992
Singer, P.: Praktische Ethik. Stuttgart 1984
Sinson, J. C.: Down's infants: An interdisciplinary approach involving parents. Int. J. of Rehabilitation Research 1978, 1, 59-70
Skeels, H. M., Dye, H. B.: A Study of the Effects of Different Stimulation. Proc. Amer. Assoc. Ment. Defic. 1939, 114-136
Skiba, A.: Fördern im Alter. Integrative Geragogik auf heilpädagogischer Grundlage. Bad Heilbrunn 1996
Skodak, M.: Adult Status of Individual who Experienced Early Intervention. 1. Congr. Intern. Assoc. for the Scientific Study of Ment. Deficiency, Montpellier 1967, 11-18
Snyder, L. K., Lovitt, Th. C., Smith, J. O.: Language Training for the Severely Retarded: Five Years of Behavior Analysis Research. Exceptional Children 1975, 42, 7-16
Solarová, S. (Hrsg.): Geschichte der Sonderpädagogik. Stuttgart 1983
Sommer, M.: Identität im Übergang: Kant. Frankfurt/M. 1988
–, *Sondersorge, R.:* Geistig behindert – mehrfach behindert. Lebenshilfe 1967, 140-144
Barth, H.: Die Erfassung geistig behinderter Kinder in einem Landkreis. Lebenshilfe 1963, 2, 55-62
Song, A. Y.: Acquisition and Use of Blissymbols by Severely Mentally Retarded Adolescents. Ment. Retardation (17), 1979, 5, 253-255

Spaemann, R.: Glück und Wohlwollen. Versuch über Ethik. Stuttgart 1989 a
– (Hrsg.): Ethik-Lesebuch. Von Plato bis heute. München/Zürich [2]1989 b
Specht, E: Erfahrungen mit der Vineland Social Maturity Scale in der Kinderpsychiatrie. Praxis der Kinderpsychologie u. Kinderpsychiatrie 1963, 204-207
Speck, O.: Schulen für nicht-hilfsschulfähige schwachbildbare Kinder in Bayern. Z. f. Heilpädagogik 1964, 351-356
–: Bildung, Bildbarkeit und Lernen des geistigbehinderten Menschen. Heilpädagogik (VHN) 1973, 42, 137-144
–: Soziale und personale Integration. Grundgedanken zur Erziehung des geistig behinderten Menschen. Lebenshilfe 1975, 14, 18-24
–: Zum Thema "Heirat geistig Behinderter". Begriffsverwirrung – Mißverständnisse. Jugendwohl 1977 a, 58, 35-38
–, u. a.: Frühförderung entwicklungsgefährdeter Kinder. Der pädagogische Beitrag zu einer interdisziplinären Aufgabe. München/Basel 1977 b
–: Pädagogische Aufgabenstellung. In: *G. Kanter, O. Speck* (Hrsg.): Pädagogik der Lernbehinderten, Handbuch der Sonderpädagogik Bd. IV. Berlin 1977 c, 90-100
–: Kinder mit Intensivformen geistiger Behinderung. Tendenzen zu ihrer Förderung im internationalen Überblick. Heilpädagogik (VHN), 1978, 47, 6-14
–: Erziehung zur Partnerschaft. In: Intern. League of Societies for the Mentally Handicapped (Hrsg.) 1978, Vol. 2, 269-278
–: Behinderung: Besondere Erziehungsbedürfnisse und allgemeine Leistungsprobleme. In: *Österr. Ges. f. Heilpädagogik* (Hrsg.): Neue Impulse in der Heilpädagogik. Wien/München 1978, 66-78
–: Verhaltensstörungen, Psychopathologie und Erziehung. Berlin 1979 a, [2]1984
–: Geschichte. In: *H. Bach* (Hrsg.): Pädagogik der Geistigbehinderten. Berlin 1979 b, 57-72
Das pädagogische Gesamtkonzept der Förderung geistig behinderter Kinder. In: BV Lebenshilfe e.V. (Hrsg.): Verhaltenstherapien im Rahmen der Gesamtförderung geistig Behinderter. Marburg 1979 c, 14-20
–: Wissenschaftstheoretische Grundlagen und ihre Bedeutung für das Miteinander von Natur- und Geisteswissenschaften. In: *A. Rett* (Hrsg.): Infans Cerebropathicus 1980, 4, 85-91
– (Hrsg.): Erwachsenenbildung bei geistiger Behinderung. München/Basel 1982
–: Zur Praxis der Erziehung und des Unterrichts bei geistiger Behinderung. Heilpädagogik (Wien) 1982, 130-138
–: Die Bedeutung des Wohnens für den geistig behinderten Menschen aus philosophisch-anthropologischer Sicht. In: BV Lebenshilfe e.V. (Hrsg.) 1982, 5-15
–: Der ältere geistig behinderte Mensch aus pädagogischer Sicht. In: BV Lebenshilfe e.V. (Hrsg.) 1983, 6-10
–: Mehr Autonomie für Erwachsene mit schwerer geistiger Behinderung. Geistige Behinderung 1985, 3, 162-170
– (Hrsg.): Integration und Autonomie behinderter Menschen. Stuttgart u. a. 1985
–: Lebenssinn für den (geistig) behinderten Menschen. Jugendwohl (68), 1987, 313-321
–: System Heilpädagogik. Eine ökologisch reflexive Grundlegung. München/Basel 1988, [4]1998 a
–: Pädagogische Hilfe für Kinder mit Down-Syndrom. In: *Murken, J., Reichart E. D.* (Hrsg.): Down-Syndrom, aktuelle Bezeichnung für Mongolismus. Starnberg/Percha 1990, 225-257
–: Chaos und Autonomie in der Erziehung. Erziehungsschwierigkeiten unter moralischem Aspekt. München/Basel 1991, [2]1997
–: Helfen als Beruf – warum eigentlich? Z. zusammen H. 7 (12) 1992, 4-7
–: Die soziale Integration von Menschen mit Behinderungen – unter ethischem Aspekt. In: *G. Antor, U. Bleidick* (Hrsg.): Recht auf Leben – Recht auf Bildung. Aktuelle Fragen der Behindertenpädagogik. Heidelberg 1995, 91-115
–: Erziehung und Achtung vor dem Anderen. Zur moralischen Dimension der Erziehung. München/Basel 1996 a

–: Autonomie als Selbstregulierung und Selbstbindung an moralische Werte. In: Selbstbestimmung. Kongreßbeiträge, hrsg. v. d. Bundesvereinigung Lebenshilfe für geistig Behinderte. Marburg 1996 b, 15-21
–: Alte Menschen mit geistiger Behinderung im Kontext gesellschaftlicher Veränderungen. In: *Weber, G.* (Hrsg.) 1997, 286-304
–: Bildung – ein Grundrecht für alle. In: *Dürr, G.* (Hrsg.): Neue Perspektiven in der Sonderpädagogik, Düsseldorf 1998 a, 33-55
–: Arbeit für Menschen mit geistiger Behinderung. In: Orientierung 1998 b, H. 1, 5-11
–: Wohnen als Wert für ein menschenwürdiges Dasein. In: Fischer, U. u. a. (Hrsg.) 1998 c, 19-42
–: Die Ökonomisierung sozialer Qualität. Zur Qualitätsdiskussion in Behindertenhilfe und Sozialer Arbeit. München/Basel 1999
–, *Kanter, G.*: Berufliche Förderung und Eingliederung für schwer vermittelbare junge Menschen mit erheblichen Lernbeeinträchtigungen. Z. f. Heilpädagogik (39), 1988, 5, 331-333
–, *Kanter, G.* (Hrsg.): Schwer vermittelbar! Spezielle berufliche Eingliederungshilfen. Aufgezeigt am Modell "Pro Integration e.V.". München/Basel 1992
–, *Miessler, M., Straßmeier, W.*: Geistige Behinderung. In: *Koch, U., Lucius- Hoene, G., Stegie, R.* (Hrsg.): Handbuch der Rehabilitationspsychologie. Berlin 1988, 700-721
–, *Thalhammer, M.*: Die Rehabilitation der geistig Behinderten. München/Basel 1974, [2]1977
–, *Thurmaier, M.* (Hrsg.): Fortschritte der Frühförderung entwicklungsgefährdeter Kinder. München/Basel 1989
–, *Warnke, A.* (Hrsg.): Frühförderung mit den Eltern. München/Basel 1983, [2]1989
Speth, L., Hoven, M. v. d.: Sprachunterstützende Gebärden zur Förderung der Kommunikation mit nichtsprechenden Menschen mit geistiger Behinderung. Stuttgart (Verb. Ev. Einr. f. geistig und seelisch Beh.) 1982
Spitz, R.: Die Entstehung der ersten Objektbeziehungen. Stuttgart 1957
Sporken, P. (Hrsg.): Geistig Behinderte, Erotik und Sexualität. Düsseldorf 1974
–: Eltern und ihr geistig behindertes Kind. Das Bejahungsproblem. Düsseldorf 1975
Spradlin, J. E., Spradlin, R. R.: Developing Necessary Skills for Entry into Classroom Teaching Arrangement. In: Haring, Schiefelbusch (Eds.) 1976, 232-267
Sprau-Kuhlen, V.: Verhaltenstherapeutische Methoden. In: *H. Bach* (Hrsg.): Pädagogik der Geistigbehinderten. Berlin 1979, 163-173.
Spreen, O.: Geistige Behinderung. Berlin/Heidelberg/New York 1978
Spreng, H.: Schwerstbehinderte Kinder – eine Herausforderung für die Schule. München/Basel 1979
Staatsinstitut für Schulpädagogik und Bildungsforschung München (Hrsg.): Lehrplan der Schule für geistig Behinderte. München 1982
– (Hrsg.): Lehrplan und Materialien für den Unterricht in der Schule für geistig Behinderte. München 1982
– (Hrsg.): Lehrplan Werkstufe der Schule für geistig Behinderte. Entwurf, o. J.
–: Erziehung und Unterricht, Diagnostik und Förderung schwer geistigbehinderter Schüler. München 1992
– (Hrsg.): Computer in der Schule zur individuellen Lebensbewältigung. Donauwörth [2]1997 b
– (Hrsg.): Medienpaket Kooperation. Materialien und Unterrichtshilfen. Donauwörth 1998
– (Hrsg.): Die Schule zur Individuellen Lebensbewältigung – eine Schule mit Zukunft. München 1997 a
Stachel, G.: Religiöse Erziehung als offene Frage. In: Handb. d. Religionspädagogik, hrsg. v. *E. Feifel u. a.* Bd. 1, Zürich, Einsiedeln, Köln 1973, 21-33
Stackelberg, H. H.: Probleme der Erfolgskontrolle präventivmedizinischer Programme, dargestellt am Beispiel einer Effektivitäts- u. Effizienzanalyse genetischer Beratung. Marburg 1980
Ständige Konferenz der Kultusminister der Länder in der Bundesrepublik (Hrsg.): Gutachten zur Ordnung des Sonderschulwesens 1960

–: Empfehlungen zur Ordnung des Sonderschulwesens 1972
–: Empfehlungen für den Unterricht in der Schule für Geistigbehinderte (Sonderschule). Bonn 1979, Neuwied 1980
Steinhausen, H.-C.: Allgemeine und spezielle Psychopathologie. In: *Neuhäuser, G., Steinhausen, H.-C.* (Hrsg.) 1990, 64-73
Steppacher, J.: Psychomotorische Förderung bei leichter geistiger Behinderung. Eine Studie zu einem Übungsprogramm im basalen Funktionsbereich. Berlin 1987
Sternberg, R.: Beyond IQ. A triarchic theory of human intelligence. Cambridge 1985
Stinkes, U.: Spuren eines Fremden in der Nähe. Das "geistigbehinderte" Kind aus phänomenologischer Sicht. Würzburg 1993
Stockhausen, K.-H.: Geistigbehinderte erwachsene Menschen in Heimen. Diss. Univ. München (FB 11) 1975
Stöckmann, F.: Über die Ernährung und Ernährungserziehung geistig behinderter Kinder. Praxis der Kinderpsychologie u. Kinderpsychiatrie 1964, 125-130
–: Das geistig behinderte Kind im Heim. Berlin-Charlottenburg 1973
–: Bereich des Sexuellen. In: *H. Bach* (Hrsg.): Pädagogik der Geistigbehinderten. Berlin 1979, 268-275
Störmer, G.: Soziale Erziehung. In: Handbücherei der Lebenshilfe Bd. VI. Marburg 1966
Stötzner, H. E.: Schulen für schwachbefähigte Kinder (1864). In: *J.-G. Klink* (Hrsg.): Zur Geschichte der Sonderschule. Bad Heilbrunn 1966
Stolk, J.: Euthanasie und die Frage nach der Lebensqualität geistig behinderter Kinder. Viertelj.schrift Heilpädagogik (VHN) (57), 1988, 2, 118-131
–, *Egberts, M. J. A.* (Hrsg.): Über die Würde geistig behinderter Menschen. Zwischen Verlangen und Wirklichkeit. Marburg 1987
Stoppenbrink, F.: Beitrag zur unterrichtlichen Führung des geistig behinderten Kindes. Zt. f. Heilpäd., 1966, 17, 187-190
Stoppenbrink-Buchholz, F.: Sonderkindergarten für Geistesschwache. In: Enzyklopäd. Handbuch der Sonderpädagogik. Berlin 1965 ff., 3187-3191
Strasser, H., Sievert, G., Munk, K.: Das körperbehinderte Kind. Berlin 1968.
Straßmeier, W.: Spielerziehung und Kreativitätsförderung Geistigbehinderter. Hagen 1982
–: Modelle schulischer Förderung mit Schwerstbehinderten. Erste Erfahrungen aus einem Forschungsprojekt in Bayern. Geistige Behinderung (27), 1988, 4, 270-281
–: Berufsbelastungen von Mitarbeitern an Schulen für Geistigbehinderte speziell durch den Umgang mit schwer behinderten Schülern. München 1990
–: Frühförderung konkret. München/Basel ³1992
–: Didaktik für den Unterricht mit geistigbehinderten Schülern. München/Basel 1997
–, *Speck, O., Homann, G.:* Förderung von Kindern mit schweren geistigen Behinderungen in der Schule. München 1990
Stuffer, G.: Arbeit und Berufsbildung Geistigbehinderter. Diss. Univ. München (FB 11), 1975
Sucharowski, W.: Begegnung & Dialog. Zur Zusammenarbeit von Schulen für Geistigbehinderte mit allgemeinen Schulen. Regensburg 1993
– (Hrsg.): Wandel durch Annäherung. Integrative Effekte bei einem kooperativ organisierten Unterricht. Rostock 1999
Switzki, H., Rotatori, A. E, Miller, T, Freagon, S.: The Developmental Model and its Implications for Assessment and Instruction for the Severely/Profoundly Handicapped. Ment. Retardation 1979, 17, 167-169
Tausch, R., Tausch, A. M.: Erziehungspsychologie. Göttingen 1970
Tauscher, H. (Hrsg.): Die rhythmisch-musikalische Erziehung in der Heilpädagogik. Berlin 1964
Taylor, A. M., Thurlow, M. L., Turnure, J. E.: Vocabulary Development of Educable Retarded Children. Exceptional Children, 1977, 43, 444-450
Teilhard de Chardin, P.: Die Zukunft des Menschen. Olten/Freiburg/Br. 1963
ter Horst, W.: Einführung in die Orthopädagogik. Stuttgart 1983
Thalhammer, M.: Geistige Behinderung. In: *O. Speck, M. Thalhammer:* Die Rehabilitation der Geistigbehinderten. München/Basel 1974, ²1977

–: Informationsprobleme als belastende Bedingung für Interaktionsprozesse mit intelligenzbehinderten Menschen. Zur Anthropologie der Distanz. In: *H. Baier* (Hrsg.): Beiträge zur Behindertenpädagogik in Forschung und Lehre, 1976, 189-230
–: Konstrukte und Fragmente zur Erziehungswirklichkeit schwer körperlich und geistig behinderter Kinder. Vortragsmanuskript Würzburg 1979
–: Fragmente zur Erziehungswirklichkeit körperlich- und geistigbehinderter Kinder. Z. f. Heilpädagogik (31), 1980, 547-556
–: Warten und Erwarten, Träumen und Trauern. Anthropologische Fragmente zur Schwerstbehindertenpädagogik. In: *M. Thalhammer* (Hrsg.): Gefährdungen des behinderten Menschen im Zugriff von Wissenschaft und Praxis. München/Basel 1986, 122-149
Thannhäuser, A.: Zur Situation geistigbehinderter Erwachsener aus der Sicht ihrer Mütter. Bern/Stuttgart/Wien 1976
Theile, R.: Förderung geistigbehinderter Kinder. Psychomotorische Übungsbehandlung und rhythmische Erziehung. Berlin ^{2}1976
Theiner, Ch., Künne, E., Becker, K.-P.: Zur Theorie und Praxis der Erziehung und Bildung Geschädigter in sozialistischen Ländern. Berlin 1977
Thesing, Th.: Betreute Wohngruppen und Wohngemeinschaften für Menschen mit einer geistigen Behinderung. Freiburg/Br. 1990
Theunissen, G.: Abgeschoben, isoliert, vergessen – Schwerstgeistigbehinderte und mehrfach behinderte Erwachsene in Anstalten. Frankfurt/M. 1985
–: Der Schule entwachsen – Wege zur Rehabilitation Geistigbehinderter im Erwachsenenalter. Frankfurt/M. 1986
–: Heilpädagogik im Umbruch. Freiburg/Br. 1991
–: Basale Anthropologie und ästhetische Erziehung. Eine ethische Orientierungshilfe für ein gemeinsames Leben und Lernen mit behinderten Menschen. Bad Heilbrunn 1997
–, *Plaute, W.:* Empowerment und Heilpädagogik. Freiburg i. Br. 1995
–: Pädagogik bei geistiger Behinderung und Verhaltensauffälligkeiten. Ein Kompendium für die Praxis. Bad Heilbrunn 1997
Thimm, W. (Hrsg.): Soziologie der Behinderten. Materialien. Neuburgweier/Karlsruhe 1972
–: Mit Behinderten leben. Freiburg/Br. 1977
–: Epidemiologische und sozio-kulturelle Faktoren. In: *G. Neuhäuser, H.-Ch. Steinhausen* (Hrsg.) 1990, 9-23
–, *v. Ferber, Ch., Schiller, B., Wedekind R.:* Ein Leben so normal wie möglich führen ... Zum Normalisierungskonzept in der Bundesrepublik Deutschland und in Dänemark. Marburg 1985
–, *u. a.:* Ethische Aspekte der Hilfen für Behinderte. Unter besonderer Berücksichtigung von Menschen mit geistiger Behinderung. Marburg 1989
Thomae, H.: Entwicklungspsychologie. In: *H. Bach* (Hrsg.): Pädagogik der Geistigbehinderten. Berlin 1979, 343-353
–: Die psychologische Situation des alternden und alten geistig Behinderten. In: BV Lebenshilfe e.V. (Hrsg.) 1985, 3-11
Thomae, I.: Der Sonderkindergarten – seine Aufgaben und Arbeitsweise. Lebenshilfe 1964, 10-19
–: Zusammenarbeit mit den Eltern – Elternschule. In: Handbücherei der Lebenshilfe Bd. IV. Marburg 1964
–: Hort und Sonderkindergarten für geistig Behinderte. In: Enzyklopäd. Handbuch der Sonderpädagogik. Berlin 1965 ff., Sp. 1101-1102
–: "Risiko-Kinder". Zürich/Köln 1976
–: Früh- und Elementarbereich. In: *H. Bach* (Hrsg.): Pädagogik der Geistigbehinderten. Berlin 1979, 75-87
–: Bedürfnisse und Wünsche geistig behinderter Menschen zu ihrer Lebenssituation. In: *C. Kulenkampff* (Hrsg.) 1980, 11-23
Thomas, D.: The Social Psychology of Childhood Disability. London 1978. Deutsch: Sozialpsychologie des behinderten Kindes. München/Basel 1980

Thompson, T., Grabowski, J. (Hrsg.): Verhaltensmodifikation bei Geistigbehinderten. München 1976
Tizard, J. (Ed.): Mental Retardation: Concepts of Education and Research. London 1974
–, *Grad, J. C.:* The Mentally Handicapped and their Families. Oxford 1961
Tolmein, O.: Wann ist der Mensch ein Mensch? Ethik auf Abwegen. München/Wien 1993
Tomaszewski, T.: Tätigkeit und Bewußtsein. Beiträge zur Einführung in die polnische Tätigkeitspsychologie. Weinheim/Basel 1978
Tornow, K.: Bildungsunfähige Hilfsschulkinder: Was wird aus ihnen? Deutsche Sonderschule 1941, 24-35
Townsend, P.: The Disabled in Society. In: *D. M. Bosswell, J. M. Wingrove* (Eds.): The Handicapped Person in the Community. London 1974, 22-35
Trogisch, J.: Ärztliche Aufgaben bei der Rehabilitation geistig Schwerstbehinderter. Zur Orientierung 1979, 378-388
–, *Trogisch, U.:* "Sind Förderungsunfähige 'nur' Pflegefälle?" Z. f. ärztl. Fortb. 1977, 71, 720-722
Tsujimura, Y: The History and Present Status of Services for the Mentally Retarded in Japan. 2nd Asian Conference on Mental Retardation, 1976
Tuckermann, A.: Down-Kind Andreas. Der Weg eines Heimkindes. München/Basel 1981
Upton, G. (Ed.): Physical and Creative Activities for the Mentally Handicapped. London/New York/Melbourne 1979
Vanderheiden, G. C., Harris-Vanderheiden, D.: Developing Effective Modes for Response and Expression in Nonvocal Severely Handicapped Children. In: *P. Mittler* (Ed.) 1977, Vol. 11, 279-289
Van Es, J. C.: Gezinnen met zwakzinnige Kinderen. Assen 1959
Varela, E. J., Thompson, E.: Der Mittlere Weg der Erkenntnis. Die Beziehung von Ich und Welt in der Kognitionswissenschaft – der Brückenschlag zwischen wissenschaftlicher Theorie und menschlicher Erfahrung. Bern/München/Wien 1992
Verband der evang. Einrichtungen für geistig und seelisch Behinderte (Hrsg.): Trainingsprogramme für geistig Behinderte. Stuttgart o. J.
–: Schau doch meine Hände an! Stuttgart 1990
Verband Kath. Einrichtungen für Lern- und Geistigbehinderte (Hrsg.): Ein Jahrhundert der Sorge um geistig behinderte Menschen.
Bd. 1: *Kaspar, F.:* Die Zeit der Gründung: Das 19. Jahrhundert.
Bd. 2: *Wollasch, H.-J.:* Ausbau und Bedrängnis: Die erste Hälfte des 20. Jahrhunderts. Freiburg i. Br. 1989
Vetter, Th.: Ambulante Betreuung geistig behinderter Kinder. Praxis der Kinderpsychologie u. Kinderpsychiatrie 1963, 296-298
–: Das geistig behinderte Kind, seine Bildung und Erziehung. Villingen 1966
Villinger, W.: Die Grenzen der Erziehbarkeit und ihre Erweiterung. In: *E. Lesch* (Hrsg.): Bericht über den 4. Kongreß für Heilpädagogik 1928 in Leipzig. Berlin 1929
Vliegenthart, W. E.: Anders-sein und Mitmachen-wollen. Ein Spannungsfeld in der Erziehung behinderter Kinder. In: *H. v. Bracken* (Hrsg.): Erziehung und Unterricht behinderter Kinder. Frankfurt/M. 1968, 18-33
–, *Dunk, G. C. van den:* Die Problematik von Eltern geistig behinderter Kinder. In: Heilpädagogische Forschung Bd. 1. Marburg 1968, 353-380
Vogel, D., Rauh, H., Jordan, S.: Therapieangebote für geistig behinderte Kinder. Berlin 1990
Voigt, W.: Einsparungsmöglichkeiten in Heilerziehungsanstalten. Die Deutsche Sonderschule 1934, 64-66
Wacker, E., Neumann, J. (Hrsg.): Geistige Behinderung und soziales Leben. Frankfurt/New York 1985
Wagner, A., Bätcke, K.: Beiträge zur Schule für Geistigbehinderte. Bern/Stuttgart/Wien 1976
Walburg, W.-R.: Lebenspraktische Erziehung Geistigbehinderter. Berlin 1971, [2]1974
–: Schule für geistig Behinderte. Realisationsbeispiele. Limburg 1978

Wallner, T.: Realitäten und Tendenzen der Betreuung geistig behinderter Menschen in den skandinavischen Ländern am Beispiel Schwedens. In: Wacker, Neumann 1985, 43-58
Walter, J. (Hrsg.): Sexualität und geistige Behinderung. Heidelberg [2]1986
–: Sterilisation geistig behinderter Menschen aus sexualpädagogischer Sicht. Geistige Behinderung (26), 1987, 2, 87-97
Walujo, S., Malmström, C.: Grundlagen der SIVUS-Methode. Förderung der individuellen und sozialen Entwicklung bei Menschen mit geistiger Behinderung. München/Basel 1991
Walzer, M.: Sphären der Gerechtigkeit. Ein Plädoyer für Pluralität und Gleichheit. Frankfurt/M. 1994
Warren, S.A.: What is Wrong with Mainstreaming? A Comment on Drastic Change. Ment. Retardation (17), 1979, 301-303
Watzlawick, P., Beavin, J.H., Jackson, D.D.: Menschliche Kommunikation. Formen, Störungen, Paradoxien. Bern/Stuttgart/Wien [4]1974
Weber, D.: Der frühkindliche Autismus unter dem Aspekt der Entwicklung. Bern/Stuttgart/Wien 1970
– (Hrsg.): Psychische Störungen bei älteren Menschen mit geistiger Behinderung. Bern u.a. 1997
–, *Rett, A.:* Down-Syndrom im Erwachsenenalter. Klinische, psychologische und soziale Aspekte beim Mongolismus. Bern 1991
Wegener, H.: Bildungsunfähige in die Sonderschule? Z. f. Heilpädagogik 1962, 13, 213-217
–: Rehabilitation der Schwachbegabten. München/Basel 1963
–: Der Sozialisationsprozeß bei intellektuell Minderbegabten. In: *H. v. Bracken* (Hrsg.): Erziehung und Unterricht behinderter Kinder. Frankfurt/M. 1968, 510-528
–: Die Minderbegabten und ihre sonderpädagogische Förderung. In: *H. Roth* (Hrsg.): Begabung und Lernen. Stuttgart [2]1969
Wegler, H.: Die Entwicklungstherapie nach Mary M. Wood. Modell eines integrativen Therapiezentrums mit Spezialunterricht. In: *O. Speck* (Hrsg.): Pädagogische Modelle für Kinder mit Verhaltensstörungen. München/Basel 1979, 100-137
Weise, T.: Betrachtung über geistesschwache Kinder (1820). In: *J.-G. Klink* (Hrsg.): Zur Geschichte der Sonderschule. Bad Heilbrunn 1966
Weiß, H.: Familie und Frühförderung. Analysen und Perspektiven der Zusammenarbeit mit Eltern entwicklungsgefährdeter Kinder. München/Basel 1989
–: Empowerment in der Heilpädagogik und speziell in der Frühförderung – ein neues Schlagwort oder eine handlungsleitende Idee? Vierteljahresschrift für Heilpädagogik und ihre Nachbargebiete (VHN) H. 1, 1999, 23-35
Weizsäcker, C.F. v.: Der Garten des Menschlichen. München/Wien [2]1977
Wendeler, J.: Psychologische Analysen geistiger Behinderung. Weinheim/Basel 1976
–: Autistische Jugendliche und Erwachsene. Gespräche mit Eltern. Weinheim, Basel 1984
–: Psychologie des Down-Syndroms. Bern, Stgt., Wien 1988, [2]1996
–: Geistige Behinderung. Normalisierung und soziale Abhängigkeit. Heidelberg 1992
Wertheimer, M.: Produktives Denken. Frankfurt/M. [2]1964
White, O.R., Liberty, K.A.: Behavioral Assessment and Precise Educational Measurement. In: Haring, Schiefelbusch (Eds.) 1976, 31-71
Wieland, H. (Hrsg.): Geistig behinderte Menschen im Alter. Heidelberg 1987
Wilken, E.: Sprachförderung bei Kindern mit Down-Syndrom. Berlin [3]1979, [4]1985
– (Hrsg.): Neue Perspektiven für Menschen mit Down-Syndrom. Dokumentation der Fachtagung Down-Syndrom 1996 in Hannover. Erlangen 1997
Wilken, U.: Tourismus und Behinderung. Sonderpädagogik (13), 1983, 4, 157-164
Willand, H., Schwedes, R.: Materialien zur Problematik der Freizeitgestaltung Geistigbehinderter. Z. f. Heilpädagogik (31), 1980, 216-227
Williams, H.M., Connor, F.P., Brewer, J.: Das geistig behinderte Kind in der Sonderschule. Bern 1966
Wing, L.: Das autistische Kind. Ravensburg 1973

Wocken, H., Antor, G. (Hrsg.): Integrationsklassen in Hamburg. Erfahrungen, Untersuchungen, Anregungen. Solms-Oberbiel 1987

Wohlfahrth, R.: Nonverbale Kommunikation. Ihre Bedeutung für die Erziehung geistig behinderter Menschen. Geistige Behinderung (24), 1985, 4, 253-263

Wolfensberger, W.: The Principle of Normalization in Human Services. Toronto 1972

–: A Brief Overview of the Principle of Normalisation. In: *R.J. Flynn, K.E. Nitsch* (Eds.) 1980

Wunderlich, Chr.: Das mongoloide Kind, Möglichkeiten der Erkennung und Betreuung. Stuttgart 1970, [2]1977

Wurst, E.: Sprachentwicklungsstörungen und ihre Behandlung. Wien 1973

Wygotski, L.S.: Zur Orientierung auf die "Zone der nächsten Entwicklung". In: Psychol. Studientexte, Vorschulerziehung. Berlin 1974, 48-51

Zellweger, H.: Mongolismus – Down's Syndrom. In: *Heilmeyer, Schoen, Prader* (Hrsg.): Ergebnisse der inneren Medizin und Kinderheilkunde Bd. 22. Berlin/Heidelberg/New York 1965, 268-363

Zerbin-Rüdin, E.: Genetische und biologische Faktoren. In: *Neuhäuser, G., Steinhausen, H.-C.* (Hrsg.) 1990, 24-34

Zielniok, W., Schmidt-Thimme, D. (Hrsg.): Gestaltete Freizeit mit geistig Behinderten. Rheinstetten 1978, [4]1990

Zigler, E.: Social Deprivation and Rigitity in the Performance of Feeble-minded Children. J. Abnormal and Social Psychology (62), 1961, 413-421

–: Developmental versus Difference Theories of Mental Retardation and the Problem of Motivation. Amer. J. Ment. Deficiency 1969, 73, 539-556

–: Cognitive-Developmental and Personality Factors in Behavior. In: *J.M. Kauffman, J.S. Payne,* (Eds.), 1975, 360-387

–: National Crisis in Mental Retardation Research. Amer. J. Ment. Deficiency 1978, 83, 1-8

Zöller, D.: Ich gebe nicht auf. Bern, München, Wien 1992

Sachregister

Otto Speck

Die Ökonomisierung sozialer Qualität

Zur Qualitätsdiskussion in Behindertenhilfe und Sozialer Arbeit

1999. 241 Seiten. (3-497-01502-4) gb

Sozial- und Gesundheitseinrichtungen werden eingekeilt zwischen Sparzwang und "ISO 9000 für alle". Der renommierte Heilpädagoge Otto Speck liefert ein überzeugendes Plädoyer für soziale Qualität trotz ökonomischen Drucks. Auf der einen Seite geht es um eine qualitative Weiterentwicklung der fachlichen Arbeit und um eine Sicherung der Lebensqualität für Menschen, die Hilfe brauchen; auf der anderen Seite werden ökonomisierende Tendenzen bis in die Basis dieser Arbeit wirksam, so daß das bisher gültige Menschenbild in Frage steht. Ist der Sozialstaat wirklich am Ende? Müssen soziale Dienstleistungen wirklich gekürzt werden, um qualitativ besser zu werden?

Aus dem Inhalt

- Qualitätsdiskussion im Zwielicht
- Ökonomisierungsprozesse und ihre sozialen Auswirkungen
- Primat der Ökonomie? – Ökonomisch gesteuerte Qualität
- Die ethische Dimension
- Soziale Qualität in sozialen und rehabilitativen Einrichtungen
- Die Bedeutung und Funktion von Konzepten zur Qualitätsentwicklung
- Qualitätsentwicklung in der Schule
- Künftige Chancen für soziale Qualität

Ernst Reinhardt Verlag München Basel

Otto Speck/Gustav Kanter (Hrsg.)

Schwer vermittelbar!

Spezielle berufliche Eingliederungshilfen.
Aufgezeigt am Modell "Pro Integration e.V."

1992. 112 Seiten. (3-497-01251-3) kt

Als beruflich „schwer vermittelbar" fallen zehntausende junger Menschen auf, die wegen erheblicher Beeinträchtigungen des Lernens und damit verbundener sozialer Anpassungsschwierigkeiten die Eingliederung in einen Betrieb und in den üblichen Unterricht nicht schaffen, jedenfalls nicht ohne besondere Hilfen. Um diese spezielle rehabilitative Begleitung geht es hier. Vorgestellt wird das Modell, das vom Verein „Pro Integration e.V." in einer Schreinerwerkstatt und in einer Gärtnerei entwickelt und erprobt worden ist. Es wird ergänzt durch Vorschläge aus dem Bereich der Berufsförderwerke. Die hier dargestellten Beispiele können als richtungsweisend angesehen werden, eine institutionelle Lücke zwischen dem allgemeinen Arbeitsmarkt und der Werkstatt für Behinderte zu schließen.

Ulrike Theilen

Mach doch mit!

Lebendiges Lernen mit schwerbehinderten Kindern

3. Auflage 1999. 201 Seiten. 54 Abbildungen. (3-497-01407-9) kt

Die besondere Lebenssituation von schwer- und mehrfachbehinderten Kindern und Jugendlichen verlangt auch eine besondere Planung und Gestaltung des Unterrichts. Ein rein lernzielorientiertes Vorgehen stößt schnell an seine Grenzen; curriculare Darstellungen lassen sich nicht immer mit geeignetem Inhalt füllen und scheinen dann kaum realisierbar zu sein. So werden in diesem Buch mögliche Schwerpunkte in der vorschulischen und unterrichtlichen Arbeit vom Inhalt her aufgezeigt: Was erlebe ich in Verbindung mit einem bestimmten Material oder Gegenstand? Was kann ich damit tun, was kann sich dadurch verändern?

In der spielerischen Auseinandersetzung mit Materialien, im Erforschen von Farben und Klängen soll dem schwerstbehinderten Kind ein Stück Welt geöffnet werden, immer auch in der lebendigen Beziehung zu anderen. Der Leser findet in diesem Band erprobte und konkret ausgearbeitete Unterrichtseinheiten, die sich sowohl in Einzel- als auch in Gruppensituationen durchführen lassen.

Ernst Reinhardt Verlag München Basel